jQuery Mobile · Cordova를 활용한

모바일 웹 개정판
+ 웹 앱
+ 하이브리드 앱
입문

| 박성진 지음 |

생능출판

저자 소개

박성진

고려대학교에서 학사, 석사, 박사 학위를 취득하고 한국전자통신연구원 선임 연구원을 거쳐 2000년부터 한신대학교 컴퓨터공학부에서 교수로 재직중이며 웹 프로그래밍과 데이터베이스 관련 교과목을 강의하고 있다. 저서로는 《데이터베이스시스템》과 《데이터웨어하우스》, 《뚝딱! 나만의 모바일 포트폴리오 앱 만들기》 등이 있다.

(제이쿼리모바일 · 코르도바를 활용한)

모바일 웹+웹앱+하이브리드앱 입문

초판발행 2015년 2월 13일
제2판6쇄 2021년 2월 23일

지은이 박성진
펴낸이 김승기
펴낸곳 (주)생능출판사 / **주소** 경기도 파주시 광인사길 143
출판사 등록일 2005년 1월 21일 / **신고번호** 제406-2005-000002호
대표전화 (031)955-0761 / **팩스** (031)955-0768
홈페이지 www.booksr.co.kr

책임편집 김민보 / **편집** 신성민, 유제훈, 권소정 / **디자인** 유준범
마케팅 최복락, 심수경, 김민수, 차종필, 백수정, 최태웅, 명하나, 김범용, 김민정
인쇄 · 제본 (주)상지사P&B

ISBN 978-89-7050-886-3 93000
정가 33,000원

- 이 도서의 국립중앙도서관 출판예정도서목록(CIP)은 서지정보유통지원시스템 홈페이지(http://seoji.nl.go.kr)와 국가자료공동목록시스템(http://www.nl.go.kr/kolisnet)에서 이용하실 수 있습니다. (CIP제어번호: CIP2016029526)

머리말

우리 주변에서 점차 모바일 기기를 이용하여 인터넷에 접속하는 경우를 흔히 볼 수 있고 실제 그 비율도 가파르게 증가하고 있습니다. 어느 틈엔가 모바일은 우리 생활 가운데 깊숙이 들어와 있으며 인터넷 접근 환경도 자연스럽게 변화되고 있습니다. 현재 국내 스마트폰 사용자는 4천만 명을 넘어서고 있고 모바일 애플리케이션에 대한 요구와 소비도 증가하여 이제는 개인도 자신의 애플리케이션을 모바일 시장에 손쉽게 선보일 수 있는 시대가 되었습니다.

웹 기술은 비교적 빠른 시간에 습득할 수 있는 기술이며 다양한 응용 환경에 편리한 인터페이스로 활용할 수 있기에 누구나 알아야 하는 기본 기술이기도 합니다. 웹 관련 기술은 최근 모바일 환경의 변화와 관련하여 보다 다양해지고 강력해지고 있습니다. 그에 비해 초심자가 웹 기술을 배우고 익히기에 기술들이 너무나 광범위하고 복잡해서 상당한 시간과 노력을 기울여야만 합니다. 다양한 기술에 관한 웹 관련 책들을 쌓아 놓고 씨름하다 보면 전체적인 흐름과 핵심 기술들의 연관 관계, 활용 방법 등을 파악하기도 전에 지쳐 포기하기 쉽습니다.

이 책은 책 한 권으로 다양한 웹 기술을 빠른 시간에 이해하고 습득할 수 있도록 구성하였습니다. HTML5, CSS3, JavaScript, jQuery, Ajax, XML, JSON, Database, jQuery Mobile, PhoneGap 등 현 시점에서 반드시 알아야 하는 필수 웹 기술 요소들에 대해 핵심적인 내용들을 예제를 통해 학습할 수 있도록 하였습니다. 방대한 내용이지만 핵심적인 개념과 다양한 마크업과 스타일, 메소드, API 함수에 대한 간결한 설명, 그리고 이를 적용한 다양한 예제를 적용하고 만들어 가다 보면 초보자라도 빠르게 전문가가 될 수 있을 것입니다.

PREFACE

모바일 웹앱의 등장으로 웹과 네이티브앱의 경계가 무너지고 있고 다수의 네이티브앱들은 모바일 웹앱으로도 충분히 개발할 수 있습니다. 이 책은 모바일 웹앱과 이에 기반한 하이브리드앱을 쉽고 빠르게 개발하도록 지원해주는 프레임워크의 활용 방법에 대해 알기 쉽게 설명하였습니다. 특히, 안드로이드 플랫폼 기반의 웹앱과 하이브드리앱에 초점을 맞추고 있습니다. 손쉽게 모바일 사용자 경험(UX)를 제공하는 가장 인기있는 프레임워크인 제이쿼리 모바일과 다양한 플랫폼 기반의 애플리케이션 개발을 위한 가장 강력한 프레임워크인 폰갭의 활용 방법과 이에 기반한 앱 개발 과정을 배울 수 있습니다.

이 책은 핵심 웹 기술에 대한 소개와 설명에 그치지 않고 실제 적용할 수 있는 다양한 구체적 예제를 통해 웹 활용 능력을 충분히 습득할 수 있도록 구성하였습니다. 이해를 돕는 간단한 예제 코드 수준에 그치지 않고 실제 활용 가능한 소규모의 프로젝트 코드를 제공하였습니다. 포트폴리오 모바일 웹, 도서관리 웹앱, 지도관리 하이브리드앱, 맛집관리 하이브리드앱 등 실제로 사용 가능한 수준의 다양한 예제와 전체 코드를 제공하였습니다. 이 책을 통해서 여러분 누구나 웹 기반의 앱을 개발하고 다양한 플랫폼 환경에서 동작하도록 패키징함으로써 앱 마켓이나 스토어를 통해 배포할 수 있습니다. 모바일 웹 개발 경험이 없거나 아직 부족한 개발자도 모바일 앱 개발 기술을 단시간에 빠르게 습득하여 실무에 적용할 수 있는 유용한 학습서가 될 것입니다. 자~ 함께 모바일 웹의 세계로 떠나봅시다!

끝으로 이 책이 만들어지기까지 적극적으로 지원해주시고 출판에 힘써 주신 생능출판사 김승기 대표님과 편집부 여러분께 깊은 감사를 드립니다.

2015년 1월

저자 박성진

개정판 머리말

모바일 기술의 변화와 발전이 빠름을 실감하게 됩니다. 책이 출간된 지 채 2년도 되지 않았는데 다시 개정판을 내게 되었습니다. 그동안 HTML5는 표준안이 확정 · 발표되었으며 안드로이드 개발 환경도 구글의 안드로이드 스튜디오 중심으로 변화했습니다. 하이브리드 앱 역시 CLI를 활용한 명령어 입력 방식으로 새롭게 변경되었습니다. 복잡하고 불편했던 기존 특정 플랫폼 기반의 개발 방식에 비해 새로운 방식은 다양한 플랫폼을 통합하여 개발할 수 있도록 매우 편리하고 간결해졌습니다. 개정판은 이러한 기술의 발전과 변화를 수용하고 기존 내용의 부족함을 보완하는 방향으로 구성되었습니다.

변경 내용을 간략하게 소개하면 다음과 같습니다.

첫째 마당의 내용과 관련해서 모바일 웹 환경과 관련한 각종 통계와 수치 정보들이 최신 정보로 갱신되었습니다.

둘째 마당과 셋째 마당의 내용들은 최신의 제이쿼리 모바일 라이브러리와 제이쿼리 라이브러리 버전을 적용한 예제와 실행 결과들로 전면 수정되었습니다.

넷째 마당의 하이브리드 앱 내용들은 폰갭보다는 코르도바 관점에서 내용이 기술되었으며 변경된 CLI 기반의 앱 개발 방식을 적용한 예제와 설명으로 대폭 변경되었습니다.

부록에는 변경된 CLI 방식의 개발 환경 구축을 위한 각종 소프트웨어 설치와 상세한 개발 절차와 방법들이 기술 되었습니다.

이외에도 각 장마다 연습 문제가 추가되었으며 새롭게 제이쿼리 모바일 위젯과 JQPLOT 차트 제이쿼리 플러그인 활용 예제들이 추가되는 등 전체적으로 초판의 내용과 흐름을 유지하는 범위 안에서 개정판의 내용이 구성되었습니다.

PREFACE

짧은 기간에도 기대 이상의 관심과 사랑을 주신 독자분들께 진심으로 감사드리며 많은 수정 내용을 편집하느라 수고해주신 생능출판사 편집부 여러분께도 깊은 감사를 드립니다.

2019년 2월

저자 박성진

누구를 위한 책인가?

- 웹 기초부터 활용까지 체계적으로 공부하고자 하는 경우
- 웹 관련 기술들의 개념과 상호 관계를 빠른 시간에 습득하고자 하는 경우
- IT 기본 기술로서의 웹을 이해하고 활용 능력을 얻고자 하는 경우
- 웹 기초는 이해하고 있으나 모바일 활용 방법을 알고자 하는 경우
- 단순한 예제 코드가 아닌 실제 활용 가능한 다양한 응용 예제를 필요로 하는 경우

무엇에 관한 책인가?

- HTML5 기본 마크업의 의미와 사용 방법에 관한 설명과 예제
- CSS3의 스타일 명세 방법과 적용 예제
- jQuery의 핵심 API 활용 방법과 예제
- XML, Ajax, JSON, SQLite 웹 관련 기술의 이해와 활용 예제
- jQuery Mobile 프레임워크를 활용한 UI 생성 및 예제
- Cordova(PhoneGap) 프레임워크를 활용한 하이브리드앱 변환과 예제

어떤 활용 예제를 포함하고 있나?

- HTML5 + CSS3를 활용한 모바일 웹
  개인 포트폴리오 모바일 웹: mportpolio (4장 4.1)
- jQuery Mobile을 활용한 웹앱
  독도 소개 웹앱: dokdoApp (8장 5.1)
- jQuery Mobile + jQuery를 활용한 웹앱
  관광지 안내 웹앱: tourApp (11장 6.1)
  도서 관리 웹앱: bookApp (12장 1.1)
- Cordova API를 활용한 하이브리드앱
  장치 관리 앱: deviceApp (14장 2.1)
  사진 관리 앱: cameraApp (14장 3.1)
  연락처 관리 앱: contactApp (15장 1.1)
  구글맵 지도활용 앱: mapApp (15장 2.2)
- jQuery Mobile + jQuery + Cordova API를 활용한 하이브리드앱
  맛집 앱: matzipApp (16장 1.1)

어떤 소프트웨어를 설치하여 사용하고 있나?

- Chrome
- JDK 1.8.0
- 아파치 앤트 1.9.7
- 코르도바 6.3.0
- jquery-1.11.1.min.js
- Aptana Studio 3 standalone 버전
- 안드로이드 SDK 24.4.1
- 노드.js 4.4.7
- jquery.mobile-1.4.5.min.css
- jquery.mobile-1.4.5.min.js

워낙 빠르게 발전하는 분야이기 때문에 개발 환경 구성이나 플랫폼 설정 및 구현 방법 등이 버전에 따라 조금씩 변경될 수 있습니다. 책 내용을 충실히 익히고 나면 이를 토대로 추후 변경되는 부분들을 얼마든지 스스로 해결할 수 있을 것으로 생각됩니다.

C O N T E N T S

차례

첫째마당 HTML5와 CSS3를 이용한 모바일 웹

CHAPTER 01 모바일 웹 환경

CHAPTER 02 HTML5 기초 다지기

C O N T E N T S

C O N T E N T S

C O N T E N T S

C O N T E N T S

C O N T E N T S

셋째마당 제이쿼리를 이용한 동적인 웹앱

CHAPTER 09 제이쿼리 기초 다지기

CHAPTER 10 제이쿼리 응용 다지기

C O N T E N T S

CONTENTS

C O N T E N T S

첫째마당

HTML5와 CSS3를 이용한 모바일 웹

1장 모바일 웹 환경

2장 HTML5 기초 다지기

3장 CSS3 기초 다지기

4장 모바일 웹 개발

Chapter 01

모바일 웹 환경

※ **학습목표**

- 웹의 발전 과정을 이해한다.
- HTML5의 등장 배경과 특징, 지원 기능들을 알아본다.
- 플랫폼으로서의 웹 브라우저를 이해하고 내부 엔진 구성을 살펴본다.
- 모바일 환경에서의 앱 개발 방식과 프레임워크를 이해한다.

Chapter

01 모바일 웹 환경

1. 웹의 진화

웹(web)은 월드 와이드 웹(WWW 또는 W3; World Wide Web)의 줄임말로 전 세계를 연결하는 인터넷 망을 통해 서로 정보를 공유하는 정보 서비스 공간이다. 웹의 모든 정보는 HTML(Hyper Text Markup Language) 언어로 표현되는 웹 문서로 작성되고 HTTP(Hyper Text Transfer Protocol) 통신 규약을 통해 전달된다. 전달된 웹 문서는 웹 브라우저에 의해 해석되어 사용자에게 제공된다. 최근 모바일 환경의 등장으로 많은 변화가 일어나고 있다. 웹 환경과 관련 기술의 변화에 대해 살펴보자.

1.1 웹 환경의 변화

웹이 처음 등장한 것은 1991년이다. 웹 개념의 제안자이자 HTML의 최초 개발자는 팀 버너스 리(Tim Berners-Lee, 스위스 CERN 입자물리학연구소)이다. 웹의 선구자인 팀 버너스 리는 웹 관련 모든 코드를 공개하고 W3C를 통해 HTTP, HTML 표준 등을 제안하였다. 또, 최초의 웹 브라우저 'World Wide Web'도 제공하였다. 그 후, NCSA의 모자익(Mosaic) 브라우저가 최초의 GUI 방식 웹 브라우저로 등장하고 상업용 웹 브라우저인 넷스케이프(Netscape)가 배포되면서 웹이 널리 사용되기 시작했다. 그 후 오랜 기간 동안 마이크로소프트사의 인터넷 익스플로러(Internet Explorer)가 웹 브라우저 시장을 선도해 왔으나 최근 크롬(Chrome), 사파리(Safari), 파이어폭스(Firefox)와 같은 다양한 브라우저의 개발과 활용이 증가하고 있다. 이는 '모바일'이라는 새로운 웹 접근 환경이 등장했기 때문이다.

현재 웹은 데스크톱 환경에서 모바일 환경으로의 이동과 변화가 진행중이다. 다음은 전 세계의 데스크톱 사용자와 모바일 사용자 수의 변화를 예측한 결과이다.

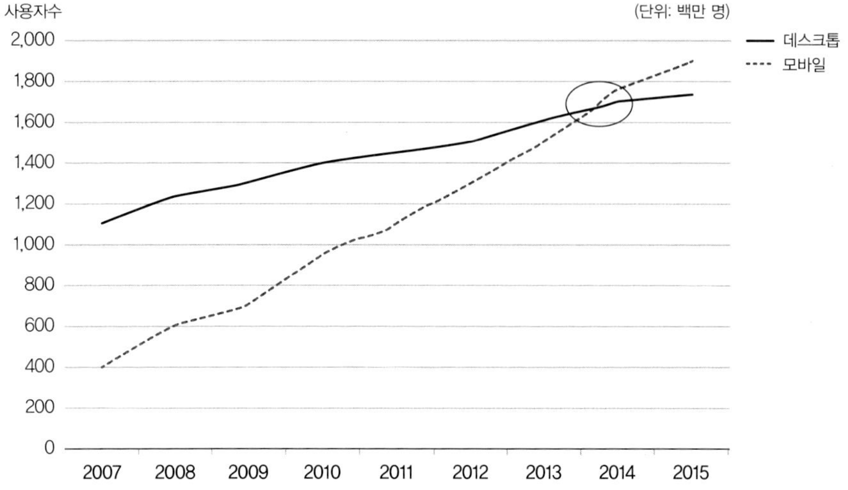

[그림 1-1] 데스크톱과 모바일 사용자 수의 변화 (출처: Morgan Stanley Research)

실제 야후를 포함한 많은 웹 서비스는 2014년을 기점으로 모바일 접속자 수가 데스크톱의 접속자 수를 넘어선 것으로 보인다. 새로운 모바일 웹 환경이 PC를 기반으로 한 데스크톱 웹 환경을 빠르게 대체하고 있다. 속도나 기능, 사양 측면에서도 거의 같은 환경이 제공되고 있다. 사용자들은 이동하는 중에도 웹에 접근할 수 있게 됨으로써 더 자주 빠르고 다양한 웹 정보를 요구한다. 반면에 개발자는 다양한 모바일 장치와 모바일 OS, 모바일 웹 브라우저를 지원하도록 개발해야 되는 부담이 커지고 있다.

흥미로운 것은 모바일 프로그래밍 방식의 변화이다. 초기 네이티브 방식으로 앱을 개발하기 위해서는 자바, Object-C 등의 네이티브 언어를 배우고 적용하는 것에 많은 수고를 해야만 했다. 그러나, 이제는 기존의 웹 프로그래밍 방식으로도 네이티브앱과 비슷한 수준의 모바일 프로그래밍이 가능해지고 있는데, HTML5 표준이 제공하는 기능이 확장되고 다양한 모바일 웹 관련 프레임워크가 개발되어 제공되기 때문이다.

1.2 웹 기술의 발전

웹은 웹 문서를 하이퍼텍스트(hypertext) 형식으로 작성하며 브라우저를 통해 손쉽게 정보를 이용할 수 있게 만들어 준다. 웹은 인터넷을 통해 수많은 네트워크와 웹 문서들이 거미줄처럼 연결되어 있는 것을 의미한다. 브라우저를 통해 원하는 정보를 선택하면 인터넷을 통해 마치 자신의 컴퓨터에 저장된 정보를 보여주는 것처럼 편리한 서비스를 제공한다. '인터넷' 하면 '웹'을 떠올리는 이유는 문자 중심의 인터넷 서비스와는 다르게 그래픽 위주의 인터페이스가 주는 편리함 때문이다.

웹 방식

웹을 통해 서비스를 제공하고 활용하는 방식에도 많은 변화와 발전이 있었다. 초기에는 대부분이 '데이터 중심의 웹' 방식이었으며 일방적으로 정보를 제공하던 정적인 형태였다. 그러나 점차 '서비스 중심의 웹' 방식으로 발전하면서 상호 교류가 가능하며 양방향의 정보 이동이 가능한 동적인 형태로 발전하고 있다. 이에 따라 웹을 바라보는 시각인 웹 패러다임도 웹 1.0에서 웹 3.0으로 진화하고 있다. 웹 1.0은 일방적으로 정보를 제공하는 포털(portal) 중심의 웹의 시대를 말한다. 웹 2.0은 정보의 생성, 공유, 참여가 가능한 플랫폼 중심의 웹 시대를 말한다. 유튜브나 위키피디아처럼 인터넷이 점점 사용자끼리 뭉쳐 새로운 콘텐츠를 개발할 수 있는 공간으로 발전하게 된 것이다. 진행 중인 웹 3.0은 원하는 정보를 찾아 개인별 맞춤 서비스가 가능한 웹이 모든 환경의 플랫폼이 되는 시대를 말한다. 비교 · 요약하면 다음 표와 같다.

〈표 1-1〉 웹 패러다임의 변화

비교	웹 1.0	웹 2.0	웹 3.0
시기	2000년 이전	2000~2010년	2010년 이후
개념	포탈(portal)로서의 웹 웹 사이트의 집합체	플랫폼(platform)으로서의 웹 웹 애플리케이션 제공	시맨틱 웹
중심	기술	인간	지능화된 개인
콘텐츠 특성	폐쇄성	개방성(참여와 공유)	맞춤형
실행 환경	종속성	독립성	융합 · 개방형
정보 교류	단방향	양방향	자유로운 소통
기술	HTML, ActiveX	Ajax, HTML5, CSS3, RSS, XML	RDF, 시맨틱 웹, RFID, USN
사용자 역할	정보소비자	정보생산자/소비자	참여자/의사결정자

웹 언어

웹 언어도 많은 발전이 이루어졌다. HTML은 웹에서 사용하는 대표적인 마크업 언어이다. 마크업(markup)이란 문서 내용 자체가 아닌 내용에 관한 크기와 모양, 표시 위치와 같은 부가적인 정보를 말한다. 마크업 언어는 이러한 문서의 구조와 표시 방법을 태그(tag)를 사용하여 표현한다.

웹 관련 대표적인 마크업 언어는 다음과 같다.

〈표 1-2〉 웹 마크업 언어의 종류

마크업 언어	특징
SGML	Standard Generalized Markup Language HTML과 모든 마크업 언어의 기반이 된 마크업 언어 다양한 전자 문서들의 구조와 내용을 명세하기 위한 표준
HTML	Hyper Text Markup Language 쉽고 편리한 웹 페이지 작성용 마크업 언어 웹 기술의 출발점이 된 웹 문서 표준
XML	eXtensible Markup Language 문서 형식과 의미를 표현하는 마크업 언어 문서나 정보의 교환을 위한 웹 문서 표준
XHTML	eXtensible Hyper Text Markup Language HTML에 XML의 장점을 접목한 마크업 언어 현재 진행이 중단된 웹 문서 표준
HTML5	HTML 4.01과 XHTML 1.1을 계승한 차세대 웹 기술 웹 페이지에서 웹 애플리케이션까지 지원하는 마크업 언어이자 플랫폼 기술 현재 진행 중인 차세대 웹 문서 표준

웹 표준

웹 표준은 나이나 장애 유무에 상관없이 누구나 어떤 환경에서도 자유롭게 웹에 접근해서 서비스를 받기 위해서 반드시 필요하다. 웹 표준은 액티브-X와 같은 비 표준 기술이 아닌 W3C가 정한 표준 기술만을 사용하여 웹 문서의 구조와 표현, 기능을 제공하는 것을 말한다. 웹 표준은 사용자뿐만 아니라 개발자에게도 많은 이점을 제공한다. 웹 표준을 따라야 하는 이유는 다음과 같다.

- 다양한 장치의 접근성을 지원한다.
- 구조와 표현이 분리되기 때문에 디자인, 기획, 개발 업무가 단순화된다.
- 개발을 위해 배워야 하는 내용이 제한되어 개발 부담이 감소한다.
- 웹 브라우저 상 · 하위 버전간의 호환성이 유지된다.
- 다양한 플랫폼에서 실행 가능한 단일 프로그램 개발로 개발 및 유지 비용이 감소한다.
- 장애인, 노약자 등에 대한 보편적인 웹 접근성이 지원된다.
- 유효성 검사 서비스(W3C 제공)를 통해 웹 표준 준수 여부를 쉽고 빠르게 검증할 수 있다.

웹 서비스

웹 서비스(web service)란 HTML 기반의 다양한 웹 기술을 적용하여 유용한 정보를 브라우저로 제공하는 서비스이다. 초기 정적인 콘텐츠 위주의 웹 문서에서 동적인 데이터 처리 위주의 웹 서비스로 변화해 왔다. 웹 서비스를 제공하기 위해서는 기본적으로 웹 서버와 단말기, 데몬(daemon)이라 부르는 웹 서버용 프로그램이 필요하다. 웹 서버용 데몬으로는 아파치(apache) 웹 서버와 윈도우 계열의 서버에 포함된 IIS(Internet Information Server), 넷스케이프의 엔터프라이즈 서버 등이 있다. 웹 페이지를 보여주기 위한 웹 브라우저의 종류는 매우 다양하다. 웹 서버를 독자적으로 구축하기 힘든 경우에는 웹 호스팅 서비스를 이용하면 경제적일 수 있다.

2. HTML5

초기 HTML은 정보 전달을 위한 간단한 웹 문서를 만들기 위한 언어였다. 기존 HTML이 웹 문서를 만들기 위한 기술에 한정되었다면 HTML5부터는 웹 애플리케이션을 만들기 위한 웹 플랫폼 기술로 확장되고 있다. 현재 모바일 환경이 확대되고 있는 상황에서 핵심 웹 기술은 바로 HTML5이다. HTML5의 등장 배경과 주요 기능 및 특징을 살펴보자.

2.1 HTML5의 등장

HTML5는 스티브 잡스의 발언 등으로 인해 큰 관심을 끌기도 했지만 플래시를 대신할 〈audio〉, 〈video〉, 〈canvas〉 등 HTML5의 새로운 기능들이 많은 관심과 기대를 갖게 만들었다. 최근에는 HTML5를 이용하여 웹 애플리케이션을 손쉽게 만들 수 있어 더욱 주목 받고 있다. 단순 마크업 수준을 넘어서는 애플리케이션으로서의 웹을 실현하는 강력한 기능을 제공한다.

HTML5의 발전 과정

HTML5의 주요 발전 과정을 요약하면 다음과 같다.

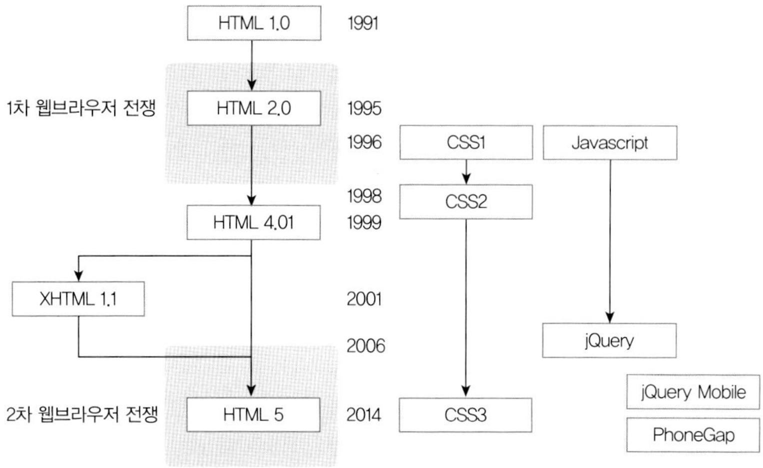

[그림 1-2] 주요 웹 기술의 발전 과정

단순한 기능 중심이었던 HTML 1.0과 HTML 2.0은 넷스케이프와 익스플로러 두 상업용 브라우저의 경쟁으로 빠르게 발전했다. 이 과정에서 '웹 브라우저 전쟁(1994~1998)'이라고 할 수 있는 두 대표 브라우저의 기술과 편의성 경쟁은 웹의 비약적인 발전 계기가 되었다. 그러나 HTML 3.2, HTML 4.0, HTML 4.01 등의 규약은 강제 사항이 아니어서 표준으로서의 위상이 점차 약화되었다. 한편, 업체가 기술을 선도하고 표준이 뒤따라 수용하는 상황이 반복되면서 점차 표준화 속도에 불만인 기업들이 자체적으로 플러그인 기술을 개발하기 시작했다. 플러그인(plug-in)은 웹 브라우저와 연동되는 특정 프로그램을 컴퓨터에 추가로 설치함으로써 브라우저의 기능을 확장하는 개념이다. 대표적인 예가 마이크로소프트사의 액티브-X(ActiveX)와 실버라이트(Silverlight), 어도비사의 플래시(Flash) 등이다.

액티브-X 플러그인의 비 범용성 문제는 마이크로소프트사 이외의 웹 브라우저 제조사(애플, 모질라, 오페라 등)들을 하나로 결집시켰고 새로운 표준화 추진 그룹이 설립되었다.(2004년) 바로 WHATWG(Web Hypertext Application Technology Working Group)으로 기존 HTML 표준을 계승하여 발전시키려는 노력을 다시 시작하였다.

W3C는 HTML 3.2부터 HTML 버전을 관리해오다 1999년 HTML의 표준 개발을 중단했다. 이후, W3C와 마이크로소프트 중심의 그룹에서는 XML 기술을 접목한 XHTML 1.0을 차세대 웹 표준으로 추진했지만 시장의 호응을 얻는데 실패했다. HTML의 단순함을

극복하고 XML의 확장성을 위해 제시한 XHTML은 복잡하고 엄격한 사용 방식으로 사용자들로부터 외면 받았기 때문이다. XHTML 2.0 표준은 마침내 중단되었고(2009년), W3C(2007년)와 구글 크롬(2008년)도 WHATWG의 표준화 작업에 함께 참여하게 되었다. 이로써 1999년 이후 10여 년 동안 양분되어 있던 HTML 표준화 노력들이 다시 결집하여 새로운 차원의 표준을 제시하게 되었는데 이것이 바로 HTML5이다. W3C는 2014년 10월 HTML5 표준안을 확정 발표하였다.

Note: HTML 표준화 그룹

- W3C(World Wide Web Consortium)

1994년에 팀 버너스리에 의해 설립된 웹 표준 제정 및 보급 단체이다. 웹 사용을 장려할 목적으로 만들어져 각종 통신 규약과 지침을 제안하고 개발한다. 웹의 지속적인 성장을 위해 전세계의 주요 IT 관련 회사와 연구소 등이 참여하고 있다. 지금까지 HTML, CSS, XML, DOM, HTTP, 시맨틱 웹 등을 포함한 다양한 웹 관련 표준을 제정해왔다. 비영리 임의 단체이지만 웹 관련해서는 국제 공인 표준과 동등하게 중요한 기준으로 인정받고 있다. 2009년 XHTML 2.0 표준이 폐기된 이후 웹 애플리케이션 1.0 표준을 채택하고 WHATWG와 함께 HTML W/G를 구성하여 HTML5 표준을 마련 중에 있다.(http://www.w3c.org)

- WHATWG(Web Hypertext Application Technology Working Group)

2004년에 애플, 모질라, 오페라 등의 웹 브라우저 제조사들이 마이크로소프트사의 독주에 제동을 걸기 위해 만든 웹 표준 그룹이다. 웹을 통해 애플리케이션을 개발하고 실행할 수 있는 새로운 기술을 개발하고자 웹 애플리케이션 1.0 표준을 제시하였다. 현재는 W3C도 참여하여 함께 HTML W/G를 구성하고 HTML5 표준을 작성 중이다.(http://whatwg.org)

HTML5는 HTML의 최신 버전이며 웹 변화의 중심이다. 기존 HTML의 기본 토대 위에 새로운 마크업과 자바스크립트 API가 추가되었다. 스타일시트 역시 CSS3로 향상되었다.

다음 심벌은 2011년 1월 W3C에서 발표한 새로운 HTML5 로고이다. HTML5 표준과 기술이 진행 중이기 때문에 웹 사이트가 HTML5를 적용하고 있음을 알리기 위해 사용된다.

[그림 1-3] HTML5 로고

HTML5는 'Web on Everything' 개념에 기반한 표준 기술로 스마트 카, 스마트 홈처럼 모든 스마트 기기에 적용되는 차세대 웹 플랫폼 형태로 진화할 예정이다. 또, HTML5를 웹 운영체제로 사용하여 웹과 앱 서비스를 제공하는 형태로 발전할 것이다.

HTML5의 사양

다양한 웹 브라우저들이 구현해야 할 공통된 기능이 HTML5 사양(spec)이다. 모든 브라우저는 HTML 페이지가 동일하게 실행되도록 호환성을 보장해야 하며 이를 위해 공통된 사양을 지원해야 한다.

추가된 주요 HTML5 API는 다음과 같다. 고급 웹 애플리케이션 개발을 위한 기술들이 다수 포함되었다. 여기에는 HTML5 태그뿐 아니라 자바스크립트와 브라우저 엔진의 확장도 포함된다.

〈표 1-3〉 HTML5의 주요 기능

기능	내용
캔버스	2차원 그래픽을 그리기 위한 캔버스 API 제공
멀티미디어	별도의 미디어 플레이어 없이도 실행 가능한 비디오와 오디오 API 제공
위치정보	지리적 위치 정보를 제공하는 위치 정보 API 제공
오프라인 웹	인터넷 연결 없이도 브라우저 보관 HTML과 자원을 통해 정상적인 실행을 지원하는 어플리케이션 캐시 API 제공
웹 데이터베이스	브라우저를 통해 데이터 관리를 지원하는 데이터베이스 API 제공
로컬저장소	브라우저를 통해 데이터를 저장하기 위한 API 제공
웹 소켓	서버와의 실시간 양방향 데이터 교환을 위한 API 제공
웹 워커	웹 애플리케이션을 위한 스레드 관련 API 제공

이외에도 플래시 없이도 다양한 애니메이션 효과를 실행하는 CSS3 기능이나 모바일 화면에 맞게 HTML을 조절할 수 있는 미디어 쿼리 등의 기능 등도 공통적으로 지원하는 HTML5 사양이다.

2.2 HTML5의 특징

HTML5의 발전 방향은 웹 브라우저라는 플랫폼 위에서 동작하는 애플리케이션(웹앱)을 HTML과 CSS, 자바스크립트 언어로 만들 수 있도록 하는 것이다. HTML5는 애플리케이션으로 동작하기 위해 필요한 기능들을 API 형태로 제공하도록 확장되었다. CSS3도 단순 화면 구성이 아닌 애플리케이션에 맞는 세련된 화면과 화면 움직임을 제공하도록 확장되었다. 자바스크립트는 단순한 HTML 문서의 조작 수준을 넘어 다양한 HTML5 API를 활용하고 제어하며 통신하는 역할로 확대되었다.

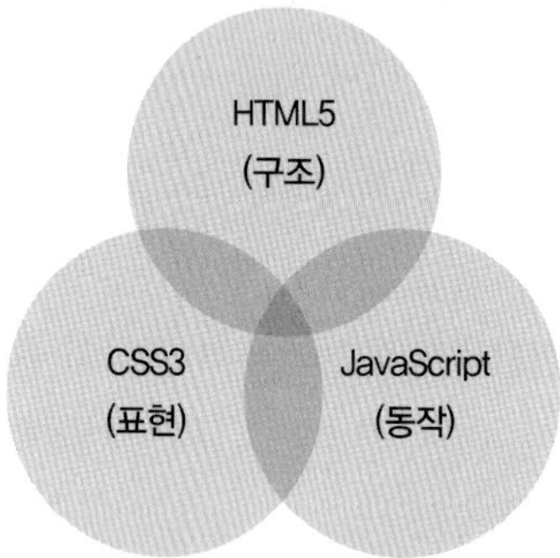

[그림 1-4] 웹 페이지의 구성 요소

HTML5는 단순 문서가 아닌 애플리케이션을 지원하기 위한 다양한 API와 DOM 조작 등을 추가로 지원한다. 따라서, 웹 브라우저가 실행되는 클라이언트 쪽의 기능이 강화되고 중요해지고 있다. HTML5의 대표적인 특징을 살펴보자.

■ 웹 표준으로서의 위상 강화

웹 브라우저 중 마이크로소프트사의 익스플로러 점유율이 아주 높다. 익스플로러가 표준이 아닌 자신만의 독자 기술을 계속 고집해 온 이유이다. 그 결과 HTML 표준을 충실히 따르더라도 브라우저 종류와 버전에 따라 실행이 되지 않는 경우가 많았다. 국내의 경우에는 액티브-X 활용도에 비례해서 익스플로러 점유율이 비정상적으로 높기 때문에 윈도우즈 운영체제에 심각하게 종속된 상황에 처해 있다. HTML5에서는 이러한 웹 브라우저간의 비 호환성 문제를 해결함으로써 웹 표준으로서의 위상을 강화할 예정이다. 앞으로는 스마트폰 등 다양한 장치뿐만 아니라 운영체제, 웹 브라우저의 종류에 상관없이 어떤 환경에서도 정상적으로 동작하는 웹 페이지를 위해 웹 표준을 반드시 준수해야 한다. HTML5는 그 중심에 있으며 HTML5 등장으로 다양한 API를 사용하여 스크립트만으로도 원하는 기능을 충분히 구현할 수 있게 되었다.

■ 웹 문서의 의미 구조화 지원

기존 HTML 표준은 태그를 이용해 문서의 구조를 전달할 수는 있지만 표현 중심의 구조만을 정의할 수 있었다. 표현 중심의 문서는 사람이 읽고 이해하기는 좋지만 검색 엔진과 같은 프로그램에서 문서를 완벽히 이해하고 해석하는데 어려움이 있다. 따라서 XHTML에서 XML의 의미 구조 개념을 도입하고자 했던 시도가 HTML5에도 적용되었다. HTML5는 시맨틱 태그를 추가하고 기존 태그들도 의미를 강화함으로써 '시맨틱 웹' 개념을 지원하도록 하였다. 시맨틱 웹(semantic web)은 검색 엔진 같은 프로그램이 정보의 의미를 분석하여 검색하고 처리하는 지능형 웹을 말한다.

■ 웹 언어에서 웹 플랫폼으로의 기능 확장

웹 페이지는 문자 위주인 보여주는 문서 형식에서 다양한 멀티미디어와 화려한 UI를 제공하는 콘텐츠 형식으로 변화했다. 기존 문서 중심의 HTML 기술은 다양한 미디어와 사용자와의 복잡한 상호 작용을 원하는 현장의 요구 사항을 충족시키지 못했다. HTML5는 웹 페이지의 기능 확장을 위해 사용해 오던 플러그인이 필요 없도록 다양한 기능의 API를 추가로 제공한다. 새롭게 추가되는 API는 HTML을 단순한 웹 표현 언어에서 웹 어플리케이션 개발 플랫폼으로 확장시킨다. 그 결과로 웹 페이지 자체가 하나의 애플리케이션이 될 수 있는 환경이 되었다.

■ 웹 폼 기능 지원

HTML5는 기존 〈input〉 태그에 새로운 type 속성들을 추가하여 다양한 유형의 입력 웹 폼을 지원한다. 'number', 'range', 'search', 'tel', 'url', 'color' 등 새로운 폼 유형들은 편리한 입력 인터페이스를 제공할 뿐만 아니라 데이터가 올바르게 입력되었는지 데이터의 유효성까지 검증해 준다. 예를 들어, 'url' 유형은 'http://'로 시작하는 올바른 URL 주소 문자열이 입력되었는지 검증하고 올바르지 않을 경우 오류 메시지를 표시한다.

■ 풍부한 웹 페이지(미디어) 기능 지원

HTML5는 캔버스, SVG, 오디오, 비디오 등의 각종 미디어 관련 태그를 제공하기 때문에 다양한 2차원 그래픽 효과가 가능하고 내장 비디오 및 오디오 재생이 지원된다.

■ 모바일 웹 어플리케이션 개발 지원

최근 웹 사용 환경이 PC 환경에서 모바일 환경으로 급속히 전환되면서 모바일 웹을 지원하기 위한 기능들이 HTML5에 제공되었거나 제공될 예정이다. 인덱스, 키 기반의 내장 저장소 기능도 지원되며 오프라인 웹 애플리케이션 수행 기능과 모바일 장치들의 제어 기능 그리고 지리적 위치 정보를 활용할 수 있는 기능도 제공한다. 이러한 다양한 지원 API를 통해 네이티브 애플리케이션을 어느 수준까지는 대체하는 모바일 웹 애플리케이션을 개발할 수 있다.

Tip 사용중인 브라우저의 HTML5 지원 수준 확인

사용중인 브라우저가 어느 수준까지 HTML5를 지원하는지 확인할 수 있는 여러 웹 사이트들이 있다.

- HTML5의 현재 사양을 확인하려면?
  http://www.w3c.org
- 현재 사용중인 웹 브라우저에서 HTML5 기능을 어느 정도 지원하는지 알고 싶다면?
  http://html5test.com
- 특정 기능의 동작 여부를 확인하려면?
  http://html5please.com
- HTML5의 기능 지원 현황이 궁금하다면?
  http://caniuse.com
  http://html5readiness.com

웹 페이지 구현 시 다양한 운영 환경(장치, OS, 브라우저, 화면 해상도 등)에서 완벽하게 똑같이 보여지는 것은 현실적으로 불가능하기 때문에 유연성을 갖도록 개발되어야 한다. 특정 태그가 지원되지 않을 경우에 대체 태그를 통해 보조 페이지가 보여지도록 작성하는 노력도 필요하다.

3. 플랫폼이 된 웹 브라우저

웹 브라우저는 이제 단순한 뷰어(viewer)가 아니라 프로그램을 실행할 수 있는 플랫폼(platform)으로 간주된다. 마치 윈도우 운영체제 위에서 엑셀 프로그램이 실행되는 것처럼 'HTML 페이지'라는 프로그램이 '웹 브라우저'라는 운영체제에서 실행되는 것으로 이해할 수 있다. 웹 브라우저 시장의 변화와 내부 브라우저 엔진의 기능에 대해 살펴보자.

3.1 웹 브라우저

웹의 목표는 장비, 환경 등의 차이에도 불구하고 모든 사용자가 제약 없이 접근할 수 있는 정보 공간이 되는 것(Web for All)이다. 그러나, 1990년대 중반 웹 브라우저들이 각자 고유 기술을 경쟁적으로 도입함으로써 비호환성이 문제가 되었다. 같은 HTML 문서라도 웹 브라우저마다 다르게 표현되거나 동작하지 못하는 경우도 발생했다. 인터넷 익스플로러가 시장의 상당 부분을 점유하는 동안 비호환성 문제가 더욱 심화되었다.

넷스케이프와 익스플로러간의 1차 웹 브라우저 전쟁에 이어 현재는 2차 웹 브라우저 전쟁이 진행 중이다. 스마트폰, 태블릿 등의 모바일 장치를 통한 웹에 대한 접근이 급속히 증가하면서 새로운 브라우저 전쟁이 진행중이다. 시장의 우위를 바탕으로 웹 브라우저 표준을 주도하려고 했던 익스플로러는 XHTML 2.0 표준이 중단됨에 따라 주도권을 잃고 오히려 새 HTML5 표준화 과정에서 한 발 뒤쳐진 상황이다.

브라우저 종류나 버전마다 각기 다른 맞춤형 웹 문서를 만들 경우, 모바일처럼 장치 플랫폼과 운영체제, 브라우저 등이 다양한 환경에서는 더 큰 혼란과 비효율이 발생하게 된다. 구글사의 크롬(Chrome), 애플사의 사파리(Safari), 모질라 재단의 파이어폭스(Firefox) 그리고 오페라(Opera) 등이 이러한 모바일 환경의 변화를 틈타 반격을 시도하고 있다. 점유율을 높이기 위해 발빠르게 웹 표준을 수용하고 연달아 웹 브라우저를 갱신하고 있다. 상대적으로 모바일 웹 브라우저 시장에서 시장 선점을 위한 경쟁이 활발히 이루어지고 있다.

웹 브라우저 시장이 어떻게 변화하고 있는지 살펴 보자. 대표적인 브라우저들의 최근 세계 시장 점유율 변화는 다음과 같다.

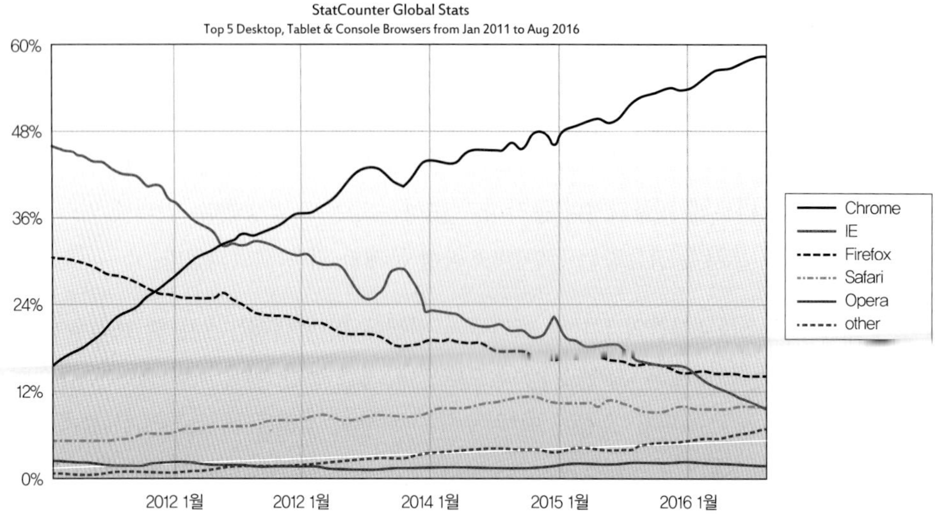

[그림 1-5] 웹브라우저의 전세계 점유율 변화 (출처: http://gs.statcounter.com, 2016년 9월 기준)

크롬 브라우저는 점유율이 가장 높고 지속적인 증가 추세를 보이며 익스플로러는 반대로 점유율이 점차 감소하고 있다. 국내의 경우에는 아직까지도 익스플로러 사용 빈도가 높은 편이지만 크롬을 비롯한 여러 브라우저 점유율이 빠르게 성장하고 있다. 국내 주요 웹사이트를 접속한 사용자의 웹 브라우저 최근 사용 현황은 다음과 같다.

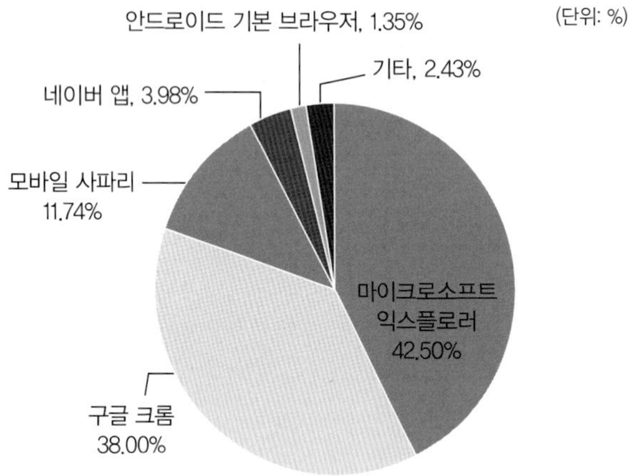

[그림 1-6] 국내 주요 웹사이트 접속 브라우저의 현황 (출처: http://internettrend.co.kr, 2016년 9월 기준)

익스플로러는 점유율은 높지만 HTML5 기능 지원수준이 낮은 편이므로 이 책에서는 앞으로 예제를 작성하고 실행할 때 크롬 브라우저를 사용한다. 현재 모바일 브라우저들이 기존 데스크톱 브라우저에 비해 HTML5를 더 충실히 지원하기 때문에 이를 고려하여 웹 프로그래밍할 필요가 있다.

주요 웹 브라우저의 종류는 다음과 같다.

〈표 1-4〉 웹 브라우저 종류

브라우저	제조사	특징	로고
익스플로러	마이크로소프트	가장 범용적인 브라우저 액티브-X 기술 지원 보안이 취약하고 웹 표준 준수율이 낮음	
크롬	구글	가볍고 빠른 브라우저 안드로이드 호환성으로 최근 점유율이 향상됨	
파이어폭스	모질라	공개 코드로 개발중인 브라우저 빠른 속도와 보안, 프라이버시에 강점	
사파리	애플	간결한 디자인과 독특한 기능 모바일용으로 많이 사용됨	
오페라	오페라 소프트웨어	작은 용량과 빠른 속도 오랜 역사, 모바일용으로 사용됨	

(출처: http://www.w3schools.com/browsers/, 최신버전 2016년 9월 기준)

3.2 웹 브라우저 엔진

웹 브라우저는 단순한 번역기(interpreter) 이상의 역할을 수행한다. 기본적으로 HTML, CSS, 자바스크립트 코드를 받아 해석하고 처리하는 기능을 수행한다. 이를 위해 브라우저는 내부에 웹 브라우저 엔진을 가지고 있다.

웹 브라우저 엔진은 내부에 다음과 같은 기본 요소들로 구성된다. 기본 요소들은 브라우저 엔진, 렌더(혹은 레이아웃) 엔진, 자바스크립트 엔진 등을 포함한다. 렌더링(rendering)은 브라우저가 HTML 코드를 해석하여 화면에 결과를 보여주는 것을 말한다.

웹 브라우저의 내부 엔진에 의해 HTML 문서가 처리되는 과정은 다음과 같다.

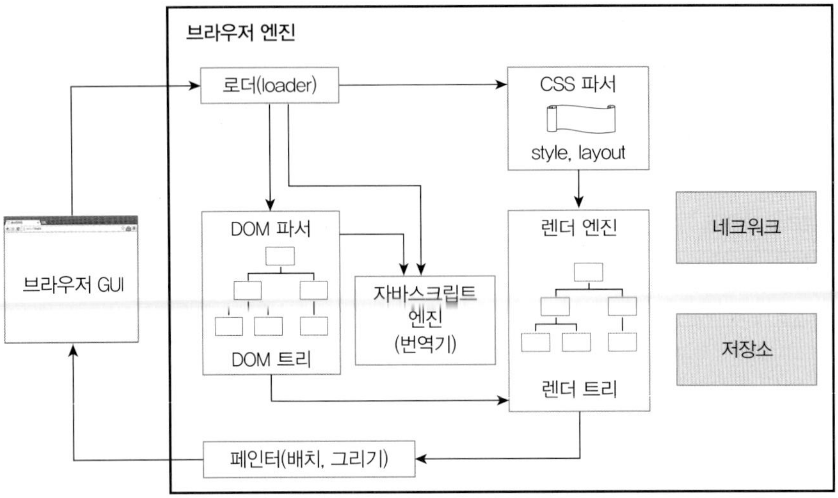

[그림 1-7] 웹브라우저 엔진 구조

■ DOM 트리 구성

브라우저 엔진은 사용자 인터페이스를 통해 전달된 HTML 문서를 파서(parser)를 통해 파싱해서 메모리에 'DOM(Document Object Model) 트리'라는 내부 트리를 구성한다. DOM 트리는 브라우저 엔진 안의 DOM 파서가 생성한다. HTML 문서의 마크업 즉, 각 태그들은 계층 구조를 갖기 때문에 엘리먼트들의 상 · 하 관계를 표현한 DOM 트리 구조를 생성한다. 〈script〉 태그로 둘러싸인 자바스크립트 코드가 존재할 경우, 자바스크립트 엔진에 의해 번역되어 처리되며 그 결과로 DOM 트리의 일부가 동적으로 변경될 수도 있다.

■ 렌더 트리 구성

DOM 트리의 노드 중에서 〈head〉 태그나 'display: none;' 스타일처럼 표시되지 않도록 지정된 노드를 제외하고 화면에 출력할 노드만으로 '렌더 트리(render tree)'가 구성된다. 즉, DOM 트리 중에서 화면에 보여지는 엘리먼트만을 선별해서 만든 내부 저장 구조가 렌더 트리이다. 렌더 엔진에 의해 CSS 스타일 내용을 분석하여 렌더 트리가 완성된다.

■ 레이아웃 구성

구성된 렌더 트리를 웹 브라우저 화면의 지정된 영역에 매핑하여 배치함으로써 레이아웃

(layout)을 구성한다. 렌더 트리의 엘리먼트들을 화면의 어느 위치에 어떻게 표시할 것인지를 결정한다. 레이아웃 구성 과정에는 CSS 스타일이 분석되어 적용된다.

■ 페인팅

구성된 레이아웃 결과를 페인터를 통해서 브라우저 화면에 출력한다. 구성된 레이아웃을 실제 화면의 브라우저 창에 표현하게 됨으로써 HTML 문서가 웹 브라우저에 나타나게 된다.

웹 브라우저의 핵심은 바로 웹 브라우저 엔진이다. 개발 난이도가 높은 다양한 코드와 기술 요소들이 결합된 모듈 소프트웨어로 웹 브라우저 종류는 다양하지만 내부적으로는 보통 다음 엔진 중 하나를 사용한다.

- 게코(Gecko): 모질라 파이어폭스(Firefox), 모질라 파이어폭스 모바일(Fennac)
- 웹킷(Webkit): 애플 사파리(Safari), 애플 사파리 모바일(Safari Mobile), 구글 크롬(Chrome)
- 트라이던트(Trident): 마이크로소프트의 인터넷 익스플로러(IE), 익스플로러 모바일(IE Mobile)
- 프레스토(Presto): 오페라소프트웨어의 오페라

대부분의 웹 브라우저들은 위 핵심 엔진에 각기 다른 부속 기능과 스킨 등을 추가한 것이다. 마치 자동차 엔진 종류는 같지만 자동차 모델은 다양한 것과 같다.

웹 브라우저의 처리 과정은 MVC(Model View Controller) 구조를 그대로 따르는 특성을 갖는다. 하나의 HTML 문서 안에는 MVC 각 요소가 코드로 포함되어 있다. 각 코드들은 브라우저 내부의 각 엔진들에 의해 번역되고 처리되어 그 결과를 브라우저 창에 표시한다.

〈표 1-5〉 웹 브라우저의 MVC 구조

MVC 패턴요소	처리 대상(코드)	기능	브라우저 구성요소
모델(Model)	HTML 코드 (〈html〉. . . 〈/html〉)	데이터	DOM 파서
뷰(View)	CSS 코드 (〈style〉. . . 〈/style〉)	레이아웃	렌더 엔진
제어기(Controller)	JavaScript 코드 (〈script〉. . . 〈/script〉)	동적 처리	자바스크립트 엔진

Note: MVC 개발 방식

MVC 개발 방식은 프로그램 개발 모듈을 화면(View), 데이터(Model), 기능(Controller) 영역으로 분할하여 분석, 설계하고, 이들 간의 상호 작용을 통해 전체 프로그램이 실행되는 구조로 개발하는 방식이다. 개발 언어에 상관없이 프로그램을 개발할 때에 일반적으로 적용될 수 있는 대표적인 설계/아키텍처 패턴 중 하나이다.

4. 모바일 웹 환경

웹 환경을 이야기할 때 웹은 보통 데스크톱 웹(desktop web)을 말한다. 모바일 웹(mobile web)은 태블릿, 스마트폰 등의 모바일 브라우저로 접속하도록 만들어진 웹 페이지를 말한다. 일반적인 웹 사이트를 모바일 환경으로 그대로 옮긴 형태이다. 모바일 웹 환경에 맞는 개발 방식과 지원 프레임워크에 대해 살펴보자.

4.1 데스크톱 웹과 모바일 웹

모바일 장치에서 데스크톱 웹을 그대로 실행시키면 화면 해상도가 달라서 제대로 보기가 어렵다. 웹 페이지를 작성할 때 모바일 장치의 환경에 맞춰 화면을 구성해야 한다. 따라서, 데스크톱 웹과 모바일 웹은 구분되고 각기 다른 관점에서 개발되어야 한다.

다음 [그림 1-8]은 두 웹 유형(http://m.naver.com과 http://www.naver.com)의 차이를 보여준다.

[그림 1-8] 모바일 웹과 데스크톱 웹

[그림 1-8]에서 보는 것처럼 각기 다른 URL 주소를 통해 모바일 웹과 데스크톱 웹을 제공하는 것이 일반적이다.

처음 모바일 프로그래밍이 대두되었을 때 프로그래밍 방식에 큰 변화가 있었다. 기존 서버 중심의 웹 프로그래밍 대신에 새롭게 안드로이드나 아이폰 프로그래밍 기술을 습득해야 했기 때문이다. ASP, JSP, PHP 대신에 Object-C나 Java를 새로 익혀야만 모바일 장치에 맞는 프로그램을 개발할 수 있었다. 이를 네이티브앱이라 한다.

최근 웹앱, 하이브리드앱 기술이 소개되면서 다시 '웹의 반격'이 시작되었다. 기존 웹 기술을 가지고 모바일 장치의 애플리케이션과 유사한 특성을 갖는 프로그램의 개발이 가능해진 것이다. HTML5와 CSS3라는 전통적인 웹 기술의 발전과 제이쿼리 모바일, 코르도바(폰갭)과 같은 프레임워크 기술이 등장하였기 때문이다.

4.2 모바일앱

앱(app)은 애플리케이션(application)의 줄임말로 모바일 기기에서 실행되는 응용 프로그램을 말한다. PC와 같은 데스크톱 환경의 응용 프로그램(애플리케이션)과 구분하기 위한 용어이다.

모바일앱의 개발 방식에는 크게 3가지 방법이 있다.

네이티브앱

네이티브앱(native app)은 네이티브 언어를 사용하여 개발된 모바일 장치에 최적화된 애플리케이션을 말한다. 각 플랫폼 전용의 개발 도구(언어)와 SDK(Software Development Kit)를 이용하여 개발한다. 아이폰은 XCode와 Object-C 언어를, 안드로이드폰은 자바 프로그래밍 언어를, 윈도폰은 C# 언어를 사용하여 각각 개발해야 한다. 카메라, 스피커, GPS 등의 장치들을 직접 제어할 수 있고 효율성이 높다. 각 플랫폼 별로 다른 프로그래밍 언어를 익혀서 앱을 개발해야 하는 점은 큰 부담이다.

● 장점

- 각 플랫폼에 최적화되어 실행 속도가 빠르다.
- 스마트폰 안의 모든 장치(하드웨어, 소프트웨어) 접근이 가능하며 정교한 UI 개발이 가능하다.
- 앱 마켓을 통해 등록함으로써 수익을 얻기가 쉽다.

● 단점

- 개발 기간이 길고 많은 비용이 소요된다.
- 각 플랫폼 별로 별도의 버전을 다른 언어로 매번 개발해야 한다.
- 앱 마켓을 통해 배포되므로 갱신이나 유지보수가 복잡하고 어렵다.

웹앱

웹앱(web app)은 웹 기술로 개발하지만 겉모양은 네이티브앱처럼 보이는 애플리케이션을 말한다. 모바일 브라우저를 통해서 동작하면서도 네이티브앱과 비슷한 화면과 터치 관련 사용자 경험(UX)을 제공한다. 웹앱은 기존의 웹 개발 기술을 그대로 활용할 수 있고 기기에 상관없이 한 번 개발하면 어떤 환경에도 적용할 수 있는 장점이 있다.

● 장점

- 기존의 표준 웹 기술을 사용하므로 단기간에 빠르고 쉽게 개발할 수 있다.
- 웹 브라우저만 있으면 다양한 장치와 플랫폼에서 동일하게 실행 가능하다.
- 웹 브라우저를 통해 배포되므로 갱신이나 유지보수가 쉽다.

● 단점

- 웹 페이지 내용이 많을 경우, 성능 문제가 발생할 수 있다.

• 모바일 장치에 대한 제어가 제한적이며 코드 효율성이 낮다.
• 적용할 수 있는 UI에 한계가 있다.

하이브리드앱

하이브리드앱(hybrid app)은 네이티브앱과 웹앱의 장점을 결합한 애플리케이션이다. 네이티브앱처럼 모바일 기기에 설치해서 사용하지만 내부적으로는 웹 기술로 구현한다. 먼저, 표준 웹 기술로 웹앱을 개발하고 이를 다시 네이티브앱으로 변환한 다음 배포하는 형태이다. 대부분의 기능은 웹 기술로 개발하고 최소한의 기능만 네이티브 기술로 구현한다.

웹앱은 모바일 기기에서 모바일 브라우저를 통해 웹 페이지를 애플리케이션처럼 보이게 할 수는 있지만 마켓을 통해 판매할 수는 없다. 그러나, 최근 크로스 프레임워크(cross framework)를 사용하면 웹 페이지를 애플리케이션으로 변환하거나 애플리케이션처럼 독립적으로 실행할 수 있다.

● 장점

• 다양한 플랫폼을 위한 앱 개발 및 유지보수 비용이 낮다.
• 장치 접근도 가능하고 앱 마켓을 통해 등록, 배포할 수 있다.

● 단점

• 네이티브앱에 비해 실행 속도가 느리다.
• 자유로운 UI 구현에 한계가 있다.

모바일앱 개발 방식의 비교

네이티브앱, 웹앱, 하이브리드앱 등 3가지 종류의 모바일앱 방식의 주요 특징을 요약하면 〈표 1-6〉과 같다.
앱 개발 방식의 미래에 대해서 다양한 의견이 있지만 당분간은 상호 보완 관계 속에 각 방식마다 특성을 갖고 함께 발전할 것으로 보인다. 네이티브앱은 각 모바일 장치와 플랫폼의 특성을 최대한 이용하는 방향으로 '기능' 중심의 영역에서 제 역할을 할 수 있다. 반면, 웹앱, 하이브리드앱은 개발 생산성과 비용을 무기로 동적인 콘텐츠가 핵심인 '정보' 중심의 영역에서 그 나름의 역할을 할 것으로 예상된다.

〈표 1-6〉 앱 개발 방식의 비교

특징	네이티브앱	웹앱	하이브리드앱
실행 속도	빠름	보통	보통
장치 제어	높음	낮음	높음
마켓 등록	가능	불가능	가능
개발 비용	높음	낮음	보통
UI 접근성	높음	낮음	보통
플랫폼	단일	다중	다중
갱신	느림(버전업)	빠름(실시간)	보통(버전업)

4.3 모바일앱 프레임워크

모바일앱을 개발하기 위해 다양한 프레임워크가 사용된다. 프레임워크(framework)는 애플리케이션의 기본 골격을 말하며 표준화된 방식으로 앱 개발을 쉽게 할 수 있도록 한다. 건축물의 경우, 골격이 있으면 쉽고 빠르게 건축이 가능한 것처럼 프레임워크를 활용하면 신속하고 편리하게 앱을 개발할 수 있다. 표준 HTML 페이지를 모바일 화면에 맞게 표현하기 위해서는 CSS와 자바스크립트 기술이 필요한데 프레임워크 기술은 많은 부분들을 자동화하여 보이지 않게 처리해 준다.

웹 UI 프레임워크

글자 그대로 웹 UI를 쉽고 빠르게 만들 수 있도록 웹앱 개발을 지원하는 프레임워크이다. 특히, 모바일 환경에서 앱은 기존 웹과는 다른 화면 요소와 레이아웃, 화면 전환 효과를 갖기 때문에 이를 효과적으로 지원해주는 웹 UI 프레임워크들이 매우 중요해졌다. 모바일앱을 개발하는 프레임워크로는 제이쿼리 모바일(jQuery Mobile)이 대표적이다. 표준 HTML 태그를 기반으로 커스텀 데이터 속성을 통해 확장하는 방식이다.

크로스 플랫폼 프레임워크

하이브리드앱 개발을 지원하는 프레임워크로 하나의 원본 코드를 다양한 플랫폼에서 동작하는 네이티브 형태의 여러 애플리케이션들로 변환한다. 다양한 모바일 플랫폼별로 별도로 개발하는 수고를 덜어준다. 외형은 네이티브앱처럼 보이지만 내부는 웹뷰(webview)라는 컴포넌트를 통해 실제로는 웹이 동작하도록 지원하는 방식으로 코르도바(폰갭)이 대표적이다.

요약

1. 웹은 데스크톱 환경에서 모바일 환경으로의 급속하게 이동하며 변화하고 있다. 속도나 기능, 사양 측면에서도 거의 동일한 환경이 제공되며 더 빠르고 다양한 웹 정보가 요구된다.

2. HTML5는 API 추가를 통하여 웹이 애플리케이션으로서 실현되는 강력한 기능을 제공한다. 캔버스, 멀티미디어, 위치 정보, 오프라인 웹, 웹 데이터베이스, 로컬 저장소, 웹 소켓, 웹 워커 등의 다양한 기능들을 지원한다.

3. 모바일 환경의 등장으로 웹 브라우저 시장은 전통적인 기존 인터넷 익스플로러와 크롬 등의 모바일 브라우저 간의 치열한 경쟁이 이루어지고 있다.

4. 웹 브라우저는 플랫폼의 역할을 수행하며 내부에 게코, 웹킷, 트라이던트, 프레스토 등의 웹 브라우저 엔진을 가지고 있다. 내부에는 렌더링 엔진, 자바스크립트 엔진, DOM 파서, CSS 파서 등이 포함된다.

5. 웹 환경은 데스크톱 웹 환경과 모바일 웹 환경으로 구분된다. 화면 크기나 해상도 등의 차이로 인해 별도의 모바일 웹 페이지를 추가로 개발, 운영하는 것이 일반적이다.

6. 앱은 모바일 기기에서 실행되는 응용 프로그램을 말한다. 모바일앱 개발 방식에는 크게 3종류가 있다. 네이티브앱, 웹앱, 하이브리드앱이다.
   - 네이티브앱: 네이티브 언어를 사용하는 플랫폼에 최적화된 앱 개발 방식으로 효율성은 좋으나 높은 비용과 관리의 어려움이 약점이다.
   - 웹앱: 표준 웹 기술을 사용한 앱 개발 방식으로 쉽고 빠르게 개발 가능하지만 성능이나 적용 범위에 많은 한계를 보인다.
   - 하이브리드앱: 내부적으로는 웹 기술을 적용하고 네이티브앱으로 변환하여 배포하는 방식으로 장치 제어가 가능하지만 네이티브앱에 비해 느린 실행 속도가 약점이다.

7. 표준화된 방식으로 모바일앱을 쉽게 개발할 수 있도록 다양한 프레임워크 기술이 사용된다. 프레임워크는 애플리케이션의 기본 골격으로 표준화된 방식으로 앱개발을 쉽게 할 수 있도록 많은 부분들을 자동화하여 보이지 않게 처리해 준다.
   - 웹 UI 프레임워크: 웹 인터페이스를 쉽고 빠르게 만들 수 있도록 웹앱 개발을 지원한다.
   - 크로스 플랫폼 프레임워크: 여러 플랫폼에 맞는 다양한 네이티브 애플리케이션으로의 변환을 지원한다.

연습문제

1. 다음 문장의 내용이 옳으면 O, 옳지 않으면 X를 하시오.

1) 익스플로러 브라우저는 전세계적으로 점유율이 가장 높고 지속적인 증가 추세에 있다. (　　)
2) 웹 1.0은 정보의 생성, 공유, 참여가 가능한 플랫폼 중심의 웹 시대를 말한다. (　　)
3) 웹 표준은 나이나 장애 유무에 상관없이 누구나 어떤 환경에서도 자유롭게 웹을 접근하고 서비스를 받기 위해서 반드시 필요하다. (　　)
4) 크롬과 사파리 웹 브라우저는 내부적으로 웹킷(Webkit) 엔진을 사용한다. (　　)
5) 데스크톱 웹과 모바일 웹은 구분되고 각기 다른 관점에서 개발되어야 한다. (　　)

2. 다음 ( ) 안에 적합한 용어를 넣어 문장을 완성하시오.

1) 웹 개념의 제안자이자 HTML의 최초 개발자는 (　　　　　　)이다.
2) (　　　　　　)이란 문서 내용 자체가 아닌 내용에 관한 크기와 모양, 표시 위치와 같은 부가적인 정보를 말한다.
3) HTML5의 발전 방향은 (　　　　)라는 플랫폼 위에서 동작하는 애플리케이션(웹앱)을 HTML과 CSS, 자바스크립트 언어로 만들 수 있도록 하는 것이다.
4) (　　　　　)은 브라우저가 HTML 코드를 해석하여 화면에 결과를 보여주는 것을 말한다.
5) (　　)은 애플리케이션(application)의 줄임말로 모바일 기기에서 실행되는 응용 프로그램을 말한다.

3. 1차 웹브라우저 전쟁과 2차 웹브라우저 전쟁에 대해 간략히 설명하시오.

4. 네이티브앱, 웹앱 및 하이브리드앱에 대해 간략히 설명하시오.

5. 모바일 앱 프레임워크의 2가지 종류에 대해 간략히 설명하시오.

6. HTML5의 사양(spec)에 해당하는 주요 기능을 간략히 설명하시오.

Chapter 02

HTML5 기초 다지기

※ 학습목표

- HTML5 문서의 구조와 기본요소, 명세 방법을 이해한다.
- HTML5의 기본 태그와 글자, 목록, 링크, 테이블 태그 사용 방법을 알아본다.
- 이미지, 오디오, 비디오 태그를 포함한 미디어 태그 사용 방법을 살펴본다.
- 공간분할 태그와 시멘틱 태그를 활용한 레이아웃 구성 방법을 이해한다.

Chapter

02 HTML5 기초 다지기

1. HTML5 개요

HTML5는 표준 웹 마크업 언어로 플랫폼이나 장치, 운영 체제의 종류 등에 상관없이 똑같이 작성하고 실행된다. HTML5는 HTML4와 비교해서 많은 부분들이 향상되고 새롭게 변경되어 편리해졌다. HTML5의 기본 구조와 문법, 태그들의 명세 방법을 알아본다.

1.1 HTML5 문서

HTML5 문서 구조

HTML5 문서는 크게 DOCTYPE 문서 선언부와 〈html〉 엘리먼트 두 영역으로 구성된다. 〈html〉 엘리먼트 영역은 다시 〈head〉 엘리먼트 영역과 〈body〉 엘리먼트 영역으로 구성된다.

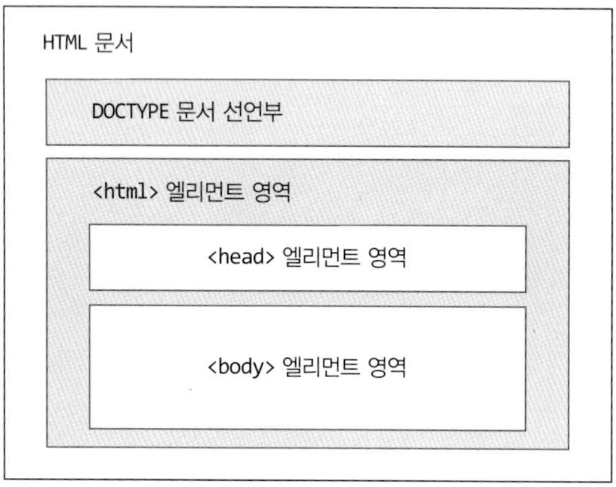

[그림 2-1] HTML5 문서의 구조

DOCTYPE은 'Document Type'의 줄임말로 문서 유형을 지정한다. HTML5 태그는 아니지만 HTML5 문서라면 반드시 명세해야 한다. 어떤 HTML5 태그보다도 먼저 문서의 맨 앞에 선언되어야 하고 중복하여 선언할 수 없다. HTML5 문서는 문서 선언부를 제외하고는 〈html〉 시작 태그로 시작해서 문서 내용들이 명세되고 마지막 〈/html〉 종료 태그로 끝난다. 〈html〉 태그 안에는 〈head〉와 〈/head〉 태그 쌍이 먼저 오고, 〈body〉와 〈/body〉 태그 쌍이 그 다음에 한 번씩만 올 수 있다.

HTML5 문서 예

다음은 기본 태그만으로 작성된 간단한 HTML5 문서의 예이다.

[예제2-1] HTML5 문서 작성하기 /ch02/html5-tag.html

```
<!DOCTYPE html>                              <!-- 문서 유형 선언 -->
<html>                                       <!-- HTML5 문서의 시작 -->
<head>                                       <!-- 머리글(문서 설명 정보)의 시작 -->
  <meta charset="utf-8">                     <!-- 문서의 인코딩 설정 -->
  <title>HTML5 문서 제목</title>             <!-- 문서 제목(브라우저 상단에 표시됨) -->
</head>                                      <!-- 머리글의 종료 -->
<body>                                       <!-- 문서 본문 시작 -->
  <h1>HTML이란?</h1>                         <!-- 문서 본문(글 제목) -->
  HyperText Markup Language의 약어           <!-- 문서 본문(글 내용) -->
</body>                                      <!-- 문서 본문 종료 -->
</html>                                      <!-- HTML5 문서의 끝 -->
```

〈!DOCTYPE html〉 선언은 웹 브라우저에게 HTML5로 작성되었음을 알려준다. HTML5 문서 자체는 아스키(ASCII) 코드로 구성된 일반 텍스트 파일이므로 문서 작성은 일반 텍스트 편집기를 이용하면 가능하다. 파일 확장자를 .html이나 .htm으로 저장한 뒤 웹 브라우저로 읽어 들이면 브라우저가 해석하고 변환한 HTML5 문서 결과를 확인할 수 있다.

Note: 실습을 위한 웹 브라우저: 크롬

HTML5 실습을 위해 웹 표준을 지원하는 브라우저는 어떤 것도 사용할 수 있다. 이 책에서는 HTML5 지원에 적극적이며 시장 점유율이 빠르게 증가하고 있는 크롬(Chrome) 브라우저를 사용한다. [부록A] 크롬 브라우저 준비하기를 참고하여 실습하도록 하자.

크롬 브라우저 안에서 [도구]-[개발자 도구] 메뉴 항목을 선택하면 [Developer Tools] 도구 창을 통해서 현재 실행 중인 웹 페이지의 HTML, CSS, 자바스크립트 코드를 분석해 볼 수 있으므로 필요하다면 사용해보자.

메모장을 사용하여 [예제2-1] 'html5-tag.html' 문서를 작성하고 크롬 브라우저를 통해 읽어 들이면 문서는 다음과 같이 해석되어 표시된다.

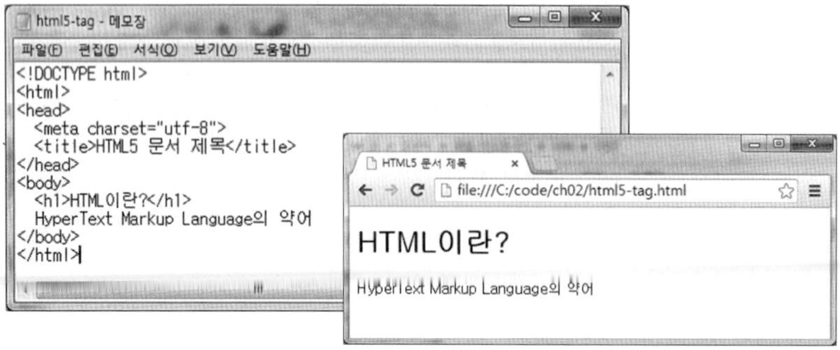

[그림 2-2] HTML5 문서 작성과 실행

이때, HTML5 문서 저장시 파일의 인코딩 형식을 'utf-8'로 설정하도록 한다.

[그림 2-3] HTML5 문서 파일의 인코딩 형식 지정

HTML5 문서의 많은 부분들은 웹 브라우저에게 해석되어 사라지고 문서 일부 내용만 보여진다. 배워야 할 부분은 바로 브라우저에게 해석되어 사라지는 엘리먼트 혹은 태그들이다. 그 태그들의 의미와 사용 방법을 하나씩 살펴보도록 하자.

Note: **DOCTYPE과 문자 인코딩 선언**

● DOCTYPE 문서 유형 선언

웹 브라우저가 문서를 렌더링할 수 있도록 HTML5 문서의 처음에 DOCTYPE을 통해 문서의 유형을 선언해야 한다. 렌더링은 HTML5 문서의 DOM 객체를 저장 받아 화면에 출력시키는 작업이다. 이전 HTML 버전에서 DOCTYPE은 DTD(Document Type Definition)를 명세하는 복잡한 선언이 필요했다. 이제는 'DOCTYPE html'만 간단히 선언하면 브라우저가 HTML5 문서임을 확인하고 표준 모드로 작동한다.

버전	문서 선언
HTML 4.01의 경우	<!DOCTYPE html PUBLIC "-//W3C//DTD HTML 4.01 Transitional//EN" http://www.w3.org/TR/html4/loose.dtd>
XHTML 1.0의 경우	<!DOCTYPE html PUBLIC "-//W3C//DTD XHTML 1.0 Strict//EN" http://www.w3.org/TR/xhtml1/DTD/html-strict.dtd>
HTML5의 경우	`<!DOCTYPE html>`

● UTF-8 문자 인코딩 선언

문자 인코딩은 문자들을 부호화하는 방식이다. 문자가 깨져 나오는 것을 방지하려면 각 언어별로 올바른 인코딩 방식을 지정해야 한다. 다양한 언어를 통일된 방식으로 표현하기 위해 유니코드 인코딩을 주로 사용한다. 문자의 인코딩 선언도 간결하게 변경되었다. 'utf-8'은 유니코드 기반의 가변 길이 문자 인코딩 방식 중 하나로 아스키 코드와 호환되며 전 세계 모든 문자를 표현할 수 있다.

버전	문자 인코딩 선언
HTML 4.01의 경우	<meta http-equiv="content-type" content="text/html; charset=utf-8">
XHTML 1.0의 경우	<meta http-equiv="content-type" content="text/html; charset=utf-8">
HTML5의 경우	`<meta charset="utf-8">`

앞으로 작성할 HTML5 문서의 <head> 태그 안에는 <meta charset="utf-8"> 선언을 항상 포함해야 한다. 편집 도구에서 HTML5 문서를 작성하고 파일을 저장할 때도 인코딩 형식을 'utf-8'(유니코드)로 지정해야 웹 브라우저에서 한글 글자가 깨지는 경우를 방지할 수 있다([그림 2-3] 참조). 즉, 파일의 인코딩 정보와 코드 안의 페이지 인코딩 정보가 일치해야 한다.

● 자바스크립트와 CSS 선언

HTML5에서는 <script>, <link>, <style> 태그 안의 type="text/javascript" 또는 type="text/css" 속성 설정이 기본값으로 설정되므로 생략할 수 있다.

1.2 HTML5의 기본 요소

HTML5는 기존 HTML과 문서의 기본 구조와 명세 방법이 거의 같다. 또, 이전 HTML 버전과도 호환성을 유지한다. HTML5 문서는 다음 5가지 기본 요소로 구성된다.

〈표 2-1〉 HTML5 기본 요소

요소	의미	코드 예
태그(tag)	'〈'와 '〉'로 둘러싸인 문자열 시작태그(〈 〉)와 종료태그(〈/ 〉)로 구성 문서 표현 방식을 지시	**〈title〉**웹문서내용**〈/title〉**
내용(content)	태그로 둘러싸인 문자열	〈title〉**웹문서내용**〈/title〉
엘리먼트(element)	태그와 내용을 포함한 전체 문자열 HTML 문서의 기본 구성 단위 (상위)엘리먼트 안에 (하위)엘리먼트가 계층적으로 포함될 수 있음	**〈title〉웹문서내용〈/title〉**
속성(attribute)	엘리먼트의 상세한 표현(기능) 설정 사항을 지시 시작 태그 안에 사용	〈title **color**="red"〉〈/title〉
속성값(value)	속성값(' '또는 " "로 감싸야 함)	〈title color=**"red"**〉〈/title〉

HTML5 문서는 기본적으로 엘리먼트들의 모임이다. 하나의 웹 문서는 다양한 유형의 엘리먼트 조각으로 분리될 수 있다. 엘리먼트는 다음 형식으로 명세한다.

```
<시작태그 속성1="속성값1" . . . 속성n="속성값n"> 내용 </종료태그>
```

태그는 엘리먼트의 시작과 끝을 지정하면서 엘리먼트 내용에 대한 의미나 역할을 표현하는 일종의 '명령어'라고 할 수 있다. 다음은 〈body〉 엘리먼트를 포함한 〈html〉 엘리먼트의 구성 요소를 분석한 것이다.

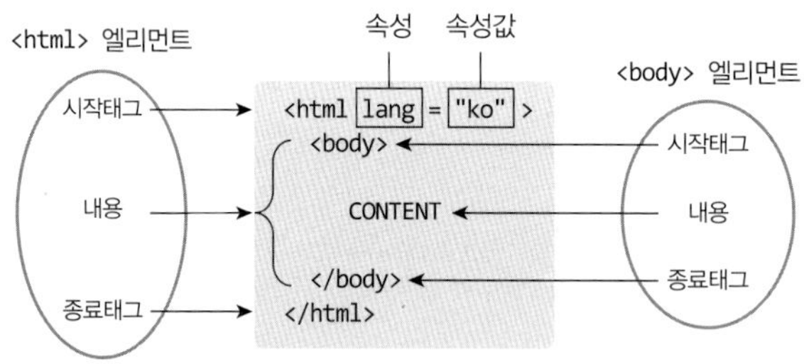

[그림 2-4] 〈html〉 엘리먼트의 구성 요소

1.3 HTML5 마크업 명세 규칙

HTML5 마크업들은 다음 규칙에 따라 명세되어야 한다.

- 엘리먼트의 맨 앞에 시작 태그가 위치하며 종료 태그가 맨 끝에 위치한다. 태그는 엘리먼트 내용을 감싸는 역할을 한다.
- 태그는 보통 시작 태그와 종료 태그의 쌍으로 명세해야 한다.
- 태그 이름은 대소문자를 구분하지 않는다.
- 엘리먼트 안에 또 다른 엘리먼트가 포함될 수 있다. 엘리먼트 간에 상위 엘리먼트(태그)와 하위 엘리먼트(태그)의 계층 관계가 존재한다.(이 계층 관계를 이용하여 내부적으로 DOM이라는 트리 구조로 문서가 변환된다. 뒷 장에서 살펴보자.)
- 태그들은 서로 겹치지 않아야 한다. 즉, 모든 하위 태그들이 열렸다 닫혀야만 상위 태그가 닫힐 수 있다.
- 주석은 '〈!--'와 '--〉' 사이에 입력한다. '〈!--'와 '--〉' 사이의 문자열은 여러 줄에 걸치더라도 주석문으로 간주되어 웹 브라우저 화면에 표시되지 않는다.
- 속성은 시작 태그 안에 위치하며 속성이름과 속성값을 갖는다. 속성값은 큰 따옴표(" ") 안에 명세한다.
- 엘리먼트는 속성을 여러 개를 가질 수 있다.

▼▼

Note: 특수 문자를 위한 엔티티 코드

'〈'나 '〉'처럼 HTML5에서 특별한 의미가 부여된 문자는 웹 브라우저가 정해진 규칙에 의해 자동 해석하기 때문에 그대로는 문서 정보로 입력할 수 없다. 또, 자판으로는 입력할 수 없는 특수 기호나 특수 문자를 문서 안에 포함해야 할 경우도 있다. 이러한 경우 엔티티(entity) 코드를 사용한다. 엔티티 코드는 엔티티 문자나 엔티티 숫자를 사용하여 특수 문자나 특수 기호를 입력할 수 있도록 한다. 대표적인 엔티티 코드는 다음과 같다.

특수문자(기호)	엔티티 문자	엔티티 숫자
공백문자		
인용부호(")	"	"
앤퍼샌드(&)	&	&
~보다 작은(〈)	<	<
~보다 큰(〉)	>	>
저작권(©)	©	©

다른 엔티티 코드에 대한 정보는 http://entitycode.com 사이트를 참고한다.

Tip 태그와 엘리먼트의 차이

태그(tag)는 웹 브라우저가 해석해야 할 대상으로 문서 내용에 관한 구조나 의미를 웹 브라우저에게 지시하는 명령어에 해당한다. 보다 상세한 변환 내용을 지시하기 위해 속성을 추가할 수 있고 변환 대상인 내용(콘텐츠) 영역의 시작과 끝을 구별하기 위해 사용한다. HTML5 문서를 분해하면 여러 내용 조각과 앞 · 뒤 태그 조각들로 분리된다.

엘리먼트(element)는 문서의 논리적인 구성 요소로, 서로 관련된 태그 조각과 내용 조각들의 조합이다. 내용은 문서마다 다르지만 관련된 태그는 한정되어 반복 사용되므로 엘리먼트를 지칭할 때 태그 명을 주로 사용하는 데서 혼란이 발생한다.

태그는 '형식'을, 엘리먼트는 '형식+내용'을 의미하고 태그는 엘리먼트를 구성하는 요소 중의 하나임을 기억하자.

2. HTML5 태그

HTML5를 습득하는 것은 HTML5 문서의 구조와 의미, 표현 방식을 지시하는 명령 태그들의 사용 방법을 익히는 것이다. 기본 HTML5 태그들을 살펴보자.

2.1 기본 태그

HTML5 문서라면 기본적으로 포함하는 필수적인 태그들이다.

〈표 2-2〉 HTML5 기본 태그

태그	의미	기능
〈html〉	문서 정의 태그	최상위 태그로 전체 웹 문서의 시작과 끝을 지정 하위에 〈head〉와 〈body〉 태그를 하나씩 포함
〈head〉	머리말 태그	부가적인 정보(스타일시트와 스크립트 정보) 지정 웹 브라우저 창에 실제로 표시되지는 않음 하위에 〈title〉, 〈meta〉, 〈link〉, 〈style〉, 〈script〉 태그 등을 포함
〈meta〉	메타 태그	웹 문서 정보(작성자, 형식, 인코딩 방식 등) 지정 빈 태그로 종료 태그가 없음
〈title〉	제목 태그	웹 문서의 제목을 지정하며 브라우저 창 위쪽 타이틀바 영역에 표시
〈body〉	내용 태그	웹 문서로 표현될 실제 내용을 지정 대부분의 내용은 실제로 웹 브라우저에 표시됨

Note: 빈(〈empty〉) 태그

속성과 속성값은 갖을 수 있지만 내용은 갖지 않는 태그들을 '빈 태그(empty tag)'라고 부른다. 하위에 태그가 올 수 없고 내용도 없기 때문에 내용을 감싸기 위한 종료 태그가 필요 없는 경우이다. 빈 태그에는 〈meta〉 이외에도 〈hr〉, 〈br〉, 〈img〉, 〈area〉, 〈input〉 태그들이 포함된다. 스스로 열고 닫는 형태로 〈meta/〉처럼 명세할 수도 있다.

2.2 글자 태그

가장 일반적인 태그이다. 문서 내용의 대부분이 글자로 구성되므로 사용 빈도가 매우 높다. 점차 표현 중심에서 구조 중심의 태그 사용이 강조되면서 일부 태그들은 스타일시트로 대체되고 있다. 스타일을 적용하면 글자 유형을 한꺼번에 지정 또는 해제할 수 있어 편리하다.

〈표 2-3〉 글자 태그

태그	의미	기능
〈h〉	제목 글자 태그	내용 제목(heading)을 표시, 〈h1〉~〈h6〉까지 6개 종류의 태그 사용 h 뒤의 숫자는 글자의 크기와 중요도를 나타냄 숫자가 작을수록 글자 크기는 굵고 커지며 더 중요함
〈i〉	기울인 글자 태그	다른 글자와 구별되는 기울인 모양(italic)의 글자를 표시
〈b〉	굵은 글자 태그	중요도와 관련 없이 글자를 진한 글꼴(bold)로 표시
〈em〉	강조 태그	태그 내용을 강조(emphasized)해서 기울임꼴 형태로 표시
〈strong〉	강조 태그	의미적으로 보다 강조(strongly emphasized)하기 위해 진한 글자체로 표시 〈em〉 태그보다도 더 강조하기 위해 사용
〈small〉	작은 글자 태그	태그 내용을 작은 글자로 표시
〈sub〉	아래 첨자 태그	태그 내용을 아래 첨자(subscript)로 표시
〈sup〉	위 첨자 태그	태그 내용을 위 첨자(superscript)로 표시
〈ins〉	밑줄 글자 태그	태그 내용을 밑줄 글자로 표시
〈del〉	취소줄 글자 태그	태그 내용을 글자 중간 수평 줄이 그어지는 취소줄 글자로 표시
〈mark〉	마크 태그	태그 내용을 시각적(다른 색상)으로 강조하여 표시
〈p〉	문단 태그	태그 내용을 묶어 하나의 문단(paragraph)으로 표시 문단 앞과 뒤에 줄바꿈이 자동으로 이루어짐
〈br/〉	줄바꿈 태그	태그 내용 사이의 물리적인 줄 바꿈(break)을 지시
〈hr/〉	수평줄 태그	창 너비만큼 가로 방향으로 수평줄(horizontal rule)을 표시 주제 변경 경우처럼 앞 · 뒤 내용을 의미적으로 분리하기 위해 사용
〈address〉	연락처 태그	연락처(이메일 주소, 웹사이트 주소)를 의미적으로 표시
〈time〉	시간 태그	날짜와 시간 정보를 의미적으로 표시

Tip HTML5에서 사라진 태그

글자 표현 등에 사용되던 태그 일부는 CSS로 대체됨에 따라 더 이상 사용할 수 없다. HTML5에서 더 이상 사용되지 않는 태그들은 다음과 같다.

〈acronym〉, 〈applet〉, 〈basefont〉, 〈big〉, 〈center〉, 〈dir〉, 〈font〉, 〈frame〉, 〈frameset〉, 〈noframes〉, 〈strike〉, 〈tt〉, 〈u〉, 〈xmp〉

HTML5 지원 태그들을 확인하고 싶다면 다음 사이트를 방문해보자. HTML5의 새로운 태그와 사라진 태그들을 확인할 수 있다.

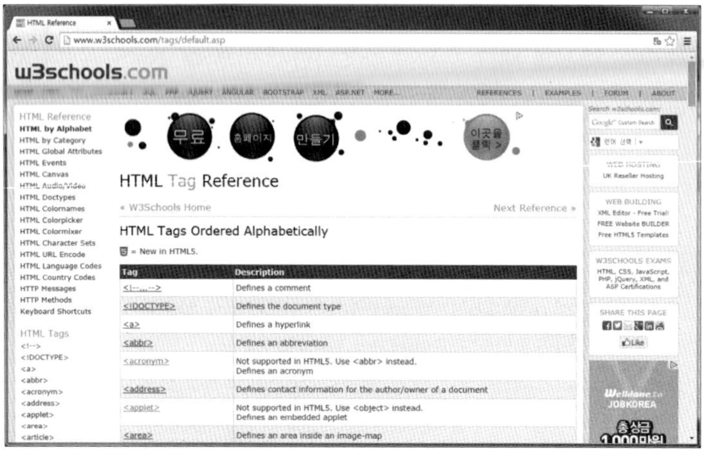

'W3Schools 온라인 웹 튜토리얼'(http://www.w3schools.com/tags/default.asp)

다음은 HTML5 글자 관련 태그들을 적용한 예제이다.

[예제2-2] HTML5 글자태그 적용하기 /ch02/char-tag.html

```
<!DOCTYPE html>
<html>
<head>
    <meta charset="utf-8">
    <title>html 글자 태그</title>
</head>
<body>
    <h1>헤더1</h1>
    <h2>헤더2</h2>
    <h3>헤더3</h3>
    <h6>헤더6</h6>
    <h5>헤더5</h5>
    <h4>헤더4</h4>
    <hr/>
    <b>b:굵은글자 태그</b>
```

```
        <i>i:기울인글자 태그</i>
        <small>small:작은글자 태그</small>
        <sub>sub:아래첨자 태그</sub>
        <sup>sup:윗첨자 태그</sup>
        <ins>ins:밑줄글자 태그</ins>
        <del>del:취소줄글자 태그</del>
        <mark>mark:마크 태그</mark>
        <p><i>HTML</i></p>
        <p>HTML<sup>Hyper Text Markup Language</sup>은 <mark>W3C</mark>에서 보급하는 웹을 통해
볼 수 있는 문서를 만들 때 사용하는 마크업<sub>Markup</sub> 언어의 한 종류이다. 특히 <b>하이퍼텍스트
</b>를 작성하기 위해 개발되었으며, 인터넷에서 웹을 통해 접근되는 대부분의 웹 페이지들은 <ins>HTML</
ins>로 작성된다.</p>
        <p><i>XML</i></p>
        <p>인터넷 웹 페이지를 만드는 <del>HTML</del><ins>SGML</ins>을 개선한 마크업 언어이다.
<small>데이터의 저장 및 변환, 검색기능 등이 향상되었고</small>, 웹 페이지의 관리가 효율적이다.</p>
        <hr/>
        <time datetime="2014-09-30">2014년 9월 30일</time>
        <br/>
        <time datetime="2014-11-05T22:15:00">2014년 11월 5일 오후 10시 15분</time>
        <address>mailto:<a href=mailto:gdhong@hotmail.com>gdhong@hotmail.com</a></address>
</body>
</html>
```

다음은 실행 결과이다.

[그림 2-5] char-tag.html의 실행 결과(예제2-2)

Note: 실습을 위한 편집기: Aptana Studio

메모장 등 일반적인 텍스트 편집기를 이용하여 HTML5 문서를 작성할 수는 있지만 불편하다. 이 책에서는 앱타나 스튜디오 도구를 사용하여 HTML5 표준 웹 문서를 작성하기로 하자.

앱타나 스튜디오(Aptana Studio)는 최근 스크립트 프로그래밍 개발자들이 많이 사용하는 개발 도구이다. 기존 개발자들에게 친숙한 이클립스 통합 개발 환경(eclipse IDE)과 유사한 메뉴와 기능을 제공한다. 특히, 별도의 내장 웹 서버 기능이 지원되어 개발할 때 편리하다. 이클립스에 플러그인 형태로도 설치 가능하고 단독으로도 설치할 수 있다. 기본적인 HTML과 CSS 실습을 위해 플러그인 버전이 아닌 단독 버전을 [부록B] 앱타나 스튜디오 설치하기를 참고하여 설치한다.

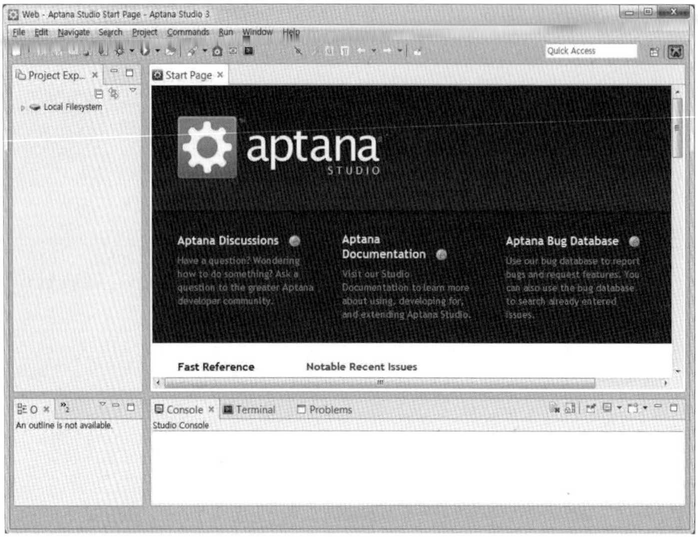

2.3 목록 태그

목록(list)은 세부 항목(item)들을 나열함으로써 문서를 쉽게 구조화시킬 수 있다. 보통 내용을 요약하거나 특성을 나열할 때나 메뉴 항목을 구성할 때도 사용한다. 목록 순서가 중요할 경우 순서 목록을 사용하고 순서에 의미가 없다면 비 순서 목록을 사용한다.

〈표 2-4〉 목록 태그

태그	의미	기능
〈ol〉	순서 목록 태그	순서화 목록(ordered list)을 표시
〈ul〉	비 순서 목록 태그	비 순서화 목록(unordered list)을 표시

<table>
<tr><td>〈li〉</td><td>목록 항목 태그</td><td>〈ol〉 또는 〈ul〉의 하위 태그로 목록 항목(listed item)들을 표시
각 항목들 앞에는 글머리 기호가 자동으로 표시
<table>
<tr><th>태그</th><th>속성</th><th>속성값</th><th>의미</th></tr>
<tr><td>〈ol〉</td><td>start</td><td>숫자</td><td>글머리 시작 번호를 지정</td></tr>
<tr><td>〈li〉</td><td>value</td><td>숫자</td><td>특정 목록 번호 지정</td></tr>
</table>
</td></tr>
</table>

2.4 링크 태그

서로 관련된 특정 문서 영역들의 위치를 하이퍼링크로 연결할 수 있다. 하이퍼링크(hyperlink)는 사용자가 링크로 지정한 문자열이나 이미지들을 선택하는 순간 연결된 내용이 바로 보여지면서 이동하는 기능이다. 〈a〉링크(anchor) 태그는 문서 간의 이동이나 문서 내에서 특정 위치로의 이동 등을 위해 하이퍼링크를 사용한다.

〈표 2-5〉 링크 태그

<table>
<tr><th>태그</th><th>의미</th><th>기능</th></tr>
<tr><td rowspan="3">〈a〉</td><td>링크 태그</td><td>특정 위치로의 이동(하이퍼링크)을 지시</td></tr>
<tr><td>문서간 이동</td><td>href 속성에 URL을 포함한 파일명(절대 주소)을 지정
<!-- 외부 문서간 이동-->
<a href="http://www.google.com">구글 사이트</a>
href 속성에 파일 경로명(상대 주소)을 지정
<!-- 내부 문서간 이동-->
<a href="../a.html">샘플 HTML 문서</a></td></tr>
<tr><td>문서내 이동</td><td>문서 내용이 많아 문서 내에서 참조가 빈번히 발생하는 경우 지정
<!-- 문서내 특정 위치 이동 -->
<a id="aaa"></a>
<a href="#aaa">샘플 HTML 문서</a></td></tr>
<tr><td>〈a〉</td><td>〈a〉 태그 속성</td><td>
<table>
<tr><th>속성</th><th>속성값</th><th>기능</th></tr>
<tr><td rowspan="2">href</td><td>URL 주소</td><td>링크를 통해 이동하고자 하는 문서 위치를 지정
절대 주소 지정 방식: URL 주소 설정
상대 주소 지정 방식: 파일 경로명 설정</td></tr>
<tr><td>#아이디</td><td>문서내 특정 아이디를 갖는 태그 위치를 지정</td></tr>
<tr><td>title</td><td>문자열</td><td>하이퍼링크에 대한 설명 지정</td></tr>
</table>
</td></tr>
</table>

2.5 테이블 태그

표 형식으로 웹 문서 내용을 표시하고자 할 때 사용한다.

〈표 2-6〉 테이블 태그

<table>
<tr><th>태그</th><th>의미</th><th>기능</th></tr>
<tr><td>〈table〉</td><td>표 태그</td><td>표를 생성하며 하위에 〈tr〉, 〈th〉, 〈td〉 태그를 추가로 사용하여 표 안에 채울 내용을 지정
<table><tr><th>속성</th><th>기능</th></tr><tr><td>border</td><td>표의 테두리 두께를 지정</td></tr></table></td></tr>
<tr><td>〈tr〉</td><td>표 행 태그</td><td>표 안에 행(table row) 하나를 생성
하위에 〈th〉 태그와 〈td〉 태그를 추가로 사용</td></tr>
<tr><td>〈th〉</td><td>제목 열 태그</td><td>행 안에 제목 열(table header)을 표시</td></tr>
<tr><td>〈td〉</td><td>내용 열 태그</td><td>표의 실제 내용(table data)을 갖는 열을 표시</td></tr>
<tr><td>〈thead〉</td><td>표 머리 태그</td><td>표 머리 표시 행들을 그룹화</td></tr>
<tr><td>〈tbody〉</td><td>표 본문 태그</td><td>표 내용 표시 행들을 그룹화</td></tr>
<tr><td>〈tfoot〉</td><td>표 꼬리 태그</td><td>표 꼬리 표시 행들을 그룹화</td></tr>
<tr><td>〈caption〉</td><td>표 제목 태그</td><td>표 제목을 표시</td></tr>
</table>

〈tr〉, 〈th〉, 〈td〉 태그만으로도 간단한 표는 만들 수 있다. 그러나 표가 많은 행들로 구성되고 각 행들이 의미적으로 머리, 본문, 꼬리 영역으로 구분되는 경우에는 〈thead〉, 〈tbody〉, 〈tfoot〉 태그들로 행들을 그룹화할 수 있다.

[예제2-3] HTML5 목록/링크/테이블 태그 적용하기 /ch02/list-table-tag.html

```
<!DOCTYPE html>
<html>
<head>
    <meta charset="utf-8">
    <title>html 목록/테이블 태그 실습</title>
</head>
```

```
<body>
    <h1 id="aaa">목록 태그</h1>
    <ul>
        <li>마크업 언어
            <ol>
                <li>HTML</li>
                <li>XML</li>
                <li value="10">SGML</li>
            </ol>
        </li>
        <li>웹 브라우저
            <ol type="i" start="3">
                <li>인터넷익스플로러</li>
                <li>크롬</li>
                <li>사파리</li>
                <li>파이어폭스</li>
                <li>오페라</li>
            </ol>
        </li>
    </ul><hr/>

    <h1>테이블 태그</h1>
    <table border=1>
        <thead>
            <tr>
                <th>셀(1,1)</th>
                <th>셀(1,2)</th>
                <th>셀(1,3)</th>
            </tr>
        </thead>
        <tbody>
            <tr>
                <td rowspan="3">셀(2,1)</td>
                <td>셀(2,2)</td>
                <td>셀(2,3)</td>
            </tr>
            <tr>
                <td colspan="2">셀(3,1)</td>
            </tr>
            <tr>
                <td>셀(4,1)</td>
                <td>셀(4,2)</td>
            </tr>
        </tbody>
    </table><hr/>
```

```
        <a href="http://www.google.com">웹 사이트 이동 => 구글 사이트</a><br/>
        <a href="char-tag.html">웹 문서간 이동 => html 글자 태그 실습 예제</a><br/>
        <a href="#aaa">문서 내 이동 => 목록 태그 예</a>
</body>
</html>
```

rowspan 속성은 합쳐야 할 셀 행의 개수를 지정하고 colspan 속성은 합쳐야 할 셀 열의 개수를 지정한다. 〈th〉 태그와 〈td〉 태그는 colspan 속성과 rowspan 속성을 통해 셀 영역을 묶어 통합할 수 있다.

다음은 실행 결과이다.

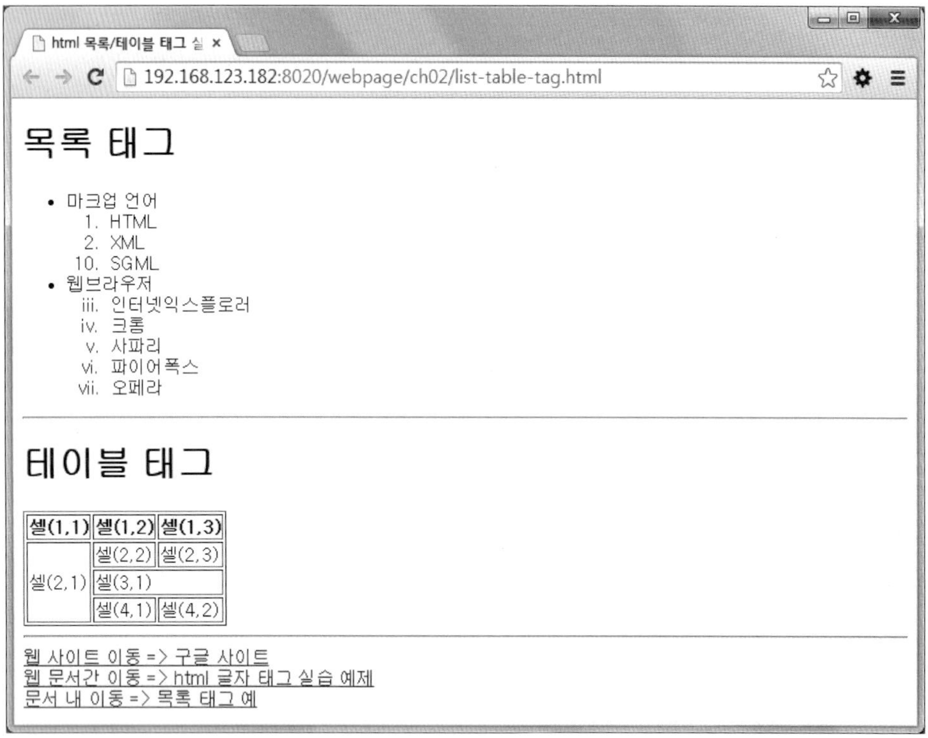

[그림 2-6] list-table-tag.html의 실행 결과(예제2-3)

❸ HTML5 미디어 태그

HTML5는 사진, 음악, 영화 등 다양한 미디어 정보를 웹 브라우저에 직접 표현하는 기능을 제공한다. 플러그인 도움 없이 웹 브라우저만으로 미디어 파일을 재생할 수 있어 큰 의미가 있다. HTML5에서 지원하는 〈img〉, 〈audio〉, 〈video〉 미디어 태그들을 살펴보자.

3.1 이미지 관련 태그

이미지 관련 태그는 다음과 같다.

〈표 2-7〉 이미지 태그

<table>
<tr><th>태그</th><th>의미</th><th>기능</th></tr>
<tr><td>〈img/〉</td><td>이미지 태그</td><td>웹 문서 안에 이미지(image)를 생성
<table>
<tr><th>속성</th><th>속성값</th><th>의미</th></tr>
<tr><td>src</td><td>URL 주소</td><td>포함할 이미지 파일의 물리적 파일 경로명</td></tr>
<tr><td>alt</td><td>문자열</td><td>이미지를 선택하거나 해당 이미지가 없을 경우에 표시되는 문자열(대체 메시지)</td></tr>
<tr><td>height</td><td>수치</td><td>이미지 영역의 높이(단위: px(기본), %)</td></tr>
<tr><td>width</td><td>수치</td><td>이지미 영역의 너비(단위: px(기본), %)</td></tr>
</table>
<pre><img src="google.jpg" alt="구글 로고" height="100" width="80"/>
</pre></td></tr>
<tr><td>〈figure〉</td><td>그림 태그</td><td>이미지와 관련 텍스트를 묶어 하나의 독립된 그룹으로 정의</td></tr>
<tr><td>〈figcaption〉</td><td>그림제목 태그</td><td>이미지 제목(내용 설명)을 표시
<pre><figure>
      <img src="google.jpg" alt="구글 로고" width="80"/>
      <figcaption>(그림) 구글사이트 링크</figcaption>
</figure></pre></td></tr>
</table>

height와 width 두 속성을 모두 생략하면 이미지의 원본 크기로 표시된다. 속성 하나만 지정하면 지정된 속성 크기가 가로, 세로 모두에 적용된다. alt 속성은 'alternate text'의 줄임말로 주소 오류나 전송 오류로 이미지를 표시하지 못하는 경우, 표시될 대체 문자열을 지정한다.

Note: 이미지 파일 종류

웹 브라우저에서 지원하는 표준 이미지 파일 형식은 다음과 같다.

이미지파일형식	기능
GIF	'Graphic Interchange Format'의 줄임말 파일 크기는 작지만 256개의 색상만 가능 색상 수가 적거나 단순 도형으로 이루어진 클립아트나 드로잉 같은 거친 이미지에 적합
JPEG	'Joint Photographic Experts Group'의 줄임말 24비트의 색상 조합을 사용 사진이나 정교한 그림과 같은 세밀한 이미지에 적합
PNG	'Portable Network Graphic'의 줄임말 GIF와 JPEG 형식의 장점을 절충한 24 또는 32 비트의 색상 조합을 지원

이미지와 같은 미디어 요소에도 링크를 연결할 수 있다. 다음 예는 이미지에 하이퍼링크를 지정한 경우이다.

[예제2-4] HTML5 이미지태그 적용하기 /ch02/image-tag.html

```
<!DOCTYPE html>
<html>
<head>
    <meta charset="utf-8">
    <title>html 이미지 태그 실습</title>
</head>
<body>
    <figure>
        <h3>포털 사이트</h3>
        <a href=http://www.google.com>
            <img src="google.jpg" alt="구글 로고" width="80"/><br/>
            <figcaption>(그림) 구글사이트 링크</figcaption>
        </a>
        <a href=http://www.naver.com/index.html>
            <img src=" " alt="네이버 로고" width="80"/><br/>
            <figcaption>(그림) 네이버사이트 링크</figcaption>
        </a>
    </figure>
</body>
</html>
```

다음은 실행 결과이다. 이미지를 선택하면 링크가 동작한다. 네이버 사이트 링크의 경우, 해당 이미지 파일이 없어 네이버 로고 대체 문자열이 표시될 수 있다.(크롬 브라우저에서는 대체 문자열이 표시되지 않으나 파이어폭스 브라우저에서는 대체 문자열이 표시된다.)

[그림 2-7] image-tag.html(예제2-4)

3.2 오디오 관련 태그

오디오나 비디오를 재생하기 위해서는 최근까지 플래시 플러그인이나 액티브-X 플레이어를 설치해야 하며, 〈embed〉 또는 〈object〉 태그를 이용하여 외부 객체로 처리하였다. 그러나 HTML5부터는 오디오나 비디오를 웹 문서의 일부로 표현하도록 〈audio〉와 〈video〉 태그가 추가 되었다.

오디오 태그

먼저 〈audio〉 태그를 살펴보자.

〈표 2-8〉 오디오 태그

태그	의미	기능
〈audio〉	오디오 태그	웹 표준 기술만으로 음악을 재생 **〈audio 속성="속성값" 속성="속성값" . . . 〉** 〈source src="오디오파일경로" type="인코딩유형"/〉 〈/audio〉

		속성	속성값	의미
<audio>	오디오 태그	src	URL 주소	재생할 음악 파일의 경로를 지정
		autoplay	autoplay(기본값)	음악을 자동 재생할지, 대기 상태로 시작할지 여부를 지정
		loop	loop(기본값), 수치	반복 재생 여부, 횟수를 지정
		preload	 auto(기본값) none metadata	페이지 로드시 음악 파일의 자동 로드 여부를 지정 재생 전 자동 로드를 지시 재생 전 자동 로드를 방지 재생 전 오디오 메타 정보만을 로드하도록 지시
		controls	controls(기본값)	제어기(play, pause, sound 버튼)의 표시 여부를 지정

<audio> 태그는 <img> 태그와 사용 방법이 비슷하다. src 속성은 재생할 음악 파일의 물리적 파일 경로명을 지정한다. HTML 파일과 동일한 폴더 안에 저장하면 편리하다. controls 속성은 화면에 제어기(player)를 표시하는 역할을 하며 브라우저마다 제어기 모양이 조금씩 다르다. autoplay, loop, controls 속성은 속성명과 속성 기본값이 같다. 속성값을 생략하고 속성명만 명세해도 똑같이 동작한다.

```
<audio autoplay loop="2" src="audio.mp3" preload="auto" controls>
</audio>
```

다음 예는 반복 횟수만 제한 없이 반복 재생되는 점을 제외하고는 위의 예와 동일하게 실행된다.

```
<audio autoplay="autoplay" loop="loop" src="audio.mp3" controls="controls">
</audio>
```

오디오 소스 태그

웹 브라우저들은 모든 형식의 오디오 파일을 지원하지는 않으며 지원 음악 파일의 종류도 각각 다르다. 웹 브라우저가 지원하지 않거나 관련 코덱이 설치되지 않은 경우에는 특정 오디오 파일이 재생되지 않을 수 있다. <source> 태그는 이러한 문제를 해결하기 위한 태그이다.

〈표 2-9〉 오디오 소스 태그

태그	의미	기능
〈source〉	오디오 소스 태그	플러그인 없이 웹 브라우저에서 음악을 재생

```
<audio autoplay controls>
  <source src="audio.ogg" type="audio/ogg">
  <source src="audio.mp3" type="audio/mpeg">
  브라우저에서 오디오 파일을 지원하지 않습니다. <br/>
</audio>
```

속성	속성값	기능
src	URL 주소	재생할 오디오 파일의 경로명을 지정
type	MIME 형식	재생할 오디오 파일의 MIME 형식을 지정
media	미디어쿼리	재생할 오디오 파일을 위한 미디어 쿼리 지정

〈source〉 태그는 〈audio〉 태그의 src 속성을 대신해서 사용한다. src 속성이 오디오 파일을 하나만 지정할 수 있는 반면에 〈source〉 태그는 여러 개의 오디오 파일을 반복해서 지정할 수 있다. 같은 내용을 가진 다양한 형식의 오디오 파일들을 준비하여 지정한다. 웹 브라우저는 지정된 〈source〉 태그 안의 오디오 파일을 순서대로 검사하면서 지원하는 파일 형식을 만나면 더 이상 다음 파일을 확인하지 않고 바로 해당 파일을 재생한다. type 속성은 오디오 파일을 다운받지 않고도 재생 가능 여부를 확인할 수 있도록 한다. 불필요한 다운로드를 방지할 수 있다.

Note: 오디오 코덱

웹에서 주로 사용하는 오디오 파일의 형식과 웹 브라우저의 지원 여부는 다음과 같다.

파일형식(코덱): MIME 형식	인터넷익스플로러	크롬	파이어폭스	사파리	오페라
ogg, oga(vorbis): audio/ogg	X	O	O	X	O
mp3(mp3): audio/mpeg	O	O	O	O	X
wav(wav): audio/wav	X	O	O	O	O

익스플로러는 ogg와 wav 파일을, 사파리는 ogg 파일을 지원하지 않으며 오페라는 mp3를 지원하지 않는다. 결과적으로 두 개의 〈source〉 태그를 사용하여 mp3와 ogg 파일의 소스를 지정할 수 있으면 모든 웹 브라우저에서 음악을 재생할 수 있다.

3.3 비디오 관련 태그

HTML5에서 이미지를 간단히 삽입했듯이 〈video〉 태그만으로 동영상도 쉽게 삽입할 수 있다. 〈video〉 태그 명세 방법은 〈audio〉 태그와 매우 비슷하다.

비디오 태그

〈video〉 태그를 살펴보자.

〈표 2-10〉 비디오 태그

<table>
<tr><th>태그</th><th>의미</th><th>기능</th></tr>
<tr><td>〈video〉</td><td>비디오 태그</td><td>플러그인 없이 웹 표준 기술만으로 동영상을 재생
<pre><video 속성="속성값1" 속성="속성값2" . . .>
  <source src="동영상파일경로" type="인코딩유형"/>
</video></pre>
<table>
<tr><th>속성</th><th>속성값</th><th>의미</th></tr>
<tr><td>src</td><td>URL 주소</td><td>재생할 동영상 파일의 경로명을 지정</td></tr>
<tr><td>autoplay</td><td>autoplay</td><td>동영상의 자동 재생 여부를 지정</td></tr>
<tr><td>loop</td><td>loop(기본값)</td><td>반복 재생 여부, 횟수를 지정</td></tr>
<tr><td>preload</td><td>
auto(기본값)
none
metadata</td><td>페이지 로드시 동영상 파일의 자동 로드 여부를 지정
재생 전 자동 로드를 지시
재생 전 자동 로드를 방지
재생 전 메타 정보만을 로드하도록 지시</td></tr>
<tr><td>controls</td><td>controls</td><td>제어기(play, pause, sound 버튼)를 표시하도록 지정</td></tr>
<tr><td>poster</td><td>URL 주소</td><td>재생 준비 과정(대기상태)중 표시할 포스터 이미지 파일 경로 지정</td></tr>
<tr><td>height</td><td>수치</td><td>동영상 재생 영역의 높이를 지정</td></tr>
<tr><td>width</td><td>수치</td><td>동영상 재생 영역의 너비를 지정</td></tr>
</table>
</td></tr>
</table>

다음 예는 autoplay 속성을 지정함으로써 페이지를 읽어 들이는 것과 동시에 바로 비디오 파일이 자동 재생되도록 한다. 재생 이전에 동영상이 로딩되는 동안 poster 속성값으로 지정된 이미지가 보여진다. autoplay와 controls 속성의 경우, 속성값을 생략할 수 있다.

```
<video autoplay src="video.mp4" controls width="320" height="240" poster="audio.jpg">
</video>
```

다음 예처럼 preload 속성이 'metadata'인 경우는 비디오 크기, 첫 프레임, 관련 정보 등이 재생 전에 로드되기 때문에 화면에 비디오 내용이 미리 표시된다. preload 속성이 'none'이면 화면에 아무 내용도 미리 표시되지 않는다. 두 경우 모두 사용자가 제어기를 조작해야만 내용이 표시된다.

```
<video src="video.mp4" controls width="320" height="240" preload="metadata">
</video>
```

비디오 소스 태그

웹 브라우저마다 지원하는 동영상 파일 형식이 다양하다. 따라서, 많이 사용되는 동영상 파일 형식들을 <source> 태그를 사용하여 모두 명세하는 것이 좋다. 명세한 비디오 형식을 모두 지원하지 않는 브라우저를 위해 표시할 메시지도 마지막에 추가한다. <source> 태그는 <audio> 태그와 동일하게 <video> 태그에서도 하위 태그로 사용된다.

```
<video autoplay controls>
    <source src="video.webm" type="video/webm">          <!-- 1순위 -->
    <source src="video.mp4" type="video/mp4">            <!-- 2순위 -->
    <source src="video.ogg" type="video/ogg">            <!-- 3순위 -->
    브라우저에서 비디오 파일을 지원하지 않습니다. <br/>      <!-- 4순위 -->
</video>
```

<source> 태그를 사용하여 같은 내용의 ogg와 mp4 형식 또는 mp4와 webm 형식의 파일 소스를 각각 지정하면 어떤 브라우저에서도 동영상을 재생할 수 있다. <source> 태그를 여러 개 지정하면 웹 브라우저는 지정된 순서에 따라 파일을 확인하면서 실행 가능한 형식이면 동영상을 보여준다.

Note: 비디오 코덱

웹에서 주로 사용하는 동영상 파일 형식에 대한 웹 브라우저의 지원 여부는 다음과 같다. 가장 호환성이 좋은 것은 크롬 브라우저로 모든 형식을 지원한다.

파일형식(동영상/오디오 코덱)	인터넷익스플로러	크롬	파이어폭스	사파리	오페라
ogg, ogv(theora/vorbis)	X	O	O	X	O
mp4(h.264/AAC)	O	O	O	O	X
webm(vp8/vorbis)	X	O	O	X	O

동영상은 avi, mp4와 같은 파일 유형보다는 어떤 코덱(codec)으로 만들어졌는지가 중요하다. 코덱은 코더(corder)와 디코더(decorder)의 합성어로 미디어 파일의 압축 형식을 의미한다. 비디오 원본을 동영상 파일로 변환 압축했다가 다시 복원하는 알고리즘을 말한다.
현재 업계 표준은 h.264 코덱으로 이를 사용하는 mp4 파일 유형이 애플사를 중심으로 많이 사용되고 있다. 하지만 라이선스 비용이 있어 부담스럽다. 최근 새롭게 주목 받는 것은 webm 형식으로 웹을 위해 만들어진 고성능 동영상 포맷이다. 무료이며 앞으로 많은 브라우저로 지원이 확대될 것으로 보인다. 구글이 vp8 코덱을 오픈 소스로 공개하고 무료로 제공함에 따라 고화질, 높은 압축율로 유튜브 등에서 가장 많이 사용되던 h.264 코덱이 일부 무료화로 맞서는 등 최근 시장에 많은 변화가 진행 중이다.

〈img〉와 〈audio〉, 〈video〉 등의 미디어 태그를 활용한 예제이다.

[예제2-5] HTML5 미디어 태그 적용하기 /ch02/media-tag.html

```
<!DOCTYPE html>
<html>
<head>
    <meta charset="utf-8">
    <title>html 미디어 태그 실습</title>
</head>
<body>
    <h4>이미지 태그</h4>
    <img src="dokdo.jpg" alt="그림예제 설명내용" width="150"/>
    <img src="bbb.jpg" alt="해당 그림이 존재하지 않습니다." width="300"/><hr/>

    <h4>오디오 태그</h4>
    <audio src="arirangalone.mp3" controls="controls" autoplay="autoplay"></audio>
    <audio src="arirangalone.mp3" controls autoplay></audio>
    <audio controls="controls">
        <source src="arirangalone.mp3" type="audio/mp3"></source>
        <source src="bbb.ogg" type="audio/ogg"></source>
        브라우저가 지원하지 않거나 오디오 형식의 파일이 존재하지 않습니다!!!
    </audio><hr/>

    <h4>비디오 태그</h4>
    <video poster="kkk.jpg" width="320" height="180" controls="controls">
        <source src="bbb.ogg" type="video/ogg"></source>
        <source src="dokdomop.mp4" type="video/mp4"></source>
        <source src="bbb.webm" type="video/webm"></source>
        브라우저가 지원하지 않거나 비디오 형식의 파일이 존재하지 않습니다!!!
    </video><hr/>
</body>
</html>
```

비디오의 경우, 파일을 명시된 순서대로 해당 형식의 파일을 찾아 실행하며 3가지 형식의 파일이 모두 존재하지 않는 경우 파일이 존재하지 않는다는 메시지가 대신 표시된다.

다음은 실행 결과이다.

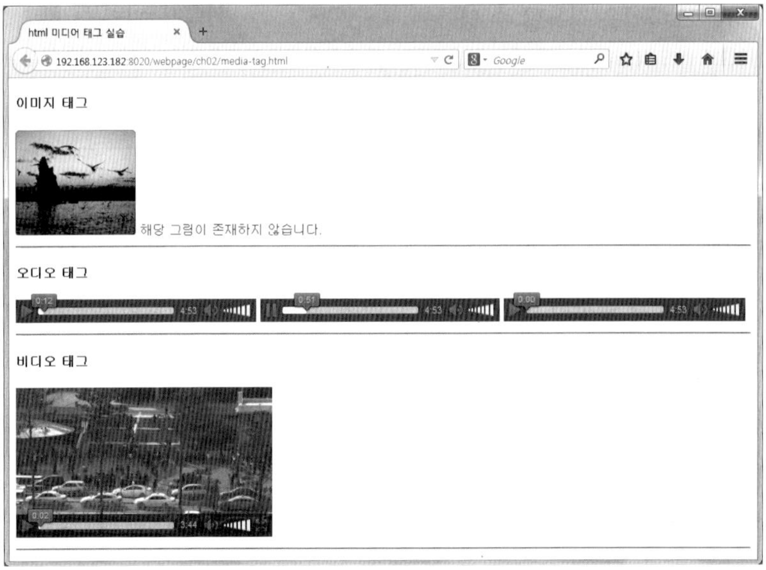

[그림 2-8] media-tag.html의 실행 결과(예제2-5)

4. HTML5 공간분할 태그와 시맨틱 태그

HTML5의 변경 내용 중의 하나는 웹 페이지 구성 방식의 변화이다. 공간 분할 태그와 시맨틱 태그를 활용한 레이아웃의 변화를 살펴보자.

4.1 공간 분할 태그

공간 분할 태그는 태그 자체의 특별한 의미나 기능이 없다. 단지 페이지 공간 분할의 단위로 사용되며 같은 공간에 위치할 엘리먼트들을 담는 컨테이너(container)의 역할을 한다. 여러 하위 태그들을 특정 공간에 그룹화하여 공간 배치를 쉽게 하도록 한다. 대표적인 것이 〈div〉와 〈span〉 태그이다.

〈div〉와 〈span〉 태그로 그룹화된 공간을 하나의 단위로 하여 스타일을 적용하면 웹 문

4. 공간 분할 형식(블록/인라인)에 대해 간략히 설명하시오.

5. 시맨틱 태그에 대해 간략히 설명하시오.

6. 아래와 같은 실행 결과가 표시되도록 다음 코드 안의 밑줄 안에 적합한 태그를 넣어 완성하시오.

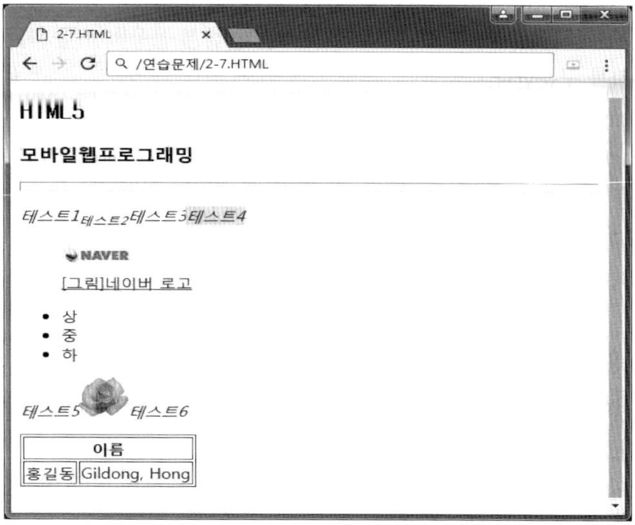


```
< ________________ html>
<head>
    <meta chartset="utf-8">
    <link rel="stylesheet" type="text/css" __________="bb1.css">
    <style type="text/css">
        p {font-style : italic}
    </style>
</head>
<body>
    <h2 style="font-family:굴림체">HTML5</h2>
    <h3 class="class1"><a id="subject01">모바일웹프로그래밍</a></h3>
    <_______ size=10 />
    <p>테스트1<_______>테스트2</_______>테스트3<_______>테스트4</_______></p>
    <a href="http://www.naver.com">
        <figure>
```

비디오의 경우, 파일을 명시된 순서대로 해당 형식의 파일을 찾아 실행하며 3가지 형식의 파일이 모두 존재하지 않는 경우 파일이 존재하지 않는다는 메시지가 대신 표시된다.

다음은 실행 결과이다.

[그림 2-8] media-tag.html의 실행 결과(예제2-5)

4. HTML5 공간분할 태그와 시맨틱 태그

HTML5의 변경 내용 중의 하나는 웹 페이지 구성 방식의 변화이다. 공간 분할 태그와 시맨틱 태그를 활용한 레이아웃의 변화를 살펴보자.

4.1 공간 분할 태그

공간 분할 태그는 태그 자체의 특별한 의미나 기능이 없다. 단지 페이지 공간 분할의 단위로 사용되며 같은 공간에 위치할 엘리먼트들을 담는 컨테이너(container)의 역할을 한다. 여러 하위 태그들을 특정 공간에 그룹화하여 공간 배치를 쉽게 하도록 한다. 대표적인 것이 〈div〉와 〈span〉 태그이다.

〈div〉와 〈span〉 태그로 그룹화된 공간을 하나의 단위로 하여 스타일을 적용하면 웹 문서 전체의 레이아웃을 쉽게 구성할 수 있다. 〈div〉 태그는 공간 분할을 위해 가장 많이 사용되는 태그이다. 태그들을 묶어 그룹화하는 컨테이너로서 전체 문서를 구조화한다. 스타일시트와 결합하면 그룹에 속한 태그들을 한번에 모두 같은 스타일로 적용할 수 있다. 〈span〉 태그는 내용 일부를 다른 엘러먼트들과 분리하고자 할 때 사용한다. 내용을 강조하거나 각기 다른 스타일을 적용할 수 있다.

```
<body>
    <div>하늘</div>
    <div>바다</div>
    <div>섬</div>
    <span>봄</span>
    <span>여름</span>
    <span>가을</span>
    <span>겨울</span>
</body>
```

공간 분할 태그의 표시 형식에는 블록 형식과 인라인 형식이 있다. 줄바꿈 여부가 블록 형식과 인라인 형식을 구분하는 가장 큰 기준이다. 공간 분할 태그 이외의 일반 태그들도 블록 형식과 인라인 형식의 공간 분할 방식을 적용 받는다.

〈표 2-11〉 공간 분할 형식

형식	태그	기능
블록 형식	〈div〉	블록(block) 형식으로 공간을 분할하는 영역을 정의 영역 공간이 매번 줄바꿈이 되어 새로운 행에 생성되는 방식 하위에 다른 블록 형식 태그나 인라인 형식 태그를 포함할 수 있음
	일반태그	〈div〉, 〈h1〉~〈h6〉, 〈p〉, 〈table〉, 〈ul〉, 〈ol〉, 〈li〉, 〈form〉
인라인 형식	〈span〉	인라인(inline) 형식으로 공간을 분할하는 영역을 정의 영역 공간이 입력 내용의 길이만큼만 차지하면서 줄바꿈 없이 같은 줄에 계속 추가되는 방식 반드시 블록 형식 태그의 하위에 포함되어야 하며 하위에 블록 형식 태그를 포함할 수 없음
	일반태그	〈span〉, 〈img〉, 〈a〉, 〈input〉, 〈i〉, 〈b〉, 〈strong〉, 〈small〉, 〈sub〉, 〈sup〉, 〈ins〉, 〈del〉 (단, HTML5에서는 〈a〉 태그 내부에 〈h1〉~〈h6〉, 〈p〉, 〈ul〉, 〈ol〉 등의 블록 형식 태그를 포함할 수 있음)

보통 블록 형식 태그들을 하나로 묶어 감쌀 때는 〈div〉 태그를, 내부에 인라인 형식 태그들을 감쌀 때는 〈span〉 태그를 사용한다. 〈div〉와 〈span〉 태그를 사용하여 분할한 공간

들은 id나 class 속성으로 구별하고 서로 다른 스타일을 적용하여 다르게 표시할 수 있다. 또, 스크립트 코드를 통해 특정 공간만 내용을 동적으로 변경할 수도 있다. 뒤에서 살펴보도록 하자.

> **Tip 태그의 표시 형식**
>
> 블록 형식 태그는 자유롭게 스타일을 정의할 수 있지만 인라인 형식 태그는 표현에 제한이 있다. 인라인 형식 태그는 태그 안의 내용을 기준으로 너비와 높이가 결정된다. 따라서 별도로 크기를 조절할 수 없으며 오직 좌/우 바깥 여백만 설정할 수 있다. CSS3 스타일시트에서 스타일 속성을 통해 블록 형식과 인라인 형식을 변경할 수도 있다.

4.2 시맨틱 태그

HTML5의 변경 내용 중에는 웹 페이지 구성 방식의 변화도 포함된다. 기존 웹 페이지 구조는 〈div〉(또는 〈span〉) 태그를 이용하여 페이지 공간을 적절히 분할한다. 〈div〉 태그를 이용하면 페이지의 물리적 영역을 구분함으로써 효과적으로 페이지 공간을 꾸밀 수 있다. 그러나 페이지 각 영역의 의미를 구별하기 어려워 효과적인 검색이 어렵다. 기존 HTML 문서는 정보의 표현을 우선적으로 고려한 측면이 있었다.

HTML5는 문서에 정보의 의미도 함께 고려하도록 한다. 〈div〉 태그를 세분화하여 각 태그에 의미를 부여함으로써 페이지를 의미 단위로 분할한다. 태그만으로 문서를 쉽게 이해할 수 있도록 의미를 부여한 새로운 태그들을 시맨틱 태그(semantic tag)라고 한다. 시맨틱 태그는 어떤 표현이나 행위를 지시하기 보다는 웹 문서의 내용이 담고 있는 의미를 명확히 전달할 목적으로 만들어진 태그이다.

HTML5에 추가된 주요 시맨틱 태그는 다음과 같다.

〈표 2-12〉 시맨틱 태그

시맨틱 태그	의미	기능
〈header〉	머리말 영역	페이지(혹은 내용) 상단의 머리말을 지정 페이지 제목, 소개 글이나 로고 이미지 등이 포함 〈body〉, 〈section〉, 〈article〉 태그 안에도 여러 번 포함 가능
〈nav〉	메뉴 영역	페이지 이동을 위한 메뉴 영역을 지정 이전 페이지, 다음 페이지, 특정 페이지나 사이트에 대한 연결 등 네비게이션 요소로 구성 〈header〉, 〈aside〉, 〈footer〉 태그 안에도 여러 번 포함 가능

〈aside〉	보조 영역	페이지의 좌,우 측면 공간 같은 보조 영역을 지정 광고나 즐겨찾기 링크, 관련 이미지 정보 등을 제공 〈section〉, 〈article〉 태그 안의 내용과 간접적으로 관련된 내용을 포함
〈section〉	형식적 구분 영역	제목을 갖는 연관된 내용 영역을 지정 하나의 제목(〈h1〉~〈h6〉 태그)을 중심으로 내용들을 그룹화 〈section〉 태그 안에 또 다른 〈section〉 태그를 포함한 다양한 태그들이 중첩되어 사용
〈article〉	내용적 구분 영역	독립적인 개별 내용 영역을 지정 블로그나 댓글, 신문, 잡지의 기사 등을 제공 별도로 배포되거나 재사용 가능한 내용으로 그룹화 〈section〉 태그와 〈article〉 태그 사이의 중첩 가능
〈footer〉	꼬리말 영역	페이지(혹은 내용) 하단의 꼬리말을 지정 작성자와 작성 날짜, 저작권 등 웹 페이지 관련 추가 정보들을 포함

앞에서 살펴본 〈figure〉, 〈figcaption〉, 〈time〉, 〈address〉 태그들도 새로 추가된 시맨틱 태그들이다. 시맨틱 태그는 화면에 표시되지는 않지만 태그 내용들의 의미를 명확히 표현함으로써 웹 문서를 의미적으로 구조화한다. 검색 엔진이 불필요한 영역의 정보를 검색하지 않도록 도움을 준다.

다음은 시맨틱 태그를 적용한 모바일 웹과 데스크톱 웹 화면을 보여준다.

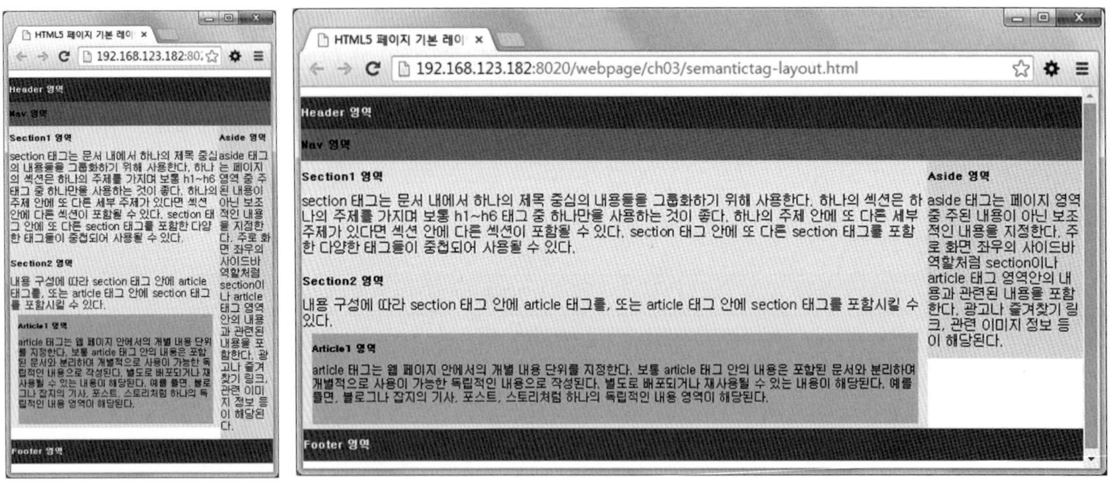

[그림 2-9] 시맨틱 태그 적용 웹

> **Tip HTML5 템플릿 제공 사이트**
>
> HTML5 태그에 익숙하지 않거나 간단한 웹 페이지는 템플릿을 이용하면 쉽게 작성할 수 있다. 다음과 같은 무료 HTML5 템플릿 제공 사이트를 이용해보자.
>
> http://freeHTML5templates.com
> http://www.html5webtemplates.co.uk
> http://HTML5boilerplate.com

4.3 HTML5 레이아웃의 변화

시맨틱 태그들을 사용함으로써 새로운 레이아웃의 구성이 가능하다. 기존 레이아웃 방식과 시맨틱 레이아웃 방식의 차이점을 예를 통해 알아보자.

■ 기존 레이아웃 방식

기존 방식에서는 모든 레이아웃 영역을 〈div〉 태그를 사용하므로 세부적인 구별이 어렵다. 그래서 기존 레이아웃에서는 아래처럼 〈div〉 태그의 id 속성값으로 의미를 표시하거나 class 속성값으로 의미를 표현하였다.

■ 시맨틱 레이아웃 방식

시맨틱 레이아웃 방식에서는 레이아웃 영역을 시맨틱 태그를 이용하여 구분한다. 〈div〉 태그를 여러 시맨틱 태그로 세분화하여 표시한다. HTML5에서는 영역의 의미를 구별하기 위해 쓰던 아이디(또는 클래스) 이름들을 표준 시맨틱 태그로 정의함으로써 문서의 의미 구조를 명확하고 간결하게 표현하도록 개선하였다.

```
<!-- 기존 레이아웃 방식 -->
<!DOCTYPE html>
<html>
  <head>
    <meta charset="utf-8">
     <title>과거 HTML 레이아웃</title>
  </head>
  <body>
    <div id="header">     ... </div>
    <div id="nav">    ... </div>
    <div id="sidebar">    ... </div>
    <div id="section1">   ...
        <div id="article"> ... </div>
    </div>
```

```
<!-- 시맨틱 레이아웃 방식 -->
<!DOCTYPE html>
<html>
  <head>
      <meta charset="utf-8">
      <title>HTML5 레이아웃</title>
  </head>
  <body>
    <header>  ...  </header>
    <nav>     ...  </nav>
    <aside>   ...   </aside>
    <section id="section1">   ...
      </article>  ...  </article>
    </section>
```

```
    <div id="section2">  ...
        <div id="section2_1">
            ...
        </div>
    </div>
    <div id="footer">     ... </div>
  </body>
</html>
```

```
    <section id="section2"> ...
      <section id="section2_1">
          ...
      </section>
    </section>
    <footer> ...  </footer>
  </body>
</html>
```

시맨틱 태그들은 각 영역이 어떤 의미를 갖는지 알 수 있기 때문에 페이지 레이아웃의 의미를 기계적으로도 구분할 수 있다. 검색 엔진 프로그램이나 시각장애인을 위한 스크린 리더 보조 프로그램 등에서 유용하게 사용된다.

4.4 시맨틱 레이아웃 작성하기

시맨틱 태그를 이용하여 다음 4장에서 완성할 모바일 홈페이지의 기본 레이아웃 페이지를 만들어보자.

[실습2-1] 시맨틱 레이아웃 작성 /ch02/semantic-layout.html

```
<!DOCTYPE html>
<html>
<head>
    <meta charset="utf-8">
    <title>HTML5 개인 포트폴리오 홈페이지</title>
</head>
<body>
    <header>
        <h3>== header ==</h3>
        <h1>홍길동 모바일 홈페이지</h1>
    </header>
    <nav>
        <h3>== navigation ==</h3>
        <span><a href="#"> 경력 </a></span>
        <span><a href="#"> 학술 </a></span>
        <span><a href="#"> 인적 </a></span>
        <span><a href="#"> 소개 </a></span>
    </nav>
  <div class="content">
    <section class="section1">
        <h3>== section1 ==</h3>
```

```
            <article class="article1">
                <h3>== article1 ==</h3>
                <h3>인적사항</h3>
                <ul>
                    <li>성   명 : </li>
                    <li>생년월일 : </li>
                    <li>주   소 : </li>
                    <li>연 락 처 : </li>
                    <li>학   력</li>
                </ul>
            </article>
        </section>
        <aside>
            <h3>== aside ==</h3>
            <h3>참조링크</h3>
            <a href="#"><img class="portal" src="#" alt=" "/></a>
            <a href="#"><img class="portal" src="#" alt=" "/></a>
            <a href="#"><img class="portal" src="#" alt=" "/></a>
        </aside>
    </div>
        <footer>
            <h3>== footer ==</h3>
            <h2>Copyright &copy; 2014 Hong, GilDong </h2>
        </footer>
</body>
</html>
```

위 예제 코드를 실행하면 내용과 구조만 표시될 뿐이고 스타일적인 요소는 전혀 없다. 웹 표준에서 권고하는 문서의 구조와 스타일 표현을 분리한 바람직한 형태이다. CSS3가 적용되지 않은 HTML5 문서는 각 영역의 위치가 내용 순서에 따라 표시될 뿐이다. HTML5 시맨틱 태그는 단지 전체 문서의 구조를 정의하고 각 영역별 문서 내용의 의미만을 표현하기 때문이다. 다음 장에서 CSS3 스타일을 추가 정의함으로써 각 시맨틱 태그 영역에 대한 표시 위치와 표현 형식 등 디자인적인 요소들을 결정한다. HTML5 문서가 사람의 '몸'이라면 스타일은 몸 위에 걸치는 '옷'으로 비유할 수 있다. 웹 표준에 따라 HTML5 문서의 구조를 잘 갖추어 정의하면 CSS3를 통해서 얼마든지 다양한 스타일로 변경할 수 있다. 실행 결과는 다음과 같다.

[그림 2-10] semantic-layout.html의 실행 결과(실습2-1)

Tip HTML5 문서의 웹 표준 유효성 검사

작성한 웹 문서가 HTML5 웹 표준을 잘 준수했는지를 확인하는 가장 간단한 방법은 유효성 검사 사이트를 이용하는 것이다. 다음 사이트에서 현재 개발 중인 웹 사이트의 주소나 개발한 HTML 코드를 직접 입력하면 바로 유효성 검사를 할 수 있다.

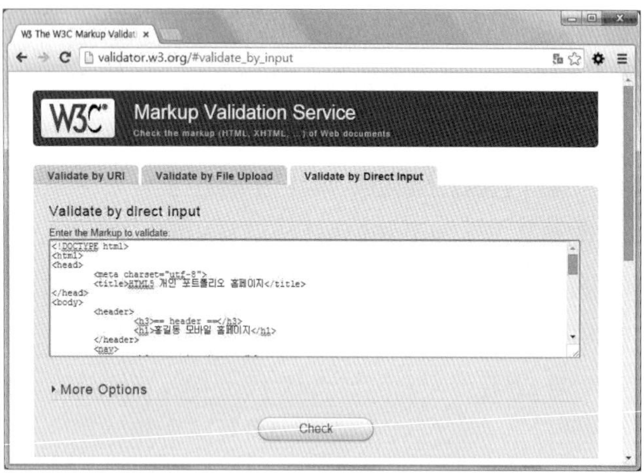

마크업 유효성 검사 서비스 사이트(http://validator.w3.org)

요약

1. HTML5 문서는 '〈!DOCTYPE html〉' 문서 선언부에 의해 시작된다. 〈html〉 엘리먼트 영역은 〈head〉와 〈body〉 엘리먼트 영역으로 구성된다.

2. HTML5 문서는 기본적으로 엘리먼트들의 모임으로 엘리먼트의 시작과 끝은 태그에 의해 지정된다. 태그는 일종의 약속된 명령어로 엘리먼트 내용에 대한 의미나 역할을 표현한다. 시작 태그 안에는 속성을 추가하여 상세한 변환 내용을 지시할 수 있다.

3. 태그는 '형식'을, 엘리먼트는 '형식+내용'을 의미하고 태그는 엘리먼트를 구성하는 요소 중의 일부이다.

4. HTML5 문서의 경우, 필수적으로 포함하는 기본 태그에는 〈html〉 문서 정의 태그, 〈head〉 머리말 태그, 〈meta〉 메타 태그, 〈title〉 제목 태그, 〈body〉 내용 태그 등이 있다.

5. 글자 태그에는 〈h〉 제목 글자 태그, 〈i〉 기울인 글자 태그, 〈b〉 굵은 글자 태그, 〈em〉 강조 태그, 〈strong〉 강조 태그, 〈small〉 작은 글자 태그, 〈sub〉 아래 첨자 태그, 〈sup〉 위 첨자 태그, 〈ins〉 밑줄 글자 태그, 〈del〉 취소줄 글자 태그, 〈mark〉 마크 태그, 〈p〉 문단 태그, 〈br/〉 줄바꿈 태그, 〈hr/〉 수평줄 태그, 〈address〉 연락처 태그, 〈time〉 시간 태그 등이 포함된다.

6. 목록 태그에는 〈ol〉 순서 목록 태그, 〈ul〉 비순서 목록 태그, 〈li〉 목록 항목 태그가 포함된다.

7. 〈a〉 링크 태그는 문서 내에서의 특정 위치로의 이동이나 외부 문서로의 이동을 위한 하이퍼링크를 지정하도록 한다.

8. 표 형식으로 문서 내용을 표시하는 테이블 관련 태그에는 〈table〉 표 태그, 〈tr〉 표 행 태그, 〈th〉 제목 열 태그, 〈td〉 내용 열 태그, 〈thead〉 표 머리 태그, 〈tbody〉 표 본문 태그, 〈tfoot〉 표 꼬리 태그, 〈caption〉 표 제목 태그 등이 포함된다.

9. 사진, 음악, 영화 등 다양한 미디어 정보를 표현하는 미디어 태그에는 〈img〉, 〈audio〉, 〈video〉 태그들이 있다. 〈audio〉 태그와 〈video〉 태그는 사용 방법이 거의 비슷하며 〈source〉 태그를 통해 여러 유형의 미디어 파일을 복수로 지정할 수 있어 브라우저별 지원 여부에 따른 비실행 문제를 해결할 수 있다.

10. 하위 태그들을 특정 공간에 그룹화하여 공간 배치를 쉽도록 하는 상위 태그를 컨테이너라고 한다. 대표적인 예는 〈div〉와 〈span〉 태그이다. 〈div〉는 줄바꿈이 일어나는 블록 형식의 공간 분할을 위해 가장 많이 사용되는 태그이며 〈span〉은 같은 줄 안에서 인라인 형식으로 내용 공간을 분리할 때 사용한다.

11. 표현이나 동작을 지시하기 보다는 문서를 정확하게 이해할 수 있도록 의미를 갖는 새로운 시맨틱 태그들이 추가되었다. 주요 시맨틱 태그들은 〈header〉, 〈nav〉, 〈aside〉, 〈section〉, 〈article〉, 〈footer〉 등이다. 기존 〈div〉 태그를 세분화하여 의미를 부여함으로써 문서 내용을 분할한다.

12. 시맨틱 태그들을 사용함으로써 새로운 시맨틱 레이아웃의 구성이 가능하다. 〈div〉 태그의 id 속성값 또는 class 속성값으로 의미를 표현했던 기존 방식에서 레이아웃 영역을 시맨틱 태그를 이용하여 간결하게 구분하는 시맨틱 레이아웃 방식으로 변화하고 있다.

연습문제

1. 다음 문장의 내용이 옳으면 O, 옳지 않으면 X를 하시오.

1) DOCTYPE은 문서 유형을 지정하며 HTML5 문서라면 반드시 어떤 HTML5 태그보다도 먼저 문서의 맨 앞에 선언되어야 한다. ( )
2) 태그 이름은 대소문자를 구분한다. ( )
3) 〈meta〉 이외에도 〈hr〉, 〈br〉, 〈img〉, 〈area〉, 〈input〉 태그들은 모두 내용은 갖지 않는 '빈 태그(empty tag)'들이다. ( )
4) 내용 제목(heading)을 표시하는 〈h1〉~〈h6〉 태그는 h 뒤의 숫자가 클수록 글자 크기는 굵고 커지며 더 중요하다. ( )
5) 〈span〉, 〈img〉, 〈a〉, 〈input〉 태그들은 모두 인라인 형식 태그들이다. ( )

2. 다음 ( ) 안에 적합한 용어를 넣어 문장을 완성하시오.

1) 〈meta〉 태그 안에 선언하는 charset='( )'은 유니코드 기반의 가변 길이 문자 인코딩 방식 중 하나로 아스키 코드와 호환되며 전 세계 모든 문자를 표현할 수 있다.
2) ( )는 엘리먼트의 시작과 끝을 지정하면서 엘리먼트 내용에 대한 의미나 역할을 표현하는 일종의 '명령어'라고 할 수 있다.
3) 글자 태그 중 태그의 내용을 강조하기 위해 사용하는 것은 〈b〉, ( ), 〈em〉 태그이다.
4) 〈ol〉 태그 안의 ( ) 속성은 글머리 시작 번호를 수동으로 직접 지정하기 위해서 사용하며 ( ) 태그 안의 value 속성은 특정한 목록 번호를 직접 지정하기 위해 사용한다.
5) 테이블 태그 중에서 〈th〉나 〈td〉 태그 안의 ( )은 합쳐야 할 셀 열의 개수를 지정한다.
6) ( ) 태그는 오디오 파일을 하나만 지정할 수 있는 〈audio〉 태그의 src 속성을 대신해서 여러 오디오 파일을 순서대로 검사하면서 지원하는 파일 형식을 만나면 바로 해당 파일을 재생하도록 한다.
7) ( ) 태그는 대표적인 블록 형식의 공간 분할 태그로 레이아웃을 구성하기 위해 많이 사용된다.

3. 〈audio〉 태그 안의 5가지 속성에 대해 간략히 설명하시오.

4. 공간 분할 형식(블록/인라인)에 대해 간략히 설명하시오.

5. 시맨틱 태그에 대해 간략히 설명하시오.

6. 아래와 같은 실행 결과가 표시되도록 다음 코드 안의 밑줄 안에 적합한 태그를 넣어 완성하시오.

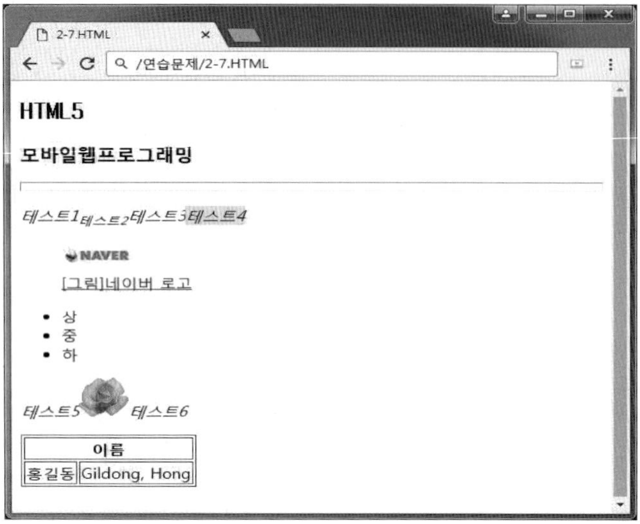


```
< ____________________ html>
<head>
    <meta chartset="utf-8">
    <link rel="stylesheet" type="text/css" ____________="bb1.css">
    <style type="text/css">
        p {font-style : italic}
    </style>
</head>
<body>
    <h2 style="font-family:굴림체">HTML5</h2>
    <h3 class="class1"><a id="subject01">모바일웹프로그래밍</a></h3>
    <________ size=10 />
    <p>테스트1<________>테스트2</________>테스트3<________>테스트4</________></p>
    <a href="http://www.naver.com">
        <figure>
```

```
            <img src="naver.gif" width="70" height="30" alt="네이버로 이동합니다.">
            <__________________>[그림]네이버 로고</______________>
        </figure>
    </a>
    <______>
        <li>상</li>
        <li>중</li>
        <li>하</li>
    </______>
    <p>
        테스트5<________ src="flower.gif" align="bottom" width="48" height="43">테스트6
    </p>
    <________ border="1">
        <tr>
            <_______ ______________="2">이름</th>
        </tr>
        <_______>
            <td>홍길동</td>
            <td>Gildong, Hong</td>
        </_______>
    </___________><br/>
</body>
</html>
```

Chapter 03

CSS3 기초 다지기

※ 학습목표

- CSS3 스타일시트의 선언 형식을 이해한다.
- 다양한 선택자 유형에 대한 명세 방법을 알아본다.
- 스타일시트 선언 방식과 다양한 CSS3 스타일 속성 사용 방법을 살펴본다.
- 박스 모델의 개념과 레이아웃 구성 방법을 이해한다.
- 확장 폰트의 사용 방법을 이해한다.

Chapter

03 CSS3 기초 다지기

1. CSS3 개요

HTML5에서 스타일 관련 태그들을 축소함에 따라 CSS3의 역할이 더 커졌다. CSS3의 기본 개념을 이해하고 웹을 위한 스타일시트 작성 방법을 살펴보자.

1.1 스타일시트 기초

스타일시트

아래한글이나 워드와 같은 문서 작성 프로그램에서 작성하는 모든 문서는 스타일을 적용한다. 스타일(style)은 문서를 멋지게 장식하거나 정해진 양식에 맞게 내용을 다듬는 역할을 한다. 스타일시트(stylesheet)는 문서의 스타일을 정의한 것으로 화면에 출력하기 위한 모양과 형식에 관한 스타일 규칙들의 모임이다. 스타일시트에 의해 웹 문서가 브라우저에 어떻게 보여지는지가 결정된다.

다음은 똑같은 HTML5 문서 내용으로 개발된 웹 페이지들이다. 다른 디자인의 스타일시트를 적용하면 전혀 다른 페이지처럼 보이게 된다.

[그림 3-1] 같은 HTML5 문서의 다른 CSS 명세 적용 예 (참조: http://www.csszengarden.com)

CSS

CSS(Cascading Style Sheet)는 HTML 문서에 적용되는 표준 스타일시트이며 기존의 스타일시트 개념을 웹에 적용한 것이다. CSS는 마크업 문서의 스타일을 정의하는 속성(property)들을 모아 놓은 언어이기 때문에 HTML 문서뿐만 아니라 XML 문서에도 적용할 수 있다. CSS를 사용하면 화면 구성이나 표현 형식 등 디자인 부분은 HTML 대신에 CSS에 위임해서 문서 구조와 문서 표현을 자연스럽게 분리할 수 있다. 스타일시트를 사용하면 HTML 태그로 스타일을 직접 지정하는 것보다 장점이 많다.

CSS를 사용함으로써 얻는 이점은 다음과 같다.

■ 확장성

HTML 태그가 이미 표현 기능을 포함하고 있지만 CSS를 사용함으로써 표현을 더욱 다양하게 확장하거나 표현 기능의 변경이 가능하다.

■ 편의성

HTML 태그만 가지고 스타일을 정의하는 것보다 훨씬 간편하게 레이아웃 등의 스타일을 구성할 수 있다.

■ 재사용성

HTML 문서와는 독립된 스타일 모듈을 작성하고 관리할 수 있어 비슷한 표현 스타일을 갖는 여러 HTML 문서에 공통으로 활용할 수 있다.

■ 생산성

문서 내용과 문서 형식 즉, 스타일을 분리함으로써 역할 분담에 따른 전문화가 가능하며 모듈 단위의 협업과 생산성 향상이 가능하다.

스타일시트는 독립된 여러 개의 파일로 분리하여 저장할 수도 있다. 이렇게 할 경우, 문서 내용과 스타일 작성에 관한 분업과 재사용 및 유지 보수가 쉬워진다.

CSS는 W3C 웹 컨소시엄에서 개발한 스타일시트 언어로 1996년 CSS1, 1998년 CSS2, 2007년 CSS 2.1 현재는 CSS3가 개발 중이다. HTML5처럼 CSS3도 개발이 진행 중이라 브라우저에 따라 지원 수준과 내용이 다르다. 멀지 않아 모든 브라우저에서 지원될 것이다. CSS 최신 버전은 이전의 하위 버전을 기본적으로 지원한다. 즉, CSS3는 CSS2와 CSS1을 모두 포함한다.

> **Tip CSS에 추가된 새로운 속성들**
>
> CSS3에 새롭게 추가된 속성들이 있다. 앞으로 하나씩 배워보도록 하자.
>
> background, border, box, color, media, opacity, transformation, text, web font

1.2 CSS3 스타일 선언 방법

CSS3에서 스타일 선언은 스타일을 적용할 웹 문서의 특정 영역을 지정하기 위한 선택자(selector)와 선택된 영역에 적용할 스타일을 지정하는 스타일 속성 블록(style property block)으로 구성된다. CSS3 명세는 대 · 소문자를 구분하지 않는다.

CSS3 스타일 선언

CSS3 스타일 선언을 위한 기본 형식은 다음과 같다.

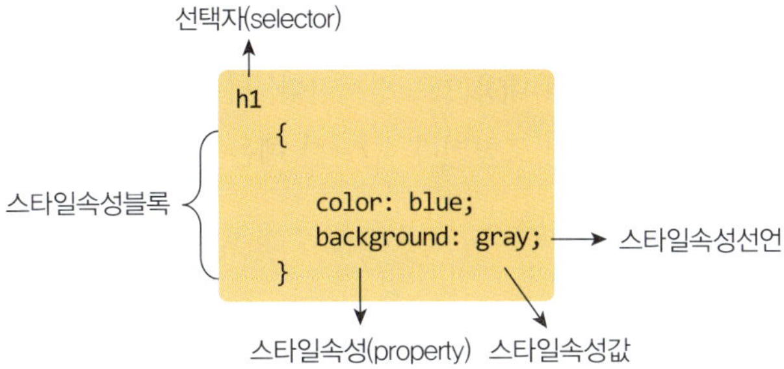

[그림 3-2] CSS3 스타일 선언 형식

■ 선택자

CSS3 선택자(selector)는 스타일을 적용할 대상을 지정한다. 가장 간단한 방법은 태그 이름을 지정하는 것이다. HTML5 문서 안의 특정 태그 영역만 원하는 스타일 또는 특별한 기능을 적용할 수 있다. 선택자는 CSS3뿐만 아니라 9장에서 소개되는 제이쿼리에서도 사용된다. 선택자는 한 번에 여러 개를 나열할 수 있으며 쉼표(,)로 구분한다. 나열된 선택자들은 같은 스타일을 적용할 대상들이다.

■ 스타일속성 블록

스타일 속성(property) 블록은 선택자에 의해 선택된 영역에 적용할 색상, 크기 등의 구체적인 스타일을 명세한다. 스타일 속성 블록은 중괄호({ })로 둘러싸며 하나 이상의 스타일 속성 선언을 포함한다. 각 스타일 속성 선언은 속성 이름과 속성 값들의 쌍으로 구성되며 콜론(:)으로 구분한다. 각 스타일 속성 선언은 세미콜론(;)으로 끝난다.

```
선택자 { 스타일속성이름 : 스타일속성값 ; 스타일속성이름 : 스타일속성값 ; ... }
```

■ 스타일 속성 이름

선택자에 대해 어떤 스타일을 부여할지 적용할 실질적인 기능에 해당하는 이름을 지정한다. 스타일 속성 이름은 그 기능을 쉽게 유추할 수 있는 단어로 구성된다.

■ 스타일 속성 값

스타일 속성의 종류에 따라 설정하는 값의 유형과 범위가 제한된다. 'blue', '30px'처럼 의미를 표현하는 키워드나 숫자를 단위와 함께 명세한다.

CSS3 스타일시트 선언 예

스타일시트는 <head> 태그 안에 <style> 태그의 내용으로 명세한다. 다음과 같이 CSS3 스타일시트 안에 선택자와 스타일 속성 선언들이 포함된다. 간단한 예는 다음과 같다.

[예제3-1] CSS 스타일시트 정의하기 /ch03/stylesheet.html

```
<!DOCTYPE html>
<html>
<head>
    <meta charset="utf-8">
    <title>전체/태그 선택자</title>
    <style>
        h1 { color: blue; background-color: gray; }   /* h1 엘리먼트에 스타일 지정 */
        h1, h2 { font-size: 16pt; }                    /* h1와 h2 엘리먼트에 스타일 지정 */
    </style>
</head>
<body>
    <h1>h1 스타일</h1>
    <h2>h2 스타일</h2>
</body>
</html>
```

선택자를 통해 <h1> 엘리먼트를 선택하고 color 스타일 속성으로 'blue' 색상을, 배경 색상으로는 'gray' 색상을 적용하는 예이다. 또, <h1>과 <h2> 엘리먼트에 대해서 크기를 '16포인트'로 지정한다. <style> 엘리먼트 안에 스타일을 명세할 때 주석이 필요하면 '/*'와 '*/' 기호 사이에 기술한다. 웹 브라우저에 의해 CSS3 주석은 해석되지 않고 무시된다.

스타일 속성 선언의 중첩과 상속

여러 스타일 속성 선언들을 같은 대상에 여러 번 중첩하여 설정할 수 있다. 그 결과 특정 영역에 적용할 스타일들이 누적될 수 있다. CSS의 'C'는 누적(Cascading)을 뜻하는 것으로 스타일 속성들은 누적되어 적용된다. 상위 태그에 설정된 스타일 속성들도 하위 태그에 상속되어 누적된다. font-family, font-size, font-weight 등 글자 관련 스타일 속성 등이 주로 상속된다. 특정 태그에 대해 누적된 여러 스타일 속성들이 충돌되지 않으면 스타일들은 연쇄적으로 결합되어 적용된다. 만약, 같은 스타일 속성을 여러 번 다른 속성값으로 지정했다면 스타일 충돌이 발생한다. 이 경우, 우선 순위에 따라 최종적으로 스타일 속성값 하나가 결정되어 적용된다.

CSS3에서는 작은 따옴표(' ')나 큰 따옴표(" ") 안의 내용을 문자로 인식하기 때문에 값을 명세할 때 따옴표를 붙이지 않는다.

2. 선택자

선택자 지정 방식은 6가지 유형으로 분류할 수 있다. 선택자의 유형은 다양하지만 주로 사용하는 선택자는 전체 선택자, 태그 선택자, 클래스 선택자, 아이디 선택자이다. 선택자들을 살펴보자.

〈표 3-1〉 선택자 유형

종류	형식	내용
전체 선택자	*	모든 태그에 스타일 적용
태그 선택자	태그명	지정한 이름의 태그에만 스타일 적용
클래스 선택자	.클래스명	지정한 클래스 속성을 갖는 태그에만 스타일 적용
아이디 선택자	#아이디명	지정한 아이디 속성을 갖는 태그에만 스타일 적용
계층 선택자	 선택자 태그명 선택자 〉 태그명 선택자 + 태그명 선택자 ~ 태그명	태그들의 계층 구조에서 특정 위치의 태그에만 스타일 적용 자손 선택자 자식 선택자 형제(근접후행) 선택자 형제(후행) 선택자
상태 선택자	선택자:상태조건	지정된 특정 상태 조건을 충족하는 태그에만 스타일 적용

2.1 기본 선택자 유형

전체 선택자

전체 선택자(universal selector)는 '*' 기호를 선택자로 사용하여 HTML5 페이지 내부의 모든 태그를 대상으로 선택한다. 〈head〉, 〈title〉, 〈style〉, 〈body〉 태그와 〈html〉 태그까지 모든 태그가 선택된다. 다음 예는 모든 태그의 color 속성을 'green' 색상 값으로 지정한다. 실행 결과로 문서의 모든 내용이 녹색으로 변경된다.

```
* { color: green; }
```

다음 예는 〈body〉 태그뿐만 아니라 〈html〉 태그 영역에도 빨간 경계선이 표시된다.

```
* { border: solid red; }
```

전체 선택자가 사용되는 대표적인 예는 모든 엘리먼트 영역의 외부 여백과 내부 여백 전체를 '0'으로 초기 설정하는 경우이다.

```
* { margin: 0; padding: 0; }
```

태그 선택자

태그 선택자(tag selector)는 태그 이름을 선택자로 사용하여 문서 내부의 특정 태그를 모두 선택한다. 같은 이름을 갖는 문서 내의 모든 태그들에 대해서 같은 스타일을 적용한다. 기본 선택자로 가장 많이 사용한다.

```
p { background-color: blue; border: red; }                    /* 복수 스타일 속성 선언
```

하나의 선택자에 여러 스타일 속성을 적용할 수도 있고 반대로 하나의 스타일 속성을 여러 선택자에 함께 적용할 수도 있다. 여러 태그를 함께 선택하여 같은 스타일을 적용하고 싶다면 ','를 사용하여 나열하면 된다. 선택된 태그들에 여러 스타일을 동시에 적용할 수도 있다. 다음 노란 배경색의 스타일은 〈h1〉, 〈h3〉, 〈p〉 태그에 함께 동일하게 적용된다.

```
h1, h3, p { background-color: yellow; }              /* 복수 선택자 */
```

아이디 선택자

아이디 선택자(ID selector)는 보통 고유한 id 속성값을 가지고 있는 태그 하나만을 선택한다. 각 아이디(ID; identifier)는 HTML5 문서 안에서 원칙적으로 오직 한 곳씩만 지정한다. 선택자로 '#' 기호를 앞에 붙여 id 속성값을 명세한다. 클래스 선택자와 함께 많이 사용하는 선택자이다. 태그 이름이 같더라도 id 값으로 구별하여 스타일을 적용하고자 할 때 사용한다.

```
#id1 { border: solid red; }
```

클래스 선택자

클래스 선택자(class selector)는 특정 class 속성값을 가지고 있는 여러 태그들에 스타일을 적용하기 위해 사용한다. 선택자로 '.' 기호를 앞에 붙여 class 속성값을 명세한다. 보통 같은 태그들을 다시 나누어 그룹화하거나 태그 종류에 상관없이 다양한 태그들을 그룹화하여 같은 스타일을 적용하고자 할 때 사용된다. 태그 속성으로 같은 이름의 클래스를 설정하면 된다. 즉, 같은 태그라도 다른 스타일을 적용하거나 다른 태그라도 같은 스타일을 적용하고자 할 때 유용하다.

```
.class1 { border: solid purple; }
```

'.' 기호 앞에 태그 이름을 명세하여 특정 태그에 포함된 클래스만으로 선택 범위를 제한할 수도 있다. '.class1'은 태그 이름에 상관없이 class 속성값이 'class1'인 모든 태그들이 선택되지만 'p.class1'은 〈p〉 태그 중에서 class 속성값이 'class1'인 태그들만 선택된다.

```
p.class1 { border: solid purple; }
h1.class1 { border: solid purple; }
```

id 속성은 문서 안에서 오직 특정한 하나의 엘리먼트를 참조하고 class 속성은 여러 개의 엘리먼트를 참조하기 위해 사용한다. id 속성값은 단일 지정 속성으로 중복 지정되지 않지만 class 속성값은 그룹 지정 속성으로 여러 태그들에 반복해서 지정될 수 있다

계층 선택자

HTML5 문서 안의 엘리먼트들은 계층 구조를 갖는다. 계층의 구조적 특성을 이용한 계층 선택자(hierarchy selector)에는 자식, 자손, 형제 선택자가 있다.

특정 태그 바로 아래에 위치한 하위 태그를 자식 태그라 하고 여러 자식 태그들 중에서 특정 자식을 선택할 때 사용하는 선택자가 자식 선택자(child selector)이다. 자손 선택자(descendant selector)는 특정 태그 아래의 자식, 또 그 자식의 자식들을 반복해서 모두

포함하는 선택자이다. 자손 선택자는 특정 태그 안에 포함된 모든 하위 태그(자손 태그)를 선택하도록 한다.

다음은 자식 선택자와 자손 선택자의 예이다.

```
#id > p { border: purple; }          /* 선택자 > 자식선택자 */
#id p { border: purple; }            /* 선택자 자손선택자 */
```

형제 선택자(sibling selector)는 같은 부모 태그 아래에 있는 자식 태그들 중에서 태그 하나 또는 일부를 선택하는 선택자이다. '+'와 '~'는 같은 부모(상위) 태그를 가진 동일 수준의 태그들간에 순서 관계를 이용하여 스타일 적용 범위를 지정한다. 선택자 태그를 기준으로 바로 인접해서 뒤에 오는 형제 태그 하나를 선택할 경우에는 '+' 기호를, 바로 인접하지는 않더라도 뒤에 오는 모든 형제 태그들을 선택할 경우에는 '~' 기호를 사용한다.

다음은 형제 선택자의 예이다.

```
h3 + h4 { text-align: center; }          /* 선택자 + 근접후행형제선택자 */
h3 ~ h4 { background-color: gray; }      /* 선택자 ~ 후행형제선택자 */
```

'h3 + h4' 선택자는 〈h3〉 태그 뒤에 오는 첫 번째 〈h4〉 태그 하나를 선택한다. 'h3 ~ h4' 선택자는 〈h3〉 뒤에 오는 모든 〈h4〉 태그들을 선택할 때 사용한다.

다음 예제를 실행해 보자.

[예제3-2] CSS3 기본 선택자 정의하기 /ch03/basic-seletor.html

```
<!DOCTYPE html>
<html>
<head>
    <meta charset="utf-8">
    <title>선택자 유형</title>
    <style>
    /* 전체, 아이디, 클래스, 태그 선택자 */
        * { margin: 5px; padding: 5px; }
        #id1 { border: dashed red; }
        .class2 { border: dotted blue; color: purple; }
        span { font-weight: bold; }
```

```
    /* 자식, 자손 선택자 */
        #id1 > span { color: green; }
        #id2 span { color: deeppink; }

        #id1 > ul > li { color: blue; }
        #id1 > ul li { background-color: yellow; }
        #id1 li { border: double; }

        #id2 > .class2 > h3 { color: red; }
        #id2 > .class2 h4 { color: orange; }

    /* 형제 선택자 */
        h3 + h4 { text-align: center; }
        h3 ~ h4 { background-color: gray; }
        #id2 > .class2 h4 ~ h4 { border: double; }
    </style>
</head>
<body>
    <div id="id1">div스타일1
        <span>span스타일1</span>
        <span>span스타일2</span>
        <p>p스타일1
            <span>span스타일3</span>
        </p>
        <ul class="class2">
            <li>하늘</li>
            <li>바다</li>
        </ul>
    </div>
    <div id="id2">div스타일2
        <span>span스타일4</span>
        <span>span스타일5</span>
        <p>p스타일2
            <span>span스타일6</span>
        </p>
        <div class="class2">
            <h4>전나무</h4>
            <h3>소나무</h3>
            <h4>개나리</h4>
            <h5>밤나무</h5>
            <h4>진달래</h4>
        </div>
    </div>
</body>
</html>
```

실행 결과는 다음과 같다.

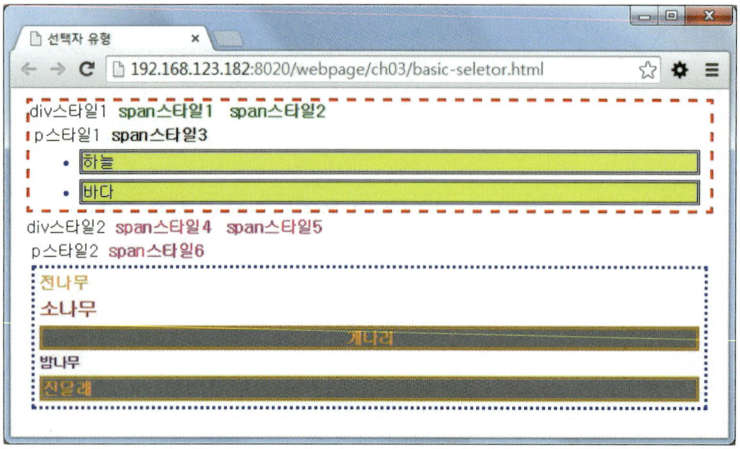

[그림 3-3] basic-selector.html의 실행 결과(예제3-2)

'.class2' 클래스인 <div> 태그에 설정한 자주색 글자 색상이 하위 태그들에 상속되지만 또 다른 스타일 지정을 통해 스타일 속성 충돌이 발생하여 일부는 적용되지 않는다. 보통 선택자가 더 상세 할수록 그리고, 뒤에 명세 될수록 스타일 선언이 우선적으로 적용된다.

2.2 확장 선택자 유형

상태 선택자

콜론(:) 뒤에 엘리먼트를 선택할 수 있는 특별한 상태 즉, 조건을 나타내는 예약어를 명세하는데 바로 상태 선택자이다. 상태 선택자(state selector)는 단독으로 사용되기 보다는 다른 선택자와 함께 짝을 이루어 선택자를 꾸며주는 역할을 한다. 가상 클래스(pseudo class) 선택자라고도 한다. 상태 선택자들은 다음과 같다.

〈표 3-2〉 상태 선택자

종류	상태	기능
링크선택자	선택자:link	href 속성을 가진(방문 전) <a> 태그를 선택
	선택자:visited	방문했던 링크를 가진 <a> 태그를 선택
반응선택자	선택자:hover	마우스 포인터를 올려놓은(누르지 않고) 태그를 선택
	선택자:active	마우스 포인터로 클릭한 태그를 선택
부정선택자	선택자:not	선택 대상을 반대로 적용

링크 선택자는 링크를 나타내는 〈a〉 태그에 적용되는 선택자이다. 〈a〉 태그 안에 href 속성을 포함하고 있으면 연결 정보를 갖고 있으므로 :link 선택자에 의해 해당 〈a〉 태그가 선택된다. 만약, 〈a〉 태그 안의 href 속성값을 통해 해당 주소를 방문했다면 해당 〈a〉 태그가 :visited 선택자에 의해 선택된다. 반응 선택자는 사용자가 반응한 상태에 따라 결정되는 선택자이다. 마우스를 특정 태그 영역 위에 올려놓기만 하면 hover 상태가 되어 해당 태그가 :hover 선택자에 의해 선택된다. 마우스로 클릭하면 active 상태가 되어 해당 태그가 :active 선택자에 의해 선택된다. 부정 선택자 :not은 다른 선택자와 결합하여 선택 대상을 반전시킨다.

다음 예제를 실행해 보자.

[예제3-3] CSS3 상태 선택자 정의하기 /ch03/state-seletor.html

```
<!DOCTYPE html>
<html>
<head>
    <meta charset="utf-8">
    <title>상태 선택자</title>
    <style>
        div { margin-top: 15px; }
        a { margin: 0 ; padding : 3px ; border : 2px solid purple ; text-decoration : none ;
background : purple; color : white ; }
        span > a:hover { background : white ; color : purple ; }
        span > a:active { background : #ff00ff ; color : white ; }
        div > a:link { background : white ; color : purple; }
        div > a:visited { background : white ; color : green ; }
    </style>
</head>
<body>
    <span><a href="4-2.html"> 버튼1 </a></span>
    <span><a href="4-2.html"> 버튼2 </a></span>
    <span><a href="#"> 버튼3 </a></span>
    <span><a href="#"> 버튼4 </a></span>
    <div>
        <a href="#"> 버튼5 </a>
        <a> 버튼6 </a>
        <a href="4-3.html"> 버튼7 </a>
        <a> 버튼8 </a>
    </div>
</body>
</html>
```

버튼1부터 버튼4는 마우스를 버튼에 올리면 자주 바탕의 흰 글씨에서 하얀 바탕의 자주 글씨 색으로 반전된다. 클릭하는 순간에는 다시 분홍 바탕의 흰 글씨로 반전된다. 버튼6과 버튼8은 링크 주소가 없으므로 이전 버튼 스타일이 적용된다. 버튼5와 버튼7은 href 속성이 있으므로 흰 바탕의 자주색 글씨 버튼 스타일에서 해당 주소를 방문한 뒤에는 흰 바탕의 녹색 글씨로 변경된다. 'text-decoration : none'은 링크에 자동으로 표시되는 밑줄을 제거한다.

다음은 실행 결과이다.

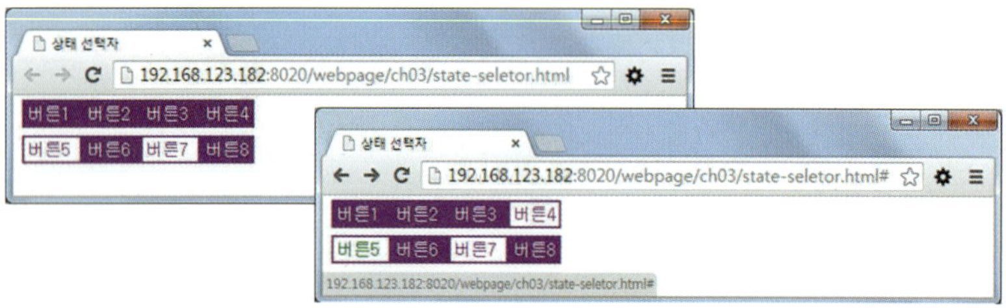

[그림 3-4] state-selector.html(예제3-3)

3. 스타일시트 선언 방식

CSS3 스타일시트를 선언하는 방식은 4가지 유형이 있다. 스타일시트의 내용이 어디에 위치해 있는지에 따라 결정된다. 스타일시트 선언 방식과 적용 예제를 살펴보자.

3.1 스타일시트 선언 방식

다음은 4가지 스타일시트 선언 방식을 요약한 내용이다. 비교해 보자.

〈표 3-3〉 스타일시트 선언 방식

선언 방식	내용	특성
내부 방식	HTML5 문서 내부에 스타일시트를 삽입하는 형식(임베디드 형식)	〈style〉 태그 안에 스타일시트를 명세
외부 방식	HTML5 문서 외부에 독립된 스타일시트 파일을 작성하여 연결하는 형식(링크 형식)	〈link〉 태그를 통해 외부 CSS3 파일을 연결
인라인 방식	HTML5 문서 안의 각 엘리먼트에 속성으로 스타일을 끼어 넣는 형식	HTML5 태그 안에 style 속성을 설정
임포트 방식	스타일시트 안에서 또 다른 스타일시트 파일을 포함시키는 방식	스타일시트 안에 @import 규칙을 사용하여 외부 CSS3 파일을 포함

■ 내부 스타일시트 선언

〈head〉 엘리먼트 영역에 〈style〉 태그를 추가하고 그 안에 스타일 선언들을 명세한다. 즉, 스타일시트를 HTML5 문서 안에 삽입하는 것이다. 특정한 HTML5 문서 하나에만 적용할 스타일을 선언할 때 주로 사용한다. 웹 페이지 수가 적은 경우에 적합하고 개발 단계에서 많이 적용하는 방식이다. 선언된 스타일시트는 문서 전체 태그에 영향을 준다.

■ 외부 스타일시트 선언

HTML5 문서와 스타일 정보를 완전하게 분리하려면 별도의 파일에 작성하는 것이 바람직하다. 스타일 선언만을 다른 파일로 저장한 뒤 연결하는 방식이다. 스타일이 복잡하고 많아서 HTML5 문서에 함께 포함하기 어려운 경우에 효과적이다. 같거나 비슷한 스타일을 갖는 여러 HTML5 문서에 재사용할 수 있는 이점이 있다. 외부 스타일시트 파일은 〈head〉 엘리먼트 안에서 〈link〉 태그를 이용하여 연결한다.

■ 인라인 스타일 선언

HTML5 문서의 각 엘리먼트 안에 직접 스타일을 명세하는 방식이다. 엘리먼트의 시작 태그 안에 style 속성값으로 스타일 정보들을 나열한다. 지정한 엘리먼트에 대해서만 스타일 효과가 적용되므로 여러 엘리먼트들에 같은 스타일 적용을 원할 경우에는 바람직하지 않다. 스타일 지정은 쉽지만 많이 사용할수록 태그가 복잡해지고 나중에 관리가 어렵다. 특정 엘리먼트만 예외적으로 스타일을 적용하는 경우 등에 제한적으로 사용한다.

■ 임포트 외부 스타일시트 선언

보통 스타일시트 파일이 커지면 여러 CSS3 파일로 분리하게 되고 〈link〉 태그도 많아진다. 임포트 스타일시트는 @import 규칙을 사용하여 url( ) 함수 안에 포함할 CSS3 파일 경로명을 명세하는 방법이다. 〈link〉 태그 사용 방법과 비슷하다. 스타일 선언 중에 다른 스타일 선언을 재사용할 때 유용하다. 여러 CSS3 파일을 하나로 조합하거나 필요한 부분만 선택적으로 사용할 수도 있어 유연성이 장점이다. 단, @import 규칙은 스타일시트 안에서만 사용되며 다른 스타일 선언들보다 항상 먼저 명세되어야 한다.

3.2 스타일시트 선언 방식 적용 예

다음은 4가지 스타일시트 선언 방식을 혼용해서 적용한 예이다.

[예제3-4-1] CSS3 스타일 선언 방식 혼용하기 /ch03/style-type.html

```
<!DOCTYPE html>
<html>
<head>
    <meta charset="utf-8">
    <title>스타일시트 선언방식</title>
    <link rel="stylesheet" href="external1.css"/>
    <style>
        h1 { color: blue; }             /* 내부 스타일시트 */
    </style>
</head>
<body>
    <div>
        <h1>실습</h1>
        <h2 style="color: yellow">스타일시트</h2>  <!-- 인라인 스타일시트 -->
    </div>
</body>
</html>
```

〈link〉 태그의 rel 속성은 스타일시트 파일이 연결되어 있음을 의미하고 href 속성은 CSS3 파일의 경로를 지정한다. 외부 스타일시트 선언 내용은 텍스트 파일로 저장(확장자는 가급적 .css로 지정)하면 된다.

[예제3-4-2] 외부 스타일시트 선언하기1 /ch03/external1.css

```
@import url(external2.css);
div { border: double purple; }                 /* 외부 스타일시트 */
```

'external1.css' 파일에서 임포트하는 'external2.css' 파일이다.

[예제3-4-3] 외부 스타일시트 선언하기2 /ch03/external2.css

```
h2 { background: gray; }                       /* 임포트 외부 스타일시트 */
```

실행 결과는 다음과 같다.

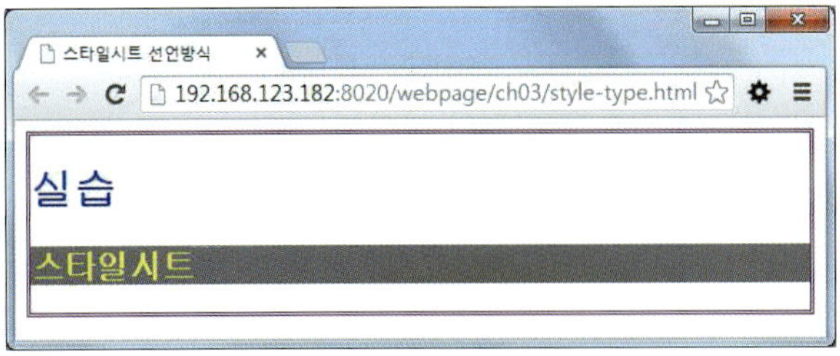

[그림 3-5] style-type.html의 실행 결과(예제3-4-1,2,3)

Note: 스타일 적용의 우선 순위

4가지 스타일시트 선언 방식을 함께 사용하여 스타일 충돌(conflict)이 발생할 경우, 최종 결과는 어떠한 형태로 웹 브라우저에 표시될까?
첫 번째, 다양한 선언 방식이 적용되는 스타일 효과에는 우선 순위(priority)가 존재한다. 여러 스타일시트 방식이 결합 적용된 경우, 적용 우선 순위가 높은 순으로 나열하면 다음과 같다.

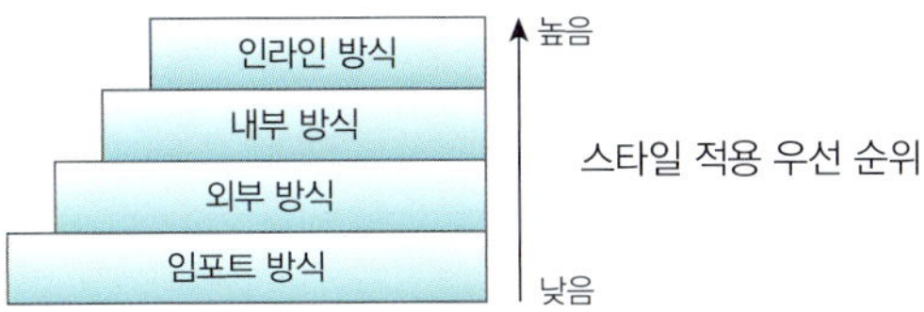

두 번째, 같은 선언 방식 안에서는 상속의 개념도 고려해야 한다. 상위 엘리먼트에서 정의한 스타일은 하위 엘리먼트에도 상속될 수 있고 상속받은 스타일과 하위 엘리먼트에서 정의한 스타일이 겹쳐서 충돌이 발생할 수 있다. 이 경우, 상속받은 스타일보다 직접 정의한 스타일이 우선 한다. 만약, 직접 정의한 스타일 속성도 없고 상속받은 속성도 없다면 기본값으로 설정된다.
세 번째, 직접 스타일을 정의하는 경우에도 선택자 유형에 따라서 우선 순위가 다르다. 우선 순위가 높은 순으로 나열하면 다음과 같다.

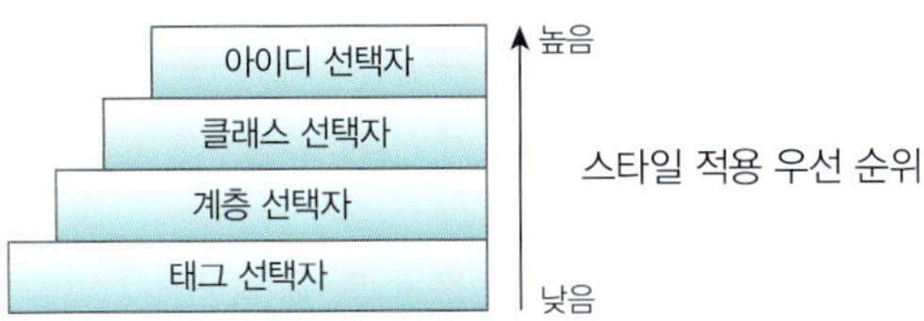

같은 유형의 선택자를 여러 번 선언함으로써 충돌이 발생한 경우, 가장 나중에 선언한 스타일이 우선한다. 일반적으로 충돌 발생 시 스타일 우선 순위는 가장 제한적으로, 가장 하위 수준에서, 가장 나중에 정의할수록 높다고 할 수 있다.

4. 스타일 속성

스타일 속성들은 매우 많고 다양하기 때문에 필요한 것부터 하나씩 배워가면 된다. 자주 사용되는 기본 스타일 속성들을 살펴보도록 하자. 설명되지 않는 더 많은 스타일 속성들에 대해 알고 싶다면 전문적인 웹 개발 교육 사이트(w3schools.com)를 방문해 보도록 한다.

4.1 CSS3의 글자 스타일 속성

글자 관련 CSS3 속성을 통해 다양한 글꼴과 크기, 모양 등을 지정할 수 있다. <font>, <i>, <b> 등의 글자 태그를 더 이상 사용하지 않고 글자 스타일 속성을 사용해 보자.

〈표 3-4〉 글자 스타일 속성

스타일 속성	속성값	의미
font-family	글꼴명 예 고딕, 돋움, serif, sans-serif, "Times New Roman", aria, cursive, monospace	글꼴(글자체)을 지정
font-size	수치값 | 크기 유형 예 12pt, 2em, xx-small, x-small, small, medium, large, x-large, xx-large	글자의 크기를 지정 각 크기 유형간 1.2배 크기 차이
font-style	기울기 유형명 예 normal(기울임없음), italic(약간기울임), oblique(보통기울임)	글자의 기울기를 지정
font-weight	두께 유형명 또는 수치값(100 ~ 900) 예 lighter(얇게), bold(=700), normal(=400), bolder(두껍게)	글자의 굵기(두께)를 지정
font-variant	대소문자 유형 예 normal, small-caps, large-caps	글자의 대소문자 전환을 지정
font	[굵기] [기울기] 크기 [/줄간격] 글꼴 예 20px cursive	글자관련 속성을 한꺼번에 지정(크기, 글꼴은 필수, 줄간격은 슬래시 뒤에 지정)
text-decoration	장식효과명 예 none(없음), overline(윗줄), line-through(취소선), underline(밑줄)	글자의 장식효과를 지정
text-align	수평 정렬기준 예 left, center, right, justify(좌우정렬)	글자(문장)의 가로 방향 정렬 유형을 지정

vertical-align	수직 정렬기준 예 top, bottom, middle, text-top, text-bottom, super, sub, baseline	글자(문장)의 세로 방향 정렬 유형(윗첨자, 아래첨자)을 지정
text-indent	수치값 예 4pt, -2pt	들어쓰기(양수), 내어쓰기(음수) 간격을 지정
text-transform	변환 유형명 예 capitalize(알파벳 첫글자 대문자 지정), uppercase(대문자로 변환 지정), lowercase (소문자로 변환 지정)	대소문자 변환을 지정
letter-spacing	수치값 예 2pt, -4pt, normal(보통; 브라우저마다 다름)	글자 사이의 간격을 지정
word-spacing	수치값 예 6pt, normal	단어 사이의 간격을 지정
line-height	수치값 예 normal, 16pt, 120%	줄 간격을 지정
text-shadow	x축간격 y축간격 번짐크기 그림자색상 예 4px 2px 7px red	글자에 그림자 효과를 지정

font-family 속성값으로 글꼴을 여러 개 나열할 수 있다. 나열된 글꼴들은 순서대로 지원 여부를 확인해 먼저 일치하는 글꼴이 적용된다. 지원되는 글꼴이 없다면 브라우저의 기본 글꼴로 표시된다. text-shadow 속성의 x축 간격과 y축 간격의 값은 그림자의 시작 위치를 결정한다.

Note: CSS3 스타일 속성값의 단위

CSS3 스타일을 지정할 때 다양한 유형의 단위를 사용하여 크기를 지정한다.

• 상대 단위(상대적 크기)

단위	의미
%(퍼센트)	백분율 단위(해당 엘리먼트가 차지할 전체 공간에서의 비율)
em(엠)	배수 단위(상속받거나 직접 설정된 현재 글꼴(대문자)의 높이)
ex(엑스하이트)	배수 단위(상속받거나 직접 설정된 현재 글꼴(소문자)의 높이)
px(픽셀)	화면 한 점 크기(화면 해상도를 측정하는 화소점의 개수)

• 절대 단위(절대적 크기)

단위	의미
cm	센티미터 단위
mm	밀리미터 단위(0.1cm)
in	인치 단위(2.54cm)
pt(포인트)	포인트(인쇄용) 단위(1/72인치)
pc(피카)	피카 단위(1/6인치, 12pt)

가장 많이 사용되는 단위는 px, % 그리고 em 등이다. 200%=2.0em은 모두 기본 크기의 2배 크기를 지정한다. 일반적으로 브라우저의 기본 글꼴 크기 1em(100%)이 보통 16px(12pt)이다. 국내에서는 보통 12px를 기본 글꼴 크기의 기준으로 많이 설정하므로 이 경우 글꼴 크기를 0.75em, 75%, 12px로 설정하면 된다.

Tip 레이아웃 단위는 이렇게 사용하자.

• 모든 레이아웃 수치에는 단위를 꼭 붙이자!

대부분의 브라우저는 단위를 생략하면 보통 px 단위로 인식하여 렌더링한다. 보다 좋은 방법은 모든 수치값 뒤에 항상 단위를 붙이는 것이다. 수치값 뒤에 오는 단위는 공백 없이 명세해야 한다.

```
height: 30px;   (○)                    height 30 px;   (×)
```

• 레이아웃 수치에 가급적 %, em, ex 상대적 단위를 활용하자!

레이아웃과 관련된 수치값을 명세할 때 절대값보다는 상대값을 활용하자. px나 pt 대신에 %, em, ex 등의 단위를 사용하면 글꼴 크기가 변경될 경우 레이아웃 속성들이 자동적으로 변경되어 모바일 장치와 같은 다양한 환경에 유연하게 대처할 수 있다.

다음 예제를 실행해 보자.

[예제3-5] 글자 스타일 속성 선언하기 /ch03/char-style.html

```
<!DOCTYPE html>
<html>
<head>
<meta charset="utf-8">
<title>글자 스타일속성</title>
<style>
    * { font-size: 1em; }
    #id1, #id2, #id3, #id4, #id5 { font-size: 16px; border: dotted silver; }
    #id1 { font-family: arial; font-size: small; text-decoration: overline; }
    #id2 { font-family: "돋움"; font-size: large; text-align: center; text-decoration: line-through; }
    #id3 { font-size: 200%; font-style: oblique; text-align: right; text-decoration: underline; }
    #id4 { font-family: "times new roman"; font-size: 2em; font-weight: bold; }
    #id5 { font-family: "없는 글씨체", serif; font-size: 100%; font-weight: lighter; }

    #id6 { vertical-align: top; letter-spacing: -2pt; word-spacing: 3pt; }
    #id7 { text-align: justify; letter-spacing: 4pt; word-spacing: 6pt; line-height: 200%; }
    #id8 { vertical-align: top; letter-spacing: -4pt; word-spacing: 3pt; line-height: 16px; }
    #id9 { vertical-align: text-bottom; letter-spacing: 2pt; word-spacing: 3pt; line-height: 300%; }
    h1 { font-size: 32px; text-shadow: 2px 6px 7px red; }
    h3 { font-size: 2em; background-color: #800080; color: black; display: inline;
    text-shadow: 2px 2px 10px white, 2px -2px 10px silver, -2px 2px 10px silver, -2px -2px 10px silver; }
</style>
</head>
<body>
    <p id="id1">AaBbCc스타일1</p>
    <p id="id2">AaBbCc스타일2</p>
    <p id="id3">AaBbCc스타일3</p>
    <p id="id4">AaBbCc스타일4</p>
    <p id="id5">AaBbCc스타일5</p>
    <table border="1">
        <tr>
            <td><p id="id6">AaBbCc 스타일6 스타일 스타일 스타일 스타일 스타일 스타일</p></td>
            <td><p id="id7">AaBbCc 스타일7 스타일 스타일 스타일 스타일 스타일 스타일</p></td>
        </tr>
        <tr>
            <td id="id8"><p>AaBbCc 스타일8 스타일 스타일 스타일 스타일 스타일 스타일</p></td>
            <td id="id9"><p>AaBbCc 스타일9 스타일 스타일 스타일 스타일 스타일 스타일</p></td>
        </tr>
    </table>
    <h1>h1 Shadow효과</h1>
    <h3>h3 Shadow효과</h3>
</body>
</html>
```

실행 결과는 다음과 같다.

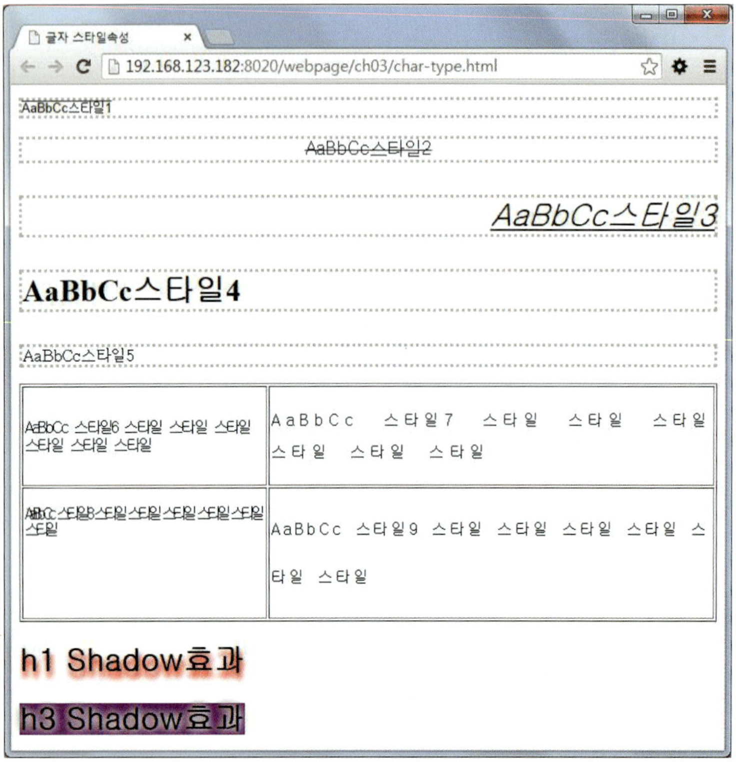

[그림 3-6] char-style.html의 실행 결과(예제3-5)

모든 태그 내용의 글자 크기를 '16px'로 지정한다. 〈p〉 태그의 기본 글자 크기이다. 〈h1〉과 〈h3〉의 내용도 얼마든지 같은 글자 크기로 변경할 수 있으므로 의미의 중요도에 따라 〈h1〉~〈h6〉 태그를 선택하는 것이 바람직하다. 'small'은 기본 글자 크기인 16px보다 약간 작고, 'large'는 약간 크게 표시된다. '2em'과 '200%'는 상대적 글자 크기로 기본 크기인 16px의 2배인 '32px'와 같다.

경계선 스타일을 적용함으로써 엘리먼트 영역을 파악할 수 있다. 글자 크기가 커지면 앞, 뒤 여백도 비례하여 증가한다. 앞, 뒤 문단 간격은 더 큰 문단의 글자 높이만큼 상 · 하 여백이 설정됨에 유의하자.

font-family 속성값으로 여러 글꼴을 쉼표(,)로 나열할 수 있으며 웹 브라우저는 나열된 글꼴 중에서 앞에서부터 하나씩 지원 여부를 확인한 뒤, 지원할 경우 해당 글꼴을 지정한다. 보통 웹 브라우저가 기본적으로 지원하는 'serif'(모서리가 장식된 명조체)나 'san-serif'(모서리가 밋밋한 고딕체) 글꼴을 마지막에 설정한다. 공백 포함 글꼴명은 반드시 큰따옴표(" ")를 사용해야 한다. 글자의 두께는 글꼴마다 얼마나 다양한 굵기의 글자를 포함하는지에 따라 다르다.

text-shadow 속성에서 가로 너비와 세로 너비는 각각 네 방향으로 그림자가 가로, 세로로 얼마나 떨어져 있는지 지정한다. 양수이면 각각 오른쪽, 아래쪽에 표시되고 음수이면 각각 왼쪽, 위쪽에 표시된다. 번짐 정도는 그림자의 농도를 표시하며 값이 크면 뿌옇게 표시된다. 색상 대비를 잘 하면 그림자 효과를 여러 번 줌으로써 '조명 글씨' 효과를 줄 수도 있다.

4.2 CSS3의 색상(배경) 스타일 속성

CSS3 속성을 통해 엘리먼트 영역에 대해 특정 색상이나 다양한 모양의 배경을 지정할 수 있다. 색상(배경) 관련 스타일 속성은 다음과 같다.

〈표 3-5〉 색상(배경) 스타일 속성

스타일 속성	속성값	의미

color	색상유형 | 색상값
	예 red, #ff0000, rgb(255,0,0)
	rgb(100%, 0%, 0%)
		글자의 색상을 지정

background-color	색상유형 | 색상값 예 red(=#ff0000 또는 rgb (255,0,0) 또는 rgb(100%, 0%, 0%)), transparent(투명;기본값)	배경의 색상을 지정
background-image	URL 예 url(star.jpg), none	배경 이미지를 지정 url(배경 이미지 파일 경로명)
background-position	[가로위치명 세로위치명] | 수치 예 left top(=0% 0%) right bottom(=100% 100%) center center(=50% 50%) 30% 50% 60px 40px	배경 이미지의 시작 위치(수평 위치, 수직 위치)를 지정 영역과 이미지의 왼쪽 상단 일치 영역과 이미지의 오른쪽 하단 일치 영역과 이미지의 중심점 일치 이미지의 (30%, 50%) 부분과 영역의 (30%, 50%) 부분을 일치시킴 영역 왼쪽상단에서 60px만큼 오른쪽, 40px만큼 아래쪽 지점에 이미지 왼쪽 상단을 일치시킴

background-repeat	반복유형 예 repeat-x repeat-y no-repeat repeat(기본값)	배경 이미지의 반복 여부 또는 반복 방향을 지정 x축(수평) 방향으로만 반복 y축(수직) 방향으로만 반복 반복하지 않음(하나의 배경 이미지) x축, y축 양 방향으로 반복(바둑판 형식의 배경 이미지)
background-size	수치 | 크기유형 예 80%, 150px, auto(기본값), cover, contain	배경 이미지의 폭과 높이를 지정
background	색상 이미지내용 반복형태 위치	배경 관련 속성을 한꺼번에 지정(순서 무관, 생략 시 기본값 적용)

다음 예제를 실행해 보자.

[예제3-6] 색상 스타일 속성 선언하기 /ch03/color-style.html

```
<!DOCTYPE html>
<html>
<head>
<meta charset="utf-8">
<title>배경 스타일속성</title>
<style>
    body * { border: solid gray; width: 400px; height: 100px; }
    #id1 { background-image: url(flower1.jpg); background-position: 75% 50%;
        background-repeat: no-repeat; background-size: 20% 60%; }
    #id2 { background-image: url(flower2.jpg); background-position: right center;
        background-repeat: repeat-x; }
    #id3 { background-image: url(flower1.jpg); background-size: auto; opacity:0.5; }
    #id4 { background-image: url(flower2.jpg); background-position: 50% 50% ;
        background-repeat: repeat;}
</style>
</head>
<body>
    <div id="id1">스타일1</div>
    <div id="id2">스타일2</div>
    <div id="id3">스타일3</div>
    <div id="id4">스타일4</div>
</body>
</html>
```

배경 이미지의 위치를 지정할 수도 있고 이미지를 여러 번 반복시킬 수도 있다. background-position 속성은 배경 이미지의 시작 위치를 가로, 세로 비율이나 길이, 위치로 지정한다. 배경 이미지의 반복은 지정한 이미지의 위치로부터 시작된다. background-repeat 속성은 배경 이미지의 반복 여부를 결정한다. 기본값은 'repeat'로 이미지가 무한 반복된다. background-size를 'auto'로 지정하면 배경 이미지를 크기 변경 없이 원본 그대로 표시한다. 'cover' 속성값은 원본 이미지의 일부가 잘리더라도 배경 공간을 모두 채울 수 있도록 이미지 크기를 확대(축소)한다. 'contain' 속성값은 배경 공간을 벗어나지 않는 최대 크기로 이미지 크기를 확대(축소)한다. 'cover'와 'contain' 속성값을 지정하면 가로, 세로 비율은 모두 원본 이미지 그대로 유지된다. opacity 속성 값을 통해 글자의 투명도와 글자 배경의 투명도를 변화시킬 수도 있다.

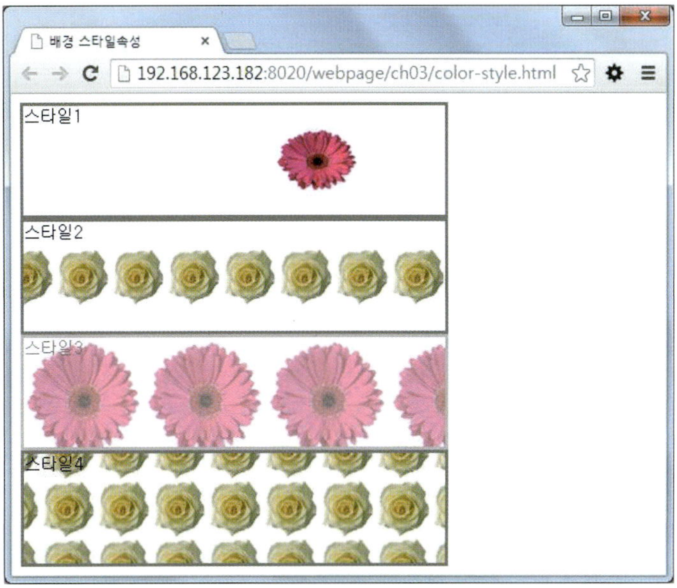

[그림 3-7] color-style.html의 실행 결과(예제3-6)

Note: 색상(color) 속성값 유형

CSS3 스타일을 지정할 때 색상은 red, blue 등 색상명을 직접 지정하거나 색상값으로 수치를 10진수와 16진수 또는 비율(%)로 지정한다.
색상 속성값은 보통 RGB 유형을 사용한다. RGB 유형은 화면의 각 점(픽셀) 단위에 보통 3바이트의 색상 정보를 통해 지정한다. R(Red), G(Green), B(Blue)별로 1바이트 즉, 256가지의 색상 종류를 명세하고 이들의 조합으로 최종 색상을 결정한다. 예를 들어, 흰색을 나타내는 rgb(255,255,255)에서 첫 번째 255는 빨강, 두 번째 255는 초록, 세 번째 255는 파랑 색상의 강도를 정수 0~255 범위의 10진수로 표기한다. 값이 0에 가깝게 작아질수록 검은색에 가깝고, 9 또는 f에 가깝게 커질수록 흰색에 가까운 색이 표현된다.

종류		형식	지정 예
색상유형		색상명	black 검은색 white 흰색
색상값	RGB 유형	rgb(R, G, B)	rgb(0,0,0) 검은색 rgb(255,255,255) 흰색
		rgb(R%, G%, B%)	rgb(0%,0%,0%) 검은색 rgb(100%,100%,100%) 흰색
	HEX 유형	#RRGGBB #RGB	#000000(혹은 #000) 검은색 #FFFFFF(혹은 #FFF) 흰색
	RGBA 유형	rgba(R, G, B, Alpha)	rgba(0,0,255,0.5) 반투명 파란색

'#' 기호로 시작하는 16진수를 사용하는 HEX 유형이나 RGB 각각에 대한 0%부터 100%의 백분율로 색상을 표현할 수도 있다. 색상의 투명도를 지정하고 싶다면 RGBA 단위를 사용할 수 있다. A는 투명도를 의미하는 알파(Alpha)값으로 0.0~1.0 사이의 숫자를 지정한다. 1.0은 불투명 상태를, 0.0은 완전한 투명 상태를, 0.5는 반투명 상태를 의미한다.

Tip 색상 값을 손쉽게 찾아보자

원하는 색상의 정확한 수치값을 알지 못할 경우, 포토샵 등의 색상 선택 도구를 이용할 수 있다. 웹 사이트를 통해서도 원하는 색상 값을 쉽게 찾아낼 수 있는데 다음 사이트에서 원하는 색상 값을 확인할 수 있다.

http://gradients.glrzad.com
http://html-color-codes.info/korean/

4.3 CSS3의 목록 스타일 속성

목록 스타일을 지정함으로써 항목 앞에 오는 글머리 기호(marker)의 유형이나 위치를 설정할 수 있다. 목록 관련 스타일 속성은 다음과 같다.

〈표 3-6〉 목록 스타일 속성

스타일 속성	속성값	의미
list-style-type	글머리 기호 유형(ul 유형) 예 disc(기본값; 검은 동그라미), circle(하얀 동그라미), square(검은 사각형), none(글머리 표시 안함)	비순서 목록의 글머리 기호 유형을 지정
	글머리 기호 유형(ol 유형) 예 decimal(1, 2, 3 . .), upper-roman(I, II, III . .), lower-roman(i, ii, iii . .), upper-alpha(A, B, C . .), lower-alpha(a, b, c . .)	순서 목록의 글머리 기호 유형을 지정
list-style-image	이미지 파일명 예 none(기본값), url("image.jpg")	글머리 기호 이미지를 지정
list-style-position	표시위치 예 inside(내용 영역에 위치), outside(기본값; 내어쓰기, 왼쪽 여백 영역에 위치)	글머리 기호의 박스 모델 안(바깥) 표시 위치를 지정
list-style	[글머리 기호 | 이미지 위치] 예 url(img.jpg) outside, circle inside	글머리 기호 속성을 한꺼번에 지정

list-style-type 속성은 list-style-image 속성값이 'none'이거나 url( ) 함수가 지정한 이미지가 없을 경우에 적용될 글머리 기호 유형을 지정한다. 목록 유형에 따라 비순서 글머리 기호와 순서 글머리 기호가 적용된다.

다음 예제를 실행해 보자.

[예제3-7] 목록 스타일 속성 선언하기 /ch03/list-style.html

```
<!DOCTYPE html>
<html>
<head>
    <meta charset="utf-8">
    <title>목록 스타일속성</title>
    <style>
        ul li { list-style-type: square; }
        .class1 li { list-style-type: lower-roman; }
        .class2 li { list-style-type: upper-alpha; }
        .class3 li { list-style-type: lower-alpha; }
        #id1, #id2 { list-style-position: inside; }
        #id3 { list-style-image: url("star-type.jpg"); }
    </style>
</head>
<body>
```

```
    <ul>
        <li>AaBbCc스타일1</li>
        <ol class="class1">
            <li>AaBbCc스타일1-1</li><li>AaBbCc스타일1-2</li><li>AaBbCc스타일1-3</li>
        </ol>
        <li id="id1">AaBbCc스타일2</li>
        <ol class="class2">
            <li>AaBbCc스타일2-1</li><li>AaBbCc스타일2-2</li>
        </ol>
        <li>AaBbCc스타일3</li>
        <ol id="id2" class="class3">
            <li>AaBbCc스타일3-1</li><li>AaBbCc스타일3-2</li>
        </ol>
        <li id="id3">AaBbCc스타일4</li>
    </ul>
</body>
</html>
```

실행 결과는 다음과 같다. 맨 위 비순서 목록은 검은 사각형 모양의 글머리 기호를 표시한다. 아래 단계의 순서 목록은 로마 소문자, 알파벳 대문자, 알파벳 소문자 형태로 글머리 기호를 표시한다. 아이디 '#id1', '#id2'를 지정하여 〈li〉와 〈ol〉 태그 수준에서 각각 글머리 표시 위치를 내용 영역 안쪽으로 변경한다. 아이디 '#id3'로 지정한 네 번째 비순서 목록은 이미지 파일을 참조하여 별 모양의 새로운 글머리 기호를 적용한다.

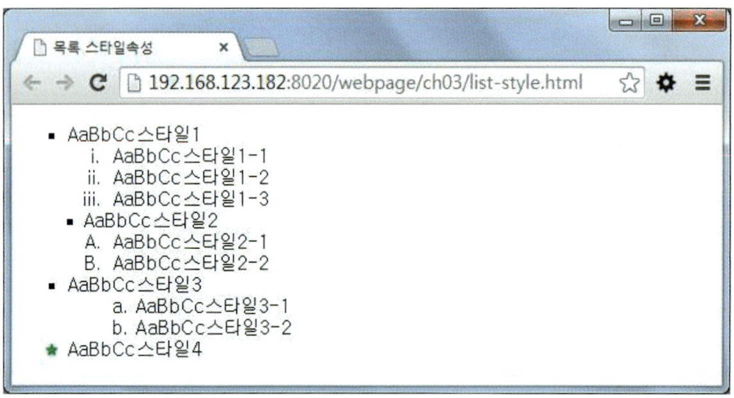

[그림 3-8] list-style.html의 실행 결과(예제3-7)

4.4 CSS3의 테이블 스타일 속성

HTML5 태그는 테이블 구조만 정의하고 테이블의 표시 형태는 스타일 속성을 지정한다. 테이블 관련 스타일 속성은 다음과 같다.

〈표 3-7〉 테이블 스타일 속성

스타일 속성	속성값	의미
table-layout	열 크기 유형 예 auto(기본값; 자동계산), fixed(크기고정)	각 열의 크기 결정 방식을 지정
width	수치 예 100px, 80%	테이블(셀)의 너비를 지정
border	너비 유형 색상 예 3px solid blue	테이블 구분선의 형식을 지정 (박스 모델의 경계선 스타일과 동일)
border-spacing	수치 예 2px(수평 및 수직간격) 3px 4px(수평간격 수직간격)	셀 구분선(이중 선일 경우) 사이의 간격을 지정
border-collapse	구분선 유형 예 collapse(기본값; 단일 선), separate(이중 선)	테이블(셀) 구분선의 분리 여부를 지정
empty-cells	표시 유형 예 hide(숨김), show(기본값;표시)	빈 셀의 구분선 표시 여부를 지정
caption-side	위치 유형 예 bottom, top(기본값), left, right	표 제목의 위치를 지정

table-layout을 'auto'로 지정하면 셀과 테이블 너비가 내용 길이에 비례하여 자동으로 결정된다. table-layout을 'fixed'로 지정하면 전체 테이블의 너비는 브라우저 너비와 같고 셀 너비도 셀 글자수와 무관하게 같은 크기로 고정된다. border 속성은 테이블 바깥 경계선에만 적용된다.

다음 예제를 실행해 보자.

[예제3-8] 테이블 스타일 속성 선언하기 /ch03/table-style.html

```
<!DOCTYPE html>
<html>
<head>
    <meta charset="utf-8">
    <title>테이블 스타일속성</title>
```

```
    <style>
        table th, table td { margin: 0px; padding: 8px; }
        table { border-top: 3px solid; border-bottom: 1px solid; border-collapse: collapse; }
        table th { background-color: purple; color: white; border-bottom: 2px solid
black; font-size: 1.4em; }
        table td { border-bottom: 1px dotted; }
        caption { font-size: 24px; margin: 5px; }
        tbody > tr:nth-child(odd) { background-color: lavender; }
        tbody > tr:nth-of-type(even) { background-color: rgb(214,158,210); }
        tbody > tr:hover { background-color: yellow ; cursor: pointer; }
    </style>
</head>
<body>
    <table>
        <caption>table3.출신학교</caption>
        <thead>
            <tr>
                <th>연도</th> <th>학교명</th><th>주소</th>
            </tr>
        </thead>
        <tbody>
            <tr><td>1992</td> <td>소망유치원</td><td>경기 여주</td></tr>
            <tr><td>1998 </td> <td>평화초등학교</td><td>서울특별시 송파구 문정동</td> </
tr>
            <tr><td>2001</td> <td>영광중학교</td><td>경기도 성남시 분당구 정자동</td></tr>
            <tr><td>2004</td> <td>희망고등학교</td><td>경기도 안산시 동산동</td></tr>
        </tbody>
    </table>
</body>
</html>
```

상태 선택자를 통해 테이블 행에 마우스를 올려 놓으면 커서 모양이 손 모양으로 변하면서 노란색으로 색상이 변하는 효과를 준다. 또한, 위치 선택자를 지정하여 홀수 번째 행

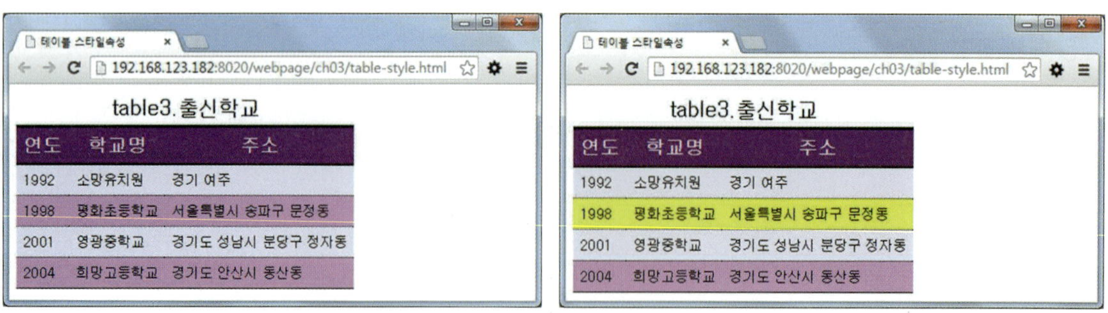

[그림 3-9] table-style.html의 실행 결과(예제3-8)

과 짝수 번째 행의 배경색을 다르게 표시할 수도 있다.

5. 박스 모델

모든 엘리먼트들은 표시될 때 줄의 일부, 줄 전체 또는 여러 줄에 걸친 사각형 모양의 일정한 공간을 차지한다. 웹 브라우저가 모든 엘리먼트들을 작은 박스로 간주해서 공간을 배치하기 때문이다. 박스 모델의 구조와 관련 스타일 속성을 살펴보자.

5.1 박스 모델 구조

다양한 스타일 속성들이 적용되는 박스 모양의 스타일 관련 공간 개념을 박스 모델(box model)이라고 한다. 박스 모델은 CSS3를 사용할 때 가장 기본이 되는 개념이다. 박스 모델의 구조는 다음과 같다.

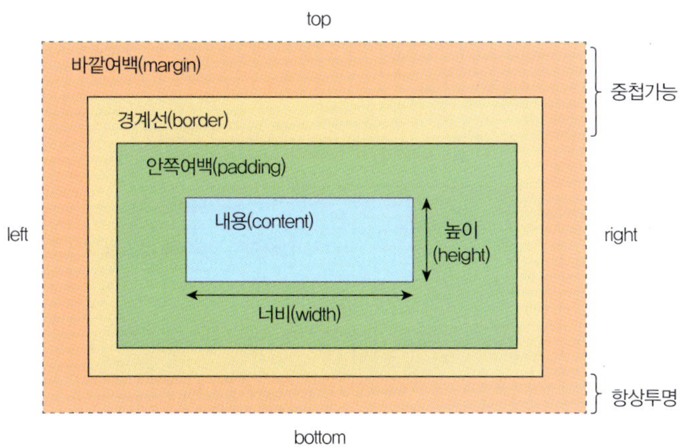

[그림 3-10] 박스 모델의 구조

스타일 측면에서 문서는 하나 이상의 엘리먼트 박스들로 구성된다. 엘리먼트 영역을 결정하는 박스 모델은 바깥여백(margin), 경계선(border), 안쪽여백(padding), 내용(content) 영역으로 구성된다. 각 영역의 크기는 속성값에 의해 결정된다. 내용 영역을 제외한 나머지 영역은 상(top), 하(bottom), 좌(left), 우(right) 4개 방향의 부분 영역을 가지고 있어 각각 속성값을 지정할 수도 있다.

가장 안쪽에는 이미지, 문자열 등의 실제 문서 내용이 표시되는 내용 영역이 있고 경계선과의 사이에는 안쪽 여백이 위치한다. 경계선 바깥에는 다른 엘리먼트 박스 모델과의 간격을 결정하는 바깥 여백이 있다. 경계선과 바깥 여백은 다른 엘리먼트 박스 모델과 겹치게 지정(collapse)할 수도 있고 겹치지 않게 지정(separate)할 수도 있다. 바깥 여백은 배경색을 지정할 수 없고 항상 투명하다.

박스 모델 안에 또 다른 박스 모델이 포함될 수 있다. 이때 안쪽 자식 박스 모델의 너비(width)가 100%이면 안쪽 여백, 바깥 여백, 경계선 모두는 생략되어 지정될 수 없다. 안쪽 박스 모델 영역은 바깥쪽 상위 박스 모델의 내용 영역 안으로만 제한되기 때문이다.

5.2 박스 모델 스타일 속성

박스 모델 관련 스타일 속성들은 웹 페이지의 레이아웃을 구성할 때 매우 중요한 역할을 한다.

영역 스타일 속성

박스 모델의 영역 관련 스타일 속성은 다음과 같다.

〈표 3-8〉 영역 스타일 속성

스타일 속성	속성값	의미
width	수치 예 100px	글자가 입력되는 영역의 너비를 지정
height	수치 예 30px	글자가 입력되는 영역의 높이를 지정
margin	수치 예 10px 10px 20px 10px 20px 30px 10px 20px 30px 40px	경계선 바깥의 외부 여백(위쪽, 오른쪽, 아래쪽, 왼쪽 순서로) 크기를 지정
margin-top margin-right margin-bottom margin-left	수치 예 10px auto(자동 조절)	경계선 바깥의 외부 여백(위쪽, 오른쪽, 아래쪽, 왼쪽) 크기를 지정

padding	수치 예 10px 10px 20px 10px 20px 30px 10px 20px 30px 40px	경계선 안쪽의 내부 여백(위쪽, 오른쪽, 아래쪽, 왼쪽 순서로) 크기를 지정
padding-top padding-right padding-bottom padding-left	수치 예 10px auto(자동 조절)	경계선 안쪽의 내부 여백(위쪽, 오른쪽, 아래쪽, 왼쪽) 크기를 지정

width와 height는 박스 모델 가장 안쪽의 엘리먼트 내용 공간의 크기만을 지정하므로 박스 공간의 실제 크기를 고려할 때는 그 주위의 안쪽여백, 경계선, 바깥쪽 여백의 크기도 추가로 포함해야 한다. 바깥쪽 여백이나 안쪽 여백은 margin-left(right, top, bottom)나 padding-bottom(top, left, right) 속성처럼 네 방향의 여백 크기를 각각 지정할 수도 있고 margin 속성이나 padding 속성을 사용하여 모두 한꺼번에 지정할 수도 있다.

속성값을 한꺼번에 나열할 경우 순서는 정해져 있다. 시계 방향으로 '위쪽→오른쪽→아래쪽→왼쪽' 순이다. 이 나열 순서는 바깥 여백이나 안쪽 여백, 경계선 속성을 지정할 때도 똑같이 적용된다. 4개가 아닌 2개, 3개 방향의 속성값만 지정할 수도 있다. 이때도 위쪽 여백부터 값을 지정하고 시계 방향으로 각 여백의 값이 순서대로 적용된다. 생략된 나머지 값은 상하, 좌우 대칭 값이 쌍을 이루어 같은 값으로 결정된다. 1개 값을 지정하면 네 방향의 여백이 모두 같은 값으로 설정된다. 이 원칙은 네 가지 방향성을 갖는 다른 스타일 속성에도 똑같이 적용된다.

```
margin: 10px ;                 /* 상하좌우 모두 10픽셀로 설정 */
margin: 0px 10px ;             /* 위,아래는 0픽셀, 좌우는 10픽셀로 설정 */
margin: 10px 10px 20px ;       /* 위 10픽셀, 좌우 10픽셀, 아래 20픽셀로 설정 */
margin: 10px 20px 40px 30px ;  /* 위 10픽셀, 아래 40픽셀, 왼쪽 30픽셀, 오른쪽 20픽셀로 설정 */
```

한 가지 주의할 점은 인접한 박스 블록 간의 여백 크기이다. 웹 브라우저는 인접한 박스 블록 사이의 여백이 겹쳐지는 것으로 간주한다. 따라서 서로 인접한 블록간의 여백 크기의 합만큼 공간이 만들어지는 것이 아니라 겹쳐지는 블록의 여백 크기 중 가장 큰 크기만큼 빈 여백 공간이 표시된다.

margin과 padding 속성은 설정 방법이 매우 비슷하다. 차이점은 margin 속성은 음수(−)값을 지정할 수 있지만 padding 속성은 지정할 수 없다는 점이다. 바깥 여백에 음수값을 지정하면 박스와 박스를 중첩시킨다.

경계선 스타일 속성

안쪽 여백과 바깥쪽 여백 사이에는 경계선이 위치한다. 경계선 스타일을 지정하는 border 관련 속성은 다음과 같다. margin이나 padding과는 다르게 크기 이외에 색상, 선모양도 지정할 수 있다.

〈표 3-9〉 경계선 스타일 속성

스타일 속성	속성값	의미
border-style border-top-style border-right-style border-bottom-style border-left-style	경계선 유형 예 solid(실선), dashed(긴점선), dotted(짧은점선), double(이중선), hidden, none(기본값), inset(오목내용), outset(볼록내용), ridge(볼록선), groove(오목선)	경계선의 모양을 지정
border-width border-top-width border-right-width border-bottom-width border-left-width	수치 | 굵기유형 예 5px, thick(두꺼운선), medium(중간선), thin(얇은선)	경계선의 굵기(두께)를 지정
border-color border-top-color border-right-color border-bottom-color border-left-color	색상 예 red(#ff0000 또는 rgb(255,0,0) 또는 rgb(100%, 0%, 0%)), transparent(투명)	경계선의 색상을 지정
border	경계선유형 굵기유형 색상 예 double thick red	경계선의 유형과 두께, 색상을 한꺼번에 위/오른/아래/왼쪽 순서대로 1~4개 지정
border-radius border-top-left-radius border-top-right-radius border-bottom-right-radius border-bottom-left-radius	모서리반지름 예 10px 20px 30px 40px	둥근 경계선의 모서리 반지름을 지정 (순서: 왼쪽위 오른쪽위 오른쪽아래 왼쪽아래)

border-style은 필수 속성으로 반드시 먼저 지정되어야 한다. 경계선의 굵기는 border-width 속성으로 지정한다. 경계선 중 일부만 굵기를 다르게 하고 싶다면 -top-, -right-, -bottom-, -left- 를 border와 width 사이에 추가한 속성을 사용한다. 특정 경계선을 보이지 않게 하려면 해당 경계선에 대한 속성값을 'hidden' 또는 'none'으로 설정한다.

경계선 부드럽게 표시하기

박스 블록의 경계선은 기본적으로 직사각형이지만 모서리를 부드럽게 표시할 수도 있다. 이전까지는 그래픽 이미지나 자바 스크립트를 이용해야만 가능했다. 이제는 border-radius 속성값으로 반지름(radius)을 지정함으로써 둥근 모서리의 경계선을 표시할 수 있다. 각 모서리의 반지름을 다르게 지정할 수 있으며 값이 클수록 둥근 정도가 커진다.

border-radius 속성값을 1개만 지정하면 모든 모서리 값에 적용되고 2개만 지정하면 첫 번째 값은 왼쪽 위, 오른쪽 아래 모서리에, 두 번째 값은 나머지 오른쪽 위, 왼쪽 아래 모서리에 적용된다. width와 height값이 똑같은 정사각형 모양의 박스 블록에 대해 모든 border-radius값을 width(혹은 height)의 1/2로 지정하면 원 모양을 만들 수도 있다. 네 모서리 중 하나만 border-radius값을 width(혹은 height) 값과 동일하게 지정하면 1/4 원 모양을 만들 수도 있다.

> **Tip 원하는 둥근 경계선을 만들어보자**
>
> CSS3에서는 border-radius 속성을 이용해서 손쉽게 둥근 모서리를 갖는 경계선을 표현할 수 있다. 원하는 만큼의 둥글기를 갖는 모서리를 결정하는 것은 많은 시행 착오를 가져올 수 있다. http://border-radius.com 사이트를 이용하면 속성값을 변경하면서 원하는 둥글기를 쉽게 결정할 수 있다.

표현 효과 스타일 속성

박스 안의 내용은 박스 모델에 지정된 스타일 속성에 따라 다양한 모양으로 화면에 표시된다. display 스타일 속성을 지정함으로써 특정 엘리먼트의 박스 모델 형식을 변경할 수 있다.

display 속성으로 'block'과 'inline' 속성값을 지정하면 엘리먼트가 차지하는 박스 모델 영역을 각각 블록 형식과 인라인 형식으로 표시한다. 'inline' 속성값을 지정하면 width와 height 속성이 적용되지 않고 margin 속성도 좌우만 설정할 수 있다. 인라인 형식이면서도 블록 형식처럼 상하좌우 여백과 블록 공간의 폭과 높이를 설정하고 싶다면 'inline-block' 속성값을 지정한다.

〈표 3-10〉 표현 효과 스타일 속성

스타일 속성	속성값	의미
display	박스모델 표시 유형값 예 block, inline, none, inline-block	엘리먼트의 박스 모델 표시 유형을 지정
visibility	숨김 여부 예 visible, hidden	엘리먼트의 공간 표시 여부를 지정
opacity	투명도(0.0~1.0) 예 0.2	엘리먼트 공간의 투명도를 지정
box-shadow	x축간격 y축간격 번짐크기 그림자크기 그림자색상 예 4px 4px 10px 6px orange	박스 모델 영역에 그림자 효과를 지정

display 스타일 속성값으로 'none'을 지정하면 해당 공간(자식 엘리먼트 공간 포함)이 생략되어 화면에서 사라진다. visibility 속성값을 'hidden'으로 설정해도 화면에 보이지 않도록 숨겨지지만 엘리먼트 내용 대신에 빈 공간이 표시된다.

박스 모델에도 box-shadow 속성을 통해 그림자 효과를 추가할 수 있다. text-shadow 속성과 비슷하게 그림자의 위치와 색상 그리고 번짐 정도와 그림자가 드리워지는 정도를 조절할 수 있다.

6. CSS3 레이아웃

레이아웃을 생성할 때 가장 중요한 것은 공간 분할이다. 기본적으로는 각 엘리먼트가 갖는 고유한 공간 분할(블록 혹은 인라인) 방식에 따라 나열된 순서대로 배치된다. 순서를 바꾸거나 특별한 공간 배치를 원할 경우에는 레이아웃 속성을 사용하면 된다. CSS3 레이아웃과 화면 배치 관련 스타일 속성들을 알아보자.

6.1 컨테이너

공간 배치에 있어서 상위 엘리먼트와 하위 엘리먼트간의 관계는 중요하다. 하위 엘리먼트 박스 공간은 기본적으로 컨테이너(container)라고 하는 상위 엘리먼트 박스 공간 안에 위치하기 때문이다. 컨테이너는 하위에 자식 엘리먼트를 포함하는 부모 엘리먼트의 공간 배치상의 역할을 의미하는 용어이다. 물건을 담는 상자처럼 하위 엘리먼트들을 자신의 공간 안에서 좌표를 통해 배치한다.

다음 예에서 〈body〉와 〈div〉, 〈span〉이 컨테이너 역할을 한다. 〈body〉 컨테이너 안에 'AAA'와 'BBB' 내용이 포함되며 'BBB'는 그 안에서 〈div〉와 〈span〉 컨테이너 안에도 이중으로 속하게 된다. 컨테이너의 위치가 이동하면 포함된 자식 엘리먼트들의 박스 공간도 함께 이동된다.

```
<body>
    <div>AAA
        <span>BBB</span>
    </div>
</body>
```

6.2 화면 배치 스타일 속성

화면 배치 관련 스타일 속성은 다음과 같다.

〈표 3-11〉 화면 배치 스타일 속성

속성값	지정방식	의미
position	위치 지정 방식 예 absolute, fixed, static(기본값), relative	공간 위치를 지정
left	수치 예 10px	왼쪽 간격(시작 위치)을 지정
right	수치 예 10px	오른쪽 간격(시작 위치)을 지정
top	수치 예 10px	위쪽 간격(시작 위치)을 지정
bottom	수치 예 10px	아래쪽 간격(시작 위치)을 지정

left, right, top, bottom 속성은 상위 박스와의 경계로부터 얼마나 간격(offset)을 둘 것인지를 지정한다. position 속성은 4가지의 위치 지정 방식을 설정한다. 4가지 방향의 간격을 지정하는 left, right, top, bottom 속성과 함께 사용한다. top 속성값이 설정되면 bottom 속성값이 지정되더라도 무시된다. left 속성값도 right 속성값에 우선한다.

보통 left, top 속성으로 배치 공간의 좌측 상단 위치를 결정한다. 그리고 엘리먼트 박스 모델의 width와 height 속성으로 배치 공간의 크기를 결정한다. 또는 right, bottom 속성으로 배치 공간의 우측 하단 위치를 결정하고 그 위치를 기준점으로 배치하고자 하는 엘리먼트 공간의 크기를 결정할 수도 있다.

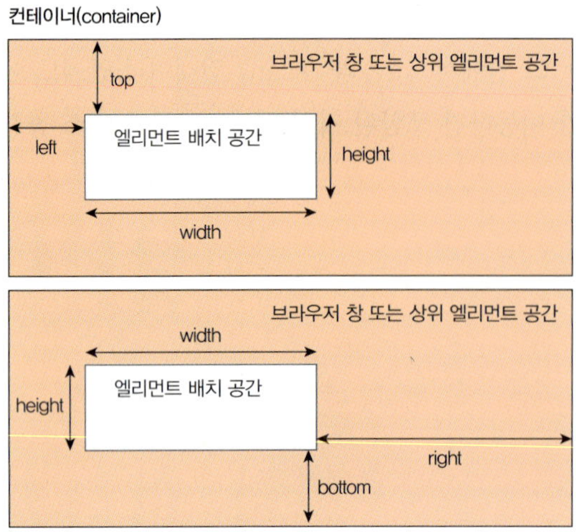

[그림 3-11] 화면 배치 스타일 속성

Note: position 속성의 위치 지정 방식

position 위치 지정 방식은 CSS3 레이아웃에서 매우 중요하고 자주 사용되는 개념이다. position 속성이 가질 수 있는 속성값은 다음 4가지 종류이다.

종류	형식	지정 예
absolute	절대 위치	상위 부모 엘리먼트를 기준으로 위치 지정 상위 박스 위치가 바뀌면 따라서 위치 이동됨 다른 박스와 독립적이며 다른 박스와 중첩 가능
fixed	고정 위치	웹 브라우저 창을 기준으로 위치 지정 페이지 안의 다른 박스와 독립적이며 중첩 가능
static	정적 위치	웹 문서에 나열된 엘리먼트 순으로 위치 지정(표준 방식) 다른 박스와의 앞뒤 순서관계를 유지하며 중첩 불가능 표시 후 이동 불가
relative	상대 위치	엘리먼트 자신의 원래 정적 위치를 기준으로 상대적인 위치 지정 다른 박스와 독립적

'absolute' 절대 방식은 상위 엘리먼트 컨테이너의 박스 공간 안에서의 절대적 위치를 지정한다. 상위 엘리먼트의 공간 위치가 이동하면 따라서 함께 이동된다. 화면이 스크롤되는 경우에도 다른 엘리먼트들과 함께 이동된다. 위치 좌표는 상위 엘리먼트 공간의 왼쪽 상단이 기준점(0, 0)이 되어 오른쪽 하단 쪽으로 지정된 위치 좌표(x, y)로 이동하여 표시된다. 'fixed' 고정 방식은 현재 웹 브라우저 화면(뷰포트)을 기준으로 절대적 위치를 지정한다. 화면이 스크롤되더라도 정해진 위치에 고정되는 점에서 절대 위치 방식과 다르다. 'relative' 상대 방식은 바로 자신의 원래 표시될 위치를 기준으로 일정 거리만큼 이동된 상대적 위치를 지정하는 방식이다. 'static' 순차 방식은 기본 지정 방식으로 별도의 위치 지정 없이 문서 안에서 나열된 엘리먼트 순서대로 앞, 뒤 엘리먼트간의 관계를 그대로 유지하면서 순차적으로 배치된다.

다음 예제를 실행해 보자.

[예제3-9] 레이아웃 스타일속성 선언하기 /ch03/layout-style.html

```
<!DOCTYPE html>
<html>
<head>
    <meta charset="utf-8">
    <title>표현효과 스타일속성</title>
    <style>
        * { margin: 0px; padding: 0px; }
        body * { margin: 0px; padding: 0px; border: solid silver; font-size: 25px; }
        .imgbox1 { width: 100px; height: 50px; background-image: url(sea1.jpg); }
        .imgbox2 { width: 200px; height: 100px; background-image: url(sea2.jpg); }
        .box2 { width: 100px; height: 50px; background-color: yellow; }
        .block { display: block; }
        .inline { display: inline; }
        .hidden { visibility: hidden; }
        .float-r { float: right; }
        #area { position: absolute; width: 600px; height: 400px; border: dotted silver; }
        #DDD { opacity: 0.4; }
        #EEE { padding: 25px 10px 25px 90px; }
        #FFF { position: absolute; top: 20px; right: 40px; border-style: ridge; border-width: 10px; }
        #GGG { position: fixed; bottom: 20px; right: 40px; box-shadow: 4px 4px 10px 6px orange;
}
        #HHH { position: relative; top: -50px; left: 200px; border-radius: 20px; }
    </style>
</head>
<body>
    <div id="area">
        <div class="imgbox1 block">AAA</div>
        <div class="imgbox1 inline">BBB</div>
        <div class="imgbox1 inline">CCC</div>
        <div id="DDD" class="imgbox1 block">DDD</div>
        <div id="EEE" class="box2 block">EEE</div>
        <div id="FFF" class="imgbox2 block">FFF</div>
        <div id="GGG" class="imgbox1 block">GGG</div>
        <div id="HHH" class="imgbox2 block">HHH</div>
        <div class="imgbox1 block float-r">KKK</div>
        <div class="imgbox1 hidden float-r">MMM</div>
        <div class="imgbox1 block float-r">NNN</div>
    </div>
</body>
</html>
```

<div> 태그는 페이지 내용의 논리적 구분뿐만 아니라 영역 분할을 위해서도 많이 사용된다. AAA~EEE는 기본값인 'static'으로 지정되어 순서대로 표시된다. BBB와 CCC는 추가로 인라인 형식으로 지정되어 같은 줄에 순서대로 표시된다. 'static'과 'relative'로 지정된 태그 영역들은 명세된 순서대로 순차적으로 위치하게 된다. FFF는 'absolute'(절대 위치)로 지정되어 상위 영역 안에서 지정된 위치에 표시된다. GGG는 'fixed'(고정 위치)로 지정되어 페이지가 아닌 화면의 지정 위치에 표시된다.(화면이 스크롤되더라도 표시 위치는 고정된다.) HHH는 'relative'(상대 위치)로 지정되어 원래 자신의 위치에서 설정된 간격만큼 떨어진 위치에 표시된다. KKK와 NNN은 float 속성에 의해 우측부터 역순으로 배치되며 그 중간에 MMM이 숨겨져 표시된다. 오른쪽으로 정렬시키는 경우, 먼저 지정된 태그 영역부터 오른쪽에 정렬됨을 유의하자.

다음은 실행 결과이다. 화면에 각 엘리먼트 블록 영역들이 차지하는 공간을 잘 보여준다. 이러한 태그들의 공간 배치 방법을 잘 활용하면 원하는 웹 페이지 레이아웃을 구성할 수 있다.

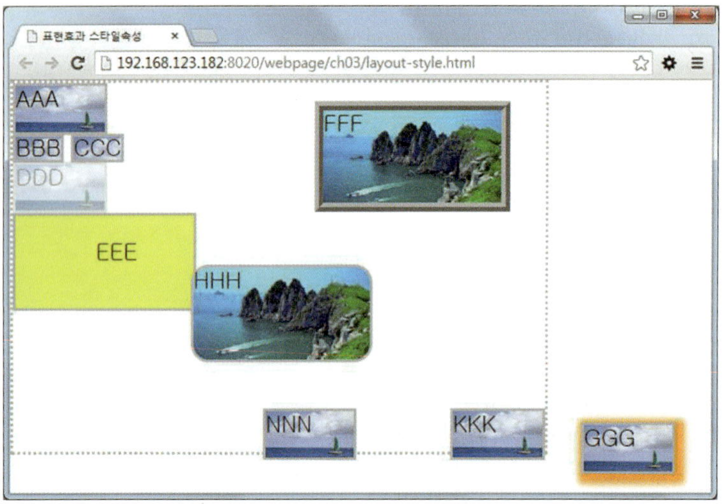

[그림 3-12] layout-style.html의 실행 결과(예제3-9)

6.3 float 모드 관련 스타일 속성

또 다른 화면 배치 관련 스타일 속성이 있다. 바로 float 모드 관련 속성이다.

〈표 3-12〉 float 스타일 속성

스타일 속성	속성값	의미
float	박스 정렬 방향 예 left, right, none(기본값)	박스 부유 배치 기준 설정 (왼쪽, 오른쪽 정렬, 부유 비적용)
clear	박스 정렬 해제 방향 예 left, right, both	박스 부유 배치 해제를 지정 (왼쪽, 오른쪽, 모든) 박스의 부유 설정 해제
overflow	hidden	하위 태그에서 설정한 부유 속성을 내부로만 제한함 (뒤에 오는 태그에는 영향 미치지 않음)

float은 '떠다니다'라는 뜻으로 화면 상에 떠 있는 것과 같은 박스 공간을 만들 때 사용하는 스타일 속성이다. float 속성(모드)은 이미지와 문단을 함께 배치하거나 수평으로 박스 공간들을 좌우로 정렬시키는 등 페이지 레이아웃을 만들 때 많이 사용한다. float 속성은 박스 공간의 위치를 고정시키고 남는 옆 공간을 채우도록 주변 요소들을 끌어당긴다. float 속성을 적용하면 태그 사이의 상하 계층 구조에 상관없이 뒤에 오는 태그들이 지속적으로 영향을 받는다.

다음 예는 float 속성 적용 이전과 이후에 화면에서의 배치가 어떻게 변화하는지 보여준다. 흥미로운 것은 float 설정 이후에 오는 문자열 박스 공간이 정렬된 나머지 공간을 채워서 표시된다는 점이다. 이러한 특성 때문에 이미지와 문자열 내용이 함께 하는 레이아

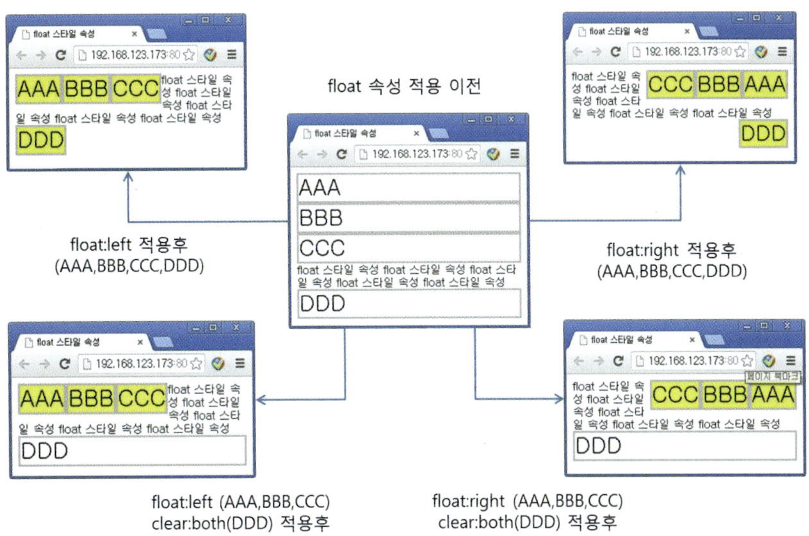

[그림 3-13] float 스타일 속성 적용 예

웃 구성에 많이 사용된다. 또, 단말기 화면을 수평, 수직으로 회전하는 경우처럼 화면 크기가 동적으로 변경되는 화면 레이아웃 구성에도 이용된다.

뒤따르는 엘리먼트 박스 공간이 float 속성 적용을 원하지 않는 경우, 부유 배치를 해제할 필요가 있다. clear 속성은 float 모드를 해제하여 새로운 박스가 이전 부유 박스와 인접하지 않도록 한다. float 속성값이 'left'일 경우, clear 속성값도 'left'로 지정한다. both 속성값을 설정하면 방향에 상관없이 적용할 수 있어 편리하다. overflow 속성 역시 내부 요소가 상위 부모 요소의 영역 범위 밖으로 영향을 미치지 않도록 하는 특성 때문에 float 모드 해제 효과가 있다. float 속성을 지정하는 엘리먼트 컨테이너에 'overflow:hidden' 속성을 지정한다.

Tip float 모드 해제(overflow) 속성

float 모드를 해제하는 방법은 두 가지이다.
첫 번째는 clear 속성값을 'both'로 설정하는 방법이다. 설정한 새로운 태그 영역 위로 float 모드가 설정된 이전 태그 영역이 더 이상 떠있지 못하도록 한다.
두 번째는 float 모드를 설정한 태그들을 묶어 상위 부모 태그를 생성하고, 부모 태그에 overflow 속성값을 'hidden'으로 설정하는 방법이다. 원래 overflow는 하위 엘리먼트 내용이 상위 엘리먼트의 영역을 벗어날 때 표시 방법을 지시하는 속성이다. overflow 속성값은 다음과 같다.

overflow 속성값	기능
visible(기본값)	넘치는 부분도 감추지 않고 표시
scroll	넘치지 않아도 스크롤 바를 표시
auto	넘치는 부분은 감추고 스크롤 바를 통해 표시
hidden	넘치는 부분을 감춤

'hidden' 속성값은 범위를 벗어난 부분을 보이지 않도록 하는 방법이다. 범위 밖으로 영향을 미치지 않는다는 특성 때문에 float 모드 해제할 때도 적용할 수 있다. 두 번째 방법이 독립적으로 float 모드를 적용하고 해제할 수 있어 편리하다.

Tip 레이아웃을 손쉽게 생성해보자

레이아웃을 위한 CSS3 스타일을 직접 작성하지 않고 CSS3 레이아웃을 간단히 생성하는 방법이 있다. 다음 사이트를 통해서 기본 사항만 선택하면 기본적인 레이아웃을 자동으로 만들어준다.

http://csscreator.com

http://www.westciv.com/tools/3Dtransforms/index.html

생성된 .css 파일과 .html 파일을 활용하면 된다.

다음 예제를 실행해 보자. 시맨틱 태그를 이용한 문서의 레이아웃에 CSS3 스타일을 적용한 예이다.

[실습3-1] 시맨틱 태그 레이아웃 적용하기 /ch03/semantictag-layout.html

```
<!DOCTYPE html>
<html>
<head>
    <meta charset="utf-8">
    <title>HTML5 페이지 기본 레이아웃</title>
    <style>
        * { margin: 0px; padding: 5px 0px; }
        body { font-size : 14px ; width : auto; height: auto; margin : 0 auto ; }
        section { width : 80% ; float : left ; background: #E4F2D0; }
        aside { width : 20% ; float : right ; background: #F1DCF2; }
        #article1 { font-size: 12px; background: silver; margin: 0px 10px; }
        header { background: #085C3C; color: white; }
        footer { background: #085C3C; color: white; clear : both; }
        nav { background: olivedrab; }
        h1 { font-size : 11px; }
        h2 { font-size: 9px ; }
    </style>
</head>
<body>
<header><h1>Header 영역</h1></header>
<nav><h1>Nav 영역</h1></nav>
<section id="section1">
    <h1>Section1 영역</h1>
    <p>section 태그는 문서 내에서 하나의 제목 중심의 내용들을 그룹화하기 위해 사용한다. 하나의
       섹션은 하나의 주제를 가지며 보통 h1~h6 태그 중 하나만을 사용하는 것이 좋다. 하나의 주제
       안에 또 다른 세부 주제가 있다면 섹션 안에 다른 섹션이 포함될 수 있다. section 태그 안에 또
       다른 section 태그를 포함한 다양한 태그들이 중첩되어 사용될 수 있다.
    </p>
</section>
<aside><h1>Aside 영역</h1>
    <p> aside 태그는 페이지 영역 중 주된 내용이 아닌 보조적인 내용을 지정한다. 주로 화면 좌우의
        사이드바 역할처럼 section이나 article 태그 영역 안의 내용과 관련된 내용을 포함한다. 광
        고나 즐겨찾기 링크, 관련 이미지 정보 등이 해당된다.
    </p>
</aside>
<section id="section2">
    <h1>Section2 영역</h1>
    <p> 내용 구성에 따라 section 태그 안에 article 태그를, 또는 article 태그 안에 section 태
        그를 포함시킬 수 있다.
    </p>
    <article id="article1">
    <h2>Article1 영역</h2>
    <p>article 태그는 웹 페이지 안에서의 개별 내용 단위를 지정한다. 보통 article 태그 안의 내용
       은 포함된 문서와 분리하여 개별적으로 사용이 가능한 독립적인 내용으로 작성된다. 별도로 배
```

```
        포되거나 재사용될 수 있는 내용이 해당된다. 예를 들면, 블로그나 잡지의 기사, 포스트, 스토리처럼
        하나의 독립적인 내용 영역이 해당된다.
        <p>
        </article>
    </section>
    <footer><h1>Footer 영역</h1></footer>
    </body>
    </html>
```

실행 결과는 다음과 같다.

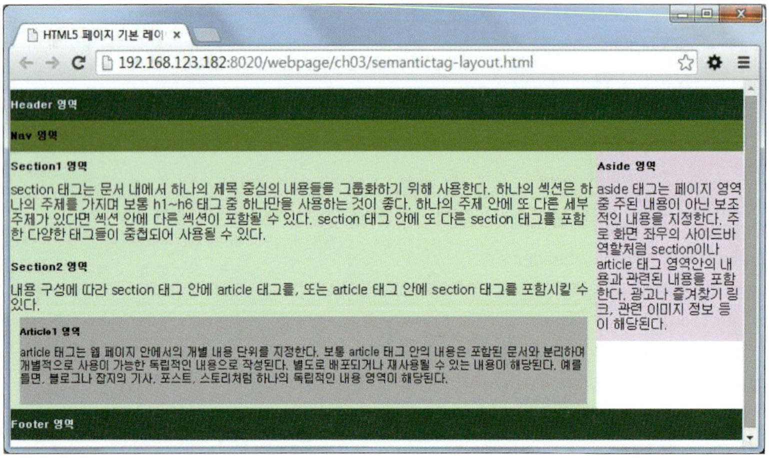

[그림 3-14] semantictag-layout.html의 실행 결과(실습3-1)

7. 확장 폰트

웹 폰트(web font)는 웹 브라우저로 페이지를 읽는 순간 자동으로 글꼴을 다운받아 사용할 수 있도록 한다. 웹 폰트를 이용하면 해당 글꼴의 설치 여부와 상관없이 항상 동일하게 웹 페이지가 보여지도록 할 수 있다. 웹 폰트와 사용자 정의 폰트를 포함한 확장 폰트 사용 방법에 대해 알아보자.

7.1 웹 폰트

가끔 HTML5 문서에서 사용하는 글꼴이 실행 중인 컴퓨터에 설치되지 않을 수 있다. 이처럼 특정 글꼴의 설치 유무에 따라 문서의 실행 결과가 달라진다면 문제가 될 수 있다.

이를 피하려면 필수적으로 설치되는 기본 글꼴만을 사용해야 한다. 또, 독특하고 멋있는 글꼴을 사용하려면 이미지로 만들어 삽입해야 한다. 그러나, 이제는 웹 폰트를 사용하면 해결할 수 있다. 다음 예제를 실행해 보자.

[예제3-10] 웹 폰트 정의하기 /ch03/web-font.html

```
<!DOCTYPE html>
<html>
<head>
    <meta charset="utf-8">
    <title>HTML5 웹 폰트</title>
    <!-- link 태그를 사용하는 방법 -->
    <link href='http://fonts.googleapis.com/css?family=Emblema+One' rel='stylesheet'>
    <style>
        /* @import 규칙을 사용하는 방법 */
        @import url(http://fonts.googleapis.com/css?family=Freckle+Face);
        p { font-size: 28px; }
        p.cls1 { font-family: 'Emblema One'; }
        p.cls2 { font-family: 'Freckle Face'; }
    </style>
</head>
<body>
    <p>Default Font Example</p>
    <p class="cls1">Web Font(웹폰트) Example1</p>
    <p class="cls2">Web Font(웹폰트) Example2</p>
</body>
</html>
```

위의 HTML5 문서는 구글 무료 웹 폰트를 다운받아 다음과 같은 실행 결과를 보여준다. 첫 번째 문장은 기본 글꼴을 적용하고 두 번째는 〈link〉 태그를 통해 'Emblema One' 글꼴 스타일을 연결하여 적용한 결과이다. 세 번째는 @import 규칙을 사용하여 'Freckle Face' 글꼴 스타일을 포함시켜 적용한 결과이다

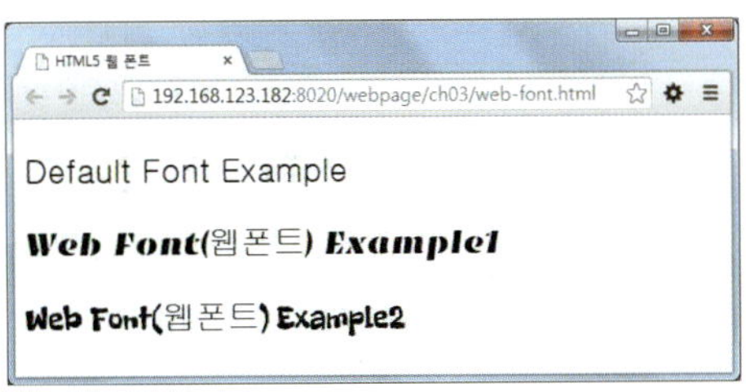

[그림 3-15] web-font.html의 실행 결과(예제3-10)

> **Tip 웹 폰트를 얻는 방법**
>
> 웹 폰트 스타일을 얻는 방법은 다음과 같다. 구글 웹 폰트 제공 사이트(http://www.google.com/fonts)에서 원하는 웹 폰트를 선택하고 'Quick-use' 버튼을 선택한 뒤, 〈link〉 태그 혹은 @import 규칙 코드를 복사해서 〈head〉 태그 안에 붙여 넣으면 된다.
>
> 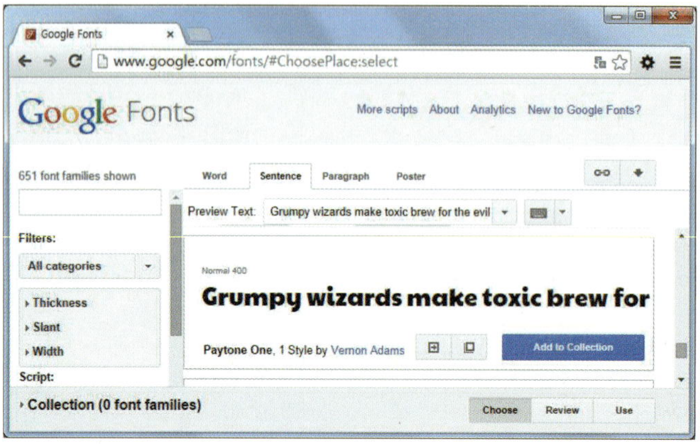
>

7.2 사용자 정의 폰트

@font-face 규칙

사용하고 싶은 자신만의 글꼴 파일을 가지고 있다면 @font-face 규칙을 이용하여 사용자 정의 폰트를 정의할 수 있다. 저장된 글꼴 파일의 경로명을 이용하면 된다. @font-face 규칙은 다음 형식에 따라 선언한다. 선언된 새 글꼴은 기존 글꼴과 똑같은 방법으로 사용된다.

```
@font-face {
    font-family : '새글꼴이름' ;
    src : url(글꼴파일URL경로명1), url(글꼴파일URL경로명2) . . . ;
}
p { font-family : '새글꼴이름' ; }
```

스타일시트에서 규칙(rule)은 '@'를 앞에 붙여 표기한다. 브라우저는 글꼴 파일을 읽어 들인 다음 font-weight와 font-style 속성값을 적용하여 표시한다.

〈표 3-13〉 font-face 속성

@font-face 속성	속성값	의미
font-family	글꼴명 예 Nanum	글꼴 이름을 지정
src	URL 주소 예 url('Nanum.eot') url('Nanum.ttf') url('Nanum.woff')	글꼴 파일 위치를 지정
font-weight	예 normal, bold, 100	글꼴 두께를 지정
font-style	예 normal, italic, oblique	글꼴 스타일을 지정

Tip 나눔손글씨펜 글꼴

예제에 사용한 'NanumPenScript-Regular' 글꼴 파일은 구글 웹 폰트 사이트(http://www.google.com/fonts/earlyaccess)에서 다운받은 글꼴 파일이다. 다음과 같은 한글 글씨체를 지원해준다.

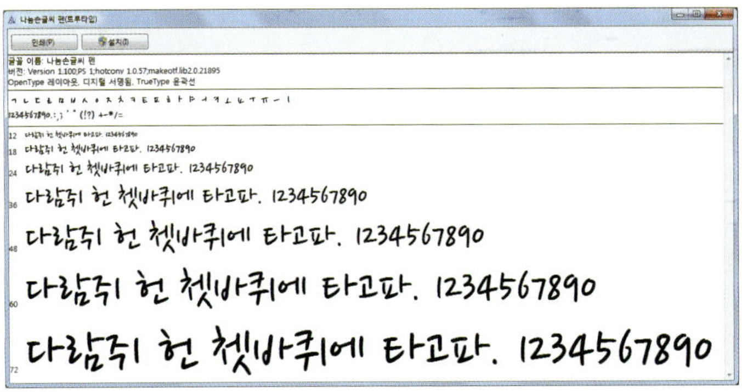

별도로 다운받지 않아도 사용할 수 있는 글꼴이 있다. 사용자 컴퓨터에는 여러 프로그램에서 사용하는 글꼴들이 이미 설치되어 있는 경우가 많다. 대부분의 설치 글꼴들은 'C:₩WINDOWS₩Fonts₩' 폴더 안에 존재한다. 확인해 보고 해당 글꼴 파일들을 사용해 보도록 하자.

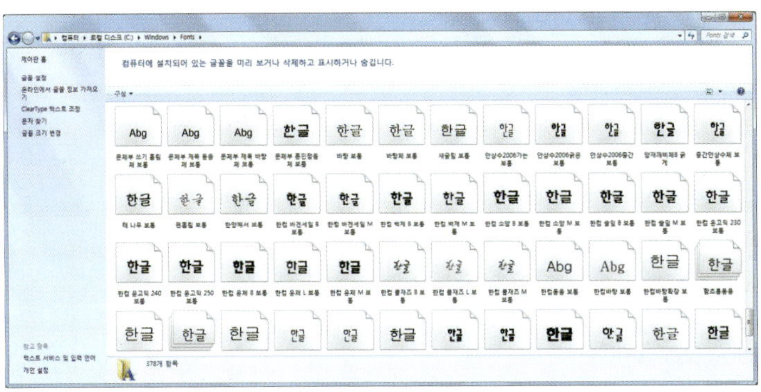

src 속성으로 사용되는 url( ) 함수 안의 글꼴 파일은 여러 유형의 확장자를 갖는다. 확장자에 따라 지원하는 브라우저가 다르므로 유의해야 한다.

다음 예제를 실행해 보자. @font-face 규칙을 사용한 예이다. 'Nanum'이라는 자신만의 글꼴을 'NanumPenScript-Regular.ttf' 글꼴 파일을 이용하여 정의한다.

[예제3-11] font-face 사용자정의폰트 정의하기 /ch03/user-font.html

```
<!DOCTYPE html>
<html>
<head>
        <meta charset="utf-8">
        <title>HTML5 웹 폰트</title>
        <style>
            @font-face {
                font-family: 'Nanum';
                src: url('NanumPenScript-Regular.ttf');
            }
            p { font-size: 28px; }
            p.cls1 { font-family: 'Nanum', serif; }
        </style>
</head>
<body>
        <p>Default Font Example</p>
        <p class="cls1">사용자 폰트(나눔펜스크립트) @font-face Example</p>
</body>
</html>
```

font-family 속성은 추가하는 새로운 글꼴의 이름을 'Nanum'으로 지정한다. src 속성은 'Nanum' 글꼴로 등록할 다운 받은 NanumPenScript-Reqular 글꼴 파일을 url( ) 함수를 사용하여 설정한다. 실행 결과는 다음과 같다.

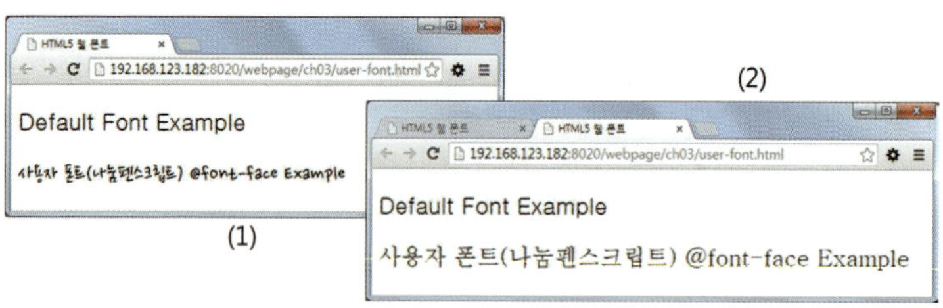

[그림 3-16] user-font.html의 실행 결과(예제3-11)

'Nanum' 글꼴이 적용된 결과(1)와 'NanumPenScript-Regular.ttf' 파일이 없어 'Nanum' 글꼴을 적용하지 못하는 경우, 'serif' 글자체가 적용됨을 확인할 수 있다.(2)

Tip 폰트 파일 종류

.eot(오픈타입폰트; Embedded Open Type) 파일은 익스플로러에서만 사용 가능한 MS 전용 글꼴 파일 형식이다. 다른 브라우저를 위해서는 .ttf(트루타입폰트; True Type Font)나 .otf, woff 파일 형태로 파일 포맷을 변환해야 한다. 최근에 나온 woff(Web Open Font Format)은 웹 전용 글꼴 형식으로 한글 글꼴의 파일 크기가 작아 사용도가 점차 높아지고 있다. http://eotfast.com이나 http://people.mozilla.com/~jkew/woff/ 등에서 변환 프로그램을 다운 받을 수 있다.

요약

1. 스타일(style)은 문서를 장식하거나 정해진 양식으로 문서 내용을 다듬는 역할을 한다. 스타일시트(stylesheet)는 문서의 스타일을 정의한 것으로 화면에 출력하기 위한 외형적인 모양과 형식에 관한 스타일 규칙들의 모임이다.

2. CSS(Cascading Style Sheet)는 HTML 문서에 적용하는 표준 스타일시트로 기존의 스타일시트 개념을 웹에 적용한 것이다. CSS는 마크업 문서의 스타일을 정의하는 속성(property)들을 모아 놓은 언어이기 때문에 HTML과 XML 문서 모두에 적용할 수 있다. CSS를 사용하면 확장성, 편의성, 재사용성, 생산성 등이 향상된다.

3. CSS3에서 스타일 선언은 선택자(selector)와 스타일 속성 블록(style property block)으로 구성된다. 선택자는 스타일을 적용할 대상을 지정하고 스타일 속성 블록은 선택자에 의해 선택된 영역에 적용할 색상, 크기 등의 스타일을 지정한다.

4. 선택자 유형에는 전체 선택자, 태그 선택자, 클래스 선택자, 아이디 선택자, 계층 선택자, 상태 선택자 등이 있다.

5. CSS3 스타일시트를 선언하는 방식은 내부 방식, 외부 방식, 인라인 방식, 임포트 방식 등이 있으면 4가지 선언 방식을 혼용해서 적용할 수도 있다.

6. 스타일 속성 선언들이 같은 대상에 여러 번 중첩되어 설정될 수 있고 상위 엘리먼트로부터 상속받을 수도 있다. 누적된 스타일 속성들은 충돌이 없다면 연쇄적으로 결합되어 적용된다. 스타일 충돌이 발생하면 우선 순위에 따라 적용된다. 보통 가장 제한적으로, 가장 하위 수준에서, 가장 나중에 정의할수록 우선 순위가 높다.

7. 글자 스타일 속성에는 font-family(글꼴), font-size(크기), font-style(기울기 유형), font-weight(두께), font-variant(대소문자 유형), font(글꼴 관련 속성 전체), text-decoration(장식 효과), text-align(수평 정렬), vertical-align(수직 정렬), text-indent(들여 쓰기), text-transform(대소문자 변환), letter-spacing(글자 간격), word-spacing(단어 간격), line-height(줄 간격), text-shadow(글자 그림자) 등이 있다.

8. 색상(배경) 관련 스타일 속성에는 color(색상), background-color(배경 색상), background-image(배경 이미지), background-position(배경 위치), background-repeat(배경 반복), background-size(배경 이미지 크기), background(배경 관련 속성 전체) 등이 있다.

9. 목록 관련 스타일 속성에는 list-style-type(글머리 기호), list-style-image(글머리 이미지), list-style-position(글머리 위치), list-style(글머리 관련 속성 전체) 등이 있다.

10. 테이블 관련 스타일 속성에는 table-layout(열크기 지정 방식), width(셀너비), border(구분선), border-spacing(구분선 간격), border-collapse(구분선 유형), empty-cells(빈셀 표시여부), caption-side(표제목 위치) 등이 있다.

11. 박스 모양의 스타일 적용 공간 개념을 박스 모델(box model)이라고 한다. 웹 브라우저가 모든 엘리먼트들을 작은 박스로 간주해서 공간을 배치하기 때문에 CSS3를 사용할 때 가장 기본이 되는 개념이다. 박스 모델은 바깥여백(margin), 경계선(border), 안쪽여백(padding), 내용(content) 영역으로 구성된다. 박스 모델 안에 또 다른 박스 모델이 포함될 수 있다.

12. 박스 모델의 영역 관련 스타일 속성은 width(내용 영역 너비), height(내용 영역 높이), margin(외부 여백), margin-top(right, bottom, left)(위쪽, 오른쪽, 아래쪽, 왼쪽 외부 여백), margin-color(외부 여백 색상), padding(내부 여백), padding-top(right, bottom, left)(위쪽, 오른쪽, 아래쪽, 왼쪽 내부 여백), padding-color(내부 여백 색상) 등이다.

13. 박스 블록의 경계선은 기본적으로 직사각형이지만 모서리를 부드럽게 표시할 수도 있다. 경계선 관련 스타일 속성은 border-style(경계선 유형), border-top(right, bottom, left)-style(위쪽, 오른쪽, 아래쪽, 왼쪽 경계선 유형), border-width(경계선 두께), border-top(right, bottom, left)-width(위쪽, 오른쪽, 아래쪽, 왼쪽 경계선 두께), border-color(경계선 색상), border-top(right, bottom, left)-color(위쪽, 오른쪽, 아래쪽, 왼쪽 경계선 색상), border(경계선 관련 속성 전체), border-radius(둥근경계선), border-top-left(right)-radius(둥근 경계선 왼쪽 위, 오른쪽 위 반지름), border-bottom-right(left)-radius(둥근 경계선 오른쪽 아래, 왼쪽 아래 반지름) 등이 있다. border-style은 필수 속성으로 반드시 먼저 지정되어야 한다.

14. 박스 모델에 지정된 스타일 속성에 따라 다양한 모양으로 화면에 표시된다. 표현 효과 스타일 속성에는 display(표시 유형), visibility(표시 여부), opacity(투명도), box-shadow(그림자 효과) 등이 있다.

15. 기본적으로는 각 엘리먼트가 갖는 고유한 공간 분할(블록 혹은 인라인) 방식에 따라 나열된 순서대로 배치된다. 레이아웃은 다양한 엘리먼트 박스 블록들을 적절한 분할 공간에 위치를 지정하여 배치한다. 화면 배치 관련 스타일 속성은 position(위치), left(왼쪽 간격), right(오른쪽 간격), top(위쪽 간격), bottom(아래쪽 간격) 등이다.

16. position 속성이 가질 수 있는 속성값은 absolute(절대 위치 방식), fixed(고정 위치 방식), static(정적 위치 방식), relative(상대 위치 방식) 4가지이다.

17. float 속성은 화면 상에 떠 있는 것과 같은 박스 공간을 만들 때 사용하며 이미지와 문단을 함께 배치하거나 수평으로 박스 공간들을 좌우로 정렬시키는 등의 레이아웃을 만들 때 많이 사용한다. clear나 overflow 속성을 통해 해제한다.

18. 웹 폰트(web font)는 웹 브라우저로 페이지를 읽는 순간 자동으로 글꼴을 다운받아 사용할 수 있도록 한다. 웹 폰트를 이용하면 해당 글꼴의 설치 여부와 상관없이 항상 동일하게 웹 페이지가 보여진다.

19. 사용하고 싶은 자신만의 글꼴 파일을 가지고 있다면 @font-face 규칙을 이용하여 사용자 정의 폰트를 정의할 수 있다.

연습문제

1. 다음 문장의 내용이 옳으면 O, 옳지 않으면 X를 하시오.

1) CSS는 마크업 문서의 스타일을 정의하는 속성(property)들을 모아 놓은 언어이기 때문에 HTML 문서뿐만 아니라 XML 문서에도 적용할 수 있다. ( )
2) CSS의 'C'는 누적(Cascading)을 뜻하는 것으로 스타일 속성들은 누적되어 적용되며 스타일 충돌이 발생할 경우, 우선 순위에 따라 최종적으로 스타일 속성값 하나가 결정되어 적용된다. ( )
3) 인라인 스타일 선언은 HTML 페이지 안의 여러 엘리먼트들에 같은 스타일 적용을 원할 경우 바람직하다. ( )
4) 박스 모델에서 margin(바깥쪽여백)은 항상 투명하다. ( )
5) 박스모델을 적용할 때, 바깥 여백 크기 값은 margin-top, margin-left, margin-bottom, margin-right 순으로 명세한다. ( )
6) float은 화면 크기에 따라 동적으로 변할 수 있는 레이아웃 작업을 할 때 많이 사용된다. ( )

2. 다음 ( ) 안에 적합한 용어를 넣어 문장을 완성하시오.

1) 스타일시트 선언 방식 중에서 ( ) 선언 방식은 같은 서식을 여러 HTML 문서에 동시에 적용하고자 할 때 바람직하다.
2) 스타일 적용 시 충돌이 발생하는 경우, 선택자 유형 중에서 ( ) 선택자는 클래스 선택자보다 우선적으로 적용된다.
3) 메뉴 버튼을 표시할 때 유용한 태그는 〈ul〉, ( ), 〈a〉 태그이다.
4) 스타일 속성값 단위 중에서 현재 글꼴(대문자)의 높이를 의미하는 단위는 ( )이다.
5) 물건을 담는 상자처럼 하위 엘리먼트들을 자신의 공간 안에서 좌표를 통해 배치한다는 의미에서 상위 엘리먼트 공간을 ( )라고 부른다.
6) 박스 모델에서 안쪽 여백 영역의 간격은 ( ) 속성의 값으로 결정된다.
7) 박스 모델 스타일 속성 중에서 둥근 모서리의 경계선을 표시하도록 하는 것은 ( ) 속성이다.
8) 위치 지정 방식 중에서 엘리먼트 자신의 원래 위치를 기준으로 상대적인 위치를 지정하는 방식을 의미하는 position 속성값은 ( )이다.
9) ( )는 웹 브라우저로 페이지를 읽는 순간 자동으로 글꼴을 다운받아 사용할 수 있도록 하는 확장 폰트 유형이다.

3. 선택자 유형(6가지)에 대해 간략히 설명하시오.

4. 스타일시트 선언 방식(4가지)에 대해 간략히 설명하시오.

5. 박스 모델(box model)에 대해 간략히 설명하시오.

6. position 속성의 위치 지정 방식(4가지)에 대해 간략히 설명하시오.

7. 아래와 같은 실행 결과가 표시되도록 다음 코드 안의 밑줄 안에 적합한 태그를 넣어 완성하시오.

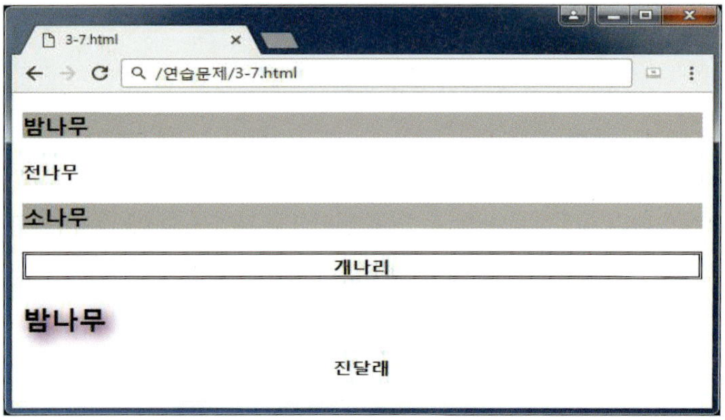


```
<!DOCTYPE html>
    ...
    <style type="text/css">
        #id2 _______ { background: silver; }
        h3 _______ h4 { border: double;}
        h3 ~ _______ { text-align: center;}
        h2 { ____________________: 5px 5px 20px blue; }
        h5 { ________________ : none; }
    </style>
    ...
<body>
    <div id="id1">
        <div id="id2">
```

```
            <h3>밤나무</h3>
            <div class="class2">
                <h4>전나무</h4>
                <h5>뽕나무</h5>
                <h3>소나무</h3>
                <h4>개나리</h4>
                <h2>밤나무</h2>
                <h4>진달래</h4>
            </div>
        </div>
    </div>
</body>
    ...
```

8. 다음 스타일 선언을 적용할 경우, 스타일1~스타일6 글자 각각에 대해 적용된 스타일 내용(색상과 경계선 유형, 정렬 유형)을 표시 하시오.

```
    ...
    <style type="text/css">
        #id1, #id2 { color : green ; }
        #id3 { text-align : right ; }
        .class1 { background : grey ; }
        .class2 { border : double ; }
        div.class2 { text-align : center ; }
    </style>
    ...
    <p id="id1">스타일1</p>
        <p id="id2" style="color: blue;">스타일2</p>
        <div class="class1">스타일3</div>
        <div id="id2" class="class2">스타일4</div>
        <div class="class1 class2">스타일5</div>
    <p id="id3" class="class2">스타일6</p>
    ...
```

스타일1 - 글자색( )	배경색 ( )	경계선 ( )	정렬 ( )
스타일2 - 글자색( )	배경색 ( )	경계선 ( )	정렬 ( )
스타일3 - 글자색( )	배경색 ( )	경계선 ( )	정렬 ( )
스타일4 - 글자색( )	배경색 ( )	경계선 ( )	정렬 ( )
스타일5 - 글자색( )	배경색 ( )	경계선 ( )	정렬 ( )
스타일6 - 글자색( )	배경색 ( )	경계선 ( )	정렬 ( )

9. [실습] 아래와 같은 실행 결과가 표시되도록 다음 스타일을 적용하여 예제 코드를 완성 하시오.

실행결과

스타일

```
(1) text-shadow: -2px -4px 5px green;
(2) text-shadow: 2px 4px 5px green;
(3) text-shadow: 3px 6px 10px green;
(4) background-color: #800080; color: black;
    text-shadow: 2px 4px 5px white;
(5) background-color: #800080; color: black;
    text-shadow: 2px 2px 10px white, 2px -2px 10px silver,
                 -2px 2px 10px silver, -2px -2px 10px silver;
(6) background-color: #800080; color: white;
    text-shadow: 2px 2px 15px yellow, 2px -2px 15px red,
                 -2px 2px 15px green, -2px -2px 15px blue;
```

10. [실습] 아래와 같은 실행 결과가 표시되도록 다음 스타일을 적용하여 예제 코드를 완성 하시오.

실행결과

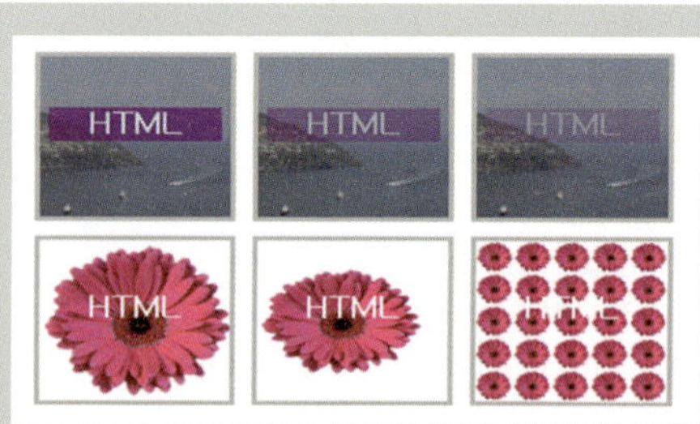

스타일

```
(1) background-color: purple; opacity: 0.7;
(2) background-color: purple; opacity: 0.4;
(3) background-color: purple; opacity: 0.2;
(4) background-image: url(bgimg2.jpg);
(5) background-image: url(bgimg2.jpg);
    background-size: 90% 70%;
    background-repeat: no-repeat;
    background-position: center left;
(6) background-image: url(bgimg2.jpg);
    background-size: 20% 20%;
```

Chapter 04

모바일 웹 개발

※ **학습목표**

- 뷰포트의 개념과 메타 태그를 이용한 명세 방법을 알아본다.
- 미디어 유형의 정의 방법을 알아본다.
- 미디어 쿼리의 작성 방법을 살펴본다.
- 직접 모바일 웹 개발 예제를 개발해 본다.

Chapter

04 모바일 웹 개발

1. 뷰포트

데스크톱 브라우저와 모바일 브라우저 사이에 약간의 개념적 차이가 있다. 뷰포트도 그 중 하나이다. 뷰포트의 개념과 메타 태그를 사용한 선언 방법에 대해 알아보자.

1.1 뷰포트

스마트폰의 모바일 브라우저로 일반 웹 페이지를 불러올 경우, 읽을 수 없을 정도로 화면 글자가 작아지거나 화면 구조나 글씨체가 크게 바뀌는 등 환경적 차이를 경험하게 된다. 데스크톱 용도의 웹 페이지 중 하나를 스마트폰 화면에 불러오면 다음 예와 같이 보여지게 된다.

[그림 4-1] 일반 웹페이지의 모바일 실행 결과

뷰포트(viewport)는 보여지는 창문이란 뜻으로 보통 '화면 요소가 보여지는 영역'을 말한다. 같은 HTML5 문서가 실행 장치에 따라 다르게 보이는 주된 이유는 각 장치의 뷰포트 적용 방식이 다르기 때문이다. 뷰포트에는 레이아웃 뷰포트와 비주얼 뷰포트 두 종류가 있다.

레이아웃 뷰포트(layout viewport)는 장치의 전체 화면 해상도에 해당하는 영역으로 현재 보여지는 브라우저 창의 크기와는 관련이 없다. 비주얼 뷰포트(visual viewport)는 전체 페이지 중에서 현재 화면에 보이는 영역이다. 비주얼 뷰포트의 크기는 레이아웃 뷰포트보다 클 수는 없기 때문에 레이아웃 뷰포트의 크기 즉, 전체 화면의 해상도에 맞게 글자 크기를 표시한다. 데스크톱 브라우저 창을 확대하거나 축소할 경우, 크기에 따라 보여지는 내용이 제한될 뿐 항상 글자 크기가 같은 이유이다.

스마트폰은 모바일 브라우저 창의 크기가 화면 최대 크기로 고정된다. 결과적으로 비주얼 뷰포트와 레이아웃 뷰포트 크기가 항상 같다. 모바일 환경에서도 데스크톱 환경처럼 웹 페이지 전체를 자연스럽게 브라우징할 수 있도록 풀브라우징(full-browsing)을 지원한다. 작은 화면에 웹 페이지를 모두 표시하기 위해 전체적으로 배율 조정을 통한 축소가 이루어진다. 문제는 각 스마트폰 브라우저 별로 아래 표와 같이 실제보다 훨씬 큰 크기의 뷰포트가 설정되어 있고 이를 기준으로 글자 크기를 표시한다는 점이다. 모바일 브라우저는 모바일에 최적화되지 않은 페이지도 모두 보일수 있도록 기본 뷰포트를 크게 설정한다.

〈표 4-1〉 뷰포트 크기

스마트폰(브라우저) 유형	뷰포트 기본 너비(width)
안드로이드폰(웹킷)	980px
아이폰(사파리)	980px
타 모델(오페라)	850px
윈도폰(인터넷 익스플로러)	974px

예를 들면, 해상도가 360*480인 스마트폰의 경우도 모바일 브라우저는 뷰포트를 980px로 간주한다. 실제보다 두세 배 되는 크기의 화면 내용을 보여주기 위해 자동으로 축소시킴으로 글자가 작아진다. 따라서, 글자 크기를 두세 배 정도 더 확대시킬 필요가 있으며 뷰포트를 재설정해서 실제 화면의 크기와 뷰포트 크기를 일치시켜야 한다.

1.2 뷰포트 메타 태그

〈meta〉 태그는 브라우저에게 웹 페이지 관련 부가적인 정보를 제공하는 태그이다. 특히 모바일 페이지를 작성할 경우에는 〈meta〉 태그를 이용하여 뷰포트 정보를 제공해야 한다. 페이지가 표시되는 모바일 장치는 화면 크기와 해상도가 다양하고 PC 화면 크기에 비해 매우 작다. 뷰포트를 제공하지 않으면 모바일 브라우저는 PC 화면과 비슷한 해상도로 표시되므로 인식하기 어려울 정도로 작은 글씨로 표시된다. 이를 해결하기 위해서 뷰포트 메타 태그를 사용해야 한다.

뷰포트 메타 태그의 속성

뷰포트 속성은 화면 해상도에 따른 최대 · 최소 너비를 지정할 수 있게 한다. 〈meta〉 태그의 뷰포트 관련 속성은 다음과 같다.

〈표 4-2〉 뷰포트 속성

뷰포트 속성	속성값	의미
width	예 480px, 720px, 980px, device-width	화면(뷰포트)의 너비(200~10,000px)
height	예 800px, 1280px, device-height	화면(뷰포트)의 높이
initial-scale	예 1.0	초기 화면 확대 비율(0~10.0)
minimum-scale	예 0.5	화면 축소 최소 비율(0~10.0)
maximum-scale	예 2.0	화면 확대 최대 비율(0~10.0)
user-scalable	예 yes(기본값), no	사용자의 확대 혹은 축소 가능 여부

device-width나 device-height는 모바일 장치의 실제 화면 크기를 기준으로 뷰포트의 너비나 높이를 설정한다. 보통 height 속성값은 width 속성값을 기준으로 자동 설정되므로 별도로 설정할 필요가 없다.

모바일 웹 페이지 작성을 위해서는 〈head〉 태그 안에 〈meta〉 태그를 포함시킨다. 다음은 〈meta〉 태그를 이용한 뷰포트 선언의 예이다.

```
<meta
    name="viewport"
    content="width=device-width;
            initial-scale=1.0;
            minimum-scale=1.0;
            maximum-scale=1.0;
```

```
            user-scalable=no"
/>
```

'width=device-width' 지정은 모바일 장치의 실제 해상도에 맞게 너비 값을 재설정하라는 의미이다. 스마트폰의 화면에 최적화된 크기로 페이지가 출력되도록 한다. 스마트폰의 해상도를 일일이 지정하지 않아도 알아서 자동으로 장치 실제 너비 값으로 재지정 한다. 모든 단말기에 맞춰 별도로 프로그래밍하지 않아도 된다.

'user-scalable=no' 지정은 사용자가 줌인/줌아웃 기능을 사용할 수 없도록 한다. 모바일 페이지의 디자인이 각 장치의 화면 너비에 최적화되어 있다면 사용자가 조정할 필요가 없기 때문이다. 'initial-scale=1.0' 지정은 페이지가 로드될 때 실행하는 모바일 장치의 화면 너비에 맞추어 초기 화면 너비를 1:1 비율로 표시되도록 뷰포트를 설정한다.

이 책의 5장 이후 모든 HTML5 문서 안에는 기본적으로 다음과 같은 기본 뷰포트 메타 태그 선언을 포함한다.

```
<meta name="viewport" content="width=device-width; initial-scale=1.0"/>
```

모바일 웹앱의 페이지를 확인할 때는 [부록B] 앱타나 웹 서버를 설정한 뒤, 스마트폰의 모바일 브라우저를 통해서 직접 실행 페이지 화면을 확인한다. 위와 같이 뷰포트를 지정하면 모바일 브라우저의 렌더 엔진은 화면 크기를 실제 모바일 장치의 해상도를 기준으로 설정하게 된다. 오직 모바일 장치만 뷰포트 메타 태그의 설정에 영향을 받는다. 데스크톱 브라우저에서는 뷰포트 설정이 의미가 없다.

다음은 3장의 semantictag-layout.html(왼쪽)의 내용에 위 기본 뷰포트 메타 태그를 지정함으로써 실제 모바일 장치의 해상도에 맞게 렌더링한 결과이다.(semantictag-layout-viewport.html:오른쪽)

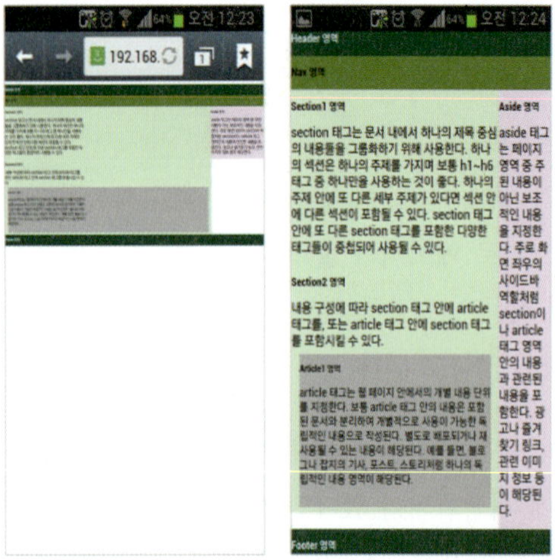

뷰포트 지정 이전　　　　뷰포트 지정 이후

[그림 4-2] semantictag-layout-viewport.html의 실행 결과

2. 미디어 유형

HTML5 문서의 표시 장치가 모니터 화면인지 TV 화면 또는 스마트폰, 프린터 등인지에 따라 적합한 스타일시트가 적용되도록 할 수 있다. 미디어 유형을 정의하는 방법을 살펴보자.

2.1 미디어 유형

미디어 유형(media type)은 미디어 종류에 따라 각기 다른 스타일시트를 적용하기 위한 개념이다. 미디어 유형을 사용하여 표시할 장치를 구별하고 장치 별로 다른 스타일을 적용하는 경우를 살펴보자. 선택 가능한 기본 미디어 유형은 다음과 같다.

〈표 4-3〉 미디어 유형

media 유형	의미
all(기본값)	모든 장치
screen	컴퓨터(PC, 태블릿, 스마트폰) 화면
print	인쇄장치(출력종이)
handheld	휴대용기기, PDA
tv	텔레비전 디스플레이
projection	프로젝터

스마트폰과 같은 모바일 장치들은 풀브라우징을 지원하므로 'handheld'가 아닌 'screen' 타입으로 설정한다. 데스크톱 웹 페이지나 모바일 웹 페이지를 위한 HTML5를 작성할 때는 미디어 유형을 'media=screen'으로 설정하면 된다. 인쇄용 페이지를 만들고 싶다면 기존 HTML5 문서 중에서 불필요한 내용들은 모두 'display:none'으로 지정하고 프린트 출력 양식에 맞는 레이아웃으로 일부만 수정한 뒤 'media=print'로 지정한다.

2.2 미디어 유형 종류

@media 규칙을 이용하는 방법

@media 규칙은 HTML5 문서에 다양한 장치 별로 각기 다른 스타일을 적용하는 규칙이다. 장치 유형별로 다르게 보여질 필요가 있을 경우 사용한다.

다음은 @media 규칙을 사용한 예이다. 예제를 실행해 보자.

[예제4-1] 미디어 유형(규칙) 정의하기 /ch04/media-rule.html

```
<!DOCTYPE html>
<html>
<head>
    <meta charset="utf-8">
    <title>형식1</title>
    <style>
        @media screen {
            * { font-family: serif; font-size: 24px; } }
        @media print {
            * { font-family: sans-serif; font-size: 8px; } }
    </style>
</head>
<body>
    <h1>@media 규칙 활용</h1>
    <p>미디어 유형 정의 예1</p>
</body>
</html>
```

PC나 스마트폰에서 실행할 경우, screen 미디어 유형에 해당된다. 그에 대한 스타일 규칙에 따라 'serif' 글꼴에 24픽셀 크기의 문자로 문서 내용이 표시된다. 반면, 프린트를 실행하면 print 미디어 유형에 따른 스타일이 적용되어 'sans-serif' 글꼴에 8픽셀로 글자체가 축소되어 출력된다.

이와 동일한 기능을 미디어 별로 각각 screen.css와 print.css 외부 스타일 파일로 저장하고 〈link〉 태그나 @import 규칙을 사용하여 선택되도록 처리할 수 있다. 또, 〈style〉 태그 안에 media 속성을 통하여 다른 스타일이 선택되어 지정할 수도 있다.

〈link〉 태그를 이용하는 방법

다음은 〈link〉 태그를 사용한 예이다. 예제를 실행해 보자.

[예제4-2-1] 미디어 유형(링크) 정의하기 /ch04/media-link.html

```
<!DOCTYPE html>
<html>
<head>
    <meta charset="utf-8">
    <title>형식2</title>
    <link rel="stylesheet" href="screen.css" media="screen"/>
    <link rel="stylesheet" href="print.css" media="print"/>
</head>
<body>
    <h1>link 태그 활용</h1>
    <p>미디어 유형 정의 예2</p>
</body>
</html>
```

[예제4-2-2] 화면 출력 외부스타일 정의하기 /ch04/screen.css

```
* { font-family: serif; font-size: 24px; }
```

[예제4-2-3] 프린터 출력 외부스타일 정의하기 /ch04/print.css

```
* { font-family: sans-serif; font-size: 8px; }
```

@import 규칙을 이용하는 방법

다음은 @import 규칙을 사용한 예이다.

[예제4-3] 미디어 유형(임포트) 정의하기 /ch04/media-import.html

```
<!DOCTYPE html>
<html>
<head>
    <meta charset="utf-8">
    <title>형식3</title>
    <style>
        @import url(screen.css) screen;
        @import url(print.css) print;
    </style>
</head>
<body>
    <h1>@import 규칙 활용</h1>
    <p>미디어 유형 정의 예3</p>
</body>
</html>
```

〈style〉 태그를 이용하는 방법

다음은 〈style〉 태그 안에 media 속성을 사용한 예이다.

[예제4-4] 미디어 유형(스타일 속성) 정의하기 /ch04/media-attribute.html

```
<!DOCTYPE html>
<html>
<head>
    <meta charset="utf-8">
    <title>형식4</title>
    <style media="screen">
        * { font-family: serif; font-size: 24px; }
    </style>
    <style media="print">
        * { font-family: sans-serif; font-size: 8px; }
    </style>
</head>
<body>
    <h1>media 속성 활용</h1>
    <p>미디어 유형 정의 예4</p>
</body>
</html>
```

실행 결과는 다음과 같다. 4가지 미디어 유형 지정의 결과는 모두 같다.

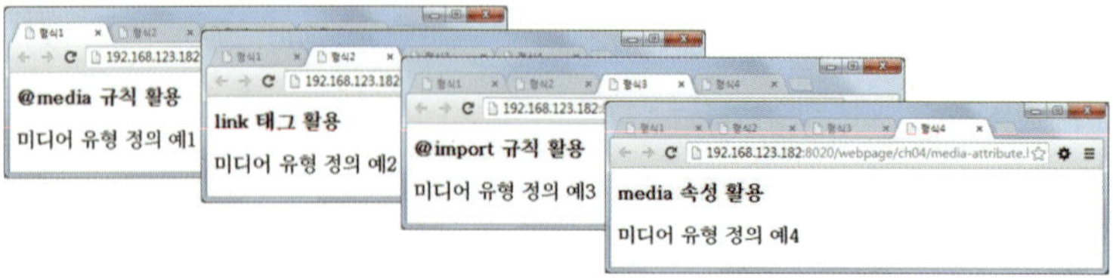

[그림 4-3] media-*.html의 실행결과(예제4-1~예제4-4)

3. 미디어 쿼리

기존 미디어 유형은 장치의 정교한 특징이나 미디어별 상세한 특성 등을 지정할 수 없어 적용이 제한적이다. 모바일 환경에서는 장치별 화면 크기가 다양하기 때문에 더욱 세밀하게 스타일 대상을 식별할 수 있는 방법이 필요하다. 미디어 쿼리 속성과 작성 방법을 살펴보자.

3.1 미디어 쿼리 속성

CSS3에서는 미디어 쿼리(media query)를 통해 장치 유형뿐만 아니라 화면의 크기, 장치의 수평 상태 등에 따라 스타일을 다르게 적용할 수 있다. 사용 장치의 특성에 따라 다른 스타일시트를 적용하는 웹 방식을 반응형 웹(responsive web)이라고 한다.

미디어 쿼리를 이용하면 화면 너비와 높이, 화면 비율, 기기 특성 등을 이용한 맞춤형 페이지를 구성할 수 있다. 미디어 쿼리는 적용 조건이 조금 더 상세한 점을 제외하고는 미디어 유형과 비슷하다. 미디어 쿼리는 미디어 유형의 확장된 형태라고 할 수 있다. 미디어 쿼리를 사용하면 복잡한 자바스크립트 코드를 작성하지 않아도 사용 장치를 식별할 수 있다.

미디어 쿼리 속성

미디어 쿼리 속성들은 미디어 쿼리를 작성할 때 조건을 명세하기 위해 사용한다. 조건식은 쿼리 연산자와 미디어 쿼리 속성으로 구성된다. 일반적인 비교 연산자 '〈'(작다)와 '〉'(크다) 연산자는 속성 앞의 'min-'과 'max-' 접두어로 대신한다. '=' 연산자를 대신해서 ':' 콜론을 사용한다. 여러 조건식 모두를 충족해야 할 경우에는 'and' 연산자로 연결하고, 여러 조건식 중 하나만을 충족할 경우(or 연산)에는 ',' 연산자를 사용한다. 같은 장치 화면이라도 장치의 방향, 해상도 등에 따라 CSS3가 다른 매체로 인식하는 것이 가능하다.

다음은 미디어 쿼리를 작성하는 기본 구조이다.

```
@media [only 또는 not] 미디어타입 [and (조건)] [and (조건)] … , [only 또는 not] 미디어타입 [and (조건)]
```

미디어 쿼리는 미디어 유형과 특정 미디어 기능의 조건을 평가하는 논리적 표현식이다. 즉, 미디어 쿼리의 참 또는 거짓을 평가하여 스타일 적용 여부를 결정한다. 'only' 키워드는 조건을 만족하는 경우를, 'not' 연산자는 그 반대의 경우를 의미한다.

미디어 쿼리에 사용되는 속성들은 다음과 같다.

〈표 4-4〉 미디어 쿼리 속성

미디어 쿼리 속성	의미
width min-width, max-width	웹 페이지의 가로 너비 웹 페이지의 최소 너비, 최대 너비
height min-height, max-height	웹 페이지의 세로 높이 웹 페이지의 최소 높이, 최대 높이 (screen: 스크롤포함 전체 문서 높이, print: 페이지 높이)
device-width min-device-width, max-device-width	장치의 물리적 가로(해상도) 너비 장치의 최소 너비, 최대 너비
device-height min-device-height, max-device-height	장치의 물리적 세로(해상도) 높이 장치의 최소 높이, 최대 높이
orientation	장치 화면 회전 상태 portrait(세로모드; width값이 height보다 작을 경우) landscape(가로모드; width값이 height보다 클 경우)
aspect-ratio min-aspect-ratio, max-aspect-ratio	화면 비율(너비/높이) 예 1, 1/1, 16/9, 1280/720 최소 화면 비율, 최대 화면 비율
color min-color, max-color	색상당 비트수(흑백기기는 0) 색상당 최소 비트 수, 최대 비트 수
color-index min-color-index, max-color-index	색상 수 최소 색상 수, 최대 색상 수
monochrome min-monochrome, max-monochrome	흑백기기의 픽셀당 비트 수(컬러기기는 0) 흑백기기의 최소 픽셀당 비트 수, 최대 픽셀당 비트 수
resolution min-resolution, max-resolution	장치의 해상도(dpi) 장치의 최소 해상도, 최대 해상도
scan	TV 스캔 방식(progressive, interlace)

Note: 모바일 장치의 해상도

모바일 장치의 해상도는 제조사와 모델에 따라 다양하다. 주요 스마트폰의 해상도는 다음과 같다. 상세한 해상도는 각 스마트폰의 매뉴얼과 제조사 웹 사이트를 참조하도록 하자.

해상도	화면크기	제품
QVGA	240*320	X10mini, 디자이어팝
HVGA	320*480	갤럭시GIO, 갤럭시ACE, 옵티머스원
WVGA	480*800	갤럭시S, S2, 옵티머스2X, 넥서스S, One, HTC Desire HD1/HD2
FWVGA	480*854	모토쿼티, 모토로이
QHD	549*960	테이크야누스, 이보4G+, 레이저
WSVGA	600*1,024	갤럭시탭7.0
HD 720	720*1,028	갤럭시S3, 갤럭시S2 HD, 갤럭시노트2, 옵티머스G
HD 1080	1,080*1,920	G2, 갤럭시S4, 갤럭시노트3
WXGA	800*1,280	갤럭시탭10.1, 갤럭시노트1
iPhone	320*480	아이폰3
iPhone	640*960	아이폰4
iPhone	640*1,136	아이폰5
iPad	768*1,024	아이패드1, 2
iPad	1,536*2,048	아이패드3, 4

모바일 장치의 해상도는 매우 다양하며 점차적으로 화면 크기는 커지고 해상도는 높아지고 있다. 점차 애플리케이션 화면과 웹 화면 구분이 모바일 장치에서 모호해질 수 있어 앞으로 이를 고려한 모바일 웹의 개발이 필요하다. 화면(가로:세로) 비율은 아이패드 3:4, 아이폰 2:3, 갤럭시2 3:5, 갤럭시탭 10:16 등의 다양한 비율에서 점차 아이폰5, 갤럭시4, 갤럭시노트3 등 9:16 비율로 일정해지고 있다.

다음 선언은 웹 페이지의 가로 너비가 최소 320px, 최대 800px일 경우에 적용할 스타일 시트를 명세하기 위한 미디어 쿼리이다. 스마트폰의 화면 가로 크기는 320~800px까지 다양하다. 데스크톱 PC는 보통 그 이상이다. 다음과 같이 정의하면 모든 스마트폰에 동일한 스타일을 적용할 수 있다.

```
@media only screen and (min-width:320px) and (max-width:800px)
```

@media 규칙뿐만 아니라 미디어 유형을 위해 사용했던 @import, <link> 태그 등에서도 다음과 같은 미디어 쿼리를 사용할 수 있다. 장치가 컬러인지 흑백인지에 따라 각기

다른 스타일시트 파일을 적용하도록 설정할 수 있다. 즉, 장치 별로 다른 스타일을 적용하도록 확장할 수 있다. 또, 프린트에 대해서만 별도의 스타일시트 파일을 적용하도록 설정할 수도 있다.

```
@import url(color.css) media="only screen and (color)"
@import url(mono.css) media="only screen and (monochrome)"
```

```
<link rel="stylesheet" href="default.css">
<link rel="stylesheet" href="print.css" media="only print">
```

3.2 미디어 쿼리 적용 예

다음은 미디어 쿼리를 적용한 예이다. 브라우저 창의 크기에 따라 배경색이 다르게 적용 된다. 뷰포트와는 다르게 미디어 쿼리는 데스크톱 브라우저에도 적용됨을 확인할 수 있다.

[예제4-5] 미디어 쿼리 정의하기 /ch04/media-query.html

```
<!DOCTYPE html>
<html>
<head>
    <meta charset="utf-8">
    <meta name="viewport" content="width=device-width, initial-scale=1.0"/>
    <title>미디어 쿼리 정의</title>
    <style>
        @media only screen and (max-width: 320px) {
            * { background: limegreen; color: white; }          // (1)
        }
        @media only screen and (min-width: 321px) and (orientation: portrait) { /* 세로 모드 */
            * { background: lightyellow; color: black; }        // (2)
        }
        @media only screen and (min-width: 321px) and (orientation: landscape) { /* 가로 모드 */
            * { background: purple; color: white; }             // (3)
        }
        h1 { font-size : 48px; }
        h2 { font-size : 24px; }
    </style>
</head>
```

```
<body>
    <h1>미디어 쿼리</h1>
    <h2>반응형 웹에 대한 예</h2>
</body>
</html>
```

다음은 실행 결과이다. 다양한 너비를 갖는 장치를 대신해서 웹 브라우저 창의 크기를 조절하면서 쿼리의 적용 결과를 확인해 보자. 브라우저 창의 가로, 세로 길이 비율에 따라 미디어 쿼리의 가로 모드 또는 세로 모드 스타일이 다르게 적용된다.

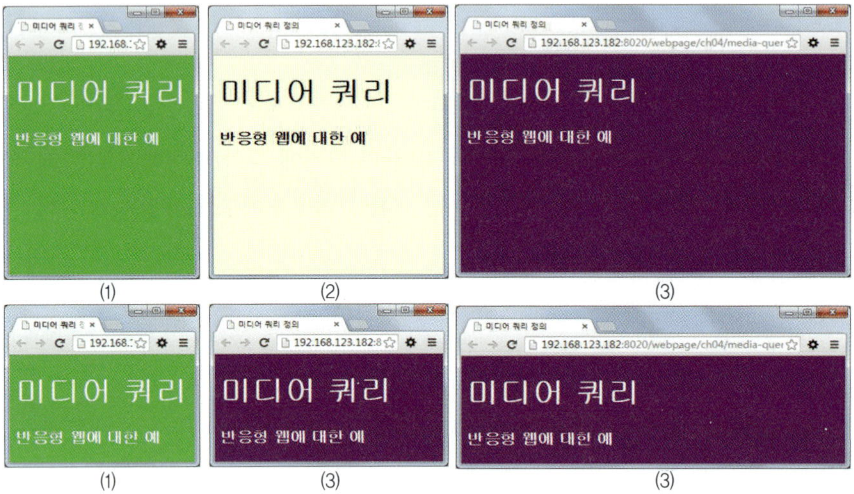

[그림 4-4] media-query.html의 실행 결과(예제4-5)

너비가 320 픽셀 이하인 장치에서는 녹색 바탕에 흰색 글씨로 HTML5 문서 내용이 표시된다.(1) 반면 화면의 너비가 320 픽셀 이상의 장치가 수직 상태일 경우에는 연노랑 바탕에 검은색 글씨로(2), 수평 상태일 경우에는 자주색 바탕에 흰색으로 HTML5 문서 내용이 표시된다.(3) 미디어 종류와 상태에 따라 다양한 스타일을 선택적으로 적용할 수 있다.

미디어 쿼리를 사용하면 하나의 HTML5 문서 안에서도 여러 CSS3를 선택적으로 적용할 수 있어 사용자의 환경에 따라 반응하는 웹 페이지를 만들 수 있다. 다음과 같이 모바일 장치의 회전에 따라 일부 스타일만을 다르게 적용할 수 있다. [실습 3-1] HTML5 문서에 다음 스타일을 포함시켜 적용해 보자.

[예제4-6] 미디어 쿼리 선택적 스타일 정의하기 /ch04/semantic-layout-mquery.html

```
    ...생략...
<meta name="viewport" content="width=device-width; initial-scale=1.0"/>
<style>
    ...생략...
@media only screen and (max-width: 320px) and (orientation: portrait) {     /* 세로 모드 */
    section { width : 240px ; float : left ; background: #F1DCF2; }
    aside { width : 75px ; float : right ; background: #E4F2D0; }
}
@media only screen and (min-width: 321px) and (orientation: landscape) {     /* 가로 모드 */
    section { width: 80%; float: left; background: lavender;}
    aside { width: 20%; text-align: center; float: right; background: darkviolet; color: white; }
}
    ...생략...
</style>
    ...생략...
```

[실습 3-1]의 'semantictag-layout.html' 파일을 위의 미디어 쿼리 레이아웃으로 스타일을 변경하여 저장한다. 뷰포트 <meta> 태그도 포함시킨다. 변경된 파일의 이름은 'semantic-layout-mquery.html'이다. 웹 서버를 통해 스마트폰 화면에 불러오면 다음과 같이 보여진다. 미디어 쿼리의 적용 결과로 HTML5 문서의 <section>과 <aside> 태그 영역의 색상이 세로 모드와 가로 모드에 따라 다르게 표시됨을 확인할 수 있다.

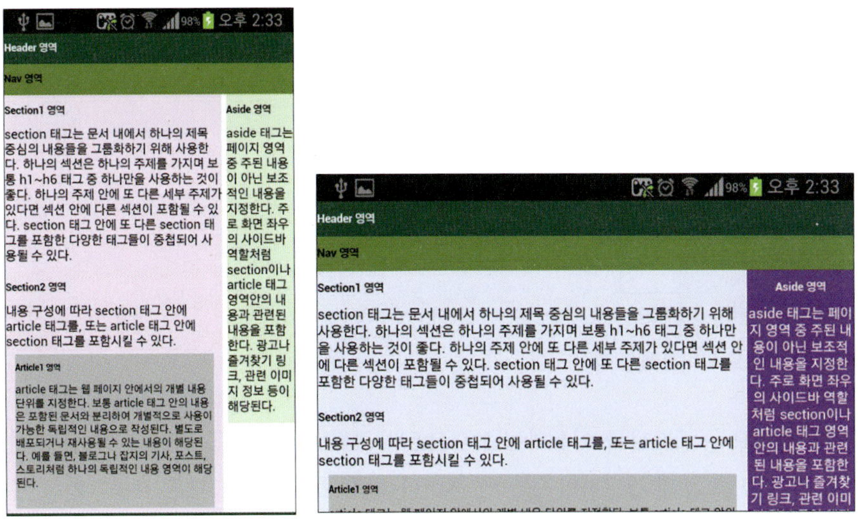

[그림 4-5] semantic-layout-mquery.html의 실행 결과(예제4-6)

또, 미디어쿼리를 사용하면 하나의 HTML5 문서를 데스크톱과 모바일 두 환경에 공통으로 사용할 수도 있다. 스타일시트만 데스크톱 웹 페이지용과 모바일 페이지용으로 작성하면 된다. 그러나, 유지보수의 어려움, 자원 사용상의 제약과 혼란 등의 현실적인 문제점이 있어 별도의 HTML5 문서를 따로 작성하는 것이 바람직하다. 많은 사이트들이 'www.xxxxx.com'과 'm.xxxxx.com'처럼 데스크톱과 모바일용 웹 페이지를 구분하여 따로 제공하는 이유이다.

4. [실습] 모바일 웹 개발

모바일 장치에 맞는 웹 페이지를 개발해 보자. 지금까지 배운 내용을 활용하여 개인 포트폴리오를 내용으로 갖는 모바일 개인 홈페이지를 만들어 본다.

4.1 개인 포트폴리오 모바일 웹 : mportpolio

개인 포트폴리오 관련 모바일 웹 'mportpolio'의 전체 페이지 구성은 다음과 같다.

전체 모바일 웹 페이지의 구성

전체 모바일 웹 페이지는 다음과 같이 4개의 HTML5 파일과 1개의 CSS3 파일로 구성된다.

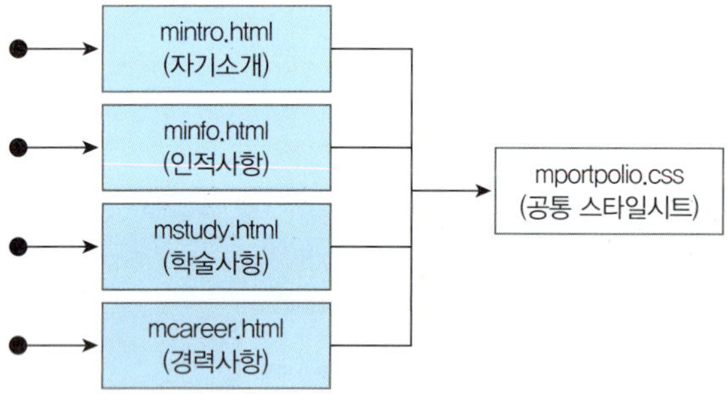

[그림 4-6] 포트폴리오 모바일 웹의 파일 구성

모바일 포트폴리오는 앱타나를 이용하여 HTML5과 CSS3 파일 등을 편집한 후, 앱타나 웹 서버의 IP 주소를 통해 접근한다. 스마트폰이나 데스크톱 등에서 모두 브라우저를 통해 실행할 수 있다.

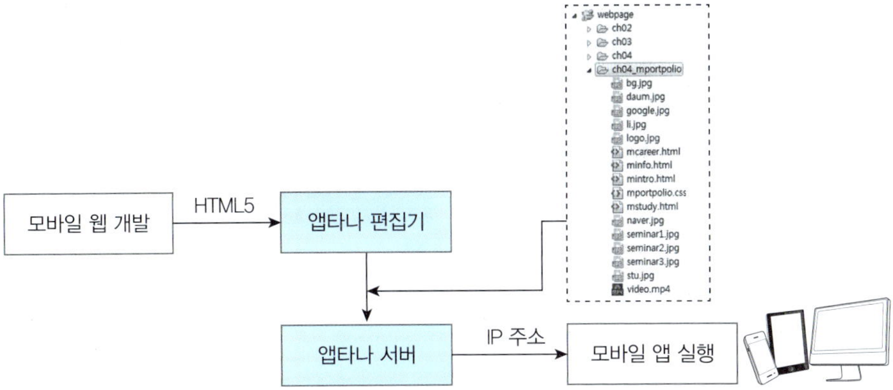

[그림 4-7] 포트폴리오 편집 및 실행

CSS 초기화

브라우저마다 고유한 기본 스타일 속성값을 지정한다. 예를 들면, 특정 글꼴의 기본 크기가 16px로 설정되어 있을 수 있다. 웹 브라우저마다 기본 스타일 속성값들이 설정되어 있으면 레이아웃을 지정하는데 고려해야 할 사항들이 많아진다. 가능하면 중복이 될 만한 설정들은 초기화시키는 것이 좋다.

```
<style>
    /* CSS 초기화 스타일 설정 */
    * { margin: 0; padding: 0; border: 0; font-size: 100%;
       background: transparent; vertical-align: baseline; }
</style>
```

4.2 실습 예제 코드

포트폴리오 모바일 웹 개발을 위해 다음 예제 코드들을 실행해 보자. 자기소개, 인적사항, 학술사항, 경력사항 등의 4개의 화면으로 구성되는데 실행 화면 구성은 다음과 같다.

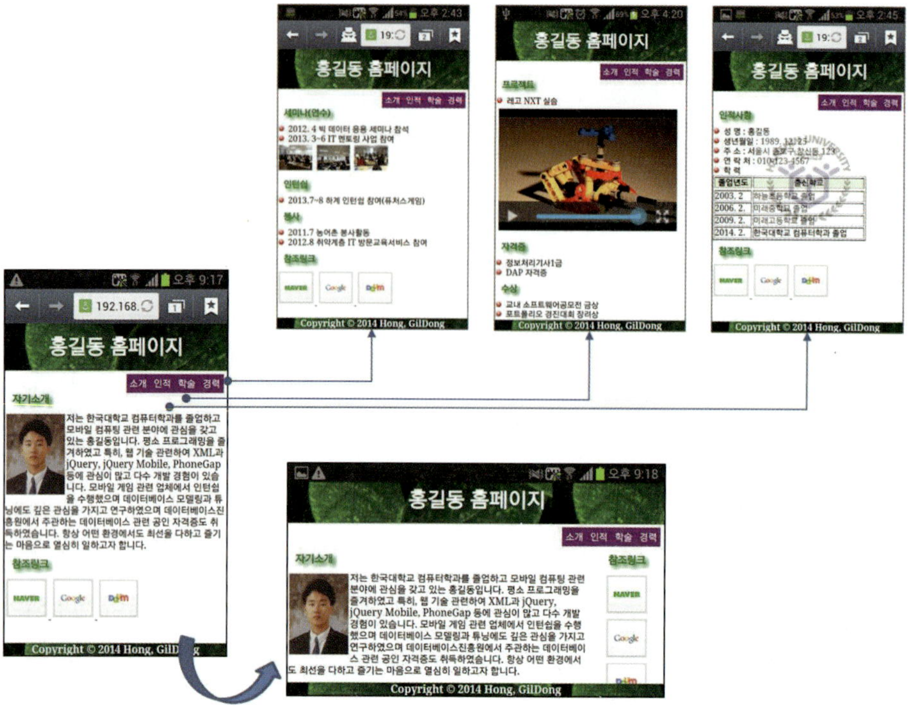

[그림 4-8] 포트폴리오 모바일 웹의 화면 구성

다음은 mportpolio 모바일 웹 관련 예제의 전체 코드 내용이다.

[실습4-1] 모바일 포트폴리오 스타일 정의 /ch04_mportpolio/mportpolio.css

```
/* 스타일 초기화 */
* { margin: 0px ; padding: 0px ; }
header, body, footer { font-size: 14px; font-family: 나눔고딕,굴림,돋움,'Times New
Roman',serif; width: 100%; }
header, footer { text-align : center ; }
body { margin: auto; }
footer { position: fixed; bottom: 0px; }

/* 공통 스타일 */
h1 { padding: 15px; font-size: 30px ; color: white; }
h2 { font-size: 15px; color: white; }
h3 { margin: 10px; font-size: 15px; color: green; text-shadow: 4px 4px 7px green; }
h1, h2 { background-image: url(bg.jpg); background-repeat: repeat-x; }

```

```
img { border: 0; padding: 2px; }

nav { margin: 5px 5px; }
nav > span > a { font-style: bold; margin: 0 ; padding: 3px; border: 2px solid purple;
float: right; text-decoration: none; background: purple; color: white; }
nav > span > a:hover { background: #ff00ff; color: white; }
@media only screen and (min-width: 321px) and (orientation: landscape) {
    section { width: 80%; float: left; }
    aside { width: 20%; text-align: center; float: right; }
    footer { clear: both; }
}
.content  { clear: both; }
.section1 ul li { list-style-position: inside; list-style-image: url("li.jpg"); }

/* mintro.html 적용 스타일 */
#stu-pic { width: 6em; height: 8em; float: left; }

/* minfo.html 적용 스타일 */
#year-table { table-layout: auto; width: 80%; border-collapse: seperate; }
#year-table thead { background: #E4F2D0; }
#logo { position: fixed; top:130px; left: 70px; opacity: 0.3; }

/* mstudy.html 적용 스타일 */
video { margin: 5px; width: 300px; height: 200px; }

/* mcareer.html 적용 스타일 */
.semi-pic { width: 4em; height: 3em;  }
#pic-container { overflow: hidden; }
#pic-container:hover { height: 220px; }
```

[실습4-2] 포트폴리오 자기소개 화면 생성 /ch04_mportpolio/mintro.html

```
<!DOCTYPE html>
<html>
<head>
<meta charset="utf-8">
<meta name="viewport" content="width=device-width, initial-scale=1.0"/>
<title>HTML5 개인 포트폴리오 홈페이지</title>
<link rel="stylesheet" href="mportpolio.css"/>
</head>
<body>
```

```
        <header>
            <h1>홍길동 홈페이지</h1>
        </header>
        <nav>
            <span><a href="mcareer.html"> 경력 </a></span>
            <span><a href="mstudy.html"> 학술 </a></span>
            <span><a href="minfo.html"> 인적 </a></span>
            <span><a href="mintro.html"> 소개 </a></span>
        </nav>
    <div class="content">
        <section class="section1">
            <h3>자기소개</h3>
            <img id="stu-pic" src="stu.jpg"/>
            <p>
                저는 한국대학교 컴퓨터학과를 졸업하고 모바일 컴퓨팅 관련 분야에 관심을 갖고 있는 홍
길동입니다. 평소 프로그래밍을 즐겨하였고 특히, 웹 기술 관련하여 XML과 jQuery, jQuery Mobile,
PhoneGap 등에 관심이 많고 다수 개발 경험이 있습니다. 모바일 게임 관련 업체에서 인턴쉽을
수행했으며 데이터베이스 모델링과 튜닝에도 깊은 관심을 가지고 연구하였으며
데이터베이스진흥원에서 주관하는 데이터베이스 관련 공인 자격증도 취득하였습니다. 항상 어떤
환경에서도 최선을 다하고 즐기는 마음으로 열심히 일하고자 합니다.
            </p>
        </section>
        <aside>
            <h3>참조링크</h3>
            <a href="http://www.naver.com">
                <img class="portal" src="naver.jpg" alt="네이버이동"/>
            </a>
            <a href="http://www.google.com">
                <img class="portal" src="google.jpg" alt="구글이동"/>
            </a>
            <a href="http://www.daum.net">
                <img class="portal" src="daum.jpg" alt="다음이동"/>
            </a>
        </aside>
    </div>
        <footer>
            <h2>Copyright &copy; 2014 Hong, GilDong </h2>
        </footer>
</body>
</html>
```

[실습4-4] 포트폴리오 인적사항 화면 생성 /ch04_mportpolio/minfo.html

```
<!DOCTYPE html>
<html>
<head>
    <meta charset="utf-8">
    <meta name="viewport" content="width=device-width, initial-scale=1.0"/>
    <title>HTML5 개인 포트폴리오 홈페이지</title>
    <link rel="stylesheet" href="mportpolio.css"/>
</head>
<body>
    <header>
        <h1>홍길동 홈페이지</h1>
    </header>
    <nav>
        <span><a href="mcareer.html"> 경력 </a></span>
        <span><a href="mstudy.html"> 학술 </a></span>
        <span><a href="minfo.html"> 인적 </a></span>
        <span><a href="mintro.html"> 소개 </a></span>
    </nav>
  <div class="content">
    <section class="section1">
        <h3>인적사항</h3>
        <ul>
            <li>성   명 : 홍길동</li>
            <li>생년월일 : 1989. 12. 25</li>
            <li>주   소 : 서울시 종로구 창신동 123</li>
            <li>연 락 처 : 010-123-4567</li>
            <li>학   력
            <table id="year-table" border="1">
                <thead>
                    <tr><th>졸업년도</th> <th>출신학교</th></tr>
                </thead>
                <tbody>
                    <tr><td>2003. 2</td><td> 하늘초등학교 졸업</td></tr>
                    <tr><td>2006. 2.</td><td> 미래중학교 졸업</td></tr>
                    <tr><td>2009. 2.</td><td> 미래고등학교 졸업</td></tr>
                    <tr><td>2014. 2.</td><td> 한국대학교 컴퓨터학과 졸업</td></tr>
                </tbody>
            </table>
            </li>
        </ul>
    </section>
    <img id="logo" src="logo.jpg"/>
    <aside>
        <h3>참조링크</h3>
```

```
            <a href="http://www.naver.com">
                <img class="portal" src="naver.jpg" alt="네이버이동"/>
            </a>
            <a href="http://www.google.com">
                <img class="portal" src="google.jpg" alt="구글이동"/>
            </a>
            <a href="http://www.daum.net">
                <img class="portal" src="daum.jpg" alt="다음이동"/>
            </a>
        </aside>
   </div>
        <footer>
            <h2>Copyright &copy; 2014 Hong, GilDong </h2>
        </footer>
</body>
</html>
```

[실습4-4] 포트폴리오 학술사항 화면 생성 /ch04_mportpolio/mstudy.html

```
<!DOCTYPE html>
<html>
<head>
    <meta charset="utf-8">
    <meta name="viewport" content="width=device-width, initial-scale=1.0"/>
    <title>HTML5 개인 포트폴리오 홈페이지</title>
    <link rel="stylesheet" href="mportpolio.css"/>
</head>
<body>
    <header>
        <h1>홍길동 홈페이지</h1>
    </header>
    <nav>
        <span><a href="mcareer.html"> 경력 </a></span>
        <span><a href="mstudy.html"> 학술 </a></span>
        <span><a href="minfo.html"> 인적 </a></span>
        <span><a href="mintro.html"> 소개 </a></span>
    </nav>
  <div class="content">
    <section class="section1">
        <h3>프로젝트</h3>
        <ul>
            <li>레고 NXT 실습</li>
        </ul>
        <video autoplay controls preload="metadata">
```

```
                <source src="video.ogv" type="video/ogv"></source>
                <source src="video.mp4" type="video/mp4"></source>
                <source src="video.webm" type="video/webm"></source>
                브라우저에서 비디오 파일을 지원하지 않습니다. <br/>
            </video>
            <h3>자격증</h3>
            <ul>
                <li>정보처리기사1급</li>
                <li>DAP 자격증</li>
            </ul>
            <h3>수상</h3>
            <ul>
                <li>교내 소프트웨어공모전 금상</li>
                <li>포트폴리오 경진대회 장려상</li>
            </ul>
        </section>
        <aside>
            <h3>참조링크</h3>
            <a href="http://www.naver.com">
                <img class="portal" src="naver.jpg" alt="네이버이동"/>
            </a>
            <a href="http://www.google.com">
                <img class="portal" src="google.jpg" alt="구글이동"/>
            </a>
            <a href="http://www.daum.net">
                <img class="portal" src="daum.jpg" alt="다음이동"/>
            </a>
        </aside>
    </div>
        <footer>
            <h2>Copyright &copy; 2014 Hong, GilDong </h2>
        </footer>
</body>
</html>
```

[실습4-5] 포트폴리오 경력사항 화면 생성 /ch04_mportpolio/mcareer.html

```
<!DOCTYPE html>
<html>
<head>
    <meta charset="utf-8">
    <meta name="viewport" content="width=device-width, initial-scale=1.0"/>
    <title>HTML5 개인 포트폴리오 홈페이지</title>
    <link rel="stylesheet" href="mportpolio.css"/>
```

```
</head>
<body>
    <header>
        <h1>홍길동 홈페이지</h1>
    </header>
    <nav>
        <span><a href="mcareer.html"> 경력 </a></span>
        <span><a href="mstudy.html"> 학술 </a></span>
        <span><a href="minfo.html"> 인적 </a></span>
        <span><a href="mintro.html"> 소개 </a></span>
    </nav>
  <div class="content">
    <section class="section1">
        <h3>세미나(연수)</h3>
        <ul>
            <li>2012. 4 빅 데이터 응용 세미나 참석</li>
            <li>2013. 3~6 IT 멘토링 사업 참여</li>
        </ul>
        <div id="pic-container">
            <img id="pic1" class="semi-pic" src="seminar1.jpg"/>
            <img id="pic2" class="semi-pic" src="seminar2.jpg"/>
            <img id="pic3" class="semi-pic" src="seminar3.jpg"/>
        </div>
        <h3>인턴쉽</h3>
        <ul>
            <li>2013.7~8 하계 인턴쉽 참여(퓨처스게임)</li>
        </ul>
        <h3>봉사</h3>
        <ul>
            <li>2011.7  농어촌 봉사활동</li>
            <li>2012.8  취약계층 IT 방문교육서비스 참여</li>
        </ul>
    </section>
    <aside>
        <h3>참조링크</h3>
        <a href="http://www.naver.com">
            <img class="portal" src="naver.jpg" alt="네이버이동"/>
        </a>
        <a href="http://www.google.com">
            <img class="portal" src="google.jpg" alt="구글이동"/>
        </a>
        <a href="http://www.daum.net">
            <img class="portal" src="daum.jpg" alt="다음이동"/>
        </a>
    </aside>
```

```
    </div>
        <footer>
            <h2>Copyright &copy; 2014 Hong, GilDong </h2>
        </footer>
</body>
</html>
```

Tip 앱타나에서 모바일 장치를 렌더링해보자

앱타나 화면 위쪽의 아이콘 바에서 'page preview' 아이콘을 선택하면 작성한 웹 페이지를 다양한 모바일 장치에서의 렌더링한 결과를 미리 확인할 수 있다. 'page preview' 화면의 왼쪽 상단의 'set size'를 [mobile]–[iPhone Vertical(320*480)]으로 설정하면 모바일 아이폰 화면에서의 렌더링 결과도 확인할 수 있어 편리하다.

요약

1. 뷰포트(viewport)는 보여지는 창문이란 뜻으로 보통 '화면 요소가 보여지는 영역'을 말한다. 같은 HTML5 문서가 실행 장치에 따라 다르게 보이는 주된 이유는 각 장치의 뷰포트 적용 방식이 다르기 때문이다. 뷰포트에는 레이아웃 뷰포트와 비주얼 뷰포트 두 종류가 있다.

2. 모바일 페이지를 작성할 경우에는 〈meta〉 태그를 이용하여 뷰포트 정보를 제공해야 한다. 〈meta〉 태그의 뷰포트 관련 속성은 width(너비), height(높이), initial-scale(초기 확대 비율), minimum-scale(최소 비율), maximum-scale(최대 비율), user-scalable(사용자 확대축소 가능여부) 등이다.

3. 미디어 유형(media type)은 미디어 종류에 따라 각기 다른 스타일시트를 적용하기 위한 개념이다. 미디어 유형을 사용하여 표시할 장치를 구별하고 장치 별로 다른 스타일을 적용할 수 있다. 데스크톱 웹 페이지나 모바일 웹 페이지를 위한 HTML5를 작성할 때는 미디어 유형을 'media=screen'으로 설정한다.

4. 미디어 유형을 지정하는 방법에는 @media 규칙, 〈link〉 태그, @import 규칙, 〈style〉 태그 등을 이용하는 4가지 종류가 있다.

5. CSS3에서는 미디어 쿼리(media query)를 통해 장치 유형뿐만 아니라 화면의 크기, 장치의 수평 상태 등에 따라 스타일을 다르게 적용할 수 있다. 사용 장치의 화면 특성에 따라 다른 스타일시트를 적용하는 웹 방식을 반응형 웹(responsive web)이라고 한다.

6. 미디어 쿼리 속성들은 미디어 쿼리를 작성할 때 조건을 명세하기 위해 사용한다. 많이 사용하는 미디어 쿼리 속성은 width(가로 너비), min-width(최소 너비), max-width(최대 너비), height(세로 높이), min-height(최소 높이), max-height(최대 높이), device-width(장치 해상도 너비), min-device-width(최소 너비), max-device-width(최대 너비), device-height(장치 해상도 높이), min-device-height(최소 높이), max-device-height(최대 높이) 등이다.

7. 미디어 쿼리 속성 중 orientation은 장치 화면의 회전 상태를 조건식으로 명세한다. portrait(세로 모드)와 landscape(가로 모드) 속성값을 지정한다.

연습문제

1. 다음 문장의 내용이 옳으면 O, 옳지 않으면 X를 하시오.

1) HTML5 문서가 실행 장치에 따라 다르게 보이는 주된 이유는 각 장치의 뷰포트 적용 방식이 다르기 때문이다. ( )
2) 스마트폰은 모바일 브라우저 창의 크기가 화면 최대 크기로 고정되어 결과적으로 비주얼 뷰포트와 레이아웃 뷰포트 크기가 항상 같다. ( )
3) 미디어 유형은 미디어 쿼리의 확장된 형태라고 할 수 있다. ( )
4) 뷰포트와는 다르게 미디어 쿼리는 데스크톱 브라우저에도 적용된다. ( )

2. 다음 ( ) 안에 적합한 용어를 넣어 문장을 완성하시오.

1) ( )는 장치의 전체 화면 해상도에 해당하는 영역으로 현재 보여지는 브라우저 창의 크기와는 관련이 없다.
2) 모바일 페이지를 작성할 경우에는 《( )》 태그를 이용하여 뷰포트 정보를 제공해야 한다.
3) 뷰포트 속성 중에서 '( )=no' 지정은 사용자가 줌인/줌아웃 기능을 사용할 수 없도록 한다.
4) ( )은 미디어 종류에 따라 표시할 장치를 구별하고 장치 별로 다른 스타일을 적용하기 위한 개념이다.

3. 미디어 유형 정의 방법(4가지)에 대해 간략히 설명하시오.

4. 반응형 웹(responsive web)에 대해 간략히 설명하시오.

5. 다음은 미디어 쿼리를 적용한 예이다. 잘못 작성된 코드 오류를 수정하시오.

```
/* 미디어쿼리 */
<DOCTYPE html>
<html>
<head>
    <meta charset="euc-kr">
```

```
    <metaview name="view" content="width=device-width, initial-scale=1.0"/>
    <style>
        @media if screen and (max-width: 481px) and (type: portrait) {
            * { background: green; color: white; }
        }
        @media if screen and (min-width: 480px) and (type: landscape) {
            * { font: serif; background: ffffff}
        }
    </style>
</head>
<body>
    <p>반응형 웹에 대한 예</p>
</body>
```

6. [실습] 4장의 mportpolio 개인 포트폴리오 모바일 웹 예제를 참고하여 자신만의 포트폴리오 모바일 웹 페이지를 작성하시오.

둘째마당

제이쿼리 모바일을 이용한 웹앱

Chapter 05

제이쿼리 모바일 기초 다지기

※ **학습목표**

- 모바일 웹앱 개발 방식의 특성을 이해한다.
- 모바일 UI 프레임워크의 종류와 역할을 알아본다.
- 제이쿼리 모바일 연동 방식과 페이지 링크 방식을 살펴본다.
- 다양한 제이쿼리 모바일 화면 전환 효과를 알아본다.

Chapter

05 제이쿼리 모바일 기초 다지기

1. 제이쿼리 모바일 개요

모바일 기기가 보편화되고 모바일 시장이 확대됨에 따라 기존 애플리케이션도 모바일 환경으로 빠르게 전환되고 있다. 네이티브앱 개발 방식이 효율성, 최적화 측면에서 장점이 많지만 비호환성, 개발 어려움 등의 문제점도 갖고 있다. 이에 따라 표준 웹 기술을 이용한 웹앱 개발 방식이 대안으로 고려되고 있다. 모바일 UI 프레임워크 중에서 제이쿼리 모바일 프레임워크 연결 방법과 기본 구성 형식에 대해 알아보자.

1.1 모바일 웹앱 개발

웹앱은 '모바일 웹 애플리케이션'의 줄임말로 모바일 웹처럼 다양한 모바일 장치로의 배포와 개발이 쉬운 이점을 갖는다. 그러면서도 네이티브 모바일 애플리케이션과 유사한 인터페이스를 제공하여 비슷한 UI 경험을 지원한다. 웹앱은 '네이티브앱 같은 모바일 웹페이지'라고 할 수 있다.

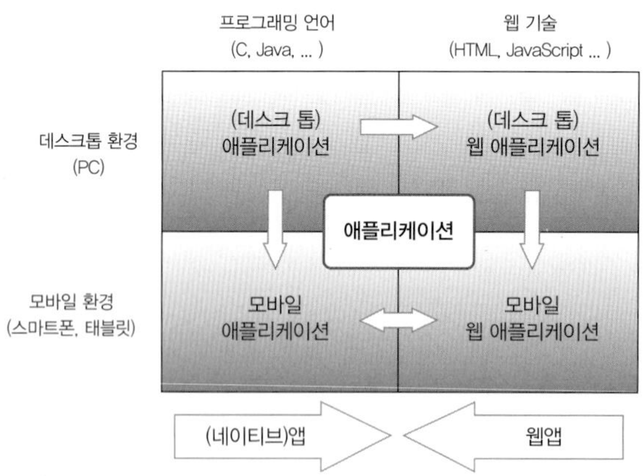

[그림 5-1] 웹 애플리케이션 개발 동향

모바일 UI 프레임워크

모바일 환경에서는 사용자 경험(UX; User Experience)이 강조된다. UX는 사용자가 특정 제품, 서비스를 직·간접적으로 이용하면서 느끼고 생각하는 총체적 경험이다. 모바일 장치의 작은 화면에서 효율적으로 상호 작용할 수 있도록 다양한 사용자 경험이 제공되고 있다. 웹 기술로 개발한 애플리케이션이 웹앱의 면모를 갖추려면 모바일 친화적인 UI 뿐만 아니라 최적화된 터치 반응, 자연스러운 화면 전환 등의 추가적인 UX 특성이 필요하다. 이러한 모바일에 최적화된 UX 특성의 많은 부분을 직접 개발하는 대신에 프레임워크를 통해 처리할 수 있다.

모바일 UI 프레임워크는 UX를 반영한 사용자 인터페이스를 라이브러리로 제공함으로써 모바일용 웹앱 UI를 빠르고 쉽게 만들 수 있도록 지원한다. 대부분 공개 코드로 개발되어 제공되므로 무료로 사용할 수 있다.

다음은 주요 모바일 UI 프레임워크들이다.

〈표 5-1〉 모바일 UI 프레임워크

종류	특징	웹 사이트
제이쿼리 모바일 (jQuery Mobile)	jQuery를 확장한 프레임워크 HTML5 태그 기반 개발 방식으로 배우기 쉬움 대부분의 모바일 플랫폼을 지원 성장 가능성이 높음 폰갭과 조합이 용이함	
센차 터치 (Sencha Touch)	확장된 자바스크립트(Ext JS) 기반 프레임워크 가장 방대하고 체계적인 API를 보유 스크립트 기반의 개발 방식 자유로운 표현 가능하지만 개발 난이도 높음 제이쿼리 모바일보다 반응 속도가 빠름	

제이큐터치 (JQTouch)	가장 먼저 공개된 프레임워크 현재는 센차사에 흡수됨 지원 기능이 단순하고 사용하기 쉬움 태그 기반 개발 방식	

모바일 UI 프레임워크 중에서 어떤 것을 이용할지는 선택의 문제이다. 제이쿼리 모바일이 앞으로 발전 가능성이 가장 높은 프레임워크로 인정받고 있다. 또, 기존 웹 개발 방식과 유사하여 사용하기 쉽고 풍부한 기능을 제공하므로 이 책에서는 제이쿼리 모바일을 활용한 웹앱 개발 방법에 대해 살펴보도록 한다.

제이쿼리 모바일 프레임워크

제이쿼리 모바일(jQuery Mobile)은 웹 브라우저 안에서 동작하는 웹앱을 개발하기 위한 통합 UI 프레임워크(framework)이다. 가장 인기 있는 모바일 UI 개발 방법으로 표준 웹 기술을 사용하여 웹앱을 개발할 수 있다. HTML5와 CSS3 기반의 웹 페이지를 쉽게 모바일 화면으로 변환할 수 있도록 한다. 제이쿼리 모바일의 핵심은 자바스크립트 라이브러리인 제이쿼리(jQuery)와 제이쿼리 UI를 터치 기반의 모바일 장치에 맞게 확장하고 자동화한 기능들이다.

제이쿼리 모바일은 웹 표준을 따르며 앱의 모든 페이지를 HTML5 문서 유형으로 선언한다. HTML5 표준 마크업을 그대로 사용하면서 제이쿼리 모바일 확장 속성만 활용할 수 있으면 제이쿼리에 대한 지식이 부족해도 모바일 화면을 구성할 수 있다. 거의 모든 모바일 장치를 지원하며 CSS3로 만들어진 여러 테마를 조합하여 세련된 디자인이 가능하도록 지원한다. 단점으로는 제이쿼리와 제이쿼리 모바일 라이브러리를 추가로 필요로 하므로 용량이 커져 대역폭과 로딩 시간이 조금 증가한다는 점이다.

제이쿼리 모바일은 HTML5 기본 태그를 모바일 환경에 적합하도록 색상, 크기, 여백, 너비, 테두리, 음영 등의 스타일을 자동적으로 변환한다. 자동 변환된 HTML5 코드에는 제이쿼리 모바일 라이브러리에 정의되어 있는 CSS3 스타일들이 클래스 속성으로 추가된다. 세부적인 디자인 요소들은 별도의 CSS3를 정의해서 직접 추가할 수도 있다.

Tip 제이쿼리 모바일과 코르도바(폰갭)의 결합

제이쿼리는 웹 화면과 제어를 보다 쉽게 지원하는 방향으로 발전되어 왔다. 모바일 솔루션으로의 확장 과정에서 제이쿼리 모바일이 제시되었다. 제이쿼리 모바일은 하나의 코드로 모든 플랫폼에서 동일한 화면을 구현할 수 있는 호환성이 장점이다. 특히, 코르도바(폰갭)라는 브릿지 솔루션이 스마트폰에 대한 제어를 자바 스크립트로 가능하게 함으로써 제이쿼리 모바일 + 코르도바(폰갭)는 바람직한 조합으로 인정받고 있다. 제이쿼리 모바일은 HTML5를 바탕으로 모바일 화면을 구성하고 제어하는 역할을 하고 코르도바(폰갭)는 네이티브 프로젝트로 변환하여 모바일 장치의 고유 기능을 연동할 수 있도록 지원한다.

1.2 프레임워크 연결 방식

제이쿼리 모바일 웹앱은 HTML5 태그와 속성을 기반으로 한다. 먼저 HTML5 태그로 표준 웹 페이지를 구성한 다음, 제이쿼리 모바일 속성을 해석하고 자동으로 스타일 변환(렌더링)시켜 브라우저에 웹앱 화면으로 표시한다. 제이쿼리 모바일 프레임워크는 HTML5 마크업 안에 라이브러리로 포함된다. 제이쿼리 모바일 라이브러리를 포함시키는 방법은 2가지 방식이 가능하다.

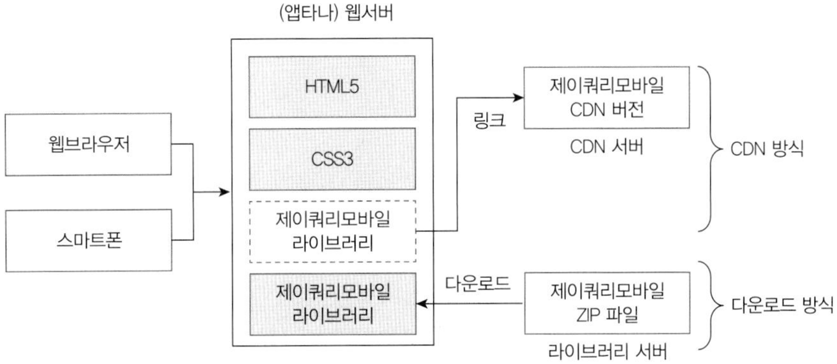

[그림 5-2] 제이쿼리 모바일 연동 방식

Tip CDN 방식과 다운로드 방식

보통 개발 단계에서는 디버깅 등의 편의성을 위해 제이쿼리 모바일 라이브러리 파일을 다운받아 저장하여 사용한다. 특히, 제이쿼리 모바일을 사용하여 하이브리드앱을 만드는 경우에는 다운로드 방식을 사용해야 한다. 장치의 온라인 연결이 끊어지게 되면 제이쿼리 모바일 프레임워크를 정상적으로 사용할 수 없기 때문이다.
개발이 완료된 후 운영 단계에서는 CDN 방식을 사용하는 것이 편의성, 성능 측면에서 유리할 수 있다. CDN 방식을 위한 URL 정보는 http://jquerymobile.com/download/에서 얻을 수 있다. 이 책에서 모든 제이쿼리 모바일 웹앱 예제에서는 CDN 방식을, 하이브리드앱 예제는 다운로드 방식을 이용하는 것으로 예제를 구성하였다.

CDN 방식

CDN(콘텐츠 전송 네트워크; Contents Delivery Network) 방식은 파일을 직접 다운받지 않고 제이쿼리 모바일 서버의 URL 주소만을 마크업에 명세함으로써 프레임워크가 적용될 때 참조하는 방식이다. 최신 버전이 가까운 서버에 저장되었다가 자동으로 참조된다. 업그레이드 부담이 없어 편리하다. 처음 라이브러리 참조 이후에는 파일이 캐시되어 재사용되므로 속도도 빨라질 수 있다. 단, 인터넷에 온라인 상태로 연결되어야 하는 제한이 있다.

CDN 방식을 사용하는 방법은 간단하다. HTML5 문서의 〈head〉 엘리먼트 영역 안에 〈link〉와 〈script〉 태그의 속성으로 URL 주소를 추가한다.

```
<!DOCTYPE html>
<html>
<head>
<link rel="stylesheet" href="http://code.jquery.com/mobile/1.4.5/jquery.mobile-1.4.5.min.css"/>
<script src="http://code.jquery.com/jquery-1.11.1.min.js"></script>
<script src="http://code.jquery.com/mobile/1.4.5/jquery.mobile-1.4.5.min.js"></script>
</head>
<body>
    ... 생략 ...
</body>
</html>
```

다운로드 방식

다운로드 방식은 일반적으로 개발 과정 중에 많이 사용하는 방법이다. 제이쿼리 모바일 공식 사이트(http://jquerymobile.com/download)에서 'Zip File: jquery.mobile-1.X.zip' 압축 파일을 직접 다운 받고 압축을 풀어 저장한 뒤 호출한다. 보통 HTML5 파일과 같은 폴더(다른 폴더일 경우 파일 경로를 포함)에 파일을 저장하고 〈head〉 엘리먼트 안에 〈link〉와 〈script〉 태그의 속성으로 파일 경로명을 추가한다.

```
<!DOCTYPE html>
<html>
<head>
    <link rel="stylesheet" href="jquery.mobile-1.4.5.min.css"/>
    <script src="jquery-1.11.1.min.js"></script>
    <script src="jquery.mobile-1.4.5.min.js"></script>
```

```
</head>
<body>
    ... 생략 ...
</body>
</html>
```

이때, 다음 순서대로 HTML5 마크업에 포함되어야 한다. CSS3 파일, 제이쿼리 스크립트 파일, 제이쿼리 모바일 스크립트 파일 순이다.

(1) jquery.mobile-1.4.5.min.css : 제이쿼리 모바일에서 사용하는 CSS3 스타일 파일이다. 기본 테마와 페이지 구조를 정의한 코드, 아이콘 관련 코드 등을 포함한다.
(2) jquery-1.11.1.min.js : 제이쿼리 기본 클래스들을 정의하는 제이쿼리 라이브러리 파일이다. 모든 기능의 엔진 역할을 하는 제이쿼리 모바일의 핵심이다. 제이쿼리 모바일이 내부적으로 제이쿼리에 기반을 두고 자바스크립트로 작성되었기에 관련 코드를 포함해야 한다.
(3) jquery.mobile-1.4.5.min.js : 제이쿼리 모바일 자바스크립트 라이브러리이다. 제이쿼리 모바일의 기본 클래스들을 정의하는 자바스크립트 코드를 포함한다.

자신만의 사용자 정의 스타일이나 사용자 정의 스크립트들이 있다면 라이브러리 선언 이후에 추가적으로 명세한다.

Tip min 확장자 파일

다운받은 프레임워크 구성 파일 중 'min' 확장자가 붙은 것은 최소화 버전 파일이다. 배포용으로 압축을 해서 만들었음을 의미한다. 주석, 공백 그리고 줄바꿈 문자들을 압축함으로써 파일 크기를 축소한 파일이며 서비스를 위해 사용되는 버전이다. 개발 과정 중에 프레임워크 파일들을 확인하거나 수정해야 할 경우에는 'min' 확장자가 포함되지 않은 버전을 사용한다.

1.3 프레임워크 기본 구성 형식

모바일 페이지 구조

제이쿼리 모바일 기반의 웹앱 화면은 모바일 페이지를 기본 단위로 하여 구성된다. 모바일 페이지는 모바일 장치에 보여지는 하나의 화면으로 모바일 앱의 기본 구성 요소이다. 데스크톱 웹 환경에서는 보통 HTML5 문서가 하나의 웹 페이지를 구성한다. 제이쿼리 모바일 환경에서는 HTML5 문서 안에 여러 개의 모바일 페이지를 구성할 수 있다.

제이쿼리 모바일 페이지는 헤더(header)와 콘텐츠(content), 푸터(footer) 세 개의 영역으로 이루어지는 기본 구조를 갖는다.

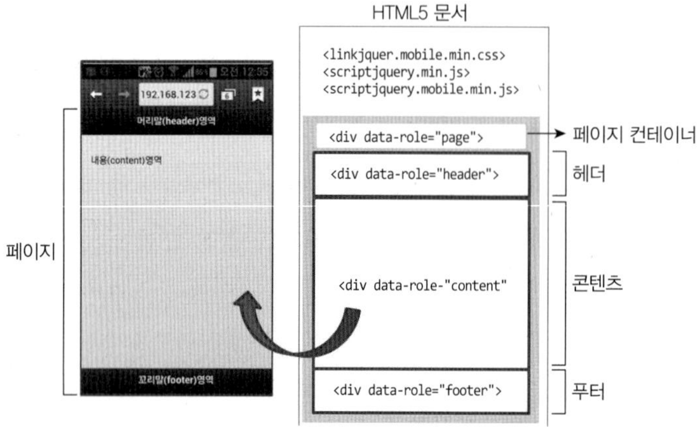

[그림 5-3] 제이쿼리 모바일 페이지 구조

- 페이지: 브라우저에 보여지는 전체 화면 영역을 말한다.(data-role="page")
  헤더, 콘텐츠, 푸터를 포함하는 컨테이너 역할을 한다.
- 헤더: 페이지 상단의 툴바 영역을 말한다.(data-role="header")
- 콘텐츠: 페이지 중앙의 실제 페이지 내용이 표시되는 영역이다.(data-role="content")
- 푸터: 페이지 하단의 툴바 영역을 말한다.(data-role="footer")

페이지 템플릿 생성하기

제이쿼리 모바일은 화면 구성 영역과 관련 기능을 data-role 속성으로 정의한다. 모바일 페이지를 생성하는 HTML5 마크업의 기본 템플릿 형식은 다음과 같다.

[예제5-1] 단일 페이지 템플릿 생성하기 /ch05/single-page.html

```
<!DOCTYPE html>
<html>
<head>
  <meta charset="utf-8"/>
  <meta name="viewport" content="width=device-width, initial-scale=1.0"/>
  <title>제이쿼리 모바일</title>
```

```
    <link rel="stylesheet" href="http://code.jquery.com/mobile/1.4.5/jquery.mobile-1.4.5.min.css"/>
    <script src="http://code.jquery.com/jquery-1.11.1.min.js"></script>
    <script src="http://code.jquery.com/mobile/1.4.5/jquery.mobile-1.4.5.min.js"></script>
</head>
<body>
    <div data-role="page">
        <div data-role="header">
            <h1>머리말(header)영역</h1>
        </div>
        <div data-role="content">
            <p>내용(content)영역</p>
        </div>
        <div data-role="footer">
            <h4>꼬리말(footer)영역</h4>
        </div>
    </div>
</body>
</html>
```

페이지 컨테이너

〈div〉 태그 안에 data-role 속성값을 지정함으로써 페이지 또는 페이지 안의 헤더, 푸터, 콘텐츠 영역으로 인식하도록 한다. data-role 속성은 제이쿼리 모바일에서 추가로 정의한 속성이다. 'data-'로 시작하는 커스텀 데이터 속성(custom data attribute)은 HTML5 마크업 안에서 제이쿼리 모바일 기능을 호출하기 위한 방법이다. 제이쿼리 모바일 프레임워크가 이를 해석하고 자동으로 HTML5의 구조를 변경하여 페이지를 화면에 표시한다.

하나의 페이지는 〈div〉 태그로 영역을 생성하고 data-role 속성값으로 'page'를 설정하면 만들어진다. 이것은 제이쿼리 모바일 페이지를 위한 페이지 컨테이너(page container)를 정의한다. 페이지 안의 헤더와 콘텐츠, 푸터 영역도 같은 방법으로 만들어진다. 〈div〉 태그 안에 data-role 속성값으로 각각 'header', 'content'와 'footer'를 설정하면 된다.

Note: 커스텀 데이터 속성

제이쿼리 모바일 프레임워크에서 사용하는 'data-' 접두어로 시작하는 속성을 커스텀 데이터 속성이라 한다. 커스텀 데이터 속성은 HTML5의 표준 속성이 아니다. 제이쿼리 모바일 프레임워크와 이를 사용하는 사용자 사이의 미리 정의된 약속일 뿐이다. HTML5 비호환 브라우저에서 커스텀 데이터 속성을 해석하지 못하더라도 오류 없이 잘 동작한다. 보통의 HTML 코드로 처리되는 것이다. 필요할 경우 개발자도 직접 'data-'로 시작하는 속성 이름을 정의하고 필요한 속성 값을 지정할 수 있다.

2. 화면 구성 및 페이지 연결

제이쿼리 모바일 페이지들은 하나의 HTML5 문서 안에 모두 정의되거나 여러 HTML5 문서 안에 나누어 정의될 수도 있다. 직접 제이쿼리 모바일 페이지를 구성하고 연결해보자.

2.1 웹앱 화면 구성

웹앱 화면은 2가지 페이지 템플릿 구성을 통해 가능하다.

■ 단일 페이지 템플릿

단일 페이지 템플릿(single-page template)은 HTML5 문서 안에 오직 하나의 페이지를 정의한다. [예제5-1]은 단일 페이지 템플릿 형태이다. 여러 HTML5 파일 안에 페이지 하나씩을 구성하여 연결할 수 있다.

■ 다중 페이지 템플릿

다중 페이지 템플릿(multi-page template)은 HTML5 문서 안에 둘 이상의 페이지를 정의한다. 브라우저는 HTML5 파일 안의 첫 번째 페이지를 첫 화면으로 보여준다. 나머지 페이지는 숨겨져 있다가 페이지 링크를 통해 화면이 전환되면서 표시된다. 브라우저는 처음 HTML5 파일을 읽을 때 DOM 트리 안에 모든 페이지를 저장해 놓고 페이지 이동을 통해 화면에 하나씩 번갈아 표시한다. [예제5-2]는 다중 페이지 템플릿 형태이다.

다중 페이지 템플릿은 초기에 모든 페이지를 읽어 들이므로 부담이 되지만 이 후에는 페이지 연결 속도가 매우 빠르다. 순차적으로 읽어야 하는 페이지나 자주 함께 사용되는 페이지들은 다중 페이지 템플릿으로 구성하는 것이 좋다. 단일 페이지 템플릿은 첫 페이지는 빨리 보여주지만 요청할 때마다 페이지를 매번 읽어와야 하므로 응답 시간은 오히려 늦어지는 단점이 있다.

[예제5-2] 다중 페이지 템플릿 생성하기 /ch05/multi-page.html

```
<!DOCTYPE html>
<html>
<head>
  <meta charset="utf-8" />
  <meta name="viewport" content="width=device-width, initial-scale=1.0" />
  <title>제이쿼리 모바일</title>
  <link rel="stylesheet" href="http://code.jquery.com/mobile/1.4.5/jquery.mobile-1.4.5.min.css"/>
  <script src="http://code.jquery.com/jquery-1.11.1.min.js"></script>
  <script src="http://code.jquery.com/mobile/1.4.5/jquery.mobile-1.4.5.min.js"></script>
</head>
<body>
    <div data-role="page" id="page1">
        <div data-role="header">
            <h1>머리말(header)영역</h1>
        </div>
        <div data-role="content">
            <a href="#page2">페이지2</a>
        </div>
        <div data-role="footer">
            <h4>꼬리말(footer)영역</h4>
        </div>
    </div>

    <div data-role="page" id="page2">
        <div data-role="header">
            <h1>머리말(header)영역</h1>
        </div>
        <div data-role="content">
            <a href="#page1">페이지1</a>
        </div>
        <div data-role="footer">
            <h4>꼬리말(footer)영역</h4>
        </div>
    </div>
</body>
</html>
```

페이지 컨테이너1

내부 페이지 연결

페이지 컨테이너2

다음은 단일 페이지 템플릿과 다중 페이지 템플릿의 페이지 구성 유형을 비교하여 보여준다.

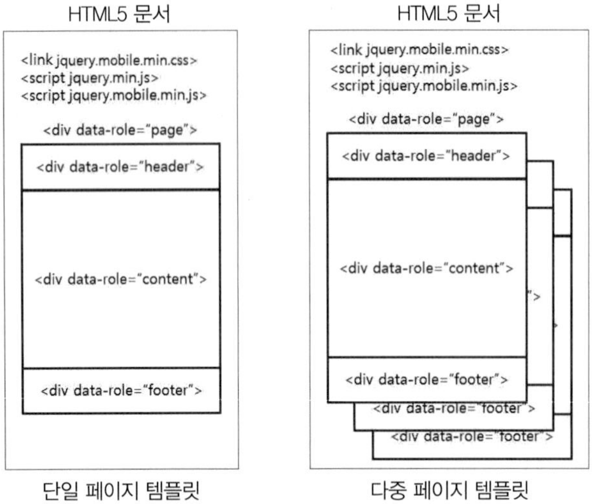

[그림 5-4] 모바일 페이지 구성 유형

2.2 페이지 연결 방식

일반적으로 웹앱은 여러 화면 즉, 여러 페이지들이 유기적으로 연결된다. 복수 개의 웹앱 화면을 연결하는 방법 즉, 다중 페이지 연결 방식은 2가지이다. 내부 페이지 연결과 외부 페이지 연결 방식이다.

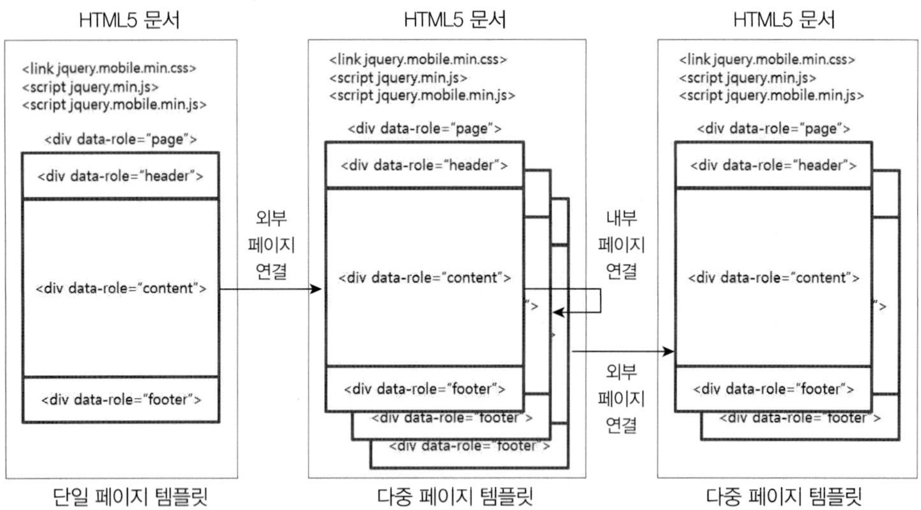

[그림 5-5] 모바일 페이지 연결 방식

■ 내부 페이지 연결

하나의 HTML5 파일 안에 여러 페이지를 명세하여 서로 연결하는 방법이다. 다중 페이지 템플릿을 적용하는 형태로 각 내부 페이지들은 Ajax를 통해 내부 링크 방식으로 연결된다. 같은 HTML5 파일 안에 함께 정의된 페이지들은 항상 내부 페이지 연결 방식을 취한다. 이러한 연결 방식은 내부(도메인) 링크 방식에 속한다.

[예제5-2]는 두 개의 페이지로 두 화면을 구성한 경우이다. 각 페이지들은 id 속성값으로 고유한 페이지 아이디('page1', 'page2')를 지정하고 화면 간의 이동 시 링크로 사용한다. 각 페이지로 이동할 경우에는 〈a〉 태그의 href 속성 값으로 페이지 '#page1'이나 '#page2'로 설정하면 된다. 제이쿼리 모바일은 페이지를 이동할 때마다 화면 전환 효과를 자동으로 적용한다

■ 외부 페이지 연결

여러 HTML5 파일 안에 페이지들을 나누어 명세하고 서로 연결하는 방법이다. 각 HTML5 파일들은 단일 페이지 템플릿 또는 복수 페이지 템플릿을 적용할 수 있다. 서로 다른 HTML5 파일 안의 외부 페이지들은 내부 링크 또는 외부 링크 방식으로 연결된다.

Note: 외부 페이지 연결 방식

제이쿼리 모바일 프레임워크는 외부 페이지 연결을 두 가지 방식으로 처리한다. 외부(도메인) 링크 방식과 내부(도메인) 링크 방식이다. 외부(도메인) 링크는 이전 페이지를 메모리에서 제거하고 새 페이지로 새롭게 대체한다. 내부(도메인) 링크는 내부적으로 Ajax 요청으로 변환되어 처리된다. 이를 통해 비동기 방식으로 페이지 일부만 대체함으로써 빠른 응답과 자연스럽고 부드러운 사용자 경험을 제공한다. 내부 링크로 연결되는 내부 페이지와 외부 페이지는 브라우저에 의해 하나의 DOM 트리 객체로 관리된다.

2.3 페이지 도메인 링크 방식

내부 페이지 연결 방식은 항상 내부(도메인) 링크 방식이다. 반면, 외부 페이지 연결 방식은 내부 또는 외부 링크 방식 모두가 가능하다.

■ 외부 페이지의 내부 링크 방식

기본적으로 하나의 HTML 문서는 하나의 DOM 트리를 구성한다. 그러나, 제이쿼리 모바일은 내부(도메인) 링크 방식으로 연결하면 DOM 트리를 새롭게 생성하지 않는다. 대신 연결된 외부 페이지를 현재의 DOM 트리에 추가한다. 내부 링크 방식으로 연결되면

브라우저는 내부 페이지나 외부 페이지를 구별하지 않고 같은 DOM 트리에 표현한다. 이때, DOM 트리에서 중복되는 엘리먼트 노드는 제거되어야 한다. 연결된 두 번째 외부 HTML5 파일 안의 〈html〉, 〈head〉, 〈body〉 태그 등은 첫 번째 HTML5 파일의 DOM 트리 노드와 중복되므로 필요 없게 된다.

HTML5 파일 이름만으로 링크 대상을 설정할 수도 있다. 즉, 링크될 페이지를 지정하지 않은 경우이다. 이 경우 HTML5 파일 안의 첫 번째 외부 페이지가 현재 DOM 트리에 추가되면서 연결된다. 나머지 외부 페이지는 이후에 페이지를 링크할 때 DOM 트리에 추가된다. 물리적으로는 다른 파일 안에 있더라도 내부 링크 방식으로 연결된 페이지들은 하나의 DOM 트리를 구성하기 때문에 Ajax에 의해 자연스러운 화면 전환 애니메이션을 적용할 수 있다.

■ 외부 페이지의 외부 링크 방식

외부 페이지를 링크를 통해 연결할 때 Ajax를 사용하지 않는 방식이다. 고전적인 링크 방식으로 풀페이지(full-page) 링크 방식이라고도 한다. 외부 페이지를 내부 링크 방식으로 연결하면 기존 HTML5 파일 안의 코드가 연결된 페이지에 영향을 미치게 된다. 현재 HTML5 파일의 CSS3와 자바스크립트 코드가 링크를 통해 연결된 또 다른 파일 안의 페이지에도 적용되는 것이다. 잘 정의된 모바일 페이지의 스타일이나 기능이 페이지 링크 방식에 의해 깨지거나 다르게 동작할 수도 있다. 이를 피하려면 다른 HTML5 파일을 독립적으로 연결하는 외부(도메인) 링크 방식을 사용한다. 기존 DOM 트리는 제거하고 새로운 페이지로 DOM 트리가 구성되므로 링크에 따른 예상치 못한 변경을 차단할 수 있다.

Note: Ajax를 이용한 페이지 이동

제이쿼리 모바일은 페이지 간의 내부 링크 이동시 Ajax 기술을 사용한다. 같은 DOM 트리에 시작 페이지와 링크 페이지를 유지하므로 페이지 전환시 애니메이션 효과가 가능하다.
외부 링크를 통해 페이지를 읽어오는 경우에는 Ajax가 동작하지 않는다. 따라서 기존 DOM 트리는 삭제되고 새로운 페이지에 대한 DOM 트리로 대체되므로 화면 전환 효과가 불가능하다.
Ajax를 통한 페이지 이동은 웹 서버를 통해 페이지를 읽어 올 경우에만 동작한다는 점에 주의한다.

내부 · 외부 페이지 연결 방식에 따라 적용 가능한 내부 · 외부 도메인 링크 방식을 정리해 보자. 현재 'http://www.xxx.net/a.html' 파일 안의 '#page1'인 첫 번째 페이지 화면을 실행 중이라고 가정하자. 마크업 코드에 따라 도메인 링크 방식이 다음과 같이 결정된다.

〈표 5-2〉 페이지 연결 방식

마크업 코드	페이지연결방법	도메인링크방식
〈a href="#page2"〉	내부페이지	내부링크
〈a href="b.html"〉	외부페이지	내부링크
〈a href="b.html#page3" data-ajax="false"〉	외부페이지	외부링크
〈a href="http://www.xxx.net/b.html#page4" rel="external"〉	외부페이지	외부링크
〈a href="http://www.xxx.net/b.html#page5" target="_blank"〉	외부페이지	외부링크
〈a href="http://www.daum.net/index.html"〉	외부페이지	외부링크

도메인 링크 방식에 따른 DOM 트리의 변화는 다음과 같다. 같은 외부 페이지라도 내부 도메인 링크 방식으로 연결할 경우, 기존 DOM 트리의 일부 노드만 새로 추가됨을 보여준다. 외부 도메인 링크 방식으로 연결하면 기존 DOM 트리를 링크된 외부 페이지의 DOM 트리로 대체한다.

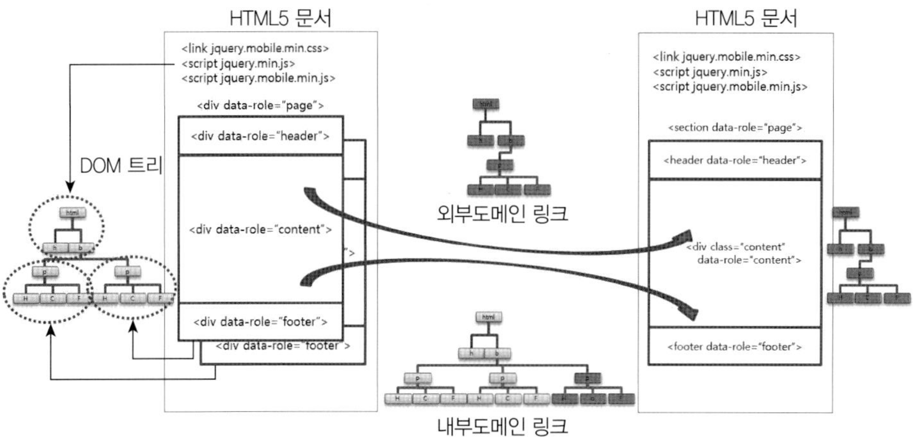

[그림 5-6] 도메인 링크 방식의 차이점

Note: rel="external"과 data-ajax="false" 설정의 차이

두 속성 설정은 모두 ajax를 사용하지 않고 일반 HTTP 요청 형태로 페이지를 읽어 오도록 한다. 보통 data-ajax="false" 설정은 같은 도메인 내에 존재하는 페이지를 읽어올 때 사용하고 rel="external" 설정은 다른 웹 사이트나 다른 도메인 안에 위치한 페이지를 링크할 때 사용한다.
공개된 범용 자바스크립트 모듈을 링크하여 페이지를 구성할 경우, 링크 과정에서 서로 충돌이 발생할 수 있다. 이를 피하기 위해 외부 도메인 링크를 설정함으로써 제이쿼리 모바일의 자바스크립트 실행을 중지하기도 한다.

다음은 외부 페이지에 대한 두 가지 링크 방식을 적용한 예제이다.

[예제5-3-1] 페이지 링크 방식 적용하기 /ch05/page1-ex-link.html

```
<!DOCTYPE HTML>
<html>
<head>
    <meta charset="utf-8"/>
    <meta name="viewport" content="width=device-width, initial-scale=1" />
    <title>제이쿼리 모바일</title>
    <link rel="stylesheet" href="http://code.jquery.com/mobile/1.4.5/jquery.mobile-1.4.5.min.css"/>
    <script src="http://code.jquery.com/jquery-1.11.1.min.js"></script>
    <script src="http://code.jquery.com/mobile/1.4.5/jquery.mobile-1.4.5.min.js"></script>
</head>
<body>
    <div data-role="page" id="page1">
        <div data-role="header">
            <h1>첫번째 페이지</h1>
        </div>
        <div data-role="content">
            <a href="page2-ex-link.html#page2" data-ajax="false">페이지2</a> ❶
            <a href="page3-ex-link.html">페이지3</a> ❷
        </div>
        <div data-role="footer">
            <h4>꼬리말(footer)영역</h4>
        </div>
    </div>
</body>
</html>
```

외부 페이지 '#page2'를 비동기 외부 링크 방식으로 연결한다.(❶) 외부 페이지를 내부 링크 방식으로 연결하며 page3-ex-link.html 안의 첫 번째 페이지를 연결한다.(❷)

[예제5-3-2] 페이지 링크 방식 적용하기 /ch05/page2-ex-link.html

```
<!DOCTYPE HTML>
<html>
<head>
    <meta charset="utf-8"/>
    <meta name="viewport" content="width=device-width, initial-scale=1"/>
    <title>제이쿼리 모바일</title>
    <link rel="stylesheet" href="http://code.jquery.com/mobile/1.4.5/jquery.mobile-1.4.5.min.css"/>
    <script src="http://code.jquery.com/jquery-1.11.1.min.js"></script>
    <script src="http://code.jquery.com/mobile/1.4.5/jquery.mobile-1.4.5.min.js"></script>
</head>
<body>
```

```
    <div data-role="page" id="page2" data-title="페이지2">
        <div data-role="header">
            <h1>두번째 페이지</h1>
        </div>
        <div data-role="content">
            <a href="page3-ex-link.html" rel="external">페이지3</a> ❸
        </div>
        <div data-role="footer">
            <h4>꼬리말(footer)영역</h4>
        </div>
    </div>
</body>
</html>
```

page1-ex-link.html안의 페이지로부터 외부 링크 방식으로 연결되어 page2-ex-link.html 파일 안의 코드만으로 새로운 DOM 트리가 구성된다. '#page2'는 page3-ex-link.html 파일 안의 첫 번째 페이지를 외부 링크 방식으로 연결한다.(❸)

[예제5-3-3] 페이지 링크 방식 적용하기 /ch05/page3-ex-link.html

```
    <meta charset="utf-8"/>
    <div data-role="page" id="page3">
        <div data-role="header">
            <h1>세번째 페이지</h1>
        </div>
        <div data-role="content">
            <a href="page1-ex-link.html">페이지1</a> ❹
            <a href="http://m.naver.com/index.html" target="_blank">네이버페이지1</a> ❺
        </div>
        <div data-role="footer">
            <h4>꼬리말(footer)영역</h4>
        </div>
    </div>
```

'#page1'으로부터 연결된 page3-ex-link.html 문서는 기본 태그(〈html〉, 〈head〉, 〈body〉 등)들이 없어도 잘 동작한다. 외부 페이지를 내부 링크로 연결한 경우, 브라우저는 연결된 두 페이지를 하나의 DOM 객체로 표현하기 때문에 첫 번째 페이지와 중복되는 html 태그들은 있더라도 무시된다. 외부 파일을 내부 링크 방식으로 연결하여 page1-ex-link.html 안의 첫 페이지로 되돌아간다.(❹) 외부 파일을 외부 링크로 연결한다.(❺)

실행 결과는 다음과 같다.

[그림 5-7] page1(2,3)-ex-link.html의 실행 결과(예제5-3-1~3)

'#page2' 페이지로부터 이동하면 '#page3' 페이지가 정상적으로 표시되지 않는다. '#page3' 페이지가 〈head〉 태그 영역이 생략된 불완전한 HTML5 문서이기 때문이다. rel="external" 설정에 의해 외부 링크로 이동하면 '#page3' 페이지를 새로 읽어 들여 독자적인 DOM 트리를 구성하기 때문에 누락된 제이쿼리 모바일 프레임워크를 적용할 수 없기 때문이다. 반면에 '#page1' 페이지로부터 직접 이동하면 정상적으로 표시된다. '#page1' 페이지에서 내부 링크로 '#page3' 페이지 링크를 선택하면 대상 페이지로 이동하는 것이 아니라 Ajax를 사용하여 '#page3' 페이지(세 번째 링크 파일의 첫 번째 페이지 컨테이너)를 읽어 들여 기존 DOM 트리에 추가한다. 기존 첫 번째 파일의 DOM 트리에 추가로 포함되기 때문에 기존의 제이쿼리 모바일 프레임워크가 적용된다.

'#page1' 페이지에서 '#page2' 페이지 연결도 data-ajax="false" 설정에 의해 외부 링크로 이동하지만 새로 생성된 '#page2' 페이지의 DOM 트리 자체에서 〈head〉 태그에 의해 제이쿼리 모바일 프레임워크가 동작하므로 정상적으로 표시된다.

이때 부록B를 참조하여 IP주소를 입력함으로써 웹 서버를 통해 페이지를 이동해야만 Ajax가 동작하여 [그림 5-7]과 같은 실행 결과를 확인할 수 있다.

3. 페이지 전환

제이쿼리 모바일은 CSS3를 사용하여 페이지 이동 과정에서 화면 전환 효과를 제공한다. 또, 다양한 모바일 응용 프로그램과의 링크도 지원한다.

3.1 페이지 전환 효과

화면 전환 효과는 CSS3의 transition 스타일 속성에 기반하고 있다. 화면 전환 시에 적용할 수 있는 기본 애니메이션 효과는 9가지이다. 〈a〉 링크 태그 안에 data-transition 속성값을 설정하면 된다.

〈표 5-3〉 페이지 전환 유형

data-transition 속성값	페이지 전환 효과
slide	왼쪽으로 수평이동(기본 효과)
slideup	위쪽으로 수직이동
slidedown	아래쪽으로 수직이동(slideup의 반대효과)
slidefade	수평 이동 후 서서히 나타남
flip	페이지 회전(페이지 중앙 Y축 기준)
fade	페이드인(서서히 나타남)
pop	페이지 확장(화면 중앙에서 확대됨)
turn	페이지 뒤집기
flow	페이지 축소 후 좌우이동
none 또는 공백	미적용(전환효과 적용하지 않음)

화면 전환의 기본 방향은 항상 오른쪽에서 왼쪽으로 진행된다. 이전 페이지로 되돌아갈 경우에는 역 방향으로 화면 전환되는 것이 자연스럽다. 〈a〉 태그 안에 data-direction="reverse" 속성값을 설정하면 역 방향이나 반대 애니메이션 효과가 적용된다.

링크 없이도 이력 정보를 통해 바로 이전 페이지로 되돌아갈 수 있다. 〈a〉 태그 안에 data-rel="back" 속성값을 설정하면 된다. 이때, href 속성값은 무시되며 자동으로 역방향의 페이지 전환 효과가 적용된다. 브라우저에 따라 제이쿼리 모바일이 적용 안 되는 경우도 있다. 이처럼, href 속성이 단순 페이지 링크로 처리될 경우를 대비하여 항상 정확한 이전 페이지 링크를 함께 설정해두는 것이 좋다. 내부 도메인 링크에 의해 페이지를 이동할 때만 화면 전환 효과를 적용할 수 있음을 기억하자.

다양한 페이지 전환 효과를 적용해 보자.

[예제5-4] 페이지 전환 효과 적용하기 /ch05/page-transition.html

```
<!DOCTYPE html>
<html>
<head>
<meta charset="utf-8"/>
<meta name="viewport" content="width=device-width, initial-scale=1"/>
<title>jQuery Mobile</title>
<link rel="stylesheet" href="http://code.jquery.com/mobile/1.4.5/jquery.mobile-1.4.5.min.css"/>
<script src="http://code.jquery.com/jquery-1.11.1.min.js"></script>
<script src="http://code.jquery.com/mobile/1.4.5/jquery.mobile-1.4.5.min.js"></script>
</head>
<body>
    <div data-role="page" id="page1" data-title="첫번째페이지">
        <div data-role="header">
            <h1>첫번째 페이지</h1>
        </div>
        <div data-role="content">
            <a href="#page2">페이지2</a>
        </div>
        <div data-role="footer">
            <h4>내부링크방식</h4>
        </div>
    </div>

    <div data-role="page" id="page2">
        <div data-role="header">
            <h1>두번째 페이지</h1>
        </div>
        <div data-role="content">
            <p>페이지 전환 애니메이션 효과</p><br/>
            <a href="#page1" data-direction="reverse">페이지1</a><br/>
            <a href="#page3">페이지3 기본 전환효과 적용 </a><br/>
```

```
            <a href="#page3" data-transition="slide">페이지3 slide 적용 </a><br/>
            <a href="#page3" data-transition="slideup">페이지3 slideup 적용 </a><br/>
            <a href="#page3" data-transition="slidedown">페이지3 slidedown 적용 </a><br/>
            <a href="#page3" data-transition="flip">페이지3 flip 적용 </a><br/>
            <a href="#page3" data-transition="fade">페이지3 fade 적용 </a><br/>
            <a href="#page3" data-transition="pop">페이지3 pop 적용 </a><br/>
            <a href="#page3" data-transition="none">페이지3 none 적용</a><br/>
        </div>
        <div data-role="footer">
            <h4>내부링크방식</h4>
        </div>
    </div>

    <div data-role="page" id="page3" data-title="세번째페이지">
        <div data-role="header">
            <h1></h1>
        </div>
        <div data-role="content">
            <a href="#page1">페이지1</a>
            <a href="#somepage" data-rel="back">페이지2</a>
        </div>
        <div data-role="footer">
            <h4>내부링크방식</h4>
        </div>
    </div>
</body>
</html>
```

실행 결과는 다음과 같다. 페이지 전환 효과는 페이지에 적용하는 것이 아니라 링크에 적용하는 것임을 기억하자. 첫 페이지는 data-title 속성값을 설정함으로써 페이지 제목이 표시된다. 링크에 의해 다른 페이지에서 연결될 경우에 data-title 속성값이 적용된다. 두 번째 페이지는 data-title 속성값이 없으므로 머리말 영역의 <h1> 태그 내용이 페이지 제목으로 표시된다. 세 번째 페이지는 data-title 속성값이 페이지 제목으로 표시된다.

전환 효과를 역방향으로 보여주고자 할 때 data-direction 속성값으로 'reverse'를 설정한다. 시각적으로 다시 돌아가는 느낌을 준다. 바로 이전 페이지로 다시 돌아가고자 할 경우, data-rel 속성값을 'back'으로 설정한다. href 속성값은 무시되고 이력 정보를 통해 되돌아간다.

[그림 5-8] page-transition.html의 적용 결과(예제5-4)

3.2 외부 프로그램 링크

제이쿼리 모바일은 페이지 링크뿐만 아니라 다른 모바일 응용 프로그램과의 링크도 지원한다. 〈a〉 태그 안에 특정 응용 프로그램을 연결하는 href 속성값을 설정하면 자동으로 관련된 프로그램을 호출한다. 지정할 수 있는 href 속성값 유형은 다음과 같다.

〈표 5-4〉 href 속성값 유형

외부 프로그램 링크	href속성값
이메일	〈a href="mailto:gdhong@hot.co.kr'〉
전화번호	〈a href="tel:0311234567" target="_blank"〉
SMS	〈a href="sms:0101234567" target="_blank"〉
맵(위성좌표)	〈a href=http://maps.google.com/maps?q=37.511611,127.098293&hl=kotarget="_blank"〉
맵(주소)	〈a href="http://maps.google.com/maps?q=대한민국+서울특별시+강남구+삼성1동+159-1&hl=ko" target="_blank"〉

다양한 외부 프로그램을 링크한 예제이다.

[예제5-5] 외부 프로그램 연결하기 /ch05/app-link.html

```
<!DOCTYPE HTML>
<html>
<head>
<meta charset="utf-8"/>
<meta name="viewport" content="width=device-width, initial-scale=1"/>
<title></title>
<link rel="stylesheet" href="http://code.jquery.com/mobile/1.4.5/jquery.mobile-1.4.5.min.css"/>
<script src="http://code.jquery.com/jquery-1.11.1.min.js"></script>
<script src="http://code.jquery.com/mobile/1.4.5/jquery.mobile-1.4.5.min.js"></script>
</head>
<body>
    <div data-role="page" id="home">
        <div data-role="header">
            <h1>스마트 페이지 링크 처리법</h1>
        </div>
        <div data-role="content">
            <h2>외부 프로그램 링크</h2>
            <ul data-role="listview" data-inset="true">
                <li><a href="mailto:gdhong@hot.co.kr">이메일 링크</a></li>
                <li><a href="tel:0311234567" target="_blank">전화번호 링크</a></li>
                <li><a href="sms:0101234567" target="_blank">SMS 문자 링크</a></li>
                <li><a href="http://maps.google.com/maps?q=37.511611,127.098293&hl=ko"
target="_blank">위성좌표 링크</a></li>
                <li><a href="http://maps.google.com/maps?q=대한민국+서울특별시+강남구+삼성
1동+159-1&hl=ko" target="_blank">주소 링크</a></li>
            </ul>
        </div>
        <div data-role="footer" class="ui-bar" data-position="fixed">
            <a href="index.html" data-icon="grid" rel="external">Index</a>
        </div>
    </div>
</body>
</html>
```

href 속성값에 따라 관련된 응용 프로그램이 자동으로 연동하여 실행됨을 알 수 있다. 모바일 장치에서만 동작하는 응용 프로그램이 있어 직접 안드로이드폰에서 실행한 결과 화면이다.

[그림 5-9] app-link.html의 실행 결과(예제5-5)

요약

1. 웹앱은 '모바일 웹 애플리케이션'의 줄임말로 모바일 웹처럼 모바일 장치로의 배포와 개발이 쉬운 이점을 갖는다. 그러면서도 네이티브 모바일 애플리케이션과 유사한 인터페이스를 제공하여 비슷한 UI 경험을 지원한다. 웹앱은 '네이티브앱 같은 모바일 웹 페이지'이다.

2. 모바일 UI 프레임워크는 UX를 반영한 사용자 인터페이스를 라이브러리로 제공함으로써 모바일용 웹앱 UI를 빠르고 쉽게 만들 수 있는 도구이다. 네이티브앱과 유사한 화면 구성과 화면 전환 효과를 갖는 UI를 빠르고 쉽게 만들 수 있도록 지원한다.

3. 모바일 UI 프레임워크에는 제이쿼리 모바일(jQuery Mobile), 센차 터치(Sencha Touch), 제이큐터치(JQTouch) 등이 대표적이다.

4. 제이쿼리 모바일은 웹 브라우저 안에서 동작하는 웹앱을 개발하기 위한 통합 UI 프레임워크(framework)이다. 가장 인기 있는 모바일 UI 개발 방법으로 표준 웹 기술을 사용하여 웹앱을 쉽고 빠르게 개발할 수 있다.

5. HTML5 기본 태그를 모바일 환경에 적합하도록 색상, 크기, 여백, 너비, 테두리, 음영 등의 스타일을 자동적으로 변환한다. 제이쿼리와 제이쿼리 모바일 라이브러리를 추가로 필요로 하므로 용량이 커져 대역폭과 로딩 시간이 늘어난다.

6. 제이쿼리 모바일 라이브러리를 포함시키는 방법은 2가지 방식이 가능하다. CDN(콘텐츠 전송 네트워크; Contents Delivery Network) 방식은 파일을 직접 다운받지 않고 제이쿼리 모바일 서버의 URL 주소만을 마크업에 명세함으로써 프레임워크가 적용될 때 참조하는 방식이다. 다운로드 방식은 보통 개발 과정 중에 많이 사용하는 방법으로 제이쿼리 모바일 공식 사이트 압축 파일을 직접 다운 받고 저장한 뒤 호출하는 방식이다.

7. 제이쿼리 모바일 라이브러리를 포함할 때는 CSS3 파일, 제이쿼리 스크립트 파일, 제이쿼리 모바일 스크립트 파일 순으로 HTML5 마크업에 포함되어야 한다.

8. 제이쿼리 모바일 페이지는 헤더(header)와 콘텐츠(content), 푸터(footer) 세 개의 영역으로 이루어지는 기본 구조를 갖는다.
   - 페이지: 브라우저에 보여지는 전체 화면 영역을 말한다.(data-role="page")
     헤더, 콘텐츠, 푸터를 포함하는 컨테이너 역할을 한다.
   - 헤더: 페이지 상단의 툴바 영역을 말한다.(data-role="header")

- 콘텐츠: 페이지 중앙의 실제 페이지 내용이 표시되는 영역이다.(data-role="content")
- 푸터: 페이지 하단의 툴바 영역을 말한다.(data-role="footer")

9. 제이쿼리 모바일 프레임워크에서 사용하는 'data-' 접두어로 시작하는 속성을 커스텀 데이터 속성이라 한다. HTML5 표준 태그 안에 'data-'로 시작하는 새로운 속성을 추가하여 기존 태그를 변경하지 않고도 원하는 메타 정보를 자유롭게 표현할 수 있다.

10. 제이쿼리 모바일 페이지들은 하나의 HTML5 문서 안에 모두 정의되거나 여러 HTML5 문서 안에 나누어 정의될 수도 있다. 단일 페이지 템플릿과 다중 페이지 템플릿의 2가지 템플릿 구성이 가능하다.

11. 복수 개의 웹앱 화면을 연결하는 방법 즉, 다중 페이지 연결 방식은 2가지이다. 내부 페이지 연결과 외부 페이지 연결 방식이다.

12. 제이쿼리 모바일 프레임워크는 외부 페이지 연결을 두 가지 방식으로 처리한다. 외부(도메인) 링크 방식은 이전 페이지를 메모리에서 제거하고 페이지로 새롭게 대체한다. 내부(도메인) 링크는 내부적으로 Ajax 요청으로 변환되어 빠른 응답과 자연스러운 화면 전환 효과 등을 제공한다. 내부 링크로 연결되는 내부 페이지와 외부 페이지는 브라우저에 의해 하나의 DOM 트리 객체로 관리된다.

13. 제이쿼리 모바일은 CSS3를 사용하여 페이지 이동 과정에서 화면 전환 효과를 제공한다. 〈a〉 링크 태그 안에 data-transition 속성값을 설정하면 된다. 속성값은 slide(수평 이동), slideup(위로 이동), slidedown(아래로 이동), slidefade(수평 이동 후 서서히 나타남), flip(페이지 회전), fade(페이드 인), pop(페이지 확장), turn(페이지 뒤집기), flow(페이지 축소 후 좌우이동), none 또는 공백(전환 효과 미적용) 등이다.

14. 제이쿼리 모바일은 페이지 링크뿐만 아니라 다른 모바일 응용 프로그램과의 링크도 지원한다. 〈a〉 태그 안에 특정 응용 프로그램을 연결하는 href 속성값(이메일, 전화번호, SMS, 맵 좌표, 맵 주소)을 설정하면 자동으로 관련된 프로그램을 호출한다.

연습문제

1. 다음 문장의 내용이 옳으면 O, 옳지 않으면 X를 하시오.

1) 웹앱은 '네이티브앱 같은 모바일 웹 페이지'라고 할 수 있다. ( )
2) 제이쿼리 모바일은 jQuery를 확장한 프레임워크로 스크립트 기반의 개발 방식으로 개발 난이도가 높다. ( )
3) 웹 환경에서는 보통 HTML5 문서가 하나의 웹 페이지를 구성하지만 제이쿼리 모바일 환경에서는 하나의 HTML5 문서 안에 여러 개의 모바일 페이지를 구성할 수 있다. ( )
4) 순차적으로 읽어야 하는 페이지나 자주 함께 사용되는 페이지들은 단일 페이지 템플릿으로 구성하는 것이 좋다. ( )
5) 같은 HTML5 파일 안에 함께 정의된 페이지들은 항상 내부 페이지 연결 방식을 취한다. ( )

2. 다음 ( ) 안에 적합한 용어를 넣어 문장을 완성하시오.

1) 모바일 환경에서 강조되는 ( )는 사용자가 특정 제품, 서비스를 직·간접적으로 이용하면서 느끼고 생각하는 총체적 경험이다.
2) 다운받은 프레임워크 구성 파일 중 '( )' 확장자가 붙은 것은 최소화 버전 파일으로 배포용으로 압축을 해서 만들었음을 의미한다.
3) 제이쿼리 모바일 페이지는 헤더(header)와 ( ), 푸터(footer) 세 개의 영역으로 이루어지는 기본 구조를 갖는다.
4) 제이쿼리 모바일은 CSS3를 사용하여 페이지 이동 과정에서 다양한 화면 전환 효과를 제공하는데 〈a〉 링크 태그 안의 ( ) 속성에 특정한 값을 설정하면 된다.
5) 화면 전환 시에 적용할 수 있는 6가지 기본 애니메이션 효과는 slide(수평 이동), slideup(위로 이동), slidedown(아래로 이동), ( )(페이지 회전), fade(페이드 인), pop(페이지 확장)이다.

3. 제이쿼리 모바일 프레임워크 연결 방식(2가지)에 대해 간략히 설명하시오.

4. 제이쿼리 모바일 프레임워크를 적용하기 위해 HTML5 마크업 안에 포함되어야 하는 라이브러리 파일(3가지)에 대해 간략히 설명하시오.

5. 커스텀 데이터 속성(custom data attribute)에 대해 간략히 설명하시오.

6. 페이지 도메인 링크 방식(2가지)에 대해 간략히 설명하시오.

Chapter 06

제이쿼리 모바일 헤더바와 푸터바

※ **학습목표**

- 헤더바와 툴바의 개념과 생성 방법을 알아본다.
- 푸터바의 생성 방법과 형식을 알아본다.
- 네비게이션 바 활용과 툴바의 추가 속성을 살펴본다.

Chapter

06 제이쿼리 모바일 헤더바와 푸터바

1. 헤더바

웹앱 화면은 페이지 내용 이외에 페이지 연결이나 페이지 처리 등을 위한 툴바가 화면 위와 아래에 위치한다. 화면 위쪽의 헤더바는 주로 페이지 제목이나 화면 이동 관련 버튼들을 포함한다. 헤더바 생성과 구성 방법에 대해 알아보자.

1.1 툴바

툴바(toolbar)는 다른 페이지로의 이동이나 페이지 관련 처리 기능을 모아 놓은 사용자 인터페이스로 링크, 버튼, 텍스트 등으로 구성된 바 형태이다. 주로 화면 위쪽과 아래쪽에 위치함으로써 화면 구성시 중요한 역할을 한다. 제이쿼리 모바일은 두 종류의 기본 툴바를 제공한다. 바로 헤더 영역의 헤더바와 푸터 영역의 푸터바이다. 헤더바와 푸터바는 페이지의 콘텐츠 영역과는 다른 색상으로 구별되어 표시된다.

```
<div data-role="header"></div>                    <!-- 헤더바 생성 -->
```

```
<div data-role="footer"></div>                    <!-- 푸터바 생성 -->
```

1.2 헤더바

헤더 문자열 추가

헤더 영역은 왼쪽 영역, 제목 문자열 영역, 오른쪽 영역으로 나누어진다. 제목 영역의 공간은 제한되어 있어 문자열이 길어지면 자동으로 생략 기호(…)가 끝에 추가된다.

헤더바의 문자열은 주로 페이지 제목을 표시한다. 〈h1〉~〈h6〉 제목 태그 중에서 선택할 수 있는데 제이쿼리 모바일에서는 화면 표현상의 차이가 없다. 두께와 크기가 모두 동일하게 표시된다. 관습적으로 보통 〈h1〉 태그를 사용한다. 헤더바가 없는 페이지 생성도 가능하지만 보통 헤더바를 포함한다.

```
<div data-role="header"><h1>헤더 문자열</h1></div>
```

헤더바에 문자열 대신에 로고와 같은 이미지를 표시하고자 할 경우, 〈h1〉 태그 안에 〈img〉 태그를 포함할 수도 있다.

헤더 버튼 추가

헤더바는 모바일 페이지의 첫 번째 엘리먼트로 보통 중앙에 페이지 제목이 표시된다. 좌우에는 버튼이 하나 또는 최대 두 개까지 표시된다. data-role 속성에 'header'를 설정한 〈div〉 태그 즉, 헤더 컨테이너 영역 안에서 〈a〉 태그는 버튼으로 자동 변환되어 표시된다. 첫 번째 링크는 왼쪽 버튼으로, 두 번째 링크는 오른쪽 버튼이 된다. 버튼의 너비는 문자열 길이에 따라 다르다.

```
<div data-role="header"><a href="#">헤더 버튼</a></div>
```

이번 장에서는 제이쿼리 헤더바와 푸터바 영역에 다양한 변화를 주어보자. 다음 [실습6-1] 템플릿 안의 '코드 변경 부분'을 뒤에 나오는 [예제6-1]~[예제6-10]의 예제 코드들로 바꿔 가면서 실행 결과를 확인한다.

[실습6-1] 제이쿼리 모바일 예제 템플릿 /ch06/jqm-example-template.html

```
<!DOCTYPE html>
<html>
<head>
<meta charset="utf-8"/>
<meta name="viewport" content="width=device-width, initial-scale=1.0"/>
<title>jQueryMobile</title>
<link rel="stylesheet" href="http://code.jquery.com/mobile/1.4.5/jquery.mobile-1.4.5.min.css"/>
```

```
<script src="http://code.jquery.com/jquery-1.11.1.min.js"></script>
<script src="http://code.jquery.com/mobile/1.4.5/jquery.mobile-1.4.5.min.js"></script>
</head>
<body>

        <!-- 다양한 제이쿼리 모바일 코드 변경 부분 -->

</body>
</html>
```

먼저, 위의 jqm-example-template.html 파일의 코드 변경 부분에 다음 HTML5 코드를 삽입하여 실행해 보자.

[예제6-1] 헤더바 생성하기 /ch06/header-bar.html

```
<div data-role="page" id="page1">
    <div data-role="header">
        <a href="#page1">홈</a>                          <!-- 왼쪽 버튼 -->
        <h1>페이지제목</h1>                               <!-- 헤더바 제목 -->
        <a href="#page2">페이지2</a>                      <!-- 오른쪽 버튼 -->
    </div>
    <div data-role="content">
        <p>content영역</p>
        <h1>첫번째 페이지</h1>
    </div>
    <div data-role="footer">
        <h4>페이지꼬리말</h4>
    </div>
</div>
```

위의 예제는 헤더바와 푸터바를 포함한 기본 제이쿼리 모바일 페이지이다. 실행 결과는 다음과 같다.

[그림 6-1] header-bar.html의 실행 결과(예제6-1)

이제, 헤더 부분을 조금씩 변경해 보자.

뒤로가기 버튼 추가

data-role="header" 속성이 있는 태그 즉, 헤더 컨테이너에 data-add-back-btn="true" 속성을 설정하면 헤더 영역에 뒤로가기(back) 버튼이 자동으로 표시된다.

```
<div data-role="header" data-add-back-btn="true">
```

단, data-add-back-btn="true" 속성은 첫 번째 페이지에는 적용이 안되고 두 번째 이후 페이지부터 동작한다. 이 버튼을 클릭하면 바로 이전 페이지로 이동하며 이동할때 이전 화면 전환과 반대 방향으로 애니메이션 효과를 나타낸다.

[예제6-2] 헤더바 뒤로가기 버튼 추가하기 /ch06/back-btn.html

```
<div data-role="page" id="page2">
    <div data-role="header" data-add-back-btn="true">
        <h1>페이지제목</h1>
    </div>
        ... 생략 ...
</div>
```

[그림 6-2] back-btn.html의 실행 결과(예제6-2)

뒤로가기 버튼 문자열 수정

뒤로가기 버튼은 기본적으로 'back' 문자열이 표시된다. 버튼의 문자열을 변경하려면 data-back-btn-text 속성을 추가하면 된다.

[예제6-3] 뒤로가기 버튼 텍스트 수정하기 /ch06/back-btn-text.html

```
<div data-role="page" id="page2">
    <div data-role="header" data-add-back-btn="true" data-back-btn-text="이전으로">
        <h1>페이지제목</h1>
    </div>
    ... 생략 ...
</div>
```

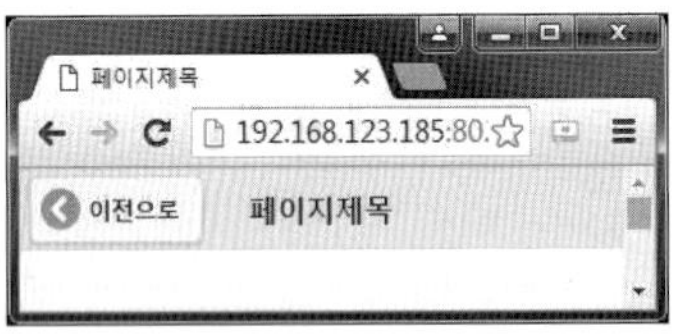

[그림 6-3] back-btn-text.html의 실행 결과(예제6-3)

뒤로가기 버튼의 자동 생성을 원하지 않으면 헤더 컨테이너에 data-backbtn="false" 속성을 선언한다.

[예제6-4] 헤더바 뒤로가기 버튼 추가 해제하기 /ch06/back-btn-cancel.html

```
<div data-role="page" id="page2">
    <div data-role="header"  data-add-back-btn="true" data-backbtn="false">
        <h1>페이지제목</h1>
    </div>
    ... 생략 ...
</div>
```

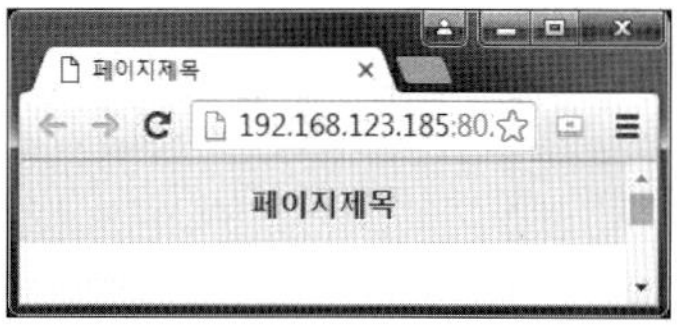

[그림 6-4] back-btn-cancel.html의 실행 결과(예제6-4)

Note: 이전 페이지로 이동 버튼

헤더 영역에 자동으로 뒤로 가기 즉, 이전 페이지로 복귀하기 위한 버튼을 생성하는 방법은 2가지이다. 첫 번째 방법은 헤더 컨테이너에 data-add-back-btn="true" 속성을 설정하는 것이다. 두 번째 방법은 헤더 컨테이너의 〈a〉 태그 안에 data-rel="back" 속성을 설정하면 된다.
data-rel="back" 속성은 〈a〉 태그의 href 속성값을 무시하고 이력 정보를 이용하여 이전 화면으로 자동 이동시킨다. 제이쿼리 모바일을 지원하지 않는 브라우저에서 실행할 경우를 대비하여 〈a〉 태그 안의 href 속성값은 항상 유효한 URL을 명세하도록 한다.

오른쪽 버튼 생성

헤더에 〈a〉 태그를 이용하여 버튼을 최대 2개까지 생성할 수 있다. 2개의 연결 버튼은 페이지 제목을 기준으로 양쪽으로 각각 순서대로 배치된다. 〈a〉 태그 버튼이 첫 번째 버튼이면 기본적으로 헤더 영역의 왼쪽 버튼으로 표시된다. 첫 번째 버튼을 오른쪽에 표시하고 싶다면 class="ui-btn-right" 속성을 〈a〉 태그에 추가한다. class="ui-btn-right" 속성은 제이쿼리 모바일이 제공하는 CSS3 스타일 클래스이다. 미리 정의된 제이쿼리 모바일 라이브러리의 CSS3 스타일을 적용하여 쉽게 버튼 위치를 지정할 수 있다.

```
<a class="ui-btn-right">
```

두 번째 버튼을 왼쪽에 표시하려면 class="ui-btn-left" 속성을 〈a〉 태그에 추가하면 된다.

[예제6-5] 헤더바 오른쪽 버튼 추가하기 /ch06/right-btn.html

```
<div data-role="page" id="page1">
    <div data-role="header">
        <a href="#page2" class="ui-btn-right">페이지2</a>
        <h1>페이지제목</h1>
        <a href="#page3" class="ui-btn-left">페이지3</a>
    </div>
        ... 생략 ...
</div>
```

[그림 6-5] right-btn.html의 실행 결과(예제6-5)

헤더바 안에 페이지 연결 버튼을 생성시켜 페이지를 이동해 보자. data-add-back-btn="true" 속성값을 설정했더라도 헤더바에 직접 링크 버튼을 추가하면 자동 뒤로 가기 버튼은 표시되지 않는다.

[실습6-2] 제이쿼리 모바일 페이지 헤더 생성 /ch06/page-header.html

```
<!DOCTYPE html>
<html>
<head>
<meta charset="utf-8" />
<meta name="viewport" content="width=device-width, initial-scale=1" />
<title>제이쿼리 모바일</title>
<link rel="stylesheet" href="http://code.jquery.com/mobile/1.4.5/jquery.mobile-1.4.5.min.css"/>
<script src="http://code.jquery.com/jquery-1.11.1.min.js"></script>
<script src="http://code.jquery.com/mobile/1.4.5/jquery.mobile-1.4.5.min.js"></script>
</head>
<body>
    <div data-role="page" id="page1">
        <div data-role="header">
            <h1>페이지제목</h1>
            <a href="#page2" class="ui-btn-right">페이지2</a>
        </div>
        <div data-role="content">
            <p>content영역</p>
            <h1>첫번째 페이지</h1>
        </div>
        <div data-role="footer">
            <h4>페이지꼬리말</h4>
        </div>
    </div>
    <div data-role="page" id="page2">
        <div data-role="header" data-add-back-btn="true">
            <a href="#page3" class="ui-btn-right">페이지3</a>
            <h1>페이지제목</h1>
            <a href="#page1" class="ui-btn-left">페이지1</a>
        </div>
        <div data-role="content">
```

```
                <p>content영역</p>
                <h1>두번째 페이지</h1>
            </div>
            <div data-role="footer">
                <h4>페이지꼬리말</h4>
            </div>
        </div>
        <div data-role="page" id="page3">
            <div data-role="header" data-add-back-btn="true" data-back-btn-text="이전으로">
                <a href="#page1">홈</a>
                <h1>페이지제목</h1>
            </div>
            <div data-role="content">
                <p>content영역</p>
                <h1>세번째 페이지</h1>
            </div>
            <div data-role="footer">
                <h4>페이지꼬리말</h4>
            </div>
        </div>
    </body>
</html>
```

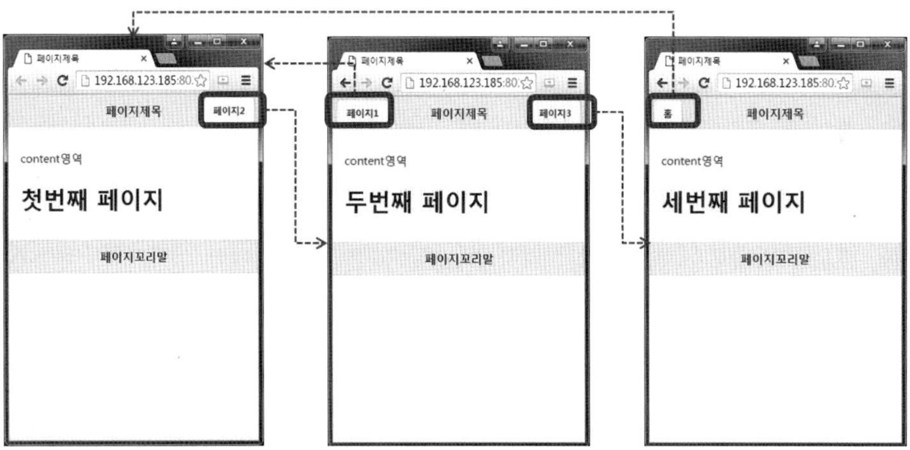

[그림 6-6] page-header.html의 실행 결과(실습6-2)

2. 푸터바

모바일 페이지 아래쪽의 푸터바는 꼬리말이나 탐색 정보를 제공하는 툴바 또는 탭바를 포함한다. 푸터바는 모바일 페이지의 마지막 엘리먼트로 보통 콘텐츠 영역 밑, 페이지 가장 아래쪽에 위치한다. 헤더바에 비해 좀 더 사용 형식이 자유로우며 구조는 거의 같다. 푸터바 생성과 구성 방법에 대해 알아보자.

푸터바 문자열 추가

푸터바에도 문자열을 표시할 수 있다. 문자열 표시를 위해 〈h1〉~〈h6〉까지의 제목 태그를 사용할 수 있지만 헤더바에 비해 중요도가 낮기 때문에 보통 〈h4〉~〈h6〉 사이의 태그를 사용한다.

```
<div data-role="footer"> <h4>푸터 텍스트</h4> </div>
```

푸터바 버튼 추가

헤더바와 동일하게 푸터 컨테이너 안의 〈a〉 태그는 버튼으로 자동 변환된다. 푸터바의 버튼은 왼쪽부터 하나씩 인라인 방식으로 추가되므로 푸터바에는 여러 개의 버튼이 표시될 수 있다.

```
<div data-role="footer"> <a href="#">푸터 버튼</a> </div>
```

이때, 버튼 주위에 기본 여백이 설정되지 않는다. 여백이 필요하다면 'ui-bar' 클래스 속성을 설정한다. class="ui-bar" 속성은 약간의 여유 공간을 두고 버튼을 연속으로 배치한다.

[예제6-6] 푸터(바) 버튼 추가하기 /ch06/footer-bar-btn.html

```
<div data-role="page" id="page1">
    <div data-role="content">
        <p>content영역</p>
    </div>
```

```
    <div data-role="footer" class="ui-bar">
        <a href="#">바 버튼1</a>
        <a href="#">바 버튼2</a>
        <a href="#">바 버튼3</a>
        <a href="#">바 버튼4</a>
    </div>
</div>
```

[그림 6-7] footer-bar-btn.html의 실행 결과(예제6-6)

푸터바 그룹 버튼 추가

버튼 사이에 여백을 전혀 주고 싶지 않다면 data-role="controlgroup" 속성을 추가한다. 버튼들을 그룹으로 모아 표시하므로 버튼들 사이의 공간과 둥근 모서리는 모두 사라지고 서로 붙어서 연결된다. data-type="horizontal"은 기본(수직) 방향이 아닌 수평 방향으로 그룹 버튼들을 나열한다.

[예제6-7] 푸터 바 그룹 버튼 추가하기 /ch06/footer-group-btn.html

```
<div data-role="page" id="page1">
    <div data-role="content">
        <p>content영역</p>
    </div>
    <div data-role="footer" class="ui-bar">
        <div data-role="controlgroup" data-type="horizontal">
            <a href="#">바 버튼1</a>
            <a href="#">바 버튼2</a>
            <a href="#">바 버튼3</a>
            <a href="#">바 버튼4</a>
        <div>
    </div>
</div>
```

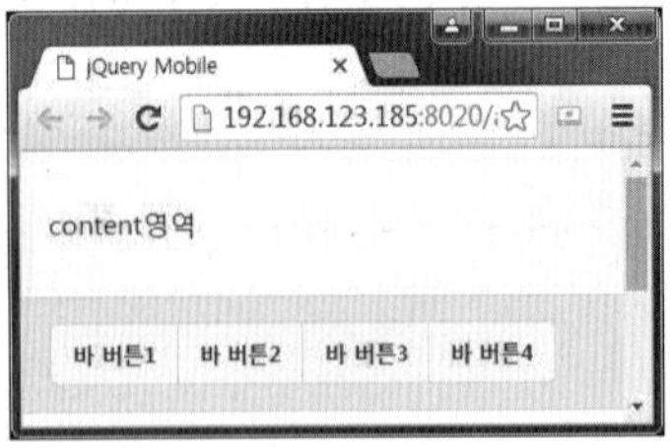

[그림 6-8] footer-group-btn.html의 실행 결과(예제6-7)

푸터바 안에 페이지 연결 버튼을 생성시켜 페이지를 이동해 보자.

[실습6-3] 제이쿼리 모바일 페이지 푸터 생성 /ch06/page-footer.html

```
<!DOCTYPE html>
<html>
<head>
<meta charset="utf-8"/>
<meta name="viewport" content="width=device-width, initial-scale=1"/>
<title>제이쿼리 모바일</title>
<link rel="stylesheet" href="http://code.jquery.com/mobile/1.4.5/jquery.mobile-1.4.5.min.css"/>
<script src="http://code.jquery.com/jquery-1.11.1.min.js"></script>
<script src="http://code.jquery.com/mobile/1.4.5/jquery.mobile-1.4.5.min.js"></script>
</head>
<body>
    <div data-role="page" id="page1">
        <div data-role="header"  data-add-back-btn="true" data-backbtn="false">
            <a href="#page2" class="ui-btn-right">페이지2</a>
            <h1>페이지제목</h1>
            </div>
        <div data-role="content">
            <p>content영역</p>
            <h1>첫번째 페이지</h1>
        </div>
        <div data-role="footer">
            <a href="#page1">페이지1</a>
            <a href="#page2">페이지2</a>
        </div>
    </div>
    <div data-role="page" id="page2">
        <div data-role="header" data-add-back-btn="true" data-back-btn-text="이전으로">
            <h1>페이지제목</h1>
        </div>
        <div data-role="content">
            <p>content영역</p>
```

```
            <h1>두번째 페이지</h1>
        </div>
        <div data-role="footer" class="ui-bar">
            <div data-role="controlgroup" data-type="horizontal">
                <a href="#page1">페이지1</a>
                <a href="#page2">페이지2</a>
            <div>
        </div>
    </div>
</body>
</html>
```

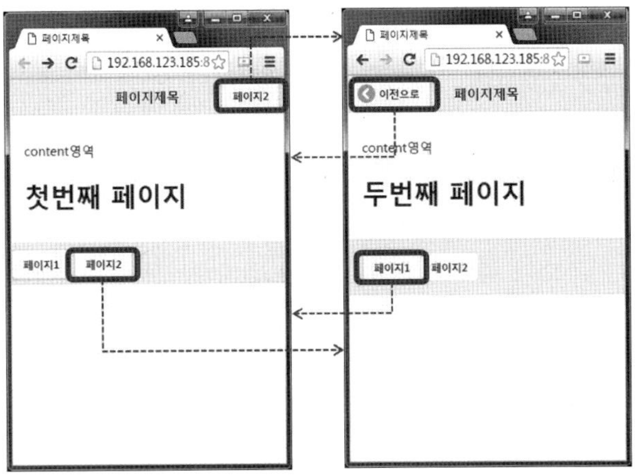

[그림 6-9] page-footer.html의 실행 결과(실습6-3)

3. 네비게이션바와 툴바

'메뉴바'(menu bar) 또는 '탭바'(tab bar)라고도 불리는 네비게이션바(navigation bar)는 모바일 페이지에서 페이지 이동을 쉽게 해주기 때문에 많이 사용된다. 네비게이션바 생성 방법과 툴바의 추가적인 설정 기능을 알아보자.

3.1 네비게이션바

헤더바 또는 푸터바 모두 네비게이션바를 추가할 수 있다. 헤더바의 경우, 연결 버튼을 2개만 허용하므로 3개 이상의 버튼이 필요할 경우 네비게이션바를 사용한다. 보통 모바일 기기를 손에 쥐고 쉽게 메뉴를 선택하도록 헤더바보다는 푸터바에 많이 배치한다. 네비게이션바는 순서 없는 리스트 항목들을 하나의 '수평 버튼 바' 모양으로 만들어주는 버튼 그룹이다.

네비게이션바 추가

헤더나 푸터 컨테이너 안에 data-role="navbar" 속성을 갖는 〈div〉 태그를 추가하면 네비게이션바가 생성된다.

```
<div data-role="navbar">
```

위와 같은 태그 안에 〈ul〉과 〈li〉 태그를 사용하여 비순서 리스트를 정의하면 자동으로 선택 버튼으로 표현된다. 〈li〉 태그의 개수만큼 네비게이션바 공간이 같은 크기로 분할된다. 항목이 많을수록 네비게이션바 안의 버튼 너비는 줄어든다. 보통 한 줄에 1~5개의 버튼을 생성한다. 버튼 개수가 5개까지는 한 줄에 분할되어 표시되지만, 6개 이상이 되면 한 줄에 버튼 두 개씩 여러 줄에 걸쳐 표시된다. 스마트폰에서 화면 너비의 1/5 영역이 터치를 위한 최소한의 크기로 간주되기 때문이다. 헤더바에 네비게이션바를 생성해 보자.

[예제6-8] 네비게이션바 추가하기 /ch06/navigation-bar.html

```
<div data-role="page" id="page1">
    <div data-role="header">
        <h1>페이지제목</h1>
        <div data-role="navbar" >
            <ul>
                <li><a href="#page2" class="ui-btn-active">page2</a></li>
                <li><a href="#page3">page3</a></li>
                <li><a href="#page4">page4</a></li>
            </ul>
        </div>
    </div>
</div>
```

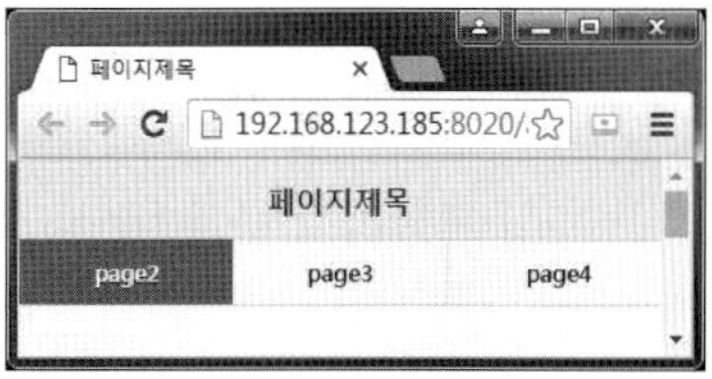

[그림 6-10] navigation-bar.html의 실행 결과(예제6-8)

네비게이션바 버튼 활성화

class="ui-btn-active" 속성은 페이지가 표시될 때 여러 버튼들 중에 하나가 이미 선택되었음을 활성화하여 표시한다. 활성화된 버튼은 현재 적용된 테마에 따라 식별되도록 (기본 테마인 경우 파란색으로) 표시된다.

3.2 툴바 위치 설정

헤더바와 푸터바의 고정 배치

헤더와 푸터 컨테이너에 data-position="fixed" 속성값을 설정하면 헤더바와 푸터바의 표시 위치를 화면 맨 위와 맨 밑으로 고정할 수 있다.

```
<div data-role="footer" data-position="fixed"></div>
```

보통 헤더바는 화면 맨 위쪽에 보이다가 화면 내용이 길어 스크롤되면 화면에서 사라진다. 푸터바는 항상 페이지의 마지막 내용 바로 밑에 위치하므로 화면 내용이 적을 경우, 화면 중간에 표시되고 화면이 스크롤되면 화면에서 사라졌다 맨 마지막 내용과 함께 바로 아래에 표시된다. 스크롤 여부에 상관없이 현재 화면의 맨 위와 맨 아래에 헤더바와 푸터바를 표시하는 것이 일반적이다. 이를 위해 data-position="fixed" 속성을 설정한다. 설정하면, 스크롤 중에는 보이지 않다가도 스크롤이 완료되면 현 화면의 맨 위와 맨 아래에 헤더바와 푸터바가 표시된다.

헤더바와 푸터바의 숨김

모바일 페이지는 3개의 영역으로 분리되어 헤더바와 푸터바를 고정 배치하면 항상 보이게 된다. 그림이나 긴 텍스트 내용을 보고자 할 경우에는 작은 스크린 크기로 인해 불편할 수 있다. 이때 헤더바와 푸터바를 모바일 페이지에서 사라지게 하고 필요할 경우에만 화면에 동적으로 표시되도록 할 수 있다. 그림, 사진, 비디오 뷰어 등에서 미디어 내용을 화면 전체에 나타내고자 할 때 유용하다. 전체 화면(full screen) 모드라고 하는 이 설정은 data-role="header"와" data-role="footer" 속성이 설정된 〈div〉 태그 안에 data-fullscreen="true" 속성을 추가하면 된다.

```
<div data-role="header" data-fullscreen="true" data-position="fixed">
<div data-role="footer" data-fullscreen="true" data-position="fixed">
```

화면을 터치함으로써 헤더바와 푸터바의 표시와 숨김 두 가지 상태를 반복할 수 있다. 이때 헤더바와 푸터바에는 data-position="fixed" 속성이 함께 설정되어야 한다.

[예제6-9] 헤더(푸터) 바 숨기기 /ch06/fullscreen.html

```
<div data-role="page" id="page1">
    <div data-role="header" data-fullscreen="true" data-position="fixed">
        <h1>페이지제목</h1>
    </div>
    <div data-role="content">
        <p>content영역</p>
        <h1>전체화면모드</h1>
    </div>
    <div data-role="footer" data-fullscreen="true" data-position="fixed">
        <h4>페이지꼬리말</h4>
    </div>
</div>
```

다음은 실행 결과이다. 툴바를 숨기고 콘텐츠 내용을 전체 화면으로 표시하다가 클릭이나 탭을 하면 툴바가 보여지거나 다시 숨겨지도록 할 수 있다. 이때 툴바는 페이지 콘텐츠 영역과는 독립적으로 그 위에 반투명 형태로 존재하며, 툴바가 표시되었을 때는 콘텐츠 영역에 직접 접근이 불가능하다. 툴바를 보여지도록 했을 때 콘텐츠 영역과 겹쳐 표시되기 때문이다.

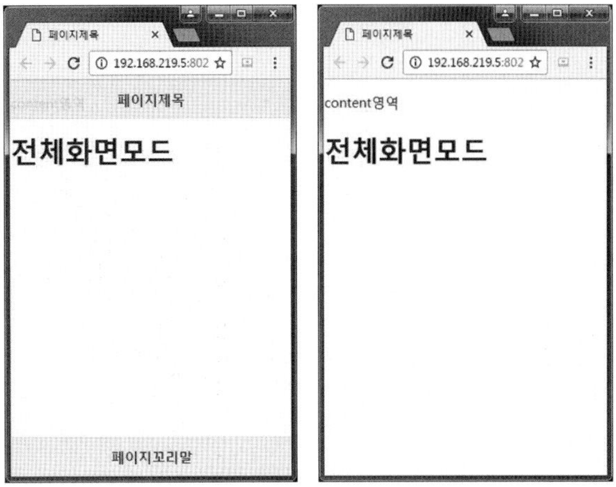

[그림 6-11] fullscreen.html의 실행 결과(예제6-9)

툴바 표시 모드를 정리하면 다음과 같다.

〈표 6-1〉 툴바 표시 모드

툴바 표시 모드	기능	코드
기본 모드	콘텐츠 영역의 바로 위(헤더바의 경우), 바로 밑(푸터바의 경우)에 위치.	없음
고정 모드	항상 화면 최상단(헤더바의 경우), 최하단(푸터바의 경우)에 위치	data-position="fixed"
숨김 모드 (전체화면모드)	화면 터치에 의해 나타남과 숨김을 반복	data-fullscreen="true", data-position="fixed"

지속형 푸터바 설정

여러 페이지의 푸터바가 모두 동일할 경우, 페이지 이동 시에도 화면 하단에 고정되어 표시되도록 할 수 있다. 각 페이지의 푸터 컨테이너의 data-id 속성값으로 같은 푸터 아이디를 설정하면 된다. 같은 data-id 속성값이 지정된 푸터바는 페이지 전환 중에도 이전 푸터바가 변경되지 않고 유지되는데 이를 지속형 푸터바라고 한다. 이때 네비게이션바 안의 선택된 버튼도 그대로 활성 상태를 유지하려면 ui-btn-active 클래스 속성 이외에 ui-state-persist 클래스 속성을 추가한다.

[예제6-10] 지속형 푸터바 생성하기 /ch06/persist-bar.html

```
<div data-role="page" id="page2">
    <div data-role="content">
        <p>content영역</p>
        <h1>두번째 페이지</h1>
    </div>
    <div data-role="footer" data-id="footerid1" data-position="fixed">
        <div data-role="navbar" >
            <ul>
                <li><a href="#page2" class="ui-btn-active ui-state-persist">page2</a></li>
                <li><a href="#page3">page3</a></li>
            </ul>
        </div>
        <h4>페이지꼬리말</h4>
    </div>
</div>
<div data-role="page" id="page3">
    <div data-role="content">
        <p>content영역</p>
        <h1>세번째 페이지</h1>
    </div>
    <div data-role="footer" data-id="footerid1" data-position="fixed">
        <div data-role="navbar" >
            <ul>
                <li><a href="#page2" class="ui-btn-active ui-state-persist">page2</a></li>
                <li><a href="#page3">page3</a></li>
            </ul>
        </div>
        <h4>페이지꼬리말</h4>
    </div>
</div>
```

실행 결과를 보면 페이지 전환 효과가 푸터 영역에는 발생하지 않는다. 또, 두 번째 페이지와 세 번째 페이지 모두에서 'page2' 버튼이 계속해서 활성화됨을 볼 수 있다.

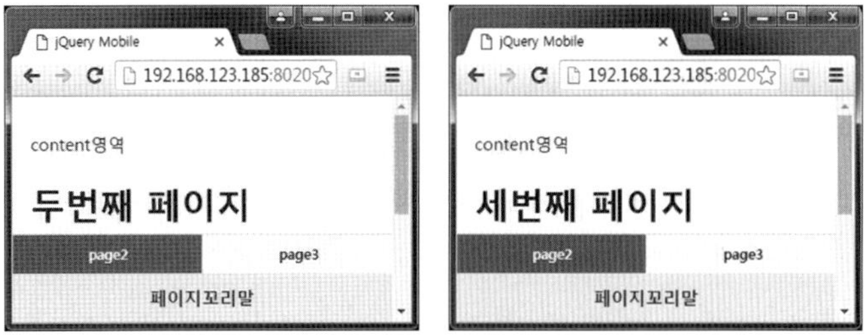

[그림 6-12] persist-bar.html의 실행 결과(예제6-10)

네비게이션바와 전체 화면 모드를 설정한 페이지를 생성하여 실행해 보자.

[실습6-4] 제이쿼리 모바일 전체 페이지 생성 /ch06/navi-fullscreen.html

```
<!DOCTYPE html>
<html>
<head>
<meta charset="utf-8"/>
<meta name="viewport" content="width=device-width, initial-scale=1"/>
<title>제이쿼리 모바일</title>
<link rel="stylesheet" href="http://code.jquery.com/mobile/1.4.5/jquery.mobile-1.4.5.min.css"/>
<script src="http://code.jquery.com/jquery-1.11.1.min.js"></script>
<script src="http://code.jquery.com/mobile/1.4.5/jquery.mobile-1.4.5.min.js"></script>
</head>
<body>

<div data-role="page" id="page1">
    <div data-role="header" data-position="fixed">
        <h1>페이지 제목</h1>
        <div data-role="navbar">
            <ul>
                <li><a href="#page1" class="ui-btn-active ui-state-persist">page1</a></li>
                <li><a href="#page2">page2</a></li>
                <li><a href="#page3">page3</a></li>
            </ul>
        </div>
    </div>
    <div data-role="content">
        <p>content영역</p>
        <h1>첫번째 페이지</h1>
    </div>
    <div data-role="footer" data-position="fixed" data-id="footerid1">
        <div data-role="navbar">
            <ul>
```

```
                <li><a href="#" data-icon="plus">추가</a></li>
                <li><a href="#" data-icon="minus">삭제</a></li>
                <li><a href="#" data-icon="check" class="ui-btn-active ui-state-
persist">확인</a></li>
            </ul>
        </div>
    </div>
</div>

<div data-role="page" id="page2">
    <div data-role="header" data-position="fixed">
        <h1>페이지 제목</h1>
        <div data-role="navbar" >
            <ul>
                <li><a href="#page1" data-direction="reverse">page1</a></li>
                <li><a href="#page2" class="ui-btn-active ui-state-persist">page2</a></li>
                <li><a href="#page3">page3</a></li>
            </ul>
        </div>
    </div>
    <div data-role="content">
        <p>content영역</p>
        <h1>두번째 페이지</h1>
    </div>
    <div data-role="footer" data-position="fixed" data-id="footerid1">
        <div data-role="navbar" >
            <ul>
                <li><a href="#" data-icon="plus">추가</a></li>
                <li><a href="#" data-icon="minus">삭제</a></li>
                <li><a href="#" data-icon="check" class="ui-btn-active ui-state-
persist">확인</a></li>
            </ul>
        </div>
    </div>
</div>

<div data-role="page" id="page3">
    <div data-role="header" data-fullscreen="true" data-position="fixed">
        <h1>페이지 제목</h1>
        <div data-role="navbar" >
            <ul>
                <li><a href="#page1" data-direction="reverse">page1</a></li>
                <li><a href="#page2" data-direction="reverse">page2</a></li>
                <li><a href="#page3" class="ui-btn-active ui-state-persist">page3</a></li>
            </ul>
```

```
            </div>
        </div>
        <div data-role="content">
            <p>content영역</p>
            <h1>세번째 페이지</h1>
        </div>
        <div data-role="footer" data-position="fixed" data-fullscreen="true" data-id="footerid1">
            <div data-role="navbar" >
                <ul>
                    <li><a href="#" data-icon="plus">추가</a></li>
                    <li><a href="#" data-icon="minus">삭제</a></li>
                    <li><a href="#" data-icon="check" class="ui-btn-active ui-state-persist">확인</a></li>
                </ul>
            </div>
        </div>
</div>

</body>
</html>
```

푸터바와 확인 버튼은 페이지가 이동되더라도 변화없이 지속된다. 페이지의 콘텐츠 영역을 터치하면 헤더바와 푸터바가 숨겨지면서 전체 화면 모드로 전환된다. 콘텐츠 영역을 다시 터치하면 헤더바와 푸터바가 다시 나타나는데 콘텐츠 영역과 겹쳐서 표시된다. data-icon 속성을 지정하면 아이콘 이미지를 버튼에 추가할 수도 있다. 7장에서 다시 살펴보자.

[그림 6-13] navi-fullscreen.html의 실행 결과(실습6-4)

요약

1. 웹 앱 화면은 페이지 내용 이외에 페이지 연결이나 페이지 처리 등을 위한 툴바가 화면 위와 아래에 위치한다.

2. 툴바(toolbar)는 다른 페이지로의 이동이나 페이지 관련 처리 기능을 모아 놓은 사용자 인터페이스로 링크, 버튼, 텍스트 등으로 구성된 바 형태이다. 제이쿼리 모바일은 헤더바(data-role="header")와 푸터바(data-role="footer") 두 종류의 기본 툴바를 제공한다.

3. 화면 위쪽의 헤더바는 주로 페이지 제목이나 화면 이동 관련 버튼들을 포함한다. 왼쪽 영역, 제목 문자열 영역, 오른쪽 영역으로 나누어진다. 헤더 안의 <a> 태그는 버튼으로 자동 변환되어 표시된다.

4. 푸터바는 모바일 페이지의 마지막 엘리먼트로 보통 콘텐츠 영역 밑, 페이지 가장 아래쪽에 위치한다. 꼬리말이나 탐색 정보를 제공하는 툴바 또는 탭바를 포함한다. 헤더바에 비해 좀 더 사용 형식이 자유로우며 구조는 거의 같다.

5. 네비게이션바(data-role="navbar")는 모바일 페이지에서 페이지 이동을 쉽게 해주기 때문에 많이 사용된다. '메뉴바' 또는 '탭바'라고도 하며 순서 없는 리스트 항목들을 하나의 '수평 버튼 바' 모양으로 표현한다.

6. 툴바 표시 모드는 3가지가 가능하다.
   - 기본 모드: 콘텐츠 영역의 바로 위(헤더바의 경우), 바로 밑(푸터바의 경우)에 위치
   - 고정 모드: 항상 화면 최상단(헤더바의 경우), 최하단(푸터바의 경우)에 위치
     data-position="fixed" 설정
   - 숨김 모드(전체화면모드): 화면 터치에 의해 나타남과 숨김을 반복
     data-fullscreen="true", data-position="fixed" 설정

7. 각 페이지의 푸터 컨테이너의 data-id 속성값으로 같은 푸터 아이디를 설정하면 페이지 전환 중에도 이전 푸터바가 변경되지 않고 유지되는데 이를 지속형 푸터바라고 한다. 선택된 버튼도 그대로 활성 상태를 유지하려면 ui-btn-active, ui-state-persist 클래스 속성을 지정한다.

연습문제

1. 다음 문장의 내용이 옳으면 O, 옳지 않으면 X를 하시오.

   1) 헤더바에 문자열 대신에 로고와 같은 이미지를 표시할 수 없다. ( )
   2) data-add-back-btn="true" 속성은 두 번째 이후 페이지부터 동작하며 이전 페이지로 이동할 때 이전 화면 전환과 반대 방향으로 애니메이션 효과를 나타낸다. ( )
   3) 헤더바와 푸터바 안의 〈a〉 태그는 버튼으로 자동 변환된다. ( )
   4) 헤더바나 푸터바 안에서 사용되는 〈h1〉~〈h6〉까지의 제목 태그는 중요도를 나타낼 뿐 표시 크기나 굵기 등의 차이는 없다. ( )

2. 다음 ( ) 안에 적합한 용어를 넣어 문장을 완성하시오.

   1) 헤더바를 생성하려면 ( ) 속성값으로 "header"를 설정하면 된다.
   2) 푸터바 버튼들을 그룹으로 묶어 버튼 사이에 여백을 전혀 주고 싶지 않다면 data-role="( )" 속성을 추가한다.
   3) 네비게이션바 버튼 생성시 class="( )" 속성은 페이지가 표시될 때 여러 버튼들 중에 하나가 이미 선택 되었음을 활성화하여 표시한다.
   4) 스크롤 여부에 상관없이 현재 화면의 맨 위와 맨 아래에 고정하여 헤더바와 푸터바를 표시하려면 ( )="fixed" 속성을 설정한다.
   5) ( ) 속성의 값이 같을 경우, 지정된 푸터바는 페이지 전환 중에도 이전 푸터바가 변경되지 않고 유지되는데 이를 지속형 푸터바라고 한다.

3. 네비게이션바(navigation bar)에 대해 간략히 설명하시오.

4. 툴바 표시 모드(3가지)에 대해 간략히 설명하시오.

5. 다음과 같은 실행 결과가 표시되도록 다음 코드 안의 밑줄 안에 적합한 태그를 넣어 완성하시오.

```
    ...
<div data-role="____________" id="page1">
    <div ____________________="header" data-position="____________">
        <_____ href="#page2" class="_______________">다음</a>
        <h1>첫번째 페이지</h1>
    </div>
    <div data-role="content">
    </div>
    <div data-role="footer" data-position="fixed" class="ui-bar">
        <div data-role="_______________" data-type="horizontal">
            <a href="#">버튼1</a>
            <a href="#">버튼2</a>
        </div>
    </div>
</div>
<div data-role="page" id="page2">
    <div data-role="header" ______________________="true"
______________________="이전" data-position="fixed">
        <h1>두번째 페이지</h1>
    </div>
    <div data-role="content">
    </div>
    <div data-role="footer" data-position="fixed">
        <div data-role="______________">
            <ul>
                <li><a href="#" ______________="plus">추가</a></li>
```

```
                <li><a href="#" data-icon="_____________">삭제</a></li>
            </ul>
        </div>
    </div>
</div>
    ...
```

Chapter 07

제이쿼리 모바일 버튼과 리스트뷰

※ **학습목표**

- 기본 버튼과 확장 버튼 등의 다양한 버튼 유형과 생성 방법을 알아본다.
- 다양한 리스트뷰의 개념과 생성 방법을 살펴본다.
- 리스트뷰의 추가 요소를 이해하고 속성 설정 방법을 알아본다.
- 제이쿼리 모바일 위젯 활용 방법을 알아본다.

Chapter 07

제이쿼리 모바일 버튼과 리스트뷰

1. 버튼

웹앱은 사용자와의 상호 작용을 최소화하도록 단순하게 구성해야 한다. 버튼은 사용자와의 상호 작용을 위한 가장 간단하면서 유용한 화면 요소이다. 다양한 버튼 생성 방법을 알아보자.

1.1 버튼 생성

제이쿼리 모바일 버튼은 링크 버튼, 폼 버튼, 아이콘 버튼, 이미지 버튼, 그룹 버튼 등으로 다양하다. 버튼들은 모바일 환경에 맞게 렌더링되어 표시된다. 제이쿼리 모바일 프레임워크는 버튼들이 다른 인터페이스 요소와 조화를 이루어 최적화된 형식으로 보여지도록 지원한다.

버튼은 모바일 화면의 구성 요소 중 가장 많이 사용되는 편리한 인터페이스 방식이다. 보통 사용자 의사를 전달하거나 요청을 위해 사용한다. 모바일 페이지에서는 페이지 간의 이동 수단으로 링크보다는 버튼을 주로 사용한다. 일반 버튼과 링크 버튼으로 구분되는 다양한 버튼의 유형과 생성 방법을 살펴보자.

버튼 생성 방법

제이쿼리 모바일에서 버튼을 생성하는 3가지 방법이 있다. 아래 예처럼 콘텐츠 영역에는 〈a〉 태그와 〈button〉 태그, 〈input〉 태그를 사용하여 버튼을 생성할 수 있다. 버튼 제목을 지정하는 방법이 다르고, data-role 또는 type 속성을 추가해야 하는 점에서 조금씩 차이가 있다.

■ 〈a〉 태그 버튼

```
<a href="#" data-role="button">버튼 제목</a>
<a href="#" class="ui-btn">버튼제목</a>
```

■ 〈button〉 태그 버튼

```
<button>버튼 제목</button>
```

■ 〈input〉 태그 버튼

```
<input type="button" value="버튼 제목">
```

제이쿼리 모바일 버튼을 하나씩 만들어보자. [실습 6-1] 템플릿 안의 '코드 변경 부분'을 [예제7-1]~[예제7-24]의 예제 코드들로 바꿔가면서 실행 결과를 확인한다. 먼저, 3가지 버튼 생성 방법을 확인해 보자.

[예제7-1] 버튼 생성하기 /ch07/btn-type.html

```
<div data-role="page">
    <div data-role="header">
        <h1>header영역</h1>
    </div>
    <div data-role="content">
        <p>content영역</p>
        <a data-role="button" href="#">(1) a태그 버튼</a>
        <button>(2) button태그 버튼</button>
        <input type="button" value="(3) input태그 버튼">
    </div>
    <div data-role="footer" data-position="fixed">
        <h4>footer영역</h4>
    </div>
</div>
```

3가지 생성 방법은 태그와 명세 방법이 각기 다르지만 생성된 버튼의 모양은 모두 같다. 버튼들은 둥근 모서리와 테두리 음영 효과가 적용된다. 버튼의 크기는 화면 전체의 너비나 문자열 길이에 비례하고 버튼 문자열은 가운데 정렬된다. 이 모든 스타일이 자동으로 적용되어 표시된다.

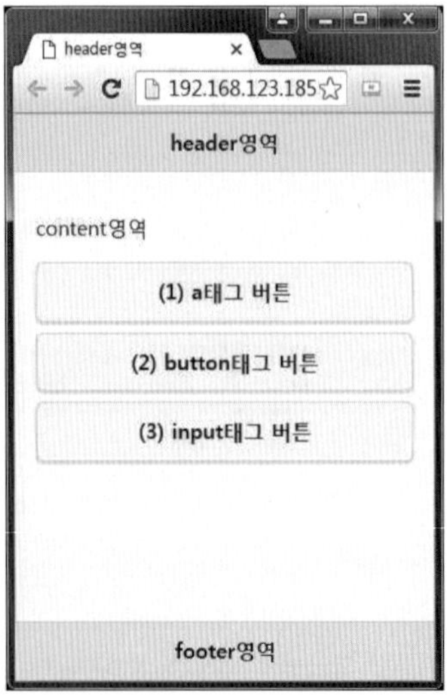

[그림 7-1] btn-type.html의 실행 결과(예제7-1)

1.2 기본 버튼 종류

링크 버튼

링크 버튼은 버튼처럼 보여지는 링크로 가장 많이 사용된다. 〈a〉 태그가 기존 링크 문자열 형태로 표시될 경우 손으로 터치하기 불편해서 작은 화면의 모바일 장치에는 적합하지 않다. 제이쿼리 모바일이 〈a〉 태그를 버튼으로 변환하는 이유이다. 링크 버튼은 페이지 모든 영역에 쉽게 만들 수 있는데 이는 HTML5 링크를 버튼으로 변환하는 CSS3 클래스가 자동으로 추가되기 때문이다.

헤더나 푸터 영역은 〈a〉 링크 태그만으로 버튼 생성이 가능하며, 콘텐츠 영역은 〈a〉 태그 안에 data-role="button" 속성을 명세해야 버튼이 만들어진다. 콘텐츠 영역의 버튼들은 기본 너비가 컨테이너(이 경우, 콘텐츠 영역)의 전체 너비를 거의 채우게 설정된다. 페이지 너비가 커지면 버튼의 너비도 따라서 커진다. 버튼이 너무 크면 버튼 너비를 문자열(아이콘 포함) 크기에 맞추어 최소화할 수 있다. data-inline="true" 속성을 추가하면 된다.

```
<a href="#" data-role="button" data-inline="true">버튼 제목</a>
```

페이지 너비가 허용되는 범위 안에서 한 줄에 여러 버튼들이 순서대로 위치한다. 페이지 너비가 줄어들거나 커지면 같은 줄에 위치하는 버튼 개수도 자동으로 변경된다.

> **Tip 버튼 조절 속성**
>
> 버튼의 기본 모양을 일부 변경할 수 있는 버튼 속성이 있다. 필요할 경우, 활용해 보자.
>
> data-mini="true" : 버튼 높이와 글자 크기를 기본보다 작게 표시한다.(제이쿼리 모바일 1.1.0 이상)
> data-inline="true" : 버튼 너비를 글자 길이만큼만 표시한다.
> data-corners="false" : 버튼 모서리를 직각으로 표시한다.
> data-shadow="false" : 버튼 밑의 음영 효과를 표시하지 않는다.

다음은 링크 버튼 생성 예제이다.

[예제7-2] 링크 버튼 생성하기 /ch07/link-btn.html

```
<div data-role="page">
    <div data-role="header">
        <h1>header영역</h1>
        <a href="#">a태그 버튼1</a>
        <a href="#">a태그 버튼2</a>
    </div>
    <div data-role="content">
        <p>content영역</p>
        <a href="#">a태그 버튼3</a>
        <a href="#" data-role="button">a태그 버튼4</a>
        <a href="#" data-role="button" data-inline="true">a태그 버튼5</a>
        <a href="#" data-role="button" data-mini="true">a태그 버튼6</a>
    </div>
    <div data-role="footer" data-position="fixed">
        <a href="#">a태그 버튼7</a>
        <h4>footer영역</h4>
        <a href="#">a태그 버튼8</a>
    </div>
</div>
```

헤더와 푸터 영역에서는 링크가 버튼으로 자동 변환됨을 알 수 있다. 콘텐츠 영역에서는 반드시 data-role="button" 속성 설정을 해야 한다. 헤더바의 버튼은 〈a〉 태그의 위치에 상관없이 첫 번째는 헤더 제목 왼쪽에, 두 번째는 오른쪽에 위치됨에 유의하자. 세 번째 〈a〉 태그부터는 새로운 줄에 표시된다. 푸터 영역은 태그 순서대로 버튼과 푸터 제목이 각각 다른 줄에 표시된다.

실행 결과는 다음과 같다.

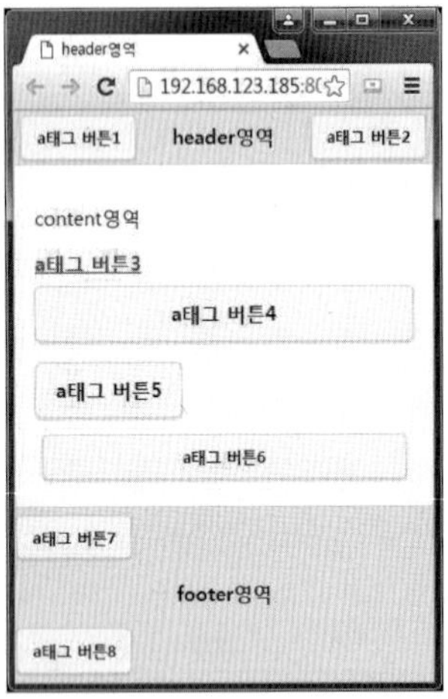

[그림 7-2] link-btn.html의 실행 결과(예제7-2)

폼 버튼

폼 버튼은 입력, 수정 등 폼과의 상호 작용을 위해 혹은 완성된 폼의 제출을 위해 사용한다. HTML5 표준 태그인 〈button〉 혹은 〈input〉 태그를 그대로 사용하므로 추가할 속성도 없고 간단하다. 볼록한 모바일 버튼으로의 변환은 제이쿼리 모바일 프레임워크가 자동으로 처리한다.

```
<button type="버튼 유형">버튼 제목</button>
<input type="버튼 유형" value="버튼 제목">
```

type 속성값이 'submit', 'reset', 'button'에 해당할 경우 모바일 버튼으로 자동 변환된다. 〈button〉 태그의 경우도 type 속성을 명세하는 것이 바람직하다. 자동 변환을 원하지 않을 경우, data-role="none" 속성을 설정하면 변환 전의 기존 버튼 모양으로 표시된다.

다음은 폼 버튼 생성 예제이다.

[예제7-3] 폼 버튼 생성하기 /ch07/form-btn.html

```
<div data-role="page" id="page1">
    <div data-role="header">
        <h1>header영역</h1>
    </div>
    <div data-role="content">
        <button>일반버튼</button>
        <button data-role="none">기존버튼</button>
        <input type="button" value="입력버튼">
        <input type="submit" value="제출버튼">
        <input type="reset" value="재설정버튼">
    </div>
    <div data-role="footer" data-position="fixed">
        <h4>footer영역</h4>
    </div>
</div>
```

〈button〉 태그에 의해 생성된 버튼은 일반 버튼으로 주로 자바스크립트의 실행을 호출하는 역할을 위해 사용한다. 실행 결과는 다음과 같다.

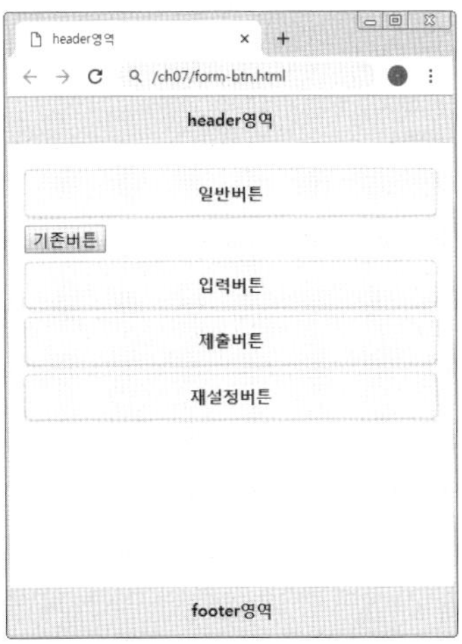

[그림 7-3] form-btn.html의 실행 결과(예제7-3)

아이콘 버튼

버튼의 의미를 시각적으로 표현하기 위해 버튼 위에 아이콘을 추가할 수 있다. 버튼을 생성하는 마크업 안에 data-icon 속성을 추가하면 된다. 제이쿼리 모바일은 자주 사용되는 40개의 표준 아이콘을 기본적으로 제공한다. 실제 제이쿼리 모바일 라이브러리 파일을 다운받아 보면 'images' 폴더 안에 아이콘 이미지 파일이 존재한다. 이 표준 아이콘들은 다양한 배경에 잘 어울릴 수 있도록 반투명의 검은색 바탕 위에 흰색 이미지로 표시된다.

```
<button data-icon="아이콘이름">버튼 제목</button>
<input type="button" value="버튼 제목" data-icon="아이콘이름">
```

다음은 아이콘 버튼 생성 예제이다.

[예제7-4] 아이콘 버튼 생성하기 /ch07/icon-btn.html

```
<div data-role="page" id="page1">
    <div data-role="header">
        <h1>header영역</h1>
    </div>
    <div data-role="content" >
        <button data-icon="arrow-l">1_왼방향화살표버튼</button>
        <button data-icon="check">2_확인버튼</button>
        <button data-role="none" data-icon="refresh">기존버튼</button>
        <input type="button" value="3_검색버튼" data-icon="search">
        <input type="submit" value="4_그리드버튼" data-icon="grid">
        <input type="reset" value="5_경고버튼" data-icon="alert">
        <input type="image" value="6_홈버튼" data-icon="home">
        <a href="#" data-role="button" data-icon="info">7_정보버튼</a>
    </div>
    <div data-role="footer" data-position="fixed">
        <h4>footer영역</h4>
    </div>
</div>
```

실행 결과는 다음과 같다. 〈a〉 태그와 〈button〉 태그, 〈input〉 태그를 사용한 모든 버튼에 아이콘을 추가할 수 있다. data-role="none" 속성값을 지정하면 고전적인 버튼 모양에 아이콘은 표시되지 않는다.

[그림 7-4] icon-btn.html의 실행 결과(예제7-4)

다음은 제이쿼리 모바일에서 기본으로 제공하는 표준 아이콘들이다.

〈표 7-1〉 표준 아이콘

아이콘모양	data-icon 속성값	아이콘모양	data-icon 속성값	아이콘모양	data-icon 속성값
	action		alert		arrow-d
	arrow-d-l		arrow-d-r		arrow-l
	arrow-r		arrow-u		arrow-u-l
	arrow-u-r		audio		back
	bars		bullets		calendar
	camera		carat-d		carat-l
	carat-r		carat-u		check
	clock		cloud		comment
	delete		edit		eye
	forbidden		forward		gear
	grid		heart		home

	info		location		lock
	mail		minus		navigation
	phone		plus		power
	recycle		refresh		search
	shop		star		tag
	user		video		

1.3 아이콘 버튼의 변형

문자열 생략

버튼이 많을 경우, 버튼 크기를 줄이기 위해 문자열 없이 아이콘만 버튼에 표시할 수 있다. data-iconpos="notext" 속성을 설정하면 아이콘만으로 버튼이 만들어진다. 〈a〉 태그와 〈button〉 태그, 〈input〉 태그 모두에 설정이 가능하다.

```
<button data-icon="아이콘 이름" data-iconpos="notext">버튼 제목</button>
<input type="button" value="버튼 제목" data-icon="아이콘 이름" data-iconpos="notext">
```

다음은 문자열을 생략한 아이콘 버튼 생성 예제이다.

[예제7-5] 아이콘 전용 버튼 생성하기 /ch07/icon-only-btn.html

```
<div data-role="page" id="page1">
    <div data-role="header">
        <h1>header영역</h1>
    </div>
    <div data-role="content" >
        <button data-icon="delete" data-inline="true">취소</button>
        <button data-icon="check">확인</button>
        <button data-icon="delete" data-iconpos="notext" data-inline="true">취소</button>
        <button data-icon="check" data-iconpos="notext" data-inline="true">확인</button>
        <button data-role="none" data-icon="refresh" data-iconpos="notext" data-
inline="true">4_새로고침버튼</button>
        <input type="button" value="5_검색버튼" data-icon="search" data-iconpos="notext">
```

```
            <a href="#" data-role="button" data-icon="info" data-iconpos="notext">6_정보버튼</a>
        </div>
        <div data-role="footer" data-position="fixed">
            <h4>footer영역</h4>
        </div>
</div>
```

실행 결과는 다음과 같다.

[그림 7-5] icon-only-btn.html의 실행 결과(예제7-5)

아이콘 위치 변경

기본적으로 아이콘은 버튼 왼쪽에 정렬되어 표시된다. 버튼 내에서 아이콘의 위치도 변경할 수 있다. data-iconpos 속성값으로 top(상), bottom(하), left(좌), right(우) 중 하나를 선택하여 설정하면 된다.

```
<button data-icon="아이콘 이름" data-iconpos="위치">버튼 제목</button>
<input type="button" value="버튼 제목" data-icon="아이콘 이름" data-iconpos="위치">
```

다음은 아이콘 위치를 변경한 버튼 생성 예제이다.

[예제7-6] 버튼 아이콘 위치 변경하기 /ch07/icon-position-btn.html

```
<div data-role="page">
    <div data-role="header">
        <h1>header영역</h1>
    </div>
    <div data-role="content" >
        <button data-icon="arrow-u" data-iconpos="top">위쪽 버튼</button>
        <button data-icon="arrow-l" data-iconpos="left">왼쪽 버튼</button>
        <button data-icon="arrow-r" data-iconpos="right">오른쪽 버튼</button>
        <button data-icon="arrow-d" data-iconpos="bottom">아래쪽 버튼</button>
        <a href="#" data-role="button" data-icon="arrow-u" data-iconpos="top" data-
inline="true">상</a>
<a href="#" data-role="button" data-icon="arrow-l" data-iconpos="left" data-inline="true">좌</a>
        <a href="#" data-role="button" data-icon="arrow-r" data-iconpos="right" data-
inline="true">우</a>
        <a href="#" data-role="button" data-icon="arrow-d" data-iconpos="bottom" data-
inline="true">하</a>
    </div>
    <div data-role="footer" data-position="fixed">
        <h4>footer영역</h4>
    </div>
</div>
```

실행 결과는 다음과 같다.

[그림 7-6] icon-position-btn.html의 실행 결과(예제7-6)

사용자 정의 아이콘

버튼에 사용자 정의 아이콘을 추가할 수 있다. 버튼 생성 마크업 안에 data-icon 속성값으로 고유한 아이콘 이름(식별자)를 임의로 생성하여 지정한다.

```
<button data-icon="사용자정의 아이콘이름">버튼 제목</button>
<input type="button" value="버튼 제목" data-icon="사용자정의 아이콘이름">
```

추가하는 아이콘의 이름은 미리 정의되어야 한다. 〈style〉 태그 안에 사용자정의 아이콘의 파일 위치와 아이콘 스타일 속성들로 CSS3 클래스를 정의한다. 이때, 추가하는 CSS3 클래스의 이름은 반드시 '.ui-icon-' 접두어 뒤에 data-icon 속성값으로 설정하는 식별자 즉, 사용자 정의 아이콘 이름을 붙여서 명세한다.

```
<style>
    .ui-icon-사용자정의아이콘이름: after {
        background : url(아이콘파일경로명) 스타일 속성값 ;
        background-size : 아이콘이미지크기 ;
    }
</style>
```

사용자 정의 아이콘을 사용하는 버튼 생성 예이다.

[예제7-7] 사용자 정의 아이콘 버튼 생성하기 /ch07/user-icon-btn.html

```
<style>
    .ui-icon-my-icon:after {
        background:url(buttonicon1.png);
        background-size: 18px 18px;
    }
</style>
    ... 생략 ...
<div data-role="page">
    <div data-role="header">
        <h1>header영역</h1>
    </div>
    <div data-role="content">
        <button data-icon="my-icon">사용자정의아이콘1</button>
        <input type="button" value="사용자정의아이콘2" data-icon="my-icon">
```

```
        <a href="#" data-role="button" data-icon="my-icon">사용자정의아이콘3</a>
    </div>
    <div data-role="footer" data-position="fixed">
        <h4>footer영역</h4>
    </div>
</div>
```

실행 결과는 다음과 같다.

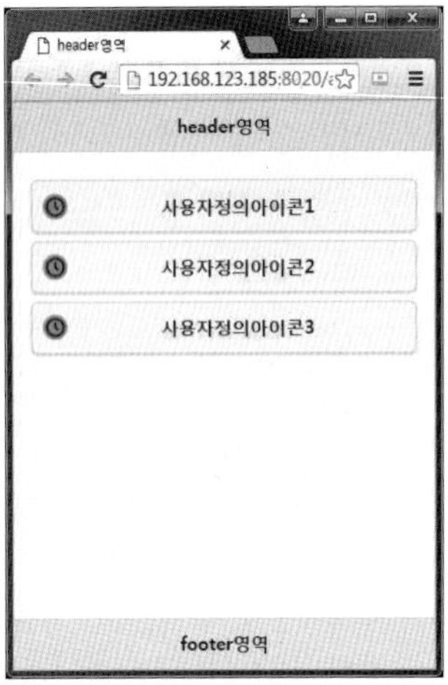

[그림 7-7] user-icon-btn.html의 실행 결과(예제7-7)

Tip 사용자 정의 아이콘

사용자 정의 아이콘을 적용하려면 png 형식의 아이콘 이미지 파일을 준비한다. 18*18 픽셀의 흰색(또는 투명)에 알파 투명도(alpha transparency)가 적용된 PNG-8 형식으로 크기를 약간 작게 만든다. 선명한 아이콘을 원하면 36*36 픽셀 크기의 이미지를 사용할 수 있지만 이 경우에도 background-size 속성값을 '18px 18px'로 지정해야 한다. 웹앱에서 사용 가능한 무료 아이콘을 http://glyphish.com 사이트 등에서 구할 수 있다.

1.4 확장 버튼 종류

이미지 버튼

아이콘이나 문자열 대신에 이미지만으로 버튼을 만들 수 있다. <a> 태그 안에 <img> 태그를 추가한다. 모바일 환경을 고려하여 .png 파일의 경로명을 src 속성값으로 지정한다.

```
<a href="#" data-role="button"> <img src="이미지파일경로명"> </a>
```

다음은 이미지를 포함한 버튼 생성 예이다.

[예제7-8] 이미지 버튼 생성하기 /ch07/image-btn.html

```
<div data-role="page">
    <div data-role="header">
        <h1>header영역</h1>
    </div>
    <div data-role="content" >
        <button> <img src="buttonimg.png"> </button>
        <input type="image" src="buttonimg.png" data-role="button">
        <a href="#" data-role="button"> <img src="buttonimg.png"> </a>
        <a href="#" data-role="button"> <img src="jamlogo.png"> </a>
    </div>
    <div data-role="footer" data-position="fixed">
        <h4>footer영역</h4>
    </div>
</div>
```

<button> 태그나 <input> 태그로는 이미지 버튼 생성이 어려움을 알 수 있다.

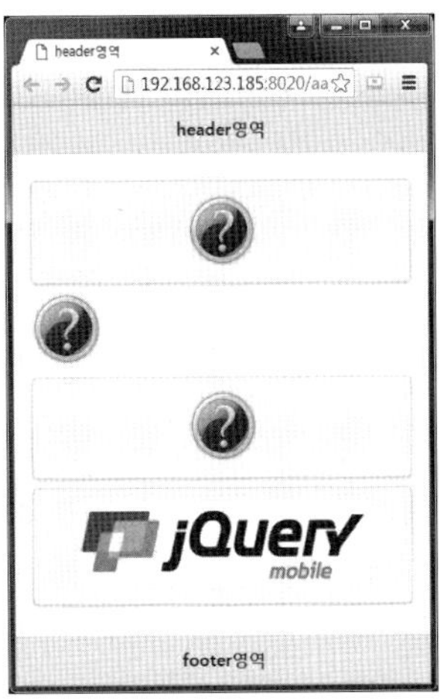

[그림 7-8] image-btn.html의 실행 결과(예제7-8)

버튼 그룹

버튼들을 하나의 컨트롤처럼 보이도록 묶어서 버튼 그룹을 만들 수 있다. 버튼 그룹은 여백 없이 버튼들을 모아서 표시함으로써 의미적으로 밀접하게 관련된 버튼들을 그룹화할 때 사용하다. 버튼 그룹을 생성하려면 data-role="controlgroup" 속성값을 갖는 <div> 태그로 버튼들을 감싸면 된다. data-inline="true" 속성을 갖는 버튼이 여러 개 있을 경우 버튼 그룹으로 그룹화하는 것이 좋다.

```
<div data-role="controlgroup">
    . . . 버튼 생성 태그들 . . .
</div>
```

버튼들은 기본적으로 세로 방향으로 결합해서 표시된다. data-type 속성값을 'vertical'로 지정해도 결과는 같다. 버튼들을 가로 방향으로 나열하고 싶다면 data-type 속성값으로 'horizontal'을 지정한다.

```
<div data-role="controlgroup" data-type="horizontal"> </div>
```

가로 방향으로 나열할 경우, 버튼 개수가 많거나 버튼 제목 문자열이 길 경우, 한 줄에 배치하지 못하고 다음 줄로 밀려 내려갈 수 있으므로 주의 한다.

[예제7-9] 버튼 그룹 생성하기 /ch07/btn-group.html

```
<div data-role="page">
    <div data-role="header">
        <h1>header영역</h1>
    </div>
    <div data-role="content">
        <div data-role="controlgroup">
                <a href="#" data-role="button">버튼1</a>
                <a href="#" data-role="button">버튼2</a>
                <a href="#" data-role="button">버튼3</a>
        </div>
        <div data-role="controlgroup" data-type="horizontal">
                <a href="#" data-role="button">버튼1</a>
                <a href="#" data-role="button">버튼2</a>
                <a href="#" data-role="button">버튼3</a>
```

```
        </div>
    </div>
    <div data-role="footer" data-position="fixed">
        <h4>footer영역</h4>
    </div>
</div>
```

실행 결과는 다음과 같다.

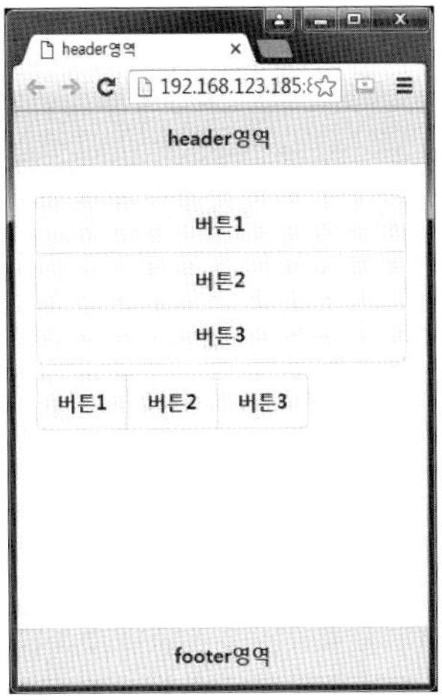

[그림 7-9] btn-group.html의 실행 결과(예제7-9)

버튼 테마

제이쿼리 모바일에서 제공하는 스타일 기본 테마는 'a'~'b'까지 2가지 종류이다. 버튼도 다른 화면 요소들처럼 상위 컨테이너의 테마를 상속받는다. 상속받는 테마 대신에 다른 테마를 적용하고 싶다면 버튼마다 data-theme 속성값을 설정하면 된다.

```
<button data-theme="버튼테마이름"></button>
<input type="button" value=" " data-theme="버튼테마이름">
```

보통 콘텐츠 컨테이너에 data-theme 속성값을 설정하는 것이 바람직하다.

[예제7-10] 버튼 테마 적용하기 /ch07/btn-theme.html

```
<div data-role="page">
    <div data-role="header">
        <h1>header영역</h1>
    </div>
    <div data-role="content">
        <button>버튼1(기본)</button>
        <button data-theme="a">버튼2(a-테마)</button>
        <input type="button" value="버튼3(b-테마)" data-theme="b">
        <a href="#" data-role="button" data-theme="b">버튼4(b-테마)</a>
    </div>
    <div data-role="footer" data-position="fixed">
        <h4>footer영역</h4>
    </div>
</div>
```

실행 결과는 다음과 같다.

[그림 7-10] btn-theme.html의 실행 결과(예제7-10)

2. 리스트뷰 기초

리스트뷰는 제한된 화면 공간에 필요한 정보만을 요약 · 제공할 때 매우 효과적이다. 정보 유형이나 활용 목적에 따라 다양한 종류의 리스트뷰를 선택적으로 사용할 수 있다. 기본 리스트를 포함하여 숫자 리스트, 중첩 리스트, 분할 리스트, 썸네일 리스트, 아이콘 리스트 등 다양하다. 제이쿼리 모바일에서는 다양한 스타일의 리스트뷰를 쉽고 빠르게 생성할 수 있으므로 대표적인 브라우징 요소로 많이 사용한다. 다양한 리스트뷰 생성 방법을 알아보자.

2.1 기본 리스트뷰

제이쿼리 모바일 페이지들은 대부분 리스트뷰 기반의 레이아웃을 갖는다. 리스트뷰(listview)는 여러 리스트들 즉, 목록들을 모아 간결한 형태로 화면에 표시한다. 균일한 간격을 갖는 항목들이 나열되고, 관심 항목을 클릭하면 설정된 링크를 따라 페이지로 이동되거나 항목에 대한 상세 정보를 확인할 수 있다.

리스트뷰의 기본형은 여러 항목들을 모아 화면에 세로로 나열한다. 연결된 링크가 없으면 목록을 보여주기만 할 뿐 어떤 동작도 할 수 없다. 기본 리스트뷰(basic listview)는 항목 정보만을 목록으로 제공하므로 '읽기전용 리스트뷰'라고 한다. 보통 비순서 리스트 태그 〈ul〉 안에 data-role 속성값으로 'listview'를 설정한다. 순서 리스트 태그 〈ol〉 안에도 같은 방법으로 리스트뷰를 생성할 수 있다.

```
<ul data-role="listview">
    <li>항목 이름</li>
    . . . 항목 정의 . . .
</ul>
```

각 〈li〉 태그 안의 항목 이름들은 제이쿼리 모바일 프레임워크에 의해 자동으로 터치 형식의 버튼들로 변환되어 화면에 표시된다. 각 목록 항목 버튼들의 너비는 페이지 전체 너비와 동일하게 설정된다. 기본적으로 테마 'a'가 적용된다.

[예제7-11] 리스트뷰 생성하기 /ch07/listview.html

```
<div data-role="page">
    <div data-role="header">
        <h1>header영역</h1>
    </div>
    <div data-role="content">
        <p>content영역</p><br/>
        <ul data-role="listview">
            <li>기본리스트1</li>
            <li>기본리스트2</li>
```

```
            <li>기본리스트3</li>
            <li>기본리스트4</li>
        </ul>
    </div>
    <div data-role="footer" data-position="fixed">
        <h4>footer영역</h4>
    </div>
</div>
```

실행 결과는 다음과 같다.

[그림 7-11] listview.html의 실행 결과(예제7-11)

2.2 연결 리스트뷰

목록을 보여주기만 하는 기본 리스트뷰에 비해 연결 리스트뷰(linked listview)는 항목 선택이 가능하다. 기본 리스트뷰의 각 항목에 링크 정보를 추가하면 연결 리스트뷰가 된다. 링크를 통해 특정 페이지 이동을 안내하거나 다른 하위 리스트뷰를 연결하기 위해 사용한다.

```
<ul data-role="listview">
    <li><a href="#">항목이름</a></li>
    . . . 항목 정의 . . .
</ul>
```

연결 리스트뷰는 기본 리스트뷰의 각 항목에 오른쪽 화살표가 추가된 모양이다. 연결된 페이지가 존재한다는 의미이다. 링크를 포함할 경우, 항목 버튼의 간격도 조금 넓어지면서 '오른쪽 화살표' 아이콘이 버튼 오른쪽에 자동으로 추가된다. 각 항목들을 선택하면 href 속성값을 참조하여 해당 페이지를 불러온다.

[예제7-12] 연결 리스트뷰 생성하기 /ch07/linked-listview.html

```
<div data-role="page">
    <div data-role="header">
        <h1>header영역</h1>
    </div>
    <div data-role="content">
        <p>content영역</p><br/>
        <ul data-role="listview">
            <li><a href="#">리스트1</a></li>
            <li><a href="#">리스트2</a></li>
            <li><a href="#">리스트3</a></li>
            <li><a href="#">리스트4  리스트4 리스트4 리스트4 리스트4</a></li>
        </ul>
    </div>
    <div data-role="footer" data-position="fixed">
        <h4>footer영역</h4>
    </div>
</div>
```

다음은 실행 결과이다. 연결 리스트뷰 항목의 내용이 길 경우는 자동으로 내용을 자르고 생략 기호(. . .)를 추가해 준다.

[그림 7-12] linked-listview.html의 실행 결과(예제7-12)

2.3 순서 리스트뷰

자동으로 항목마다 번호가 앞에 표시되는 리스트뷰이다. 순서화 목록을 의미하는 <ol> 태그 안에 data-role 속성값으로 'listview'를 설정하면 된다.

```
<ol data-role="listview">
    <li>항목 이름</li>
    ... 항목 정의 ...
</ol>
```

순서 리스트뷰(ordered listview)는 표시되는 항목들이 특정한 순서적 의미를 가지고 있어 그 순서를 표현할 필요가 있을 때 사용한다. 보통 순위나 순번들을 갖는 항목들에 적용한다.

[예제7-13] 순서 리스트뷰 생성하기 /ch07/ordered-listview.html

```
<div data-role="page">
    <div data-role="header">
        <h1>header영역</h1>
    </div>
    <div data-role="content">
        <p>content영역</p><br/>
        <ol data-role="listview" data-theme="b">
            <li>순서리스트1</li>
            <li>순서리스트2</li>
            <li>순서리스트3</li>
            <li>순서리스트4</li>
        </ol>
    </div>
    <div data-role="footer" data-position="fixed">
        <h4>footer영역</h4>
    </div>
</div>
```

실행 결과는 다음과 같다.

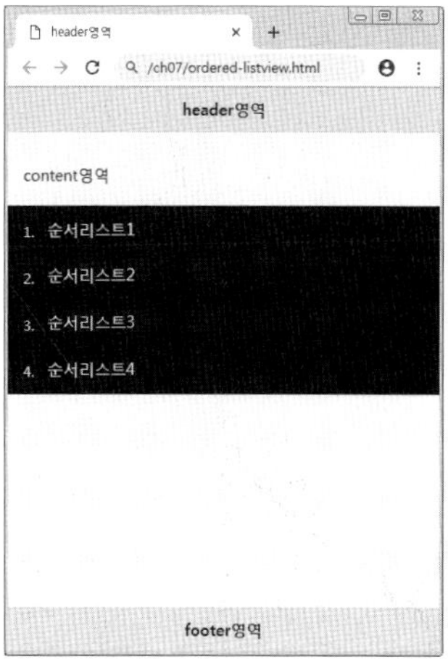

[그림 7-13] ordered-listview.html의 실행 결과(예제7-13)

2.4 인셋 리스트뷰

인셋 리스트뷰(inset listview)는 콘텐츠 영역 안에 둥근 사각형 모양의 내부 공간을 형성하고 그 안에 리스트뷰를 표시하는 형식이다. 리스트 태그 〈ul〉 안에 data-inset 속성값을 'true'로 설정하면 된다.

```
<ul data-role="listview" data-inset="true">
```

기본 리스트뷰는 각 목록 항목들이 페이지 너비만큼 전체 공간을 채우게 된다. 여백이 없어 보기좋지 않고 페이지에 다른 내용들을 함께 표시할 경우 조화를 이루기가 쉽지 않다. 이를 해결하기 위해 화면의 가로, 세로 길이에 비례해서 상하좌우에 적정 여백과 둥근 모서리 모양을 갖는 인셋 리스트뷰를 많이 사용한다.

[예제7-14] 인셋 리스트뷰 생성하기 /ch07/inset-listview.html

```
<div data-role="page">
    <div data-role="header">
        <h1>header영역</h1>
    </div>
    <div data-role="content">
        <p>content영역</p>
        <ul data-role="listview" data-inset="true">
            <li><a href="#">리스트1</a></li>
```

```
            <li><a href="#">리스트2</a></li>
            <li><a href="#">리스트3</a></li>
            <li data-theme="b"><a href="#">리스트4</a></li>
        </ul>
    </div>
    <div data-role="footer" data-position="fixed">
        <h4>footer영역</h4>
    </div>
</div>
```

실행 결과는 다음과 같다.

[그림 7-14] inset-listview.html의 실행 결과(예제7-14)

2.5 분할 리스트뷰

분할 리스트뷰(split listview)는 각 항목 영역을 분할하여 둘 이상의 링크를 통해 여러 페이지와의 연동이 가능한 리스트뷰이다. 분할된 항목 영역은 독립된 분할 버튼으로서 동작한다.

```
<li><a href="#">분할 항목 이름1</a><a href="#">분할 항목 이름2</a></li>
```

제이쿼리 모바일은 각 링크 항목을 수직선으로 구분하고 첫 번째 링크는 주 항목으로 문자열 버튼으로 표시한다. 두 번째 링크는 보조 항목으로 간주하며 아이콘 버튼만 표시한다. 예를 들면, 첫 번째 문자열 버튼은 상세 정보를 검색하기 위해, 두 번째 아이콘 버튼은 수정 편집을 위해 선택하도록 구성할 수 있다.

[예제7-15] 분할 리스트뷰 생성하기 /ch07/split-listview.html

```
<div data-role="page">
    <div data-role="header">
        <h1>header영역</h1>
    </div>
    <div data-role="content">
        <p>content영역</p> <br/>
        <ul data-role="listview">
            <li><a href="#">리스트1</a><a href="#">상세내용</a></li>
            <li><a href="#">리스트2</a><a href="#">상세내용</a></li>
            <li><a href="#">리스트3</a><a href="#">상세내용</a></li>
            <li><a href="#">리스트4</a><a href="#">상세내용</a></li>
        </ul>
    </div>
    <div data-role="footer" data-position="fixed">
        <h4>footer영역</h4>
    </div>
</div>
```

실행 결과는 다음과 같다.

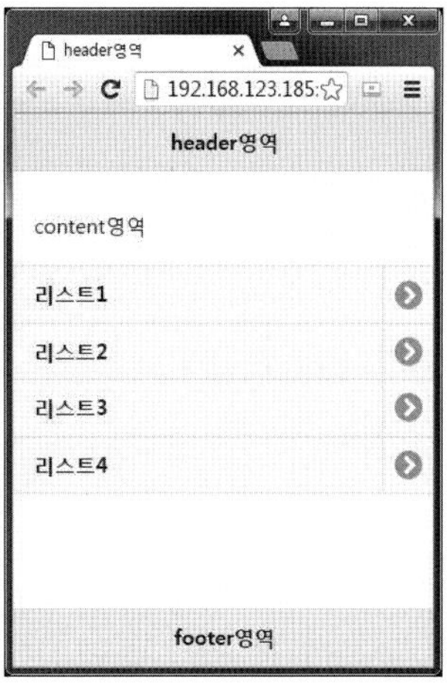

[그림 7-15] split-listview.html의 실행 결과(예제7-15)

분할 항목에 표시하는 두 번째 버튼의 아이콘도 변경할 수 있다. 기본 아이콘은 오른쪽 화살표 모양이다. 〈ul〉 태그 안의 data-split-icon 속성에 원하는 아이콘 이름을 명시하면 원하는 아이콘으로 변경할 수 있다. 기본적으로 테마 'a'가 적용되며 수정하려면 data-split-theme 속성을 추가하면 된다.

[예제7-16] 분할 리스트뷰 아이콘 변경하기 /ch07/split-listview-icon.html

```
<div data-role="page">
    <div data-role="header">
        <h1>header영역</h1>
    </div>
    <div data-role="content">
        <p>content영역</p><br/>
        <ul data-role="listview" data-split-icon="grid" data-split-theme="b">
            <li><a href="#">리스트1</a><a href="#">상세내용</a></li>
            <li><a href="#">리스트2</a><a href="#">상세내용</a></li>
            <li><a href="#">리스트3</a><a href="#">상세내용</a></li>
            <li><a href="#">리스트4</a><a href="#">상세내용</a></li>
        </ul>
    </div>
    <div data-role="footer" data-position="fixed">
        <h4>footer영역</h4>
    </div>
</div>
```

실행 결과는 다음과 같다.

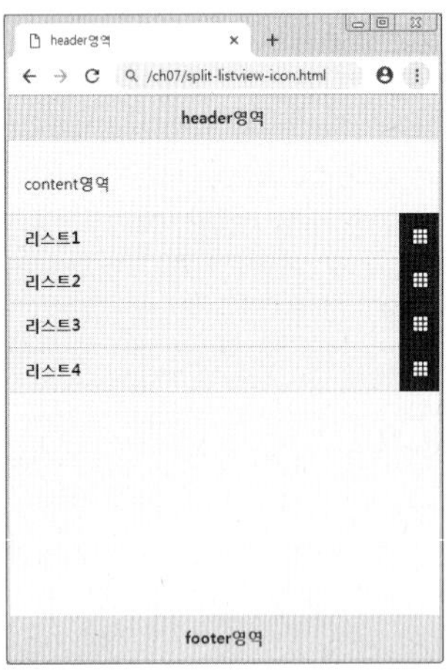

[그림 7-16] split-listview-icon.html의 실행 결과(예제7-16)

3. 리스트뷰 고급

보다 효과적인 정보 제공을 위한 여러 리스트뷰 추가 속성이 지원된다. 카운트 버블, 리스트 구분자, 썸네일 리스트뷰, 아이콘 리스트뷰, 여러 줄 리스트뷰, 검색 필터 리스트 등의 활용 방법에 대해 알아보자.

3.1 카운트 버블

카운트 버블(count bubble)은 리스트뷰 항목의 둥근 거품 방울 모양의 화면 요소를 말한다. 중첩 리스트뷰의 경우, 하위 리스트뷰를 확인하기 전에 하위 항목들의 개수를 미리 알려주면 무척 편리하다. 보통 메일 편지함처럼 전체 하위 항목이나 새로운 항목의 개수를 나타내는 용도로 많이 사용된다. 'new', 'hot' 처럼 하위 항목 내용을 강조하고자 할 경우에도 유용하다. 리스트뷰의 일반 항목이나 리스트 분리자에 모두 표시할 수 있다.

```
<li><a href="#">상위 항목 이름<span class="ui-li-count">5</span></a></li>
```

카운트 버블은 보통 〈span〉 태그 등 숫자나 안내 문자열을 내용으로 갖는 태그 안에 'ui-li-count' 클래스 속성을 설정하면 된다. 카운트 버블은 기본적으로 테마 'C'가 적용되며 data-count-theme 속성을 추가하면 변경할 수 있다.

[예제7-17] 리스트뷰 카운트 버블 생성하기 /ch07/count-bubble.html

```
<div data-role="page">
    <div data-role="header">
        <h1>header영역</h1>
    </div>
    <div data-role="content">
        <p>content영역</p> <br/>
        <ul data-role="listview" data-inset="true" data-count-theme="a">
            <li><a href="#">리스트1<span class="ui-li-count">5</span></a></li>
            <li><a href="#">리스트2<span class="ui-li-count">17</span></a></li>
            <li><a href="#">리스트3<span class="ui-li-count">hot</span></a></li>
            <li><a href="#">리스트4<span class="ui-li-count">new</span></a></li>
        </ul>
    </div>
    <div data-role="footer" data-position="fixed">
        <h4>footer영역</h4>
    </div>
</div>
```

실행 결과는 다음과 같다.

[그림 7-17] count-bubble.html의 실행 결과(예제7-17)

3.2 리스트 구분자

리스트뷰에 항목들이 많을 경우 원하는 항목을 찾기가 쉽지 않다. 항목 검색이 쉽도록 항목들을 그룹 단위로 나눌 필요가 있다. 항목들을 그룹으로 분류하고 각 그룹별로 분류명을 표시하는 특별한 항목을 추가하면 된다. 바로 리스트 구분자(list divider)이다. 리스트 구분자는 항목 그룹에 대한 '헤더'와 같은 역할을 한다. 〈li〉 태그 안에 data-role="list divider" 속성을 추가하면 된다.

```
<li data-role="listdivider">구분자 제목</li>
```

리스트 구분자는 링크를 갖지 않는 항목으로 간주되며 다른 항목들과 구별되도록 테마 'B'로 기본 설정된다. 리스트 구분자의 글자는 기본적으로 왼쪽 정렬된다. data-divider-theme 속성을 설정하여 테마를 변경할 수 있다.

[예제7-18] 리스트 구분자 생성하기 /ch07/list-divider.html

```
<div data-role="page">
    <div data-role="header">
```

```
        <h1>header영역</h1>
    </div>
    <div data-role="content">
        <p>content영역</p> <br/>
        <ul data-role="listview">
            <li data-role="listdivider">ㄱ</li>
            <li><a href="#">강</a></li>
            <li data-role="listdivider" data-divider-theme="a">ㅅ</li>
            <li><a href="#">산</a></li>
            <li><a href="#">산마루</a></li>
            <li data-role="listdivider">ㅎ</li>
            <li><a href="#">하늘</a></li>
        </ul>
    </div>
    <div data-role="footer" data-position="fixed">
        <h4>footer영역</h4>
    </div>
</div>
```

실행 결과는 다음과 같다.

[그림 7-18] list-divider.html의 실행 결과(예제7-18)

다음 예처럼 항목들이 하나의 그룹으로만 분류되는 경우, 리스트 구분자는 항목들의 제목 역할을 하게 된다. 메뉴 화면 작성시 많이 사용된다.

[예제7-19] 리스트뷰 제목 생성하기 /ch07/listview-title.html

```
<div data-role="page">
    <div data-role="header">
        <h1>header영역</h1>
    </div>
    <div data-role="content">
        <p>content영역</p>
        <ul data-role="listview" data-inset="true">
            <li data-role="listdivider">박물관 종류</li>
            <li><a href="#">자연사박물관</a></li>
            <li><a href="#">등대박물관</a></li>
            <li><a href="#">공룡박물관</a></li>
            <li><a href="#">하늘박물관</a></li>
        </ul>
    </div>
    <div data-role="footer" data-position="fixed">
        <h4>footer영역</h4>
    </div>
</div>
```

[그림 7-19] listview-title.html의 실행 결과(예제7-19)

3.3 썸네일 리스트뷰

리스트뷰에 필요하다면 썸네일 이미지를 항목 왼쪽에 추가할 수 있다. 썸네일 이미지는 데이터 전송의 효율성을 위해 변환된 작은 크기의 이미지이다. 썸네일 리스트뷰(thumbnail listview)는 리스트뷰의 각 항목 내용으로 〈img〉 태그를 추가하면 된다.

〈img〉 태그 안에 보여줄 이미지 파일의 경로를 src 속성값으로 지정한다.

```
<li><a href="#"><img src="썸네일 이미지파일 경로명">항목이름</a></li>
```

〈img〉 태그는 각 리스트 항목의 문자열보다 먼저 명세되어야 한다. 설정하는 썸네일 이미지의 기본 크기는 80*80 픽셀의 정사각형 모양이다. 예를 들면, 그림, 사진, 그래픽 등의 이미지를 포함한 연락처, 도서, 영화 정보 등의 목록을 표시할 때 효과적이다.

[예제7-20] 썸네일 리스트뷰 생성하기 /ch07/thumbnail-listview.html

```
<div data-role="page">
    <div data-role="header">
        <h1>header영역</h1>
    </div>
    <div data-role="content">
        <p>content영역</p>
        <ul data-role="listview">
            <li><a href="#"><img src="listimg.png">리스트1</a></li>
            <li><a href="#"><img src="listimg.png">리스트1</a></li>
            <li><a href="#"><img src="listimg.png">리스트1</a></li>
            <li><a href="#"><img src="listimg.png">리스트1</a></li>
        </ul>
    </div>
    <div data-role="footer" data-position="fixed">
        <h4>footer영역</h4>
    </div>
</div>
```

실행 결과는 다음과 같다.

[그림 7-20] thumbnail-listview.html의 실행 결과(예제7-20)

Tip 썸네일/아이콘 이미지의 크기 조정

썸네일 이미지의 기본 크기는 80*80 픽셀이다. 만약 기본 크기보다 더 크더라도 리스트뷰에서는 자동으로 80 픽셀 크기로 조정된다. 이때, 이미지의 가로 크기를 기준으로 크기가 축소된다. 정사각형이 아닌 가로 길이가 더 큰 이미지인 경우 비율이 맞지 않아 아래쪽에 빈 공간이 남을 수 있다. 기본 크기보다 작은 이미지는 확대되지 않고 원본 크기 그대로 표시된다.

원본 이미지의 비율, 크기를 조정하는 것이 번거롭다면 강제로 이미지 크기를 80*80 픽셀로 지정하면 된다. <img> 태그 안에 다음과 같이 style 속성값을 추가한다.

```
<ul data-role="listview">
    <li>
        <a href="#">
            <img src="listimg.png" style="max-width: 80px; max-height: 80px;">리스트1
        </a>
    </li>
</ul>
```

아이콘 이미지는 16 픽셀보다 클 경우, 이미지 표시 위치가 어긋나게 표시된다. 16*16 픽셀 이상의 이미지를 사용하고 싶다면 인라인 스타일 형식으로 이미지 크기를 지정하면 된다.

필요한 썸네일 이미지 개수가 많아 원본 이미지와 별도로 준비하는 것이 번거롭다면 아래 사이트에서 무료 썸네일 변환용 자바 라이브러리를 다운 받아 사용할 수도 있다.

- Thumnailator : http://code.google.com/p/thumbnailator/

3.4 아이콘 리스트뷰

〈img〉 태그에 ui-li-icon 클래스 속성을 추가하면 썸네일 이미지 대신에 크기가 더 작은 이미지를 아이콘처럼 추가할 수 있다. 아이콘 리스트뷰(icon listview)는 각 항목 왼쪽에 아이콘을 작게 표시한다.

```
<li><a href="#"><img src="아이콘 이미지파일 경로명" class="ui-li-icon">항목이름</a></li>
```

[예제7-21] 아이콘 리스트뷰 생성하기 /ch07/icon-listview.html

```
<div data-role="page">
    <div data-role="header">
        <h1>header영역</h1>
    </div>
        <div data-role="content">
        <p>content영역</p><br/>
        <ul data-role="listview">
            <li><a href="#"><img src="listicon.png" class="ui-li-icon">리스트1
                <span class="ui-li-count">new</span>
            </a></li>
            <li><a href="#"><img src="listicon.png" class="ui-li-icon">리스트1
                <span class="ui-li-count">추천</span>
            </a></li>
            <li><a href="#"><img src="listicon.png" class="ui-li-icon">리스트1</a></li>
            <li><a href="#"><img src="listicon.png" class="ui-li-icon">리스트1</a></li>
            <li><a href="#"><img src="listicon.png" class="ui-li-icon">리스트1</a></li>
        </ul>
    </div>
    <div data-role="footer" data-position="fixed">
        <h4>footer영역</h4>
    </div>
</div>
```

실행 결과는 다음과 같다.

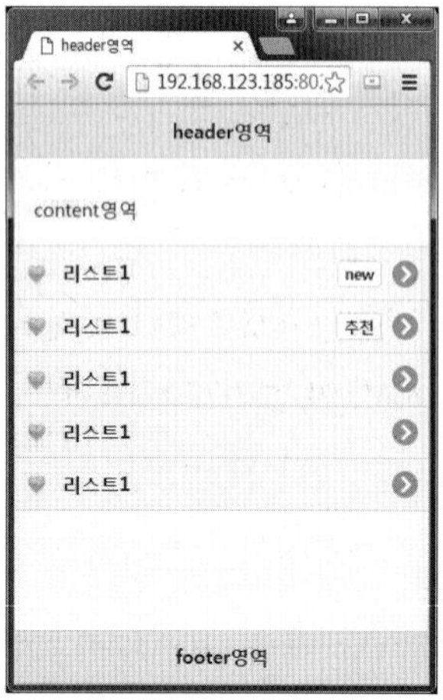

[그림 7-21] icon-listview.html의 실행 결과(예제7-21)

3.5 여러 줄 리스트뷰

리스트뷰 안에 간단히 항목 이름이나 제목만 표시할 경우도 있지만, 상세한 설명과 관련 정보들을 함께 표시할 경우도 있다. 여러 줄 리스트뷰(multi-line listview)는 표시 내용의 중요도에 따라 강조할 내용은 〈h〉 제목 태그로, 나머지 내용은 〈p〉 문단 태그를 사용하여 일정한 형식으로 여러 줄에 표시할 수 있다.

```
<li>
    <h3>제목</h3> <p>내용1</p> <p>내용2</p>
    <p class="ui-li-aside">추가설명1</p>
</li>
```

항목 오른쪽에 날짜와 같은 추가 정보를 표시하고 싶다면 〈p〉 태그 안에 ui-li-aside 클래스 속성을 설정한다. 항목을 좌우 2개의 컬럼 영역으로 구분하여 오른쪽 컬럼에 추가 정보를 표시한다.

[예제7-22] 여러 줄 리스트뷰 생성하기 /ch07/multiline-listview.html

```
<div data-role="page">
    <div data-role="header">
        <h1>header영역</h1>
    </div>
    <div data-role="content">
```

```
            <p>content영역</p><br/>
            <ul data-role="listview">
                <li><a href="#">
                        <p class="ui-li-aside">2014/02/25</p>
                        <h3>겨울왕국</h3>
                        <p>등급: 12세관람가</p>
                        <p>상영시간: <strong>108분</strong></p>
                        <p>줄거리: 언니 '엘사'는 모든 것을 얼려버리는 신비로운 힘이 두려워 떠나고,
얼어버린 왕국의 저주를 풀기 위해 '안나'는 언니를 찾아 환상적인 여정을 떠난다</p>
                    </a>
                </li>
                <li>
                    ...반복 생략...
                </li>
                <li>
                    ...반복 생략...
                </li>
            </ul>
        </div>
        <div data-role="footer" data-position="fixed">
            <h4>footer영역</h4>
        </div>
</div>
```

다음은 실행 결과이다. 여러 줄 리스트뷰의 각 항목을 선택할 경우, 관련 페이지로 이동하려면 <h4>, <p> 태그 등을 <a> 태그로 둘러싸야 한다(HTML5부터 가능해짐). 강조하고자 하는 문자열에 <strong> 태그를 지정할 수도 있다. 줄거리 내용처럼 긴 문자열은 자동으로 줄임 표시가 된다.

[그림 7-22] multiline-listview.html의 실행 결과(예제7-22)

3.6 검색 필터 리스트

리스트뷰 항목이 매우 많을 경우, 원하는 항목만 직접 검색할 수 있으면 편리하다. 제이쿼리 모바일은 매우 편리한 검색 필터 리스트(search filter list)를 제공한다. 항목들의 맨 위쪽에 검색 필터 상자를 추가할 수 있다. 검색어를 입력하면 키워드 검색 방식으로 일치하는 항목만 걸러서 보여준다. 검색 필터 리스트는 〈li〉 태그가 아닌 〈ul〉 태그 안에 data-filter="true" 속성을 설정한다.

```
<ul data-role="listview" data-filter="true">
```

검색 필터 상자는 입력 상자와 비슷한 형태로 돋보기 모양 아이콘과 입력값 삭제를 위한 취소 아이콘이 자동으로 표시된다. 검색 필터 상자에 기본적으로 표시되는 초기 문자열은 data-filter-placeholder 속성값으로 변경할 수 있다. 테마는 상위 컨테이너의 테마를 상속받으며 변경을 원하면 data-filter-theme 속성을 설정하면 된다.

[예제7-23] 리스트 검색 필터 생성하기 /ch07/listview-filter.html

```
<div data-role="page">
    <div data-role="header">
        <h1>header영역</h1>
    </div>
    <div data-role="content">
        <p>content영역</p>
        <ul data-role="listview" data-filter="true" data-filter-placeholder="검색키워드
를 입력하세요">
            <li data-role="listdivider">ㄱ<span class="ui-li-count">1</span></li>
            <li><a href="#">강</a></li>
            <li data-role="listdivider">ㅂ<span class="ui-li-count">2</span></li>
            <li><a href="#">바다</a></li>
            <li><a href="#">바다새</a></li>
            <li data-role="listdivider">ㅎ<span class="ui-li-count">1</span></li>
            <li><a href="#">하늘</a></li>
        </ul>
    </div>
    <div data-role="footer" data-position="fixed">
        <h4>footer영역</h4>
    </div>
</div>
```

실행 결과는 다음과 같다.

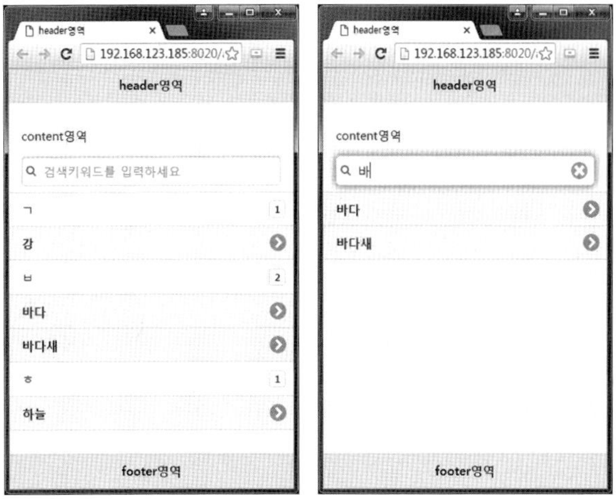

[그림 7-23] listview-filter의 실행 결과(예제7-23)

3.7 제이쿼리 리스트뷰 활용 예

제이쿼리 모바일의 다양한 버튼과 리스트뷰 생성 기능을 이용하여 간단한 예제를 만들어 보자. 주 메뉴 화면이나 이미지를 포함한 정보를 제공할 때 리스트뷰를 유용하게 사용할 수 있음을 확인할 수 있다. 실행 화면 구성은 다음과 같다.

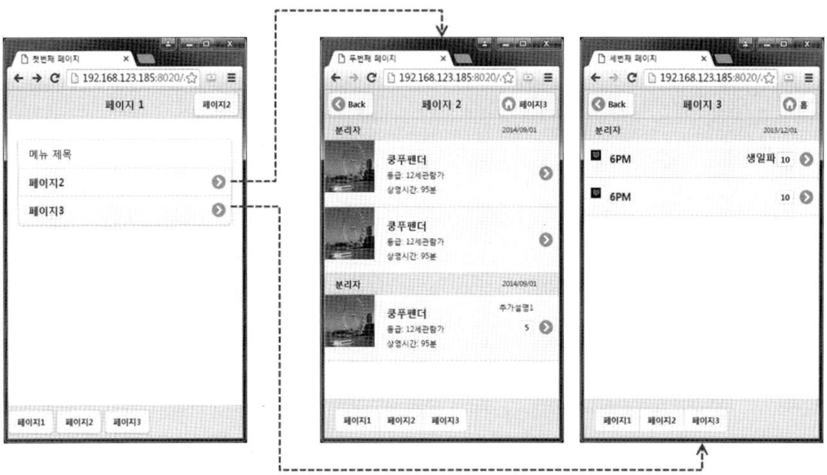

[그림 7-24] 제이쿼리 모바일 리스트뷰 구성(실습7-2)

다음은 전체 예제 코드이다.

[실습7-1] 제이쿼리 모바일 리스트뷰 생성 /ch07/listview-basic.html

```
<!DOCTYPE html>
<html>
<head>
<meta charset="utf-8"/>
<meta name="viewport" content="width=device-width, initial-scale=1"/>
<title>제이쿼리 모바일</title>
<link rel="stylesheet" href="http://code.jquery.com/mobile/1.4.5/jquery.mobile-1.4.5.min.
css"/>
<script src="http://code.jquery.com/jquery-1.11.1.min.js"></script>
<script src="http://code.jquery.com/mobile/1.4.5/jquery.mobile-1.4.5.min.js"></script>
</head>
<body>

    <div data-role="page" id="page1" data-title="첫번째 페이지">
        <div data-role="header">
            <a href="#page2" class="ui-btn-right">페이지2</a>
            <h1>페이지 1</h1>
        </div>
        <div data-role="content">
            <ul data-role="listview" data-inset="true">
                <li data-role="listdivider">메뉴 제목</li>
                <li><a href="#page2">페이지2</a></li>
                <li><a href="#page3">페이지3</a></li>
            </ul>
        </div>
        <div data-role="footer" data-position="fixed">
            <a href="#page1">페이지1</a>
            <a href="#page2">페이지2</a>
            <a href="#page3">페이지3</a>
        </div>
    </div>

<!-- 썸네일 리스트뷰 화면 -->
    <div data-role="page" id="page2" data-title="두번째 페이지" data-add-back-btn="true">
        <div data-role="header" data-backbtn="true">
            <h1>페이지 2</h1>
            <a href="#page3" data-icon="home" class="ui-btn-right">페이지3</a>
        </div>
        <div data-role="content">
            <ul data-role="listview">
                <li data-role="list-divider">분리자
```

```
                     <p class="ui-li-aside">2014/09/01</p>
                </li>
                <li>
                    <a href="#">
                        <img src="listimg.png">
                        <h3>쿵푸펜더</h3>
                        <p>등급: 12세관람가</p>
                        <p>상영시간: 95분</p>
                    </a>
                </li>
                <li>
                    <a href="#">
                        <img src="listimg.png">
                        <h3>쿵푸펜더</h3>
                        <p>등급: 12세관람가</p>
                        <p>상영시간: 95분</p>
                    </a>
                </li>
                <li data-role="list-divider">분리자
                     <p class="ui-li-aside">2014/09/01</p>
                </li>
                <li>
                    <a href="#">
                        <img src="listimg.png">
                        <h3>쿵푸펜더</h3>
                        <p>등급: 12세관람가</p>
                        <p>상영시간: 95분</p>
                        <p class="ui-li-aside">추가설명1</p>
                        <span class="ui-li-count">5</span>
                    </a>
                </li>
            </ul>
        </div>
        <div data-role="footer" class="ui-bar" data-position="fixed">
            <div data-role="controlgroup" data-type="horizontal">
                <a href="#page1">페이지1</a>
                <a href="#page2">페이지2</a>
                <a href="#page3">페이지3</a>
            </div>
        </div>
    </div>

<!-- 아이콘 리스트뷰 화면-->
    <div data-role="page" id="page3" data-title="세번째 페이지" data-add-back-btn="true">
        <div data-role="header" data-backbtn="true">
```

```
            <h1>페이지 3</h1>
            <a href="#page1" data-icon="home" class="ui-btn-right">홈</a>
        </div>
        <div data-role="content">
            <ul data-role="listview">
                <li data-role="list-divider">분리자
                    <p class="ui-li-aside">2014/12/01</p>
                </li>
                <li>
                    <a href="#">
                        <img class="ui-li-icon" src="listicon2.png">
                        <h3>6PM</h3>
                        <span class="ui-li-aside">생일파티</span>
                        <span class="ui-li-count">10</span>
                    </a>
                </li>
                <li>
                    <a href="#">
                        <img class="ui-li-icon" src="listicon2.png">
                        <h3>6PM</h3>
                        <span class="ui-li-count">10</span>
                    </a>
                </li>
            </ul>
        </div>
        <div data-role="footer" class="ui-bar" data-position="fixed">
        <div data-role="footer" class="ui-bar" data-position="fixed">
            <div data-role="controlgroup" data-type="horizontal">
                <a href="#page1">페이지1</a>
                <a href="#page2">페이지2</a>
                <a href="#page3">페이지3</a>
            </div>
        </div>
    </div>
</body>
</html>
```

Note: 빈 링크

〈a〉 링크 태그는 링크 기능을 제거하고 사용하기도 한다. 이 경우에 href 속성이 필요 없더라도 href 속성을 반드시 입력하여 웹 표준을 따라야 한다. 웹 표준을 따르지만 링크 기능이 없는 〈a〉 태그를 명세할 때는 href 속성에 ' ' 또는 '#'을 입력하는데 이를 빈 링크(empty link)라고 한다. 클릭 이벤트 발생시 불필요한 페이지 전환을 방지하기 위해 주로 사용한다.

4. 제이쿼리 모바일 위젯

제이쿼리 모바일은 앞에서 살펴본 기본 위젯 이외에도 다양한 위젯을 제공하고 있다. 모바일 화면의 좁은 공간을 효율적으로 사용하기 위한 페이지 탭, 컬럼 토글 테이블, 숨김 패널 등의 위젯 사용법을 추가적으로 알아보자.

4.1 페이지 탭

페이지 탭(page tab)은 같은 페이지 공간 안에 여러 개의 탭 페이지를 생성하여 각 탭 페이지를 선택적으로 브라우징하는 인터페이스이다. 모바일 화면의 좁은 페이지 공간을 효율적으로 활용하는 방법 중 하나이다. 보통 현재 페이지와 의미적으로 연관된 복잡하고 다양한 정보들을 제공할 때 사용된다. 각각의 탭 컨테이너 상위에 data-role="tabs" 속성을 갖는 〈div〉 태그를 설정하면 생성된다.

```
<div data-role="tabs">
    <div data-role="navbar">
        <ul>
            <li><a href="#tab1">탭1</a></li>
            <li><a href="#tab2">탭2</a></li>
            <li><a href="#tab3">탭3</a></li>
        </ul>
    </div>
    <div id="tab1"> . . . </div>
    <div id="tab2"> . . . </div>
    <div id="tab3"> . . . </div>
</div>
```

'tab1', 'tab2', 'tab3' 아이디를 갖는 탭 컨테이너들은 페이지 탭 설정에 의해 같은 공간을 공유한다. 페이지 탭을 사용한 예제는 다음과 같다.

[예제7-24] 페이지 탭 생성하기1 /ch07/page-tab1.html

```
<div data-role="page">
    <div data-role="header">
        <h1>header영역</h1>
    </div>
    <div data-role="content">
        <div data-role="tabs">
```

```
            <div data-role="navbar">
              <ul>
                <li><a href="#tab1">탭1</a></li>
                <li><a href="#tab2">탭2</a></li>
                <li><a href="#tab3">탭3</a></li>
              </ul>
            </div>
            <div id="tab1" style="background-color:green">
              <h1>첫번째 탭 내용</h1>
            </div>
            <div id="tab2" style="background-color:yellow">
              <h1>두번째 탭 내용</h1>
            </div>
            <div id="tab3" style="background-color:pink">
              <h1>세번째 탭 내용</h1>
            </div>
        </div>
    </div>
    <div data-role="footer" data-position="fixed">
        <h4>footer영역</h4>
    </div>
</div>
```

실행 결과는 다음과 같다.

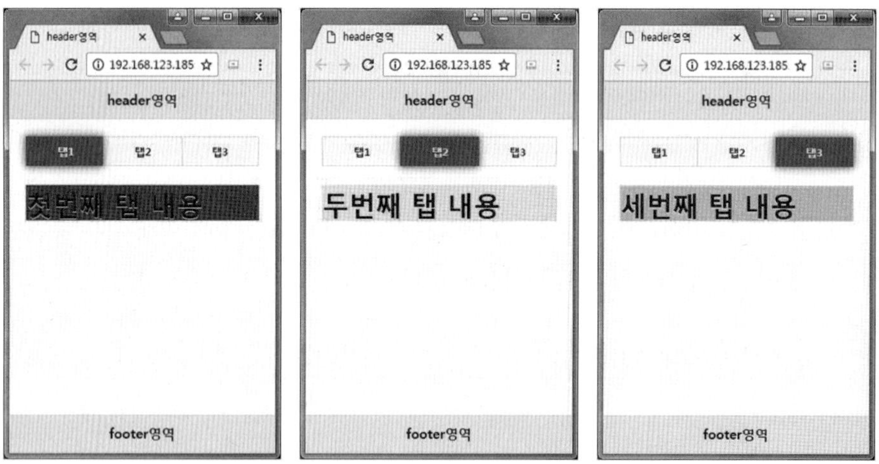

[그림 7-25] page-tab1.html의 실행 결과(예제7-24)

다음은 페이지 탭을 활용하여 다양한 이미지를 선택적으로 표시하는 예제이다.

[예제7-25] 페이지 탭 생성하기2 /ch07/page-tab2.html

```
<div data-role="page">
    <div data-role="header">
        <h1>header영역</h1>
    </div>
    <div data-role="content">
        <p>content영역</p>
        <div data-role="tabs">
            <div data-role="navbar">
              <ul>
                <li><a href="#tab1">그림1</a></li>
                <li><a href="#tab2">그림2</a></li>
                <li><a href="#tab3">그림3</a></li>
              </ul>
            </div>
            <div id="tab1">
              <h5>첫번째 그림</h5>
              <img src="flower1.jpg">
            </div>
            <div id="tab2">
              <h5>두번째 그림</h5>
              <img src="flower2.jpg">
            </div>
            <div id="tab3">
              <h5>세번째 그림</h5>
              <img src="flower3.jpg">
            </div>
        </div>
    </div>
    <div data-role="footer" data-position="fixed">
        <h4>footer영역</h4>
    </div>
</div>
```

실행 결과는 다음과 같다.

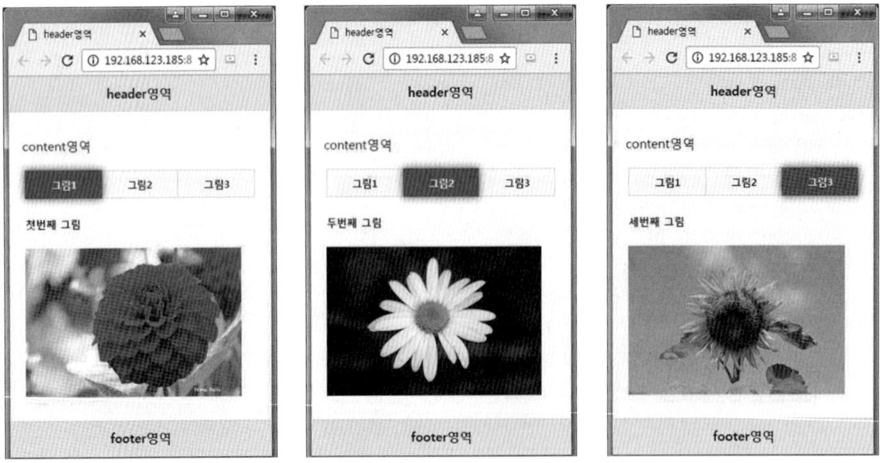

[그림 7-26] page-tab2.html의 실행 결과(예제7-25)

4.2 컬럼 토글 테이블

컬럼 토글 테이블(column toggle table)은 좁은 공간을 위해 테이블의 컬럼을 선택적으로 표기하거나 숨길 수 있는 테이블이다. 숨겨진 컬럼들은 표시를 원할 경우, 컬럼 팝업 메뉴를 통해 선택함으로써 표시된다. 화면 폭에 비해 테이블 컬럼들의 수가 너무 많은 경우, 각 컬럼들에 대해 우선 순위를 부여함으로써 표시되는 테이블 컬럼 항목들을 제한한다. 보통 모바일 화면의 크기가 허용하는 범위 안에서 우선 순위대로 최대한 컬럼들이 표시되고 공간이 부족하면 우선 순위가 낮은 컬럼들은 표시되지 않고 숨겨진다. 원하는 테이블 컬럼이 표시되지 않았다면 실행 과정에서 사용자가 직접 컬럼 팝업 메뉴를 통해 표시되는 컬럼 항목들을 변경할 수 있다.

테이블의 컬럼 선택 모드를 적용하려면 다음 2개의 속성을 갖는 〈table〉 태그가 필요하다. data-role 속성값으로 'table'을, data-mode 속성값으로 'columntoggle'을 설정하면 된다. id 속성은 컬럼 선택 팝업 메뉴와 테이블을 연관시키기 위해 필요하다.

```
<table data-role="table" data-mode="columntoggle" id="my-table1">
        . . . 테이블 행 정의 . . .
</table>
```

〈table〉 태그에 'ui-responsive' 클래스 속성값과 'table-stripe' 클래스 속성값을 추가한다. 'ui-responsive' 클래스 속성값은 다양한 화면 폭에 따라서 허용되는 범위만큼 자동으로 표시되는 테이블 컬럼들을 조절해 준다. 'table-stripe' 속성값은 테이블의 인접한 행들을 쉽게 구별할 수 있도록 줄무늬 형태로 행들을 표시한다.

```
<table class="ui-responsive table-stripe">
    . . . 테이블 행 정의 . . .
</table>
```

컬럼 토글 테이블은 화면의 폭과 컬럼 선택 팝업 메뉴의 선택 여부에 따라 표시되는 컬럼들을 결정한다. 각 테이블 헤더 〈th〉 태그 안에 data-priority 속성값을 설정함으로써 표시되는 컬럼들의 우선 순위를 지정할 수 있다. 가장 높은 우선 순위값은 '1'이며 가장 낮은 우선 순위값은 '6'이다. data-priority 속성값이 지정된 테이블 헤더 컬럼들은 컬럼 선택 메뉴에 표시된다.

```
<th data-priority="2">우선순위2 컬럼</th>
<th>고정 표시 컬럼</th>
<th data-priority="3">우선순위3 컬럼</th>
<th data-priority="1">우선순위1 컬럼</th>
```

특정 헤더 컬럼이 화면 폭에 상관없이 항상 고정적으로 표시되기를 원하면 data-priority 속성값을 설정하지 않고 생략하면 된다. data-priority 속성값이 설정되지 않은 테이블 컬럼은 당연히 컬럼 선택 메뉴에 표시되지 않는다.

[예제7-26] 컬럼 토글 테이블 생성하기 /ch07/column-toggle-table.html

```
<div data-role="page">
    <div data-role="header">
        <h1>header영역</h1>
    </div>
    <div data-role="content">
        <table class="ui-responsive table-stripe" id="my-table1" data-mode="columntoggle"
data-role="table">
            <thead>
                <tr>
                    <th data-priority="2">학년</th>
                    <th>이름</th>
                    <th data-priority="3">성별</th>
                    <th data-priority="1">성적</th>
```

```
                </tr>
            </thead>
            <tbody>
                <tr>
                    <th>1</th> <td>홍길동</td> <td>남</td> <td>94</td>
                </tr>
                <tr>
                    <th>4</th> <td>신나라</td> <td>여</td> <td>77</td>
                </tr>
                <tr>
                    <th>3</th> <td>홍미미</td> <td>여</td> <td>88</td>
                </tr>
            </tbody>
        </table>
    </div>
    <div data-role="footer" data-position="fixed">
        <h4>footer영역</h4>
    </div>
</div
```

실행 결과는 다음과 같다.

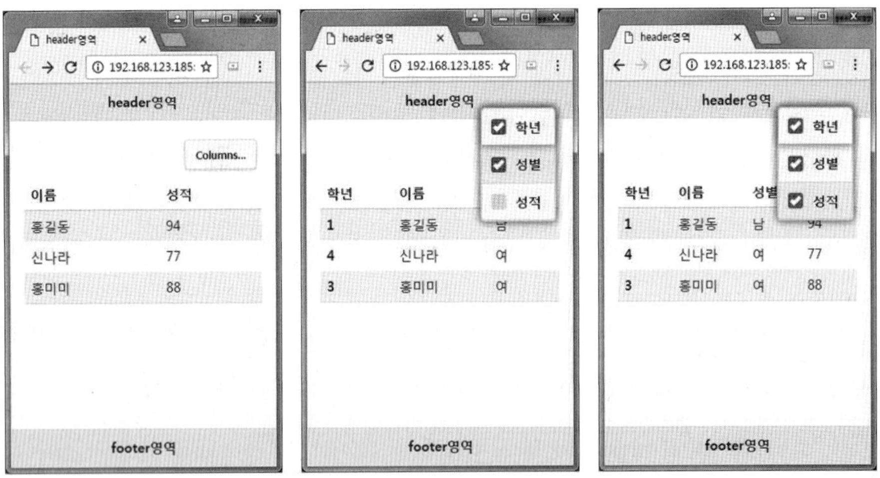

[그림 7-27] column-toggle-table.html의 실행 결과(예제7-26)

4.3 숨김 패널

페이지 안에 패널을 숨겨 보다 많은 정보를 제공할 수 있다. 숨김 패널(hidden panel)은 페이지 영역을 확장할 수 있는 효과적인 방법이다. 숨김 패널 안에 메뉴나 폼 등을 숨겨

놓았다가 필요할 때 페이지를 전환하지 않고도 제공할 수 있다.

숨김 패널은 컨테이너에 data-role="panel" 속성을 설정함으로써 정의된다. data-display 속성은 패널의 표시 방식을 지정하며 'overlay' 속성값은 페이지 내용 위에 패널이 펼쳐지는 형태로 표시한다.

```
<div data-role="panel" id="panel1" data-display="overlay" data-theme="b">
      ... 패널 내용 정의 ...
  </div>
```

숨김 패널 안에 종료 버튼을 추가하려면 링크 버튼에 data-rel="close" 속성을 추가하면 된다. 화면 안에서의 숨김 패널의 위치는 data-position 속성에 의해 설정된다. 기본값은 "left"로 보통 화면의 왼쪽 가장자리로부터 숨겨진 패널 내용이 표시된다. 숨김 패널 컨테이너는 페이지 컨테이너 안에는 포함하되 헤더, 컨텐츠, 푸터 컨테이너 안에 포함시키지는 않는다. 아래 예제는 헤더 컨테이너 바로 앞에 숨김 패널 컨테이너를 명세하였다.

[예제7-27] 숨김 패널 생성하기 /ch07/hidden-panel.html

```
<div data-role="page">
    <div data-role="panel" id="panel1" data-display="overlay" data-theme="b">
     <form>
      <h3>로그인 패널</h3>
      <label for="name">사용자명:</label>
       <input name="name" id="name" type="text" value="" data-mini="true" data-clear-
btn="true">
      <label for="password">비밀번호:</label>
     <input name="password" id="password" type="password" value="" data-mini="true"
data-clear-btn="true">
      <div class="ui-grid-a">
         <div class="ui-block-a"><a href="#" data-role="button" data-rel="close">취소</a></div>
         <div class="ui-block-b"><a href="#" data-role="button" data-rel="close">저장</a></div>
      </div>
     </form>
    </div>

    <div data-role="panel" id="panel2" data-display="overlay">
     <ul data-role="listview">
        <li data-icon="delete"><a href="#" data-rel="close">메뉴 패널 종료</a></li>
```

```
            <li><a href="#">메뉴1</a></li>
            <li><a href="#">메뉴2</a></li>
            <li><a href="#">메뉴3</a></li>
            <li><a href="#">메뉴4</a></li>
        </ul>
    </div>

    <div data-role="panel" id="panel3" data-display="overlay" data-position="right">
        <h3>패널 메모</h3>
        <p>오른쪽 메모 패널 영역입니다.</p>
        <a href="#page1" data-role="button" data-rel="close" data-inline="true">패널 종료</a>
    </div>

    <div data-role="header">
            <h1>header영역</h1>
    </div>
    <div data-role="content">
            <a href="#panel1" data-role="button" data-inline="true">로그인 패널</a>
            <a href="#panel2" data-role="button" data-inline="true">메뉴 패널</a>
            <a href="#panel3" data-role="button" data-inline="true">메모 패널</a>
    </div>
    <div data-role="footer" data-position="fixed">
            <h4>footer영역</h4>
    </div>
</div>
```

실행 결과는 다음과 같다.

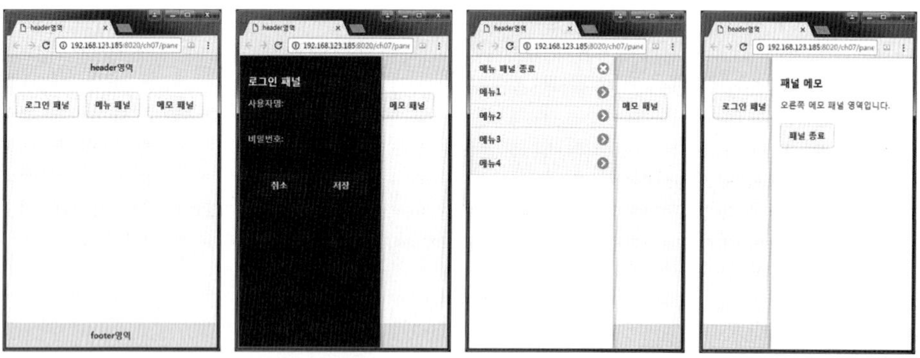

[그림 7-28] hidden-panel.html의 실행 결과(예제7-27)

요약

1. 버튼은 사용자와의 상호 작용을 위한 가장 단순하면서 유용한 화면 요소이다. 제이쿼리 모바일에서 콘텐츠 영역에 버튼을 생성하는 3가지 방법이 있다. 〈a〉 태그와 〈button〉 태그, 〈input〉 태그를 사용한다. 태그와 명세 방법은 다르지만 모바일 환경에 맞게 렌더링되어 생성된 버튼의 모양은 모두 같다.

2. 링크 버튼은 버튼처럼 보여지는 링크로 가장 많이 사용된다. 헤더나 푸터 영역은 〈a〉 링크 태그만으로 버튼 생성이 가능하며, 콘텐츠 영역은 〈a〉 태그 안에 data-role="button" 속성을 명세해야 한다.

3. 폼 버튼은 입력이나 수정 등 폼과의 상호 작용이나 완성된 폼의 제출을 위해 사용한다. HTML5 표준 태그인 〈button〉 혹은 〈input〉 태그를 그대로 사용하며 제이쿼리 모바일 프레임워크가 자동으로 모바일 버튼으로 변환한다. 자동 변환을 원하지 않을 경우, data-role="none" 속성을 설정한다.

4. 아이콘 버튼은 버튼의 의미를 시각적으로 표현하기 위해 버튼 위에 아이콘을 추가한 것이다. 버튼을 생성하는 마크업 안에 data-icon 속성을 추가하면 된다. 제이쿼리 모바일은 자주 사용되는 18개의 표준 아이콘을 기본적으로 제공한다.

5. 버튼에 사용자 정의 아이콘을 추가할 수 있다. 버튼 생성 마크업 안에 data-icon 속성값으로 고유한 아이콘 이름(식별자)를 임의로 생성하여 지정한다.

6. 아이콘이나 문자열 대신에 이미지만으로 버튼을 만들 수 있다. 〈a〉 태그 안에 〈img〉 태그를 추가하면 된다.

7. 리스트뷰(listview)는 여러 리스트들 즉, 목록들을 모아 간결한 형태로 화면에 표시한다. 균일한 간격을 갖는 항목들이 나열되고, 관심 항목을 클릭하면 설정된 링크를 따라 페이지로 이동되거나 항목에 대한 상세 정보를 확인할 수 있다.

8. 제공 정보나 활용 목적에 따라 다양한 종류의 리스트뷰를 선택적으로 사용할 수 있다. 기본 리스트를 포함하여 숫자 리스트, 중첩 리스트, 분할 리스트, 썸네일 리스트, 아이콘 리스트 등 다양하다.

9. 기본 리스트뷰는 여러 항목들을 모아 화면에 세로로 나열한다. 연결된 링크가 없으면 목록을 보여주기만 할 뿐 어떤 동작도 할 수 없으므로 '읽기전용 리스트뷰'라고 한다. 보통 비순서 리스트 태그 〈ul〉 안에 data-role 속성값으로 'listview'를 설정한다.

10. 기본 리스트뷰의 각 항목에 링크 정보를 추가하면 연결 리스트뷰가 된다. 연결 리스트뷰는 링크로 특정 페이지 이동을 안내하거나 다른 하위 리스트뷰를 연결하기 위해 사용한다.

11. 순서 리스트뷰(ordered listview)는 표시되는 항목들이 특정한 순서적 의미를 가지고 있어 그 순서를 표현할 필요가 있을 때 사용한다. 보통 순위나 순번들을 갖는 항목에 적용한다. 순서화 목록을 의미하는 <ol> 태그에 data-role 속성값으로 'listview'를 설정한다.

12. 인셋 리스트뷰(inset listview)는 콘텐츠 영역 안에 둥근 사각형 모양의 내부 영역을 형성하고 그 안에 리스트뷰를 표시하는 형식이다. 리스트 태그 <ul> 안에 data-inset 속성값을 'true'로 설정한다.

13. 분할 리스트뷰(split listview)는 각 항목 영역을 분리해 둘 이상의 링크로 여러 페이지와의 연동이 가능한 리스트뷰이다. 분할된 항목 영역은 독립된 분할 버튼으로서 동작한다.

14. 카운트 버블(count bubble)은 리스트뷰 항목의 둥근 거품 방울 모양의 화면 요소이다. 하위 항목이나 새로운 항목의 개수를 나타내는 용도로 많이 사용된다.

15. 리스트 구분자(list divider)는 리스트뷰 항목들을 그룹으로 분류하고 각 그룹별로 분류명을 표시하는 특별한 항목이다. 리스트 구분자는 항목 그룹에 대한 '헤더'와 같은 역할을 한다. <li> 태그 안에 data-role="list-divider" 속성을 추가하면 된다.

16. 썸네일 리스트뷰(thumbnail listview)는 리스트뷰의 각 항목 내용으로 <img> 태그를 추가하면 된다. 썸네일 이미지는 데이터 전송의 효율성을 위해 변환된 작은 크기의 이미지이다. <img> 태그 안에 보여줄 이미지 파일의 경로를 src 속성값으로 지정한다. <img> 태그에 ui-li-icon 클래스 속성을 추가하면 더 작은 이미지를 아이콘처럼 추가할 수 있다.

17. 여러 줄 리스트뷰(multi-line listview)는 표시 내용의 중요도에 따라 강조할 내용은 <h> 제목 태그로, 나머지 내용은 <p> 문단 태그를 사용하여 일정한 형식으로 여러 줄에 표시할 수 있다.

18. 제이쿼리 모바일은 매우 편리한 검색 필터 리스트(search filter list)를 제공한다. 검색어를 입력하면 키워드 검색 방식으로 일치하는 항목만 걸러서 보여준다. 검색 필터 리스트는 <li> 태그가 아닌 <ul> 태그 안에 data-filter="true" 속성을 설정한다.

19. 제이쿼리 모바일은 모바일 화면의 좁은 공간을 효율적으로 사용하기 위한 페이지 탭, 컬럼 토글 테이블, 숨김 패널 등의 위젯을 제공한다. 페이지 탭은 <div> 컨테이너 태그 안에 data-role 속성값을 'tabs'로 설정한다. 컬럼 토글 테이블은 <table> 태그안에 data-role 속성값으로 'table'을, data-mode 속성값으로 'columntoggle'을 설정하면 된다. 숨김 패널은 컨테이너에 data-role="panel" 속성을 설정함으로써 정의된다.

연습문제

1. 다음 문장의 내용이 옳으면 O, 옳지 않으면 X를 하시오.

1) 헤더나 푸터 영역은 〈a〉 링크 태그만으로 버튼 생성이 가능하며, 콘텐츠 영역은 〈a〉 태그 안에 data-role="button" 속성을 명세해야 버튼이 만들어진다. (　)
2) 〈a〉 태그와 〈button〉 태그, 〈input〉 태그를 사용한 모든 버튼에 아이콘을 추가할 수 있다. (　)
3) 리스트뷰는 순서 리스트 태그 〈ol〉를 사용해서는 생성할 수 없다. (　)
4) 중첩 리스트뷰는 〈a〉 링크 태그 없이도 상위 리스트뷰와 하위 리스트뷰가 자동으로 연결된다. (　)
5) 검색 필터 리스트는 〈li〉 태그 안에 data-filter="true" 속성을 설정하면 생성된다. (　)

2. 다음 ( ) 안에 적합한 용어를 넣어 문장을 완성하시오.

1) 버튼 너비를 문자열(아이콘 포함) 크기에 맞추어 최소화 버튼을 생성하려면 (　　　　　)="true" 속성을 추가하면 된다.
2) 아이콘의 위치도 변경하려면 (　　　　　) 속성의 값으로 top, bottom, left, right 중 하나를 선택하여 설정하면 된다.
3) 리스트뷰 항목의 둥근 거품 방울 모양의 화면 요소인 카운트 버블(count bubble)은 보통 〈span〉 태그 등 숫자나 안내 문자열을 내용으로 갖는 태그 안에 class='(　　　　)' 속성 값을 설정하면 된다.
4) 리스트뷰에 항목들이 많을 경우, 항목 검색이 쉽도록 항목들을 그룹 단위로 분류하고 각 그룹별로 분류명을 표시하는 특별한 항목인 (　　　　　　　)를 추가한다.

3. 제이쿼리 모바일에서 콘텐츠 영역의 버튼 생성 방법(3가지)에 대해 간략히 설명하시오.

4. 리스트뷰의 특성과 종류에 대해 간략히 설명하시오.

5. 아래와 같은 실행 결과가 표시되도록 다음 코드 안의 밑줄 안에 적합한 태그를 넣어 완성하시오.(6장 연습문제 5번 참조)

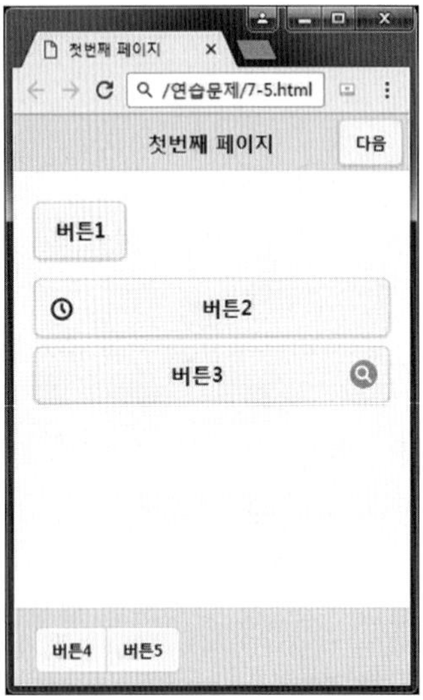

```
<!DOCTYPE html>
<head>
    <meta charset="utf-8"/>
    <meta name="________________" content="width=device-width, initial-scale=1"/>
    <__________ rel="stylesheet" href="http://code.jquery.com/mobile/1.4.5/jquery.mobile-1.4.5.min.css"/>
    <style>
        .ui-icon-my-icon:after {
            background:url(buttonicon1.png) 80% 80% no-repeat;
            background-size: 18px 18px;
        }
    </style>
    <script src="http://code.jquery.com/jquery-1.11.1.min.js"></script>
    <script src="http://code.jquery.com/mobile/1.4.5/jquery.mobile-1.4.5.min.js"></script>
</head>
<body>
    <div data-role="page" id="page1">
        <div data-role="header">
            <a href="#page2" class="________________">다음</a>
            <h1>첫번째 페이지</h1>
        </div>
        <div data-role="content">
            <a href="#" data-role="button" _______________="true">버튼1</a>
            <_____________ data-icon="_______________">버튼2</_______________>
            <input type="______________" value="버튼3" _______________="search"
________________="right">
```

```
        </div>
        <div data-role="footer" data-position="fixed" class="____________">
            <div data-role="_____________" data-type="_____________">
                <a href="#">버튼4</a>
                <a href="#">버튼5</a>
            </div>
        </div>
    </div>
    <div data-role="page" id="page2" data-add-back-btn="________" data-back-btn-
text="이전">
        <div data-role="header">
            <h1>두번째 페이지</h1>
        </div>
        <div data-role="content">
            <ul data-role="_____________" _____________="true">
                <li data-role="______________">박물관 종류</li>
                <li><a href="#">자연사박물관</a></li>
                <li><a href="#">공룡박물관<________ ________="ui-li-count"> 5
</________></a></li>
            </ul>
        </div>
        <div data-role="footer" data-position="fixed">
            <div data-role="_____________">
                <_______>
                    <li><a href="#" data-icon="plus">추가</a></li>
                    <li><a href="#" data-icon="minus">삭제</a></li>
                </_______>
            </div>
        </div>
    </div>
</body>
</html>
```

Chapter 08

제이쿼리 모바일 대화상자와 폼

※ 학습목표

• 대화상자 생성 방법과 페이지 테마 적용에 대해 알아본다.
• 바, 블록, 그리드 레이아웃의 생성 방법을 살펴본다.
• 접이식 패널 레이아웃의 특성과 기본, 중첩, 그룹 접이식 패널 생성 방법을 알아본다.
• 다양한 HTML5 표준 폼 요소를 살펴본다.
• 여러 모바일 컨트롤의 종류와 생성 방법을 알아본다.
• 간단한 웹앱을 개발해본다.

Chapter

08 제이쿼리 모바일 대화상자와 폼

1. 대화상자

대화상자(dialog box)는 제이쿼리 모바일이 지원하는 팝업 창 형태의 특별한 페이지이다. 둥근 모서리와 바깥 여백, 그림자 등의 스타일이 적용되어 기존 페이지 위에 표시된다. 확인 창이나 경고 창, 액션시트 스타일 등의 유형을 만들 때 사용한다. 대화 상자 생성 방법과 페이지 테마 적용 방법 등을 알아보자.

1.1 대화상자

대화상자 생성

대화상자를 생성하는 2가지 방법이 있다. 첫 번째는 <a> 링크 태그 안에 data-rel 속성값 'dialog'를 설정하는 방법이다. 연결된 일반 페이지를 읽어 오면서 대화상자로 변환해서 표시한다.

```
<a href="#" data-rel="dialog"> </a>            <!-- 링크 페이지의 유형을 대화상자로 선언 -->
```

두 번째는 일반 페이지가 아닌 대화상자로 처음부터 생성하는 방법이다. <div> 태그 안에 data-role 속성값을 'page'가 아닌 'dialog'로 설정한다.

```
<div data-role="dialog" id=" ">                <!-- 페이지 유형을 대화상자로 선언 -->
```

두 번째 방법이 더 바람직하다. 대화상자를 연결하는 버튼마다 data-rel="dialog" 속성값을 모두 설정할 필요없이 단 한 번만 페이지 유형을 대화상자로 설정하면 되기 때문이다.

대화상자는 페이지가 열릴 때 중앙에서 점점 확대되는 팝업(pop up)이 기본 화면 전환 효과이다. 대화상자의 왼쪽 위의 자동 생성된 닫기 버튼을 선택하면 대화상자는 축소되어 닫히고 이전 페이지가 다시 표시된다.

다음을 실행해 보자. [실습 6-1] 템플릿 안의 '코드 변경 부분'을 [예제8-1]~[예제8-20]의 예제 코드들로 바꿔가면서 실행 결과를 확인한다.

[예제8-1] 대화상자 생성하기 /ch08/dialog.html

```
<div data-role="page" id="page1" data-position="fixed">
    <div data-role="header">
        <h1>header 영역</h1>
    </div>
    <div data-role="content">
        <p>기본형 페이지 </p>
        <a href="#dialog1" data-role="button" data-rel="dialog">대화상자형 페이지1</a>
        <a href="#dialog2" data-role="button">대화상자형 페이지2</a>
    </div>
    <div data-role="footer" data-position="fixed">
        <h4>footer 영역</h4>
    </div>
</div>
<div data-role="page" id="dialog1" data-position="fixed">
    <div data-role="header">
        <h1>dialog1</h1>
    </div>
    <div data-role="content">
        <p> 대화상자형 페이지1 </p>
        <a href="#page1" data-role="button">기본형 페이지1</a>
        <a href="#dialog2" data-role="button">대화상자형 페이지2</a>
    </div>
</div>
<div data-role="dialog" id="dialog2" data-position="fixed">
    <div data-role="header">
        <h1>dialog2</h1>
    </div>
    <div data-role="content">
        <p> 대화상자형 페이지2 </p>
        <a href="#page1" data-role="button">기본형 페이지1</a>
        <a href="#dialog1" data-role="button">대화상자형 페이지1</a>
    </div>
</div>
```

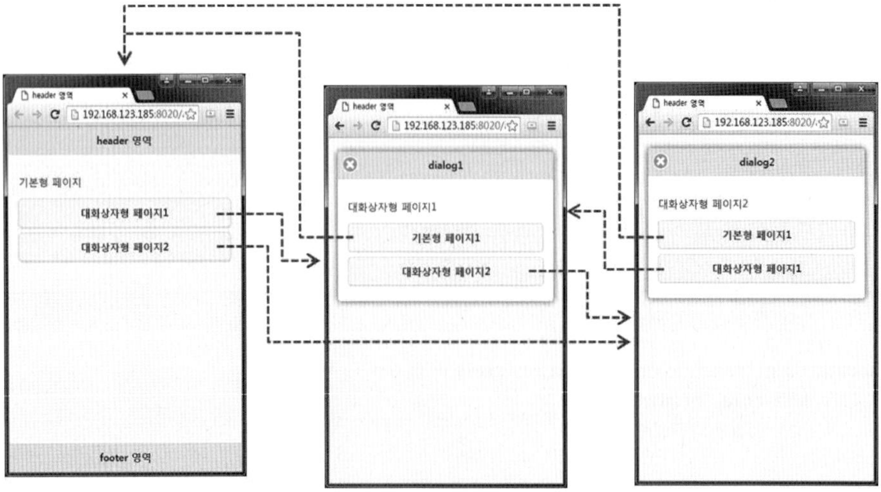

[그림 8-1] dialog.html의 실행 결과(예제8-1)

대화상자는 이력(history) 정보를 남기지 않는다. 뒤로 가기 버튼을 클릭하더라도 돌아갈 대화상자에 관한 기록이 없기 때문에 대화상자 페이지를 호출했던 처음 페이지로 되돌아가게 된다.

액션시트 생성

액션시트(action sheets)는 헤더와 푸터가 없는 특별한 대화상자이다. 보통 사용자에게 의견을 묻고 응답을 요청하는 경우에 사용된다. 액션시트는 취소를 포함한 선택 가능한 작업 항목들을 제시할 목적으로 사용되므로 보통 둘 이상의 버튼을 포함한다.

[예제8-2] 액션시트 생성하기 /ch08/action-sheet.html

```
<div data-role="page" id="page1">
    <div data-role="header">
        <h1>header 영역</h1>
    </div>
    <div data-role="content">
        <p> 기본형 페이지 </p>
        <a href="#dialog1" data-transition="slidedown">액션시트 페이지 1</a>
        <a href="#dialog2" data-transition="slidedown">액션시트 페이지 2</a>
    </div>
    <div data-role="footer" data-position="fixed">
        <h4>footer 영역</h4>
    </div>
```

```
</div>
<div data-role="dialog" id="dialog1">
    <div data-role="content">
        <p>액션 시트1</p>
        <a href="#" data-role="button">선택1</a>
        <a href="#" data-role="button">선택2</a>
        <a href="#" data-role="button">선택3</a>
        <a href="#" data-role="button">선택4</a>
        <a href="#" data-role="button" data-rel="back">취소</a>
    </div>
</div>
<div data-role="dialog" id="dialog2">
    <div data-role="content">
        <p>액션 시트2</p>
        <p>삭제하시겠습니까?</p>
        <a href="#" data-role="button" data-rel="back">예</a>
        <a href="#dialog1" data-role="button" data-rel="back">아니오</a>
    </div>
</div>
```

액션시트는 헤더와 푸터가 없기 때문에 대화상자를 닫을 수 있는 링크 버튼이 꼭 필요하다. 마지막 버튼에 적용된 data-rel="back" 속성은 이전 페이지로 되돌아가도록 한다. 액션시트는 헤더가 없이 화면 윗부분에 붙어있기 때문에 보통 'slidedown' 페이지 전환 효과와 함께 사용된다.

[그림 8-2] action-sheet.html의 실행 결과(예제8-2)

1.2 페이지 테마

제이쿼리 모바일은 기본 스타일을 미리 정의하여 디자인 테마(theme)로 제공하고 있다. 테마를 적용하려면 대상 영역에 data-theme 속성값을 설정하면 된다. 페이지 전체 또는 일부 요소만 다른 테마를 설정할 수도 있다. 테마를 별도로 정의하지 않으면 보통 부모 엘리먼트의 테마를 상속받는다.

'a'~'b'까지 테마 속성값 중 하나를 설정하면 테마가 적용되어 화면 색상과 음영, 질감 등이 자동으로 변화된다. 'a'는 은색 계열, 'b'는 검정 계열이다. 기본 테마는 'a'로 설정되어 있다.

다음은 기본 테마(정확히 말하면 디자인 견본)에 대한 설명이다.

〈표 8-1〉 기본 테마(견본)

테마 견본	색상 계열	특징
a	은색	일반적인 기본 테마
b	검정	선명한 테마

Note: 디자인 테마

테마(theme)는 페이지와 페이지 구성 요소들에 적용하기 위해 미리 작성된 스타일시트 템플릿이다. 테마는 색상, 배경, 글꼴, 테두리, 음영 등 스타일의 전체 설정 유형을 말하며 하나의 CSS3 파일을 구성한다. 하나의 테마는 다시 색상과 질감이 다른 하위 테마로 'a'~'z'까지 26개의 디자인 견본(swatch)을 정의할 수 있다. 사용자가 직접 26개의 하위 테마 즉, 견본을 정의함으로써 독자적인 테마를 적용할 수 있다.
제이쿼리 모바일을 활용해서 만들 수 있는 화면이 궁금하다면 다음 웹사이트를 방문해 보자. 제이쿼리 모바일을 사용해서 만들 수 있는 다양한 모바일 웹사이트 예를 살펴볼 수 있다.

http://www.jqmgallery.com

모바일 페이지의 다양한 UI 요소들에 테마를 지정해 보자. 페이지 전체나 헤더, 푸터, 콘텐츠 영역별로 다른 테마를 적용할 수 있고 버튼과 같은 각 컨트롤 요소도 독립된 다른 테마를 적용할 수 있다.

[예제8-3] 테마 적용하기 /ch08/theme.html

```
<div data-role="page" id="page1" data-theme="a">
    <div data-role="header"  data-theme="b">
        <a href="#page1">홈</a>
        <h1>전자앨범</h1>
        <a href="#page2">다음</a>
    </div>
    <div data-role="content">
        <ul data-role="listview" data-inset="true">
            <li><a href="#">가족사진</a></li>
            <li><a href="#">여행사진</a></li>
            <li><a href="#">취미활동</a></li>
            <li><a href="#">학술활동</a></li>
        </ul>
    </div>
    <div data-role="footer" data-position="fixed" class="ui-bar" data-theme="b">
        <div data-role="controlgroup" data-type="horizontal" data-theme="a">
            <a href="#">2011년</a>
            <a href="#">2012년</a>
            <a href="#">2013년</a>
            <a href="#">2014년</a>
            <a href="#">2015년</a>
        <div>
    </div>
</div>
```

다음은 실행 결과이다.

[그림 8-3] theme.html의 실행 결과(예제8-3)

[예제8-3]의 예제를 수정하여 화면 전체를 테마 'a'~'b'로 각각 변경할 경우의 실행 결과는 다음과 같다. 각 테마별 화면 배색을 비교할 수 있다.

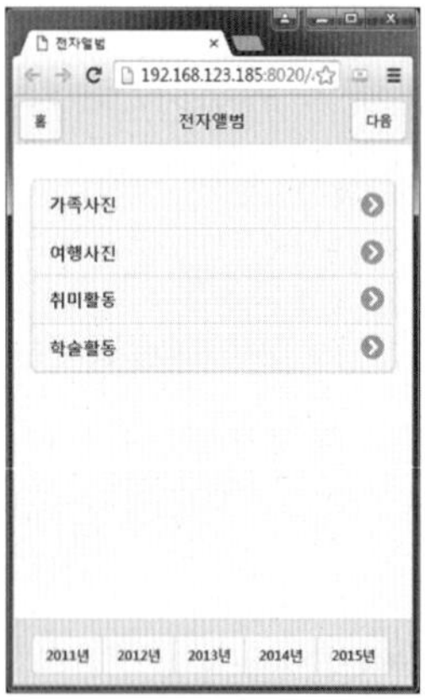

테마-a

테마-b

[그림 8-4] theme-a~b.html의 실행 결과(테마별 화면 배색 구성)

Tip 자신만의 제이쿼리 모바일 테마를 만들고 싶다면 . . .

표준 테마 이외에 사용자는 자신만의 테마를 스스로 생성하여 적용할 수도 있다. 직접 CSS3 파일을 편집하여 확장하면 된다. 그러나, 고유한 테마를 직접 CSS3 소스로 작성하려면 많은 시간과 기술이 필요하다.

자신만의 테마를 좀 더 쉽게 만들어 적용해 보고 싶다면 다음 테마롤러(Theme Roller) 사이트를 방문해 보자.

http://themeroller.jquerymobile.com

테마롤러는 사용자 정의 테마 라이브러리 파일을 쉽게 생성할 수 있는 웹 기반의 GUI 개발 도구이다. 온라인 무료 도구인 테마롤러를 사용하여 자신만의 커스텀 테마를 직접 정의하고 CSS3 파일로 다운 받을 수 있다.

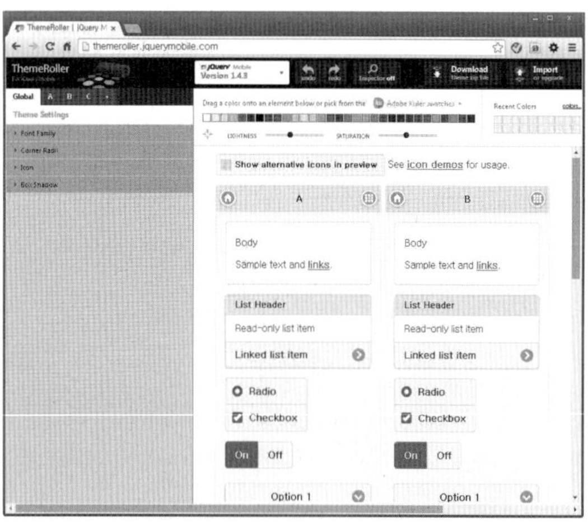

2. 콘텐츠 영역의 레이아웃

스마트폰은 화면 크기가 작고 폭이 좁기 때문에 모바일 페이지의 레이아웃 구성이 중요하다. 레이아웃을 효율적으로 구성하도록 하는 유용한 태그들이 있다. 콘텐츠 영역에 사용되는 바 레이아웃, 블록 레이아웃, 그리드 레이아웃 등이다. 먼저 레이아웃의 형식을 알아보자.

2.1 기본 레이아웃 형식

■ 바 레이아웃(bar layout)

콘텐츠 영역 안에 제목처럼 한 줄 단위의 정보를 표시하기 위한 레이아웃이다. class="ui-bar" 클래스 속성값에 'ui-bar-a'부터 'ui-bar-b'까지의 테마 속성값을 추가하여 함께 설정하면 툴바와 비슷한 양식을 만들 수 있다.

■ 블록 레이아웃(block layout)

콘텐츠 영역 안에 사각형 모양의 박스 영역을 생성하여 내용들을 규칙적으로 배치하거나 특정 내용을 강조하는 레이아웃이다. class="ui-body" 클래스 속성값에 'ui-body-a'부터 'ui-body-b'까지의 속성값을 추가로 함께 설정하면 독립된 내용 공간을 만들 수 있다.

[예제8-4] 바/블록 레이아웃 생성하기 /ch08/bar-body.html

```
<div data-role="page" id="page1">
    <div data-role="header">
        <h1>header 영역</h1>
    </div>
    <div data-role="content">
        <div class="ui-bar ui-bar-b">꽃나무</div><br/>
        <div class="ui-body ui-body-a">
            <h3>진달래</h3>
            <p>참꽃 또는 두견화라고도 하며 전국의 50~2,000m 높이의 산야에서 무리지어 자란다.</p>
        </div><br/>
        <div class="ui-body ui-body-a">
            <h3>개나리</h3>
            <p>연교 · 신리화라고도 하며, 북한에서는 개나리꽃나무라고 부른다. 산기슭 양지에서 많이 
자란다</p>
        </div><br/>
    </div>
```

```
    <div data-role="footer" data-position="fixed">
        <h4>footer 영역</h4>
    </div>
</div>
```

다음은 실행 결과이다.

[그림 8-5] bar-body.html의 실행 결과(예제8-4)

■ 그리드(격자) 레이아웃(grid layout)

문자열이나 이미지를 행이나 열에 맞추어 일정한 간격으로 배치하고자 할 때 사용하는 것이 격자 즉, 그리드 레이아웃이다. 과거의 화면 레이아웃 작성을 위해 사용했던 〈table〉 태그와 비슷하다.

그리드 레이아웃은 화면을 균등하게 여러 행 또는 여러 열로 분할하는 다중 분할 레이아웃이다. 모바일 화면 크기가 작기 때문에 버튼이나 네비게이션바, 아이콘 집합 등 작은 요소들을 나란히 나열할 경우에 적합하다. 그리드는 화면 전체 너비의 100%를 사용한다.

2.2 그리드 레이아웃 형식

■ 그리드 컨테이너(grid container)

그리드 레이아웃은 둘 이상의 블록들을 갖는 그리드 컨테이너를 만듦으로써 생성된다. 그리드 컨테이너 내부에 포함하는 열의 개수에 따라 적절한 ui-grid-* 클래스 속성값을 명세해야 한다. 최대 5개의 열을 생성할 수 있다.

〈표 8-2〉 그리드 컨테이너 속성값

ui-grid-* 속성값	그리드 열 개수	포함되는 그리드 블록
ui-grid-a	2	ui-block-a, ui-block-b
ui-grid-b	3	ui-block-a, ui-block-b, ui-block-c
ui-grid-c	4	ui-block-a, ui-block-b, ui-block-c, ui-block-d
ui-grid-d	5	ui-block-a, ui-block-b, ui-block-c, ui-block-d, ui-block-e

〈div〉 태그에 class="ui-grid-a" 클래스 속성을 설정하면 2개의 열로 분할되는 그리드 컨테이너가 생성된다.

```
<div class="ui-grid-a"></div>
```

■ 그리드 블록(grid block)

그리드 안에 생성되는 열의 개수만큼 블록이 그리드 컨테이너 내부에 생성된다. 해당 엘리먼트가 몇 번째 블록에 해당하는지를 지정하기 위해 'a'~'e' 값을 사용한다. 각 블록들을 식별하기 위하여 ui-block-* 속성값을 지정한다.

〈표 8-3〉 그리드 블록 속성값

ui-block-* 속성값	그리드 안 블록의 위치
ui-block-a	왼쪽 첫 번째 블록
ui-block-b	왼쪽 두 번째 블록
ui-block-c	왼쪽 세 번째 블록
ui-block-d	왼쪽 네 번째 블록
ui-block-e	왼쪽 다섯 번째 블록

그리드 컨테이너 안의 자식 엘리먼트에 class="ui-block-a", class="ui-block-b" 속성을 순서대로 설정하면 2개의 열에 블록이 만들어진다.

```
<div class="ui-grid-a">                        <!-- 그리드 컨테이너 -->
    <div class="ui-block-a"> </div>            <!-- 그리드 블록 -->
    <div class="ui-block-b"> </div>
</div>
```

■ 다중 열 그리드 레이아웃

콘텐츠 영역을 같은 크기의 2열~5열로 분할하는 다중열 그리드 레이아웃을 적용할 수 있다. 다음은 2개의 열로 구성된 그리드 레이아웃을 생성하는 예이다. 2개의 블록들은 그리드 컨테이너의 너비를 이등분하여 공간을 차지한다.

[예제8-5] 다중열 그리드 레이아웃 생성하기 /ch08/multicolumn-grid.html

```
<div data-role="page" id="page1">
    <div data-role="header">
        <h1>header 영역</h1>
    </div>
    <div data-role="content">
        <div class="ui-grid-a">
            <div class="ui-block-a">블록1</div>
            <div class="ui-block-b">블록2</div>
        </div>
        <div class="ui-grid-a">
            <div class="ui-block-a">
                <button>버튼1</button>
            </div>
            <div class="ui-block-b">
                <button>버튼1</button>
            </div>
        </div>
    </div>
    <div data-role="footer" data-position="fixed">
        <h4>footer 영역</h4>
    </div>
</div>
```

분할된 2개의 그리드열 중에서 하위 <div> 태그의 클래스 속성으로 class="ui-block-a"는 1열, class="ui-block-b"는 2열 그리드 영역을 순차적으로 가리킨다. 그리드 블록 안에 〈button〉 태그를 포함하면 버튼도 그리드 블록으로 나열될 수 있다.

그리드 레이아웃은 블록 수만큼 화면 너비를 동일한 크기로 분할하고 배경 이미지나 경계선, 여백이 없다. 〈style〉 태그 안에 '.ui-grid-a { border: solid 1px silver; }' 스타일 선언을 추가하여 각 그리드 영역의 범주를 경계선으로 구분해보자.

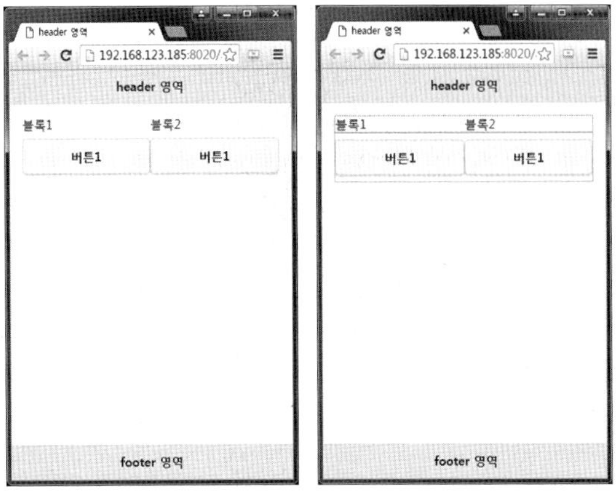

[그림 8-6] multicolumn-grid.html의 실행 결과(예제8-5)

3열~5열 그리드 레이아웃을 만드는 것은 2열의 경우와 거의 비슷하다. 필요한 클래스 속성만 추가하면 된다. 다음은 5열 그리드 레이아웃 생성 예제이다. 블록간의 여백을 추가하기 위하여 'ui-bar' 클래스 속성을 추가한다. 또, 블록들을 시각적으로 구분하기 위하여 툴바 테마 'ui-bar-a~b' 클래스 속성을 적용해보자. 푸터 영역에도 버튼들을 균등하게 분할 배치하기 위해 그리드 레이아웃을 사용할 수 있다.

[예제8-6] 다중열 그리드 테마 생성하기 /ch08/grid-theme.html

```
<div data-role="page" id="page1">
    <div data-role="header">
        <h1>header 영역</h1>
    </div>
    <div data-role="content">
        <div class="ui-grid-d">
            <div class="ui-block-a"><div class="ui-bar ui-bar-a">블록 1</div></div>
            <div class="ui-block-b"><div class="ui-bar ui-bar-b">블록 2</div></div>
            <div class="ui-block-c"><div class="ui-bar ui-bar-a">블록 3</div></div>
            <div class="ui-block-d"><div class="ui-bar ui-bar-b">블록 4</div></div>
```

```
            <div class="ui-block-e"><div class="ui-bar ui-bar-a">블록 5</div></div>
        </div>
    </div>
    <div data-role="footer" class="ui-bar ui-grid-b" data-position="fixed">
        <div class="ui-block-a"><a href="#" data-role="button">버튼 1</a></div>
        <div class="ui-block-b"><a href="#" data-role="button">버튼 2</a></div>
        <div class="ui-block-c"><a href="#" data-role="button">버튼 3</a></div>
    </div>
</div>
```

다음은 실행 결과이다.

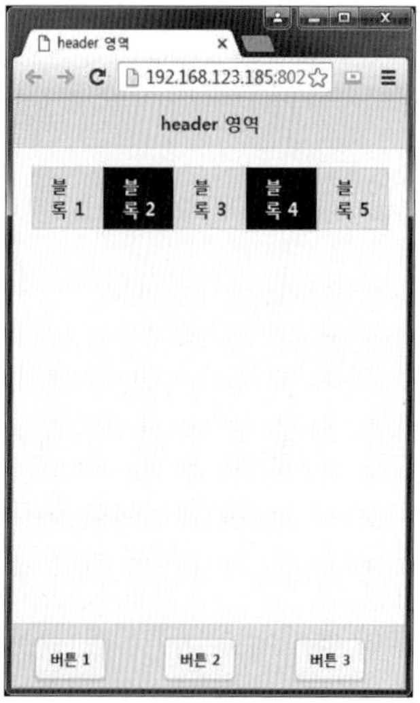

[그림 8-7] grid-theme.html의 실행 결과(예제8-6)

최대 5열로 분할된 그리드 레이아웃을 생성할 수는 있지만 스마트폰의 작은 화면 크기를 고려하면 2열이나 3열 레이아웃이 적절하다. 앱 아이콘들을 균등하게 배치한 스프링보드 화면도 그리드 레이아웃을 통해 만들 수 있다.

■ 다중 행 그리드 레이아웃

콘텐츠 영역을 여러 행으로 균등 분할하는 다중 행 그리드 레이아웃도 가능하다. 'ui-block-a~e' 속성을 반복해서 명세하면 된다. 다중 열 그리드 레이아웃을 가진 첫 번째 행을 만들고 나면 그 다음부터는 첫 번째 행과 똑같이 'ui-block-a'부터 'ui-block-e'까지를 순서대로 반복한다. 새로운 행이 추가될 때마다 자동으로 줄 바뀜이 이루어진다.

문자열을 갖는 2행 4열 그리드와 그림을 갖는 2행 3열 그리드 레이아웃을 생성해보자.

[예제8-7] 다중 행 그리드 레이아웃 생성하기 /ch08/multirow-grid.html

```
<div data-role="page" id="page1">
    <div data-role="header">
        <h1>header 영역</h1>
    </div>
    <div data-role="content">
        <p>2행4열 그리드</p>
        <div class="ui-grid-c">
            <div class="ui-block-a">1행1열</div>
            <div class="ui-block-b">1행2열</div>
            <div class="ui-block-c">1행3열</div>
            <div class="ui-block-d">1행4열</div>
            <div class="ui-block-a">2행1열</div>
            <div class="ui-block-b">2행2열</div>
            <div class="ui-block-c">2행3열</div>
            <div class="ui-block-d">2행4열</div>
        </div>
        <p>2행3열 그리드</p>
        <div class="ui-grid-b">
            <div class="ui-block-a"><img src="listimg.png" width="95%" height="90%"></div>
            <div class="ui-block-b"><img src="listimg.png" width="95%" height="90%"></div>
            <div class="ui-block-c"><img src="listimg.png" width="95%" height="90%"></div>
            <div class="ui-block-a"><img src="listimg.png" width="95%" height="90%"></div>
            <div class="ui-block-b"><img src="listimg.png" width="95%" height="90%"></div>
            <div class="ui-block-c"><img src="listimg.png" width="95%" height="90%"></div>
        </div>
    </div>
    <div data-role="footer" data-position="fixed">
        <h4>footer 영역</h4>
    </div>
</div>
```

다음은 실행 결과이다.

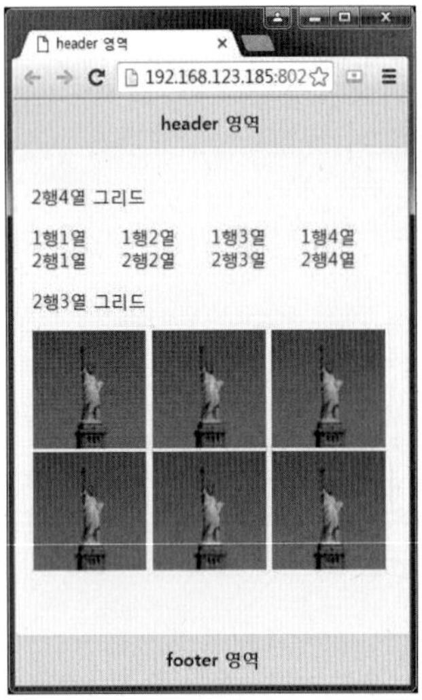

[그림 8-8] multirow-grid.html의 실행 결과(예제8-7)

Tip 블록의 크기를 서로 다르게 하고 싶다면 . . .

제이쿼리 모바일은 그리드 안의 모든 블록들을 기본적으로 같은 크기로 분할한다. 특별한 경우, 일부 블록 크기를 더 크거나 작게 설정하고 싶은 경우가 있을 수 있다. 스타일을 추가로 정의하면 가능하다.
예를 들면, 블록의 너비는 CSS3 스타일을 재 정의하면 변경할 수 있다.

```
<style>
    .ui-grid-a .ui-block-a { width: 75% }
    .ui-grid-a .ui-block-b { width: 25% }
</style>
```

3. 접이식 패널 레이아웃

제이쿼리 모바일은 내용을 선택적으로 보일 수 있는 접이식 패널을 제공한다. 특정 영역이 접혔다 펼치기를 반복하며 내용을 숨기거나 표시할 수 있다. 스마트폰의 좁은 화면 영역을 효과적으로 사용할 수 있는 방법이다. 전체 내용을 개략적으로 빠르게 파악할 수 있어 내용 검색을 위해 화면 스크롤을 반복하는 번거로움도 피할 수도 있다. 접이식 패널 안의 블록에는 텍스트, 버튼, 리스트뷰, 폼 요소 등이 포함될 수 있다.

3.1 기본 접이식 패널

콘텐츠 영역에 접이식 패널을 여러 개 배치할 수 있다. 기본 접이식 패널(basic collapsible panel)은 접고 펼칠 수 있는 하나의 패널 블록이 존재한다. 접이식 패널 컨테이너 역할을 하는 <div> 태그에 data-role="collapsible" 속성을 설정하면 생성된다.

```
<div data-role="collapsible"> </div>     <!-- 접이식 패널 컨테이너 -->
```

패널 블록은 패널 제목과 패널 내용으로 구성된다. 보통 패널 제목은 <h1>~<h6> 태그로, 패널 내용은 <p> 태그를 이용하여 명세한다. 여러 <h> 태그를 사용할 경우, 첫 번째 <h> 태그를 패널 제목으로 표시한다. 나머지 <h> 태그들은 일반 제목처럼 패널 내용 안에 표시된다. 접이식 패널 안에 <h> 태그가 하나도 없다면 패널은 닫히지 않고 항상 펼쳐져 있게 되니 주의하자. <h1>~<h6> 어떤 태그를 사용해도 표시되는 제목의 스타일은 모두 같다.

[예제8-8] 기본 접이식 패널 생성하기 /ch08/basic-panel.html

```
<div data-role="page" id="page1" data-position="fixed">
    <div data-role="header">
        <h1>header 영역</h1>
    </div>
    <div data-role="content">
        <div data-role="collapsible">
            <h3>접이식 패널제목</h3>
            <p>패널 내용</p>
        </div>
        <div data-role="collapsible">
            <h3>접이식 패널제목</h3>
            <h6>일반제목</h6>
            <p>패널 내용</p>
        </div>
    </div>
    <div data-role="footer" data-position="fixed">
        <h4>footer 영역</h4>
    </div>
</div>
```

다음은 실행 결과이다.

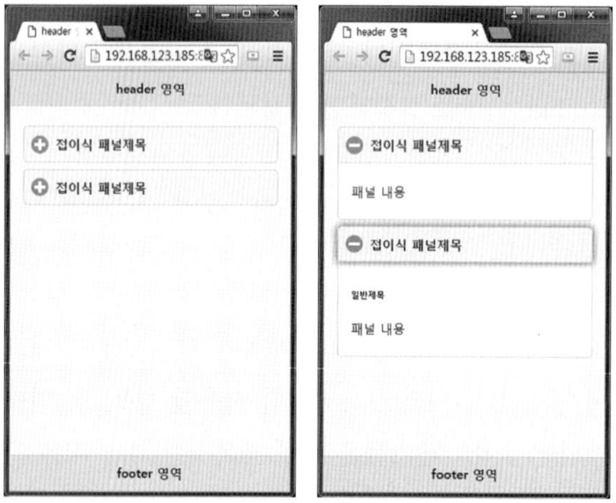

[그림 8-9] basic-panel.html의 실행 결과(예제8-8)

패널 제목은 클릭할 수 있는 버튼으로 표시된다. '+' 기호가 붙은 제목 버튼을 누르면 패널이 펼쳐지고 숨겨졌던 패널 내용이 보여진다. 패널 제목 앞의 기호는 접을 수 있음을 의미하는 '–' 표시로 바뀐다. '–' 표시가 붙은 제목 버튼을 다시 누르면 패널이 접혀 패널 내용이 숨겨진다.

3.2 중첩 접이식 패널

접이식 패널 안에 또 다른 접이식 패널을 포함할 수 있다. 바로 중첩 접이식 패널(nested collapsible panel)이다. data-role="collapsible" 속성을 설정한 <div> 태그 안에 또다시 data-role="collapsible" 속성을 설정한 <div> 태그를 반복해서 명세하면 만들어진다.

```
<div data-role="collapsible">                          <!-- 상위 접이식 패널 컨테이너 -->
    <div data-role="collapsible"> </div>               <!-- 하위 접이식 패널 컨테이너 -->
</div>
```

중첩 접이식 패널에서 바깥쪽 패널은 안쪽 패널의 컨테이너가 되어 계층적 패널 블록을 구성한다. 중첩 단계에 제한은 없지만 화면 공간 크기와 내부 DOM 트리의 복잡성 등을 고려하면 2~3 단계 정도가 적당하다.

[예제8-9] 중첩 접이식 패널 생성하기 /ch08/nested-panel.html

```
<div data-role="page" id="page1" data-position="fixed">
    <div data-role="header">
        <h1>header 영역</h1>
    </div>
    <div data-role="content">
        <div data-role="collapsible">
            <h3>상위 접이식 패널제목</h3>
            <p>패널 내용</p>
            <div data-role="collapsible">
                <h3>하위 접이식 패널제목1</h3>
                <p>패널 내용</p>
                <div data-role="collapsible">
                    <h3>하위 접이식 패널제목2</h3>
                    <p>패널 내용</p>
                </div>
            </div>
        </div>
    </div>
    <div data-role="footer" data-position="fixed">
        <h4>footer 영역</h4>
    </div>
</div>
```

다음은 실행 결과이다.

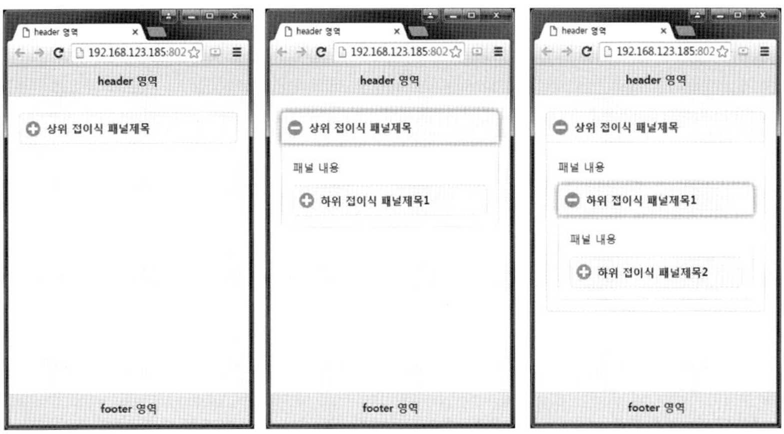

[그림 8-10] nested-panel.html의 실행 결과(예제8-9)

3.3 그룹 접이식 패널

그룹 접이식 패널(group collapsible panel)은 여러 접이식 패널들을 하나의 그룹으로 묶은 것으로 하나의 연결된 요소로 동작한다. 한 번에 하나의 접이식 패널만 선택하여 펼칠 수 있다. 단일 접이식 패널 컨테이너 상위에 data-role="collapsible-set" 속성을 갖는 〈div〉 태그를 설정하면 된다.

```
<div data-role="collapsible-set">                    <!-- 그룹 접이식 패널 컨테이너 -->
    <div data-role="collapsible"> </div>
    <div data-role="collapsible"> </div>
</div>
```

새로운 접이식 패널을 펼치게 되면 이전에 펼쳐졌던 패널은 자동으로 접히게 된다. 마치 아코디언(accordion) 동작과 유사하여 '아코디언 패널'이라 불리기도 한다. 기본적으로 모든 패널은 접힌 상태로 표시되는데 특정 패널에 data-collapsed="false" 속성을 설정하면 그 패널은 처음부터 펼쳐진 상태로 표시된다. 또 접이식 패널에 data-theme와 data-content-theme 속성을 지정하면 패널 제목 영역과 패널 내용 영역의 테마를 한꺼번에 변경할 수 있다. 그룹 접이식 패널 안에는 중첩 접이식 패널을 포함할 수 없다.

[예제8-10] 그룹 접이식 패널 생성하기 /ch08/group-panel.html

```
<div data-role="page" id="page1">
    <div data-role="header">
        <h1>header 영역</h1>
    </div>
    <div data-role="content">
        <div data-role="collapsible-set" data-theme="b" data-content-theme="a">
            <div data-role="collapsible" >
                <h3>접이식 패널1</h3>
                <p>패널 내용1</p>
            </div>
            <div data-role="collapsible" data-collapsed="false">
                <h3>접이식 패널2</h3>
                <p>패널 내용2</p>
            </div>
            <div data-role="collapsible">
                <h3>접이식 패널3</h3>
                <p>패널 내용3</p>
            </div>
```

```
            </div>
        </div>
        <div data-role="footer" data-position="fixed">
            <h4>footer 영역</h4>
        </div>
    </div>
```

다음은 실행 결과이다.

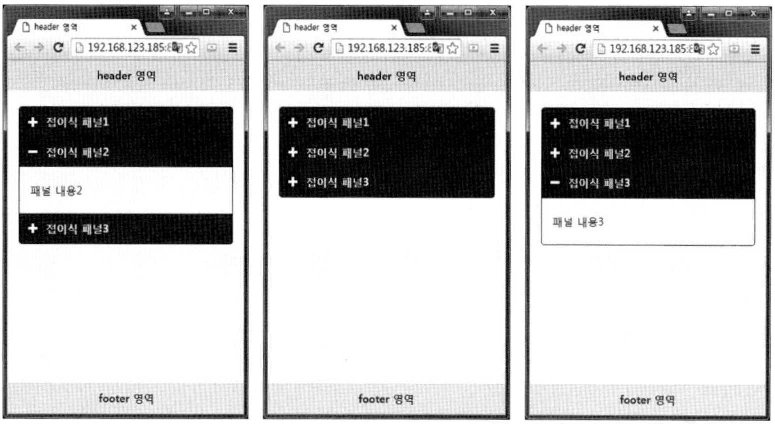

[그림 8-11] group-panel.html의 실행 결과(예제8-10)

4. 폼 요소

폼(form)은 사용자와의 상호 작용을 위해 필수적인 요소이다. 제이쿼리 모바일 프레임워크는 표준 HTML5 태그 형식의 네이티브 폼 컨트롤을 자동으로 모바일 폼 컨트롤로 렌더링한다. 모바일 폼 컨트롤은 작은 화면의 터치 인터페이스에 맞게 변환된 컨트롤로 data-role 속성을 지정하지 않아도 자동으로 변환 · 표시된다. 브라우저가 HTML5 태그를 지원하지 않거나 data-role="none" 속성값을 지정하면 대체 옵션으로 네이티브 폼 컨트롤이 표시된다.

다양한 HTML5 폼 태그와 모바일 폼 컨트롤 형식에 대해 알아보자.

4.1 HTML5 표준 폼 태그

■ 폼 태그

〈form〉 태그는 입력 컨트롤과 관련 정보를 묶어 하나의 입력폼으로 그룹화하고 전송 방식을 설정한다. 입력폼 영역의 시작과 끝을 지정하며 웹 브라우저에 표시되지는 않는다. 〈form〉 태그 하위에 〈input〉, 〈select〉, 〈textarea〉 등의 태그를 이용하여 입력 컨트롤을 생성하여 폼을 완성한다.

〈표 8-4〉 폼 태그

속성	속성값	기능
action	URL 주소	사용자 입력 정보를 전송할 위치(처리 프로그램의 주소)를 지정
method	GET | POST	사용자 입력 정보의 전송 방식을 지정 GET방식: URL 주소에 입력 정보(변수명+변수값)를 추가해서 문자열로 보내는 방식 POST방식: URL 주소가 아닌 내부적(트랜잭션)으로 보내는 방식. 보안성이 높고 전송량에 제한이 없음
name	문자열	폼의 이름

■ 입력 태그

〈input〉 태그는 type 속성값에 따라 다양한 입력 컨트롤을 생성한다. 보통 〈form〉 태그의 하위 태그로 명세하며 정보를 입력 받는 가장 기본적인 방식이다. 시작과 종료 태그를 합친 〈input/〉 형태로 명세한다.

〈표 8-5〉 기본 입력 유형

속성	속성값	기능
type	text	문자열 입력양식
	password	비밀번호 입력양식(●로 표시)
	hidden	글자 숨김 입력양식
	checkbox	체크박스 버튼(복수 선택)
	radio	라디오 버튼(단일 선택)
	button	일반 버튼
	submit	전송 버튼(데이터를 서버에 전송)
	reset	초기화 버튼(입력 데이터를 모두 지움)
	image	이미지 전송 버튼
	file	파일 업로드 입력양식

name	문자열	입력폼 안에서 명명하기 위한 입력양식 이름 데이터 전송 시 변수명으로 사용
id	문자열	입력폼 안에서 식별하기 위한 고유한 입력양식 식별자
value	문자열 수치	컨트롤의 표시 제목이나 내부 기본값(기본 문자열)을 지정 데이터 전송시 전달될 변수값을 지정
max	수치	입력 최대값
min	수치	입력 최소값
step	수치	입력 증분값

〈표 8-6〉 고급 입력 유형

속성	속성값	기능
type	search	키워드 검색 입력양식
	tel	전화번호 입력양식
	email	이메일 입력양식
	url	URL 웹주소 입력양식
	number	숫자 입력양식(스핀버튼 ▲|▼ 선택)
	range	숫자범위 입력양식(슬라이드 막대 이동)
	month	월 입력양식
	week	주 입력양식
	date	날짜 입력양식
	time	시간 입력양식
	datetime	날짜시간 입력양식
	datatime–local	지역날짜시간 입력양식
	color	색상 입력양식

■ 라벨 태그

〈label〉 태그는 입력 컨트롤에 관한 의미나 설명을 표시한다. 〈label〉 태그의 라벨 문자열과 특정 입력 컨트롤을 연결하려면 〈input〉 태그의 id 속성값을 〈label〉 태그의 for 속성값으로 설정한다. 〈label〉 태그의 영역을 선택하더라도 연결된 입력 컨트롤이 자동으로 선택된다.

■ 복수 문자열 입력 태그

〈textarea〉 태그는 여러 줄에 걸쳐 긴 문자열을 입력하기 위해 사용한다.

■ 선택 태그

〈select〉 태그는 나열된 목록 항목 중 하나를 선택할 수 있는 선택 입력 컨트롤을 생성한다. 여러 항목을 동시에 선택하고 싶다면 multiple='multiple'을 설정하면 가능하다.

■ 옵션 그룹화 및 옵션 태그

〈option〉 태그는 〈select〉 태그나 〈optgroup〉 태그의 하위 태그로 사용되어 선택할 수 있는 항목들을 표시한다. 〈optgroup〉 태그는 〈select〉 태그의 하위 태그로 〈option〉 태그의 선택 항목들을 하나로 묶어 그룹화한다. 〈optgroup〉 태그 안의 label 속성은 선택 옵션 그룹에 대한 이름이며 반드시 설정해야 하는 필수 속성이다.

■ 입력 양식 그룹화 및 그룹 설명 태그

〈fieldset〉 태그는 입력폼 안의 서로 연관된 입력 컨트롤들을 하나로 묶어 그룹화한다. 폼 안의 입력 컨트롤들을 화면 공간에서 분류함으로써 이해하기 쉽도록 한다. 〈legend〉 태그는 〈fieldset〉 태그로 묶은 입력 양식 그룹에 대한 설명을 표시한다. 〈legend〉 태그는 〈fieldset〉 태그 하위에 사용해야 한다.

4.2 네이티브 폼 컨트롤

제이쿼리 모바일이 폼 컨트롤을 자동 변환시키는 것을 원하지 않을 수 있다. 네이티브 스타일의 폼 컨트롤을 원할 경우 폼 태그 안에 data-role="none" 속성을 추가한다. 네이티브 스타일(native style)이란 제이쿼리 모바일이 적용되지 않은 HTML5 태그의 원래 표준 웹 양식을 말한다. 변환되기 이전의 모양을 갖는 네이티브 폼 컨트롤들을 생성해 보자.

[예제8-11] 네이티브 폼컨트롤 생성하기 /ch08/native-form.html

```
<div data-role="page" id="page1">
    <div data-role="header">
        <h1>header 영역</h1>
    </div>
    <div data-role="content">
        <form method="get" action="form.jsp">
            <h1>동아리 회원 가입</h1>
            <fieldset>
                <legend>필수 정보</legend>
                <table>
                    <tr>
                        <td><label for="s_id">학번</label></td>
                        <td><input type="text" name="s_id" id="s_id" disabled data-
role="none"/></td>
                    </tr>
```

```
                <tr>
                    <td><label for="s_name">성명</label></td>
                    <td><input name="s_name" id="s_name" disabled="disabled" data-
role="none"/></td>
                </tr>
            </table>
        </fieldset><br/>
        <fieldset>
            <legend>부가 정보</legend>
            전화번호 : <input type="text" name="s_tel" placeholder="999-999-9999"
data-role="none"/><br/>
            가입날짜 : <input type="date" name="s_date" value="2014-11-11" data-
role="none"/><br/>
            성별 : <select data-role="none">
            <option value="male">남자</option>
            <option value="female">여자</option>
            </select><br/>
            학년 : <input type="radio" name="syear" value="1" data-role="none">1학년
            <input type="radio" name="syear" value="2" data-role="none">2학년
            <input type="radio" name="syear" value="3" checked data-role="none">3학년
            <input type="radio" name="syear" value="4" data-role="none">4학년<br/>
            나이 : <input type="number" name="year" min="1" max="100" value="20"
data-role="none"/><br/>
        </fieldset><br/>
        <input type="submit" value="확인" data-role="none"/>
        <input type="reset" value="취소" data-role="none"/>
    </form>
  </div>
  <div data-role="footer" data-position="fixed">
    <h4>footer 영역</h4>
  </div>
</div>
```

제이쿼리 모바일 프레임워크 선언 부분을 〈head〉 태그 영역에서 삭제해보자. 브라우저가 제이쿼리 모바일을 지원하지 않는다면 [그림 8-12] 왼쪽과 같은 네이티브 스타일의 표준 폼 양식이 표시될 것이다. 제이쿼리 모바일 프레임워크를 적용하더라도 data-role="none" 속성을 추가하면 [그림 8-12] 오른쪽과 같은 네이티브 폼 컨트롤이 모바일 페이지에 표시된다.

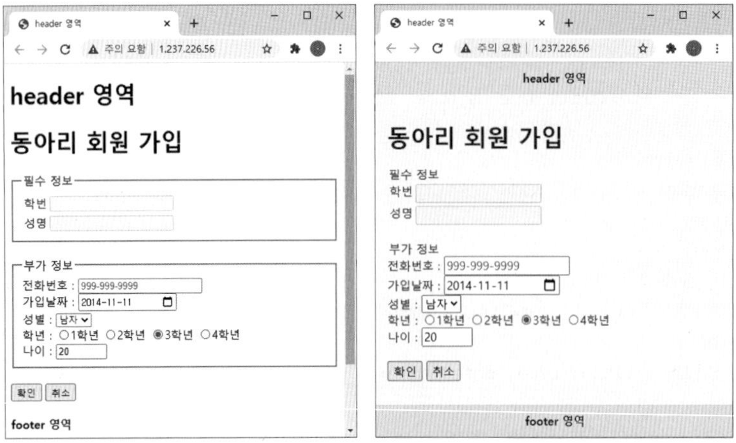

제이쿼리 모바일 프레임워크 적용 전　　제이쿼리 모바일 프레임워크 적용 후

[그림 8-12] native-form.html의 실행 결과(예제8-11)

4.3 모바일 폼 컨트롤 : 입력 상자

입력 상자(input box)는 문자나 숫자값을 입력 받는 가장 기본적인 폼 컨트롤이다. 〈input〉 태그의 type 속성값에 따라 폼 컨트롤 유형이 결정된다. 모바일 폼 입력 상자는 둥근 모서리의 긴 상자 모양 컨트롤로 화면 너비에 비례하여 자동으로 변경된다.

■ 모바일 폼 요소 그룹화

보통 폼 컨트롤들은 사용자에게 입력 정보를 안내하기 위해 〈label〉 태그를 함께 쌍으로 묶어 사용한다. 둘 이상의 모바일 폼 컨트롤을 하나의 그룹처럼 표시하려면 data-role="fieldcontain" 속성을 갖는 〈div〉 태그로 감싸면 된다. 이를 필드 컨테이너(field container)라고 한다. 레이블과 폼 컨트롤들을 정렬시키고 다른 컨트롤과 경계선으로 구분 짓는 일종의 래퍼로서 화면의 너비에 따라 자동으로 레이아웃이 조절된다.

```
<div data-role="fieldcontain">
    <label for="아이디"> 라벨명 </label>
    <input type="입력 유형" name="변수명" id="아이디">
</div>
```

name 속성값으로 변수명을 명세하면 입력 받은 값을 저장하고 이후 추가적인 처리가 가능하다.

■ 단일행 입력 상자

가장 간단한 폼 입력 유형으로 〈input〉 태그의 type 속성값으로 'text'를 설정하면 생성된다. 다음은 단일행 입력 상자를 명세한 예이다. 〈label〉 태그의 문자열은 〈input〉 태그와 연결되더라도 다른 줄에 각각 표시된다. 모바일 폼 컨트롤은 모바일 장치의 특성을 고려하여 한 줄에 오직 하나만 표시되기 때문이다. 모바일 화면의 너비가 커지면 한 줄에 나란히 표시되기도 한다.

[예제8-12] 단일행 입력상자 생성하기 /ch08/basic-inputbox.html

```
<div data-role="page" id="page1">
    <div data-role="header">
        <h1>header 영역</h1>
    </div>
    <div data-role="content">
        <label>(1)도시이름
            <input type="text" name="return" id="txt1">
        </label>
        <div data-role="fieldcontain" class="ui-disabled">
            <label for="txt2">(2)도시이름</label>
            <input type="text" name="return" id="txt2" data-role="none">
        </div>
        <div data-role="fieldcontain">
            <label for="txt3">(3)도시이름</label>
            <input type="text" name="return" id="txt3" value="서울">
        </div>
    </div>
    <div data-role="footer" data-position="fixed">
        <h4>footer 영역</h4>
    </div>
</div>
```

〈label〉 태그 안의 for 속성은 의미적으로 연관된 입력 상자 엘리먼트의 id 속성 값을 갖는다. 더 간단한 방법은 〈input〉 태그를 〈label〉 태그로 직접 감싸면 된다.(1) for 속성은 필요 없다. data-role="none" 속성을 설정한 폼 엘리먼트는 네이티브 폼 컨트롤 모양으로 표시된다.(2) 바람직한 형식은 (3)이다. name 속성값인 'return'은 사용자가 입력한 값을 저장할 변수를 지정한다. 'return' 변수는 기본 value 속성값이나 사용자가 입력 혹은 선택한 값들을 폼이 전송될 때 전달된다. class="ui-disabled" 속성을 설정하면 해당 영역에 있는 폼 요소들을 비활성화시킬 수 있다.(2) 비활성화하면 선택이나 입력이 불가능하다.

[그림 8-13] basic-inputbox.html의 실행 결과(예제8-12)

■ 다양한 입력 상자

〈input〉 태그는 입력 값의 유형을 고려하여 type 속성값을 지정한다. type 속성값은 'text' 이외에도 'password'와 HTML5에서 새로 추가된 'number', 'email', 'tel', 'url', 'search' 등이 가능하다. 모두 비슷한 모양의 입력 컨트롤이 표시되지만 실제 입력할 때는 각 입력 유형에 맞는 가상 키보드가 화면에 표시된다.

[예제8-13] 다양한 입력상자 생성하기 /ch08/multi-inputbox.html

```
<div data-role="page" id="page1">
    <div data-role="header">
        <h1>header 영역</h1>
    </div>
    <div data-role="content">
        <div data-role="fieldcontain">
            <label for="input1">비밀번호</label>
            <input type="password" name="input1" id="input1" placeholder="패스워드를 입력하세요"/>
            <input type="number" name="input2" id="input2" placeholder="숫자를 입력하세요"/>
            <input type="email" name="input3" id="input3" placeholder="이메일을 입력하세요"/>
            <input type="tel" name="input4" id="input4" placeholder="전화번호를 입력하세요"/>
            <input type="url" name="input5" id="input5" placeholder="URL을 입력하세요"/>
            <label for="input6" class="ui-hidden-accessible">검색</label>
            <input type="search" name="input6" id="input6" placeholder="키워드를 입력하세요">
        </div>
```

```
    </div>
    <div data-role="footer" data-position="fixed">
        <h4>footer 영역</h4>
    </div>
</div>
```

플레이스홀더(placeholder) 속성은 폼 컨트롤에 기본 값으로 보여지는 내용을 지정한다. 안내글로 표시되다가 포커스를 받으면 자동으로 사라지도록 한다. 플레이스홀더 속성을 이용하여 레이블을 대체할 수 있다. 레이블을 생략하려면 ui-hidden-accessible 클래스 속성을 〈label〉 태그 안에 추가한다. 검색 입력 상자는 다른 입력 상자와는 다르게 둥근 모서리에 왼쪽에 검색 아이콘을 포함한다. 또, 문자를 입력하면 취소할 수 있는 삭제 아이콘이 오른쪽에 나타난다. 다음은 실행 결과이다.

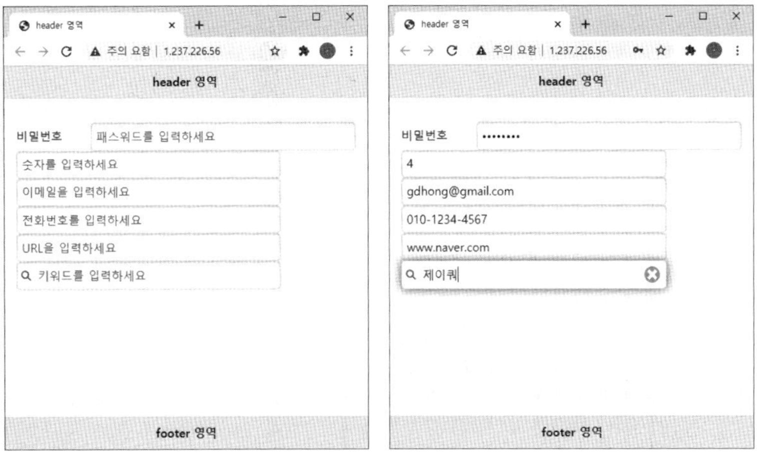

입력 전 입력 후

[그림 8-14] multi-inputbox.html의 실행 결과(예제8-13)

■ 다중 행 입력 상자

한 줄이 아닌 여러 줄에 걸쳐 문자열을 입력하고자 할 경우, 〈textarea〉 태그를 사용한다.

```
<textarea id="아이디"></textarea>
```

다중 행 입력 상자는 자동 확장(auto-growing) 기능이 적용되므로 스크롤바를 사용할 필요가 없다. 입력 상자의 크기가 입력되는 문자열의 크기에 비례하여 자동으로 늘어난다.

[예제8-14] 다중 행 입력상자 생성하기 /ch08/textarea.html

```
<div data-role="page" id="page1">
    <div data-role="header">
        <h1>header 영역</h1>
    </div>
    <div data-role="content">
        <div data-role="fieldcontain">
            <label for="txtarea1">도시설명</label>
            <textarea id="txtarea1"></textarea>
        </div>
    </div>
    <div data-role="footer" data-position="fixed">
        <h4>footer 영역</h4>
    </div>
</div>
```

다음은 실행 결과이다.

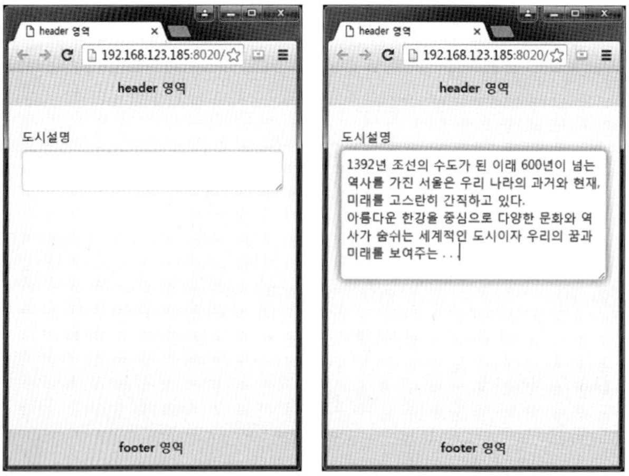

[그림 8-15] textarea.html의 실행 결과(예제8-14)

■ 슬라이더

슬라이더(slider)는 이동 바를 좌우로 움직여 최소값과 최대값 사이의 값을 선택하도록 하는 모바일 폼 컨트롤이다. 〈input〉 태그에 type="range" 속성값을 지정하면 만들어진다. value 속성은 슬라이더의 초기값, min 속성은 최소값, max 속성은 최대값을 의미한다.

```
<input type="range" name="변수명" id="아이디" value="초기값" min="최소값" max="최대값"/>
```

직접 값을 입력하거나 선택하는 것보다 편리하게 숫자값을 지정할 수 있다. 표시되는 숫자 입력란과 슬라이더는 서로 연결되어 함께 변경되며 지정된 범위 이외의 값은 허용되지 않는다.

[예제8-15] 슬라이더 생성하기 /ch08/range-input.html

```
<div data-role="page" id="page1">
    <div data-role="header">
        <h1>header 영역</h1>
    </div>
    <div data-role="content">
        <div data-role="fieldcontain">
            <label for="score1">점수</label>
            <input type="range" name="score" id="score1" value="50" min="0" max="100"/>
        </div>
    </div>
    <div data-role="footer" data-position="fixed">
        <h4>footer 영역</h4>
    </div>
</div>
```

위의 예는 초기값은 50점이고, 0점에서 100점 사이의 범위에서 값을 선택할 수 있는 슬라이더가 표시된다. 다음은 실행 결과이다.

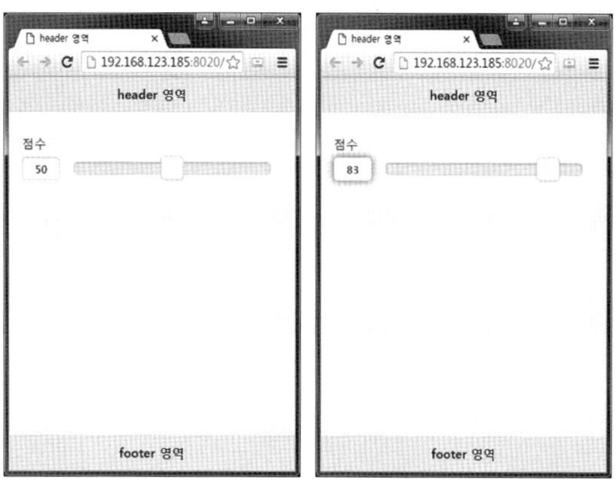

[그림 8-16] range-input.html의 실행 결과(예제8-15)

■ 스위치

스위치(switch)는 서로 대비되는 두 가지 선택 항목(켜짐/꺼짐, 예/아니오, 남성/여성 등) 중에서 하나만을 선택할 수 있는 모바일 폼 컨트롤이다.

```
<select name="변수명" id="아이디" data-role="slider">
    <option value="변수설정값1">옵션1</option>
    <option value="변수설정값2">옵션2</option>
</select>
```

생성 방법은 선택 메뉴와 비슷하다. 대비되는 두 가지 선택 항목은 〈option〉 태그로 설정하고 〈select〉 태그 안에 data-role="slider" 속성을 추가하면 만들어진다.

[예제8-16] 스위치 생성하기 /ch08/switch-input.html

```
<div data-role="page" id="page1">
    <div data-role="header">
        <h1>header 영역</h1>
    </div>
    <div data-role="content">
        <div data-role="fieldcontain">
            <label for="gender1">성별</label>
            <select name="gender" id="gender1" data-role="slider">
                <option value="male">남자</option>
                <option value="female">여자</option>
            </select>
        </div>
    </div>
    <div data-role="footer" data-position="fixed">
        <h4>footer 영역</h4>
    </div>
</div>
```

실행 결과는 다음과 같다. 두 가지 상태가 번갈아 가며 표시된다.

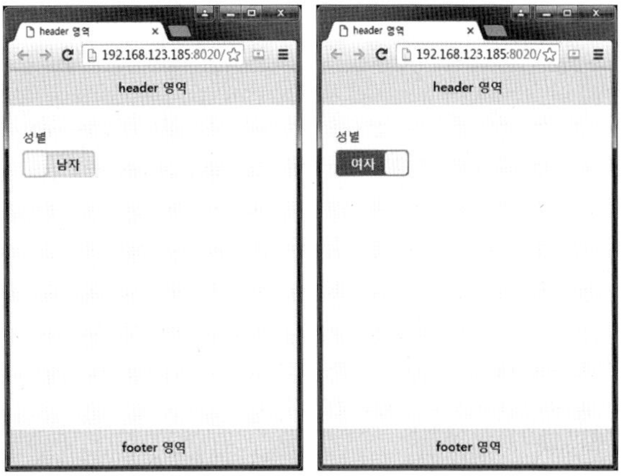

[그림 8-17] switch-input.html의 실행 결과(예제8-16)

■ 라디오 선택 버튼

라디오 선택 버튼은 선택 항목 중에서 오직 하나만을 선택할 수 있는 모바일 폼 컨트롤이다. 〈input〉 태그 안에 type="radio" 속성을 설정하면 만들어진다. name과 id 속성은 반드시 설정한다. type="radio" 속성을 갖는 모든 〈input〉 태그들은 name 속성값이 같아야 한다. name 속성값이 다를 경우, 하나가 아닌 여러 항목이 선택될 수 있기 때문이다.

```
<input type="radio" name="변수명" id="아이디" value="변수설정값"/>
```

둘 이상의 라디오 버튼을 그룹으로 묶으려면 상위에 〈fieldset〉 태그로 감싸고 data-role="controlgroup" 속성을 추가한다. 그룹으로 묶인 버튼 사이의 경계선과 여백은 사라지며 버튼은 컨테이너의 너비에 비례하여 세로 방향으로 나열한다.

```
<fieldset data-role="controlgroup">
    <legend>그룹제목</legend>
        ...
</fieldset>
```

〈fieldset〉 태그의 첫 번째 하위 엘리먼트인 〈legend〉 태그는 어떤 선택에 관한 것인지에 대한 그룹 제목을 표시한다. 〈label〉 태그는 개별 폼 컨트롤에 관한 설명을 위해, 〈legend〉 태그는 폼 컨트롤 그룹 전체에 관한 설명을 위해 사용한다.

[예제8-17] 라디오 버튼 생성하기 /ch08/radio-input.html

```
<div data-role="page" id="page1">
    <div data-role="header">
        <h1>header 영역</h1>
    </div>
    <div data-role="content">
        <fieldset data-role="controlgroup">
            <legend>학년</legend>
            <input type="radio" name="syear" id="syear1" value="1"/>
            <label for="syear1">1학년</label>
            <input type="radio" name="syear" id="syear2" value="2"/>
            <label for="syear2">2학년</label>
            <input type="radio" name="syear" id="syear3" value="3" checked="checked"/>
            <label for="syear3">3학년</label>
            <input type="radio" name="syear" id="syear4" value="4"/>
            <label for="syear4">4학년</label>
        </fieldset>
        <fieldset data-role="controlgroup" data-type="horizontal">
            <legend>학기</legend>
            <input type="radio" name="semester" id="semester1" value="1" checked="checked"/>
            <label for="semester1">1학기</label>
            <input type="radio" name="semester" id="semester2" value="2"/>
            <label for="semester2">2학기</label>
        </fieldset>
    </div>
    <div data-role="footer" data-position="fixed">
        <h4>footer 영역</h4>
    </div>
</div>
```

폼 컨트롤의 기본 나열 방향은 세로 방향이다. 가로 방향으로 나열하고 싶다면 data-type="horizontal" 속성을 <fieldset> 태그 안에 추가한다. 가로 방향의 경우, 보통의 선택 버튼 그룹처럼 표시되며 선택된 버튼 색상만 다르게 표시한다. 다음은 실행 결과이다.

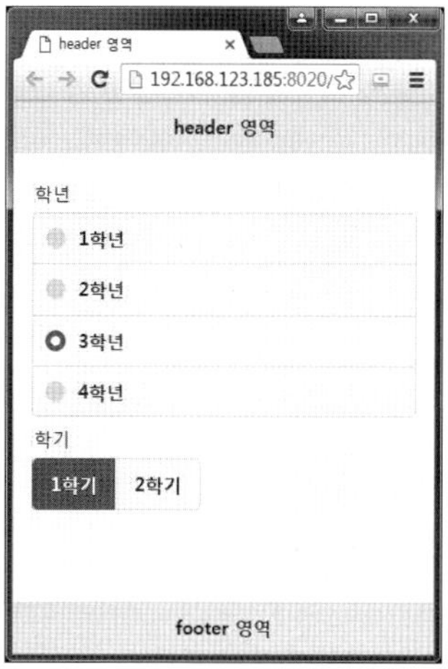

[그림 8-18] radio-input.html의 실행 결과(예제8-17)

■ 체크 상자 버튼

체크 상자 버튼은 선택 항목 중에서 여러 개를 동시에 선택할 때 사용한다. 라디오 선택 버튼과 생성 방법이 비슷하다. 〈input〉 태그 안에 type="checkbox" 속성을 설정한다.

```
<input type="checkbox" name="변수명" id="아이디" value="변수설정값"/>
```

버튼들을 그룹으로 묶기 원하면 상위에 〈fieldset〉 태그를 생성하고 그 안에 data-role="controlgroup" 속성을 추가한다. checked="checked" 속성은 처음부터 선택되는 항목들에 설정된다.

[예제8-18] 체크 상자 버튼 생성하기 /ch08/checkbox-input.html

```
<div data-role="page" id="page1">
    <div data-role="header">
        <h1>header 영역</h1>
    </div>
    <div data-role="content">
        <div data-role="fieldcontain">
        <fieldset data-role="controlgroup">
            <legend>연락매체</legend>
            <input type="checkbox" name="type1" id="type1" value="1" checked="checked"/>
            <label for="type1">e-mail</label>
```

```
            <input type="checkbox" name="type2" id="type2" value="2"/>
            <label for="type2">address</label>
            <input type="checkbox" name="type3" id="type3" value="3" checked="checked"/>
            <label for="type3">phone</label>
        </fieldset>
        </div>
        <fieldset data-role="controlgroup" data-type="horizontal">
            <legend>성별</legend>
            <input type="checkbox" name="gtype1" id="gtype1" value="m" checked="checked"/>
            <label for="gtype1">남성</label>
            <input type="checkbox" name="gtype 2" id="gtype2" value="f"/>
            <label for="gtype2">여성</label>
        </fieldset>
    </div>
    <div data-role="footer" data-position="fixed">
        <h4>footer 영역</h4>
    </div>
</div>
```

다음은 실행 결과이다.

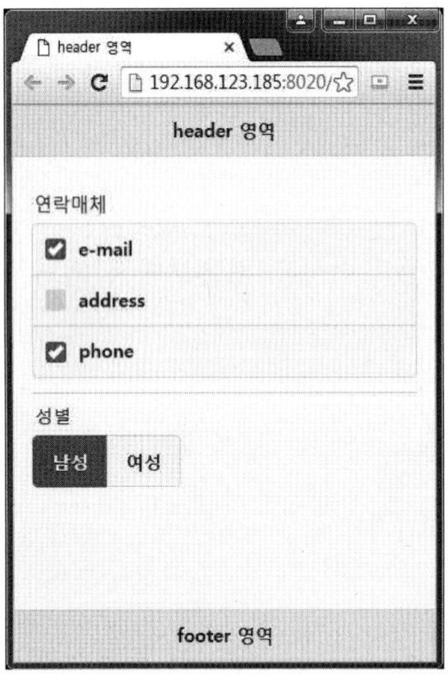

[그림 8-19] checkbox-input.html의 실행 결과(예제8-18)

4.4 모바일 폼 컨트롤 : 선택 메뉴

■ 기본 선택 메뉴(select menu)

〈select〉 태그를 사용하여 여러 항목 중 하나를 선택하도록 하는 폼 컨트롤이다. 비활성화 상태일 때는 하나의 항목만 표시되지만 선택되어 활성화되면 드롭다운(drop-down) 목록이 펼쳐져 목록 중 하나를 선택할 수 있다. 표시 공간이 작아 효율적이다.

```
<select name="변수명" id="아이디">
    <option>안내글</option>
    <option value="변수설정값">옵션</option>
        ... 생략 ...
</select>
```

〈option〉 태그의 value 속성이 없다면 그 항목은 선택 대상에서 제외된다. 대신 안내글이 된다. data-placeholder="true" 속성값이 지정된 항목도 선택이 불가능하고 disabled='disabled' 속성값을 추가해도 선택할 수 없도록 비활성화된다. 선택 항목 수가 적으면 메뉴가 대화 창 모양으로 표시되지만 항목 수가 많아서 화면 영역을 벗어나게 되면 스크롤 페이지로 변경된다.

■ 그룹 선택 메뉴

항목들을 몇 개의 그룹으로 묶을 수 있고 〈optgroup〉 태그 안에 label 속성값을 설정하여 각 그룹의 이름을 선택 항목들 사이에 표시할 수 있다. 보통 다른 부류의 선택 항목들을 메뉴에 표시할 때 서로를 구분하기 위해 사용한다. 선택 메뉴의 항목들을 그룹핑하는 효과를 가져 온다.

```
<optgroup label="그룹명">
    <option value="변수설정값">옵션</option>
        ... 생략 ...
</optgroup>
```

[예제8-19] 선택 메뉴항목 그룹 사용하기 /ch08/optgroup-select.html

```
<div data-role="page" id="page1">
    <div data-role="header">
        <h1>header 영역</h1>
    </div>
    <div data-role="content">
        <div data-role="fieldcontain">
            <label for="age1">연령대</label>
            <select name="age1" id="age1" data-inline="true">
                <option value="">선택하세요</option>
                <optgroup label="그룹A">
                    <option value="num1">0~9세</option>
                    <option value="num2">10~19세</option>
                    <option value="num3">20~29세</option>
                </optgroup>
                <optgroup label="그룹B">
                    <option value="num4">30~39세</option>
                    <option value="num5">40~49세</option>
                    <option value="num6" disabled="disabled">50세이상</option>
                </optgroup>
            </select>
        </div>
    </div>
    <div data-role="footer" data-position="fixed">
        <h4>footer 영역</h4>
    </div>
</div>
```

data-inline="true" 속성값을 〈select〉 태그 안에 지정하면 선택 메뉴의 표시되는 폭이 선택 문자열 크기에 맞추어 조절된다.

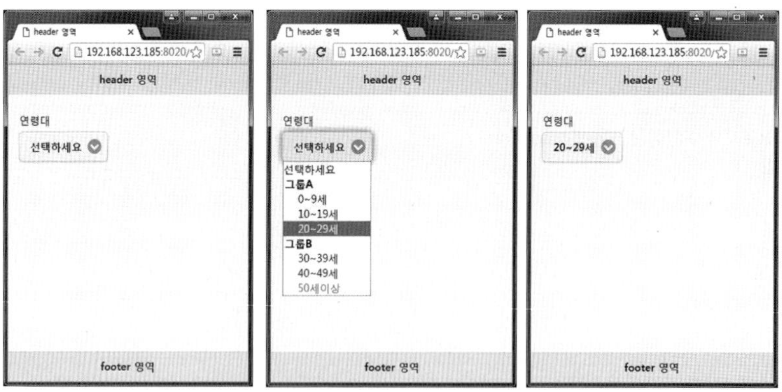

[그림 8-20] optgroup-select.html의 실행 결과(예제8-19)

■ 변형 선택 메뉴

〈select〉 태그 안에 data-native-menu="false" 속성을 지정하면 선택 메뉴가 대화 상자와 비슷한 모양으로 표시된다. 'multiple' 속성을 설정하여 항목을 동시에 여러 개를 선택할 수도 있다. 여러 항목을 선택하고 선택 메뉴를 닫으면 선택 항목들이 표시되고 선택된 개수도 추가로 표시된다.

```
<select name="변수명" id="아이디" data-native-menu="false">
        ... 생략 ...
</select>
```

플레이스홀더를 지정하면 선택 전에는 힌트를 제공하고 선택 후에는 선택 메뉴의 제목으로 변경 표시된다. 플레이스홀더를 별도로 지정하지 않으면 기본적으로 목록의 첫 번째 항목이 지정된다. data-placeholder="true" 설정은 data-native-menu="false" 설정이 있을 때만 유효하다.

[예제8-20] 대화상자형 선택 메뉴 사용하기 /ch08/dialog-select.html

```
<div data-role="page" id="page1">
    <div data-role="header">
        <h1>header 영역</h1>
    </div>
    <div data-role="content">
        <div data-role="fieldcontain">
            <label for="age1">정보습득매체</label>
            <select name="age1" id="age1" data-native-menu="false" multiple="multiple">
                <option value=" " data-placeholder="true">선택하세요(복수 선택 가능)</option>
                <option value="num1">신문</option>
                <option value="num2">인터넷</option>
                <option value="num3">SNS</option>
                <option value="num4">지인소개 </option>
                <option value="num5">방송</option>
            </select>
        </div>
    </div>
    <div data-role="footer" data-position="fixed">
        <h4>footer 영역</h4>
    </div>
</div>
```

다음은 실행 결과이다.

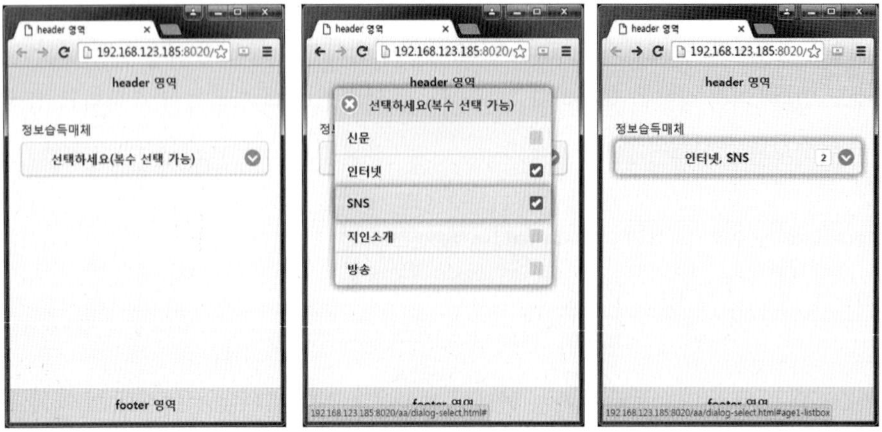

[그림 8-21] dialog-select.html의 실행 결과(예제8-20)

Tip 플레이스홀더

플레이스홀더는 선택 메뉴의 첫 항목이 기본 제목으로 보여지는 것을 원하지 않을 경우 사용한다. 대신 보여질 다른 제목을 설정하는 3가지 방법이 가능하다. 제목으로 표시되는 항목들은 선택할 수 없다.

1) 옵션에 특정 값을 지정하지 않고 문자열을 추가

```
<option>선택하세요</option>
```

2) 옵션에 특정 값과 문자열이 지정된 경우, data-placeholder="true" 속성을 추가

```
<option value="xxx" data-placeholder="true">선택하세요</option>
```

3) 힌트나 제목이 없는 선택 메뉴를 만들고자 할 경우, 빈 옵션을 지정

```
<option value=""></option>
```

5. [실습] 독도 소개 웹앱 개발

제이쿼리 모바일을 이용하여 간단한 독도 소개 앱을 만들어 보자.

5.1 독도 소개 웹앱 : dokdoApp

독도 소개와 독도 영상, 독도 음악, 독도 사진 4가지의 메뉴 구성을 통해 텍스트, 동영상, 사운드, 이미지 등의 다양한 미디어 정보를 제공하는 웹앱을 개발할 수 있다.

[그림 8-22] 독도소개 앱의 화면 구성(실습8-1)

5.2 실습 예제 코드

다음은 dokdoApp의 전체 코드 내용이다.

[실습8-1] 독도 소개 앱 /ch08_dokdoApp/dokdo-intro.html

```
<!DOCTYPE HTML>
<html>
<head>
<meta charset="utf-8"/>
<meta name="viewport" content="width=device-width, initial-scale=1" />
<title>제이쿼리 모바일</title>
<link rel="stylesheet" href="http://code.jquery.com/mobile/1.4.5/jquery.mobile-
1.4.5.min.css"/>
<script src="http://code.jquery.com/jquery-1.11.1.min.js"></script>
<script src="http://code.jquery.com/mobile/1.4.5/jquery.mobile-1.4.5.min.js"></script>
<style>
  li { list-style:none; }
  .picture { padding:0; margin:0; }
  .picture li { float:left; width:50%;}
  .picture li a { display:block; margin:5px; }
  .picture li img { display:block; width:50%;  height:auto; }
  .picture li img:hover { display:block; width:100%;  height:auto;}
</style>
</head>
<body>
<div data-theme="b">
    <div data-role="page" id="home" >
        <div data-role="header" data-theme="b" >
            <h1>독도 소개 앱</h1>
        </div>
        <div data-role="content" style="text-align:center">
            <img src="bgdokdo1.png" >
            <ul data-role="listview" data-inset="true">
                <li><a href="#intro">독도소개</a></li>
                <li><a href="#movie" data-rel="dialog">독도영상</a></li>
                <li><a href="#wizard3-1" data-rel="dialog">독도음악</a></li>
                <li><a href="#gallery">독도사진</a></li>
            </ul>
        </div>
        <div data-role="footer" data-position="fixed" data-theme="b">
            <h1>독도사랑_홍길동</h1>
        </div>
    </div>

    <div data-role="page" id="intro" data-theme="b">
```

```
        <div data-role="header" data-theme="b">
            <a href="#home" data-icon="arrow-l" data-direction="reverse">처음</a>
            <h1>독소 소개</h1>
        </div>
        <div data-rale="content">
            <div  style="text-align:center">
                <img src="bgdokdo2.png">
            </div>
            <div data-role="collapsible-set" data-theme="b" data-content-theme="e">
                <div data-role="collapsible" data-collapsed="false">
                    <h3>독도역사</h3>
                    <p>독도(獨島)라는 명칭은 한국어와 중국어 화자들이 일반적으로 사용하는 이름이다. 인도유럽어권에서는 리앙쿠르 바위섬, 일본어권에서는 다케시마 섬이라 부른다. 20세기 초까지는 독도, 석도 또는 마쓰시마라고 불리었다.  ..생략</p>
                </div>
                <div data-role="collapsible">
                    <h3>독도지리</h3>
                    <p>독도는 주로 두 개의 섬으로 이루어지며 150 미터 떨어진 두 섬은 동도와 서도로 불린다. 약 90개의 섬과 암초로 이루어진 신생대 화산암으로 구성되어 있다.독도는 동경 약 131° 52′ 위도 약 37°14′에 위치한다.  ..생략</p>
                </div>
                <div data-role="collapsible" >
                    <h3>독도생활</h3>
                    <p>900명이 넘는 한국인 시민들이 이 섬에 거주하며, 실제로 영구거주를 하는 사람은 단 두 사람이다. 한국정부는 거주 주장을 하기 위하여 이들에게 보조금을 지불하고 있다.  ..생략</p>
                </div>
            </div>
        </div>
        <div data-role="footer" data-position="fixed" data-theme="b">
            <h1>독도사랑_홍길동</h1>
        </div>
    </div>

    <div data-role="page" id="movie" data-theme="b">
        <div data-role="header" data-position="fixed" data-theme="b">
            <h1>독도 영상</h1>
        </div>
        <div data-role="content" >
            <div class="ui-bar ui-bar-a">외교부 독도 소개 동영상</div><br/>
            <li><iframe width="100%" height="240" src="http://www.youtube.com/embed/muB4_LNZ2Rk"></iframe></li><br/>
            <div class="ui-bar ui-bar-a">플래시몹(서울역광장) 동영상</div><br/>
            <li><video controls width="100%" preload="metadata">
                <source src="mop.mp4" type="video/mp4">
            </video></li>
```

```
        </div>
        <div data-role="footer" data-theme="b">
        </div>
    </div>

    <div data-role="page" id="wizard3-1">
        <div data-role="header">
            <h1>독도 노래1</h1>
        </div>
        <div data-role="content">
            <div class="ui-bar ui-bar-a">홀로 아리랑</div><br/>
            <audio controls width="100%" preload="metadata">
                <source src="arirangalone.mp3" type="audio/mp3">
            </audio>
            <img src="3-1.jpg" alt="" width="100%">
        </div>
        <div data-role="footer">
            <a href="#home"  data-direction="reverse">이전</a>
            <a href="#wizard3-2" data-rel="dialog" data-transition="slide">다음</a>
        </div>
    </div>

    <div data-role="page" id="wizard3-2">
        <div data-role="header">
            <h1>독도 노래2</h1>
        </div>
        <div data-role="content">
            <div class="ui-bar ui-bar-a">독도는 우리땅</div><br/>
            <audio controls width="100%" preload="metadata">
                <source src="dockdo.mp3" type="audio/mp3">
            </audio>
            <img src="3-2.jpg" alt="" width="100%">
        </div>
        <div data-role="footer">
            <a href="#wizard3-1"  data-direction="reverse">이전</a>
            <a href="#home">처음</a>
        </div>
    </div>

    <div data-role="page" id="gallery"  data-theme="b">
        <div data-role="header" data-position="fixed"  data-theme="b">
            <a href="#home" data-icon="arrow-l" data-direction="reverse">처음</a>
            <h1>독도 갤러리</h1>
        </div>
        <div data-role="content">
```

```
            <ul class="picture">
                    <li><a href="4-1.jpg" rel="external"><img src="4-1.jpg" /></a></li>
                    <li><a href="4-2.jpg" rel="external"><img src="4-2.jpg" /></a></li>
                    <li><a href="4-3.jpg" rel="external"><img src="4-3.jpg" /></a></li>
                    <li><a href="4-4.jpg" rel="external"><img src="4-4.jpg" /></a></li>
                    <li><a href="4-5.jpg" rel="external"><img src="4-5.jpg" /></a></li>
                    <li><a href="4-6.jpg" rel="external"><img src="4-6.jpg" /></a></li>
                    <li><a href="4-7.jpg" rel="external"><img src="4-7.jpg" /></a></li>
                    <li><a href="4-8.jpg" rel="external"><img src="4-8.jpg" /></a></li>
                    <li><a href="4-9.jpg" rel="external"><img src="4-9.jpg" /></a></li>
                    <li><a href="4-10.jpg" rel="external"><img src="4-10.jpg" /></a></li>
                    <li><a href="4-11.jpg" rel="external"><img src="4-11.jpg" /></a></li>
                    <li><a href="4-12.jpg" rel="external"><img src="4-12.jpg" /></a></li>
            </ul>
            </div>
            <div data-role="footer" data-position="fixed" data-theme="b">
                <h1>독도사랑_홍길동</h1>
            </div>
        </div>
</div>
</body>
</html>
```

요약

1. 대화상자(dialog box)는 제이쿼리 모바일이 지원하는 팝업 창 형태의 특별한 페이지이다. 둥근 모서리와 바깥 여백, 그림자 등의 스타일이 적용되어 기존 페이지 위에 표시된다.

2. 대화상자를 생성하는 2가지 방법이 있다. 첫 번째는 〈a〉 링크 태그 안에 data-rel 속성값 'dialog'를 설정하는 방법이다. 두번째는 일반 페이지가 아닌 대화상자로 처음부터 생성하는 방법이다. 〈div〉 태그 안에 data-role 속성값을 'page'가 아닌 'dialog'로 설정한다.

3. 액션시트(action sheets)는 헤더와 푸터가 없는 특별한 대화상자이다. 보통 사용자에게 의견을 묻고 응답을 요청하는 경우에 사용된다. 액션시트는 취소를 포함한 선택 가능한 작업 항목들을 제시할 목적으로 사용되므로 보통 둘 이상의 버튼을 포함한다.

4. 제이쿼리 모바일은 페이지와 대화상자, 헤더, 푸터 등에 대해 기본 스타일을 미리 정의하여 디자인 테마(theme)로 제공하고 있다. 테마를 적용하려면 대상 영역에 data-theme 속성값을 설정하면 된다. 페이지 전체뿐만 아니라 페이지 안의 일부 요소만 다른 테마를 설정할 수도 있다.

5. data-theme 속성값으로 'a'~'b'까지 테마 속성값 중 하나를 설정하면 테마가 적용되어 화면 색상과 음영, 질감 등이 자동으로 변화된다. 기본 속성값은 a(은색), b(검정)이다.

6. 스마트폰은 화면 크기가 작고 폭이 좁기 때문에 모바일 페이지의 레이아웃 구성이 중요하다. 기본 레이아웃의 형식은 한 줄 단위의 정보를 표시하기 위한 바 레이아웃과 영역 안에 사각형 모양의 박스 영역을 생성하여 내용들을 규칙적으로 배치하거나 특정 내용을 강조하기 위해 많이 사용되는 블록 레이아웃 그리고, 문자열이나 이미지를 행이나 열에 맞추어 일정한 간격으로 배치하는 그리드 레이아웃 3가지이다.

7. 그리드 레이아웃은 그리드 컨테이너를 만듦으로써 생성된다. 그리드 컨테이너 내부에 포함하는 열의 개수에 따라 적절한 ui-grid-* 클래스 속성값을 명세한다. 그리드 안에 생성되는 열의 개수만큼 블록이 그리드 컨테이너 내부에 생성된다. 해당 엘리먼트가 몇 번째 블록에 해당하는지를 지정하기 위해 'a'~'e' 값을 사용한다. 각 블록들을 식별하기 위하여 ui-block-* 속성값을 지정한다.

8. 접이식 패널 레이아웃은 콘텐츠의 특정 영역이 접혔다 펼치기를 반복하며 내용을 숨기거나 표시할 수 있어 스마트폰의 좁은 화면 영역을 효과적으로 사용할 수 있는 방법이다.

9. 기본 접이식 패널(basic collapsible panel)은 접고 펼칠 수 있는 패널 블록이 하나 존재한다. 접이식 패널 컨테이너 역할을 하는 <div> 태그에 data-role="collapsible" 속성을 설정하면 생성된다.

10. 접이식 패널 안에 또 다른 접이식 패널을 포함할 수 있다. 바로 중첩 접이식 패널(nested collapsible panel)이다. data-role="collapsible" 속성을 설정한 <div> 태그 안에 또다시 data-role="collapsible" 속성을 설정한 <div> 태그를 반복해서 명세하면 만들어진다.

11. 그룹 접이식 패널(group collapsible panel)은 여러 접이식 패널들을 하나의 그룹으로 묶은 것으로 시각적으로 하나의 요소로 연결된다. 그룹 접이식 패널은 한 번에 하나의 접이식 패널만 선택하여 펼칠 수 있다. '아코디언 패널'이라 불리기도 한다. 단일 접이식 패널 컨테이너 상위에 data-role="collapsible-set" 속성을 갖는 <div> 태그를 설정하면 된다.

12. HTML5 폼 관련 태그를 그대로 사용하여 제이쿼리 모바일의 폼 요소인 컨트롤을 생성할 수 있다. 제이쿼리 모바일 프레임워크는 표준 HTML5 태그 형식의 네이티브 웹폼 컨트롤을 자동으로 모바일폼 컨트롤로 렌더링한다. 모바일폼 컨트롤은 작은 화면의 터치 인터페이스에 맞게 변환된 컨트롤로 data-role 속성을 지정하지 않아도 자동으로 변환 · 표시된다.

13. HTML5 표준 폼 태그에는 <form>(폼), <input>(입력), <label>(라벨), <select>(선택), <optgroup>(옵션 그룹화), <option>(옵션), <fieldset>(입력양식 그룹화), <legend>(그룹 설명) 태그 등이 포함된다.

14. 제이쿼리 모바일이 폼 컨트롤을 자동 변환시키는 것을 원하지 않을 수 있다. 네이티브 스타일의 폼 컨트롤을 원할 경우 폼 태그 안에 data-role="none" 속성을 추가하면 제이쿼리 모바일을 적용하기 이전의 HTML5 태그의 원래 표준 양식이 표시된다.

15. 제이쿼리 모바일 폼 태그에는 다양한 입력 상자가 제공된다. <input> 태그의 type 속성값으로 'text', 'password', 'number', 'email', 'tel', 'url', 'search' 등을 설정하면 비슷한 모양의 입력 컨트롤이 표시된다. 실제 입력할 때는 각 입력 유형에 맞는 가상 키보드가 화면에 표시된다.

16. <input> 태그의 type 속성값으로 range(슬라이더), radio(라디오 선택 버튼), check(체크 상자 버튼)를 지정할 수 있고 <textarea>(다중행 입력상자) 태그를 명세할 수도 있다.

17. 스위치(switch)는 서로 대비되는 두 가지 선택 항목 중에서 하나만을 선택할 수 있는 모바일폼 컨트롤이다. 대비되는 두 가지 선택 항목은 <option> 태그를 사용하여 설정하고 <select> 태그 안에 data-role="slider" 속성을 추가한다.

18. 선택 메뉴는 여러 항목 중에서 하나를 선택하기 위한 폼 컨트롤이다. 〈option〉 태그의 value 속성값 중 하나를 선택하며 value 속성값이 없다면 그 항목은 선택 대상에서 제외된다.

19. 그룹 선택 메뉴는 메뉴의 항목들을 몇 개의 그룹으로 묶은 것이다. 〈optgroup〉 태그 안에 label 속성값을 설정하여 각 그룹의 이름을 선택 항목들 사이에 표시할 수 있다.

연습문제

1. 다음 문장의 내용이 옳으면 O, 옳지 않으면 X를 하시오.

1) 액션시트는 헤더와 푸터가 없기 때문에 대화상자를 닫을 수 있는 링크 버튼이 꼭 필요하다. ( )
2) 〈div〉 태그에 class="ui-grid-c"〉 클래스 속성을 설정하면 3개의 열로 분할되는 그리드 컨테이너가 생성된다. ( )
3) 그리드 레이아웃 안의 모든 블록들을 기본적으로 같은 크기로 분할되며 일부만 블록 크기를 더 크거나 작게 설정할 수는 없다. ( )
4) 접이식 패널 안에 또 다른 접이식 패널을 포함할 수 있다. ( )
5) 그룹 접이식 패널은 한 번에 하나의 접이식 패널만 선택하여 펼칠 수 있다. ( )
6) 모바일폼 컨트롤은 작은 화면의 터치 인터페이스에 맞게 변환된 컨트롤로 data-role 속성을 지정하지 않아도 자동으로 변환 · 표시된다. ( )
7) 〈label〉 태그 안의 for 속성은 의미적으로 연관된 입력 상자 엘리먼트의 id 속성 값을 갖는다. ( )
8) type="radio" 속성을 갖는 같은 그룹 안의 〈input〉 태그들은 name 속성값이 같아야 한다. ( )

2. 다음 ( ) 안에 적합한 용어를 넣어 문장을 완성하시오.

1) ( )는 헤더와 푸터가 없는 특별한 대화상자로 사용자에게 의견을 묻고 응답을 요청하는 경우에 사용된다.
2) ( )는 색상, 배경, 글꼴, 테두리, 음영 등 스타일의 전체적인 설정 유형을 말하며 하나의 CSS3 파일을 구성한다.
3) 콘텐츠 영역 안에 제목처럼 한 줄 단위의 정보를 표시하기 위한 바 레이아웃은 class="( )" 클래스 속성을 설정하면 생성된다.
4) 접이식 패널은 보통 컨테이너 역할을 하는 〈div〉 태그에 data-role="( )" 속성을 설정하면 생성된다.
5) 〈( )〉 태그는 〈select〉 태그의 하위 태그로 〈option〉 태그의 선택 항목들을 하나로 묶어 그룹화한다.
6) 〈( )〉 태그는 〈fieldset〉 태그로 묶은 입력 양식 그룹에 대한 설명을 표시하며 〈fieldset〉 태그 하위에 사용해야 한다.
7) 제이쿼리 모바일이 폼 컨트롤을 자동 변환시키는 것을 원하지 않고 HTML5 태그의 원

래 표준 양식으로 표시되기를 원할 경우 폼 태그 안에 data-role="(   )" 속성값을 설정한다.

8) 〈input〉 태그에 type="(   )" 속성값을 지정하면 슬라이더 컨트롤이 만들어진다.

3. 대화상자를 생성하는 2가지 방법에 대해 간략히 설명하시오.

4. 플레이스홀더(placeholder) 속성에 대해 간략히 설명하시오.

5. 접이식 패널의 종류와 특징에 대해 간략히 설명하시오.

6. 선택 메뉴의 표시 제목을 설정하는 3가지 방법에 대해 간략히 설명하시오.

7. 아래와 같은 실행 결과가 표시되도록 다음 코드 안의 밑줄 안에 적합한 태그를 넣어 완성하시오.

```
<!DOCTYPE html>
    ...
<body>
    <div data-role="page">
        <div data-role="content">
            <div data-role="______________">
                <input type="password"/>
                <input type="___________" ______________="키워드를 입력하세요">
                <input type="___________" value="_______" min="0" max="100"/>
                <___________ data-role="___________">
                    <option value="male">남자</option>
                    <option value="female">여자</option>
                </___________>
            </div>
            <fieldset data-role="controlgroup">
                <__________>연락매체</__________>
                <input type="___________" id="type1" value="1"/>
                <label for="type1">e-mail</label>
                <input type="___________" id="type2" value="2" checked="___________"/>
                <label for="type2">phone</label>
            </fieldset>
            <select multiple="__________" data-native-menu="__________">
                <option value=" " ____________________="true">복수선택하세요</option>
                <option value="num1">인터넷</option>
                <option value="num1">방송</option>
            </select>
        </div>
    </div>
</body>
</html>
```

8. [실습] 8장의 dokdo 독도 소개 웹앱 예제를 참고하여 자신을 소개하는 개인 소개 웹앱을 작성하시오.

Chapter 09

제이쿼리 기초 다지기

※ **학습목표**

- 제이쿼리 특성과 연동 방식을 이해한다.
- 제이쿼리 함수 명세 방법을 살펴본다.
- 다양한 제이쿼리 선택자의 종류와 사용 방법을 알아본다.

Chapter

09 제이쿼리 기초 다지기

1. 제이쿼리 개요

제이쿼리의 특성과 자바스크립트와의 차이점 등을 살펴보고 제이쿼리 연동 방법을 알아본다. DOM 트리의 구조에 대해서도 살펴보자.

1.1 제이쿼리

제이쿼리(jQuery)는 HTML5 웹 문서 안의 스크립트 언어를 간결하고 효과적으로 사용할 수 있도록 설계된 자바스크립트 라이브러리이다. 존 레식(John Resig)이 2006년 자바스크립트를 쉽게 사용할 목적으로 제안하여 현재는 RIA(Rich Internet Application)을 구현하는 핵심 기술이 되었다. 동적인 웹 페이지를 브라우저 종류에 상관없이 동일한 방식으로 구현할 수 있도록 한다.

[그림 9-1] 제이쿼리 홈페이지 (http://jquery.com)

제이쿼리의 주요 특성은 다음과 같다.

• 가장 인기 있는 자바 스크립트 라이브러리

자바스크립트의 코드 반복과 복잡함을 해결한 사용하기 쉬운 자바스크립트 라이브러리이다. 자바스크립트에서 구현하기 어렵거나 불편했던 기능들을 손쉽게 구현할 수 있도록 지원한다. 이벤트 처리, 애니메이션, DOM 관리, Ajax 응용과 같은 프로그래밍 작업을 자바스크립트보다 더 간단하게 할 수 있다.

• 크로스 브라우징(cross browsing) 지원

기존 자바스크립트는 웹 브라우저에 따라 일부 다르게 동작하는 문제점이 있었다. 제이쿼리는 모든 웹 브라우저에서 항상 동일하게 동작하도록 지원한다. 과거 브라우저마다 일일이 결과를 시험해봐야 했던 부담을 줄일 수 있다. 제이쿼리를 이용하면 모든 브라우저에서 정상적으로 동작함을 보장한다.

• 생산성 향상 지원

제이쿼리의 개발 철학은 'Write Less, Do More'이다. 프로그램 코드 양은 적게, 그럼에도 불구하고 많은 기능들을 수행할 수 있도록 지원한다. 간결하지만 강력한 기능으로 보다 효율적인 개발이 가능하다.

제이쿼리를 활용하기 위해서는 다음 관련 기술들에 대한 이해가 필요하다.

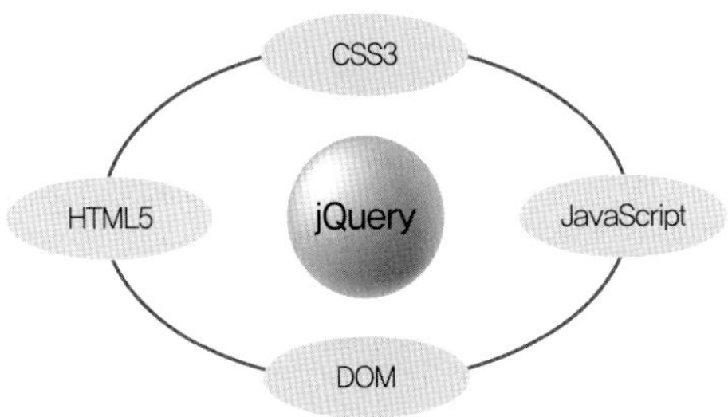

[그림 9-2] 제이쿼리 관련 기술

앞에서 HTML5와 CSS3에 대해 살펴 보았다. 자바스크립트는 1995년 웹 브라우저 개발업체인 넷스케이프(Netscape)사가 동적인 웹 문서 개발을 지원하기 위해 만든 스크립트 언어이다. HTML5 문서 안에서 상호 작용을 위해 사용한다. 최근 향상된 성능의 자바스크립트 엔진을 가진 웹 브라우저가 등장하고 HTML5에서 지원하는 자바스크립트의 기능도 장치나 파일 시스템 제어, 백그라운드 실행, 소켓 통신 등으로 확장되어 범용 프로그래밍 언어 수준으로 강화되었다. 점차 활용도와 중요성이 커지고 있다.

자바스크립트가 마이크로소프트사의 VB 스크립트와의 경쟁을 통해 힘들게 표준이 되었지만 브라우저마다 지원 방식이 달라 웹 브라우저간의 호환성이 문제가 되었다. 이를 해결하기 위해 W3C에서 제시한 것이 문서 객체 모델의 표준인 DOM(Document Object Model)이다. DOM은 HTML5 문서뿐만 아니라 XML 문서 등을 여러 프로그래밍 언어로 접근할 수 있도록 지원하는 표준으로 중요한 역할을 한다.

1.2 자바스크립트

자바스크립트 명세 방법

자바스크립트 코드는 〈script〉 태그 안에 명세하며 〈head〉 또는 〈body〉 태그 안에 포함시킨다. '〈script src="sample.js"〉'을 통해 별도의 자바스크립트 파일에 명세할 수도 있다. 자바스크립트 코드는 명세된 순서대로 실행된다. 〈body〉 태그 안에 포함시킬 경우, 앞에 명세된 HTML5 태그들이 모두 처리된 후에 순서에 따라 실행되므로 주의가 필요하다. 그래서 보통 〈head〉 태그 안에 포함시키며 그 결과, 순서에 관계없이 페이지가 읽혀지면 바로 동작한다.

```
<html>
    <head>
        ... 생략 ...
        <script src="sample.js">
        <script>
            자바스크립트 코드2
        </script>
    </head>
    <body>
        ... 생략 ...
        <script>
            자바스크립트 코드3
        </script>
        ... 생략 ...
    </body>
</html>
```

```
// sample.js

자바스크립트 코드1
```

자바스크립트 활용 예

자바스크립트 함수의 사용 예를 살펴보자. 자바스크립트 함수는 다른 함수에 의해 호출되거나 이벤트 발생시 호출되어 실행된다. 〈body〉 태그의 'onLoad'나 〈button〉 태그의 'onClick'은 이벤트 핸들러이다. 이벤트 핸들러(event handler)는 키보드나 마우스 등의 동작에 의해 이벤트가 발생할 경우 이를 감지하여 자바스크립트 코드와 연결해 주는 역할을 한다. 자바스크립트 코드를 직접 명세하기 보다는 다음 예제와 같이 특정 함수를 호출할 목적으로 사용한다.

[예제9-1] 자바스크립트 실행하기 /ch09/javascript.html

```
<!DOCTYPE html>
<html>
<head>
    <meta charset="utf-8"/>
    <title>자바스크립트 코드 실행</title>
    <script>
        function init() {
            msg1();
        }
        function msg1() {
            alert('msg1():문서로드후 자동으로 경고창을 표시합니다.');
        }
        function msg2() {
            document.getElementById('id2').innerHTML = '<div style="background:
silver">msg2(): HTML5 문서 변경 되었습니다.</div>';
        }
    </script>
</head>
<body onLoad="init();">
    <button onClick="msg2();">선택하면 메시지를 변경합니다.</button><br/><br/>
    <div id="id2">메시지 : </div>
</body>
</html>
```

onLoad 이벤트 핸들러는 HTML5 문서의 〈body〉 태그 영역이 웹 브라우저에 모두 로드된 이후에 init( ) 함수를 호출한다. msg1( ) 함수는 다시 alert( ) 함수를 호출한다. alert( ) 함수는 괄호 안의 문자열을 사용자에게 팝업 창을 통해 메시지 형태로 표시한다.

버튼 클릭시 onClick 이벤트 핸들러가 호출하는 msg2( ) 함수는 DOM 트리에서 document

객체의 getElementById 메소드를 호출하여 아이디가 'id2'인 태그를 찾고 그 태그 내용을 새로운 HTML5 코드로 변경한다. innerHTML 속성으로 완전한 HTML5 마크업 코드를 문자열로 지정해주면 된다. 웹 브라우저는 innerHTML 속성값을 해석하고 렌더링하여 화면에 표시한다.

실행 결과는 다음과 같다. HTML5 문서를 읽으면 자동으로 경고 창을 보여준다.

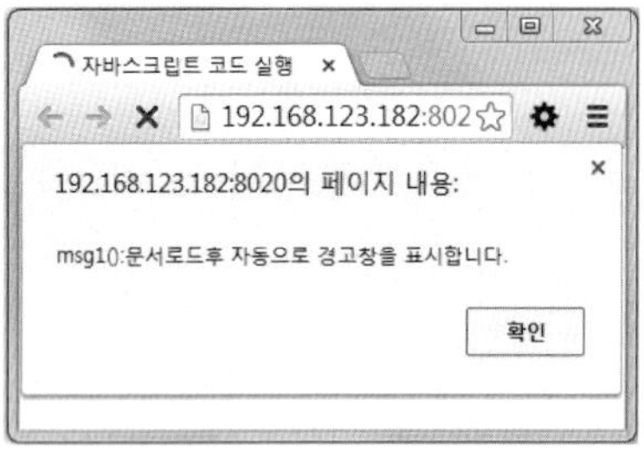

[그림 9-3] 문서 로드 확인 경고 창 표시

버튼을 클릭하기 전과 클릭한 후의 수행 결과이다. 사용자가 버튼 클릭 이벤트를 발생시키면 동적으로 HTML5 문서의 내용이 변경된다. 실제 HTML5 문서가 변경되는 것이 아니고 메모리에 존재하는 HTML DOM 트리만 변경된다.

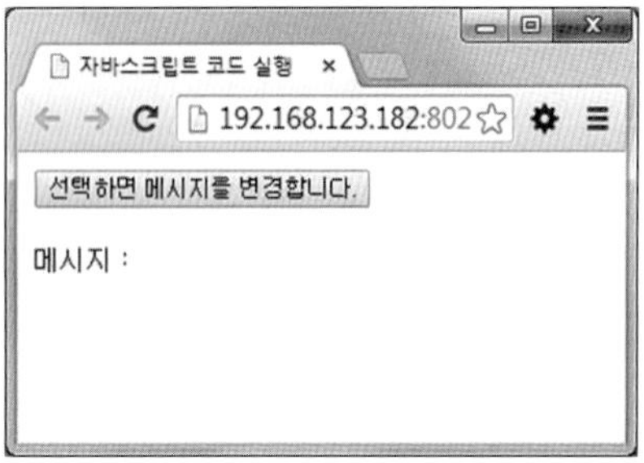

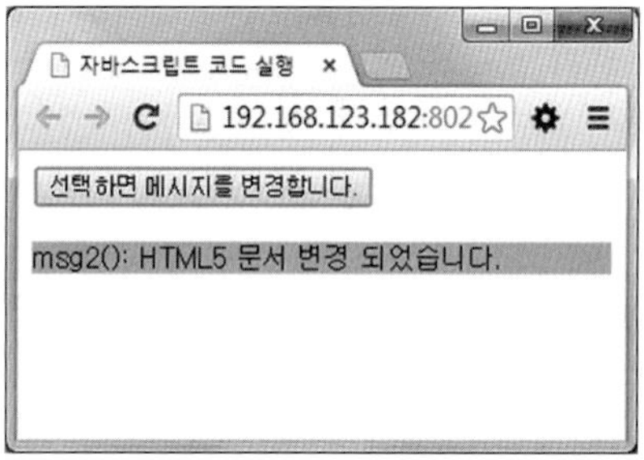

[그림 9-4] 버튼 클릭 전과 클릭 후의 화면 변화

자바스크립트는 일반적인 스크립트 언어 또는 프로그래밍 언어와 비슷한 개념과 문법 요소를 가지고 있어 프로그래밍에 대한 기초 지식이 있다면 큰 어려움 없이 코드를 이해하고 수정할 수 있다. 자바 스크립트는 지면 관계상 여기서 더 다루지는 않고 DOM을 중심으로 제이쿼리를 살펴보기로 하자.

1.3 제이쿼리 연동

제이쿼리 연동 방식

제이쿼리 코드를 작성하려면 HTML5 문서 안에서 제이쿼리 라이브러리 파일을 포함하도록 선언해야 한다. 제이쿼리 선택자, DOM 처리 메소드, 이벤트 처리 메소드 등이 제이쿼리 라이브러리를 통해 제공되기 때문이다. 제이쿼리 라이브러리 파일의 URL 경로를 〈script〉 태그로 간단히 삽입하면 된다. 제이쿼리 라이브러리 연동 방식은 제이쿼리 모바일과 동일하다.

제이쿼리 사이트에서 실시간으로 다운 받는 'jquery-1.11.1.min.js' 파일은 앞으로 사용할 제이쿼리 라이브러리를 포함하고 있다. 항상 인터넷과 연결되어 있어야 한다는 제약이 있지만 최신 버전의 라이브러리를 사용할 수 있는 이점이 있다. 바로 CDN(Content Delivery Network) 연결 방식이다. 이 책에서 제이쿼리 예제는 모두 CDN 연결 방식을 사용한다.

```
<!DOCTYPE html>
<html>
<head>
    <script src="http://code.jquery.com/jquery-1.11.1.min.js"></script>
    <script>
      /* 자바스크립트나 제이쿼리 코드를 명세하는 영역 */
    </script>
</head>
<body>
    . . . 생략 . . .
</body>
</html>
```

제이쿼리 코드는 자바스크립트로 만들어졌으므로 자바스크립트 코드와 동일한 방식으로 명세한다.

Note: 제이쿼리 라이브러리 파일의 다운로드

직접 http://code.jquery.com 사이트에서 제이쿼리 라이브러리를 다운받아 접근 가능한 경로에 저장한 뒤, 파일의 경로명을 명세해도 된다. 이를 다운로드 연결 방식이라 한다. 직접 다운 받을 경우, 인터넷이 연결되지 않은 상황에서도 제이쿼리를 사용할 수 있다.

```
<head>
    <script src="jquery-1.11.1.min.js"></script>
</head>
```

인터넷에서 제이쿼리에 관한 보다 상세하고 다양한 활용 정보를 얻을 수 있다. 다음 사이트를 참고하자.

- http://www.w3schools.com/jquery
- http://api.jquery.com
- http://learn.jquery.com
- http://www.jquerykorea.net
- http://jqapi.com

제이쿼리 활용 예제

[예제9-1]의 javascript.html 예제와 똑같이 수행되는 웹 페이지를 제이쿼리를 사용하여 작성하면 다음과 같다.

[예제9-2] 제이쿼리 실행하기 /ch09/jquery.html

```
<!DOCTYPE html>
<html>
<head>
    <meta charset="utf-8"/>
    <title>제이쿼리 코드 실행</title>
    <script src="http://code.jquery.com/jquery-1.11.1.min.js"></script>
    <script>
        $(document).ready( function() {
            msg1();
            $('#id1').click( function(){
                msg2();
            });
        });
        function msg1() {
            alert('msg1():문서로드후 자동으로 경고 창을 표시합니다.');
        }
        function msg2() {
            $('#id2').css('background','silver');
            $('#id2').text('msg2():HTML문서 변경되었습니다.');
        }
    </script>
</head>
<body>
    <button id="id1">선택하면 메시지를 변경합니다.</button><br/><br/>
    <div id="id2">메시지 : </div>
```

```
</body>
</html>
```

제이쿼리와 자바스크립트 비교

두 예제에 사용된 같은 기능을 수행하는 자바스크립트 코드와 제이쿼리 코드를 비교해 보자.

〈표 9-1〉 자바스크립트와 제이쿼리 코드 비교

<table>
<tr><th>자바스크립트 코드</th><th>제이쿼리 코드</th></tr>
<tr><td>필요 없음</td><td><script src="http://code.jquery.com/jquery-1.6.4.min.js">
</script></td></tr>
<tr><td>function <b>init()</b> {
    msg1();
}
    ... 생략 ...
<body <b>onLoad="init();"</b>>   ... 생략 ...</td><td><b>$(document).ready</b>(function() {
    msg1();
});
    ... 생략 ...
<body>   ... 생략 ...</td></tr>
<tr><td>   ... 생략 ...
<button <b>onClick</b>="msg2();">   ... 생략 ...</td><td><b>$('#id1').click</b>(function(){
    msg2();
});
    ... 생략 ...
<button <b>id="id1"</b>> ... 생략 ...</td></tr>
<tr><td rowspan="2">function msg2() {
    <b>document.getElementById('id2').</b>
<b>innerHTML</b> = '<div style="background:
silver"> msg2():HTML문서 변경되었습니다.
</div>';
}
    ... 생략 ...
<div id="id2">   ... 생략 ...</td><td>function msg2() {
    <b>$('#id2').html</b>('<div style="background:silver">
msg2(): HTML문서 변경되었습니다.</div>'');
}
    ... 생략 ...
<div <b>id="id2"</b>>   ... 생략 ...</td></tr>
<tr><td>function msg2() {
    <b>$('#id2').css</b>('background','silver');
    <b>$('#id2').text</b>('msg2():HTML문서 변경되었습니다.');
}
    ... 생략 ...
<div id="<b>id2</b>">   ... 생략 ...</td></tr>
</table>

가장 큰 차이는 제이쿼리의 동작이 onLoad나 onClick처럼 HTML5 태그와 더 이상 결합하지 않는다는 점이다. 제이쿼리를 사용하면 HTML5 태그 안에 스크립트 코드를 포함시키지 않고 HTML5 태그와 스크립트 코드를 분리할 수 있다. 자바스크립트를 사용할 경

우에 HTML5 태그 안에 onLoad( )나 onClick( ) 이벤트 핸들러를 명세해야 했지만 제이쿼리에서는 $( ).ready( )와 $( ).click( ) 메소드로 대신할 수 있다. HTML5 태그로부터 스타일 명세를 분리한 것처럼 문서의 동작과 관련된 스크립트 코드를 HTML5 태그로부터 따로 분리한다.

제이쿼리 코드 작성 방법을 이제부터 하나씩 살펴보자.

1.4 DOM

제이쿼리 프로그래밍은 〈script〉 태그 안에 제이쿼리 코드를 명세하면 된다. 제이쿼리를 활용하려면 DOM에 대한 이해가 꼭 필요하다. DOM(Document Object Model; 문서 객체 모델)은 HTML5와 같은 구조화된 문서를 표현하는 방식으로 문서를 객체 개념으로 접근하도록 한다. DOM API를 사용하면 엘리먼트, 속성, 텍스트 등을 변경할 수 있어 문서의 내용이나 구조, 스타일 등을 동적으로 제어할 수 있다. DOM은 W3C가 정한 공식 표준으로 W3C가 표준화한 여러 API의 기반이 된다.

DOM이라는 공통된 표준 모델을 따르면 스크립트 엔진이나 언어가 다르더라도 얼마든지 동일하게 HTML5이나 XML 문서에 접근할 수 있다. DOM은 플랫폼과 언어에 중립적이며 동적으로 문서의 내용, 구조, 스타일을 접근하고 변경하는 중요한 수단이다.

DOM 트리 구조

HTML5나 XML 문서의 구성 요소들은 계층적인 상호 관계를 갖으므로 DOM 모델에서 자연스럽게 계층적인 트리 구조를 구성한다. HTML 문서를 하나의 트리 구조로 표현할 수 있는데 이를 DOM 트리(DOM tree) 또는 노드 트리(node tree)라고 부른다. DOM 트리에서 문서의 구성 요소들은 크게 다음 3가지 노드 유형으로 표현된다.

■ 엘리먼트 노드

태그와 내용으로 구성되는 엘리먼트를 표현하는 노드이다. 엘리먼트 노드는 하위에 또 다른 엘리먼트 노드를 포함할 수 있다.

■ 속성 노드

엘리먼트의 시작 태그 안에 포함되는 속성 이름과 속성 값을 쌍으로 갖는 노드이다.

■ 텍스트 노드

엘리먼트가 갖는 실제 내용을 의미하는 노드이다. DOM 트리에서 최하위 단말 노드가 해당된다.

DOM 트리 구조 예

다음은 간단한 HTML5 문서이다. 웹 브라우저가 이 문서를 읽어 들여 [그림 9-5]와 같은 HTML DOM 트리를 구성한다.

```
<!DOCTYPE html>
<html>
    <head>
        <title>DOM트리</title>
    </head>
    <body>
        <h1>DOM</h1>
        <div id="id1">TREE</div>
    </body>
</html>
```

HTML5 문서의 최상위 엘리먼트인 <html> 엘리먼트 노드가 DOM 트리의 루트 노드가 된다. <html> 엘리먼트 노드 밑에는 <head>와 <body> 엘리먼트 노드가 하위에 자식 노드로 위치한다. 속성 노드는 속성 이름과 속성 값을 함께 가지는 노드이며 상위 엘리먼트에 속해 있지만 자식 노드는 아닌 특별한 노드이다. 엘리먼트 간의 상하 관계가 트리 구조에서도 똑같이 표현된다. 속성 노드는 속성이 포함된 태그 엘리먼트의 하위 노드로 표현된다. 엘리먼트의 내용 영역을 표현하기 위해 엘리먼트 노드 밑의 자식 노드로 텍스트 노드가 생성된다.

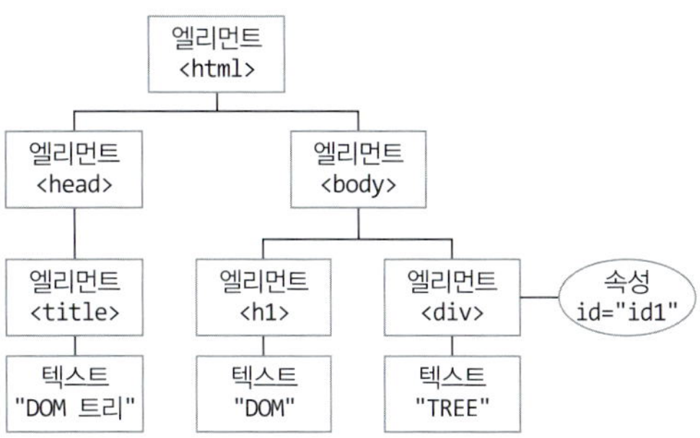

[그림 9-5] DOM 트리 구조

위와 같은 DOM 트리 안의 모든 노드들은 제이쿼리에 의해 접근과 변경이 가능하다.

2. 제이쿼리 함수

jQuery( ) 함수는 제이쿼리의 핵심이다. 제이쿼리 함수의 사용 방법과 시작 이벤트 핸들러 함수에 대해서 알아보자.

2.1 제이쿼리의 기본 기능

제이쿼리의 기본 기능들은 크게 9가지로 나눌 수 있다. 각 기능들은 DOM API들을 활용하는 제이쿼리 메소드들의 사용 방법과 밀접하게 관련된다.

〈표 9-2〉 제이쿼리 기능

분류	기능	지원 메소드	다루는 장
Core	핵심개념	jQuery( ) 선언 함수 정의 및 활용 방법	9장
Selectors	선택자	DOM 트리의 노드 선택 표현식	
CSS	스타일	CSS 스타일 속성값 변경 메소드	10장
Traversing	탐색	DOM 트리의 계층 구조를 이용한 노드 탐색 메소드	
Manipulation	조작	DOM 트리의 노드 변경 메소드	
Attributes	속성	엘리먼트 속성값의 조회 및 변경 메소드	
Events	이벤트	마우스, 키보드, 폼 및 문서 관련 이벤트 메소드	10장
Effects	효과	동적 스타일 변화를 위한 메소드	
Ajax	비동기교환방식	Ajax 관련 메소드	11장
UI	사용자 인터페이스	사용자 인터페이스용 라이브러리	–

제이쿼리를 잘 이해한다는 것은 바로 제이쿼리 메소드 즉, 명령어 함수들을 잘 활용할 수 있다는 것을 의미한다. 이제 제이쿼리 선택자와 메소드들을 살펴보도록 하자. 제이쿼리 UI는 제이쿼리 모바일 기능과 중복되므로 생략한다. 나머지 내용들은 9~11장에서 살펴본다.

2.2 jQuery( ) 함수

모든 시작은 jQuery( ) 함수를 통해 이루어진다. 괄호 앞의 'jQuery' 문자열은 제이쿼리를 사용한다는 일종의 선언이다. 자바스크립트 문장과 제이쿼리 문장을 구별하는 역할을 한다.

입력 인자 유형

jQuery( ) 함수의 입력 인자 유형은 3가지가 가능하다. 입력 인자는 큰 따옴표 또는 작은 따옴표 모두 가능하다. 이 책에서는 편의상 HTML5 태그와 CSS3 스타일 명세 시에는 큰 따옴표를, jQuery 코드를 명세할 때는 작은 따옴표를 우선적으로 사용함으로써 구별하여 표기한다.

1) 선택자 입력 인자

jQuery( ) 함수의 입력 인자로 선택자(selector)를 사용할 수 있다. 스타일 선언 시에 사용했던 CSS3 선택자와 같다. 아래 예처럼 주로 DOM 트리에서 원하는 노드를 선별하기 위해 사용한다.

```
jQuery('body p');
```

2) HTML 입력 인자

jQuery( ) 함수의 입력 인자로 HTML5 형식의 문자열을 사용할 수 있다. 내부적으로는 자바스크립트의 createElement( ) 함수를 호출하여 처리된다. 주로 DOM 트리에 새로운 노드를 추가하기 위해 사용된다. 아래 예는 〈body〉 엘리먼트 노드 하위로 새로운 〈h1〉 엘리먼트 노드를 추가한다.

```
jQuery('<h1>HTML 동적 추가</h1>').appendTo('body')
```

3) 함수 입력 인자

jQuery( ) 함수의 입력 인자로 함수를 사용할 수 있다. jQuery( ) 함수는 명세된 순서대로 호출되어 실행된다. 때로는 jQuery( ) 함수의 실행 대상인 노드가 DOM 트리에 생성되기도 전에 먼저 실행될 수도 있다. 이를 피하기 위해 jQuery( ) 함수 안에 입력 인자로 함수를 포함시키면 HTML5 문서를 모두 읽어 들여 DOM 트리가 생성된 후 함수가 호출되어 실행되도록 할 수 있다. 함수를 실행한 이후에 스스로 호출되는 함수라는 의미로 콜백 함수(callback function)라 부른다.

콜백 함수는 특정 조건이 만족되면 스스로 호출되는 특징을 갖는다. 이벤트가 발생되는 시점에 자동 호출된다. jQuery( ) 선언 함수를 〈head〉 태그 안에 작성할 경우, 보통 이러한 콜백 함수 유형으로 작성하게 된다. 콜백 함수의 실행 코드는 함수 이름 없이 'function( ) { }' 형식으로 입력 인자에 직접 정의할 수 있다. 콜백 함수는 보통 다른 함수(메소드)의 입력 인자로 사용된다. 해당 함수(메소드)가 실행될 때 추가적으로 실행할 내용을 담을 수 있어 함수(메소드)를 확장하는 효과가 있다.

```
jQuery(function(){alert("DOM 트리가 생성됨")}) ;
```

문서 시작 이벤트 핸들러

'document' 선택자는 HTML5 문서 전체를 선택한다. ready( ) 메소드는 HTML5 문서가 웹 브라우저에 표시될 준비가 완료되면 실행되는 이벤트 핸들러이다. function( ) 함수 안에 실행되기 원하는 제이쿼리 코드를 명세한다. 웹 브라우저가 HTML5 전체 문서의 DOM 트리를 생성하고 준비가 되었음을 알려주면 function( )은 콜백 함수로서 스스로 호출되어 실행된다.

```
jQuery(document).ready(function(){ ... }) ;
```

jQuery( ) 함수 사용 예제

다음은 jQuery( ) 함수를 사용한 예제이다. 〈body〉 태그 안에는 HTML5 코드가 명세되고 〈style〉 태그 안에는 CSS3 스타일 선언이, 〈script〉 태그 안에는 제이쿼리 코드가 명세된다. 제이쿼리에서 주석은 '/*'로 시작하고 '*/'로 끝을 지정한다. 한 줄 단위의 주석은 '//'로 시작하며 웹 브라우저에 의해 해석되지 않고 무시된다.

[예제9-3] jQuery( ) 함수 실행하기 /ch09/jquery-function.html

```
<!DOCTYPE html>
<html>
<head>
    <meta charset="utf-8">
    <title>jQuery</title>

    <!-- 제이쿼리 라이브러리 선언 -->
```

```
    <script src="http://code.jquery.com/jquery-1.11.1.min.js"></script>

    <!-- 제이쿼리 코드 명세 -->
    <script>
        jQuery(document).ready(function() {  // 문서 준비 이벤트 핸들러
            console.log("#1# 문서준비 이벤트 핸들러가 동작했습니다.");
            jQuery('div').click(function( ) {
                console.log("#2# div 노드 개수 :" + $('div').length);
                console.log("#3# h1 노드 개수 :" + $('h1').length);
                console.log("#4# h1 텍스트 노드 내용 :" + $('h1').text());
                console.log("#5# h1 속성 노드 개수 :" + $('*[id]').length);
                jQuery(this).remove();
                jQuery('#id2').text('jQuery 실행결과입니다.');
                console.log("#6# div 노드 개수 :" + $('div').length);
                console.log("#7# h1 노드 개수 :" + $('h1').length);
                console.log("#8# h1 텍스트 노드 내용 :" + $('h1').text());
                console.log("#9# h1 속성 노드 개수 :" + $('*[id]').length);
            });
        });
    </script>

    <!-- 스타일 명세 -->
    <style>
        div { width: 300px; height: 50px; color: purple; background-color: silver; }
    </style>
</head>
<body>
    <div><h1 id="id1">jQuery 클릭하세요</h1></div>
    <h1 id="id2"></h1>
</body>
</html>
```

jQuery( ) 선언 함수를 사용하려면 제이쿼리 라이브러리가 반드시 필요하다. 위와 같은 제이쿼리 라이브러리 선언이 항상 명세되어야 한다. ready( )는 준비되었을 때, click( )은 선택되었을 때 수행되는 제이쿼리 이벤트 핸들러이다. remove( )는 특정 엘리먼트를 DOM 트리에서 삭제하는 메소드이고 text( )는 DOM 트리에 텍스트 노드를 추가하는 제이쿼리 메소드이다. 제이쿼리 코드는 HTML5 문서 내용 자체는 변화시키지 않고 DOM 트리만 변경한다. 〈div〉 엘리먼트 노드를 제거하고 텍스트 노드를 새로 추가한 후, DOM 트리의 전체 노드를 해석하여 웹 브라우저에 표시하도록 한다.

Note: 문서 시작 이벤트 핸들러 – jQuery(document).ready( )

보통 제이쿼리 코드는 〈head〉 태그 안에 많이 명세한다. 한가지 문제점은 〈body〉 태그 안의 HTML5 엘리먼트 태그들이 DOM 트리를 구성하기 전에 제이쿼리 코드가 먼저 실행된다는 점이다. 처리할 DOM 트리는 구성되지도 않았는데 코드가 먼저 실행될 수 있는 것이다.

jQuery(document).ready( ) 안에 제이쿼리 실행문들을 ';'으로 구분하여 나열하면 DOM 트리 구성이 완료된 후까지 실행이 지연되었다가 자동으로 호출되어 순차적으로 실행된다. 마치 C 언어의 main( ) 함수와 같은 역할을 한다.

제이쿼리를 포함한 문서를 처음 시작하는 방법은 2가지가 가능하다.

```
jQuery(document).ready(function( ){ . . . });
```

- DOM 준비됨(문서 100% 로드 되기 전)
- 페이지 DOM만 로드 완료된 이후 수행
- .ready( ) 메소드가 여러 개 있더라도 순서대로 실행
- 비교적 첫 페이지 로드 시간이 빠름

```
jQuery(window).load(function( ){ . . . });
```

- DOM 준비됨 (문서 100% 로드된 후)
- 페이지 DOM + 리소스 전체(문서에 포함된 이미지 등의 모든 객체)가 모두 로드 완료된 이후 한 번만 수행
- .load( ) 메소드가 여러 개 있으면 마지막만 실행
- 기존 자바스크립트 window.onload = function( ) { . . . } 를 대체
- 비교적 첫 페이지 로드 시간이 느림

jQuery(document).ready( )의 입력 인자로 함수명을 사용하여 정의된 함수를 호출할 수 있지만 보통 익명 함수(anonymous function) 형식을 사용한다. 익명 함수 형식은 jQuery(document).ready( )의 입력 인자로 function( ){ }를 포함시키고 중괄호({ })안에 직접 제이쿼리 실행문을 명세하는 방식이다. 함수가 오직 한 번만 실행될 경우는 함수 이름이 따로 필요가 없기 때문이다.

다음은 실행 결과이다. 클릭하기 이전과 클릭한 이후의 실행 결과가 다르다.

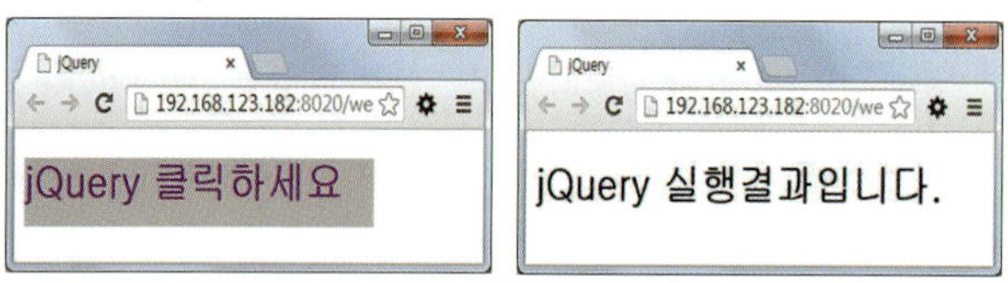

[그림 9-6] jquery-function.html의 실행 결과(예제9-3)

위와 같은 실행 결과는 제이쿼리 코드에 의해 HTML5 문서의 DOM 트리가 다음과 같이 변경되었기 때문이다.

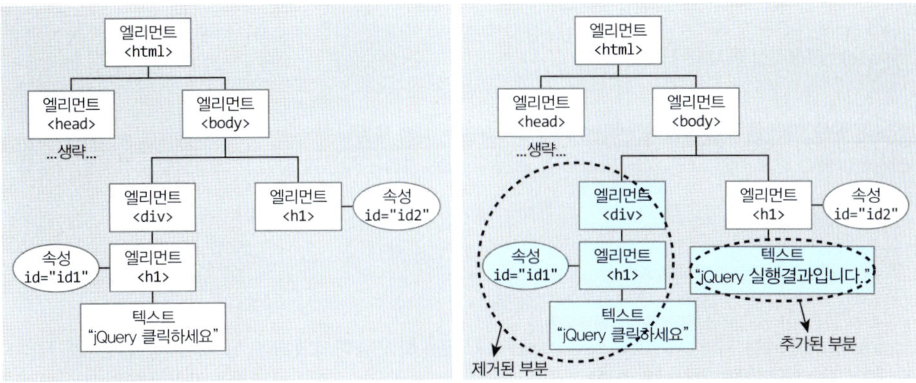

jQuery 실행 이전 DOM 트리　　　　jQuery 실행 이후 DOM 트리

[그림 9-7] jquery-function.html의 실행에 따른 DOM 트리 변화(예제9-3)

DOM 트리를 변경함으로써 웹 페이지의 표현 내용도 동적으로 변화시킬 수 있다. 변경은 DOM 트리에서만 이루어질 뿐이며 HTML5 문서 파일의 내용은 처음 읽어 들여 DOM 트리를 만들었던 초기 상태 그대로 변경 없이 존재한다.

다음은 [예제9-3]을 실행하면서 console.log( ) 함수에 의해 자바스크립트 콘솔 창에 표시된 메시지 내용이다. DOM 트리의 유형별 노드 개수가 변경됨을 확인할 수 있다.

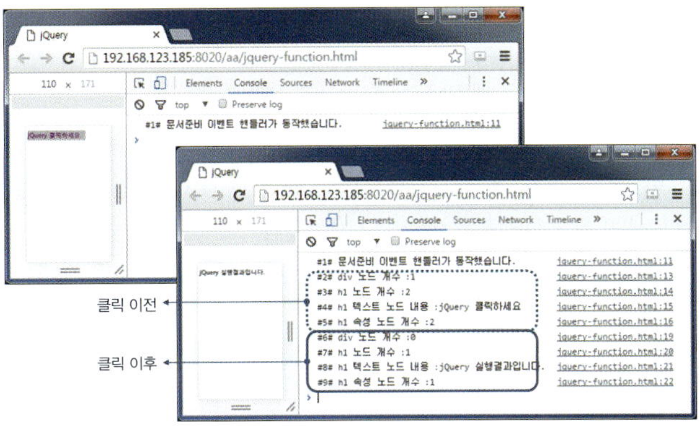

[그림 9-8] jquery-function.html의 실행에 따른 콘솔 창의 변화(예제9-3)

Tip console.log( ) 함수: 콘솔 창을 통한 디버깅

제이쿼리 역시 자바스크립트와 마찬가지로 디버깅이 쉽지 않다. 일단 코드 실행이 시작되면 블랙 박스처럼 실행 과정을 확인하기 어렵기 때문이다. 흔한 디버깅 방법이 alert( ) 함수를 통해 확인 메시지를 띄워 확인하는 것이다.

```
alert("출력할 메시지");
```

그러나, 창을 띄어 중간 결과를 확인하는 것은 프로그램의 실행 흐름을 방해한다. 또, 메시지가 출력될 때마다 반복해서 매번 경고 창을 닫는 것도 번거롭다. 조금 더 좋은 방법은 다음과 같이 console.log( ) 함수를 사용하는 것이다.

```
console.log("출력할 메시지");
```

console.log( ) 함수는 자바스크립트의 document.write( ) 함수와 기능이 비슷하다. 웹 페이지에 메시지를 직접 출력하는 대신에 콘솔에 메시지를 출력하는 점이 다르다. console.log( ) 함수는 크롬을 포함한 거의 모든 브라우저에서 지원한다. 크롬 브라우저에서 다음과 같이 콘솔 창을 통해 메시지를 확인할 수 있다. 브라우저의 오른쪽 상단의 메뉴 아이콘을 선택하여 펼친 후, 펼침 메뉴에서 [도구]-[개발자도구]를 선택하고 자바스크립트 [콘솔] 탭 항목을 선택하면 된다.

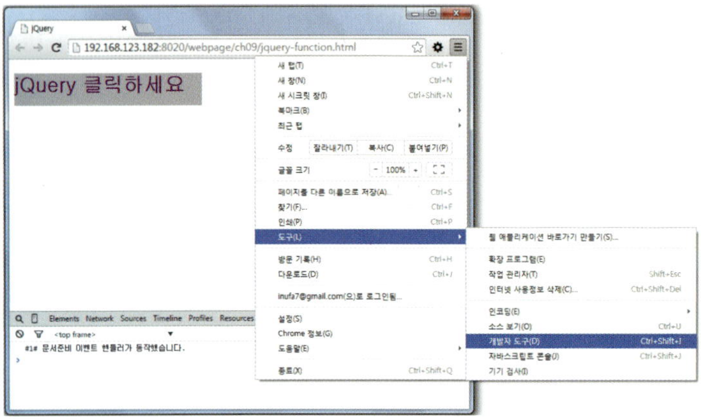

다음과 같은 콘솔 창에서 console.log( ) 함수의 메시지를 확인할 수 있다. 콘솔 창은 제이쿼리 오류에 대한 정보를 확인할 수 있으며 다음과 같이 제이쿼리를 직접 실행해 볼 수도 있다.

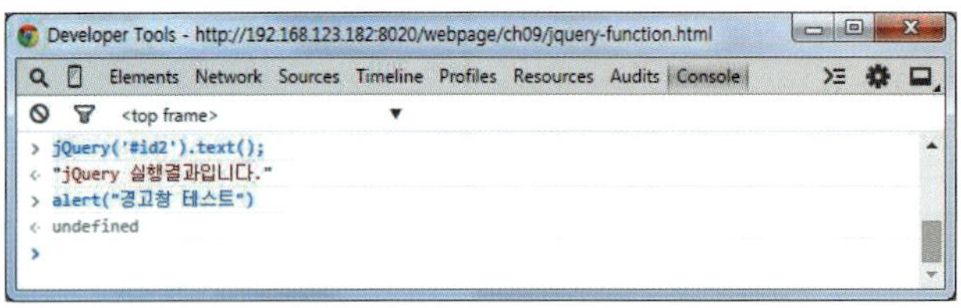

jQuery( ) 함수의 단축형

코드 안에서 'jQuery( )' 함수는 자주 사용되는데 식별이 어렵고 불편하기 때문에 줄여서 '$( )'로 표시할 수 있다. 앞으로 예제에서는 'jQuery( )' 대신에 '$( )'로 줄여서 명세한다.

■ 제이쿼리 함수: $( )

$( )를 제이쿼리 함수 또는 제이쿼리 래퍼(wrapper)라고 한다. 보통 제이쿼리 함수는 $(선택자) 형태로 제이쿼리 선택자를 입력 인자로 받아 들여 선택자 조건을 만족하는 엘리먼트 노드들을 DOM 트리에서 찾아 객체 형식으로 반환한다. 이렇게 얻어진 객체를 '제이쿼리 객체'라고 한다. 이때, 일치하는 DOM 노드들이 여러 개이면 배열 형태의 '제이쿼리 객체 집합'을 반환한다. 제이쿼리 래퍼라고 부르는 이유가 바로 반환하는 DOM 엘리먼트들을 제이쿼리 객체 개념으로 감싸고 미리 준비된 메소드를 사용할 수 있도록 확장하기 때문이다.

```
jQuery('div').click() ;
  → $('div').click() ;  // 단축형 표현
```

Note: jQuery와 $

$ 기호는 jQuery 예약어의 별칭(alias)이다. 둘 중 어느 표현을 해도 같은 기능을 갖는다. $ 기호의 역할은 제이쿼리 변수, 함수를 자바 스크립트의 변수, 함수 등과 구별하는 것이다.
제이쿼리는 2가지 유형의 변수 이름을 사용한다. 변수 안에 저장된 값의 의미와 처리 방식을 구분하기 위해서이다. var 뒤에 변수 선언을 하는 것은 자바스크립트와 동일하다. 다만, 변수 이름 앞에 '$'를 붙이기도 하고, 붙이지 않기도 한다.

```
var 변수명 ;          // 일반 변수
var $변수명 ;         // 제이쿼리 변수
```

주로 제이쿼리 메소드의 반환 값을 저장할 변수명에 $를 붙인다. 제이쿼리 객체가 저장될 경우, 제이쿼리 메소드로 처리하도록 구별하기 위해서이다. $를 붙이지 않는 일반 변수는 보통의 자바스크립트 변수로 처리한다

■ 제이쿼리 시작 이벤트 핸들러: $(function( ) { . . . })

앞에서 살펴본 제이쿼리 시작 이벤트 핸들러도 다음과 같이 줄여서 명세할 수 있다.

```
jQuery(document).ready( function() { ..... } ) ;
→ $(document).ready( function() { ..... } ) ;
→ $( function() { ..... } ) ;                          // 단축형 표현
```

제이쿼리 함수의 경우 $ 기호를 사용하여 $( ) 형식으로 명세하면 간결하고 편리하다. 그

러나, 예제에서 보는 것처럼 jQuery(document).ready(function( ) { . . . })를 줄여서 $(function( ) { . . . })로 명세하면 선택자를 기술하는 jQuery 함수와 구별이 힘들다. 앞에서 살펴본 것처럼 $(document).ready( )는 제이쿼리 코드의 실행을 시작시키는 이벤트 핸들러로서 특별한 의미를 가진다. 이 책에서는 이를 구별하기 위해 편의상 시작 이벤트 핸들러는 $(document).ready(function( ) { . . . }) 형식으로 계속 명세한다.

3. 제이쿼리 선택자

웹 페이지를 동적으로 변화시키려면 먼저, 변경 대상 엘리먼트를 지정해야 한다. 제이쿼리 선택자는 DOM 트리에서 변경할 노드를 지정하기 위해 사용하는 표현식이다. 다양한 제이쿼리 선택자 유형들을 살펴보자.

3.1 제이쿼리 선택자

제이쿼리 선택자는 제이쿼리의 강력한 기능 중 하나로 CSS3 선택자와 개념이 같아 쉽게 이해할 수 있다. 자바스크립트에 비해 제이쿼리 사용이 쉬운 이유 중의 하나가 바로 CSS3 선택자 개념을 그대로 사용하기 때문이다.

실습 예제 템플릿

[실습9-1]은 다양한 제이쿼리 선택자와 메소드 실습을 위한 기본 템플릿 예제이다. 템플릿 안에서 '// 제이쿼리 선택자(메소드) 실습 변경 부분' 영역에 코드를 추가하거나 변경하면서 [예제9-4]~[예제9-9]까지의 다양한 선택자 또는 메소드의 기능을 확인해 보도록 하자.

[실습9-1] 제이쿼리 예제 템플릿 /ch09/jq-example-template.html

```
<!DOCTYPE html>
<html>
<head>
<meta charset="utf-8">
<meta name="viewport" content="width=device-width, initial-scale=1"/>
<title>jQuery</title>
<link rel="stylesheet" href="http://code.jquery.com/mobile/1.4.5/jquery.mobile-1.4.5.min.css"/>
<script src="http://code.jquery.com/jquery-1.11.1.min.js"></script>
```

```
<script src="http://code.jquery.com/mobile/1.4.5/jquery.mobile-1.4.5.min.js"></script>
<style>
    body * { margin: 5px; padding: 5px; border: solid thin gray; }
    * { font-size: 18px; font-weight: bold; }
</style>
<script>
    $(document).ready(function() {
        // 제이쿼리 선택자(메소드) 실습 변경 부분
    });
</script>
</head>
<body>
<section data-role="page">
    <section data-role="header" data-theme="e">
        <h1>제이쿼리 선택자</h1>
    </section>
    <div id="div0">div0
        <div id="div1">div1
            <span id="span1">span1</span>
            <span id="span2">span2</span>
            <span id="span3">span3</span>
            <span>span4</span>
        </div>
        <div id="div2">div2
            <p id="p1">p1</p>
            <p id="p2" class="class1 class2">p2 class1 class2</p>
            <p id="p3" class="class1">p3 class1</p>
            <p id="p4">p4</p>
        </div>
        <div id="div3" class="class2">div3 class2</div>
        <p>p</p>
        <p></p>
    </div>
</section>
</body>
</html>
```

[실습9-1] 제이쿼리 예제 템플릿의 실행 결과는 [그림 9-9]의 왼쪽과 같다. [예제9-4] basic-selector.html의 제이쿼리 메소드를 순차적으로 적용하여 실행한 결과는 [그림 9-9]의 오른쪽과 같다. 실행 결과를 통해 선택자가 전체 HTML5 엘리먼트의 어떤 영역을 지정하는지 이해할 수 있다.

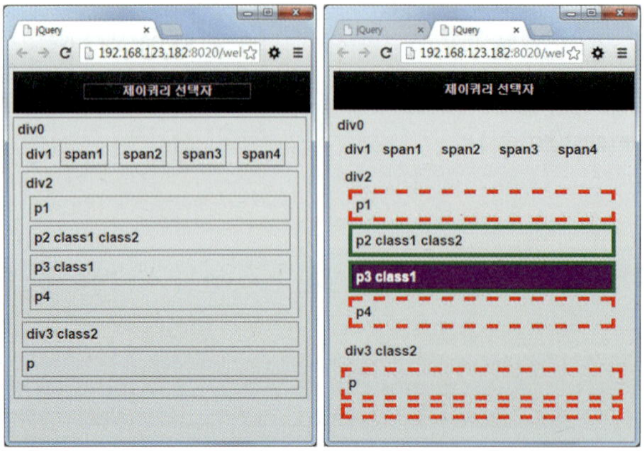

jq-example-template.html의 실행 결과　basic-selector.html의 적용 결과

[그림 9-9] 제이쿼리 예제 템플릿 적용 예

템플릿에서 '제이쿼리 선택자(메소드) 실습 변경 부분'은 웹 페이지에 원하는 동적 변화를 주기 위해 보통 "$('jQuery선택자').메소드( );" 형식으로 대체된다.

3.2 제이쿼리 선택자 유형

먼저, 기본 선택자부터 살펴보자.

기본 선택자

가장 많이 사용되는 선택자로 형식은 CSS3 선택자와 같다. $( ) 안에 작은 따옴표로 둘러싸서 명세한다. $('선택자')는 선택자 조건을 만족하는 DOM 노드들을 제이쿼리 객체 집합으로 반환한다. 제이쿼리 메소드와 제이쿼리 이벤트 등에서 사용하는 기본 요소이다.

〈표 9-3〉 기본 선택자

형식	기능
*	모든 엘리먼트를 선택 예 $('*')
태그명	특정 엘리먼트를 모두 선택 예 $('div'), $('h1, h3, p')
#아이디	고유한 아이디 속성값을 가진 엘리먼트를 선택 예 $('#id1'), $('div#id1')
.클래스	특정 클래스 속성값을 가진 엘리먼트들을 선택 예 $('.class1'), $('div.class1'), $('.class1.class2')

아이디 선택자는 유일한 속성값을 지정하는 것이 원칙이다. 같은 아이디 속성값을 갖는 엘리먼트들이 여러 개 있을 경우 제이쿼리 선택자는 첫 번째 것만 선택한다. "$('h1, h3, p')"처럼 여러 개의 선택자를 ','로 나열하여 복수 개의 선택자에 동일한 메소드를 한꺼번에 지정할 수 있다. "$('div.class1')"는 'class1' 클래스 속성을 가진 'div' 태그를 선택한다. "$('.class1 .class2')"는 'class1' 클래스 속성을 가진 엘리먼트의 자손 중 'class2' 클래스 속성을 가진 모든 엘리먼트를 선택한다. "$('.class1.class2')"는 'class1'과 'class2' 클래스 속성을 모두 가진 모든 태그를 선택한다.

다음은 (1)~(4) 제이쿼리 기본 선택자 코드를 각각 따로 실행한 결과이다. [실습9-1] jq-example-template.html 예제 템플릿 코드의 '// 제이쿼리 선택자(메소드) 실습 변경 부분' 안에 한 줄씩 삽입하여 실행해 보자.

[예제9-4] 제이쿼리 기본 선택자 실행하기 /ch09/basic-selector.html

```
$('*').css('border-style', 'hidden');                              // (1)
$('p').css('border', 'dashed thick red');                          // (2)
$('.class1').css('border', 'solid thick green');                   // (3)
$('#p3').css({'background-color':'purple', 'color': 'white'});     // (4)
```

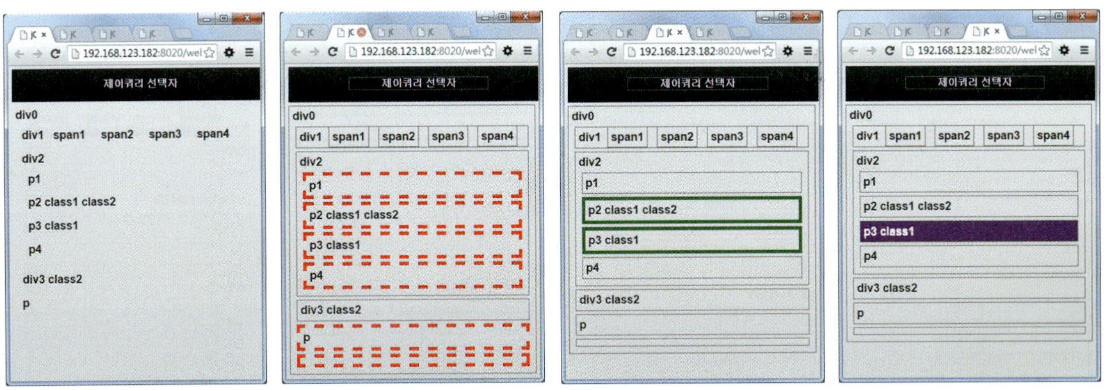

(1) (2) (3) (4)

[그림 9-10] basic-selector.html의 실행 결과(예제9-4)

계층 선택자

DOM 트리에서 노드 사이의 상하 관계나 형제 관계를 이용하여 노드를 선택하도록 한다. 형식은 CSS3 선택자와 같다.

〈표 9-4〉 계층 선택자

형식	기능
선택자 〉 자식선택자	특정 엘리먼트 바로 밑에 위치한 하위 엘리먼트(자식 엘리먼트)를 선택 예 $('ul 〉 li')
선택자 자손선택자	특정 엘리먼트 안에 포함된 모든 하위 엘리먼트(자손 엘리먼트)를 선택 예 $('div p')
선택자 + 형제선택자	특정 엘리먼트에 바로 다음에 나오는 특정한 형제 엘리먼트 하나를 선택 예 $('li#id1 + li')
선택자 ~ 형제선택자	특정 엘리먼트 다음에 나오는 특정한 모든 형제 엘리먼트들을 선택 예 $('li#id1 ~ li')

다음은 (1)~(4) 제이쿼리 계층 선택자 코드를 각각 따로 실행한 결과이다.

[예제9-5] 제이쿼리 계층 선택자 실행하기 /ch09/hierarchy-selector.html

```
$('#p1 + p').css('border-style', 'hidden');                              // (1)
$('#p2 ~ p').css('border', 'dashed thick red');                          // (2)
$('div > div').css('border', 'solid thick green');                       // (3)
$('div span').css({'background-color': 'purple', 'color': 'white'});     // (4)
```

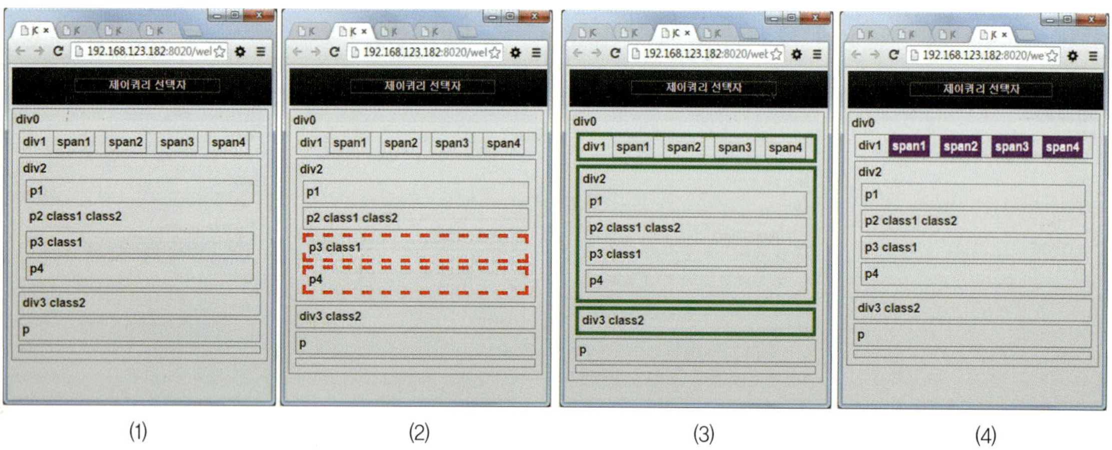

[그림 9-11] hierarchy-selector.html의 실행 결과(예제9-5)

속성 선택자

속성 관련 제이쿼리 선택자도 CSS3 선택자와 동일하다.

〈표 9-5〉 속성 선택자

형식	기능
선택자[속성명]	해당 속성을 포함하는 엘리먼트들을 선택 예 $('div[class]'), $('img[alt][src]') (alt와 src 속성을 모두 갖는 img 태그)
선택자[속성명="조건값"]	해당 속성값이 조건값과 일치하는 엘리먼트들을 선택 예 $('input[type="text"]')
선택자[속성명*="조건값"]	해당 속성값이 조건값을 포함하는 엘리먼트들을 선택 예 $('input[type*="text"]') (text, textarea 모두 해당)
선택자[속성명^="조건값"]	해당 속성값이 조건값으로 시작하는 엘리먼트들을 선택 예 $('a[href^="http://"]')
선택자[속성명$="조건값"]	해당 속성값이 조건값으로 끝나는 엘리먼트들을 선택 예 $('img[src$="png"]')

다음은 제이쿼리 속성 선택자 코드와 실행 결과이다. 대괄호 안의 속성에 대한 조건값을 명세할 때 큰 따옴표로 둘러싸는 것에 유의한다.

[예제9-6] 제이쿼리 속성 선택자 실행하기 /ch09/attribute-selector.html

```
$('p[class] ').css('border-style', 'hidden');                          // (1)
$('*[id*="2"]').css('border', 'dashed thick red');                     // (2)
$('*[class^="cla"]').css('border', 'solid thick green');               // (3)
$('p[id$="2"]').css({'background-color': 'purple', 'color': 'white'}); // (4)
```

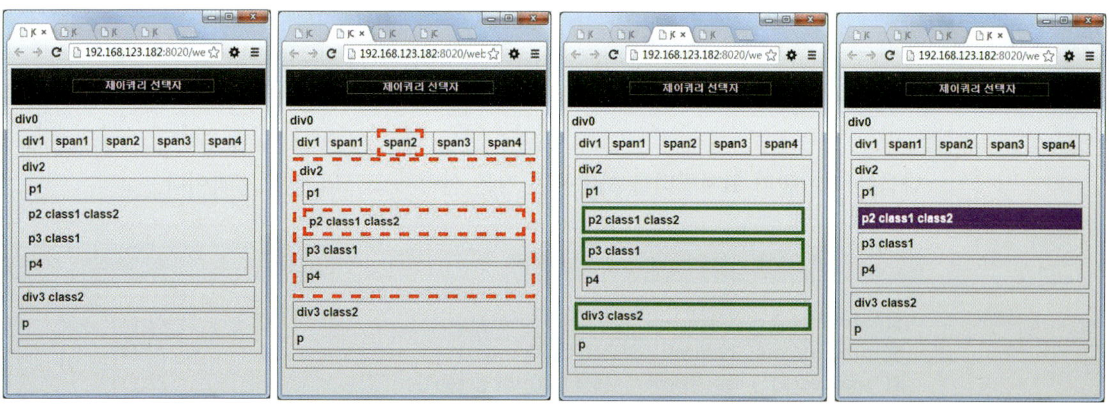

(1) (2) (3) (4)

[그림 9-12] attribute-selector.html의 실행 결과(예제9-6)

위치필터 기본 선택자

필터(filter)는 선택자에 의해 선택된 엘리먼트들 중에서 필터 조건에 맞는 엘리먼트들로 선택 대상을 한번 더 제한한다. 선택자 뒤에 콜론(:)을 붙여 명세한다. 반환된 엘리먼트들은 자바스크립트의 배열 첨자를 적용하므로 첨자가 '0'부터 부여된다. 즉, :first는 :eq(0)과 :lt(1)과 그 의미가 모두 같다. 다음은 선택된 엘리먼트 노드들을 위치필터를 통해 한번 더 거르는(필터링하는) 선택자 유형들이다.

〈표 9-6〉 위치필터 선택자

형식	기능(첨자가 0부터 시작됨)
선택자:first	선택된 엘리먼트들 중에서 첫 번째 엘리먼트를 선택 예 $('li:first')
선택자:last	선택된 엘리먼트들 중에서 마지막 엘리먼트를 선택 예 $('li:last')
선택자:odd	선택된 엘리먼트들 중에서 홀수 첨자 엘리먼트들을 선택 예 $('li:odd')
선택자:even	선택된 엘리먼트들 중에서 짝수 첨자 엘리먼트들을 선택 예 $('li:even')
선택자:eq(n)	선택된 엘리먼트들 중에서 첨자 n인 엘리먼트를 선택 예 $('li:eq(4)') (다섯 번째 li 태그)
선택자:lt(n)	선택된 엘리먼트들 중에서 첨자 n인 엘리먼트보다 앞 엘리먼트들을 선택 예 $('li:lt(3)') (첫 번째, 두 번째, 세 번째 li 태그들)
선택자:gt(n)	선택된 엘리먼트들 중에서 첨자 n인 엘리먼트보다 뒤 엘리먼트들을 선택 예 $('li:gt(3)') (다섯 번째 li 태그를 포함한 이후의 li 태그들)
선택자:not()	선택된 엘리먼트들 중에서 필터링 조건을 만족하지 않는 엘리먼트들을 선택 예 $('li:not(even)') (홀수 번째 노드들을 선택)

다음은 제이쿼리 위치필터를 사용하는 기본 선택자 코드와 실행 결과이다.

[예제9-7] 제이쿼리 위치필터 선택자 실행하기 /ch09/position-filter-selector.html

```
$('div:first').css('border-style', 'hidden');                          // (1)
$('p:even').css('border', 'dashed thick red');                         // (2)
$('span:eq(1)').css('border', 'solid thick green');                    // (3)
$('p:lt(1)').css({'background-color': 'purple', 'color': 'white'});    // (4)
```

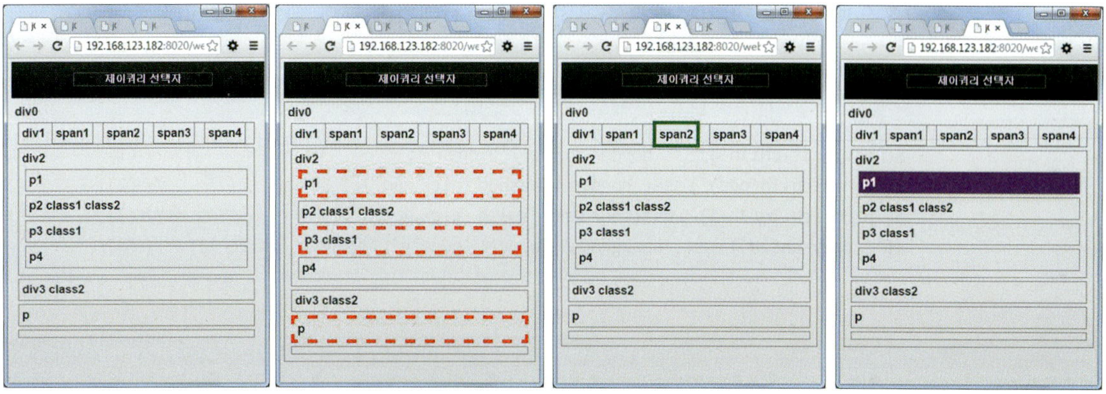

(1) (2) (3) (4)

[그림 9-13] position-filter-selector.html의 실행 결과(예제9-7)

위치필터 기본 선택자는 첨자가 0부터 시작되고, 다음에 설명하는 위치필터 계층 선택자는 첨자가 1부터 시작되는 것으로 개념적으로 이해하면 혼동이 없다.

위치필터 계층 선택자

다음은 선택된 엘리먼트 노드들을 자식 노드로서의 위치 필터를 통해 한번 더 거르는 자식 유형 선택자들이다.

〈표 9-7〉 계층 필터 선택자

형식	기능(첨자가 1부터 시작됨)
선택자:first-child	선택된 엘리먼트들 중에서 부모의 첫 번째 자식 엘리먼트들만을 선택 예 $('li:first-child')
선택자:last-child	선택된 엘리먼트들 중에서 부모의 마지막 자식 엘리먼트들만을 선택 예 $('li:last-child')
선택자:nth-child(odd)	선택된 엘리먼트들 중에서 부모의 홀수 번째 자식 엘리먼트들만을 선택 예 $('li:nth-child(odd)')
선택자:nth-child(even)	선택된 엘리먼트들 중에서 부모의 짝수 번째 자식 엘리먼트들만을 선택 예 $('li:nth-child(even)')
선택자:nth-child(n)	선택된 엘리먼트들 중에서 부모의 n번째 자식 엘리먼트만을 선택 예 $('li:nth-child(3)')
선택자:nth-child(Xn+Y)	선택된 엘리먼트들 중에서 부모의 X배수 번째(Y번째부터 시작해서)에 있는 자식 엘리먼트들만을 선택 예 $('li:nth-child(3n)'), $('li:nth-child(3n+1)')
선택자:only-child	선택된 엘리먼트들 중에서 (형제 엘리먼트가 없는) 유일한 자식 엘리먼트들만을 선택 예 $('li:only-child')

다음은 제이쿼리 위치필터를 사용하는 계층 선택자 코드와 실행 결과이다.

[예제9-8] 제이쿼리 계층필터 선택자 실행하기 /ch09/hierarchy-filter-selector.html

```
$('div:first-child').css('border-style', 'hidden');                        // (1)
$('p:nth-child(odd)').css('border', 'dashed thick red');                   // (2)
$('p:nth-child(3n+1)').css('border', 'solid thick green');                 // (3)
$('*:only-child').css({'background-color': 'purple', 'color': 'white'});   // (4)
```

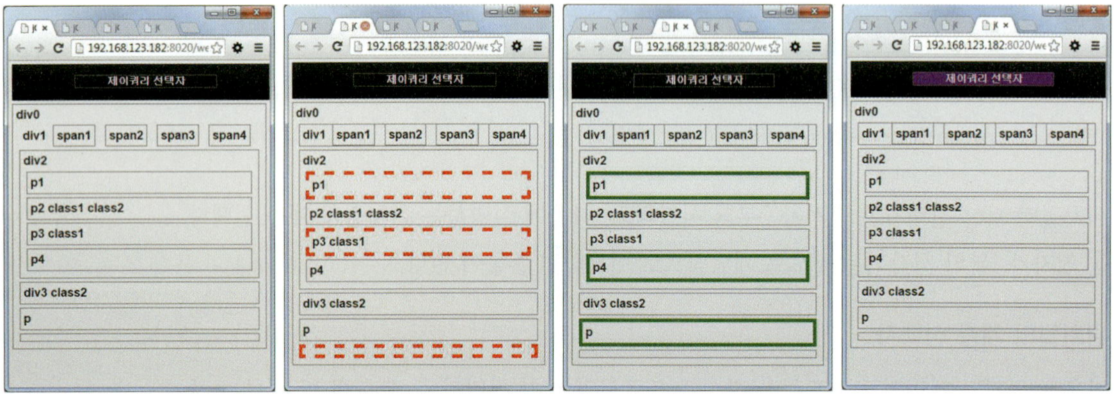

(1) (2) (3) (4)

[그림 9-14] hierarchy-filter-selector.html의 실행 결과(예제9-8)

폼 필터 선택자

폼 관련 엘리먼트들 중 특정 입력 유형의 필터를 통해 한번 더 거르는 선택자이다. 대부분 〈input〉 엘리먼트 중에서 type 속성값에 따라 특정 〈input〉 엘리먼트만을 선별하기 위해 사용한다.

〈표 9-8〉 폼 필터 선택자

형식	기능
선택자:input	모든 폼 입력 양식의 엘리먼트를 선택 (〈input〉, 〈select〉, 〈button〉, 〈textarea〉 태그들)
선택자:button	모든 버튼 유형의 엘리먼트를 선택 (〈button〉 태그와 type 속성값이 'submit', 'reset', 'button'인 〈input〉 태그들)
선택자:text	텍스트 엘리먼트만 선택 (type 속성값이 'text'인 〈input〉 태그)
선택자:checkbox	체크박스 선택 버튼 엘리먼트만 선택 (type 속성값이 'checkbox'인 〈input〉 태그)
선택자:radio	라디오 선택 버튼 엘리먼트만 선택 (type 속성값이 'radio'인 〈input〉 태그)
선택자:file	파일 엘리먼트를 선택 (type 속성값이 'file'인 〈input〉 태그)
선택자:image	폼 이미지 엘리먼트를 선택 (type 속성값이 'image'인 〈input〉 태그)
선택자:password	패스워드 엘리먼트를 선택 (type 속성값이 'password'인 〈input〉 태그)
선택자:submit	전송 버튼 엘리먼트를 선택 (type 속성값이 'submit'인 〈input〉 태그)
선택자:reset	초기화 버튼 엘리먼트를 선택 (type 속성값이 'reset'인 〈input〉 태그)

상태 필터 선택자

현재 웹 브라우저 실행 화면에서의 특정 상황 조건을 만족하는지 여부에 따라 엘리먼트를 한번 더 거르는 필터 선택자이다. 폼 엘리먼트의 현재 상태를 검사하는데 유용하다.

〈표 9-9〉 상태 필터 선택자

형식	기능
선택자:selected	지정된 엘리먼트들 중에서 현재 선택된 엘리먼트만 선택
선택자:checked	지정된 엘리먼트들 중에서 현재 설정된 엘리먼트(체크박스,라디오버튼)만 선택
선택자:enabled	지정된 엘리먼트들 중에서 현재 활성화된 엘리먼트만 선택
선택자:disabled	지정된 엘리먼트들 중에서 현재 비활성화된 엘리먼트만 선택
선택자:visible	지정된 엘리먼트들 중에서 현재 보여지는 엘리먼트만 선택
선택자:hidden	지정된 엘리먼트들 중에서 현재 숨겨진 엘리먼트만 선택
선택자:focus	지정된 엘리먼트들 중에서 현재 포커싱된 엘리먼트만 선택
선택자:animated	지정된 엘리먼트들 중에서 현재 애니메이션이 동작 중인 엘리먼트만 선택

내용 필터 선택자

엘리먼트의 내용 조건 필터를 통해 한번 더 거르는 선택자이다. 특정 엘리먼트가 내용이 있는지 또 내용 중에 특정 문자열이 포함되는지를 확인할 수 있다.

〈표 9-10〉 내용 필터 선택자

형식	기능
선택자:has(자손엘리먼트)	선택된 엘리먼트들 중에서 하위에 특정 자손 엘리먼트를 하나이상 포함하고 있는 엘리먼트만 선택
선택자:contains(문자열)	선택된 엘리먼트들 중에서 내용으로 특정 문자열을 포함하고 있는 엘리먼트만 선택
선택자:empty	선택된 엘리먼트들 중에서 내용이 없는 엘리먼트만 선택
선택자:parent	선택된 엘리먼트들 중에서 내용(공백 포함)이 있는 엘리먼트(다른 엘리먼트의 부모에 해당하는 엘리먼트)만 선택

다음은 제이쿼리 내용 필터를 사용하는 선택자 코드와 실행 결과이다.

[예제9-9] 제이쿼리 내용필터 선택자 실행하기 /ch09/content-filter-selector.html

```
$('*:contains(2)').css('border-style', 'hidden');                     // (1)
$('div:has(span)').css('border', 'dashed thick red');                // (2)
$('*:empty').css('border', 'solid thick green');                     // (3)
$('#div0 *:parent').css({'background-color': 'purple', 'color': 'white'}); // (4)
```

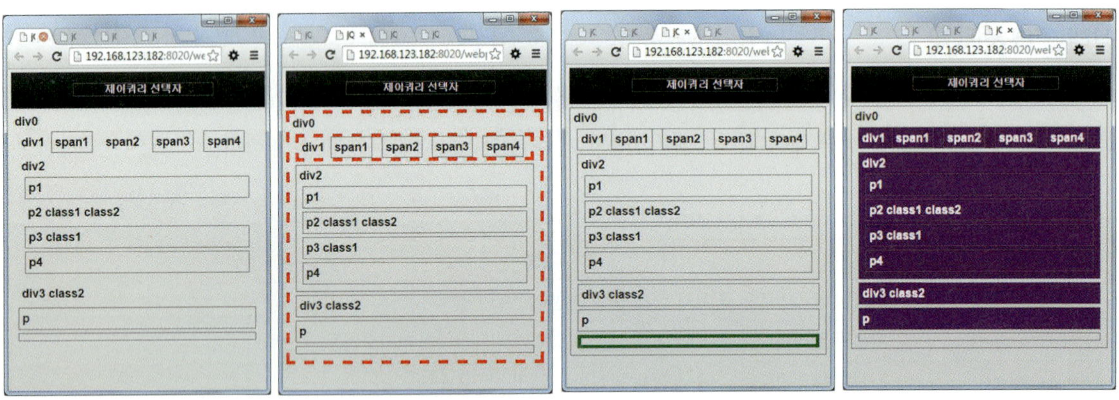

(1) (2) (3) (4)

[그림 9-15] content-filter-selector.html의 실행 결과(예제9-9)

요약

1. 제이쿼리는 존 레식(John Resig)이 2006년 자바스크립트를 쉽게 이용할 목적으로 제안한 가장 인기 있는 자바 스크립트 라이브러리로서 크로스 브라우징(cross browsing)을 제공하며 간결하면서도 강력한 기능으로 생산성 향상을 지원한다.

2. 제이쿼리 코드는 자바스크립트로 만들어졌으므로 자바스크립트 코드와 동일하게 〈script〉 태그 안에 명세한다. 다만 HTML5 태그 안에 스크립트 코드를 포함시키지 않고 HTML5 태그와 스크립트 코드를 철저하게 분리한다.

3. 이벤트 핸들러(event handler)는 키보드나 마우스 등의 동작에 의해 이벤트가 발생할 경우 이를 감지하여 자바스크립트 코드와 연결해 주는 역할을 한다. 자바스크립트 코드를 직접 명세하기 보다는 특정 함수를 호출할 목적으로 사용한다.

4. 제이쿼리 라이브러리 연동 방식은 제이쿼리 모바일 방식과 동일하다. CDN(Content Delivery Network) 연결 방식과 다운로드 연결 방식 둘 다 사용한다.

5. 자바스크립트의 비호환성 문제를 해결하는 제이쿼리 방법의 핵심이 바로 DOM이다. DOM이라는 공통된 표준 모델을 따르면 스크립트 엔진이나 언어가 다르더라도 HTML5이나 XML 문서에 접근할 수 있다. DOM(Document Object Model; 문서 객체 모델)은 객체 개념으로 HTML5와 같은 구조화된 문서를 표현하는 방식이다. DOM API를 사용하여 접근하도록 한다.

6. HTML 문서를 하나의 트리 구조로 표현할 수 있는데 이를 DOM 트리(DOM tree) 또는 노드 트리(node tree)라고 부른다. DOM 트리에서 문서의 구성 요소들은 크게 엘리먼트, 속성, 텍스트 노드 3가지이다.

7. 문서 준비 함수 'jQuery(document).ready(function( ) { . . . });'는 C 언어의 main( ) 함수와 같은 역할을 한다. HTML5 문서가 DOM 트리 구성을 완료하여 처리할 준비가 된 이후 자동으로 호출되어 순차적으로 실행된다.

8. $( )를 제이쿼리 함수 또는 제이쿼리 래퍼(wrapper)라고 한다. $(선택자) 형태로 제이쿼리 선택자를 입력 인자로 받아들여 선택자 조건을 만족하는 엘리먼트 노드들을 DOM 트리에서 찾아 '제이쿼리 객체' 형식 또는 배열 형태의 '제이쿼리 객체 집합' 형식으로 반환한다.

9. 제이쿼리 선택자는 DOM 트리에서 변경할 노드를 지정하기 위해 사용하는 표현식으로 CSS3 선택자 개념을 그대로 사용한다. 기본 선택자인 전체, 태그, 아이디, 클래스 선택자는 CSS3 선택자와 형식이 동일하다. 계층 선택자와 속성 선택자도 CSS3 선택자와 같다.

10. 선택자에 의해 선택된 엘리먼트들 중에서 필터 조건에 맞는 엘리먼트들로 선택 대상을 좀 더 제한하는 선택자에는 위치필터 기본 선택자와 위치필터 계층 선택자, 폼 필터 선택자, 상태 필터 선택자, 내용 필터 선택자 등이 있다.

연습문제

1. 다음 문장의 내용이 옳으면 O, 옳지 않으면 X를 하시오.
   1) 제이쿼리는 자바스크립트의 코드 반복과 복잡함을 해결한 사용하기 쉬운 자바스크립트 라이브러리이다. ( )
   2) 제이쿼리를 사용하면 HTML5 태그 안에 스크립트 코드를 포함시키지 않고 HTML5 태그와 스크립트 코드를 자연스럽게 분리할 수 있다. ( )
   3) 제이쿼리에서 주석은 '/*'로 시작하고 '*/'로 끝을 지정한다. ( )
   4) 제이쿼리 코드는 HTML5 문서 내용 자체는 변화시키지 않고 DOM 트리만 변경한다. ( )
   5) 제이쿼리 선택자는 DOM 트리에서 변경할 노드를 지정하기 위해 사용하는 표현식으로 CSS3 선택자 개념을 그대로 사용한다. ( )

2. 다음 ( ) 안에 적합한 용어를 넣어 문장을 완성하시오.
   1) ( )는 키보드나 마우스 등의 동작에 의해 이벤트가 발생할 경우 이를 감지하여 자바스크립트 코드와 연결해 주는 역할을 한다.
   2) ( )이라는 공통된 표준 모델을 따르면 스크립트 엔진이나 언어가 다르더라도 얼마든지 동일하게 HTML5이나 XML 문서에 접근할 수 있다.
   3) 함수를 실행한 이후에 스스로 호출되는 함수를 ( ) 함수라 부른다.
   4) ( ) 기호는 jQuery 예약어의 별칭(alias)으로 동일한 기능을 하며 제이쿼리 변수, 함수를 자바 스크립트의 변수, 함수 등과 구별하는 역할을 한다.
   5) $()를 제이쿼리 함수 또는 제이쿼리 ( )라고 한다.
   6) 제이쿼리 선택자를 입력 인자로 받아 들여 선택자 조건을 만족하는 엘리먼트 노드들을 DOM 트리에서 찾아 객체 형식으로 반환된 객체를 '( )'라고 한다.

3. DOM(Document Object Model; 문서 객체 모델)에 대해 간략히 설명하시오.

4. DOM 트리에 대해 간략히 설명하시오.

5. 제이쿼리를 포함한 문서를 처음 시작하는 2가지 방법에 대해 간략히 설명하시오.

6. 위치필터 기본 선택자의 종류와 기능에 대해 간략히 설명하시오.

Chapter 10

제이쿼리 응용 다지기

※ 학습목표

- 스타일 및 DOM 트리 관련 제이쿼리 메소드를 알아본다.
- 제이쿼리 이벤트 명세 방법을 살펴본다.
- 다양한 제이쿼리 효과의 종류와 사용 방법을 알아본다.
- 차트 제이쿼리 플러그인의 사용 방법을 알아본다.

Chapter

10 제이쿼리 응용 다지기

1. 제이쿼리 메소드

제이쿼리 메소드 실습을 위해서 [실습9-1] 제이쿼리 예제 템플릿을 그대로 사용한다. 코드 안에서 '// 제이쿼리 선택자(메소드) 실습 변경 부분'만 변경하면서 [예제10-1]~[예제10-6]까지의 다양한 메소드의 역할을 확인해 보자.

1.1 제이쿼리 스타일 관련 메소드

CSS3 메소드

제이쿼리의 기능 중 하나가 CSS3 스타일 속성을 제어하는 것이다. CSS3 관련 메소드를 통해서 HTML5 문서의 스타일을 동적으로 변경할 수 있다. CSS3 스타일 명세 방법을 알고 있다면 제이쿼리를 통해 스타일을 제어하는 것은 어렵지 않다. 다음은 제이쿼리에서 지원하는 CSS3 관련 메소드이다.

〈표 10-1〉 CSS3 메소드

형식	기능
$( ).css(CSS속성명)	선택된 엘리먼트에 적용된 CSS 스타일 속성값을 반환
$( ).css(CSS속성명, CSS속성값) $( ).css({CSS속성집합})	선택된 엘리먼트에 CSS 스타일을 적용 속성값을 한꺼번에 설정(맵형식({'속성명':'속성값', '속성명':'속성값', ... }))
$( ).addClass(CSS클래스명)	선택된 엘리먼트에 class 속성값을 설정(CSS 클래스명으로 선언된 스타일을 적용)
$( ).removeClass(CSS클래스명)	선택된 엘리먼트의 class 속성값을 제거(적용된 CSS 클래스 스타일을 제거)
$( ).toggleClass(CSS클래스명)	선택된 엘리먼트에 class 속성값이 존재하면 제거, 없으면 추가(CSS 클래스 스타일을 적용/해제를 전환)
$( ).hasClass(CSS클래스명)	선택된 엘리먼트에 class 속성값 존재 유무를 반환(CSS 클래스 스타일 적용 유무를 반환)

$( ).width( )	선택된 엘리먼트의 너비 값을 반환
$( ).width(너비값)	선택된 엘리먼트의 너비 값을 설정
$( ).height( )	선택된 엘리먼트의 높이 값을 반환
$( ).height(높이값)	선택된 엘리먼트의 높이 값을 설정

다음은 CSS3 관련 메소드를 사용하는 예제 코드와 실행 결과이다.

[예제10-1] DOM CSS 메소드 적용하기 /ch10/dom-css.html

```
$('span').css('padding','20px');                                        // (1)
$('p:odd').css({'background-color':'purple', 'color': 'white'});        // (2)
$('#span2').css('background-color',$('p:eq(1)').css('background-color')); // (3)
$('p').css('border-color','green')
      .not(':eq(1)')
      .css('border-width','thick');                                     // (4)
```

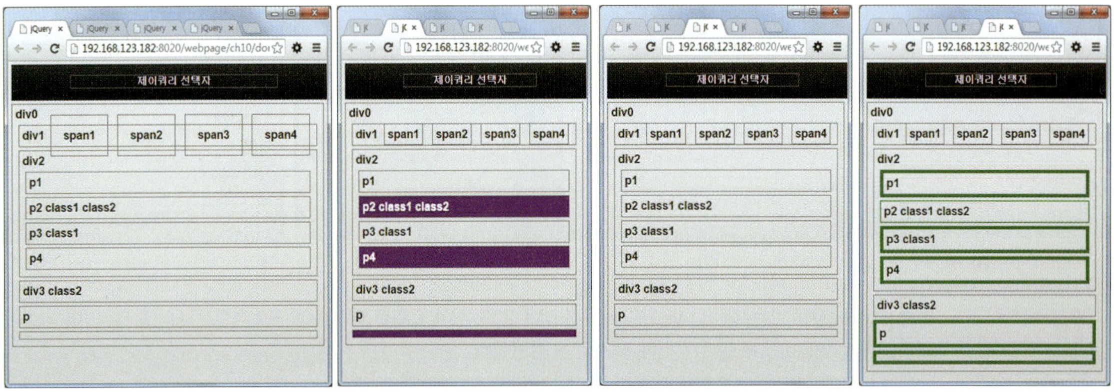

(1) (2) (3) (4)

[그림 10-1] dom-css.html의 실행 결과(예제10-1)

Note: 맵 방식과 메소드 체인 방식

CSS3 메소드를 통해 CSS3 스타일을 지정할 때 2가지 방식이 가능하다. 첫 번째는 다음 예제 코드에서 보는 것처럼 { }안에 ':'으로 구분한 속성과 값의 쌍을 ','로 구분하여 여러 개를 나열하는 방법이다. 이를 맵(map) 방식이라 한다.

```
$('p:odd').css({'background-color': 'purple', 'color': 'white'});
```

두 번째 방법은 메소드 호출 뒤에 마침표(.)을 찍고 또 다른 메소드를 호출하도록 함으로써 한 문장 안에서 체인처럼 연속적으로 메소드를 호출하는 방법이다. 이때, 메소드들은 실행 후 다음 메소드를 수행할 수 있도록 입력 받은 엘리먼트 그룹을 다시 반환한다. 이를 메소드 체인(method chain) 방식이라 한다.

```
$('p:odd').css('background-color', 'purple').css('color', 'white');
```

두 방식 모두 똑같은 CSS3 스타일을 적용한다. 메소드 체인 방식은 서로 다른 메소드들을 사슬처럼 연결하여 연속적으로 실행할 수도 있다. 앞의 메소드가 반환하는 제이쿼리 객체에 뒤에 연결된 메소드가 추가로 적용되는 방식이다. 전체 코드 길이가 줄어드는 이점이 있다.
다음 예를 각각 실행할 경우의 결과를 살펴보자.

```
(1) $('div:eq(2)').css('border-width', 'thick');
(2) $('div:eq(2)').find('.class2').css('border-width', 'thick');
(3) $('div:eq(2)').find('.class2').text('노드변경').css('border-width', 'thick');
(4) $('div:eq(2)').find('.class2').text('노드변경').append('<h5>노드추가</5>').css('border-width', 'thick');
```

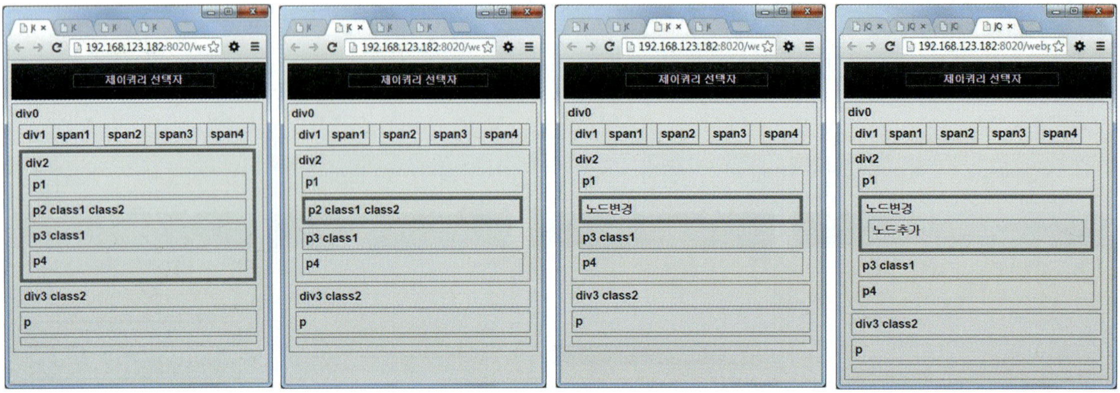

(1) (2) (3) (4)

실행 결과를 통해 보는 것처럼 메소드 체인 방식은 앞의 처리 결과를 이어받아 연속적으로 처리할 수 있어 복잡한 처리를 위해 여러 메소드를 적용해야 하는 경우 유용하다.

스타일 클래스 메소드

다음은 제이쿼리 스타일 클래스 관련 메소드를 사용하는 예제이다.

[예제10-2] 스타일 클래스 메소드 적용하기 /ch10/style-class.html

```
<style type="text/css">
    .class2 { border-width: thick; }
    .u_bgpurple { background-color: purple; color: white; }
    .u_dotted { border-style : dotted; }
</style>
    . . . 생략 . . .
    $('span:first').addClass('u_bgpurple');                        // (1)
    $('p:eq(1)').removeClass('class2').addClass('u_bgpurple');     // (2)
    $('span').toggleClass('u_bgpurple');                           // (3)
```

각각 (1), (1)(2), (1)(2)(3) 연속해서 실행한 경우의 결과 화면이다.

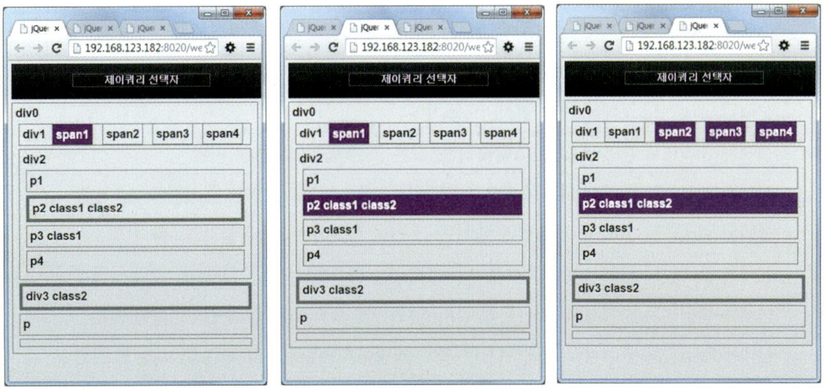

(1) (1)(2) (1)(2)(3)

[그림 10-2] style-class.html의 실행 결과(예제10-2)

addClass( ) 메소드의 입력인자에 "addClass('class1 class2')"처럼 클래스명을 띄어 쓰기로 여러 개 명세할 수 있다. 즉, 하나 이상의 스타일 클래스를 추가할 수 있다. removeClass( ) 메소드도 여러 스타일 클래스를 한꺼번에 제거할 수 있다.

1.2 DOM 트리 관련 메소드

DOM 탐색 메소드

제이쿼리는 선택자 이외에도 여러 DOM 탐색 메소드를 통해 엘리먼트에 접근할 수 있다. DOM 트리 관련 탐색 메소드와 필터링 메소드는 선택자의 기능을 확장 및 보완한다. 탐색(traversing) 메소드는 DOM 트리의 선택된 위치를 기준으로 원하는 노드(주로 엘리먼트)를 찾도록 한다. 이전 또는 다음 엘리먼트를 접근하는 경우처럼 선택자 대신 현재의 참조 엘리먼트를 기준으로 탐색 메소드를 사용하는 것이 효과적인 경우도 있다. 먼저, $( ) 함수에서 선택자를 이용해 특정 노드를 찾은 후, 그 노드 위치를 기준으로 다른 노드를 탐색한다. 다음은 탐색 관련 메소드들이다.

〈표 10-2〉 DOM 트리 탐색 메소드

형식	기능
$( ).find( )	선택된 엘리먼트 중에서 [조건을 충족하는] 모든 자손 엘리먼트를 반환
$( ).children( )	선택된 엘리먼트 중에서 [조건을 충족하는] 모든 자식 엘리먼트들을 반환
$( ).parent( )	선택된 엘리먼트 중에서 부모 엘리먼트를 반환
$( ).parents( )	선택된 엘리먼트 중에서 [조건을 충족하는] 모든 조상 엘리먼트들을 반환
$( ).siblings( )	선택된 엘리먼트 중에서 자신을 제외한 [조건을 충족하는] 모든 형제 엘리먼트들을 반환
$( ).prev( )	선택된 엘리먼트 중에서 바로 앞에 위치한 [조건을 충족하는] 형제 엘리먼트를 반환
$( ).prevAll( )	선택된 엘리먼트 중에서 앞에 위치한 모든 [조건을 충족하는] 모든 형제 엘리먼트들을 반환
$( ).next( )	선택된 엘리먼트 중에서 바로 다음에 위치한 [조건을 충족하는] 형제 엘리먼트를 반환
$( ).nextAll( )	선택된 엘리먼트 중에서 다음에 위치한 [조건을 충족하는] 모든 형제 엘리먼트들을 반환

DOM 탐색 메소드를 사용하는 예제 코드와 실행 결과이다. $('#div0').find('p')는 $('#div0 p')와 실행 결과가 같다. 제이쿼리가 대소문자를 구별하므로 'nextAll( )'처럼 중간에 대문자를 포함한 메소드를 명세할 때는 주의가 필요하다.

[예제10-3] DOM 탐색 메소드 적용하기 /ch10/dom-traversal.html

```
$('span:eq(2)').prev().css('border-style', 'hidden');                    // (1)
$('span').parents().css('border', 'dashed thick red');                   // (2)
$('#p2').nextAll().css('border', 'solid thick green');                   // (3)
$('#div2').find('p').css({'background-color':'purple', 'color': 'white'}); // (4)
```

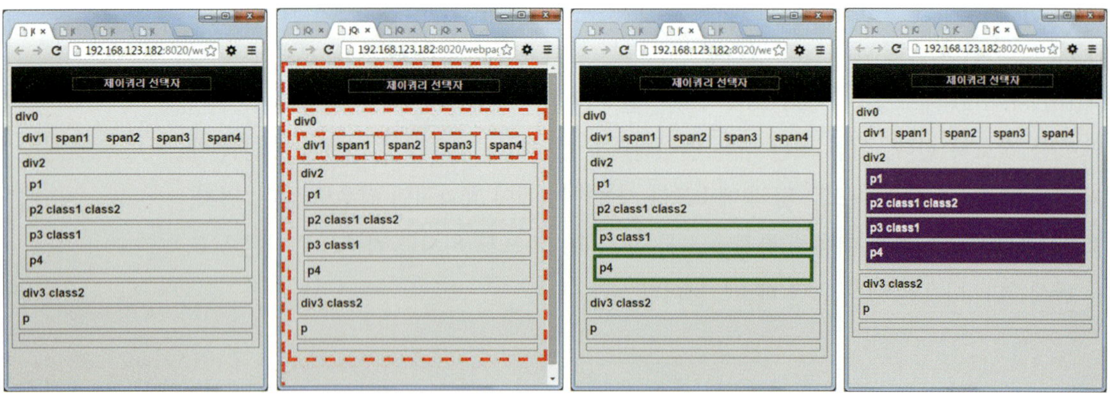

(1) (2) (3) (4)

[그림 10-3] dom-traversal.html의 실행 결과(예제10-3)

DOM 필터링 메소드

다음은 DOM 트리의 선택된 노드 집합(제이쿼리 객체 집합)에서 다시 특정 조건을 만족하는 노드만을 탐색하는 필터링 메소드들이다.

〈표 10-3〉 DOM 트리 필터링 메소드

형식	기능(첨자가 0부터 시작됨)
$( ).filter( )	선택된 엘리먼트들 중에서 필터링 조건을 충족하는 엘리먼트를 반환
$( ).slice(시작첨자[, 종료첨자])	선택된 엘리먼트들 중에서 시작첨자부터 종료첨자 이전까지의 엘리먼트를 반환
$( ).first( )	선택된 엘리먼트들 중에서 첫 번째 엘리먼트를 반환
$( ).last( )	선택된 엘리먼트들 중에서 마지막 엘리먼트를 반환
$( ).eq(n)	선택된 엘리먼트들 중에서 첨자 n인 엘리먼트를 반환
$( ).has( )	선택된 엘리먼트들 중에서 특정 자손 엘리먼트를 갖는 엘리먼트를 반환
$( ).is( )	선택된 엘리먼트들 중에서 특정 조건을 만족하는 엘리먼트가 있으면 'true' 반환
$( ).not( )	선택된 엘리먼트들 중에서 특정 조건을 만족하지 않는 엘리먼트를 반환

DOM 필터링 메소드를 사용하는 예제 코드와 실행 결과이다.

[예제10-4] DOM 필러링 메소드 적용하기 /ch10/dom-filtering.html

```
$('div').first().css('border-style', 'hidden');                          // (1)
$('span').not('#span2').css('border', 'dashed thick red');               // (2)
$('p').css('border', 'dotted thick silver').filter('#div0 p:last').css('border', 'solid
thick green');                                                           // (3)
$('p').slice(1,3).css({'background-color':'purple', 'color': 'white'});  // (4)
```

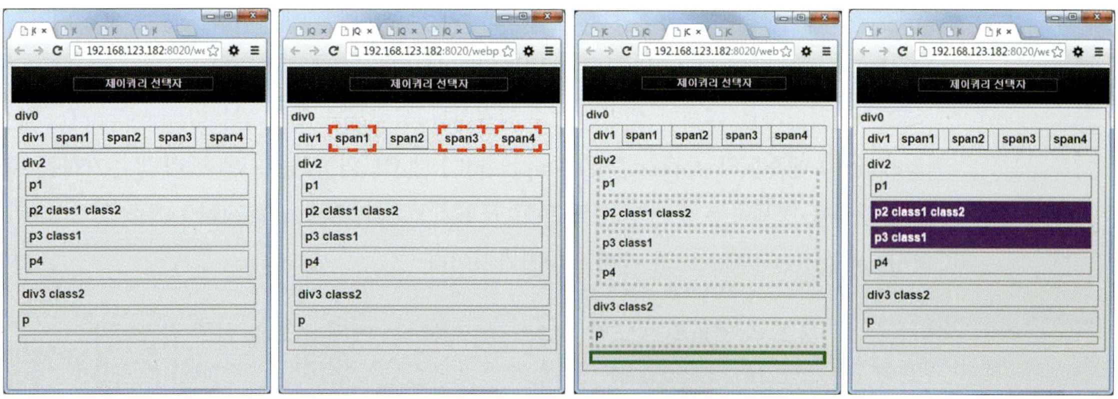

(1) (2) (3) (4)

[그림 10-4] dom-filtering.html의 실행 결과(예제10-4)

slice( ) 메소드에서 시작 첨자는 잘라낼 첫 번째 엘리먼트의 위치를 지정한다. 첨자는 $( )가 반환하는 제이쿼리 객체 집합 안에서 '0'부터 시작된다. 종료 첨자는 잘라낼 대상에서 제외되며 종료 첨자를 생략하면 마지막 엘리먼트까지 포함하여 반환한다.

DOM 트리 엘리먼트 조작 메소드

엘리먼트 조작 메소드는 정적인 HTML5 문서에 동적인 특성을 제공하는 제이쿼리의 대표적 기능 중 하나이다. 메소드를 통해 DOM 트리에 새로운 노드를 추가하거나 변경 또는 제거를 자유롭게 할 수 있다.

다음은 DOM 트리에서 엘리먼트 노드를 조작하는 제이쿼리 메소드들이다.

〈표 10-4〉 DOM 트리 엘리먼트 조작 메소드

형식	기능
$( ).append( )	선택된 엘리먼트의 마지막 자식 엘리먼트로 추가
$( ).prepend( )	선택된 엘리먼트의 첫 번째 자식 엘리먼트로 추가
$( ).after( )	선택된 엘리먼트의 뒤에 형제 엘리먼트로 추가
$( ).before( )	선택된 엘리먼트의 앞에 형제 엘리먼트로 추가
$( ).empty( )	선택된 엘리먼트의 내용을 비움(자식 엘리먼트만 제거)
$( ).remove( )	선택된 엘리먼트를 제거(엘리먼트 자신도 포함하여 제거)
$( ).replaceWith( )	선택된 엘리먼트를 특정 엘리먼트로 바꿈
$( ).clone( )	선택된 엘리먼트를 복사
$( ).wrap( )	선택된 엘리먼트를 특정 엘리먼트로 둘러쌈(부모 엘리먼트로 삽입)
$( ).unwrap( )	선택된 엘리먼트의 부모 엘리먼트를 제거

empty( ) 메소드는 텍스트 노드를 포함한 하위 노드들만을 제거한다. remove( ) 메소드는 하위 노드와 해당 엘리먼트 노드 자신도 제거한다는 점에서 다르다. replaceWith( ) 메소드는 입력인자로 대체할 엘리먼트를 지정하는 선택자를 입력 받는다. prepentTo( )는 prepend( ) 메소드와 appentTo( )는 append( ) 메소드와 기능이 같다. 다만 추가하는 내용과 대상을 명세하는 순서만 바뀔 뿐이다. before( )와 insertBefore( ) 메소드, after( )와 insertAfter( ) 메소드의 관계도 마찬가지이다.

다음은 DOM 트리 엘리먼트 조작 메소드를 사용하는 예제 코드와 실행 결과이다.

[예제10-5] DOM 엘리먼트 메소드 적용하기 /ch10/dom-element.html

```
$('#div2').append($('<p id="p5">p5항목</p>'));                // (1)
$('#span3').before($('<span>블록5</span>')).empty();          // (2)
$('#p1').remove();                                            // (3)
$('#p2').replaceWith($('#p4'));                               // (4)
```

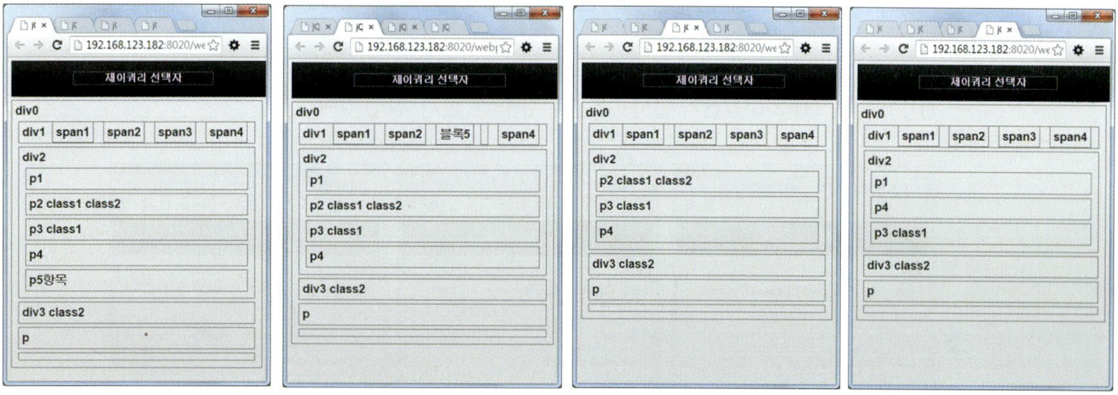

(1) (2) (3) (4)

[그림 10-5] dom-element.html의 실행 결과(예제10-5)

1.3 기타 메소드

프로그래밍 관련 메소드

다음은 사용자와의 상호 작용을 위한 DOM 트리와의 정보 교환에 관련된 제이쿼리 메소드들이다.

〈표 10-5〉 프로그래밍 관련 메소드

형식	기능
$( ).html( )	선택된 엘리먼트의 내용을 HTML5 형식의 문자열로 반환(마크업 포함)
$( ).html(HTML5문자열)	선택된 엘리먼트 밑에 HTML5 문자열을 엘리먼트로 변환하여 추가
$( ).text( )	선택된 엘리먼트의 텍스트 내용을 텍스트 형식의 문자열로 반환
$( ).text(문자열)	선택된 엘리먼트 밑에 텍스트 내용으로 문자열을 추가
$( ).size( )	선택된 엘리먼트의 개수를 반환 $( ).length와 기능 동일
$( ).get(첨자)	선택된 엘리먼트 중에서 첨자(0부터 시작)에 해당하는 엘리먼트 객체를 반환
$( ).index( )	선택된 엘리먼트 중에서 첫 번째 형제 엘리먼트와의 상대적인 첨자를 반환
$( ).each(콜백함수)	선택된 엘리먼트들을 차례로 순환하면서 콜백 함수를 반복 호출

text( ) 메소드는 엘리먼트 내용만 문자열 형식으로 반환하지만 html( ) 메소드는 엘리먼트 내용과 마크업을 함께 HTML5 형식으로 반환한다.

[예제10-6] 프로그래밍 메소드 적용하기 /ch10/dom-programming.html

```
$('p:eq(5)').text('33333');                    // (1)
$('span:eq(3)').text($('p:last').text());      // (2)
$('p:first').html($('div:eq(1)').html());      // (3)
```

(1), (1)(2), (1)(2)(3) 연속해서 실행한 경우의 결과 화면이다.

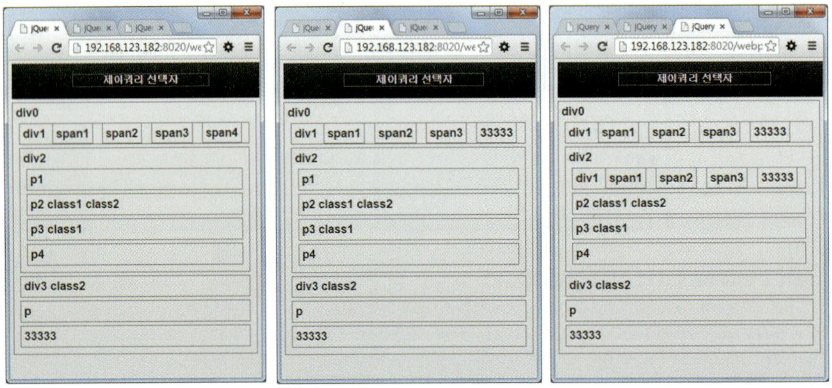

(1) (1)(2) (1)(2)(3)

[그림 10-6] dom-programming.html의 실행 결과(예제10-6)

DOM 트리 속성 조작 메소드

엘리먼트의 시작 태그 안에 포함된 속성 이름과 속성값은 DOM 트리에서 엘리먼트 노드의 하위 노드가 된다. 속성에 대해서도 메소드를 통해 DOM 트리에 추가하거나 제거하는 것을 자유롭게 할 수 있다.

다음은 DOM 트리에서 엘리먼트 속성을 조작하는 제이쿼리 메소드들이다.

〈표 10-6〉 DOM 트리 속성 조작 메소드

형식	기능
$( ).attr(속성명)	선택된 엘리먼트들 중 첫 번째 엘리먼트의 특정 속성값을 반환
$( ).attr(속성명,속성값) $( ).attr({속성집합}) $( ).attr(속성명,함수( ))	선택된 모든 엘리먼트에 속성값을 설정 여러 속성값을 한꺼번에 설정(맵형식({속성명:속성값, 속성명:속성값, . . . })) 함수 반환 값을 속성값으로 설정
$( ).removeAttr(속성명)	선택된 모든 엘리먼트의 특정 속성을 제거
$( ).val( )	선택된 첫 번째 엘리먼트(폼 관련)의 value 속성값을 반환
$( ).val(속성값)	선택된 모든 엘리먼트(폼 관련)의 value 속성값을 설정

val( ) 메소드는 웹 폼 엘리먼트에서 가장 많이 사용되는 메소드이다.

[예제10-7] DOM 속성 메소드 적용하기 /ch10/dom-attribute.html

```
alert('학번 disabled 속성값 : ' + $('#s_id').attr('disabled'));      // (1)
$('#s_name').attr('disabled', false);                               // (2)
$('input[name="s_tel"]').removeAttr('placeholder');                 // (3)
$('input:radio').attr('checked', false);                            // (4)
var age = $('input[type="number"]').val();
age = eval(age) + 15;
$('input[type="number"]').val(age);                                 // (5)
```

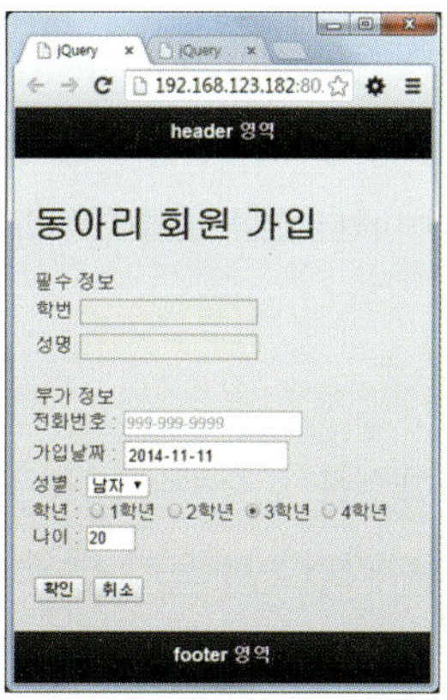

[예제 8-11] native-form.html 실행 화면

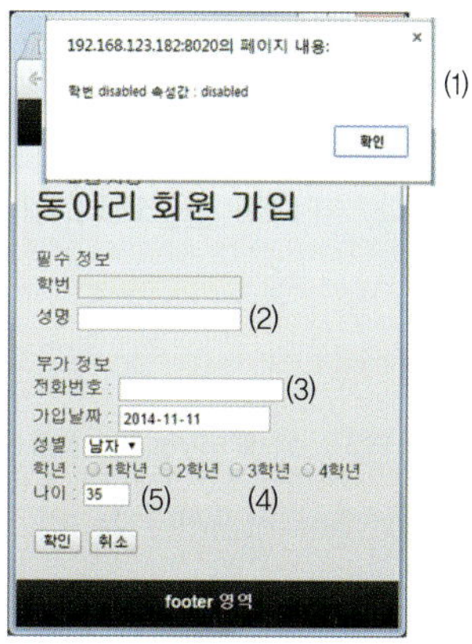

(1)~(5) 속성 메소드 적용 후 실행 화면

[그림 10-7] dom-attribute.html의 실행 결과(예제10-7)

Note: each( ) 메소드와 this

each( ) 메소드는 보통 이름없는 콜백 함수(반복 함수)를 입력 인자로 사용한다. 입력 인자로 사용되는 콜백 함수는 $( )가 반환하는 제이쿼리 객체 집합의 개수만큼 반복해서 호출된다. 이 콜백 함수 안에서는 반복해서 호출할 때마다 각 제이쿼리 객체(엘리먼트)들을 $(this)로 접근할 수 있다. 마치, C언어에서 for 반복문 안의 'i' 반복 제어 변수와 같은 역할을 한다.

다음과 같은 비순서 리스트를 가정하자.

```
<ul>
    <li>봄</li><li>여름</li><li>가을</li><li>겨울</li>
</ul>
```

다음 제이쿼리 메소드를 실행하면 4개 항목의 계절 이름을 순차적으로 경고 창에 반복해서 표시하게 된다.

```
$('li').each(function(){
    alert($(this).text());
});
```

2. 제이쿼리 이벤트

제이쿼리 이벤트(event)는 웹 페이지와 사용자 사이의 동적인 상호작용을 지원한다. DOM 트리 관련 메소드를 사용하면 웹 페이지를 변경할 수는 있지만 사용자의 동작과 연관되지는 않는다. 이벤트 메소드를 사용하면 사용자의 동작에 동적으로 반응하는 웹 페이지를 만들 수 있다. 이벤트 핸들러와의 연결 방법과 다양한 이벤트 메소드를 알아본다.

2.1 제이쿼리 이벤트

제이쿼리에서 이벤트는 이벤트 핸들러에 해당하는 제이쿼리 함수를 호출하는 기능을 한다. 이벤트 핸들러(event handler)는 리스너(listener)로서 기다리던 이벤트가 발생하면 이를 감지해서 적절한 처리를 하도록 하는 함수이다. 주로 이벤트와 제이쿼리 메소드를 연결시킨다. 앞에서 살펴본 $(document).ready( )도 하나의 이벤트 핸들러이다. 자바스크립트보다 훨씬 간단하게 이벤트 처리가 가능하다.

2.2 이벤트 핸들러 연결 및 해제

제이쿼리는 다음 2가지 방법으로 이벤트를 연결할 수 있다.

■ 이벤트 메소드 직접 연결

표준 이벤트 유형을 단축형 메소드로 직접 사용할 수 있다. 제이쿼리 선택자에 의해 지정된 객체에 이벤트 유형으로 명세한 사건이 발생하면 함수가 호출되어 실행된다. 함수 안에 명세된 코드는 이벤트에 의해 함수가 호출되어야만 실행된다.

```
$('선택자').이벤트유형(함수명) ;
```

■ bind( ) 메소드 간접 연결

bind( ) 메소드를 이용할 수 있다. bind( ) 메소드는 이벤트 유형별로 이벤트 핸들러 함수를 연결하는 역할을 한다. bind( ) 메소드를 이용하여 하나 또는 여러 개의 이벤트가 발생할 때 함수가 호출되어 실행되도록 할 수 있다.

```
$('선택자').bind('이벤트유형 or 이벤트유형리스트', 함수명) ;
```

다음은 이벤트를 통해 함수를 호출하는 예이다. (1)은 이벤트 메소드를 사용하여 이벤트와 이벤트 핸들러 함수를 직접 연결한다. (2)는 bind( ) 메소드를 사용하여 이벤트 유형과 이벤트 핸들러 함수를 간접 연결한다. (3)과 같이 함수 이름 없이 한 번에 이벤트와 함수를 연결할 수도 있다.

```
function fn_hi() {
    alert('hi');
}
    ... 생략 ...
$('div').click(fn_hi);                                   // (1)
$('div').bind('click', fn_hi);                           // (2)
$('div').click(function() { alert('hi'); });             // (3)
```

unbind( ) 메소드 연결 해제

이벤트 연결을 해제하려면 unbind( ) 메소드를 이용하면 된다.

```
$('선택자').unbind('이벤트유형') ;          // 선택자 객체에 연결된 이벤트를 해제
$('선택자').unbind() ;                     // 선택자 객체에 연결된 모든 이벤트를 해제
```

2.3 이벤트 메소드

이벤트 연결/해제 메소드

이벤트 발생시 실행할 함수를 이벤트와 연결하거나 연결을 해제하는 제이쿼리 메소드는 다음과 같다.

〈표 10-7〉 이벤트 관련 메소드

형식	기능
$( ).bind( ) $( ).on( )	특정 엘리먼트(제이쿼리 객체)에 이벤트 핸들러를 연결
$( ).unbind( ) $( ).off( )	bind( )로 연결된 이벤트 핸들러를 해제
$( ).one( )	특정 엘리먼트(제이쿼리 객체)에 이벤트 핸들러를 단 한번 연결 후 해제(일회용)
$( ).trigger( )	특정 엘리먼트(제이쿼리 객체)에 직접 이벤트를 발생시켜 이벤트 핸들러 함수를 실행

이벤트 단축형 메소드

표준 이벤트 유형은 bind( ) 메소드 없이도 단축형 메소드로 사용할 수 있다. 즉, 이벤트 유형 이름을 메소드 이름으로 사용한다. 다음은 직접 이벤트 핸들러를 설정하는 단축형 이벤트 메소드들이다. 대표적인 이벤트 유형 메소드로서 모바일 환경에서 유용하다.

〈표 10-8〉 이벤트 유형 메소드

분류	이벤트 메소드	기능
마우스	$( ).click( )	엘리먼트 표시 영역을 마우스로 클릭할 때 동작
	$( ).hover( )	엘리먼트 표시 영역 안으로 마우스 포인터가 들어올 때(또는 나갈 때) 동작
폼	$( ).focus( )	폼 엘리먼트 표시 영역이 포커스를 얻을 때 동작
	$( ).blur( )	폼 엘리먼트 표시 영역이 포커스를 잃을 때 동작
	$( ).change( )	폼 엘리먼트 표시 영역의 값이 변경될 때 동작
	$( ).select( )	폼 엘리먼트 표시 영역의 텍스트 일부를 선택할 때 동작

키보드	$( ).keydown( )	키보드를 눌렀을 때 동작
문서	$( ).ready( )	브라우저에 문서가 읽혀질 때 동작 DOM을 완전히 로드 했을 때 실행할 함수를 지정

ready( ) 이벤트 메소드는 DOM 트리의 엘리먼트가 사용 가능한 상태가 될 때까지 이벤트 발생을 지연시킨다.

2.4 이벤트 활용 예

다음은 제이쿼리 이벤트를 사용하는 예제 코드와 실행 결과이다.

[예제10-8] 제이쿼리 이벤트 적용하기 /ch10/jq-event.html

```
<!DOCTYPE html>
<html>
<head>
<meta charset="utf-8">
<title>jQuery</title>
<style>
    body * { margin: 5px; padding: 5px; border: solid thin gray; }
    div { width:20px; height:20px; border: solid thick green; }
    input { background-color: silver; }
</style>
<script src="http://code.jquery.com/jquery-1.6.4.min.js"></script>
<script>
    $(document).ready( function() {

        // focus/blur 이벤트
        $('input').focus(function() {
                $(this).css('background-color', 'orange');
        });
        $('input').blur(function() {
                $(this).css('background-color', 'white');
        });

        // click 이벤트
        $('div').bind('click', function() {
            $(this).width($(this).width() * 1.5);
```

```
            $(this).height($(this).height() * 1.5);
        });

        // toggle 이벤트
        $('div').click(function() {
            $('img').toggle(4000);
        });

    });
</script>
</head>
<body>
    focus/blur 이벤트<br/><input type="text" name="text1" value="입력하세요"/><br/>
    click 이벤트<div></div>
    toggle 이벤트<br/><img src="bgimg1.jpg">
</body>
</html>
```

이벤트 핸들러 함수(콜백 함수)에서 'this' 키워드는 해당 이벤트가 발생한 DOM 엘리먼트를 가리킨다. 이벤트가 발생한 엘리먼트를 제이쿼리 객체로 확장하기 위해 '$(this)'처럼 $( ) 함수에 입력인자로 'this'를 전달한다.

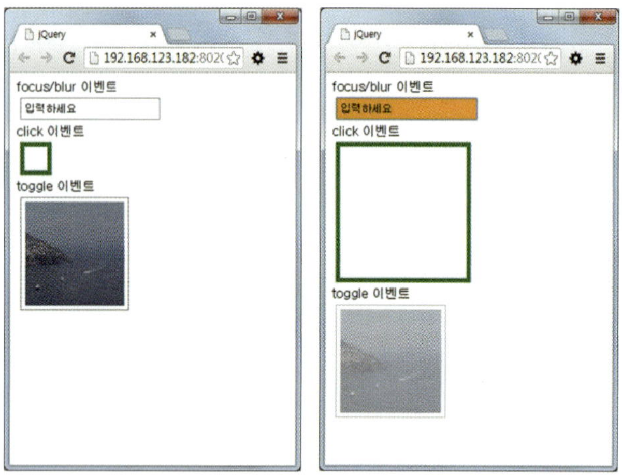

이벤트 발생 전　　　　이벤트 발생 후

[그림 10-8] jq-event.html의 실행 결과(예제10-8)

입력 상자가 포커스를 얻으면 오렌지색으로 변경되고 다시 포커스를 잃으면 흰색으로 바뀐다. 녹색 테두리 상자는 클릭할 때마다 너비와 높이가 1.5배씩 계속해서 증가한다. 클릭할 때마다 번갈아 다른 처리를 원할 경우 사용할 수 있는 편리한 메소드가 toggle이다. 녹색 테두리 상자를 선택할 때마다 희미하게 나타났다가 또렷하게 나타나기를 반복한다. 이처럼 제이쿼리 이벤트를 활용하면 정적인 HTML5 문서를 사용자의 선택에 따라 동적으로 변화하도록 할 수 있다.

3. 제이쿼리 효과

제이쿼리 효과(effect)는 HTML5 문서의 스타일을 동적으로 계속해서 변화시킨다. 효과 유형의 메소드와 사용자 정의 효과 생성 방법 등에 대해 살펴보자.

3.1 제이쿼리 효과

제이쿼리는 특정 영역을 서서히 사라졌다가 다시 나타나게 하는 등의 간단한 애니메이션 효과를 메소드로 제공한다.

효과 유형 메소드

제이쿼리에서 제공하는 기본 효과 유형 메소드는 다음과 같다. 다양한 효과를 일정 시간 동안 계속 수행한다.

〈표 10-9〉 효과 유형 메소드

효과 유형	기능
show([ms][,function( ))	선택된 엘리먼트를 화면에서 보이게 함
hide([ms][,function( ))	선택된 엘리먼트를 화면에서 사라지게 함
toggle([ms][,function( ))	선택된 엘리먼트가 화면에 보였다가 사라지는 상태를 반복함 show( )와 hide( )를 번갈아 수행함
slideUp([ms][,function( ))	선택된 엘리먼트의 높이를 점차 위로 감소시켜 화면에서 사라지게 함 위로 접는 효과
slideDown([ms][,function( ))	선택된 엘리먼트의 높이를 점차 아래로 증가시켜 화면에서 보이게 함 아래로 펼치는 효과
slideToggle([ms][,function( ))	선택된 엘리먼트의 높이를 변경하여 화면에서 사라지거나 보이게 함
fadeIn([ms][,function( ))	선택된 엘리먼트의 불투명도를 점차 높여서 보이게 함

fadeOut([ms][,function( ))	선택된 엘리먼트의 불투명도를 점차 낮춰서 사라지게 함
fadeToggle([ms][,function( ))	선택된 엘리먼트의 불투명도를 변경하여 사라지거나 보이게 함

〈표 10-9〉에서 첫 번째 'ms' 인자는 효과를 수행하는 지속 시간이다. 단위는 0 이상의 숫자(밀리초 즉, 1/1000초 단위)를 주거나 'slow'(600밀리초), 'normal'(400밀리초), 'fast'(200밀리초) 문자열 중 하나를 지정할 수 있다. 두 번째 'function( )' 인자는 콜백 함수로 애니메이션 효과가 종료된 후에 자동으로 실행될 사용자 정의 함수이다.

show( )를 포함한 다양한 효과 유형 메소드의 입력 인자 형식은 모두 같다. 다음 3가지 유형이 가능하다.

```
show() ;                                  // (1) 빈 입력인자
show(600) ; 또는 show('slow') ;           // (2) 수치, 문자열 입력인자
show(200, function() { ... }) ;           // (3) 콜백함수 입력인자
```

3.2 사용자 정의 효과 생성하기

animate( ) 메소드

animate( ) 메소드는 기본적인 효과 이외에 맞춤형 효과를 사용자가 직접 정의하여 사용할 수 있도록 한다. 수치값을 사용하는 CSS3 스타일 속성값은 모두 사용할 수 있다.

〈표 10-10〉 애니메이션 메소드

효과 유형	기능
animate([properties][,ms][,function( ))	선택된 엘리먼트에 대해 직접 설정한 효과를 통해 맞춤형 애니메이션 효과를 적용함

첫 번째 입력 인자인 특성(properties) 객체는 다양한 움직임 효과를 줄 수 있는 CSS3 속성과 속성값을 지정한다. CSS3 속성 중 크기나 길이, 비율 등 숫자를 사용하는 속성들을 맵 방식으로 명세한다. 예를 들면 지속시간은 1/1000초 단위의 숫자나 slow, normal, fast 문자열 중 하나를 명세한다.

```
animate(특성객체, 지속시간, 콜백함수)
```

다음은 몇 가지 사용자 정의 효과의 예이다.

```
$('p').animate({font-size: "3em"}, 2000);        // 문단 글자 크기를 3배로 확대하는 효과
$('div').animate({height: "25%"}, "slow");       // div 영역의 높이를 1/4로 축소하는 효과
$('div:has(img)').animate({width: "0px"}, 1000); // 이미지가 포함된 div 영역을 왼쪽으로 접는 효과
```

3.3 제이쿼리 효과 활용

■ 효과 활용 예: show( ), hide( ), toggle( )

다음은 제이쿼리 효과 중 show( ), hide( ), toggle( ) 메소드를 사용하는 예제 코드와 실행 결과이다.

[예제10-9] 제이쿼리 효과 적용하기1 /ch10/jq-effect1.html

```
<!DOCTYPE html>
<html>
<head>
<meta charset="utf-8">
<title>jQuery</title>
<style>
    div { margin: 5px; padding: 5px; border: solid thin gray; }
</style>
<script src="http://code.jquery.com/jquery-1.6.4.min.js"></script>
<script>
    $(document).ready( function() {
        // show/hide/toggle 효과
        $('#hide').click(function() {
                $('input[name="text1"]').hide(600);
        });
        $('#show').click(function() {
                $('input[name="text1"]').show(1000);
        });
        $('#toggle').click(function() {
                $('input[name="text1"]').toggle(2000);
        });
    });
</script>
```

```
</head>

<body>
    show/hide/toggle 효과
        <button id="hide"> hide </button>
        <button id="show"> show </button>
        <button id="toggle"> toggle </button>
        <div><input type="text" name="text1" value="안녕하세요!!!"/></div>
</body>
</html>
```

hide(600) 메소드는 문자열 입력 상자 엘리먼트의 가로, 세로 크기를 0.6초 동안 일정 비율로 줄여 가면서 투명도를 증가시켜 결국에는 '안녕하세요!!!' 문자열이 화면에서 보이지 않도록 한다.

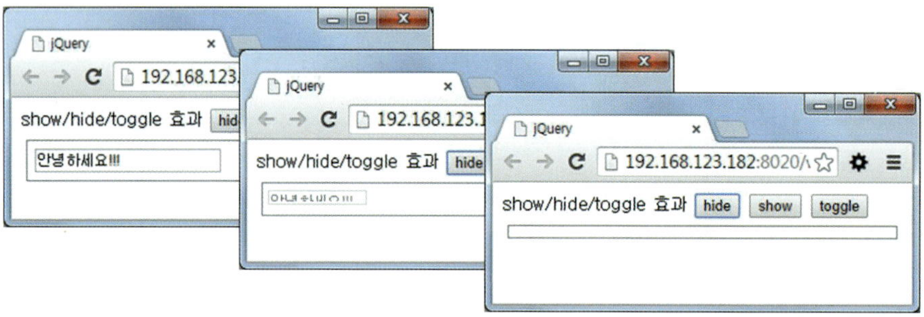

[그림 10-9] jq-effect1.html의 실행 결과(예제10-9)

show( ) 메소드는 반대로 1초에 걸쳐 점차적으로 엘리먼트를 화면에 또렷하게 보이도록 한다. toggle( ) 메소드는 엘리먼트의 상태가 show 상태(display 속성값이 block)이면 hide 상태(display 속성값이 none)로 변경하고 반대의 상황에는 그 반대로 실행한다.

■ 효과 활용 예: fadeOut( ), fadeIn( ), fadeToggle( )

다음은 제이쿼리 효과 중 fadeOut( ), fadeIn( ), fadeToggle( ) 메소드를 사용하는 예제 코드와 실행 결과이다.

[예제10-10] 제이쿼리 효과 적용하기2 /ch10/jq-effect2.html

```
<!DOCTYPE html>
<html>
<head>
<meta charset="utf-8">
<title>jQuery</title>
<style>
    div { margin: 5px; padding: 5px; border: solid thin gray; }
    #img2 { display: none; }
</style>
<script src="http://code.jquery.com/jquery-1.6.4.min.js"></script>
<script>
    $(document).ready( function() {
        //  fadeOut/fadeIn/fadeToggle 효과
        $('#fadeOut').click(function() {
                $('#img1').fadeOut(2000, function() {
                    $('#img2').fadeIn(100);
                });
        });
        $('#fadeIn').click(function() {
                $('#img2').fadeOut(2000, function() {
                    $('#img1').fadeIn(100);
                });
        });
        $('#fadeToggle').click(function() {
                $('#img1').fadeToggle(1000);
        });
    });
</script>
</head>
<body>
    fadeOut/fadeIn/fadeToggle 효과
    <button id="fadeOut"> fadeOut </button>
    <button id="fadeIn"> fadeIn </button>
    <button id="fadeToggle"> fadeToggle </button>
    <div>
        <img id="img1" src="bgimg1.jpg">
        <img id="img2" src="bgimg2.jpg">
    </div>
</body>
</html>
```

fade 관련 메소드는 엘리먼트의 불투명도(opacity 속성값)를 변화시키는 함수이다. 크기 변화 없이 불투명도를 조절함으로써 엘리먼트가 점차 흐려지게 또는 점차 또렷해지게 변

화시킨다. fadeOut( ) 메소드는 엘리먼트의 opacity 속성값을 1에서 0으로 변경시킴으로써 화면에서 점차 사라지게 한다. fadeIn( ) 메소드는 그 반대이다. 예제에서는 두 개의 이미지를 준비했다가 한 이미지가 fadeOut( ) 메소드에 의해 사라지면 바로 콜백 함수를 통해 자동으로 다른 이미지가 fadeIn( ) 메소드에 의해 나타나도록 한다.

[그림 10-10] jq-effect2.html의 실행 결과(예제10-10)

4. 제이쿼리 플러그인

차트(chart)는 복잡한 데이터를 시각적으로 쉽게 분석할 수 있는 인터페이스이다. 웹에서 차트를 제공하는 플러그인은 D3.js, 구글 차트 등 다양하지만 이 책에서는 제이쿼리 기반의 jqPlot를 이용한다.

4.1 jqPlot

jqPlot은 클라이언트측 자바스크립트 차트를 생성하기 위한 제이쿼리 플러그인이다. jqPlot은 제이쿼리 차트 라이브러리로서 라이브러리 파일을 추가로 다운로드 받아 사용한다.

Tip jqPlot 라이브러리 다운로드

jqPlot 라이브러리는 jqPlot 사이트(www.jqplot.com)에서 'Download Now!' 버튼을 클릭한다. 목록 중에서 'jquery.jqplot.1.0.8r1250.zip' 파일을 클릭하여 다운로드 받는다. 다운로드 받은 zip 파일을 풀어 'dist' 폴더 안의 jqPlot 라이브러리 파일들을 '/ch10/jqplot' 폴더 안으로 복사한다.

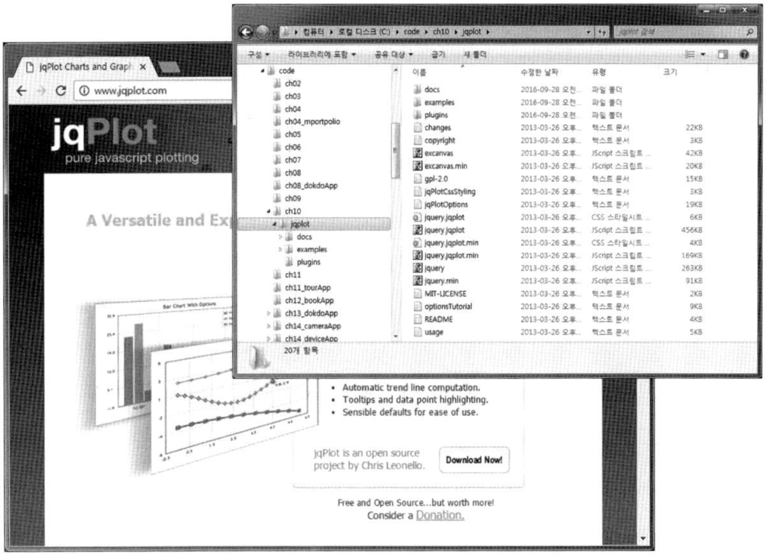

jqPlot 기본 라이브러리 연결

jqPlot은 제이쿼리 파일과 jqPlot 제이쿼리 플러그인 파일, jqPlot css 파일 등의 라이브러리를 필요로 한다. 다음과 같이 〈head〉 엘리먼트 안에 〈link〉와 〈script〉 태그의 속성으로 라이브러리 파일의 경로명을 추가한다. 제이쿼리 라이브러리는 앞서 명세한 jquery-1.11.1.min.js 파일로 대신한다.

```
<head>
   <script src="http://code.jquery.com/jquery-1.11.1.min.js"></script>
   <link rel="stylesheet" href="jqplot/jquery.jqplot.min.css"/>
   <script src="jqplot/jquery.jqplot.min.js"></script>
</head>
```

jqPlot 플러그인 파일

필요할 경우, jqPlot 기본 라이브러리에 보조 플러그인들을 추가로 사용할 수 있다. 표시하고자 하는 jqPlot 차트의 종류에 따라 필요한 jqPlot 플러그인 라이브러리를 포함하도록 명세한다. 〈head〉 엘리먼트 안에 플러그인 라이브러리들을 추가로 명세하며 순서는 중요하지 않다. 다운받아 설치한 "jqplot₩plugins" 폴더에는 다양한 jqPlot 플러그인 파일이 저장되어 있으므로 필요한 플러그인 파일만 참조하도록 명세한다.

```
<script src="jqplot/plugins/보조플러그인종류.min.js"></script>
```

jqPlot 차트 컨테이너

jqPlot 차트를 표시하고자 하는 모바일 페이지 안의 원하는 위치에 다음과 같은 차트 컨테이너를 명세한다.

```
<div id="chartdiv" style="height: 400px; width: 300px;"></div>
```

jqPlot 차트 생성

차트를 표시하고자 하는 컨테이너의 id값과 차트 데이터 값들과 함께 $.jqplot 플러그인 함수를 호출하면 실제 차트가 구성되어 표시된다. 그래프로 표현될 데이터 값 "[[3,7,9,1,5,3,8,2,5]]"는 y축 값을 나열한 것으로 x축 값은 앞에서부터 '1'부터 '9'까지 값이 하나씩 대응된다. "[[[1,3],[2,7],[3,9],[4,1],[5,5],[6,3],[7,8],[8,2],[9,5]]]"처럼 [x,y] 쌍의 배열 형태로 명세해도 같은 결과를 가져온다. 'chartdiv'는 차트 컨테이너의 아이디 값으로 그래프가 표현될 영역을 지정한다.

```
$.jqplot('chartdiv', [ [3,7,9,1,5,3,8,2,5] ]);
```

이때, $.jqplot 플러그인 함수에 옵션을 설정함으로써 차트의 상세 표현 형식를 지정할 수 있다. 일반적인 $.jqplot 플러그인 함수의 문법 구조는 다음과 같다.

```
$.jqplot('그래프 표시 위치', 차트 데이터, 차트 옵션);
```

4.2 라인 차트 생성하기

$.jqplot 플러그인 함수에 옵션을 설정함으로써 라인 차트(line chart)를 생성해 보자. 라인 차트를 위해서는 jqplot 기본 라이브러리 파일이외에도 2개의 플러그인 파일이 추가로 필요하다. "jqplot.canvasTextRenderer.min.js" 라이브러리는 차트 안의 문자열 표시를 위해 필요하다. 또 "jqplot.canvasAxisLabelRenderer.min.js" 라이브러리는 x축과 y축의 축 제목 표시를 위해서 필요한 플러그인 파일이다.

```
<script src="jqplot/plugins/jqplot.canvasTextRenderer.min.js"></script>
<script src="jqplot/plugins/jqplot.canvasAxisLabelRenderer.min.js"></script>
```

옵션으로 title과 axesDefaults, axes 옵션을 객체 형식으로 명세한다. 먼저, title 옵션 객체는 차트의 제목을 설정한다. axesDefaults 옵션 객체는 x축, y축 모두에 공통적으로 적용되는 옵션을 설정하며 x축, y축 각각에 적용해야할 옵션은 axes 옵션 객체 안에 별도로 명세한다. 렌더러(renderer)는 그래프 표시 영역에 새로 무엇인가를 그리거나 추가하기 위해 사용하는 객체이다. jqplot 플러그인 중 대부분의 플러그인들은 각각 특정 렌더러를 지원하는 기능을 가진다. "CanvasAxisLabelRenderer"는 축 제목과 같은 라벨 문자열을 다양한 형태(글자 회전 등)로 표시하기 위해 사용하는 렌더러로 x축과 y축에 공통적으로 적용된다. 다음 예제에서는 x축과 y축의 축 제목을 각각의 축 옵션으로 추가 지정한다.

```
$.jqplot ('chartdiv', [ [3,7,9,1,5,3,8,2,5] ],
{ title: '선 그래프 예제',  // 제목 설정
  axesDefaults: {           // 모든(x, y) 축에 공통 적용되는 옵션 설정
     labelRenderer: $.jqplot.CanvasAxisLabelRenderer  // 축 레이블 표시를 위한 렌더러
  },
  axes: {                   // 축 옵션 명세
    xaxis: {                // x축 옵션
      label: "X 축"
    },
    yaxis: {                // y축 옵션
      label: "Y 축"
    }
  }
});
```

다음은 라인 차트를 생성하는 예제 코드와 실행 결과이다.

[예제10-11] 라인차트 생성하기 /ch10/line-chart.html

```
<!DOCTYPE html>
<html>
<head>
<meta charset="utf-8"/>
<meta name="viewport" content="width=device-width, initial-scale=1"/>
<title>jQuery</title>

    <!-- 제이쿼리 모바일, 제이쿼리 라이브러리 파일 -->
<link rel="stylesheet" href="http://code.jquery.com/mobile/1.4.5/jquery.mobile-1.4.5.min.css"/>
<script src="http://code.jquery.com/jquery-1.11.1.min.js"></script>
<script src="http://code.jquery.com/mobile/1.4.5/jquery.mobile-1.4.5.min.js"></script>

    <!-- jqPlot 기본 라이브러리 파일 -->
<link rel="stylesheet" href="jqplot/jquery.jqplot.min.css"/>
<script src="jqplot/jquery.jqplot.min.js"></script>

    <!-- jqPlot x축, y축 라벨 표시 플러그인 파일 -->
<script src="jqplot/plugins/jqplot.canvasTextRenderer.min.js"></script>
<script src="jqplot/plugins/jqplot.canvasAxisLabelRenderer.min.js"></script>

<script>
    $(document).ready(function(){
        var plot1 = $.jqplot ('chartdiv', [[3,7,9,1,5,3,8,2,5]], {
            title: '선 그래프 예제',
            axesDefaults: {
                labelRenderer: $.jqplot.CanvasAxisLabelRenderer
            },
            axes: {
                xaxis: {
                    label: "X 축"
                },
                yaxis: {
                    label: "Y 축"
                }
            }
        });
    });
</script>
</head>
<body>
<div data-role="page">
```

```
        <div data-role="header">
            <h1>header영역</h1>
        </div>
        <div data-role="content">
            <div id="chartdiv" style="height: 400px; width: 300px;">
                    <!-- 차트 표시 영역 -->
            </div>
        </div>
        <div data-role="footer" data-position="fixed">
            <h4>footer영역</h4>
        </div>
    </div>
    </body>
    </html>
```

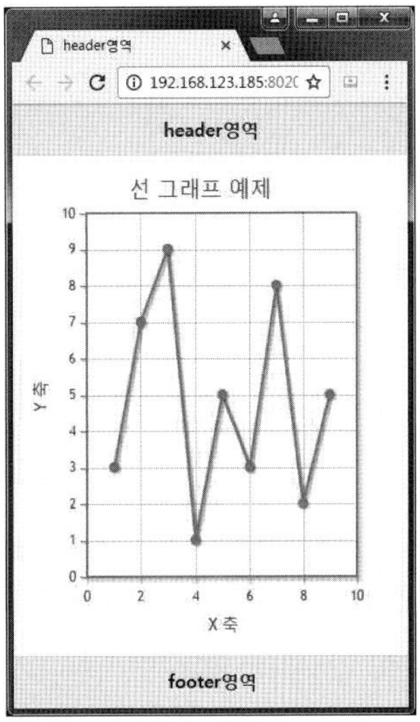

[그림 10-11] line-chart.html의 실행 결과(예제10-11)

4.3 바 차트 생성하기

바 차트(bar chart)를 위해서는 jqplot 기본 라이브러리 파일 이외에도 5개의 플러그인 파일이 추가로 필요하다. "jqplot.barRenderer.min.js"는 계열 값들을 막대 모양으로 표시하기 위한 바 차트 랜더러 라이브러리이다. "jqplot.categoryAxisRenderer.min.js"는 카테고리 형식의 축(y축 데이터 값들 사이의 일정한 간격 유지) 표시를 위한 라이브러리이다. "jqplot.pointLabels.min.js"는 막대 끝에 라벨을 표시하는 라이브러리로 기본값은 y축값이 표시된다. 앞 예제에서 사용했던 "jqplot.canvasTextRenderer.min.js"와 "canvasAxisLabelRenderer.min.js" 라이브러리도 포함한다.

```
<script src="jqplot/plugins/jqplot.barRenderer.min.js"></script>
<script src="jqplot/plugins/jqplot.categoryAxisRenderer.min.js"></script>
<script src="jqplot/plugins/jqplot.canvasTextRenderer.min.js"></script>
<script src="jqplot/plugins/jqplot.canvasAxisLabelRenderer.min.js"></script>
<script src="jqplot/plugins/jqplot.pointLabels.min.js"></script>
```

$.jqplot 플러그인 함수에 seriesDefaults 옵셥과 axes 옵션을 설정함으로써 바 차트를 생성해 보자. "renderer: $.jqplot.BarRenderer"는 모든 계열의 기본 렌더러로 BarRenderer를 설정함으로써 막대 그래프를 그리도록 한다. "pointLabels: { show: true }" 설정은 표시되는 막대마다 끝에 수치값을 표시하도록 한다.

```
seriesDefaults: {
    renderer: $.jqplot.BarRenderer,
    pointLabels: { show: true }
},
```

x축과 y축에 서로 다른 렌더러를 사용하여 라벨을 표시하도록 한다. "renderer: $.jqplot.CategoryAxisRenderer"는 x축의 값을 막대 형식으로 표시하는 렌더러를 사용하여 그래프를 그리도록 한다. tick은 하나의 좌표선이나 좌표값을 표시하는 객체이다. 예제에서 "ticks: ticks"는 결국 "ticks: ['1분기', '2분기', '3분기', '4분기']"를 의미하며 x축에 4개의 막대 모양으로 표시하도록 한다. ticks 옵션 객체의 값이 1차원 배열이면 1개의 카테고리를, 2차원 배열이면 2개의 카테고리를 카테고리 별로 다른 색상으로 구분하여 그래프로 표시한다.

```
axes: {
  xaxis: {
    renderer: $.jqplot.CategoryAxisRenderer,
    ticks: ticks,
    label: '분기',
    labelRenderer: $.jqplot.canvasTextRenderer
  },
```

```
    yaxis: {
      labelRenderer: $.jqplot.canvasAxisLabelRenderer,
      label: '매출액'
    }
  },
```

필요로 하는 플러그인 파일이 라인 차트와는 다르다. 다음은 바 차트를 생성하는 예제 코드와 실행 결과이다.

[예제10-12] 바차트 생성하기1 /ch10/bar-chart1.html

```
 . . . 생략 . . .
 <!-- jqPlot 기본 라이브러리 파일 -->
<link rel="stylesheet" href="jqplot/jquery.jqplot.min.css"/>
<script src="jqplot/jquery.jqplot.min.js"></script>

 <!-- jqPlot 바차트 플러그인 파일 -->
<script src="jqplot/plugins/jqplot.barRenderer.min.js"></script>
 <!-- jqPlot 카테고리(바 표시) 플러그인 파일 -->
<script src="jqplot/plugins/jqplot.categoryAxisRenderer.min.js"></script>
 <!-- jqPlot x축, y축 라벨 표시 플러그인 파일 -->
<script src="jqplot/plugins/jqplot.canvasTextRenderer.min.js"></script>
<script src="jqplot/plugins/jqplot.canvasAxisLabelRenderer.min.js"></script>
 <!-- jqPlot 포인트 라벨 표시 플러그인 파일 -->
<script src="jqplot/plugins/jqplot.pointLabels.min.js"></script>

<script>
 $(document).ready(function(){
   var s1 = [631, 217, 754, 1008];
   var ticks = ['1분기', '2분기', '3분기', '4분기'];

   plot1 = $.jqplot('chartdiv', [s1], {
     title: '막대 그래프 예제1',
     seriesDefaults: {
       renderer: $.jqplot.BarRenderer,
       pointLabels: { show: true }
     },
     axes: {
       xaxis: {
         renderer: $.jqplot.CategoryAxisRenderer,
         ticks: ticks,
         label: '분기',
         labelRenderer: $.jqplot.canvasTextRenderer
```

```
         },
         yaxis: {
            labelRenderer: $.jqplot.canvasAxisLabelRenderer,
            label: '매출액'
         }
      },
   });
});
</script>
  . . . 생략 . . .
```

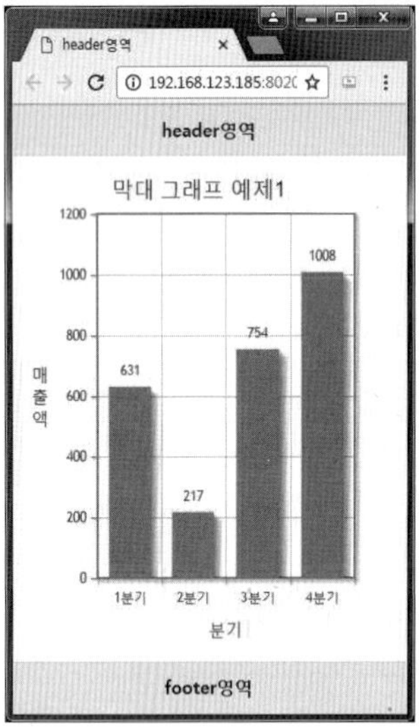

[그림 10-12] bar-chart1.html의 실행 결과(예제10-12)

이번에는 수평 바 차트를 생성해 보자. 렌더러 옵션으로 “barDirection: 'horizontal'”를 설정하면 수평 바를 표시한다. 기본값은 ‘vertical’로 수직 바를 표시한다. “pointLabels: { show: true }”는 막대 끝에 라벨을 표시하기 위해, “shadowAngle: 135”은 막대마다 좌측 하단 방향으로 그림자 효과를 주기 위해 그림자 각도를 설정한 것이다.

```
seriesDefaults: {
   renderer: $.jqplot.BarRenderer,
   pointLabels: { show: true },
   shadowAngle: 135,
```

```
    rendererOptions: {
        barDirection: 'horizontal'
    },
},
```

계열(series)은 그래프에 표시되는 하나의 데이터 그룹을 의미하는 객체이다. 다음은 수평 바 차트에 표시되는 2개의 그룹(남학생, 여학생)에 대한 라벨을 지정한다.

```
series: [
    { label: '남학생' },
    { label: '여학생' }
],
```

그래프 항목별 범례(legend)를 보이기 위해 범례 옵션을 추가한다. "show: true"는 범례를 보이도록 하고 "placement: 'outside'"는 그래프 영역 밖에 표시하도록 한다.

```
legend: {
    show: true,
    placement: 'outside'
},
```

차트 안에 남학생과 여학생 두 그룹의 항목별 결과 값을 비교할 수 있도록 함께 수평으로 막대를 표시한다. 다음은 수평 바 차트를 생성하는 예제 코드와 실행 결과이다.

[예제10-13] 바차트 생성하기2 /ch10/bar-chart2.html

```
    . . . 생략 . . .
    <!-- jqPlot 기본 라이브러리 파일 -->
<link rel="stylesheet" href="jqplot/jquery.jqplot.min.css"/>
<script src="jqplot/jquery.jqplot.min.js"></script>

    <!-- jqPlot 바차트 플러그인 파일 -->
<script src="jqplot/plugins/jqplot.barRenderer.min.js"></script>
    <!-- jqPlot 카테고리(바 표시) 플러그인 파일 -->
<script src="jqplot/plugins/jqplot.categoryAxisRenderer.min.js"></script>
```

```
  <!-- jqPlot x축, y축 라벨 표시 플러그인 파일 -->
<script src="jqplot/plugins/jqplot.canvasTextRenderer.min.js"></script>
<script src="jqplot/plugins/jqplot.canvasAxisLabelRenderer.min.js"></script>
  <!-- jqPlot 포인트 라벨 표시 플러그인 파일 -->
<script src="jqplot/plugins/jqplot.pointLabels.min.js"></script>

<script>
  $(document).ready(function(){
     var s1 = [20, 40, 60, 30];
     var s2 = [50, 10, 30, 40];
     var ticks = ['1학년', '2학년', '3학년', '4학년'];

     plot1 = $.jqplot('chartdiv', [s1, s2], {
        title: '막대 그래프 예제2',
        seriesDefaults: {
           renderer: $.jqplot.BarRenderer,
           pointLabels: { show: true},
           shadowAngle: 135,
           rendererOptions: {
              barDirection: 'horizontal'
           },
        },
        series: [
         { label: '남학생' },
         { label: '여학생' }
        ],
        legend: {
           show: true,
           placement: 'outside'
        },
        axes: {
           yaxis: {
              renderer: $.jqplot.CategoryAxisRenderer,
              ticks: ticks
           }
        }
     });
  });
</script>
  . . . 생략 . . .
```

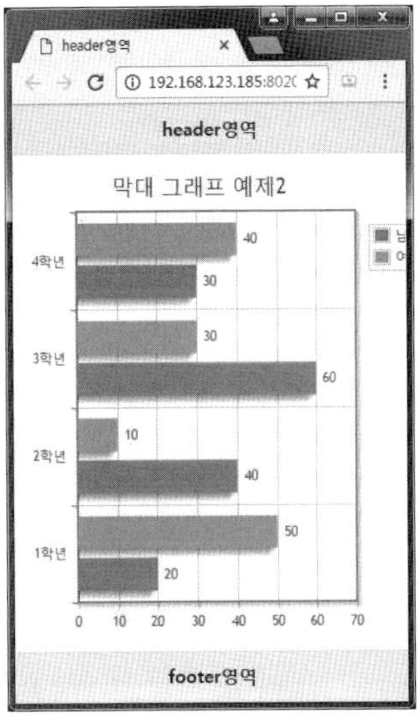

[그림 10-13] bar-chart2.html의 실행 결과(예제10-13)

4.4 파이 차트 생성하기

이번에는 파이 차트(pie chart)를 생성해 보자. 파이 차트를 위해서는 jqplot 기본 라이브러리 파일 이외에 1개의 플러그인 파일만 추가로 필요하다. "jqplot.pieRenderer.min.js" 파이 차트 렌더러 라이브러리만 포함하여 간단한 옵션 설정을 통해서 파이 차트를 표시할 수 있다.

```
<script src="jqplot/plugins/jqplot.pieRenderer.min.js"></script>
```

차트 데이터 "[['서울',18],['경기',14],['강원',3],['기타',7]]"에서 x값은 파이 차트에서 슬라이스 라벨을, y값은 슬라이스 크기를 지정한다.

```
$.jqplot('chartdiv', [[['서울',18],['경기',14],['강원',3],['기타',7]]], . . .
```

그리드(grid)는 축에 의해 둘러싸인 영역으로 gridPadding은 그래프가 표시되는 그리드 영역의 상,하,좌,우 여백 크기를 설정한다. 렌더러 옵션으로 "rendererOptions: {padding: 8, showDataLabels: true}"를 설정하면, 파이 차트와 그래프 경계선 사이의 안쪽 여백 크기를 8px로 설정(안쪽 여백 크기를 크게 할수록 파이 그래프 크기는 반대로 작아짐)하고 슬라이스 안에 데이터 라벨을 표시한다.

```
gridPadding: { top:25, bottom:38, left:0, right:0 },
seriesDefaults: {
   renderer: $.jqplot.PieRenderer,
   rendererOptions: { padding: 8, showDataLabels: true }
},
```

"location: 's'"는 범례의 위치를 지정하는 것으로 'ne'(북동쪽 의미)처럼 동(e), 서(w), 남(s), 북(n)의 조합이 가능하다. 다음 예제는 그래프 범례를 그래프 영역의 밖에 남쪽 방향으로 15px 위쪽 여백을 두고 한 행으로 표시하도록 한다.

```
legend: {
   show: true,
   placement: 'outside',
   rendererOptions: {
          numberRows: 1
   },
   location: 's',
   marginTop: '15px'
}
```

다음은 파이 차트를 생성하는 예제 코드와 실행 결과이다.

[예제10-14] 파이 차트 생성하기 /ch10/pie-chart.html

```
  . . . 생략 . . .
  <!-- jqPlot 기본 라이브러리 파일 -->
<link rel="stylesheet" href="jqplot/jquery.jqplot.min.css"/>
<script src="jqplot/jquery.jqplot.min.js"></script>

  <!-- jqPlot 파이 차트 플러그인 파일 -->
<script src="jqplot/plugins/jqplot.pieRenderer.min.js"></script>

<script>
 $(document).ready(function(){
  var plot1 = $.jqplot('chartdiv', [[['서울',18],['경기',14],['강원',3],['기타',7]]], {
     title: '원형 그래프 예제',
     gridPadding: { top:25, bottom:38, left:0, right:0 },
```

```
    seriesDefaults: {
      renderer: $.jqplot.PieRenderer,
      rendererOptions: { padding: 8, showDataLabels: true }
    },
    legend: {
      show: true,
      placement: 'outside',
      rendererOptions: {
        numberRows: 1
      },
      location: 's',
      marginTop: '15px'
    }
  });
});
</script>
. . . 생략 . . .
```

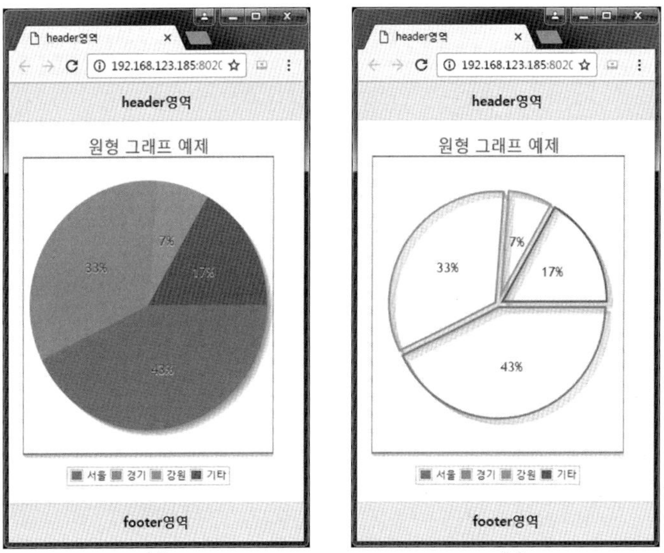

(a) (b)

[그림 10-14] pie-chart.html의 실행 결과(예제10-14)

seriesDefaults 속성을 다음과 같이 변경하여 적용하면 [그림10-14]의 (b)와 같은 파이 차트를 표시할 수도 있다.

```
seriesDefaults: {
  renderer:$.jqplot.PieRenderer,
  shadow: true,
  rendererOptions: {
    fill: false,
    sliceMargin: 4,
    showDataLabels: true
  }
},
```

4.5 버블 차트 생성하기

버블 차트(bubble chart)를 생성해 보자. 버블 차트는 각 데이터 값을 색상을 갖는 원 안에 문자 라벨 형태로 함께 표시한 그래프이다. 버블 차트를 위해서는 jqplot 기본 라이브러리 파일이외에 추가로 1개의 플러그인 파일만 필요하다. "jqplot.bubbleRenderer.min.js" 버블 차트 렌더러 라이브러리를 사용하여 버블 차트를 표시할 수 있다.

```
<script src="jqplot/plugins/jqplot.bubbleRenderer.min.js"></script>
```

버블 차트에서 데이터값은 [x값, y값, 반경, 라벨] 형식의 배열로 지정한다. "[11, 123, 1236, "수원"]"은 좌표 (11,123)에 반경이 1,236 픽셀 크기의 원을 표시하고 그 안에 '수원'이라고 표시하도록 한다.

```
var arr = [[11, 123, 1236, "수원"], [45, 92, 1067, "인천"],
[24, 104, 1176, "서울"], [50, 23, 610, "충청"],
[18, 17, 539, "오산"], [7, 89, 864, "부천"], [2, 13, 1026, "동탄"]];
```

'bubbleAlpha'는 버블들의 투명도를, 'shadowAlpha'는 표시되는 그림자의 투명도를 나타낸다. 버블 영역이 겹치더라도 각 영역이 표시될 수 있도록 적절한 투명도값을 설정한다.

```
  seriesDefaults: {
    renderer: $.jqplot.BubbleRenderer,
    rendererOptions: {
      bubbleAlpha: 0.6
    },
    shadow: true,
    shadowAlpha: 0.05
  }
```

다음은 버블 차트를 생성하는 예제 코드와 실행 결과이다.

[예제10-15] 버블 차트 생성하기 /ch10/bubble-chart.html

```
 . . . 생략 . . .
 <!-- jqPlot 기본 라이브러리 파일 -->
<link rel="stylesheet" href="jqplot/jquery.jqplot.min.css"/>
<script src="jqplot/jquery.jqplot.min.js"></script>

 <!-- jqPlot 버블 차트 플러그인 파일 -->
<script src="jqplot/plugins/jqplot.bubbleRenderer.min.js"></script>

<script>
 $(document).ready(function(){
      var arr = [[11, 123, 1236, "수원"], [45, 92, 1067, "인천"],
      [24, 104, 1176, "서울"], [50, 23, 610, "충청"],
      [18, 17, 539, "오산"], [7, 89, 864, "부천"], [2, 13, 1026, "동탄"]];

      plot1 = $.jqplot('chartdiv',[arr], {
        title: '버블 그래프 예제',
        seriesDefaults: {
          renderer: $.jqplot.BubbleRenderer,
          rendererOptions: {
            bubbleAlpha: 0.6
          },
          shadow: true,
          shadowAlpha: 0.05
        }
      });
    });
</script>
 . . . 생략 . . .
```

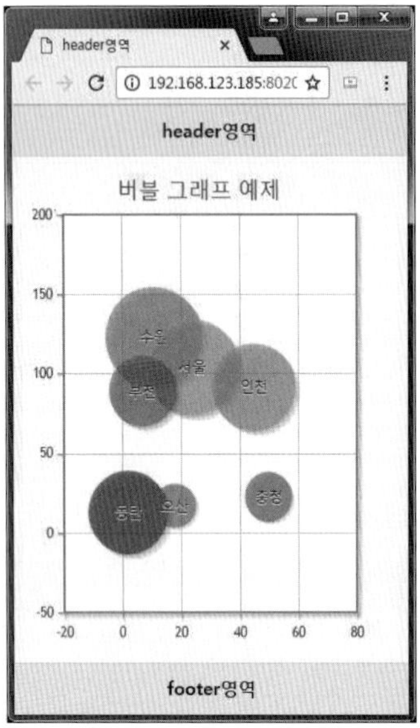

[그림 10-15] bubble-chart.html의 실행 결과(예제10-15)

요약

1. 제이쿼리의 기능 중 하나가 CSS3 스타일 속성을 제어하는 것이다. CSS3 스타일 관련 메소드를 통해서 HTML5 문서의 스타일을 동적으로 변경할 수 있다.

2. CSS3 메소드를 통해 CSS3 스타일을 지정할 때 2가지 방식이 가능하다 { }안에 ':'으로 구분한 속성과 값의 쌍을 ','로 구분하여 여러 개를 나열하는 맵(map) 방식과 메소드 호출 뒤에 마침표(.)을 찍고 또 다른 메소드를 호출하도록 함으로써 체인처럼 연속적으로 메소드를 호출하는 메소드 체인(method chain) 방식이다.

3. 제이쿼리는 선택자 이외에도 여러 DOM 탐색 메소드를 통해 엘리먼트에 접근할 수 있다. DOM 트리 관련 탐색 메소드와 필터링 메소드는 선택자의 기능을 확장 및 보완한다.

4. DOM 트리 엘리먼트(속성) 조작 메소드는 정적인 HTML5 문서에 동적인 특성을 제공하는 제이쿼리 기능 중 하나이다. 메소드를 통해 DOM 트리에 새로운 노드(속성)를 추가하거나 변경 또는 제거를 자유롭게 할 수 있다.

5. 제이쿼리 이벤트(event)는 웹 페이지와 사용자 사이의 동적인 상호작용을 지원한다. 이벤트 메소드를 사용하면 사용자의 동작에 동적으로 반응하는 웹 페이지를 만들 수 있다.

6. 이벤트 핸들러(event handler) 함수는 리스너(listener)로서 기다리던 이벤트가 발생하면 이를 감지해서 적절한 처리를 하도록 하는 함수이다. 주로 이벤트와 제이쿼리 메소드를 연결시킨다. 단축형 메소드나 bind( ) 메소드를 이용하여 연결할 수 있으며 해제하려면 unbind( ) 메소드를 사용한다.

7. 제이쿼리 표준 이벤트 메소드에는 마우스, 폼, 키보드, 문서 관련 여러 메소드들이 지원된다.

8. 제이쿼리 효과(effect)는 HTML5 문서의 스타일을 동적으로 계속해서 변화시킨다. 제이쿼리에서 제공하는 기본 효과 유형 메소드는 show( ), hide( ), toggle( ), slideUp( ), slideDown( ), slideToggle( ), fadeIn( ), fadeOut( ), fadeToggle( ) 등이다. 다양한 효과를 일정 시간 동안 계속 수행한다.

9. animate( ) 메소드를 사용하여 기본적인 효과 이외에 사용자 정의 효과를 직접 정의할 수도 있다. 수치값을 사용하는 CSS3 스타일 속성값은 모두 사용할 수 있다.

10. jqPlot은 클라이언트측 자바스크립트 차트를 생성하기 위한 제이쿼리 플러그인이다. 표시하고자 하는 jqPlot 차트의 종류에 따라 필요한 jqPlot 플러그인 라이브러리를 포함하도록 명세한다. 라인 차트, 바 차트, 파이 차트, 버블 차트 등을 생성할 수 있다.

연습문제

1. 다음 문장의 내용이 옳으면 O, 옳지 않으면 X를 하시오.
   1) CSS3 관련 메소드를 통해서 HTML5 문서의 스타일을 동적으로 변경할 수 있다. (　　)
   2) $('#div0 p')는 $('#div0').find('p')와 실행 결과가 다르다. (　　)
   3) prepentTo( )와 prepend( ) 메소드는 기능이 같지만 after( )와 insertAfter( ) 메소드는 그 기능이 서로 다르다. (　　)
   4) 엘리먼트의 시작 태그 안에 포함된 속성 이름과 속성값은 DOM 트리에서 엘리먼트 노드의 하위 노드가 된다. (　　)
   5) 사용자 정의 효과를 직접 정의하기 사용할 때 숫자와 문자값을 갖는 CSS3 스타일 속성값은 모두 사용할 수 있다. (　　)

2. 다음 ( ) 안에 적합한 용어를 넣어 문장을 완성하시오.
   1) (　　　　)( ) 메소드는 텍스트 노드를 포함한 하위 노드들만을 제거하지만 remove( ) 메소드는 하위 노드와 해당 엘리먼트 노드 자신도 제거한다는 점에서 다르다.
   2) text( ) 메소드는 엘리먼트 내용만 문자열 형식으로 반환하지만 (　　　)( ) 메소드는 엘리먼트 내용과 마크업을 함께 HTML5 형식으로 반환한다.
   3) each( ) 메소드의 입력 인자로 사용되는 콜백 함수는 $( )가 반환하는 제이쿼리 객체 집합의 개수만큼 반복해서 호출되는데, 이 콜백 함수 안에서는 반복 호출될 때마다 각 제이쿼리 객체(엘리먼트)들을 $((　　　))로 접근할 수 있다.
   4) 제이쿼리 (　　　) 관련 메소드는 사용자의 동작에 동적으로 반응하는 웹 페이지를 만들 수 있도록 함으로써 웹 페이지와 사용자 사이의 동적인 상호작용을 지원한다.
   5) (　　　　)( ) 메소드는 기본적인 효과 이외에 사용자 정의 효과를 직접 정의하여 사용할 수 있도록 한다.

3. CSS3 메소드를 통해 CSS3 스타일을 지정하는 2가지 방식 즉, 맵 방식과 메소드 체인 방식에 대해 간략히 설명하시오.

4. 이벤트 핸들러(event handler) 함수에 대해 간략히 설명하시오.

5. 아래와 같은 실행 결과가 표시되도록 다음 코드 안의 밑줄 안에 적합한 태그를 넣어 완성하시오.

〈스타일 적용 이전〉

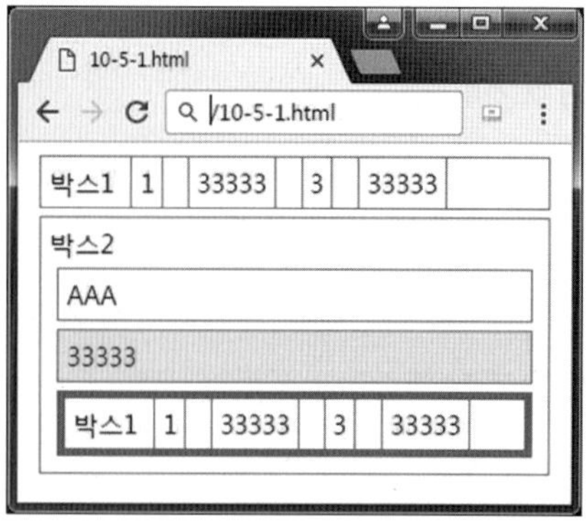

〈스타일 적용 이후〉

```
<!DOCTYPE html>
<html>
<head>
<meta charset="utf-8">
<style type="text/css">
    body * { margin: 5px; padding: 5px; border: solid thin gray; }
    .u_border { border-width: thick; }
</style>
<script src="http://code.jquery.com/jquery-1.6.4.min.js"></script>
<script type="text/javascript">
    $(document). _______________ (function( ) {
        $('.u_bg'). ________ ('background-color', 'yellow');
        $('p:eq(2)'). ________________('u_border');
        $('div'). ________ ('*:nth-child(even)').text('33333');
        $('p:last').html( _______________________________ );
});
</script>
</head>
<body>
    <div>박스1
        <span>1</span>
        <span>2</span>
        <span>3</span>
        <span>4</span>
    </div>
    <div>박스2
        <p>AAA</p>
        <p class='u_bg'>BBB</p>
        <p>CCC</p>
    </div>
</body>
</html>
```

Chapter 11

XML, Ajax, 제이쿼리 활용

※ 학습목표

- XML의 특성과 문서 작성 방법을 알아본다.
- XML의 네임스페이스 개념을 이해한다.
- XML 문서에 CSS 적용 방법을 알아본다.
- Ajax 메소드의 종류를 알아보고 예제에 활용해본다.
- XML과 제이쿼리를 활용한 예제를 만들어본다.

Chapter

11 XML, Ajax, 제이쿼리 활용

1. XML 개요

XML(eXtensible Markup Language)는 웹을 통해 문서를 표현하고 전달하기 위해 설계된 표준 마크업 언어이다. XML은 마크업이 고정되어 있는 HTML5와는 다르게 문서 내용에 의미와 구조를 명세하는 마크업을 자유롭게 추가할 수 있다. XML의 특성과 HTML5와의 차이점 등을 알아본다.

1.1 XML

웹은 단순 정보 제공의 수단에서 점차 정보 서비스 토대로서 중요성이 커지고 있다. 웹을 통한 정보 교환이 빈번해지고 다양해짐에 따라 웹 정보의 구조와 의미를 보다 명확히 처리할 수 있는 기술이 필요하다. XML은 정보 표현이 자유롭고 또, 다양한 환경에서도 인식이 가능하기 때문에 웹 정보 교환의 핵심 기술로 인식되고 있다. XML은 B2B, B2C와 같은 전자상거래의 표준 문서 형식으로 사용될 뿐만 아니라 다양한 웹 애플리케이션 간의 데이터 교환 표준으로 폭넓게 사용되고 있다.

문서를 구성하는 3가지 기본 요소는 문서의 구조, 문서의 내용 그리고 문서의 스타일이다. XML은 그 중 웹 문서의 내용(특히 문서의 의미)을 표현하는데 적합한 마크업 언어이다.

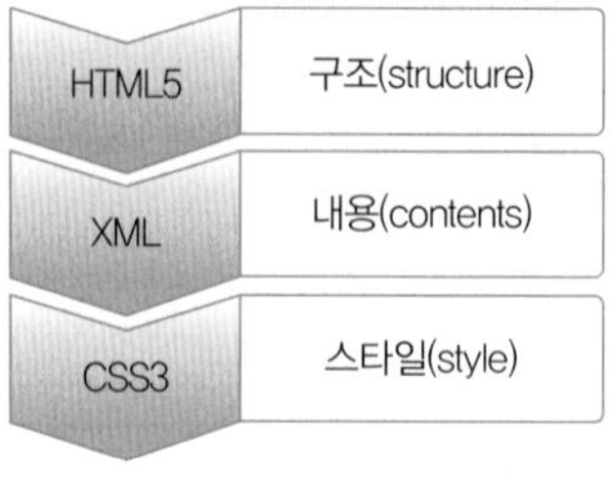

[그림 11-1] 웹 문서의 구성 요소

XML의 사양과 표준은 HTML5와 동일하게 W3C에서 담당한다. XML의 뿌리는 HTML5와 똑같이 SGML이라는 마크업 언어이다. XML은 SGML과 HTML의 장점을 계승하고 단점들은 개선한 마크업 언어이다. SGML로부터는 문서 내용과 구조를 분리한 기능성과 확장성을, HTML로부터는 사용하기 쉽고 편리한 장점을 물려 받았다. XML은 1998년 워킹 그룹이 만들어진 뒤, 1998년 XML 1.0이 제시되었다.

1.2 HTML5와 XML

HTML5와 XML 비교

XML도 내용을 태그로 둘러싸서 CSS3 스타일을 적용하는 점은 같다. 다만, 웹 문서 내용을 보다 상세한 의미와 함께 표현함으로써 정보로서의 가치가 높아진다. HTML5 문서와 XML 문서 예제를 통해 비교해 보자. 다음은 두 학생 정보를 HTML5 문서와 XML 문서로 표현한 예이다.

■ HTML5 문서 작성 예

두 문서의 가장 큰 차이는 바로 태그의 종류이다. HTML5 문서는 미리 정의된 〈table〉, 〈tr〉, 〈th〉, 〈td〉 태그 등을 이용하여 학생 정보를 표현한다. 이러한 태그들은 학생 정보를 구별함과 동시에 테이블 구조로 표시하도록 한다. 즉, 테이블 모양으로 화면에 표시되도록 지시하기 위한 태그들이다.

[예제11-1-1] 학생 정보 html5 문서 예 /ch11/student.html

```
<!DOCTYPE html>
<html>
<head>
<meta charset="utf-8">
<link rel="stylesheet" href="student1.css"/>
</head>
<body>
        <table>
            <tr>
                <th>전공</th>
                <th>이름</th>
                <th>나이</th>
                <th>성별</th>
```

```
            </tr>
            <tr>
                <td>컴퓨터학과</td>
                <td>홍길동</td>
                <td>25세</td>
                <td>남<td>
            </tr>
            <tr>
                <td>철학과</td>
                <td>홍리라</td>
                <td>21세</td>
                <td>여<td>
            </tr>
        </table>
</body>
</html>
```

■ XML 문서 작성 예

XML 문서는 학생의 모든 정보 앞 · 뒤에 매번 〈major〉, 〈name〉, 〈age〉, 〈gender〉 등의 태그를 둘러싼다. 이 태그들은 사용자가 직접 정의한 태그들로 어떻게 표시할 지와는 관련 없는 의미 태그들이다. 태그 내용이 정확히 무슨 의미인지만을 표현한다. 반복해서 의미 태그를 붙임으로써 문서 크기가 커지는 단점이 있지만 문서를 일부만 분할하더라도 의미가 손실되지 않아 장점이 되기도 한다. 태그에 표현 정보가 없으므로 학생 정보가 단순한 문자열로 브라우저에 표시된다.

[예제11-1-2] 학생 정보 xml 문서 예 /ch11/student.xml

```
<?xml version="1.0" encoding="utf-8" ?>
<?xml-stylesheet type="text/css" href="student2.css"?>
<studentinfo>
    <student_heading>
        <major>전공</major>
        <name>이름</name>
        <age>나이</age>
        <gender>성별</gender>
    </student_heading>
    <student>
        <major>컴퓨터학과</major>
        <name>홍길동</name>
        <age>25세</age>
```

```
        <gender>남</gender>
    </student>
    <student>
        <major>철학과</major>
        <name>홍리라</name>
        <age>21세</age>
        <gender>여</gender>
    </student>
</studentinfo>
```

스타일 적용 결과

두 유형의 문서와 관련된 CSS3 파일 안에 다음과 같은 스타일을 정의하여 적용해 보자. 스타일시트 명세 방법은 동일하다.

[예제11-1-3] 학생 정보 html5 스타일 예 /ch11/student1.css

```
th { background-color: silver; }
```

[예제11-1-4] 학생 정보 xml 스타일 예 /ch11/student2.css

```
student_heading * { color: white; background-color: green; }
student { display: block; }
```

스타일 적용 결과, HTML5 문서는 테이블 구조 속에 정보들이 정렬되어 쉽게 인식할 수 있다. XML 문서는 정보들이 단순 나열되어 식별하기에 조금 불편하다. 물론, CSS3 스타일을 추가하면 테이블처럼 표시할 수는 있다.

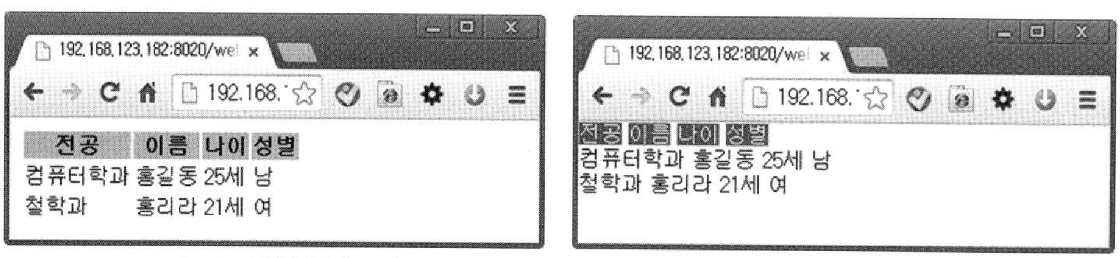

student.html 적용 결과 student.xml 적용 결과

[그림 11-2] HTML5 문서와 XML 문서의 CSS 적용

이 두 문서의 결과가 HTML5와 XML 문서의 차이를 잘 보여준다. HTML5 문서는 사용

자에게 보여주기 위한 정보 형식과 구조를 정해진 태그들을 사용하여 작성한다. 반면, XML 문서는 웹 서비스 프로그램의 내부 처리에 필요한 정보를 전달할 목적으로 의미 태그들을 정의하여 작성한다. 사용 목적이 다르다. 주로 HTML5는 인지 능력이 있는 사람들을 위해서, XML은 기계적인 처리를 하는 프로그램을 위한 것이다. 웹 문서를 작성할 때 '콘텐츠로서의 웹 문서'를 위해서는 HTML5가, '데이터로서의 웹 문서'를 위해서는 XML이 더 적합하다.

1.3 XML의 특성

XML의 장점과 XML 처리 관련 다양한 표준 기술들을 알아보자.

XML의 장점

• 범용성

XML은 하나의 데이터 저장소로서 손색이 없다. XML 문서는 데이터 처리 관점에서 보면 작은 규모의 '소형 데이터베이스'이다. XML 문서를 기존 데이터베이스에 저장할 수도 있고 XML 전용 데이터베이스도 개발되었지만 간단한 데이터의 입력, 수정, 삭제, 검색 기능은 직접 XML 문서에 대해서도 가능하다. 데이터 통합이 복잡한 데이터베이스에 비해서 XML은 어떤 환경에서도 데이터를 인식하고 사용할 수 있어 데이터베이스 역할을 대신할 수도 있다.

• 유연성

XML 문서에는 정보 내용 그 자체와 정보에 관한 구조와 의미만 포함되어 있다. 필요하다면 여러 XML 문서를 통합하거나 반대로 문서의 일부만을 떼어내어 독립된 XML 문서를 생성할 수 있다. 또, DOM과 CSS, XSL과 같은 문서 변경 및 변환 기술을 사용하면 다양한 운영 환경이나 플랫폼에 맞추어 변환할 수 있다. 자유로운 정보의 결합과 분리는 XML의 장점이다.

• 확장성

XML은 다양한 응용 분야에 적합한 언어를 개발할 수 있는 메타 언어로서 한 차원 높은 특성을 가지고 있다. MathML(수학용), CML(화학용), SVG(그래픽), ebXML(전자상거래) 등 다양한 응용 마크업 언어들이 XML을 이용하여 만들어졌다. 각 분야별 데이터 표준을 DTD(Document Type Definition)로 규정함으로써 새로운 XML 기반 언어를 만들어 낼 수 있고 그 분야의 데이터 교환 포맷으로 활용할 수 있다. XML을 확장하여 적용할 수 있는 분야는 제한이 없다.

• 역동성

XML 문서는 동적이다. 정적인 HTML5 문서에 비해 XML 문서는 내용을 전달할 뿐만 아니라 입력 또는 수정을 통해 내용이 동적으로 변화한다. 문서 크기가 줄어들기도 하고 큰 폭으로 증가할 수도 있다. 또, 변경될 때마다 규칙을 적용하여 잘못된 변경을 방지함으로써 단순한 문서 이상의 엄격한 정보 관리가 가능하다.

XML 관련 기술

XML을 처리하고 관리하기 위한 다양한 표준과 기술들이 있다. XML 문서의 사용 목적에 따라 활용해야 하는 기술들이다.

〈표 11-1〉 XML 관련 기술

분류	기술	기능
구조 정의	DTD	XML 문서의 구조 명세(비 XML 형식)
	XML 스키마	XML 문서의 구조 명세(XML 형식)
스타일 정의	CSS	브라우저 출력 형식을 명세(비 XML 형식)
	XSL	브라우저 출력 형식을 명세(XML 형식, XSLT 이용)
문서 변환	XSLT	문서 변환 형식을 명세(XML 형식)
위치 지정	XPATH	XML 문서 내 위치 지정 방식
	XPointer	XML 문서 내 검색 대상을 명세(XPATH 사용)
내용 변경	DOM	DOM 트리 기반의 노드 조작 API
	SAX	XML 문서 조작 API

2. XML 문서 작성

XML 문서의 구조와 구성 요소, 작성 방법 등에 대해 살펴 보자.

2.1 XML 문서 구조

XML 문서는 XML 선언부를 제외하고는 기존 HTML5의 기본 구조와 사용 방법이 거의 같다. 기본적으로 XML 문서는 XML 문서 선언부와 XML 최상위 엘리먼트 영역으로 구성된다. XML 문서 유형을 지정하는 XML 문서 선언부는 반드시 맨 앞에 명세해야 한다.

XML 문서 선언뿐만 아니라 XML 문서 구조를 정의한 DTD(또는 XML Schema) 선언과 스타일을 정의한 CSS 연결에 대한 선언도 명세할 수 있다.

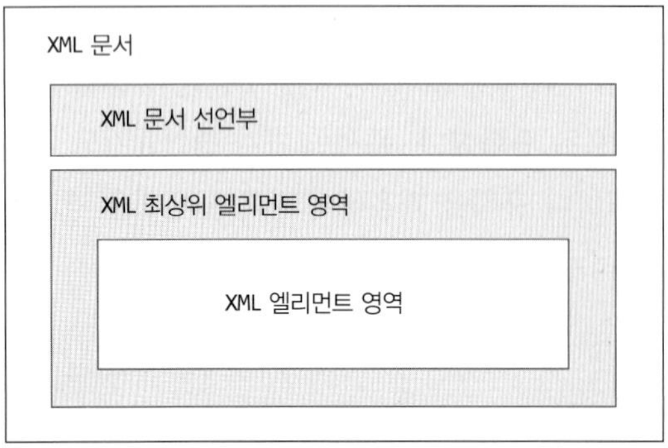

[그림 11-3] XML 문서의 구조

XML 문서는 XML 문서 선언부를 제외하고는 단 하나의 최상위 엘리먼트의 〈시작태그〉로 시작해서 〈/종료태그〉로 끝난다. 최상위 엘리먼트를 포함하여 XML 문서의 모든 태그들은 자유롭게 정의할 수 있다. 엘리먼트의 시작 태그 안의 속성도 똑같이 자유롭게 정의할 수 있다.

먼저, 간단한 XML 문서를 작성해 보자.

[예제11-2] 기본 xml 문서 작성하기1 /ch11/product.xml

```
<?xml version="1.0" encoding="utf-8"?>                    <!-- XML 문서 선언 -->
<!DOCTYPE productinfo SYSTEM "product.dtd">               <!-- XML 구조 선언 -->
<?xml-stylesheet type="text/css" href="product.css"?>     <!-- 스타일 문서 선언 -->
<productinfo>                                             <!-- 최상위 엘리먼트 시작 -->
    <product id="001">                                    <!-- 속성 -->
        <name>갤럭시S5</name>
        <company>삼성</company>
        <price>980,000</price>
    </product>
    <product id="002">                                    <!-- 상위 엘리먼트-->
        <name>G3</name>                                   <!-- 하위 엘리먼트 -->
        <company>LG</company>
        <price>880,000</price>
    </product>
</productinfo>                                            <!-- 최상위 엘리먼트 종료 -->
```

<?xml> 선언은 웹 브라우저에게 이 문서가 XML로 작성되었음을 알려준다. XML 문서도 HTML5처럼 모든 종류의 텍스트 편집기를 사용할 수 있다. 작성한 파일의 확장자는 '.xml'로 지정한다.

2.2 XML 코딩 규칙

코딩 규칙도 HTML5와 비슷하다.

- XML 문서는 반드시 최상위 엘리먼트를 하나만 갖는다. 이를 문서 엘리먼트(document element) 또는 루트 엘리먼트(root element)라고 한다.
- 하나의 엘리먼트는 시작 태그로 시작하며 종료 태그가 마지막에 위치한다. 태그는 엘리먼트의 내용을 감싸는 역할을 한다.
- 시작 태그와 종료 태그는 반드시 쌍으로 존재해야 한다.
- 태그는 열린 순서대로 차례로 닫혀야 한다.
- 대소문자는 구별한다.
- 엘리먼트(태그)안에 또 다른 엘리먼트(태그)가 포함될 수 있다. 상위 엘리먼트와 하위 엘리먼트 관계가 문서 내에 존재한다.
- 태그들은 중첩되지 않아야 한다. 모든 하위 태그들이 모두 열렸다 닫혀야만 상위 태그는 닫힐 수 있다.
- '<!--'와 '-->'를 사용하여 주석 처리한다. 주석은 XML 선언 이후 어디든지 명세할 수 있다.
- 속성은 시작 태그 안에 위치하며 속성이름과 속성값을 갖는다.

2.3 XML 기본 요소

■ XML 문서 선언

XML 문서 선언부는 XML 문서임을 선언하는 부분으로 반드시 입력해야 한다. 단일 태그로 공백 없이 '<?xml'로 시작하여 '?>'로 끝난다. 보통 버전과 인코딩 형식을 속성으로 지정한다. 버전은 필수 요소로 생략할 수 없으며 속성 중 제일 먼저 지정해야 한다.

```
<?xml version="1.0" encoding="utf-8"?>
```

■ XML 스타일 선언

적용할 CSS 스타일시트를 다음과 같이 지정할 수 있다. xml-stylesheet 태그는 스타일시트를 적용하도록 지시하는 역할을 한다. 지정한 CSS 형식의 파일을 연결해서 명세된 스타일을 처리하도록 한다.

```
<?xml-stylesheet type="text/css" href="student2.css"?>
```

■ XML 엘리먼트

HTML5 문서처럼 XML 문서도 다양한 엘리먼트들의 집합이다. 엘리먼트(element)는 XML 문서 안에서 데이터를 표현하는 기본 단위이다. XML 문서에서 명세 가능한 엘리먼트 유형은 다음과 같다.

첫 번째는 태그 내용으로 문자열 데이터만을 갖는 기본 엘리먼트 유형이다.

```
<address>성남시 분당구</address>                    <!-- 기본 엘리먼트 -->
```

두 번째는 태그 내용으로 하위 태그들을 포함하는 복합 엘리먼트 유형이다.

```
<address>                                          <!-- 복합 엘리먼트 -->
    <city>성남시</city>
    <gu>분당구<gu>
</address>
```

세 번째는 태그 내용으로 문자열 데이터와 하위 태그들을 포함하는 혼합 엘리먼트 유형이다.

```
<address>경기도                                    <!-- 혼합 엘리먼트 -->
    <city>성남시</city>
    <gu>분당구<gu>
</address>
```

네 번째는 내용이 없는 빈 엘리먼트 유형이다. 엘리먼트 내용이 없으면 시작과 종료 태그를 하나로 요약하여 표현할 수도 있다.

```
<address> </address>                                    <!-- 빈 엘리먼트 -->
<address/>
```

■ XML 속성

XML 속성(attribute) 이름도 자유롭게 직접 정의할 수 있으며 XML 명명 규칙을 따른다. 속성값은 큰 따옴표(" ")와 작은 따옴표(' ') 모두 가능하지만 가급적 큰 따옴표를 사용하고 반드시 속성값(공백 문자 포함)을 가져야 한다. 엘리먼트의 시작 태그 안에 같은 이름의 속성을 여러 번 명세할 수는 없다.

```
<address type="집주소">성남시 분당구 서판교로 123</address>
<address type="직장주소" zip="123-456">서울시 충정로 1가 25</address>
```

XML 명명 규칙

다음과 같은 명명 규칙(naming rule)을 준수하여 태그 이름을 지정한다.

- 첫 글자는 문자나 '_' 기호로 시작한다.
- 첫 글자와 중간에는 공백 문자를 사용할 수 없다.
- 소문자 'xml'로 시작할 수 없다.
- 예약어는 사용할 수 없다.

엘리먼트의 태그 이름은 내용의 의미를 잘 표현할 수 있게 지정해야 한다. 〈no〉나 〈d〉처럼 너무 단축된 이름은 바람직하지 않으며 첫 글자를 숫자로 시작하지 않도록 한다. 또, HTML5와는 다르게 대소문자를 구분한다. 대문자 〈STUDENT〉 태그와 소문자 〈student〉 태그는 다르게 인식한다. 태그 이름이 변수처럼 프로그래밍의 처리 대상이 될 수 있으므로 가급적 소문자로 작성하는 것이 바람직하다. 엘리먼트 이름으로 한글명과 영문명 모두 가능하다. 같은 이유로 한글명보다는 영문명으로 태그 이름을 지정하도록 한다.

2.4 XML 문서 작성

XML 문서도 HTML5 문서처럼 파서에 의해 XML DOM 트리로 변환된다. XML 문서의 엘리먼트는 자유롭게 정의할 수 있기 때문에 XML 문서의 구조 즉, 트리 구조는 사용자에 의해 결정된다. 좋은 XML 문서를 작성하려면 좋은 트리 구조를 설계하면 된다. 트리 구조의 계층 특성으로 인해 보통 객체지향 모델링을 사용하여 XML 문서를 설계 한다.

다음과 같은 XML DOM 트리 구조를 기반으로 한 XML 문서를 생성해 보자.

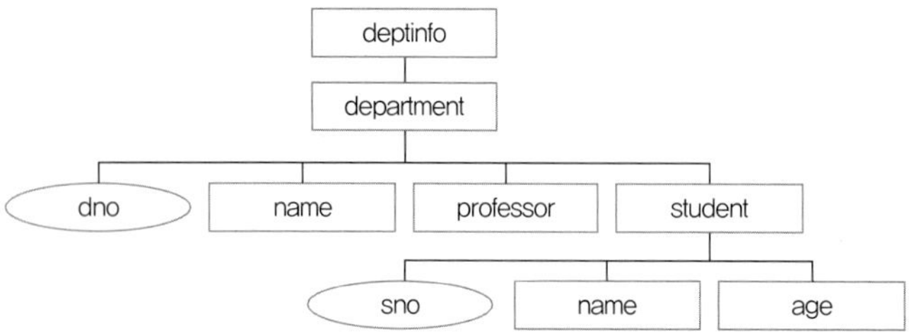

[그림 11-4] department.xml 문서의 DOM 트리 구조(예제11-3)

최상위 엘리먼트는 〈deptinfo〉로 트리의 루트 노드에 해당한다. 타원형으로 표시된 dno는 〈department〉 엘리먼트의 속성 노드로, 나머지 〈name〉, 〈professor〉, 〈student〉는 하위 엘리먼트 노드로 정의된다. 〈department〉 엘리먼트 노드 하위에 〈student〉 엘리먼트 노드를 포함시킴으로써 상하 계층 관계에 의해 컴퓨터학과에는 홍길동 학생이 소속되고 철학과에는 홍리라와 김미선 학생이 소속되어 있음을 표현한다.

[예제11-3] 기본 xml 문서 작성하기2 /ch11/department.xml

```
<?xml version="1.0" encoding="utf-8"?>
<deptinfo>
    <department dno="001">
        <name>컴퓨터학과</name>
        <professor>박인우</professor>
        <student sno="001">
            <name>홍길동</name>
            <age>25세</age>
        </student>
    </department>
    <department dno="002">
        <name>철학과</name>
        <professor>박현우</professor>
```

```
        <student sno="021">
            <name>홍리라</name>
            <age>21세</age>
        </student>
        <student sno="022">
            <name>김미선</name>
            <age>22세</age>
        </student>
    </department>
</deptinfo>
```

XML 문서를 생성할 때 속성을 사용하거나 혹은 엘리먼트 태그를 사용해서 데이터의 의미를 표현할 수 있다. 2가지 XML 문서 작성 방식을 살펴보자.

■ 속성 중심의 XML 문서 작성

학과 정보와 그 학과에 소속된 학생 정보를 갖는 문서를 XML 속성만으로 표현해 보자. 속성으로 데이터를 표현하면 엘리먼트로 표현하는 것에 비해 문서의 크기를 많이 줄일 수 있다. 하지만 엘리먼트 안에 같은 이름의 속성은 한 번만 명세할 수 있기 때문에 'phone_number'처럼 여러 개의 속성값을 갖는 경우는 표현이 어렵다.

[예제11-4] 속성 중심 xml 문서 작성하기 /ch11/attribute-dept.xml

```
<?xml version="1.0" encoding="utf-8"?>
<deptinfo>
    <department dno="001" name="컴퓨터학과" professor="박인우">
        <student sno="001" name="홍길동" age="25세"></student>
    </department>
    <department dno="002" name="철학과" professor="박현우">
        <student sno="021" name="홍리라" age="21세"></student>
        <student sno="022" name="김미선" age="22세"></student>
    </department>
</deptinfo>
```

■ 엘리먼트 중심의 XML 문서 작성

이번에는 같은 정보를 갖는 문서를 XML 엘리먼트만으로 표현해 보자. 엘리먼트로 데이터를 표현하면 속성으로 표현하는 것보다 문서의 크기는 늘어난다. 데이터 앞 · 뒤로 시작 태그와 종료 태그를 매번 둘러싸야 하기 때문이다. 장점은 확장성이 좋다는 점이다.

같은 엘리먼트를 제한 없이 여러 번 명세할 수 있으므로 'phone_number'처럼 여러 개의 값을 갖는 경우도 표현이 가능하다. 또, 엘리먼트 내용(수치나 문자열 데이터)에 대해 단위, 형식, 언어 종류 등 추가적인 상세 정보가 필요하더라도 얼마든지 속성을 추가하여 표현할 수 있다.

보통 학번, 학과 코드나 성별, 참/거짓 여부 등과 같이 값 하나만 가질 수 있는 데이터를 표현하려면 속성으로 지정한다. 이외의 경우에는 엘리먼트로 지정하는 것이 좋다.

다음 예는 엘리먼트로만 학과 정보를 표현한 XML 문서 예이다.

[예제11-5] 엘리먼트 중심 xml 문서 작성하기 /ch11/element-dept.xml

```
<?xml version="1.0" encoding="utf-8"?>
<deptinfo>
    <department>
        <dno>001</dno>
        <name>컴퓨터학과</name>
        <professor>박인우</professor>
        <student>
            <sno>001</sno>
            <name>홍길동</name>
            <age>25세</age>
        </student>
    </department>
    <department>
        <dno>002</dno>
        <name>철학과</name>
        <professor>박현우</professor>
        <student>
            <sno>021</sno>
            <name>홍리라</name>
            <age>21세</age>
        </student>
        <student>
            <sno>022</sno>
            <name>김미선</name>
            <age>22세</age>
        </student>
    </department>
</deptinfo>
```

3. 네임스페이스

XML은 엘리먼트 태그를 사용자가 자유롭게 지정할 수 있는 것은 장점이지만 반대로 '태그 중복성' 문제가 발생할 수 있다. 태그 충돌을 해결하기 위한 네임스페이스의 개념과 선언 방법을 알아본다.

3.1 네임스페이스

XML 문서 안에서 똑같은 이름의 엘리먼트 태그가 다른 의미로 사용될 수 있다. 예를 들면, '〈name〉' 태그가 사람 이름, 건물 이름, 학과 이름 등으로 사용되는 경우이다. 〈person_name〉, 〈building_name〉, 〈department_name〉처럼 태그 이름을 구체적으로 명세하면 해결될 수 있다.

그러나, 여러 사람이 각자 작성한 XML 문서는 얼마든지 중복된 태그들이 있을 수 있다. 속성도 마찬가지이다. 서로 XML 문서를 교환하거나 합병할 경우에는 이름 충돌(name conflict)이 발생한다. 태그의 이름 중복성 때문에 발생하는 이러한 충돌을 해결하기 위한 개념이 바로 네임스페이스이다.

네임스페이스(namespace)는 '이름 공간'을 의미하는 추상적인 개념이다. XML 문서의 태그 이름이나 속성 이름을 정의하는 사람(또는 특정 그룹)이 자신만의 명명 방식에 의해 충돌하지 않는 이름을 생성한다는 기본 전제에서 출발한다. 네임스페이스가 다르면 명명 방식이 다르다고 간주한다. 즉, 사람(또는 그룹) 수만큼 각자의 독립된 네임스페이스를 갖는다는 것이다. 네임스페이스가 다를 경우에는 이름 충돌이 발생할 수는 있지만 적어도 같은 네임스페이스를 갖는 XML 문서간에는 서로 이름 충돌이 발생하지 않는다고 가정한다. 이름 앞에 네임스페이스를 식별할 수 있는 코드를 포함하면 모든 이름 충돌을 해결할 수 있다. 마치, 여러 언어 중에서 우연히도 같은 이름의 단어가 겹치더라도 언어의 종류를 알면 그 언어 안에서의 고유한 의미를 식별할 수 있는 것과 같은 원리이다.

3.2 네임스페이스 선언 방법

네임스페이스를 선언하는 방법을 살펴보자. 네임스페이스는 XML 문서 안에 'xmlns' 속성을 사용하여 선언한다. xmlns 속성값은 유일한 네임스페이스 이름으로 URI(Unique Resource Identifier) 값을 지정한다. xmlns 속성은 모든 엘리먼트의 시작 태그 안에 선언할 수 있다. 선언된 네임스페이스는 하위 엘리먼트들에게 상속되어 적용된다.

■ 기본 네임스페이스 선언

보통 xmlns 속성은 최상위 엘리먼트의 시작 태그 안에 사용되어 기본 네임스페이스로 선언된다. 기본 네임스페이스는 적용 받는 태그 이름 앞에 접두어를 붙이지 않고 생략할 수 있다.

```
<studentinfo xmlns="http://www.good.ac.kr/2014/xmlns/student">
```

예에서 'http://www.good.ac.kr/2014/xmlns/student' 속성값은 기본 네임스페이스 이름을 정의한 URI로 실제 존재할 필요는 없다. 각 네임스페이스를 구별하기 위해서만 사용된다. 같은 의미로 태그를 사용할 경우만 같은 URI를 명세하면 된다. 결과적으로 같은 네임스페이스를 적용받는 태그들은 누가 어느 문서 안에 사용하더라도 같은 의미로 해석된다.

[예제11-6] 기본 네임스페이스 선언하기 /ch11/namespace1.xml

```
<?xml version="1.0" encoding="utf-8"?>
<studentinfo xmlns="http://www.good.ac.kr/2014/xmlns/student">
    <student sno="001">
        <major>컴퓨터학과</major>
        <name>홍길동</name>
        <age>25세</age>
        <gender>남</gender>
    </student>
</studentinfo>
```

하위 엘리먼트들 중 어느 것도 다른 네임스페이스의 참조를 선언하지 않았기 때문에 모두 같은 기본 네임스페이스를 상속받게 된다.

■ 접두어를 사용한 네임스페이스 선언

XML 문서에 네임스페이스를 여러 개 사용하거나 기본 네임스페이스가 아닌 네임스페이스를 선언할 때 접두어를 함께 선언한다. 접두어는 문자나 '_' 문자로 시작하는 문자열이면 가능하다.

```
<st:student xmlns:st="http://www.good.ac.kr/2014/xmlns/student">
```

엘리먼트 태그나 속성이 기본 네임 스페이스가 아닌 다른 특정 네임스페이스에 속함을 정의하려면 태그 이름이나 속성 이름 앞에 접두어와 ':' 기호를 붙여준다. 이때, 네임스페이스 선언에서 정의한 접두어와 일치해야 한다. 다음 예의 경우, 속성 이름 앞의 접두어를 생략하더라도 결과는 같다. 접두어가 생략된 속성은 기본적으로 그 속성이 속해 있는 엘리먼트의 네임스페이스를 적용 받기 때문이다.

```
<st:name st:sno="001">홍길동</st:name>
<st:name sno="001">홍길동<name>
```

기본 네임스페이스와 접두어 사용 네임스페이스를 함께 선언한 예이다. 〈deptinfo〉 태그에 기본 네임스페이스를 선언하고 하위 엘리먼트 〈student〉 태그에 접두어 'st:'를 사용한 또 다른 네임스페이스를 선언한 경우이다.

[예제11-7] 네임스페이스 접두어 적용하기 /ch11/namespace2.xml

```
<?xml version="1.0" encoding="utf-8"?>
<deptinfo xmlns="http://www.good.ac.kr/2014/xmlns/department">
    <department>
        <dno>001</dno>
        <name>컴퓨터학과</name>
        <professor>박인우</professor>
        <st:student xmlns:st="http://www.good.ac.kr/2014/xmlns/student">
            <st:sno>001</st:sno>
            <st:name>홍길동</st:name>
            <st:age>25세</st:age>
        </st:student>
    </department>
</deptinfo>
```

〈department〉, 〈dno〉, 〈name〉, 〈professor〉는 department 관련 첫 번째 기본 네임스페이스를 참조한다. 반면, 〈st:student〉, 〈st:sno〉, 〈st:name〉, 〈st:age〉 태그들은 'st' 접두어를 사용한 student 관련 두 번째 네임스페이스를 참조한다.

4. XML 문서의 CSS 적용

XML 문서도 CSS3 스타일시트를 적용하여 웹 브라우저에 표시할 수 있다. CSS3 사용 목적과 방법이 HTML5 문서와 같다. CSS3 스타일시트 적용 방법을 살펴보자.

먼저, 내부와 외부 CSS3 스타일 적용 방법을 비교해 보자.

■ 내부 CSS3 스타일시트 적용

XML 문서 내부에 스타일시트를 선언한 예이다.

[예제11-8] 내부 CSS3 스타일시트 적용하기 /ch11/internal-css.xml

```
<?xml version="1.0" encoding="utf-8"?>
<?xml-stylesheet type="text/css" href="#instyle"?>
<deptinfo>
    <stylesheet id="instyle">
        <!-- department name { display: block; width: 150px; background-color: gray;
color: white; text-align: center; }
        professor { display: none; }
        student { display: list-item; list-style-type: square; list-style-position:inside; }
        student * { display: inline; color: purple; }
        -->
    </stylesheet>
    <department dno="001">
        <name>컴퓨터학과</name>
        <professor>박인우</professor>
        <student sno="001">
            <sname>홍길동</sname>
            <age>25세</age>
        </student>
    </department>
    <department dno="002">
        <name>철학과</name>
        <professor>박현우</professor>
        <student sno="021">
            <sname>홍리라</sname>
            <age>21세</age>
        </student>
        <student sno="022">
            <sname>김미선</sname>
            <age>22세</age>
        </student>
    </department>
</deptinfo>
```

HTML5 문서에 적용했던 CSS3 스타일 명세를 똑같이 사용한다. HTML5 태그 자체가 표현 기능이 있는 점에 비해서 의미 태그만으로 이루어진 XML 문서는 스타일 적용에 한계가 있다. 내부 스타일을 적용한 결과는 다음과 같다. 웹 브라우저에 따라 XML 관련 지원 여부가 다르므로 실행 결과도 다양하다.

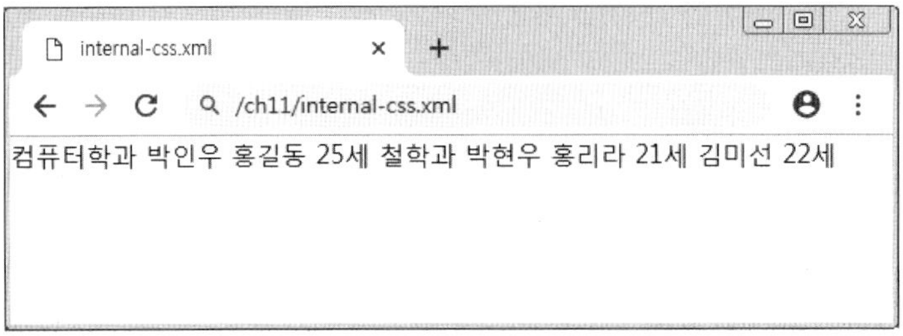

[그림 11-5] internal-css.xml의 실행 결과(예제11-8)

■ 외부 CSS3 스타일시트 적용

외부에 CSS3 스타일 파일을 정의하여 여러 XML 문서에 같은 스타일을 적용할 수 있다. 다음은 XML 문서 외부에 스타일시트를 선언한 예이다.

[예제11-9-1] 외부 CSS 스타일시트 적용하기 /ch11/external-css.xml

```
<?xml version="1.0" encoding="utf-8"?>
<?xml-stylesheet type="text/css" href="dept.css"?>
<deptinfo>
    <department dno="001">
        <name>컴퓨터학과</name>
        <professor>박인우</professor>
        <student sno="001">
            <sname>홍길동</sname>
            <age>25세</age>
        </student>
    </department>
    <department dno="002">
        <name>철학과</name>
        <professor>박현우</professor>
        <student sno="021">
            <sname>홍리라</sname>
            <age>21세</age>
        </student>
        <student sno="022">
            <sname>김미선</sname>
```

```
            <age>22세</age>
        </student>
    </department>
</deptinfo>
```

스타일을 정의한 외부 dept.css 파일의 내용과 적용한 결과이다. 웹 브라우저 별로 스타일 적용에 약간의 차이가 있음을 알 수 있다.

[예제11-9-2] 외부 CSS 스타일시트 적용하기 /ch11/dept.css

```
department name { display: inline; width: 150px; margin-top: 15px; background-color: gray;
color: white; text-align: center; }
professor { display: none; }
student { display: block; width: 300px; border: solid thin gray; text-align: center; }
sname, age { display: inline; }
```

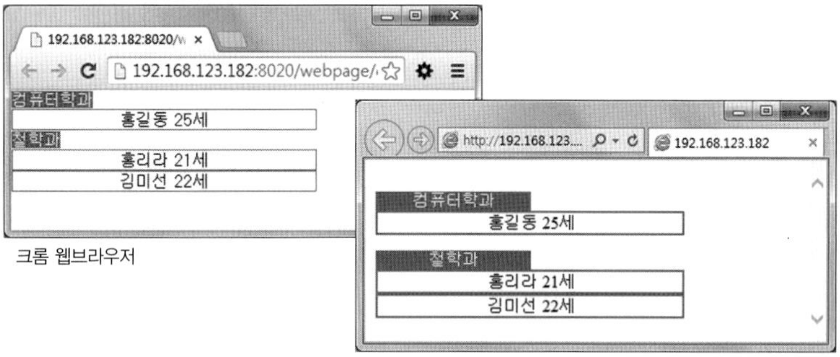

크롬 웹브라우저

IE 웹브라우저

[그림 11-6] external-css.xml의 실행 결과(예제11-9-1~2)

5. 제이쿼리 Ajax

제이쿼리 모바일은 페이지 이동을 위해 Ajax 기술을 사용한다. Ajax 기술은 이제까지 살펴본 HTML, CSS, DOM, JavaScript(jQuery), XML과 JSON, XMLHttpRequest들이 결합된 복합적인 기술이다. Ajax를 이용한 XML, JSON, HTML 문서 연동 예제들을 통해 Ajax 메소드 활용 방법들을 알아보자.

5.1 제이쿼리 Ajax

Ajax(Asynchronous JavaScript and XML)는 서버와 비동기 HTTP 통신을 하기 위한 기술이다. 서버에 HTTP 요청을 보낸 뒤 XML, JSON 형식 등으로 응답을 받아 페이지의 일부만을 변경하도록 한다. 매번 HTML5 페이지 전체를 새로 고침 하지 않고도 웹 페이지 내용을 새롭게 갱신할 수 있다. 즉, 페이지 이동 없이 웹 서버와 데이터를 주고 받을 수 있어 사용자 상호 작용의 새로운 패러다임을 제공한다. 빠르고 동적인 웹 페이지 생성을 위한 핵심 기술로 브라우저나 플랫폼에 독립적이다. 구글맵, 지메일, 유투브, 페이스북 등이 Ajax를 적용한 예이다.

제이쿼리는 웹 브라우저 종류에 상관없이 같은 방식으로 Ajax 기능을 구현하도록 다음과 같은 메소드를 제공한다.

주요 제이쿼리 Ajax 메소드

먼저, 주요 제이쿼리 Ajax 메소드를 살펴보자. 입력 인자에 관한 설명은 〈표 11-4〉를 참조한다.

〈표 11-2〉 주요 제이쿼리 Ajax 관련 메소드

Ajax 메소드	기능/예

$.ajax()	모든 Ajax 메소드의 기본이 되는 메소드
	예 $.ajax({
	url: 'service.php',
	success: function(data) {
	$('#area').html(data);
	}
	});

$.get()	GET 방식의 ajax( ) 메소드 예 $.get('sample.html', function(data) { $('#area').html(data); });
$.post()	POST 방식의 ajax( ) 메소드 예 $.post('sample.html', function(data) { $('#area').html(data); });
$.getJSON()	JSON 형식으로 응답 받는 ajax( ) 메소드 예 $.getJSON('sample.json', function(data) { $('#area').html('<p>' + data.age + '</p>'); });

load()	서버로부터 데이터를 받아서 일치하는 요소 안에 HTML을 추가 예 $('#area').load('sample.html', function( ) { ; });
$.getScript()	자바스크립트 형식으로 응답 받는 ajax( ) 메소드 예 $.getScript('sample.js', function( ) { ; });
$.ajaxSetup()	ajax( ) 메소드의 선택 사항들에 대한 기본값 설정 예 $.ajaxSetup({ url: 'service.php' });

주요 Ajax 메소드들은 모두 $.ajax( ) 메소드를 이용해서도 같은 기능을 수행할 수 있다. 예를 들면, '$.getJSON(url주소, 성공콜백함수)' 메소드는 '$.ajax({url: url주소, dataType: 'json', data: 요청내용, success: 성공콜백함수})'를 실행한 것과 같다.

제이쿼리 Ajax 이벤트 메소드

제이쿼리 Ajax 이벤트 메소드는 다음과 같다. 각 이벤트 발생시 호출될 함수를 이벤트 핸들러를 통해 등록한다. 입력 인자에서 'event'는 이벤트 객체를, 'request'는 XMLHttpRequest 객체를, 'settings'는 ajaxOptions 선택 항목을 의미한다.

〈표 11-3〉 제이쿼리 Ajax 이벤트 메소드

Ajax 메소드	기능
ajaxStart()	첫 번째 Ajax 요청이 시작될 때 호출되는 이벤트 메소드 예 $('#img1').ajaxStart(function( ){ $(this).show( ); });
ajaxStop()	모든 Ajax 요청이 끝날 때 호출되는 이벤트 메소드 예 $('#img1').ajaxStop(function( ){ $(this).fadeOut(2000); });
ajaxSend()	특정 Ajax 요청을 보내기 전에 호출되는 이벤트 메소드 예 $("#msg").ajaxSend(function(event, request, settings){ $(this).append("<p>" + settings.url + "페이지 요청 시작</p>"); });

ajaxSuccess()	특정 Ajax 요청이 성공적으로 완료될 때마다 호출되는 이벤트 메소드 예 $("#msg").ajaxSuccess(function(event, request, settings){ $(this).append("<p>요청 성공</p>"); });
ajaxError()	Ajax 요청들에 대한 오류 발생시 호출되는 이벤트 메소드 예 $("#msg").ajaxError(function(event, request, settings){ $(this).append("<p>" + settings.url + "페이지 요청 실패</p>"); });
ajaxComplete()	Ajax 요청들이 완료되면(성공/실패 관련 없이) 호출되는 이벤트 메소드 예 $("#msg").ajaxComplete(function(event, request, settings){ $(this).append("<p>요청 완료</p>"); });

Note: Ajax 요청과 응답 처리

익스플로러를 제외한 웹 브라우저는 자바스크립트로 XMLHttpRequest(XHR) 객체를 생성하여 비동기 요청을 만든다. XHR 객체는 Ajax의 핵심이다. 일단 XHR 객체가 생성되면 요청을 전송하고 응답하는 것은 브라우저에 독립적으로 동작하므로 Ajax 관련 속성과 메소드를 사용할 수 있다.
GET 요청 형식은 서버에서 데이터를 얻으려는 경우, POST 요청 형식은 서버에 변경을 목적으로 데이터를 전송할 때 사용한다. 또, 쿼리 문자열의 크기가 전달할 수 있는 크기를 초과하는 경우처럼 대량의 데이터나 중요한 데이터를 전송할 때는 POST를 사용한다. 응답 본문도 XML으로만 제한되지 않고 텍스트, HTML, JSON 형태의 자바스크립트 객체나 배열을 사용한다. XML 형식을 사용하는 경우는 유연성이 필요하거나 데이터가 본질적으로 계층적일 때 사용하면 효과적이다.

5.2 $.ajax( ) 메소드의 XML 문서 적용 예

$.ajax( ) 메소드

제이쿼리에서 모든 Ajax 메소드는 내부적으로는 $.ajax( ) 메소드를 사용한다. $.ajax( ) 메소드를 이용하면 Ajax 요청을 기본적인 부분부터 직접 설정하고 제어할 수 있어 다른 Ajax 메소드로 할 수 없는 요청도 수행할 수 있다. 가장 기본이 되는 메소드이다. HTTP 요청을 이용하여 원격지의 페이지를 읽어오면서 생성한 XMLHttpRequest 객체를 반환한다.

다음은 $.ajax( ) 메소드의 기본 형식이다. 입력 인자에 다양한 선택 항목들을 맵 형식으로 명세한다.

```
$.ajax( options ) ;
```

```
$.ajax({ url: URL주소 [,type: 요청방식] [,data: 요청내용] [,timeout: 응답제한시간] [,dataType: 응답데이터유형] [,async: 비동기여부] [,success: 성공콜백함수] [,error: 실패콜백함수] });
```

$.ajax( ) 메소드의 입력 인자로 사용되는 선택 항목들(options)의 명세 내용은 다음과 같다.

〈표 11-4〉 ajax( ) 메소드 선택 항목

선택항목 : 항목값	의미
url : URL 주소	요청이 보내질(주로 서버)의 URL 주소(필수 항목, 기본값: 현재페이지) 예 "sample.php", "sample.html", "sample.xml"
type : 요청방식	요청을 위해 사용할 HTTP 메소드 예 "get"(기본값), "post"
data : 요청내용	서버로 전달되는 요청 내용(제이쿼리 객체맵이나 문자열)
timeout : 응답제한시간	요청 응답 제한 시간(밀리초) 예 20000
dataType : 응답데이터유형	(서버로부터의) 반환될 응답 데이터의 형식 예 "xml", "html", "json", "jsonp", "script", "text"
async : 논리값	요청이 비동기식으로 처리되는지 여부(기본값: true)
success : function(data)	요청 성공 콜백함수(data: 서버 반환 값)
error : function( )	요청 실패 콜백함수

$.ajax( ) 메소드를 실행할 때 선택 항목으로 'url'을 지정하면 해당 URL 서버로 'data' 객체가 'type' 요청 방식으로 전달되면서 Ajax 요청이 이루어진다. 'timeout' 제한 시간 안에 요청이 정상적으로 처리되면 'function(data)'가 자동으로 호출되며 서버의 실행 결과는 'data' 반환 값에 담겨진다.

제이쿼리 Ajax 활용 예제 화면

다음은 제이쿼리 Ajax 기술을 활용한 예제이다. ajax( ) 메소드를 통해 서버로부터 단순 문자열뿐만 아니라 XML, JSON, HTML 등 다양한 형식의 데이터를 읽어 들여 페이지를 동적으로 갱신한다. HTML, JSON, XML 3개 버튼 중 하나를 누르면 각각 다른 형식의 파일로부터 정보를 읽어 아이디가 'listArea'인 리스트뷰에 표시한다.

[예제11-10-1] Ajax 데이터 로드 화면 작성하기 /ch11/ajax-data.html

```
<!DOCTYPE html>
<html>
<head>
<meta charset="utf-8"/>
<meta name="viewport" content="width=device-width, initial-scale=1"/>
<title>jQuery</title>
    <!-- 제이쿼리 모바일, 제이쿼리 라이브러리 파일 선언 -->
<link rel="stylesheet" href="http://code.jquery.com/mobile/1.4.5/jquery.mobile-1.4.5.min.css"/>
<script src="http://code.jquery.com/jquery-1.11.1.min.js"></script>
<script src="http://code.jquery.com/mobile/1.4.5/jquery.mobile-1.4.5.min.js"></script>
    <!-- 사용자 정의 자바스크립트 파일 선언 -->
<script src="ajax-xml.js"></script>
<script src="ajax-json.js"></script>
<script src="ajax-html.js"></script>
</head>
<body>
    <div data-role="page">
        <div data-role="header" data-position="fixed">
            <h1>Ajax 활용</h1>
        </div>
        <div data-role="content">
            <button id="btnLoad1" data-inline="true">XML</button>
            <button id="btnLoad2" data-inline="true">JSON</button>
            <button id="btnLoad3" data-inline="true">HTML</button>
            <ul data-role="listview" id="listArea" data-inset="true">
                <li id="item">데이터 로드 하기 전 . . .</li>
            </ul>
        </div>
        <div data-role="footer" data-position="fixed">
            <h4>꼬리말</h4>
        </div>
    </div>
</body>
</html>
```

XML 문서 적용

먼저, 다음과 같은 학점 정보가 저장된 XML 파일을 만든다. 파일 안에서 학점 정보만 비동기적으로 웹 페이지로 가져오도록 하는 코드를 Ajax 메소드를 이용하여 작성한다.

[예제11-10-2] Ajax 메소드 적용 xml 문서 /ch11/ajax-stuinfo.xml

```
<?xml version="1.0" encoding="utf-8"?>
<stuinfo>
   <student>
      <gradepoint>1.0 학점</gradepoint>
   </student>
   <student>
      <gradepoint>2.0 학점</gradepoint>
   </student>
   <student>
      <gradepoint>3.0 학점</gradepoint>
   </student>
   <student>
      <gradepoint>4.0 학점</gradepoint>
   </student>
</stuinfo>
```

리스트 항목의 동적 추가

이미 생성된 리스트뷰에 새로운 항목을 동적으로 추가할 경우, 갱신 내용을 제이쿼리 모바일에 알리기 위해 리스트의 새로 고침을 명시적으로 호출해야 한다.

```
$('ul').empty();                    // 리스트뷰를 비움
$('ul').append(tagList);            // 리스트뷰에 tagList에 저장된 부분 리스트를 추가
$('ul').listview('refresh');        // 리스트뷰를 새로 고침
```

empty( ) 메소드를 생략하면 기존 리스트뷰의 내용에 새로운 부분 리스트 내용이 추가된다. 예제에서는 아이디가 'listArea'인 리스트뷰 영역을 비우고 'tagList' 항목 리스트를 추가한 다음, 재 갱신함으로써 웹 페이지에 새로운 리스트뷰를 동적으로 표시한다.

[예제11-10-3] xml 문서 로드 ajax( ) 메소드 적용하기 /ch11/ajax-xml.js

```
$(document).ready( function() {
    $('#btnLoad1').click( function() {
        $.ajax({
            url: 'ajax-stuinfo.xml',
            type: 'get',
            dataType: 'xml',
            timeout: 10000,
            success: function(xmlData) {
```

```
                var tagList = "";
                $(xmlData).find('student').each(function(){
                    tagList += "<li>" + $(this).find('gradepoint').text() + "</li>";
                });
                $('#listArea').empty();
                $('#listArea').append(tagList);
                $('#listArea').listview('refresh');
            },
            error: function() {
                $("#listArea").html("<p>Error!!</p>");
            }
        });
    });
});
```

버튼 클릭 이벤트가 발생하면 ajax( ) 메소드를 사용하여 'get' 방식으로 'url' 위치(서버와 동일한 위치로 가정)의 'ajax-stuinfo.xml' 파일로부터 XML 유형의 데이터를 얻어 온다. 이때, XML 데이터는 서버에서 생성된 응답 유형으로 자바스크립트에 전달되어 콜백 함수의 'xmlData' 인자로 반환된다. each( ) 메소드를 써서 각 학생들의 '학점(gradepoint)' 정보를 검색한 후, 리스트 항목을 만들어낸다.

[그림 11-7] ajax-data.html의 실행 결과(예제11-10-1~3)

5.3 $.getJSON( ) 메소드의 JSON 형식 데이터 적용 예

$.getJSON( ) 메소드

GET 요청 방식으로 서버로부터 JSON 형식의 데이터를 요청한다. HTTP 요청을 이용하여 원격지의 페이지를 읽어오고 XMLHttpRequest 객체를 생성하여 반환한다.

```
$.getJSON( url [,data] [,function(data)] ) ;
```

$.getJSON( ) 메소드는 다음과 같은 선택 항목들을 맵 형식의 입력 인자로 사용한다.

〈표 11-5〉 $.getJSON( ) 메소드 입력인자

인자	의미
url	요청이 보내질(주로 서버)의 URL 주소(필수 항목, 기본값: 현재 페이지) 예 "sample.json"
data	서버로 전달되는 요청 내용(제이쿼리 객체 맵이나 문자열)
function(data)	요청 성공 콜백 함수(data: 서버 반환 값)

Note: JSON

JSON(JavaScript Object Notation)은 데이터 교환을 위한 형식으로 '미니 XML'이라 불리운다. 사람이 직관적으로 이해하기 쉽고 파싱하고 생성하기도 쉽다. 대부분의 언어에서 JSON을 사용할 수 있고 XML보다 가볍고 빨라 효율적이다. JSON 명세 방법은 자바스크립트에서 객체를 표현하는 방법과 비슷하다. 정보 표현 단위인 객체는 콜론(:)으로 구분되는 이름(name):값(value)의 쌍들로 표현되며 각 쌍들은 쉼표로 구분한다. 객체는 중괄호({ })로 감싸며 중괄호 앞의 객체 이름과는 콜론(:)으로 구분한다. 객체들의 배열은 대괄호([ ])로 각 객체 내용을 감싼다. 다양한 언어에서 JSON형식을 해석하려면 별도의 JSON 라이브러리(각 언어의 고유한 자료 구조를 JSON 데이터 포맷으로 변경)를 사용해야 한다.
다음은 JSON 형식과 XML 형식을 비교해서 보여준다. XML 문서가 아무래도 태그가 반복되어 다른 많은 장점에도 불구하고 데이터의 양 측면에서는 비효율적이다.

<table>
<tr><th>JSON 형식</th><th>XML 형식</th></tr>
<tr><td><pre>{
   "students" : {
     "student" : [
       {"name":"홍길동", "gender":"남"},
       {"name":"홍길순", "gender":"여"},
     ]
   }
}</pre></td><td><pre><students>
   <student>
     <name>홍길동</name> <gender>남</gender>
   </student>
   <student>
     <name>홍길순</name> <gender>여</gender>
   </student>
</students></pre></td></tr>
</table>

Ajax에서도 요청을 보낼 때 보통 XML 보다는 JSON 형식을 사용한다.
- 요청 형식: 텍스트, JSON
- 응답 형식: 텍스트, XML, JSON

JSON 형식 데이터 적용

다음 JSON 파일로부터 학년 정보를 비동기적으로 웹 페이지에 가져오도록 getJSON() 메소드를 이용하여 작성한다.

[예제11-11-1] Ajax 메소드 적용 json 문서 /ch11/ajax-stuinfo.json

```
{
    "stuinfo" : [
      {"schoolyear":"1학년"},
      {"schoolyear":"2학년"},
      {"schoolyear":"3학년"},
      {"schoolyear":"4학년"}
    ]
}
```

버튼 클릭 이벤트가 발생하면 $.getJSON( ) 메소드를 사용하여 URL 위치의 'ajax-stuinfo.json' 파일로부터 JSON 유형의 데이터를 얻어 온다. 이때, JSON 데이터는 서버에서 생성된 응답 유형으로 자바스크립트에 전달되어 콜백 함수의 'jsonData' 인자로 반환된다. each( ) 메소드를 써서 각 학생들의 '학년(schoolyear)' 정보로 리스트 항목을 만들어 낸다. 아이디 'listArea' 리스트뷰 영역을 비우고 'tagList' 항목 리스트를 추가한 뒤 재 갱신함으로써 웹 페이지에 동적으로 표시한다.

[예제11-11-2] json 문서 로드 getJSON( ) 메소드 적용하기 /ch11/ajax-json.js

```
$(document).ready( function() {
    $('#btnLoad2').click( function() {
        $.getJSON('ajax-stuinfo.json', function(jsonData) {
            var tagList = "";
            $.each(jsonData.stuinfo, function() {
                tagList += "<li>" + this.schoolyear + "</li>";
            });
            $('#listArea').empty();
            $('#listArea').append(tagList);
            $('#listArea').listview('refresh');
        });
    });
});
```

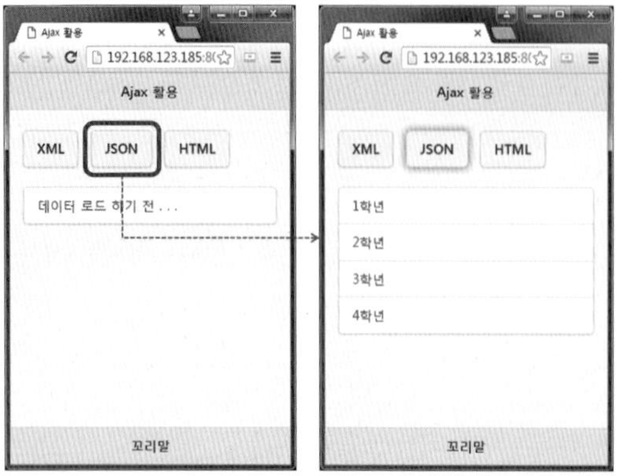

[그림 11-8] ajax-data.html의 실행 결과(예제11-10-1, 예제11-11-1~2)

5.4 $.load( ) 메소드의 HTML 문서 적용 예

$.load( ) 메소드

load( ) 메소드는 서버로부터 데이터를 받아 메소드를 실행하는 대상 엘리먼트에 직접 추가한다. 서버로부터 데이터를 받아오는 가장 간단한 메소드로 많이 이용된다. 요청이 성공하면 메소드가 실행되는 대상 엘리먼트 내용이 서버에서 응답 받은 HTML5 마크업 데이터로 대체된다. 복잡한 선택 사항을 설정하지 않고도 빠르고 간단하게 웹 페이지의 동적 갱신이 가능하다.

```
$.load( url [,data] [,function(data)] ) ;
```

$.load( ) 메소드는 다음 선택 항목들을 맵 형식의 입력 인자로 사용한다.

〈표 11-6〉 $.load( ) 메소드 입력인자

인자	의미
url	요청이 보내질(주로 서버)의 URL 주소(필수 항목, 기본값: 현재페이지) 예 "sample.html"
data	서버로 전달되는 요청 내용(제이쿼리 객체맵이나 문자열)
function(data)	요청 성공 콜백 함수(data: 서버 반환 값)

HTML5 문서 적용

다음 HTML5 문서로부터 계절 정보를 비동기적으로 웹 페이지로 가져오도록 하는 코드를 load( ) 메소드를 이용하여 작성한다.

[예제11-12-1] Ajax 메소드 적용 html 문서 /ch11/ajax-listinfo.html

```
<!DOCTYPE html>
<html>
<body>
    <ul>
        <li>봄</li>
        <li>여름</li>
        <li>가을</li>
        <li>겨울</li>
    </ul>
</body>
</html>
```

$.load( ) 메소드는 'ajax-listinfo.html' 데이터 파일의 내용을 요청하고 HTML5 형식의 'htmlData' 인자를 통해 반환 받는다. load( ) 메소드는 "load('ajax-listinfo.html li')"처럼 HTML5 페이지의 일부만을 추출해서 대상 엘리먼트에 삽입할 수 있다. $.get( ) 메소드와 다른 점이다.

[예제11-12-2] html load( ) 메소드 적용하기 /ch11/ajax-html.js

```
$(document).ready( function() {
    $('#btnLoad3').click( function() {
        $('#listArea').empty();
        $('#listArea').load('ajax-listinfo.html li', function(htmlData){
            $('#listArea').listview('refresh');
        });
    });
});
```

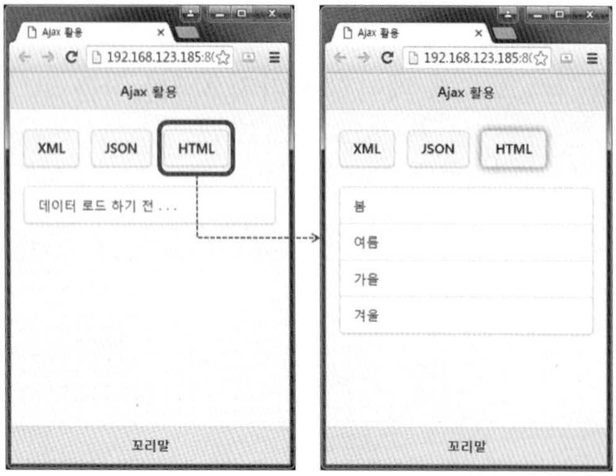

[그림 11-9] ajax-data.html의 실행 결과(예제11-10-1, 예제11-12-1~2)

6. 제이쿼리 활용 예제

앞에서 살펴본 XML과 제이쿼리 Ajax를 활용하여 간단한 앱을 만들어 보자. Ajax를 이용하더라도 서버 쪽의 코딩은 이 책의 범주를 벗어난다. 사용자의 로컬 컴퓨터로부터 XML 문서를 읽어 들여 HTML5 웹 문서에 표시하는 예제 프로그램을 작성해 본다.

6.1 관광지 안내 앱 : tourApp

다음은 $.ajax( ) 메소드를 통해 읽어 들일 데이터를 저장한 XML 파일이다. 유명 관광지에 대한 관광지 이름, 나라, 장소, 사진 등의 정보를 담고 있다.
XML 문서로부터 유명 관광지 정보를 순차적으로 검색하는 예제를 통해서 XML 문서가 왜 '작은 데이터베이스'로 왜 불리는지 확인할 수 있다.

tour1.xml

```
<?xml version="1.0" encoding="utf-8"?>
<attractionlist xmlns="http://www.hk.ac.kr/
2014/xmlns/tour">
  <attraction country="미국">
    <name>자유의여신상</name>
    <location>뉴욕</location>
    <picture>pic1.png</picture>
  </attraction>
</attractionlist>
```

tour2.xml

```
<?xml version="1.0" encoding="utf-8"?>
<attractionlist xmlns="http://www.hk.ac.kr/
2014/xmlns/tour">
  <attraction country="미국">
    <name>자유의여신상</name>
    <location>뉴욕</location>
    <picture>pic1.png</picture>
  </attraction>
  <attraction country="이탈리아">
    <name>콜롯세움</name>
    <location>로마</location>
    <picture>pic2.png</picture>
  </attraction>
  <attraction country="영국">
    <name>런던아이</name>
    <location>런던</location>
    <picture>pic3.png</picture>
  </attraction>
  <attraction country="프랑스">
    <name>에펠탑</name>
    <location>파리</location>
    <picture>pic4.png</picture>
  </attraction>
</attractionlist>
```

[그림 11-10] tourApp 앱 정보 저장 XML 문서

6.2 예제 코드

다음은 제이쿼리 Ajax를 이용하여 XML 정보를 제공하는 세계 관광지 안내 앱의 HTML5 코드이다. 실행해 보도록 하자.

[실습11-1] 세계 관광 안내 앱 만들기 /ch11_tourApp/tourapp-ajax-xml.html

```
<!DOCTYPE html>
<html>
<head>
<meta charset="utf-8"/>
<meta name="viewport" content="width=device-width, initial-scale=1"/>
<title>jQuery</title>
<link rel="stylesheet" href="http://code.jquery.com/mobile/1.4.5/jquery.mobile-1.4.5.min.
css"/>
<script src="http://code.jquery.com/jquery-1.11.1.min.js"></script>
<script src="http://code.jquery.com/mobile/1.4.5/jquery.mobile-1.4.5.min.js"></script>
<script>
    var count=0;          // 전체 레코드 개수를 위한 전역 변수
    var Doc;              // XML 문서 DOM 복합 객체 참조를 위한 전역 변수
    $(document).ready( function() {
        $.ajax({
            url: 'tour1.xml',
            type: 'get',
```

```
                timeout: 1000,
                dataType: 'xml',
                success: function(xmlDoc) {
                    Doc=xmlDoc;                              // 전역변수 초기화
                    count = $(xmlDoc).find('attraction').size();
                    displayTour();                           // 여행지 정보를 표시
                },
                error: function() {
                    $('body').html('<div>Error!!</div>');
                }
            });
        });

        // 관광지 정보를 리스트뷰로 표시
        function displayTour() {
          var i, tagList='', country='', name='', location='';
            tagList = '<li data-role="list-divider">관광지 목록</li>';
            if(count > 0) {
             for( i = 0; i < count; i += 1) {
                    $record = $(Doc).find('attraction').eq(i);
                    tagList += '<li><a href="#"><img src="' + $record.find('picture').text() + '">';
                    tagList += '<p class="ui-li-aside">' + $record.attr('country') + '</p>';
                    tagList += '<h2>' + $record.find('name').text() + '</h2>';
                    tagList += '<p>지역 : ' + $record.find('location').text() + '</p></a></li>';
             }
            }
          $('#attractionListArea').html(tagList);
          $('#attractionListArea').listview('refresh');
        }
</script>
</head>
<body>
    <div data-role="page">
        <div data-role="header">
            <h1>세계 유명관광지 안내</h1>
        </div>
        <div data-role="content">
            <ul data-role="listview" id="attractionListArea" data-divider-theme="b">
            </ul>
        </div>
        <div data-role="footer" data-position="fixed">
            <h4>월드 관광</h4>
        </div>
    </div>
</body>
</html>
```

실행 결과는 다음과 같다.

tour1.xml 정보를 로드한 경우 tour2.xml 정보를 로드한 경우

[그림 11-11] tourapp-ajax-xml.html의 실행 결과(실습11-1)

앱 화면만 보면 XML 문서로부터 정보를 읽어 온다는 점을 제외하고는 DB 연동 웹앱과 비슷하다. 'tour1.xml'을 읽어올 경우 왼쪽과 같은 리스트뷰를 구성하고 'tour2.xml'을 읽어오면 내용이 추가되어 오른쪽과 같은 리스트뷰를 구성한다. 읽어 들인 XML 문서 내용에 따라 웹 페이지의 리스트뷰가 동적으로 변화된다.

요약

1. XML(eXtensible Markup Language)는 웹을 통해 문서를 표현하고 전달하기 위해 설계된 표준 마크업 언어이다. XML은 마크업이 고정되어 있는 HTML5와는 다르게 문서 내용에 의미와 구조를 명세하는 마크업을 자유롭게 추가할 수 있다.

2. 웹 문서를 작성할 때 '콘텐츠로서의 웹 문서'를 위해서는 HTML5가, '데이터로서의 웹 문서'를 위해서는 XML이 더 적합하다.

3. XML의 장점은 범용성, 유연성, 확장성, 역동성이다. XML 문서는 데이터 처리 관점에서 보면 작은 규모의 '소형 데이터베이스'로 어떤 환경에서도 데이터를 인식하고 사용할 수 있어 데이터베이스 역할을 대신할 수도 있다.

4. XML 문서를 생성할 때 엘리먼트 태그와 속성 이름을 둘 다 작성자가 정의할 수 있다. 속성을 사용하거나 혹은 엘리먼트 태그를 사용해서 데이터의 의미를 표현할 수 있으므로 속성 중심의 XML 문서와 엘리먼트 중심의 XML 문서 2가지 작성 방식이 가능하다.

5. 네임스페이스(namespace)는 '이름 공간'을 의미하는 추상적인 개념으로 태그의 이름 중복성 때문에 발생하는 이름 충돌을 해결하기 위한 개념이다.

6. 네임스페이스는 XML 문서 안에 'xmlns' 속성을 사용하여 선언한다. 기본 네임스페이스는 적용 받는 태그 이름 앞에 접두어를 붙이지 않고 생략할 수 있다. XML 문서에 네임스페이스를 여러 개 사용하거나 기본 네임스페이스가 아닌 네임스페이스를 선언할 때 접두어를 함께 선언한다.

7. XML 문서도 CSS3 스타일시트를 적용하여 다양한 형식으로 꾸미거나 변환하여 내용을 웹 브라우저에 표시할 수 있다. CSS3 사용 목적과 방법이 HTML5 문서와 같다.

8. Ajax(Asynchronous JavaScript and XML)는 서버와 비동기 HTTP 통신을 하기 위한 기술이다. 서버에 HTTP 요청을 보낸 뒤 XML, JSON 형식 등으로 응답을 받아 페이지의 일부만을 변경하도록 한다. 매번 HTML5 페이지 전체를 새로 고침 하지 않고도 웹 페이지 내용을 새롭게 갱신할 수 있다. 제이쿼리 모바일은 페이지 이동을 위해 Ajax 기술을 사용한다.

9. 주요 제이쿼리 Ajax 메소드는 $.ajax( ), $.get( ), $.post( ), $.getJSON( ), $.load( ), $.getScript( ), $.ajaxSetup( ) 등이다.

10. 제이쿼리에서 모든 Ajax 관련 메소드는 내부적으로는 $.ajax( ) 메소드를 사용한다. $.ajax( ) 메소드를 이용하면 Ajax 요청을 기본적인 부분부터 직접 설정하고 제어할 수 있어 다른 Ajax 메소드로 할 수 없는 요청도 수행할 수 있다. 가장 기본이 되는 메소드이다.

11. $.ajax( ) 메소드의 입력 인자는 url(URL 주소), type(요청 방식), data(요청 내용), timeout(응답 제한 시간), dataType(응답 데이터 유형), Async(비동기 여부), success(성공 콜백 함수), error(실패 콜백 함수) 등이다.

12. JSON(JavaScript Object Notation)은 데이터 교환을 위한 형식으로 '미니 XML'이라 불리운다. 사람이 직관적으로 이해하기 쉽고 컴퓨터로 파싱하고 생성하기도 쉽다. 대부분의 언어에서 JSON을 사용할 수 있고 XML보다 가볍고 빨라 효율적이다.

13. JSON 명세 방법은 자바스크립트에서 객체를 표현하는 방법과 유사하다. 정보 표현 단위인 객체는 콜론(:)으로 구분되는 이름(name):값(value)의 쌍들로 표현되며 각 쌍들은 쉼표로 구분한다. 객체는 중괄호({ })로 감싸며 중괄호 앞의 객체 이름과는 콜론(:)으로 구분한다. 객체들의 배열은 대괄호([ ])로 각 객체 내용을 감싼다.

연습문제

1. 다음 문장의 내용이 옳으면 O, 옳지 않으면 X를 하시오.

1) XML은 HTML로부터는 문서 내용과 구조를 분리한 기능성과 확장성을, SGML로부터는 사용하기 쉽고 편리한 장점을 물려 받았다. ( )

2) XML은 반복해서 의미 태그를 붙임으로써 문서 크기가 커지는 단점이 있지만 문서를 일부만 분할하더라도 의미가 손실되지 않는 점은 장점이다. ( )

3) XML 문서에서 최상위 엘리먼트는 반드시 하나이어야 하며 최상위 엘리먼트를 포함하여 XML 문서의 모든 태그들은 자유롭게 정의할 수 있다. ( )

4) XML은 HTML5와는 다르게 대소문자를 구분한다. ( )

5) XML 문서도 HTML5 문서처럼 파서에 의해 XML DOM 트리로 변환된다. ( )

6) XML 문서에서 보통 값 하나만 가질 수 있는 데이터를 표현하려면 속성(attribute)으로 지정하고 이외의 경우에는 엘리먼트(element)로 지정하는 것이 좋다. ( )

2. 다음 ( ) 안에 적합한 용어를 넣어 문장을 완성하시오.

1) XML은 웹을 통해 문서를 표현하고 전달하기 위해 설계된 표준 마크업 언어로 ( )의 약어이다.

2) 〈( ) version="1.0"〉 문서 선언은 웹 브라우저에게 이 문서가 XML로 작성되었음을 알려준다.

3) 〈( )〉 태그는, 지정한 CSS 형식의 파일을 연결해서 스타일시트를 적용하도록 지시하는 역할을 한다.

4) 같은 ( )를 적용 받는 태그들은 누가 어느 문서 안에 사용하더라도 같은 의미로 해석된다.

5) ( )는 서버와 비동기 HTTP 통신을 하기 위한 기술로서 서버에 HTTP 요청을 보낸 뒤 XML, JSON 형식 등으로 응답을 받아 HTML5 페이지 전체를 새로 고침하지 않고도 웹 페이지 일부 내용을 새롭게 갱신할 수 있다.

6) 주요 Ajax 메소드들은 모두 $.( )( ) 메소드를 이용해서도 같은 기능을 수행할 수 있다.

3. 네임스페이스(namespace)의 개념과 필요성에 대해 간략히 설명하시오.

4. JSON 표기법에 대해 간략히 설명하시오.

5. 다음과 같은 DOM 트리 구조를 갖는 XML 문서의 예를 작성하시오.

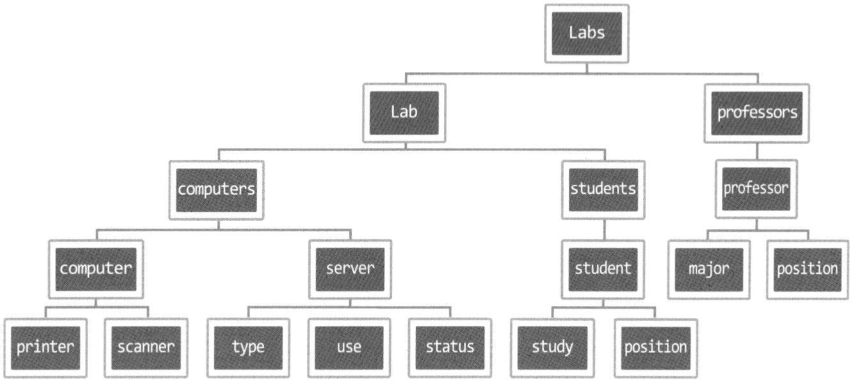

6. 아래와 같은 방식으로 XML 문서 안의 도서 정보를 검색할 수 있는 Ajax 메소드를 활용한 웹 페이지 코드를 작성하시오.

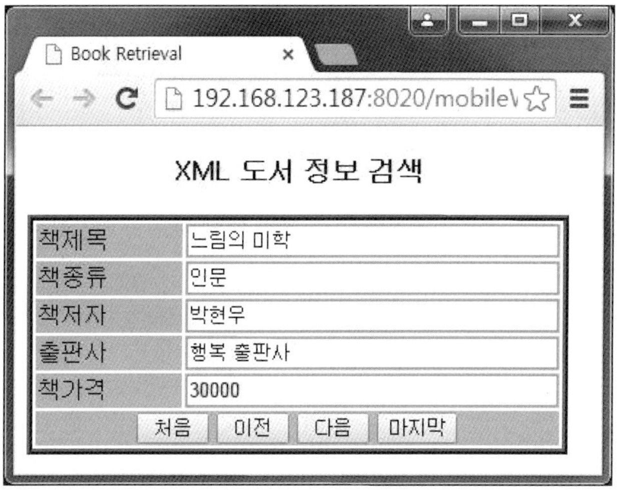

Chapter 12

데이터베이스와 제이쿼리 활용

※ **학습목표**

- 웹 SQL 데이터베이스 API 사용 방법을 익힌다.
- 제이쿼리와 DB를 활용한 예제를 만들어본다.

Chapter

12 데이터베이스와 제이쿼리 활용

1. [실습] 도서관리 웹앱 개발

제이쿼리와 SQLite를 활용한 웹앱을 개발해 본다.

1.1 로컬 DB 기반의 도서관리 앱 : bookApp

HTML5의 기본 로컬 저장소는 웹 스토리지(Web Storage)와 웹 SQL 데이터베이스(Web SQL Database)이다. 웹 스토리지는 적은 양의 간단한 데이터를 저장하기에 적합하고 웹 SQL 데이터베이스는 보다 구조적이고 체계화된 많은 양의 데이터를 저장하기에 적합하다. 웹 SQL 데이터베이스는 관계형 데이터 모델을 통해 데이터를 안정적이고 유연하게 다룰 수 있는 점이 장점이다. 또, 인덱스 데이터베이스(Indexed Database)라는 새로운 사양이 대안으로 제시되고 있다. 인덱스 데이터베이스는 SQL 언어와는 무관하며 단순한 저장 구조를 사용한다. 간단한 자바스크립트 API 만으로도 데이터베이스 조작이 가능하고 표준화가 쉽다는 장점이 있다.

- 웹 스토리지(Web Storage): 키-값 저장 형식
- 웹 SQL 데이터베이스(Web SQL Database): 테이블 저장 형식
- 인덱스 데이터베이스(Indexed Database): 객체 저장 형식

최근 웹 SQL 데이터베이스가 HTML5 API 지원 표준에서는 제외되었다. 하지만 아직도 유효하고 효과적인 저장소이며 대부분의 모바일 브라우저는 SQLite DB 엔진을 내장하고 있다. SQLite는 표준 SQL 구문만 알면 서버 DB를 사용하지 않고도 안정적으로 데이터를 저장 관리할 수 있도록 한다. SQLite를 활용한 앱은 추후 서버 DB 기반의 앱으로 자연스럽게 확장될 수 있다. SQLite를 이용하여 도서 정보를 관리하는 간단한 앱을 만들어 보자.

1.2 UI 화면 구성

제이쿼리 모바일을 사용하여 헤더바, 푸터바, 리스트뷰, 버튼, 메뉴바, 그리드 개념 등을 적용한 bookApp 앱을 다음과 같은 페이지들로 구성할 수 있다. bookApp 앱은 도서 정보의 추가, 갱신, 삭제, 조회 등 기본적인 데이터 관리 기능을 갖는다.

다음은 도서관리 앱의 화면 구성을 보여준다.

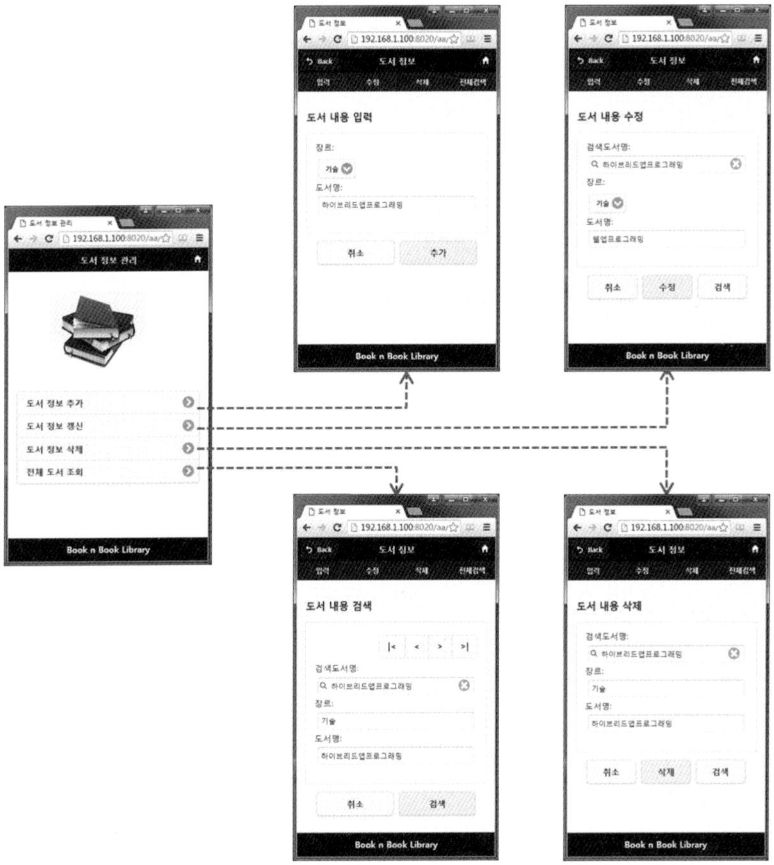

[그림 12-1] 도서관리 앱(bookApp)의 화면 구성

시작 화면 생성

먼저, 첫 번째 시작 페이지를 구성한 HTML5 태그 내용이다. 제이쿼리 모바일의 기본 페이지 구조를 그대로 적용한다. 헤더바에는 아이콘만 갖는 홈 버튼을 오른쪽에 생성한다. 콘텐츠 영역에는 리스트뷰를 통해 4가지 기본 메뉴를 제공하고 각 페이지에 연결한다. 푸터바는 항상 화면 하단에 고정되도록 지정한다.

[예제12-1] bookApp 앱 초기 화면 생성하기 bookApp.html의 일부

```
<div data-role="page" id="page0">
    <div data-role="header" data-position="fixed" data-theme="e">
        <h1>도서 정보 관리</h1>
        <a href="#page0" data-icon="home" data-iconpos="notext" class="ui-btn-right">Home</a>
    </div>
    <div data-role="content">
        <img src="book.jpg">
        <ul data-role="listview" data-inset="true">
            <li><a href="#page1">도서 정보 추가</a></li>
            <li><a href="#page2">도서 정보 갱신</a></li>
            <li><a href="#page3">도서 정보 삭제</a></li>
            <li><a href="#page4">전체 도서 조회</a></li>
        </ul>
    </div>
    <div data-role="footer" data-position="fixed" data-theme="b">
        <h4>Book n Book Library</h4>
    </div>
</div>
```

[그림 12-2] 스마트폰 실행 결과_bookApp 시작 화면(예제12-1)

입력 화면 생성

두 번째 '도서 정보 추가' 페이지를 구성한 HTML 태그 내용은 다음과 같다. 헤더바에는 이전 페이지로 이동할 수 있도록 역방향의 화면 전환 효과를 갖는 아이콘과 홈 아이콘 버튼을 생성한다. 각 페이지로 바로 이동하기 위한 4개의 버튼들을 네비게이션바를 이용하

여 구성한다. 콘텐츠 영역에는 ui-body 레이아웃 안에 작은 크기의 선택 메뉴와 입력 컨트롤을 배치한다. 그리드를 이용하여 취소와 추가 버튼을 배치한다. 취소 버튼은 작업했던 화면 내용을 삭제하여 초기화 한다. 추가 버튼은 자바스크립트 함수를 호출하여 데이터베이스에 화면 정보를 입력하는 insert SQL 문을 내부적으로 실행한다.

[예제12-2] bookApp 앱 입력 화면 생성하기 bookApp.html의 일부

```
<div data-role="page" id="page1">
    <div data-role="header" data-position="fixed" data-theme="b">
        <a href="#" data-icon="back" data-rel="back" data-direction="reverse">Back</a>
        <h1>도서 정보</h1>
        <a href="#page0" data-icon="home" data-iconpos="notext">Home</a>
        <div data-role="navbar">
            <ul>
                <li><a href="#page1">입력</a></li>
                <li><a href="#page2">수정</a></li>
                <li><a href="#page3">삭제</a></li>
                <li><a href="#page4">전체검색</a></li>
            </ul>
        </div>
    </div>
    <div data-role="content">
        <form name="form1">
            <h3>도서 내용 입력</h3>
            <div class="ui-body ui-body-a gap">
                <label for="bookType1" class="select">장르:</label>
                <select name="bookType1" id="bookType1" data-native-menu="false" data-
mini="true" data-inline="true">
                    <option value="미정">미정</option>
                    <option value="경제">경제</option>
                    <option value="시사">시사</option>
                    <option value="문학">문학</option>
                    <option value="기술">기술</option>
                </select>
                <label for="bookName1">도서명:</label>
                <input type="text" name="bookName1" id="bookName1" value="" data-mini="true" />
            </div>
            <div class="ui-body">
                <fieldset class="ui-grid-a">
                    <div class="ui-block-a">
                        <input type="reset" id="cancel1"  value="취소"/>
                    </div>
                    <div class="ui-block-b">
                        <input type="button" id="submit1"  value="추가"/>
```

```
                    </div>
                </fieldset>
            </div>
        </form>
    </div>
    <div data-role="footer" data-position="fixed" data-theme="b">
        <h4>Book n Book Library</h4>
    </div>
</div>
```

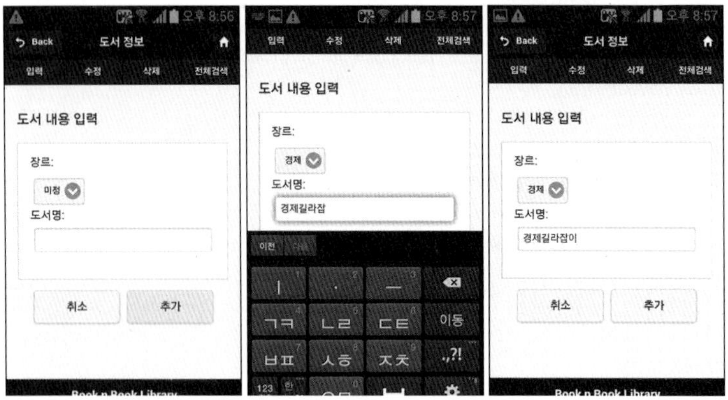

[그림 12-3] 스마트폰 실행 결과_bookApp 입력 화면(예제12-2)

기타 화면 생성

나머지 화면 내용은 각자 살펴보도록 하자.

Tip SQLite 활용

크롬 브라우저의 경우, 웹 브라우저 안에 SQLite 엔진을 내장하고 있다. 브라우저 개발자 도구의 'Application' 패널을 이용하여 데이터베이스 내용을 확인하고 관리할 수 있다. 다음은 예제에서 사용한 'bookDB' 데이터베이스 안의 'book' 테이블 정보를 확인하는 과정을 보여준다.

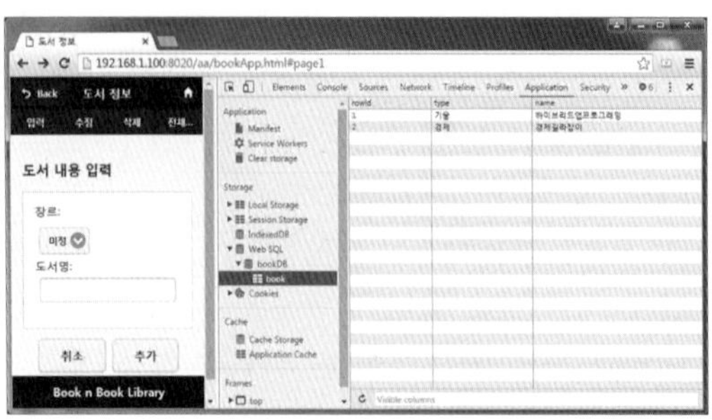

'Application' 패널에서 직접 SQL 문장을 작성하여 실행하고 그 결과를 확인할 수도 있다. 잘못 생성된 테이블을 삭제하는 등의 기본적인 데이터베이스 관리를 할 수 있어서 유용하다. 'console' 창에서는 bookApp 앱 실행에 따른 처리 과정을 메시지를 통해 확인할 수 있다. 필요한 메시지를 코드 안에 추가하여 앱 프로그램 디버깅할 때 활용하도록 하자.

1.3 내부 스크립트 함수 구성

bookApp 앱 예제에서 사용되는 자바스크립트 함수들의 구성은 다음과 같다.

[그림 12-4] bookApp 앱의 스크립트 함수 구성

SQLite DB 엔진을 사용하기 위해서는 다음과 같은 웹 SQL 데이터베이스 관련 HTML5 API를 사용한다.

〈표 12-1〉 HTML5 웹 SQL 데이터베이스 관련 API

메소드	기능
openDatabase( )	DB 생성
transaction( )	DB 트랜잭션 실행
executeSql( )	DB 명령어(SQL) 실행

DB 생성: openDatabase( ) 메소드

```
window.openDatabase( "DB이름", "버전", "DB표시이름", DB크기 [, 성공콜백함수] ) ;
```

[예제12-3] 데이터베이스 생성 및 열기 dbHandle.js의 일부

```
function openDB(){
   db = window.openDatabase("bookDB", "1.0", "북DB", 1024*1024);
     ... 생략 ...
 }
```

openDB( ) 함수는 데이터베이스를 생성하고 'db' 전역 변수는 데이터베이스 객체를 저장한다. 'bookDB' 이름으로 '1.0' 버전을 갖는 1메가바이트(Mbyte) 용량의 데이터베이스를 생성한다. 네 번째 인자 '1024*1024'는 데이터베이스 크기로 단위는 바이트(byte)이다.

DB 트랜잭션 실행: transaction( ) 메소드

```
db.transaction( function(tr) { 트랜잭션실행 콜백함수 내용 }
                [, function(err) { 트랜잭션실패 콜백함수 내용 } ]
                [, function() { 트랜잭션성공 콜백함수 내용 } ]
);
```

DB 객체의 transaction( ) 메소드는 SQL 문장을 묶어 트랜잭션 단위로 실행한다. transaction( ) 메소드는 트랜잭션을 정의하고 실행한다. 트랜잭션 안에서 처리해야 할 내용은 첫 번째 '트랜잭션실행 콜백함수 내용' 안에 정의되어 있으므로 호출하여 실행한다. 이때, 트랜잭션 객체를 인자로 넘겨준다. 트랜잭션 실행이 실패하거나 성공할 경우에

호출되는 콜백 함수는 생략 가능하다.

DB 명령어(SQL) 실행: executeSql( ) 메소드

```
tr.executeSql( SQL문 [, 치환값]
                    [, function(tr, rs) { SQL실행성공 콜백함수 내용 } ]
                    [, function(err) { SQL실행실패 콜백함수 내용 } ]
);
```

트랜잭션 객체의 executeSql( ) 메소드는 트랜잭션 안에서 개별 SQL문을 완성하고 실행한다. 'SQL문' 안에 '?'가 포함되어 있을 경우, 대응하는 값으로 치환한다. 두 번째 인자 '치환값'은 첫 번째 인자인 SQL 구문 안의 '?'에 순서대로 대체할 인자들의 배열이다. 첫 번째 인자인 SQL문을 제외하고는 생략 가능하다. 세 번째 SQL문 실행 성공 시 호출되는 콜백 함수에 트랜잭션 객체(tr)와 SQL 결과 집합(rs) 객체를 인자로 넘겨준다. 네 번째 콜백 함수는 SQL 오류(err) 객체를 전달 받아 오류 메시지 작성에 사용한다.

[예제12-4] 테이블 생성 트랜잭션 실행하기 dbHandle.js의 일부

```
function createTable() {
   db.transaction(function(tr){
      var createSQL = "create table if not exists book(type text, name text)";
      tr.executeSql(createSQL, [], function(){
   ... 생략 ...
}
```

예제에서 createTable( ) 함수는 테이블을 새로 생성(기존 테이블이 존재하지 않을 경우)하는 함수이다. db.transaction( ) 메소드는 SQL 트랜잭션 객체를 첫 번째 콜백 함수에 인자로 넘겨준다. 인자로 넘겨 받은 'tr' 트랜잭션 객체를 통해 SQL문을 설정하고 SQL 트랜잭션 실행을 요청한다. createSQL 변수는 테이블을 생성하는 SQL 문장을 저장한 뒤 tr.executeSql( ) 함수의 입력 인자로 전달되어 DB 엔진에 의해 실행된다. 'book' 테이블이 DB 안에 존재하지 않을 경우 'type', 'name' 2개의 문자형 컬럼을 가진 'book' 테이블을 'bookDB' 데이터베이스 안에 새로 생성한다.

Note: SQL

SQL(Structured Query Language)은 '관계(relation)'라고 불리우는 테이블 구조에 데이터를 저장하는 관계형 데이터베이스(RDB)를 위한 표준 데이터베이스 언어이다. 데이터베이스와 테이블을 생성하거나 삭제할 수 있다. 또, 테이블 안에 '투플(tuple)'이라고 불리우는 행 단위로 데이터를 입력, 수정, 삭제, 검색하기 위해 사용한다. SQLite도 표준 SQL을 지원하므로 제이쿼리 SQL 트랜잭션 객체의 메소드 인자로 SQL 문장을 전달함으로써 앱 페이지와 데이터베이스를 연동할 수 있다.
간단한 표준 SQL 구문은 다음과 같다.

- 테이블 생성

```
create table 테이블명 ( 컬럼명1 컬럼유형1, 컬럼명2 컬럼유형2, . . . , 컬럼명n 컬럼유형n )
```

- 테이블 행 입력

```
insert into 테이블명 [ ( 컬럼명1, 컬럼명2, . . . , 컬럼명n ) ]
values ( 입력값1, 입력값2, . . . , 입력값n )
```

- 테이블 행 수정

```
update 테이블명
set 컬럼명1 = 수정값1,  컬럼명2 = 수정값2, . . . , 컬럼명n = 수정값n
[ where 컬럼명 비교연산자 조건값 ]
```

- 테이블 행 삭제

```
delete from 테이블명
[ where 컬럼명 비교연산자 조건값 ]
```

- 테이블 행 검색

```
select 컬럼명1, 컬럼명2, . . . , 컬럼명n
from 테이블명
[ where 컬럼명 비교연산자 조건값 [ 논리연산자 컬럼명 비교연산자 조건값 ] . . . ]
```

where절은 생략 가능하며 비교연산자(=, 〉=, 〈=, 〉, 〈, 〈〉)와 논리연산자(and, or, not)가 사용될 수 있다. where절에 조건값 대신 컬럼명을 사용할 수도 있다.

1.4 데이터베이스 관련 함수 정의

입력 트랜잭션 처리 함수 예

전역 데이터베이스 객체 변수인 'db'의 transaction( ) 메소드 안에 SQL 입력문(insert 문장)을 완성하고 tr.executeSql( ) 메소드를 통해 실행한다. 이때, 첫 번째 인자 'insertSQL' 변수에는 실행할 SQL 문장을, 두 번째 인자에는 테이블에 입력할 2개의 값을 배열로 전달한다. 성공할 경우, 세 번째 인자인 콜백 함수가 실행되는데 넘겨 받는 'rs' 인자는 SQL 실행 결과를 저장한 객체(SQLResultSet)로서 실행한 SQL 문장에 따라 여러 정보가 반환된다. 'insertId'는 입력한 레코드의 식별자 번호이다. 'rowAffected'는 insert문이나 update문에 의해 변경된 행의 개수를 반환한다. 'rows'는 select문에 의해 검색된 데이터를 담고 있다. 실패할 경우, 네 번째 인자인 콜백 함수가 호출되어 오류 경고 창을 출력한다.

[예제12-5] 데이터 입력 트랜잭션 실행하기 dbHandle.js의 일부

```
function insertBook(){
   db.transaction(function(tr){
         var type = $('#bookType1').val();
         var name = $('#bookName1').val();
         var insertSQL = 'insert into book(type, name) values(?, ?)';
         tr.executeSql(insertSQL, [type, name],
              function(tr, rs){
                   console.log('3_ 책 등록...no: ' + rs.insertId);
                   alert('도서명 ' + $('#bookName1').val() + ' 이 입력되었습니다');
                   $('#bookName1').val('');
                   $('#bookType1').val('미정').attr('selected', 'selected');
                   $('#bookType1').selectmenu('refresh');
              }, function(tr, err){
                   alert('DB오류 ' + err.message + err.code);
              }
         );
   });
}
```

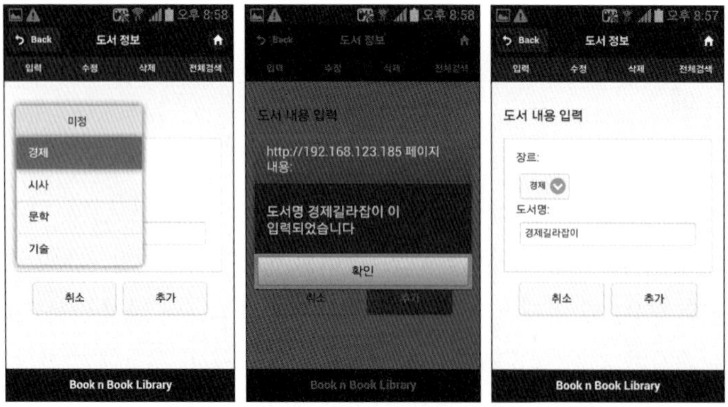

[그림 12-5] 스마트폰 실행 결과_bookApp 입력 화면(예제12-5)

검색 트랜잭션 처리 함수 예

listBook( ) 함수는 네 번째 '전체 도서 조회' 페이지에서 레코드를 하나씩 검색해 보여주는 함수이다. 'db' 데이터베이스 객체로부터 'tr' 트랜잭션 객체를 반환 받고 다시 'tr' 객체로부터 executeSql( ) 메소드를 통해 'rs' 결과 집합 객체를 반환 받는다. 'rs.rows' 객체는 SQL 실행 결과로 반환된 모든 레코드들이 저장된 반환 객체이다. 'length' 속성을 통해 반환된 레코드(행)의 개수를 알 수 있다. 처음, 이전, 다음, 마지막 중 어느 이동 버튼이 선택되었는지를 'position' 변수를 통해 식별한다. 'index' 변수 값을 증가하거나 감소시키면서 'rs' 결과 집합 중에서 특정 레코드를 선택한다. 'rs.rows.item(index).type'은 'index' 첨자에 해당하는 레코드의 'type' 컬럼값을 얻어와 입력 컨트롤의 'value' 속성에 설정함으로써 화면에 표시한다.

updateBook( ) 함수와 deleteBook( ) 함수 등은 insertBook( ) 함수와 listBook( ) 함수와 코드 내용이 유사하다. 각자 살펴 보도록 하고 생략한다.

[예제12-6] 전체 데이터 검색 트랜잭션 실행하기 dbHandle.js의 일부

```
function listBook(){
 db.transaction(function(tr){
    var selectSQL = 'select * from book';
    tr.executeSql(selectSQL, [], function(tr, rs){
        console.log(' 책 조회... ' + rs.rows.length + '건.');
        if (position == 'first') {
            if (index == 0)
             alert('더 이상의 도서가 없습니다');
```

```
            else
                index = 0;
            }
        else if (position == 'prev') {
            if (index == 0)
                alert('더 이상의 도서가 없습니다');
            else
                index = --index;
        }
        else if (position == 'next') {
            if (index == rs.rows.length-1)
                  alert('더 이상의 도서가 없습니다');
            else
                  index = ++index;
        }
        else
        {
            if (index == rs.rows.length-1)
                  alert('더 이상의 도서가 없습니다');
            else
                  index = rs.rows.length-1;
        }
        $('#bookType4').val(rs.rows.item(index).type);
        $('#bookName4').val(rs.rows.item(index).name);
        });
  });
}
```

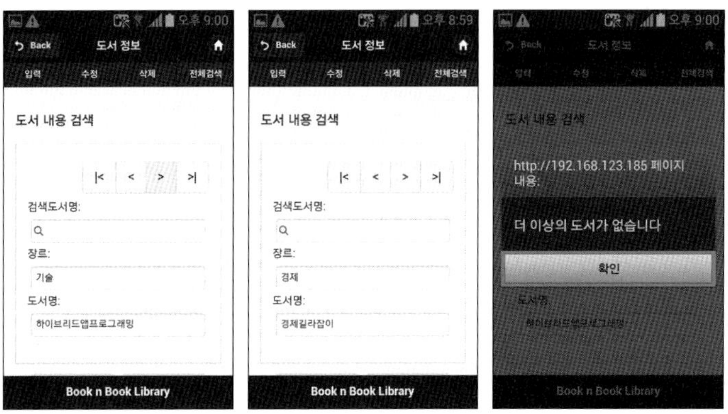

[그림 12-6] 스마트폰 실행 결과_bookApp 전체 검색 화면(예제12-6)

Note: SQL 결과 집합: rs 객체

SQL 결과 집합(ResultSet)은 SQL 문장을 수행한 결과로 받게 되는 DB 반환 객체이다. SQL 결과 집합은 'rs' 객체(속성과 메소드)를 통해 다루게 된다. 'rs' 객체는 executeSql( ) 메소드의 성공 콜백 함수의 두 번째 인자로 전달받게 된다.

'rs '객체 관련 속성들은 다음과 같다.

rs 객체의 속성	기능
rs.insertId	insert문 실행 결과로 자동 생성된 ID
rs.rowAffected	update, delete문 실행 결과로 처리된 투플(행)의 수
rs.rows	select문 실행 결과로 생성된 결과 집합 안의 투플(행) 리스트(객체)

'rs.rows' 객체 관련 속성들은 다음과 같다.

rows 객체의 속성	기능
rows.length	결과 집합 안의 투플(행)들의 전체 수
rows.item(첨자)	결과 집합 안의 첨자에 해당하는 투플(행)
rows.item(첨자).컬럼명	결과 집합 안의 첨자에 해당하는 투플(행)의 특정 컬럼값

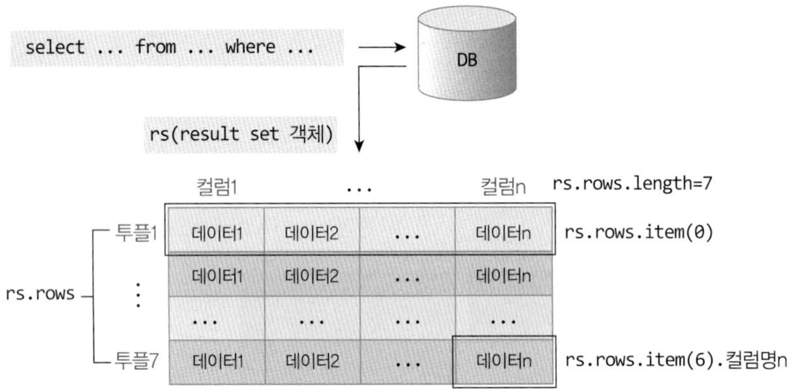

이벤트 핸들러 함수 예

검색, 수정, 삭제, 취소 등의 버튼 엘리먼트에 대해 클릭 이벤트가 발생할 때 필요한 정보를 얻거나 설정하는 콜백 함수를 이벤트 핸들러로 선언한다. 전체 검색 화면의 처음, 이전, 다음, 마지막 버튼을 클릭했을 때의 이벤트 콜백 함수도 선언한다.

[예제12-7] 이벤트 핸들러 함수 정의하기 bookApp.html의 일부

```
$(document).ready( function() {                     // 문서 준비 이벤트 핸들러
    openDB();
    createTable();

    $('#submit1').click( function(){                // 입력 요청 이벤트 핸들러
        insertBook();
    });
    $('#cancel1').click( function(){                // 취소 요청 이벤트 핸들러
        $('#bookType1').val('미정').attr('selected', 'selected');
        $('#bookType1').selectmenu('refresh');
    });
    $('#search2').click( function(){                // 검색 요청 이벤트 핸들러
        var name = $('#sBookName2').val();
        selectBook2(name);
    });
    ... 생략 ...
    $('#last').click( function(){                   // 이동 요청 이벤트 핸들러
        position='last';
        listBook();
    });
});
```

1.5 실습 예제 코드

bookApp 전체 코드

다음은 SQLite 로컬 DB를 사용하는 도서관리 앱 bookApp 프로그램의 전체 코드 내용이다.

[실습12-1] bookApp 앱 화면 작성하기 /ch12_bookApp/bookApp.html

```
<!DOCTYPE html>
<html>
<head>
<meta charset="utf-8"/>
<meta name="viewport" content="initial-scale=1.0, width=device-width">
<title>도서 관리</title>

<!-- 제이쿼리 모바일, 제이쿼리 라이브러리 파일 -->
<link rel="stylesheet" href="http://code.jquery.com/mobile/1.4.5/jquery.mobile-1.4.5.min.css"/>
```

```
<script src="http://code.jquery.com/jquery-1.11.1.min.js"></script>
<script src="http://code.jquery.com/mobile/1.4.5/jquery.mobile-1.4.5.min.js"></script>

<!-- 사용자 정의 자바스크립트 파일 -->
<script src="dbHandle.js"></script>
<script>
    $(document).ready( function() {
        // DB 연결
        openDB();
        createTable();

        // 이벤트 핸들러 정의
        $('#submit1').click( function() {
            insertBook();
        });
        $('#cancel1').click( function() {
            $('#bookType1').val('미정').attr('selected', 'selected');
            $('#bookType1').selectmenu('refresh');
        });
        $('#search2').click( function() {
            var name = $('#sBookName2').val();
            selectBook2(name);
        });
        $('#submit2').click( function() {
            updateBook();
        });
        $('#cancel2').click( function() {
            $('#bookType2').val('미정').attr('selected', 'selected');
            $('#bookType2').selectmenu('refresh');
        });
        $('#search3').click( function() {
            var name = $('#sBookName3').val();
            selectBook3(name);
        });
        $('#submit3').click( function() {
            deleteBook();
        });
        $('#search4').click( function() {
            var name = $('#sBookName4').val();
            selectBook4(name);
        });

        $('#first').click( function() {
            position='first';
            listBook();
```

```
            });
            $('#prev').click( function() {
                position='prev';
                listBook();
            });
            $('#next').click( function() {
                position='next';
                listBook();
            });
            $('#last').click( function() {
                position='last';
                listBook();
            });
        });
</script>
<style>
  img { padding:10px; margin:20px; }
  .gap { padding-top : 15px; padding-bottom: 30px; }
</style>
</head>
<body>

<!-- 시작 화면 -->
  <div data-role="page" id="page0">
      <div data-role="header" data-position="fixed" data-theme="b">
            <h1>도서 정보 관리</h1>
            <a href="#page0" data-icon="home" data-iconpos="notext" class="ui-btn-right">Home</a>
      </div>
      <div data-role="content">
            <img src="book.jpg">
            <ul data-role="listview" data-inset="true">
                <li><a href="#page1">도서 정보 추가</a></li>
                <li><a href="#page2">도서 정보 갱신</a></li>
                <li><a href="#page3">도서 정보 삭제</a></li>
                <li><a href="#page4">전체 도서 조회</a></li>
            </ul>
      </div>
      <div data-role="footer" data-position="fixed" data-theme="b">
            <h4>Book n Book Library</h4>
      </div>
  </div>

  <!-- 도서정보 추가 화면 -->
  <div data-role="page" id="page1">
      <div data-role="header" data-position="fixed" data-theme="b">
```

```
            <a href="#" data-icon="back" data-rel="back" data-direction="reverse">Back</a>
            <h1>도서 정보</h1>
            <a href="#page0" data-icon="home" data-iconpos="notext">Home</a>
            <div data-role="navbar">
                <ul>
                    <li><a href="#page1">입력</a></li>
                    <li><a href="#page2">수정</a></li>
                    <li><a href="#page3">삭제</a></li>
                    <li><a href="#page4">전체검색</a></li>
                </ul>
            </div>
        </div>
        <div data-role="content">
            <form name="form1">
                <h3>도서 내용 입력</h3>
                <div class="ui-body ui-body-a gap">
                    <label for="bookType1" class="select">장르:</label>
                    <select name="bookType1" id="bookType1" data-native-menu="false"
data-mini="true" data-inline="true">
                        <option value="미정">미정</option>
                        <option value="경제">경제</option>
                        <option value="시사">시사</option>
                        <option value="문학">문학</option>
                        <option value="기술">기술</option>
                    </select>
                    <label for="bookName1">도서명:</label>
                    <input type="text" name="bookName1" id="bookName1" value="" data-mini="true"/>
                </div>
                <div class="ui-body">
                    <fieldset class="ui-grid-a">
                        <div class="ui-block-a">
                            <input type="reset" id="cancel1" value="취소"/>
                        </div>
                        <div class="ui-block-b">
                            <input type="button" id="submit1" value="추가"/>
                        </div>
                    </fieldset>
                </div>
            </form>
        </div>
        <div data-role="footer" data-position="fixed" data-theme="b">
            <h4>Book n Book Library</h4>
    </div>
  </div>

```

```
  <!-- 도서정보 갱신 화면 -->
  <div data-role="page" id="page2">
      <div data-role="header" data-position="fixed" data-theme="b">
          <a href="#" data-icon="back" data-rel="back" data-direction="reverse">Back</a>
          <h1>도서 정보</h1>
          <a href="#page0" data-icon="home" data-iconpos="notext">Home</a>
          <div data-role="navbar">
              <ul>
                  <li><a href="#page1">입력</a></li>
                  <li><a href="#page2">수정</a></li>
                  <li><a href="#page3">삭제</a></li>
                  <li><a href="#page4">전체검색</a></li>
              </ul>
          </div>
      </div>
      <div data-role="content">
          <form name="form2">
              <h3>도서 내용 수정</h3>
              <div class="ui-body ui-body-a gap">
                  <label for="sBookName2">검색도서명:</label>
                  <input type="search" name="sBookName2" id="sBookName2" value=""
data-mini="true"/>
                  <label for="bookType2" class="select">장르:</label>
                  <select name="bookType2" id="bookType2" data-native-menu="false"
data-mini="true" data-inline="true">
                      <option value="미정">미정</option>
                      <option value="경제">경제</option>
                      <option value="시사">시사</option>
                      <option value="문학">문학</option>
                      <option value="기술">기술</option>
                  </select>
                  <label for="bookName2">도서명:</label>
                  <input type="text" name="bookName2" id="bookName2" value="" data-
mini="true" />
              </div>
              <div class="ui-body">
                  <fieldset class="ui-grid-b">
                      <div class="ui-block-a">
                          <input type="reset" id="cancel2" value="취소"/>
                      </div>
                      <div class="ui-block-b">
                          <input type="button" id="submit2" value="수정"/>
                      </div>
                      <div class="ui-block-c">
                          <input type="button" id="search2" value="검색"/>
```

```
                </div>
             </fieldset>
          </div>
       </form>
    </div>
    <div data-role="footer" data-position="fixed" data-theme="b">
       <h4>Book n Book Library</h4>
   </div>
  </div>

 <!-- 도서정보 삭제 화면 -->
  <div data-role="page" id="page3">
     <div data-role="header" data-position="fixed" data-theme="b">
        <a href="#" data-icon="back" data-rel="back" data-direction="reverse">Back</a>
        <h1>도서 정보</h1>
        <a href="#page0" data-icon="home" data-iconpos="notext">Home</a>
        <div data-role="navbar">
           <ul>
              <li><a href="#page1">입력</a></li>
              <li><a href="#page2">수정</a></li>
              <li><a href="#page3">삭제</a></li>
              <li><a href="#page4">전체검색</a></li>
           </ul>
        </div>
     </div>
     <div data-role="content">
        <form name="form3">
           <h3>도서 내용 삭제</h3>
           <div class="ui-body ui-body-a gap">
              <label for="sBookName3">검색도서명:</label>
              <input type="search" name="sBookName3" id="sBookName3" value=""
data-mini="true" />
              <label for="bookType3">장르:</label>
              <input type="text" name="bookType3" id="bookType3" value="" data-mini="true"/>
              <label for="bookName3" >도서명:</label>
              <input type="text" name="bookName3" id="bookName3" value="" data-
mini="true"  />
           </div>
           <div class="ui-body">
              <fieldset class="ui-grid-b">
                 <div class="ui-block-a">
                    <input type="reset" id="cancel3" value="취소"/>
                 </div>
                 <div class="ui-block-b">
                    <input type="button" id="submit3" value="삭제"/>
```

```
                    </div>
                    <div class="ui-block-c">
                        <input type="button" id="search3" value="검색"/>
                    </div>
                </fieldset>
            </div>
        </form>
    </div>
    <div data-role="footer" data-position="fixed" data-theme="b">
        <h4>Book n Book Library</h4>
   </div>
  </div>

<!-- 전체 도서조회 화면 -->
  <div data-role="page" id="page4">
    <div data-role="header" data-position="fixed" data-theme="b">
        <a href="#" data-icon="back" data-rel="back" data-direction="reverse">Back</a>
        <h1>도서 정보</h1>
        <a href="#page0" data-icon="home" data-iconpos="notext">Home</a>
        <div data-role="navbar">
            <ul>
                <li><a href="#page1">입력</a></li>
                <li><a href="#page2">수정</a></li>
                <li><a href="#page3">삭제</a></li>
                <li><a href="#page4">전체검색</a></li>
            </ul>
        </div>
    </div>
    <div data-role="content">
        <h3>도서 내용 검색</h3>
        <div class="ui-body ui-body-a gap">
            <fieldset data-role="controlgroup" data-type="horizontal" style="text-align:right">
                <input type="button" id="first" value="|<"/>
                <input type="button" id="prev" value="<"/>
                <input type="button" id="next" value=">"/>
                <input type="button" id="last" value=">|"/>
            </fieldset>
            <label for="sBookName4">검색도서명:</label>
            <input type="search" name="sBookName4" id="sBookName4" value="" data-
mini="true" />
            <label for="bookType4">장르:</label>
            <input type="text" name="bookType4" id="bookType4" value="" data-mini="true"/>
            <label for="bookName4">도서명:</label>
            <input type="text" name="bookName4" id="bookName4" value="" data-mini="true"/>
    </div>
```

```
        <div class="ui-body">
            <fieldset class="ui-grid-a">
                <div class="ui-block-a">
                    <input type="reset" id="cancel4" value="취소"/>
                </div>
                <div class="ui-block-b">
                    <input type="button" id="search4" value="검색"/>
                </div>
            </fieldset>
        </div>
    </div>
    <div data-role="footer" data-position="fixed" data-theme="b">
        <h4>Book n Book Library</h4>
    </div>
  </div>
</body>
</html>
```

[실습12-2] bookApp 앱 코드 작성하기 /ch12_bookApp/dbHandle.js

```
var db = null;
var var_no = null;
var position = null;
var index;

// 데이터베이스 생성 및 오픈
function openDB(){
  db = window.openDatabase('bookDB', '1.0', '북DB', 1024*1024);
  console.log('1_DB 생성...');
}
// 테이블 생성 트랜잭션 실행
function createTable() {
  db.transaction(function(tr){
  var createSQL = 'create table if not exists book(type text, name text)';
  tr.executeSql(createSQL, [], function(){
           console.log('2_1_테이블생성_sql 실행 성공...');
       }, function(){
         console.log('2_1_테이블생성_sql 실행 실패...');
       });
       }, function(){
         console.log('2_2_테이블 생성 트랜잭션 실패...롤백은 자동');
       }, function(){
         console.log('2_2_테이블 생성 트랜잭션 성공...');
    });
```

```
  }
  // 데이터 입력 트랜잭션 실행
  function insertBook(){
    db.transaction(function(tr){
           var type = $('#bookType1').val();
           var name = $('#bookName1').val();
           var insertSQL = 'insert into book(type, name) values(?, ?)';
           tr.executeSql(insertSQL, [type, name], function(tr, rs){
                 console.log('3_ 책 등록...no: ' + rs.insertId);
                 alert('도서명 ' + $('#bookName1').val() + ' 이 입력되었습니다');
                     $('#bookName1').val('');
                     $('#bookType1').val('미정').attr('selected', 'selected');
                     $('#bookType1').selectmenu('refresh');
                },  function(tr, err){
                          alert('DB오류 ' + err.message + err.code);
                }
           );
    });
  }
 // 전체 데이터 검색 트랜잭션 실행
 function listBook(){
   db.transaction(function(tr){
       var selectSQL = 'select * from book';
       tr.executeSql(selectSQL, [], function(tr, rs){
       console.log(' 책 조회... ' + rs.rows.length + '건.');
       if (position == 'first') {
             if(index == 0)
                alert('더 이상의 도서가 없습니다');
             else
                index = 0;
       }
       else if (position == 'prev') {
             if(index == 0)
                alert('더 이상의 도서가 없습니다');
             else
                index = --index;
       }
       else if (position == 'next') {
             if(index == rs.rows.length-1)
                alert('더 이상의 도서가 없습니다');
             else
                index = ++index;
       }
       else
       {
```

```
            if(index == rs.rows.length-1)
                alert('더 이상의 도서가 없습니다');
            else
                index = rs.rows.length-1;
        }
        $('#bookType4').val(rs.rows.item(index).type);
        $('#bookName4').val(rs.rows.item(index).name);
        });
  });
}
// 데이터 수정 트랜잭션 실행
function updateBook(){
   db.transaction(function(tr){
     var type = $('#bookType2').val();
     var new_name = $('#bookName2').val();
     var old_name = $('#sBookName2').val();
     var updateSQL = 'update book set type = ?, name = ? where name = ?';
     tr.executeSql(updateSQL, [type, new_name, old_name], function(tr, rs){
               console.log('5_책 수정.... ') ;
               alert('도서명 ' + $('#sBookName2').val() + ' 이 수정되었습니다');
                $('#bookName2').val(''); $('#sBookName2').val('');
                $('#bookType2').val('미정').attr('selected', 'selected');
                $('#bookType2').selectmenu('refresh');
          }, function(tr, err){
               alert('DB오류 ' + err.message + err.code);
          }
      );
   });
}
// 데이터 삭제 트랜잭션 실행
function deleteBook(){
   db.transaction(function(tr){
       var name = $('#sBookName3').val();
       var deleteSQL = 'delete from book where name = ?';
       tr.executeSql(deleteSQL, [name], function(tr, rs){
                  console.log('6_책 삭제... ');
                  alert('도서명 ' + $('#bookName3').val() + ' 이 삭제되었습니다');
             $('#bookType3').val(''); $('#bookName3').val(''); $('#sBookName3').val('');
          }, function(tr, err){
                  alert('DB오류 ' + err.message + err.code);
          }
      );
   });
}
// 데이터 수정 위한 데이터 검색 트랜잭션 실행
```

```
function selectBook2(name){
  db.transaction(function(tr){
     var selectSQL = 'select type, name from book where name=?';
     tr.executeSql(selectSQL, [name], function(tr, rs){
          $('#bookType2').val(rs.rows.item(0).type).attr('selected', 'selected');
          $('#bookType2').selectmenu('refresh');
          $('#bookName2').val(rs.rows.item(0).name);
     });
  });
}
// 데이터 삭제 위한 데이터 검색 트랜잭션 실행
function selectBook3(name){
  db.transaction(function(tr){
     var selectSQL = 'select type, name from book where name=?';
     tr.executeSql(selectSQL, [name], function(tr, rs){
               $('#bookType3').val(rs.rows.item(0).type);
               $('#bookName3').val(rs.rows.item(0).name);
          }, function(tr, err){
                    alert('DB오류 ' + err.message + err.code);
          }
     );
  });
}
// 데이터 조건 검색 트랜잭션 실행
function selectBook4(name){
  db.transaction(function(tr){
     var selectSQL = 'select type, name from book where name=?';
     tr.executeSql(selectSQL, [name], function(tr, rs){
               $('#bookType4').val(rs.rows.item(0).type);
               $('#bookName4').val(rs.rows.item(0).name);
          }, function(tr, err){
               alert('DB오류 ' + err.message + err.code);
          }
     );
  });
};
```

요약

1. HTML5의 기본 로컬 저장소는 웹 스토리지(Web Storage)와 웹 SQL 데이터베이스(Web SQL Database)이다. 웹 스토리지는 적은 양의 간단한 데이터를 저장하기에 적합하고 웹 SQL 데이터베이스는 보다 구조적이고 체계화된 많은 양의 데이터를 저장하기에 적합하다.

2. HTML5의 저장소 API 종류별 특성은 다음과 같다.
   - 웹 스토리지(Web Storage): 키-값 저장 형식
   - 웹 SQL 데이터베이스(Web SQL Database): 테이블 저장 형식
   - 인덱스 데이터베이스(Indexed Database): 객체 저장 형식

3. 대부분의 모바일 브라우저는 SQLite DB 엔진을 내장하고 있다. SQLite는 표준 SQL 구문만 알면 서버 DB를 사용하지 않고도 안정적으로 데이터를 저장 관리할 수 있도록 한다.

4. 웹 SQL 데이터베이스 관련 주요 HTML5 API는 다음과 같다.
   - openDatabase( ): DB 생성
   - transaction( ): DB 트랜잭션 실행
   - executeSql( ): DB 명령어(SQL) 실행

5. SQL(Structured Query Language)은 '관계(relation)'라고 불리우는 테이블 구조에 데이터를 저장하는 관계형 데이터베이스(RDB)를 위한 표준 데이터베이스 언어이다. 데이터베이스와 테이블을 생성하거나 삭제할 수 있다. 또, 테이블 안에 '투플(tuple)'이라고 불리우는 행 단위로 데이터를 입력, 수정, 삭제, 검색하기 위해 사용한다.

6. SQLite도 표준 SQL을 지원하므로 제이쿼리 SQL 트랜잭션 객체의 메소드 인자로 SQL 문장을 전달함으로써 앱 페이지와 데이터베이스를 연동할 수 있다.

7. SQL 결과 집합(ResultSet)은 SQL 문장을 수행한 결과로 받게 되는 DB 반환 객체이다. SQL 결과 집합은 'rs' 객체(속성과 메소드)를 통해 다루게 된다.

연습문제

1. 다음 문장의 내용이 옳으면 O, 옳지 않으면 X를 하시오.

1) 웹 SQL 데이터베이스는 HTML5 API 지원 표준 중 하나이다. ( )
2) SQLite도 표준 SQL을 지원하므로 제이쿼리 SQL 트랜잭션 객체의 메소드 인자로 SQL 문장을 전달함으로써 앱 페이지와 데이터베이스를 연동할 수 있다. ( )
3) 크롬 브라우저의 경우, 웹 브라우저 안에 SQLite 엔진을 내장하고 있다. ( )
4) SQL 결과 집합(resultset)은 SQL 문장을 수행한 결과로 받게 되는 DB 반환 객체이다. ( )

2. 다음 ( ) 안에 적합한 용어를 넣어 문장을 완성하시오.

1) DB 객체의 (　　　　)() 메소드는 SQL 문장을 묶어 트랜잭션 단위로 실행한다.
2) 트랜잭션 객체의 (　　　　)() 메소드는 트랜잭션 안에서 개별 SQL문을 완성하고 실행한다.
3) 'rs.(　　)' 객체는 SQL 실행 결과로 반환된 모든 레코드들이 저장된 반환 객체이다.
4) 'rs.(　　　　)' 객체 속성은 update, delete문 실행 결과로 처리된 투플(행)의 수를 의미한다.
5) SQL은 (　　　　　　)의 약어이다.

3. SQL에 대해 간략히 설명하시오.

4. [실습] 12장의 도서 관리 웹앱bookApp 예제를 참고하여 데이터베이스 기반의 다양한 응용 웹앱 페이지를 작성하시오.

넷째마당

코르도바(폰갭)을 이용한 하이브리드앱

Chapter 13

하이브리드앱과 코르도바(폰갭)

※ 학습목표

- 하이브리드앱 개발 방식의 특성을 이해한다.
- 코르도바 프레임워크 구성과 개발 절차에 대해 알아본다.
- 코르도바 안드로이드 개발 환경을 구축한다.
- 실제 코르도바 프로젝트를 생성하고 패키징하여 실행해본다.

Chapter

13 하이브리드앱과 코르도바(폰갭)

1. 하이브리드앱 개요

하이브리드앱(hybrid app)은 화면 등의 사용자 인터페이스는 웹 기술을 이용하고 모바일 장치의 고유 기능은 자바스크립트 API를 이용하여 개발한 앱이다. 자바스크립트 API는 하이브리드 프레임워크에 의해 제공된다. 하이브리드앱 개발 방식과 하이브리드 프레임워크에 대해서 살펴본다.

1.1 하이브리드앱

초기에는 모바일 애플리케이션 개발을 위해 Java, C# 등의 네이티브 언어를 대부분 사용하였다. 네이티브앱을 개발하면 최적화된 개발이 가능하지만 플랫폼별로 따로 개발하고 업그레이드해야 하므로 부담이 크다. 그에 비해 다양한 스마트폰 환경과 플랫폼에 웹 방식으로 대응하면 비용과 인력을 줄일 수 있다. 하이브리드앱은 이러한 시장의 요구에 의해 등장했다. 하이브리드앱은 웹 브라우저 기술과 HTML5, CSS3, 자바스크립트들을 통해 만들어지며 뛰어난 확장성과 호환성을 제공한다.

하이브리드앱 개발 방식

모바일 장치 안의 애플리케이션인 앱은 다음 3가지 방식으로 개발할 수 있다.

〈표 13-1〉 앱 개발 방식

앱 종류	특징
네이티브앱	특정 모바일 플랫폼에 최적화된 애플리케이션 개발 가능 모든 장치 제어 가능 호환성과 생산성 낮음
웹앱	호환성과 생산성 높음 장치 제어가 어렵고 실행 속도가 느림

하이브리드앱	네이티브앱의 성능과 웹앱의 호환성을 절충 원소스 멀티플랫폼(생산성 향상) 지원 장치 제어 가능

하이브리드앱 방식으로 개발하면 웹앱에 비교해서 장치 관련 다양한 네이티브 기능을 사용할 수 있고 플러그인 기능을 통해 확장이 가능하다는 장점이 있다. 반면에 모바일 플랫폼마다 네이티브앱처럼 패키징해서 배포해야 하고 앱 마켓에 등록해야 유통시킬 수 있어 웹앱에 비해서 불편하다.

하이브리드앱은 앱 기능의 대부분을 웹 기술을 사용하므로 네이티브앱보다 쉽게 구현할 수 있다. 또, 네이티브앱이 플랫폼별로 개발, 시험, 배포 전체 과정을 별도로 해야 하는 점에 비해 하이브리드앱은 한 번에 할 수 있다.

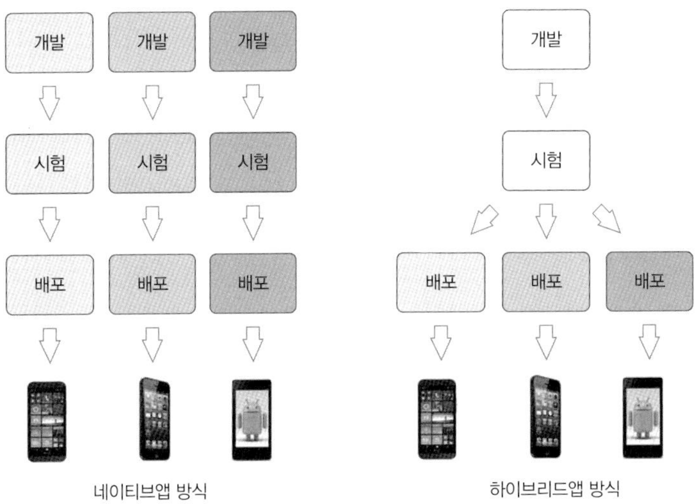

[그림 13-1] 네이티브앱과 하이브리드앱 개발 방식 비교

하나의 앱 코드로 다양한 플랫폼에 맞게 패키징이 가능하므로 개발 비용과 시간, 유지보수 비용을 줄일 수 있다. 기존 웹앱도 손쉽게 하이브리드 앱으로 변환할 수 있다. 네이티브앱에 비해 실행 속도가 상대적으로 늦지만 앞으로 하드웨어와 프레임워크, 웹킷 등의 발전이 이루어지면 개선될 것이다.

하이브리드 개발 유형

지금까지 살펴본 모바일 환경에서의 다양한 개발 유형을 분류하면 다음과 같다. 네이티브앱은 컴파일을 통해 실행 가능한 이진 코드로 생성된다. 웹앱은 텍스트와 미디어 파일로 구성되며 배포가 쉽도록 압축 파일로 만들어진다.

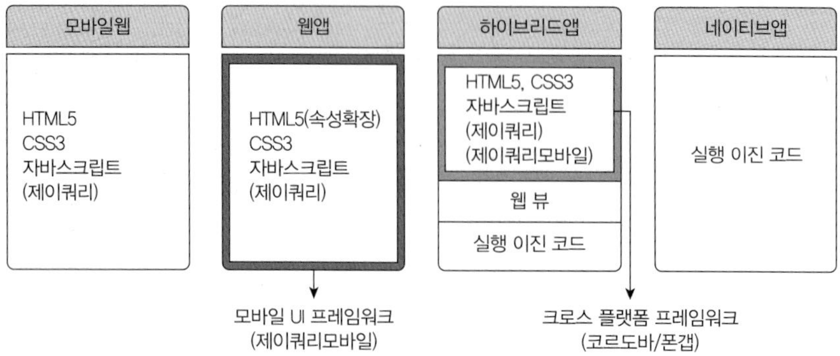

[그림 13-2] 모바일 개발 유형

하이브리드앱은 컴파일된 애플리케이션이 아니다. 특정 플랫폼에 맞는 이진 코드와 HTML5, CSS3, 자바스크립트 등의 텍스트와 미디어 파일이 합쳐진 패키지화된 웹 애플리케이션이다. 웹뷰(WebView)는 화면에 웹 내용(HTML5 문서)을 표시하기 위한 앱의 구성 요소이다.

하이브리드앱의 생성 결과물은 네이티브앱과 똑같이 플랫폼별로 생성된 이진 실행 파일이다. 그러나 개발자는 모바일 플랫폼을 고민할 필요가 없다. 웹앱 개발과 화면 또는 사용자인터페이스 구성에만 집중하면 된다. 동적 웹 기능이 필요하면 자바스크립트(제이쿼리) 코드를 추가하고, 장치를 제어하고 싶다면 자바스크립트 API를 활용하면 된다. 웹앱과 개발 과정이 거의 같고 자바스크립트 API를 통해 모바일 장치에 접근하는 점만 다르다. 하이브리드 프레임워크가 모바일 장치에 접근할 수 있는 자바스크립트 API를 제공하고 이진 코드 파일로 변환해준다.

1.2 하이브리드 프레임워크

하이브리드 프레임워크(hybrid framework)는 다음 특성을 갖는다.

- 원 소스 멀티 플랫폼(one-source multi-platform) 앱 개발 방식을 지원한다.

하나의 코드를 다양한 모바일 플랫폼에 맞는 여러 네이티브앱으로 패키징하여 등록과 배포가 가능하도록 한다.

- 크로스 플랫폼(cross–platform) 앱 개발 방식을 지원한다.
  다양한 플랫폼과 개발 언어를 모르더라도 표준 웹 기술만으로 앱을 개발할 수 있고 애플의 앱스토어나 안드로이드의 플레이스토어에 등록할 수도 있다.

대표적인 하이브리드 플랫폼으로는 폰갭, 티타늄, 앱스프레소 등이 있다.

〈표 13–2〉 하이브리드 플랫폼 종류

플랫폼	특성
코르도바(Cordova)/ 폰갭(PhoneGap)	대표적인 공개 소스 하이브리드 플랫폼 다양한 플랫폼 지원 장치 제어용 자바스크립트 API 제공 제이쿼리, 센차터치 UI 프레임워크를 주로 사용
티타늄(Titanium)	프로그래밍에 친숙한 사용자들이 많이 사용 자바스크립트 언어 중심의 UI와 코드 개발 방식 자바스크립트 API 사용
앱스프레소(Appspresso)	국내에서 개발한 자바스크립트 기반 언어 방식 플랫폼 실행 속도가 느림

하이브리드 앱을 만들면 유용한 경우는 다음과 같다.

- 표준 웹 기술로 독립적으로 실행 가능한 앱을 만들고자 할 경우
- 모바일 장치를 활용하는 앱을 만들고자 할 경우
- 다양한 플랫폼에 동작하는 크로스플랫폼 앱을 쉽게 만들고자 할 경우
- 마켓에 등록하여 배포하고자 할 경우
- 내용이 빈번하게 갱신되는 앱을 만들고자 할 경우

2. 코르도바 개요

코르도바(Cordova)는 하이브리드앱 개발 방식을 주도하는 대표적인 하이브리드 프레임워크이다. 코르도바 프레임워크의 구성과 개발 절차를 알아본다.

2.1 코르도바와 폰갭

폰갭 이름은 'phone'과 'gap'의 합성어로 다양한 모바일 플랫폼의 차이를 해결한다는 의미를 담고 있다. 여러 플랫폼의 SDK를 통합하여 하나의 SDK로 개발하도록 하기 때문에 크로스 플랫폼의 특징을 갖는다. 공개 소스인 폰갭은 iOS, 안드로이드, 블랙베리, WebOS, 윈도폰7, 심비안, 바다 등의 스마트폰 플랫폼을 지원하는 유일한 프레임워크이다.

2008년 출시된 후, 2011년 어도브사에 인수되어 현재는 아파치 재단의 라이선스 정책을 적용 받고 있다. 버전 1.4.1까지는 '폰갭' 이름으로, 버전 1.5.0부터는 '코르도바'(Cordova)로 이름이 변경되었다. 상업용 솔루션 이름은 폰갭을 그대로 사용하고 있다.

코르도바는 HTML5와 CSS3, 제이쿼리, 자바스크립트(코르도바 API)로 작성된 하나의 소스 코드를 각각의 스마트폰 플랫폼에 맞는 언어로 변환하여 앱을 생성시킨다. 일종의 '통합 변환기' 역할을 수행한다.

웹킷 엔진

하이브리드앱의 핵심 기술 중 하나가 웹킷 기반의 웹 브라우저 컴포넌트 기술이다. 안드로이드 환경의 경우, 코르도바 프레임워크는 웹 콘텐츠를 볼 수 있는 웹뷰 컴포넌트를 포함하는데 이는 웹킷 엔진을 사용하여 구현된다. 웹킷(WebKit)은 웹 콘텐츠를 웹 브라우저에 해석하여 표현해주는 공개소스 프레임워크로 웹 브라우저를 만드는 기반 기술이다. 사파리, 크롬 등 많은 웹 브라우저의 기본 엔진으로 사용되고 있다. 웹킷은 다음 3가지 구성 요소로 이루어진다.

- 웹 코어(WebCore): DOM 파서, 레이아웃 및 렌더링 엔진
- 자바스크립트 코어(JavaScriptCore): 자바스크립트 엔진
- 드로세라(Drosera): 자바스크립트 디버거

코르도바가 다양한 스마트폰에서 동작할 수 있는 이유가 대부분의 플랫폼에서 웹킷과 웹뷰 컴포넌트가 지원되기 때문이다.

Note: 웹킷(WebKit)

웹킷은 웹 브라우저를 만드는 핵심 기술이다. 처음 사파리(Safari) 웹 브라우저 엔진의 일부로 만들어졌으나 애플이 오픈 소스로 공개한 이후 사파리, 크롬, 오페라 등의 다양한 웹 브라우저가 웹킷 엔진을 사용하여 개발되었다. www.webkit.org에서 소스 코드를 무료로 다운받을 수 있다.

코르도바 프레임워크

코르도바 프레임워크는 cordova-1.x.x.js 자바스크립트 라이브러리와 cordova-1.x.x.jar(x.x는 버전) 네이티브 라이브러리로 구성된다. 각각은 자바스크립트 엔진과 네이티브 엔진을 구성한다. 코르도바 API 호출은 자바스크립트 엔진과 네이티브 엔진이 일대일로 매핑되어 상호 연동됨으로써 장치를 접근하고 제어 한다.

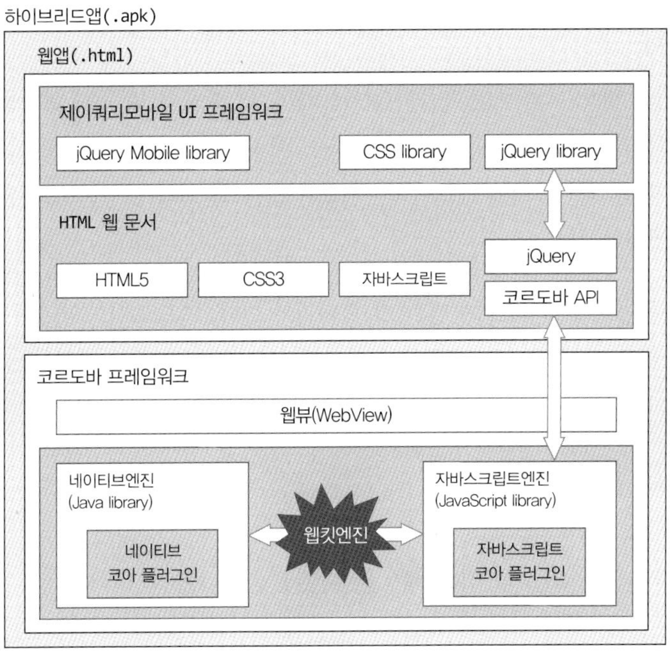

[그림 13-3] 코르도바 하이브리드 앱 구성

코르도바 프레임워크는 액티비티(activity)를 사용하여 하나의 화면을 만든다. jar 파일 안에 코르도바용 액티비티를 생성할 수 있는 DroidGap 클래스가 존재한다. 이 클래스를 상속받아 액티비티를 구현하면 웹뷰가 배치되는 화면을 얻을 수 있다. 웹뷰에 로드된 HTML5 페이지는 웹앱(화면)으로 인식하게 된다. 웹뷰에 로드되면 코르도바 자바스크립트 엔진이 초기화되고 네이티브 엔진과 서로 연결된다. 사용자 요청에 의해 발생된 이벤트는 코르도바 API를 호출하고 자바스크립트 엔진과 네이티브 엔진을 통해 요청한 동작을 수행하고 필요하면 장치를 접근한다.

코르도바의 핵심은 웹 코드를 네이티브 코드처럼 포장하는 것이다. 웹 코드를 네이티브 코드로 둘러싸고 이 둘이 서로 연동되어야 한다. 코르도바는 네이티브 코드의 시작 요소(안드로이드의 경우 Activity를 상속받은 클래스)에 웹뷰를 연동시켜 웹 언어와 네이티브 언어 간에 데이터를 문자열 혹은 JSON 형태로 주고 받도록 한다. 인터프리터 방식의 자바스크립트 언어와 컴파일 방식의 네이티브 언어는 처리 방식 및 메모리 방식이 서로 다르다. 웹킷은 이질적인 자바스크립트와 네이티브 코드를 연결한다. 웹킷을 통해 이질적인 플랫폼간의 데이터 교환이 가능하다.

2.2 코르도바 개발 절차

코르도바로 하이브리드앱을 만드는 과정은 다음과 같다. 먼저, 웹 표준을 따르는 웹앱을 개발한다. 만들어진 웹앱은 코르도바 라이브러리를 이용해 패키징한다. 다음 과정은 웹킷을 제공하는 브라우저가 탑재된 장치에 배포한다. 배포된 앱은 웹 브라우저 안의 웹뷰 컴포넌트를 기반으로 실행된다.

개발된 하나의 앱은 플랫폼별로 각각 다르게 변환(빌드)되어야 한다. 안드로이드의 경우, 이클립스와 안드로이드 SDK 개발 환경을 사용하여 패키징하게 된다. 모바일 장치 별로 코르도바 API 지원 범위가 다르므로 고려가 필요하다.

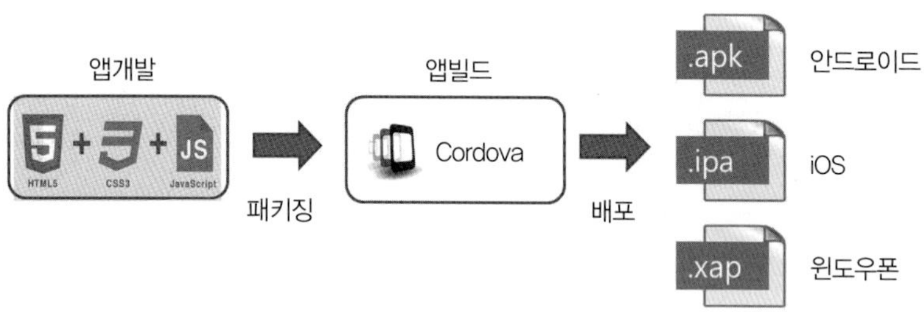

[그림 13-4] 코르도바 앱의 개발 과정

3. 코르도바 안드로이드 개발 환경

3.1 개발 방식의 변화

최근 안드로이드 개발 환경에 큰 변화가 있다. 그동안 안드로이드 앱을 개발하기 위해서는 이클립스(Eclipse)에서 ADT(Android Development Tools)를 플러그인하여 사용하였다. 그러나, 이클립스용 ADT는 더 이상 지원되지 않는다. 앞으로는 구글에서 제공하는 안드로이드 전용 개발 환경인 안드로이드 스튜디오(Android Studio)를 사용해야 한다.

새로운 하이브리드 앱 개발 방식

어도비 폰갭이나 아파치 코르도바를 이용한 하이브리드 앱 개발 방식에도 변화가 있다.

기존 방식은 단일 플랫폼 기반의 개발 방법이다. 안드로이드 또는 iOS 등 특정 플랫폼에 종속된 개발 방법으로 각 플랫폼별로 복잡한 환경 구성과 추가 설치 작업을 요구한다. 이전까지는 각 플랫폼별로 각기 다른 개발도구를 사용하여 생성한 플랫폼 프로젝트에 코르도바 프레임워크를 직접 설정해야 했다. 예를 들면 이클립스를 이용하여 안드로이드 프로젝트를 생성한 후 프로젝트 내부에 코르도바 프레임워크를 추가하는 방식이다. 수작업으로 하나하나 설정하는 과정이 복잡하고 'AppLaud' 자동화 도구를 이용하더라도 버전에 따라 설정 환경이 자주 변경되어 어려움이 많았다.

새 방식은 다양한 플랫폼을 통합하여 개발하는 방법이다. 플랫폼 독립형 방식으로 폰갭이나 코르도바 프로젝트를 기반으로 여러 플랫폼 프로젝트를 손쉽게 생성할 수 있다. 폰갭과 코르도바 개발 환경은 모두 CLI(Command Line Interface)를 활용한 명령어 입력 방식으로 새롭게 변경되었다. 터미널 창의 명령 프롬프트 상에서 명령어를 입력하므로 훨씬 간결하다. 코르도바(폰갭) 3.0이후로는 노드.js의 명령어 입력 도구(command line tool)를 사용한다. 빠르게 프로젝트 템플릿을 생성할 수 있고 손쉽게 각 플랫폼 프로젝트로의 전환이 가능하다.

코르도바 CLI

폰갭 CLI는 코르도바 CLI의 래퍼(wrapper)로서 어도비 기술이 추가된 코르도바 버전이라 할 수 있다. 이름만 다를뿐 같은 크로스-플랫폼 프레임워크이기 때문에 폰갭 CLI와 코르도바 CLI의 명령어는 거의 똑같다. 폰갭 CLI가 코르도바 CLI에 기반하고 있기 때문에 클라우드 빌드 서비스 등 폰갭의 추가 기능을 사용하지 않는다면 코르도바 CLI를 사용하는 것이 좋다. 이 책에서도 코르도바 CLI 명령어를 사용한다. 매킨토시의 경우, 코르도바 CLI를 통해 iOS, 안드로이드, 윈도우 폰 등의 플랫폼 개발이 모두 가능하다. 그러나 윈도우즈 환경에서는 CLI를 통해 코르도바 iOS 앱 개발은 불가능하다. 이 책의 모든 하이브리드 앱 예제는 윈도우즈 환경에서의 코르도바 안드로이드 앱 개발 과정을 보여준다.

Tip 폰갭과 코르도바의 차이점

폰갭은 아파치 코르도바에 기반한 어도비사의 제품이며 배포판이다. 폰갭은 어도비사가 폰갭 데스크톱 앱(PhoneGap Desktop App), 폰갭 디벨로퍼 앱(PhoneGap Developer App), 폰갭 빌드(PhoneGap Build), 폰갭 엔터프라이즈(PhoneGap Enterprise) 등 일부 기능을 추가한 코르도바이다.

아파치 코르도바는 크롬이나 사파리를 지원하는 웹킷처럼 폰갭을 지원하는 엔진 역할을 한다. 확장성 있는 맞춤형 앱 개발을 위한 크로스 플랫폼 프레임워크로 떠오르고 있는 아이오닉(Ionic) 역시 코르도바에 기반하고 있다. 폰갭의 기반 기술 중심에는 코르도바가 있기 때문에 최근 패키지 이름도 폰갭 대신 코르도바 용어를 사용하고 있다.

폰갭은 상업화를, 코르도바는 무료화, 표준화, 오픈 소스화를 지향하기 때문에 그 방향성이 다르다. 코르도바는 앞으로도 무료 오픈 소스로 아파치에 의해 지원될 것이지만 어도비사에 의해 서비스가 추가될 폰갭은 앞으로 유료화될 가능성이 있다. 예를 들면, 별도로 SDK를 설치하지 않고 클라우드 서비스를 통해 앱을 개발하도록 지원하는 폰갭 빌드 서비스(PhoneGap Build Service) 등이 그 대상이 될 수 있다.

폰갭 CLI는 상당부분 코르도바 CLI를 그대로 사용하며 관련 문서도 코르도바 CLI 문서와 일치하는 경우도 많다. 폰갭 CLI에서 다음과 같이 'cordova'를 명령어 앞에 접두사로 붙이면 코르도바 명령어 버전으로 실행할 수도 있다.

```
>>phonegap cordova <command>
```

코르도바 안드로이드 개발 환경을 구축해보자.

3.2 안드로이드 개발 환경 구축

안드로이드용 코르도바 앱을 개발하려면 먼저, 안드로이드 애플리케이션 개발 환경이 설치되어 있어야 한다. '[부록C]의 코르도바(폰갭) 안드로이드 개발 환경 구축하기' 내용을 참고하여 개발 환경을 구축한다.

[부록C]의 설치 내용은 다음과 같다.

- JDK(Java SE Development Kit) 설치
- 아파치 앤트 설치
- 안드로이드 개발 도구인 Android SDK(Software Development Kit) 설치
- 안드로이드 플랫폼 패키지 추가 설치
- 환경 변수 설정

3.3 코르도바 프로젝트 개발 환경 구축

코르도바 프로젝트 개발을 위해서는 코르도바 프레임워크도 설치되어 있어야 한다. '[부록D]의 코르도바(폰갭) CLI 설치하기' 내용을 참고하여 코르도바 프로젝트를 개발할 수 있는 환경을 구축한다.

[부록D]의 설치 내용은 다음과 같다.

- 노드.js 설치
- 폰갭 설치
- 코르도바 설치

폰갭이나 코르도바는 모두 노드.js로 동작하는 애플리케이션이다. 코르도바 명령어 입력 도구를 사용하려면 우선 노드.js를 설치해야 한다. 노드.js(Node.js)는 서버 측 애플리케이션 개발에도 자바 스크립트를 사용하도록 확장된 오픈 소스 소프트웨어 플랫폼이다. 높은 성능과 웹 서버 운영 측면에서 우수하며 브라우저에 내장된 자바스크립트 엔진을 기반으로 동작한다. 자바스크립트 언어가 클라이언트뿐만 아니라 서버 영역까지 확장되는 통합 언어로 발전되어가는 측면을 보여준다.

이 책의 코르도바를 활용한 하이브리드 앱은 다음과 같은 개발 과정을 따른다. 첫 번째 웹 앱 개발 과정에서는 앱타나 저작 도구를 사용하고 두 번째와 세 번째, 네 번째 과정은 코르도바 CLI 도구를 사용한다.

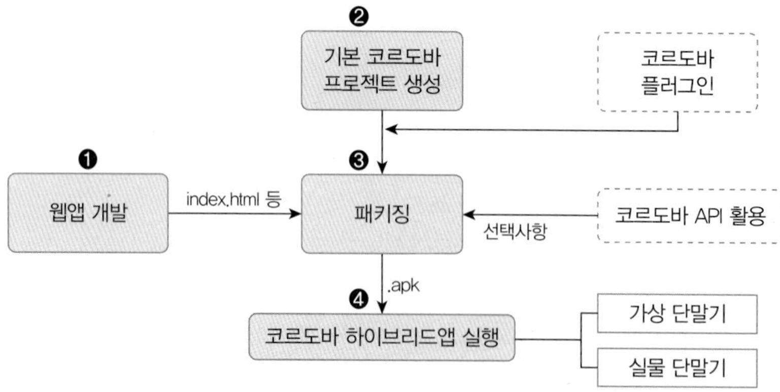

[그림 13-5] 코르도바 하이브리드앱의 개발 과정

4. 코르도바 프로젝트 생성 및 실행

코르도바 프로젝트를 생성하고 패키징을 통해 실물 단말기와 가상 단말기 그리고 폰갭 디벨로퍼 앱을 통해 실행해 본다. 먼저 '[부록E] 안드로이드 코르도바 앱 만들기' 과정을 따라서 실행해 보자. [부록E] 따라하기를 끝냈다면 8장의 웹앱 dokdoApp을 코르도바를 이용한 하이브리드앱으로 변환해 보자.

4.1 코르도바 기본 프로젝트 생성하기

[부록E] 내용을 참조하여 코르도바 기본 프로젝트를 생성한다. 코르도바 CLI를 이용함으로써 그 동안 안드로이드 개발 환경에 종속되었던 코르도바 프로젝트 생성 과정을 독립적으로 수행할 수 있다. 설치된 노드.js의 npm 도구를 사용하여 명령 프롬프트 창을 여는 것으로 프로젝트 생성 과정을 시작한다.

먼저, [부록E]에서 생성한 hybridProject 폴더로 이동하여 dokdoApp 코르도바 프로젝트를 생성한다. 명령 프롬프트 창에서 다음 명령어를 입력하여 실행한다.

```
>>cd c:₩hybridProject
>>cordova create dokdo com.example.dokdo dokdoApp
```

코르도바 프로젝트 이름은 'dokdoApp'으로 지정한다. 코르도바 프로젝트 이름은 최종적으로 완성될 앱을 대표할 수 있는 이름으로 설정한다. 앱 아이콘 이름으로도 사용되므로 적합한 이름을 부여한다. dokdo 폴더 아래에 'com.example.dokdo' 앱 패키지 이름(식별자)를 가진 dokdoApp 코르도바 프로젝트를 생성한다. 'com.example.dokdo' 앱 식별자는 역 도메인 형식으로 다른 앱과의 구분을 위한 패키지 도메인 이름에 해당한다.

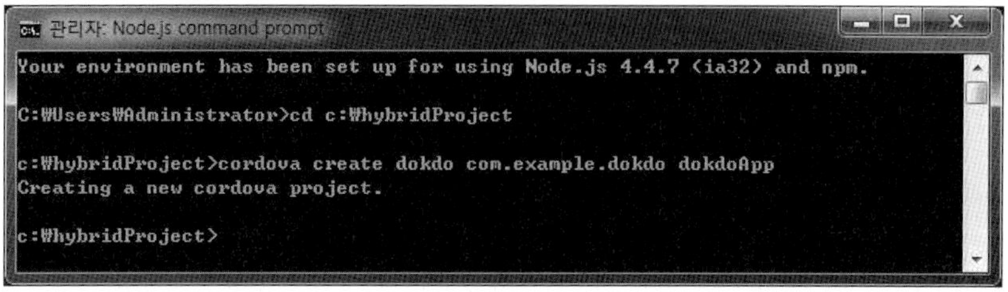

[그림 13-6] dokdoApp 코르도바 프로젝트 생성

Tip 폰갭, 코르도바 명령어를 알고 싶다면 . . .

명령 프롬프트 창에서 입력할 수 있는 폰갭과 코드로바 명령어(기능)를 알고 싶다면 다음과 같이 명령어를 입력한다.

```
>>phonegap -h
>>cordova
```

다음과 같은 코르도바 예제 코드를 내용으로 갖는 'index.html' 파일이 기본 코르도바 프로젝트 안에 생성된다. 이 'index.html' 파일은 앱을 실행할 경우, 가장 먼저 실행되는 시작 화면을 포함한다. 생성한 프로젝트의 www 폴더 밑에는 css와 이미지, 자바스크립트, 아이콘 및 스플래시 스크린 파일을 저장하는 'css', 'img', 'js', 'res' 폴더 등도 만들어진다. 'www' 폴더 밑의 파일들을 수정함으로써 새로운 앱을 구현할 수 있다. 이 파일들은 빌드 과정에서 각 플랫폼별 프로젝트의 파일 생성에 반영된다.

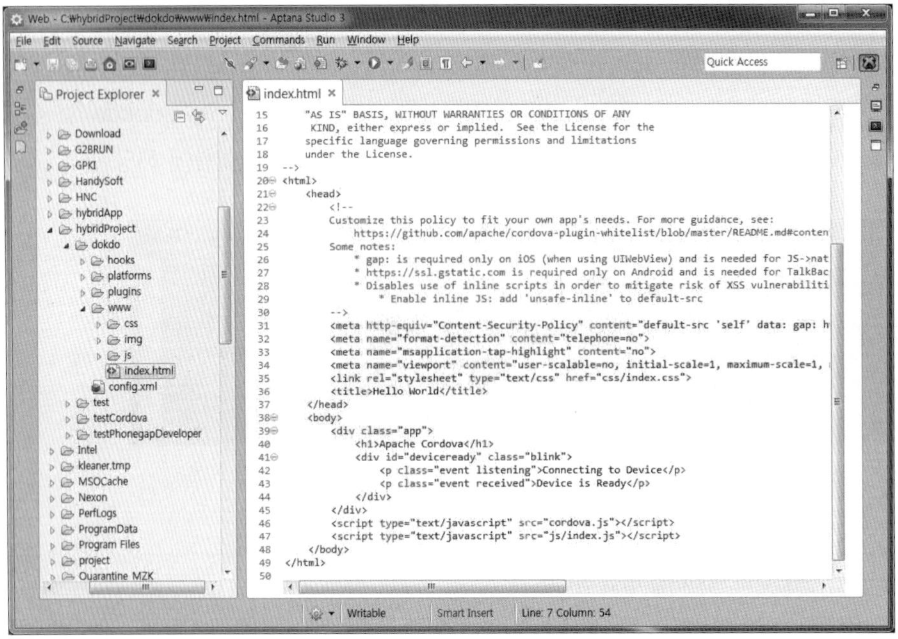

[그림 13-7] dokdoApp 기본 코르도바 프로젝트 초기 생성 내용

dokdoApp을 위해 생성된 기본 코르도바 프로젝트에는 자동으로 생성된 여러 폴더와 파일이 포함된다. 기본 코르도바 프로젝트 생성시 함께 생성된 하위 폴더 구조와 파일의 의미는 다음과 같다.

〈표 13-3〉 코르도바 프로젝트의 폴더 구조

폴더/파일명	내용
config.xml	프로젝트 설정 파일 빌드시 각 'platforms' 하위의 서브 폴더들로 복사됨 플러그인을 설치하거나 bulid 명령 등의 실행 후 관련 설정이 추가됨
hooks	코르도바 명령어의 커스터마이징 지원 개발자 개인 고유의 스크립트가 저장됨
platforms	각 플랫폼 고유의 프로젝트 파일들이 저장됨 특정 플랫폼에서만 이용하고 싶은 이미지나 자바스크립트를 배치
plugins	코르도바에서 이용하는 플러그인과 그 설정 파일을 저장 필요한 네이티브 기능을 사용하기 위해 해당 플러그인을 추가로 설치
www	앱 소스 코드(html 파일, 이미지 파일, 스크립트 등을 포함) 빌드시 각 'platforms' 하위의 플랫폼 폴더로 복사됨

4.2 코르도바 패키징

코르도바 플러그인을 적용하여 이 책 안의 모바일 웹 또는 웹 앱 코드를 코르도바 앱으로 패키징하여 실행 파일로 변환해 보자. 간단한 예제라도 폰갭 또는 코르도바 컨테이너에서 실행되는 앱은 하이브리드앱이라 할 수 있다. 예제 코드에서 반드시 코르도바 API를 사용해야 할 필요는 없다. 웹 앱을 브라우저 없이 독립적으로 실행하거나 앱 마켓을 통해 배포하고 싶다면 코르도바를 사용하여 패키징하면 된다.

기존 웹 앱 소스 파일 복사

dokdoApp 코르도바 프로젝트의 "₩dokdo₩www" 폴더 밑의 기존 index.html 파일을 삭제하고 "₩code₩ch08_dokdoApp"의 dokdo-intro.html(관련된 .png, .jpg 이미지, .js 등 모든 소스 파일도 함께 복사함, 폴더가 있다면 폴더까지 포함)을 복사하고 새로운 'index.html'로 파일 이름을 변경한다.

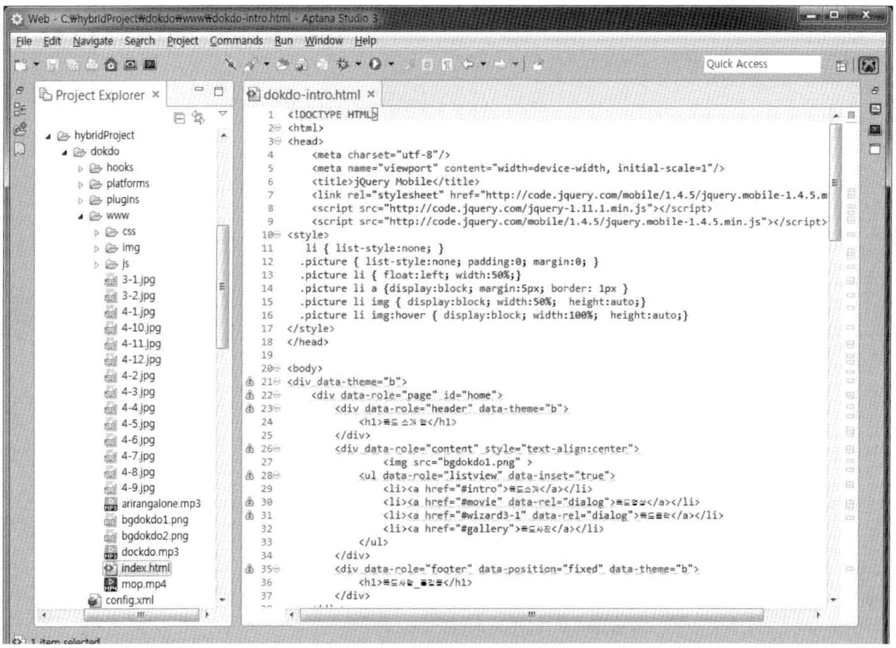

[그림 13-8] 기존 dokdoApp 소스 코드의 복사 및 index.html으로 이름 변경

라이브러리 파일 복사

CDN 방식이 아닌 다운로드 방식으로 제이쿼리 모바일 라이브러리를 적용하려면 프로

젝트 폴더 안에 라이브러리 파일을 포함하여야 한다. 제이쿼리 모바일 사이트(http://jquerymobile.com)과 제이쿼리 사이트(http://jquery.com)에서 가장 최신 버전의 라이브러리 파일을 직접 다운로드 받아 dokdoApp 코르도바 프로젝트의 "C:₩hybridProject₩dokdo₩www₩" 폴더 밑에 'jquery.mobile' 폴더를 생성하고 그 안에 복사한다.

라이브러리 참조 선언 추가

1) 메타 태그 선언

〈head〉 태그 안에 다음 코드가 명세되어 있는지 확인한다. 한글 코드 문제를 해결하고 모바일 장치의 화면 크기에 맞추어 페이지가 표시되도록 한다.

```
<meta charset="utf-8"/>
<meta name="viewport" content="width=device-width, initial-scale=1"/>
```

2) 제이쿼리 모바일 프레임워크 참조 선언

코르도바 프레임워크는 앱을 위한 사용자 인터페이스 지원 기능이 부족하다. 앱 화면은 개발자가 일반 웹 기술을 이용하여 구성해야 하는데 제이쿼리 모바일 프레임워크가 많이 사용된다. 제이쿼리 모바일은 현재 코르도바가 지원하는 대부분의 모바일 플랫폼을 지원한다.

웹 앱을 위해 HTML5 코드 안에서 제이쿼리 모바일 프레임워크를 사용하는 경우, 이전 웹 앱 예제와는 다른 연결 방식을 사용하자. CDN 방식이 아닌 다운로드 방식으로 제이쿼리 모바일 라이브러리 파일을 호출하도록 다음과 같이 수정되어야 한다.

```
<link rel="stylesheet" href="jquery.mobile/jquery.mobile-1.4.5.min.css">
<script src="jquery.mobile/jquery-1.11.1.min.js"></script>
<script src="jquery.mobile/jquery.mobile-1.4.5.min.js"></script>
```

3) 코르도바 프레임워크 참조 선언

<head> 태그 안에 코르도바 자바스크립트 라이브러리를 불러오는 다음과 같은 <script> 태그를 추가한다. 'cordova.js'는 자바스크립트 인터페이스로서 코르도바 API 라이브러리를 로드해 HTML5 문서 안에서 네이티브 기능을 활용할 수 있도록 한다. html 파일 안에서 cordova.js 파일을 읽어오지 않으면 자바스크립트로 코르도바가 제공하는 기능에 접근할 수 없다.

```
<script src="cordova.js"></script>
```

결과적으로 다음과 같이 dokdoApp 프로젝트의 index.html 파일의 내용을 일부 수정한다.

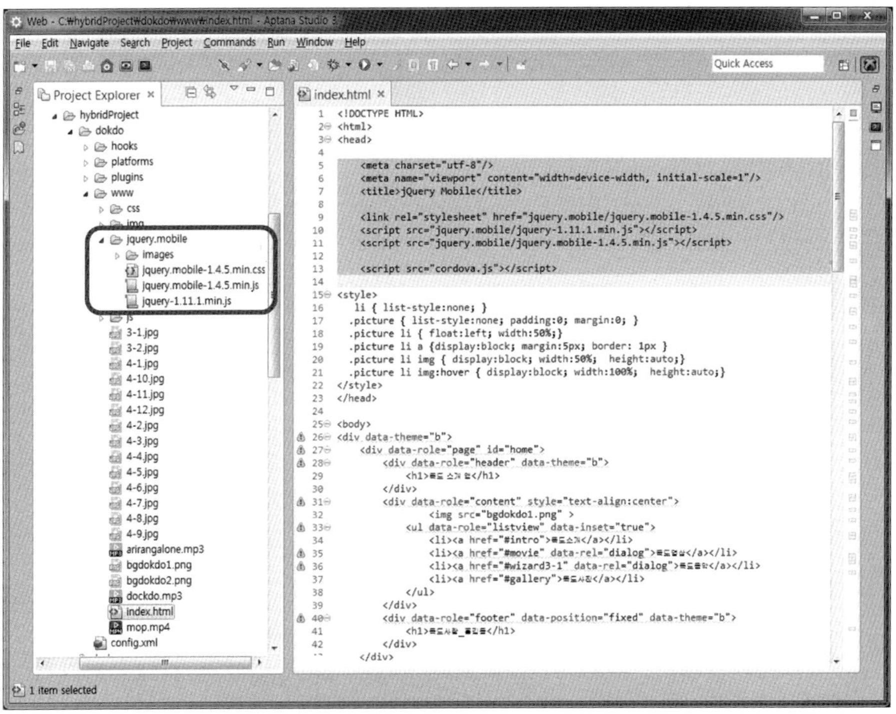

[그림 13-9] 코르도바 앱 생성을 위한 index.html 변경

4.3 안드로이드 플랫폼 추가

'dokdo' 프로젝트 폴더로 이동하여 안드로이드 플랫폼 파일들을 추가한다.

```
>>cd c:₩hybridProject₩dokdo
>>cordova platform add android
```

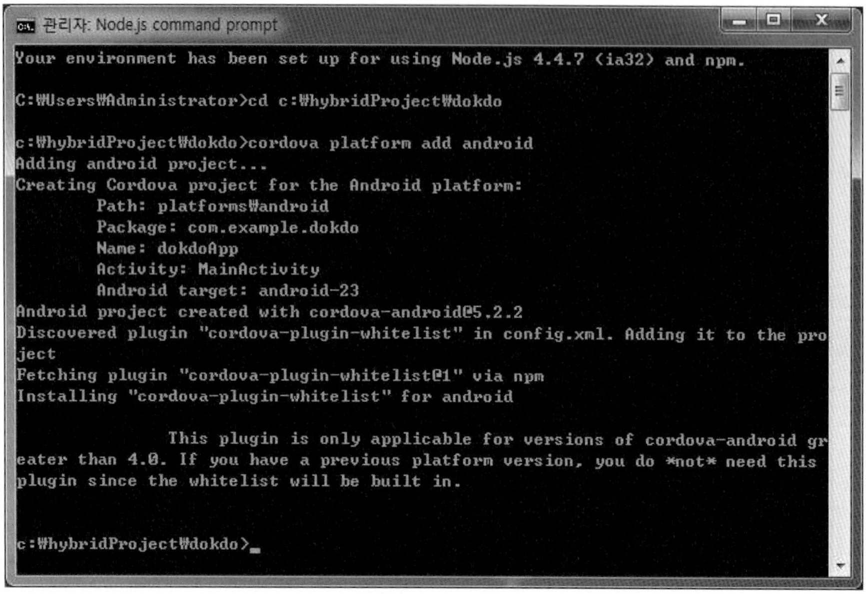

[그림 13-10] dokdoApp 코르도바 프로젝트에 안드로이드 플랫폼 추가

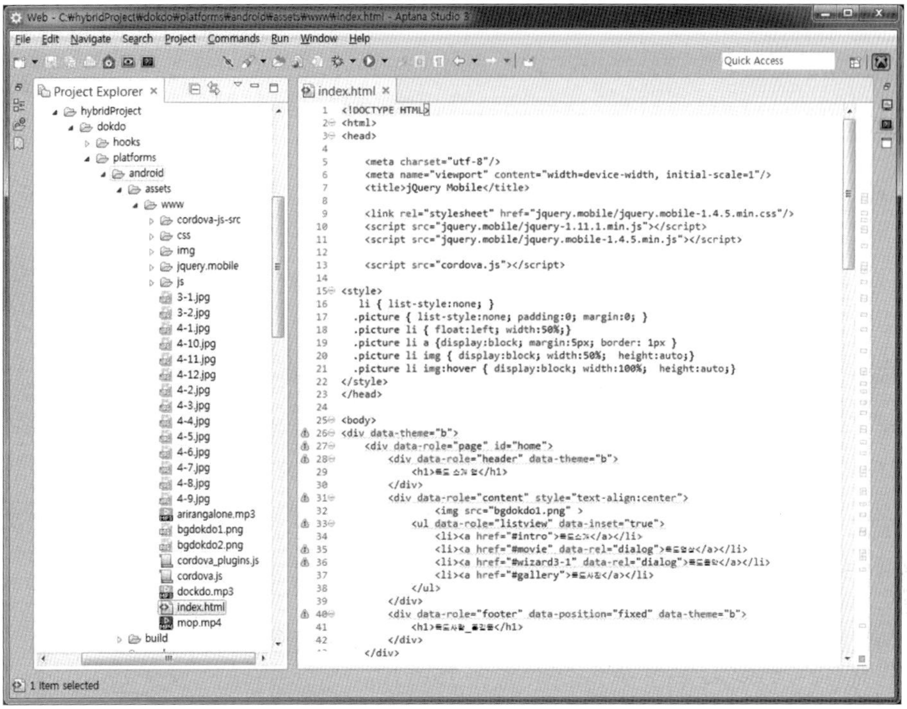

[그림 13-11] dokdoApp 안드로이드 코르도바 프로젝트 초기 생성 내용

명령을 실행하면 왼쪽 패키지 탐색 트리에서 보는 것처럼 필요한 폴더와 파일들을 자동으로 "C:₩hybridProject₩dokdo₩platforms₩android" 코르도바 프로젝트 폴더에 포함시켜준다.

(1) 'dokdo' 프로젝트 폴더 밑 "₩platforms₩android" 폴더 안에 "₩assets₩www" 폴더가 생성된다. 하이브리드앱을 구성하는 주요 파일들이 "₩assets₩www" 폴더에 저장된다. 제이쿼리 모바일 프레임워크 파일(jquery-1.11.1.min.js, jquery.mobile-1.4.5.min.css, jquery.mobile-1.4.5.min.js와 images 폴더 밑의 아이콘 파일 등)은 'jquery.mobile' 폴더 밑에, 코르도바 프레임워크 자바스크립트 라이브러리 파일(cordova.js)은 "₩assets₩www" 폴더 밑에 포함되어 있다.

(2) "₩assets₩www" 폴더 밑의 index.html 파일이 생성될 코르도바 앱의 주 인터페이스 역할을 하게 될 HTML 파일이다. 코르도바 앱이 실행되면 자동으로 이 파일이 로딩된다.

(3) "dokdo₩platforms₩android" 폴더 밑의 AndroidManifest.xml 파일에 코르도바 프로젝트 관련 권한 정보와 화면 속성, 최소 안드로이드 SDK 버전 등의 설정 정보가 명세된다.

(4) "dokdo₩platforms₩android" 프로젝트 폴더 밑의 'src' 폴더에는 안드로이드 소스 파일이 저장되어 있다. 'MainActivity.java' 자바 소스 파일을 선택해서 열면 다음 [그림 13-12]와 같은 코드가 명세되어 있다. 화면을 출력하는 액티비티 클래스 파일로서 안드로이드 자바 프로젝트를 코르도바 프로젝트로 변경하기 위한 코드이다. 안쪽의 내부 코드는 index.html 웹 문서로 구성되지만 외부는 안드로이드 자바 프로그램으로 포장하기 위해 필요한 코드이다. 안드로이드에서 액티비티(Activity)는 하나의 화면을 구성한다. 코르도바 프로젝트를 생성하면 자동으로 액티비티에 웹 뷰 컨트롤을 추가하고 "₩assets₩www₩index.html" 파일을 로딩하여 첫 번째 웹 페이지를 시작 화면으로 표시한다.

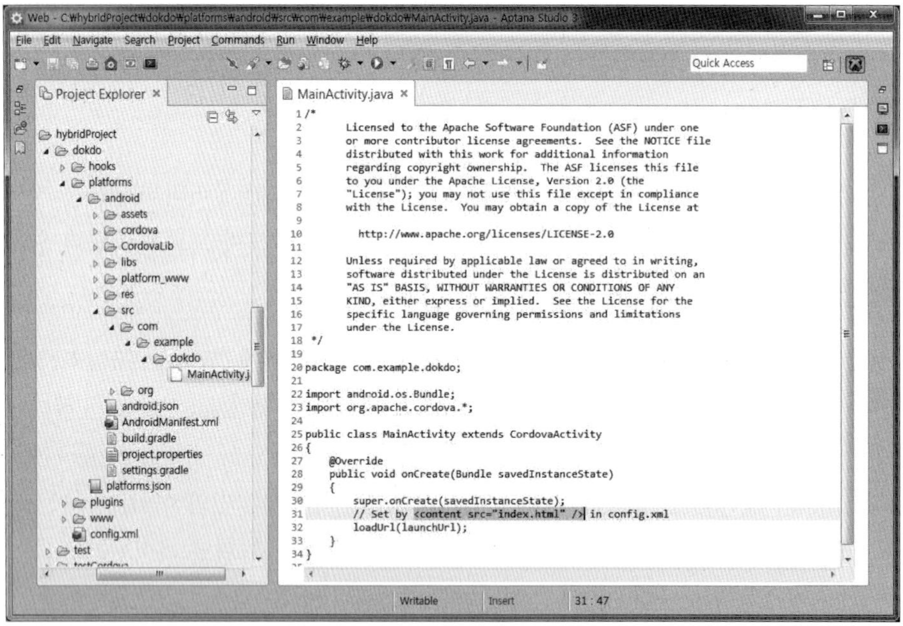

[그림 13-12] MainActivity.java 래퍼

4.4 코르도바 프로젝트 실행하기

코르도바 프로젝트를 실행할 수 있는 방법은 두 가지이다.

첫 번째 방법은 빌드 방법으로 실물 단말기나 가상 단말기에 독립된 .apk 파일을 생성하여 설치하거나 실행하는 방법으로 이를 위해서는 안드로이드 SDK 라이브러리 파일을 미리 다운로드 받아야 한다.

두 번째 방법은 폰갭 웹 서버와 폰갭 디벨로퍼 앱을 페어링하는 방법으로 별도의 SDK 라이브러리를 다운로드 받을 필요가 없다.

앞에서 생성한 dokdoApp 코르도바 프로젝트를 실물 단말기와 가상 단말기 그리고 폰갭 디벨로퍼 앱에서 각각 실행해 보자.

1) 실물 단말기에서 실행

스마트폰과 개발 중인 컴퓨터를 USB로 연결하고 [부록E-2]를 참조하여 필요한 설정을 완료한 후, 다음 명령어를 실행한다. 이후 'www' 폴더 밑의 소스들을 변경할 경우, 매번 다음 명령어를 반복 실행하여 실물 단말기에 새로운 실행 파일이 설치되도록 해야 한다.

```
>>cordova run android
```

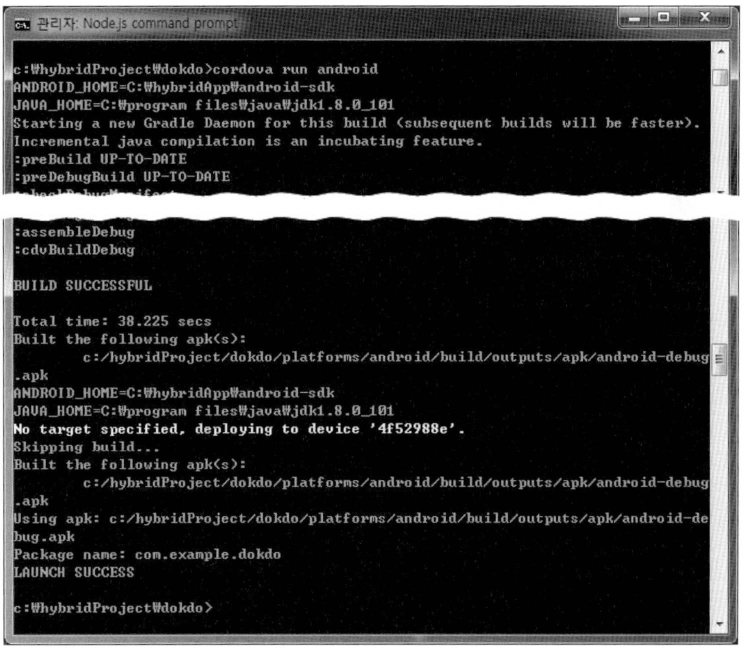

[그림 13-13] dokdoApp 실물 단말기 실행

코르도바 'run' 명령은 웹 소스들을 안드로이드에서 실행할 수 있는 네이티브 앱으로 컴파일하는 빌드 작업을 수행한 뒤, 연결된 스마트폰에 코르도바 앱을 직접 설치한다. 명령어 실행의 결과로 'dokdoApp' 프로그램이 자동으로 실행된다. 다음 화면은 실물 단말기에 설치된 코르도바 앱의 실행 결과이다. 웹 브라우저에서 접속한 웹 페이지가 아니라 컴파일된 네이티브 앱의 화면이다.

[그림 13-14] dokdoApp 실물 단말기 실행 결과

실물 단말기 안에 다음 [그림 13-15]처럼 dokdoApp 프로젝트 이름의 실행 아이콘이 보인다. 실행 아이콘을 선택하면 네이티브 앱처럼 독립적으로 수행되는 안드로이드 프로그램이 설치되었음을 확인할 수 있다.

[그림 13-15] 실물 단말기의 dokdoApp 실행 아이콘

2) 가상 단말기에서 실행

실물 단말기를 사용하지 않고도 개발 컴퓨터에서 개발 중인 앱의 동작을 확인할 수 있도록 에뮬레이터 즉, 가상 단말기가 제공된다. [부록E-3]에서 설치한 가상 단말기를 이용하여 dokdoApp을 실행해 보자. "C:₩hybridApp₩android-sdk₩AVD Manager.exe" 실행 파일을 더블클릭하여 안드로이드 AVD Manager를 실행하고 다음과 같이 설치된 AVD들 중 하나를 선택하여 구동시킨다.

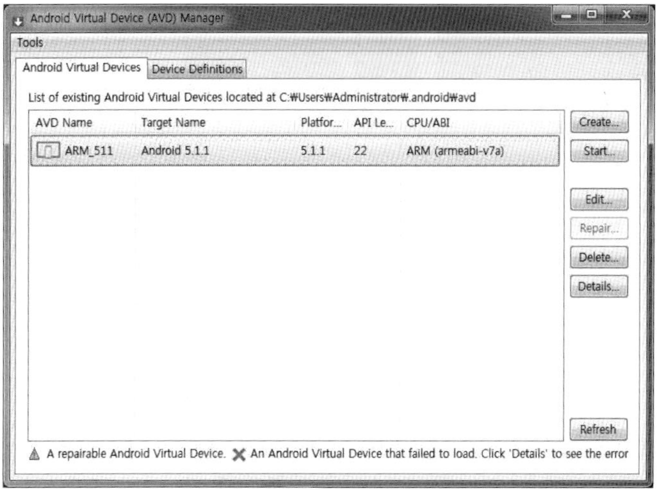

[그림 13-16] 가상 단말기 AVD의 선정

시간이 다소 소요되지만 기다리면 다음과 같은 가상 단말기 창이 나오면서 부팅이 된다. 마우스를 이용하여 잠금을 해제함으로써 가상 단말기로 시험할 수 있는 환경을 준비한다.

[그림 13-17] 가상 단말기 구동 결과

가상 단말기 실행을 확인한 후에 다음 명령어를 실행함으로써 dokdoApp 코르도바 프로젝트 앱을 가상 단말기에서 실행한다.

```
>>cordova emulate android
```

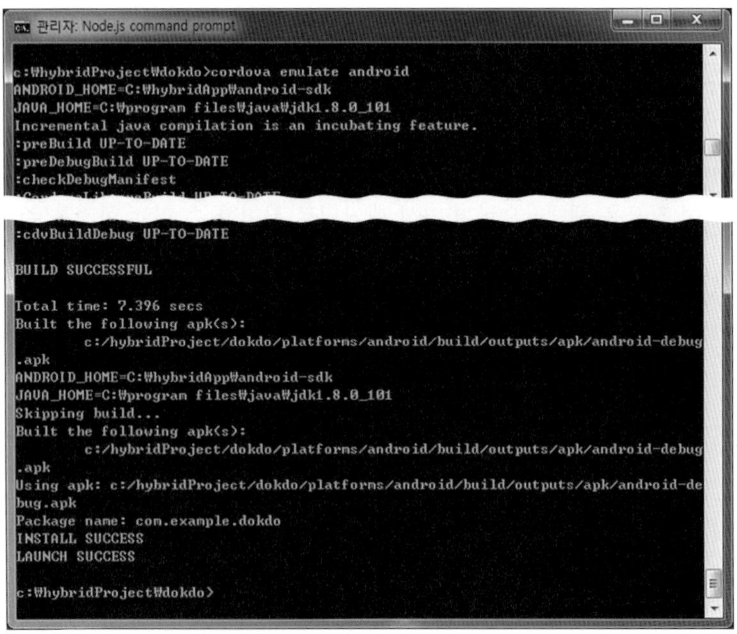

[그림 13-18] dokdoApp 가상 단말기 실행

코르도바 프로젝트의 'www' 폴더 안 소스 파일을 이용하여 안드로이드 플랫폼용 기본 프로젝트를 빌드한 후 빌드한 앱을 가상 단말기(에뮬레이터)에 실행하면 다음과 같은 결과를 보여준다.

[그림 13-19] dokdoApp 가상 단말기 실행 결과

3) 폰갭 디벨로퍼 앱에서 실행

폰갭 디벨로퍼 앱(PhoneGap Developer App)은 모바일 장치에서 실행되는 하나의 모바일 앱으로 폰갭 앱을 손쉽게 시험할 수 있는 실행 도구이다. 소스 코드를 다시 컴파일하거나 재설치하지 않고도 실시간으로 앱의 실행 결과를 확인할 수 있는 프리뷰(preview) 기능을 제공한다. 다양한 플랫폼 SDK를 설치할 필요도 없고, 플러그인이나 장치를 등록하지 않아도 네이티브 장치 관련된 여러 코아 API를 활용할 수 있어 매우 편리하다. 코르도바 프로젝트 앱 역시 시험할 수 있으므로 dokdoApp을 폰갭 디벨로퍼 앱에서 실행해 보자.

'dokdo' 코르도바 프로젝트 폴더로 이동하여 다음 명령어를 입력하여 폰갭용 웹서버가 실행되도록 한다.([부록E-4]를 참조)

```
>>phonegap serve
```

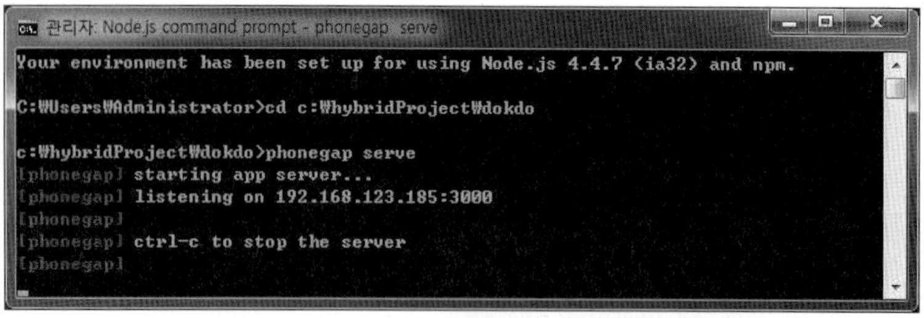

[그림 13-20] 폰갭 웹서버 구동

스마트폰에서 [폰갭 디벨로퍼 앱]을 실행하여 [Server Address] 부분에 해당 IP 주소와 포트번호를 직접 입력하고 [Connect] 버튼을 선택한다. 이때, 서버 역할을 하는 개발 컴퓨터와 스마트폰이 동일한 네트워크를 통해 접속해야한다. 안드로이드 플랫폼 파일을 직접 설치하는 대신에 자동으로 브라우저 플랫폼이 별도로 생성되어 실행된다.

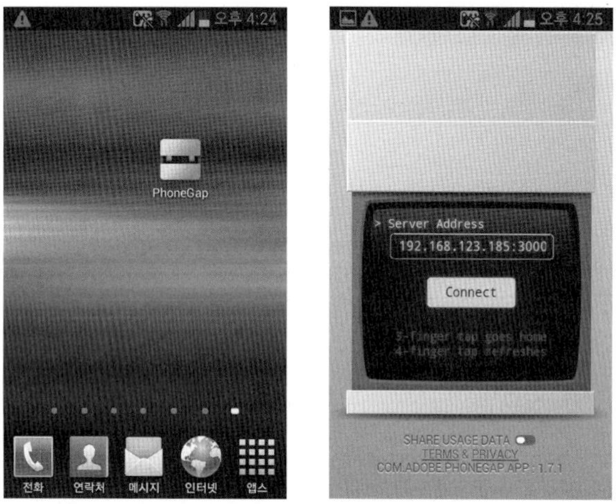

[그림 13-21] 폰갭 디벨로퍼 앱 실행

[Connect] 버튼을 클릭함으로써 개발 컴퓨터에서 접속하게 되고 개발 중인 코르도바 앱의 실행 결과를 자신의 스마트 폰에서 확인할 수 있다. 이후에 앱의 소스 파일(예를 들면, 코르도바 프로젝트 폴더 밑의 'www' 폴더 안의 'index.html')들을 수정할 경우, 즉각적으로 디벨로퍼 앱에 반영되어 표시되므로 실물 단말기에서 실시간으로 앱을 시험할 수 있어 매우 편리하다.

[그림 13-22] dokdoApp의 폰갭 디벨로퍼 앱 실행 결과

이제 코르도바를 이용하여 하이브리드앱을 생성할 수 있게 되었다. 웹 기술을 이용하여 index.html을 작성했지만 코르도바를 통해 완전한 안드로이드 앱으로 변환한 것이다.

요약

1. 하이브리드앱(hybrid app)은 화면 등의 사용자 인터페이스는 웹 기술을 이용하고 모바일 장치의 고유 기능은 자바스크립트 API를 이용하여 개발한 앱이다. 자바스크립트 API는 하이브리드 프레임워크에 의해 제공된다.

2. 네이티브앱은 컴파일을 통해 실행 가능한 이진 코드로 생성된다. 웹앱은 텍스트와 미디어 파일로 구성되며 배포가 쉽도록 압축 파일로 만들어진다. 하이브리드앱은 컴파일된 애플리케이션이 아니라 특정 플랫폼에 맞는 이진 코드와 HTML5, CSS3, 자바스크립트 등의 텍스트와 미디어 파일이 패키지화된 웹 애플리케이션이다.

3. 하이브리드 프레임워크(hybrid framework)는 원 소스 멀티 플랫폼(one-source multi-platform) 및 크로스 플랫폼(cross-platform) 앱 개발 방식을 지원한다.

4. 대표적인 하이브리드 플랫폼으로는 코르도바(폰갭), 티타늄, 앱스프레소 등이 있다.

5. 코르도바는 하이브리드앱 개발 방식을 주도하는 대표적인 하이브리드 프레임워크이다. HTML5와 CSS3, 제이쿼리, 자바스크립트(폰갭 API)로 작성된 하나의 소스 코드를 각각의 스마트폰 플랫폼에 맞는 언어로 변환하여 앱을 생성시킨다.

6. 웹킷(WebKit)은 웹 콘텐츠를 웹 브라우저에 해석하여 표현해주는 공개소스 프레임워크로 웹 브라우저를 만드는 기반 기술이다. 사파리, 크롬 등 최근 개발되는 많은 웹 브라우저의 기본 엔진으로 사용되며 웹 코어(WebCore), 자바스크립트 코어(JavaScriptCore), 드로세라(Drosera) 3가지 구성요소로 이루어진다.

7. 코르도바 프레임워크는 cordova-1.x.x.js 자바스크립트 라이브러리와 cordova-1.x.x.jar 네이티브 라이브러리로 구성된다. 각각은 자바스크립트 엔진과 네이티브 엔진을 구성한다.

8. 코르도바로 하이브리드앱을 만드는 과정은 먼저, 웹 표준을 따르는 웹앱을 개발한 뒤 코르도바 라이브러리를 이용해 패키징한다. 다음에는 웹킷을 제공하는 브라우저가 탑재된 장치에 배포하면 배포된 앱은 웹 브라우저 안의 웹뷰 컴포넌트를 기반으로 실행된다.

9. 안드로이드용 코르도바 앱을 개발하려면 먼저, 안드로이드 애플리케이션을 개발하는데 필요한 개발 환경이 설치되어 있어야 한다.

10. 어도비 폰갭이나 아파치 코르도바를 이용한 하이브리드 앱 개발 방식이 기존 단일 플랫폼 기반의 개발 방식에서 다양한 플랫폼을 통합하여 개발하는 방식으로 변경되었다.

11. 폰갭 CLI는 코르도바 CLI의 래퍼(wrapper)로서 어도비 기술이 추가된 코르도바 버전으로 폰갭 CLI가 코르도바 CLI에 기반하고 있기 때문에 폰갭 CLI와 코르도바 CLI의 명령어는 거의 똑같다.

12. 코르도바 CLI를 통해 생성된 기본 코르도바 프로젝트를 이용해서 모바일웹 또는 웹앱 코드를 코르도바 앱으로 패키징해서 실행 파일로 변환할 수 있다. 코르도바 API를 사용하지 않더라도 웹앱을 독립 프로그램으로 실행하고 싶거나 앱 마켓을 통해 배포하고 싶다면 코르도바로 패키징하면 된다.

13. 코르도바 프로젝트를 실행할 수 있는 방법은 두 가지이다. 첫 번째 방법은 빌드 방법으로 실물 단말기나 가상 단말기에 독립된 .apk 파일을 생성하여 설치하거나 실행하는 방법이며 두 번째 방법은 폰갭 웹 서버와 폰갭 디벨로퍼 앱을 페어링하는 방법이다.

14. 폰갭 디벨로퍼 앱(PhoneGap Developer App)은 모바일 장치에서 실행되는 하나의 모바일 앱으로 폰갭 앱을 손쉽게 시험할 수 있는 실행 도구이다. 소스 코드를 다시 컴파일하거나 재설치하지 않고도 실시간으로 앱의 실행 결과를 확인할 수 있는 프리뷰(preview) 기능을 제공한다. 또, 다양한 플랫폼 SDK를 설치할 필요도 없고, 플러그인이나 장치를 등록하지 않아도 네이티브 장치 관련된 여러 코아 API를 활용할 수 있어 매우 편리하다.

연습문제

1. 다음 문장의 내용이 옳으면 O, 옳지 않으면 X를 하시오.

1) 표준 웹 기술을 사용하여 모바일 장치를 제어하고자 할 때 하이브리드앱 방식이 적합하다. (　)
2) 코르도바는 다양한 모바일 플랫폼의 차이를 해결한다는 의미를 담고 있으며 주요 스마트폰 플랫폼을 지원하는 유일한 프레임워크이다. (　)
3) 코르도바의 핵심은 네이티브 코드를 웹 코드처럼 포장하는 것이다. (　)
4) 간단한 예제라도 반드시 코르도바 API를 사용해야 하이브리드앱이라 할 수 있다. (　)
5) 안드로이드 애플리케이션을 개발하는데 필요한 개발 환경이 설치되어 있지 않아도 안드로이드용 폰갭 앱을 개발할 수 있다. (　)
6) 개발된 하나의 앱은 플랫폼별로 각각 다르게 변환(빌드)되어야 한다. (　)

2. 다음 ( ) 안에 적합한 용어를 넣어 문장을 완성하시오.

1) 하이브리드앱의 핵심 기술 중 하나인 (　　　　)은 웹 콘텐츠를 웹 브라우저에 해석하여 표현해 주는 공개소스 프레임워크로 웹 브라우저를 만드는 기반 기술이다.
2) 대표적인 하이브리드 플랫폼으로는 (　　), 티타늄, 앱스프레소 등이 있다.
3) 코르도바 프레임워크는 cordova-1.x.x.js 자바스크립트 라이브러리와 cordova-1.x.x.(　　) 네이티브 라이브러리로 구성되며 각각 (　　　　) 엔진과 네이티브 엔진을 구성한다.
4) 코르도바 프레임워크는 CDN 방식이 아닌 (　　　) 방식으로 라이브러리 파일을 호출하도록 선언되어야 한다.

3. 하이브리드 프레임워크가 지원하는 원소스 멀티플랫폼과 크로스플랫폼 앱 개발 방식에 대해 간략히 설명하시오.

4. 웹킷(WebKit)에 대해 간략히 설명하시오.

5. 코르도바 기반의 하이브리드앱 개발 과정에 대해 간략히 설명하시오.

6. [실습] 8장 연습문제에서 작성했던 자신을 소개하는 개인 소개 웹앱을 코르도바 프로젝트로 패키징하여 실물 단말기와 가상 단말기에서 실행하시오.

Chapter 14

코르도바 API를 활용한 앱 만들기 I

※ 학습목표

- 다양한 코르도바 API 종류를 알아본다.
- 코르도바 API를 활용한 장치관리 하이브리드앱을 개발해본다.
- 코르도바 API를 활용한 사진관리 하이브리드앱을 개발해본다.

Chapter

14 코르도바 API를 활용한 앱 만들기 I

1. 코르도바 API

웹앱이 제공하지 못하는 모바일 장치의 센서, 주소록, 로컬 파일 등의 제어 기능은 코르도바 API를 통해 지원된다. 코르도바 API는 모바일 브라우저의 자바스크립트 기능을 확장한 것이다. 코르도바 API 종류를 알아본다.

1.1 코르도바 API 개요

네이티브앱에서만 가능했던 기능을 갖는 앱을 개발하기 위해서는 기존 웹앱을 먼저 개발한 후, 변환한 코드에 코르도바 API를 이용하는 코드를 추가해야 한다. 코르도바 API들은 화면을 만들거나 제어하는 기능은 제공하지 않기 때문이다.

코르도바는 HTML5 등 웹 표준을 최대한 반영하면서 자바스크립트 내장 객체를 사용하여 API를 구현한다. 웹 브라우저 안에서 HTML 문서가 로딩될 때 자동으로 생성되는 가장 상위의 객체인 window 객체나 웹 브라우저 정보를 담고 있는 navigator 객체들이 이에 해당한다.

코르도바에서 지원하는 API 종류는 다음과 같다.

〈표 14-1〉 코르도바 API 종류

API 종류	기능
Accelerometer	모션 센서의 가속도 정보를 제공
Camera	카메라 장치 통해 촬영 및 사진 제공
Capture	오디오, 이미지, 비디오 정보 일부를 캡처(녹음/녹화)
Compass	나침반 센서를 통해 방향 정보 제공
Connection	네트워크의 유/무선망 연결 정보 제공
Contacts	연락처 정보의 추가/삭제/검색 제공

Device	장치의 하드웨어/소프트웨어 정보를 제공
Events	폰갭 앱의 실행 중 발생하는 이벤트 처리 지원
File	파일 읽기/쓰기/이동/복사/삭제 지원
Geolocation	GPS 센서를 통해 위치 정보 제공
Media	오디오 파일 재생/녹음 지원
Notification	장치의 알림/진동/경고음 제공
Storage	장치 저장소(데이터베이스) 저장/검색 지원

2. 장치관리 하이브리드앱 개발

코르도바 API를 사용하면 네이티브앱처럼 단말기 안의 다양한 장치와 센서 등에 접근할 수 있어 보다 다양한 앱을 개발할 수 있다. 코르도바 API를 사용하는 예제를 작성해 봄으로써 하이브리드앱을 체험해 보도록 하자.

2.1 장치관리 앱 : deviceApp

장치관리 앱 화면 구성

제이쿼리 모바일을 사용하여 다음과 같은 간단한 앱 화면을 준비한다. 첫 번째 화면은 장치 관리 앱을 실행한 실물 단말기로부터 장치 기본 정보를 획득하여 표시하는 화면이다. 두 번째 화면은 다양한 코르도바 API를 이용하여 각종 장치를 제어하거나 장치의 상태 정보를 요청하는 화면이다.

[그림 14-1] deviceApp의 화면 구성

화면 레이아웃 등의 UI 디자인은 앱타나를 통해 웹 브라우저에서 시험해도 된다. 그러나, 코르도바 API를 사용하여 장치나 저장소 등을 접근 하는 경우에는 가상 단말기나 실물 단말기를 이용하여 시험해야 한다.

다음은 초기 화면을 생성하는 HTML5 태그 내용이다. 헤더바에는 한 줄 제목이, 푸터바 영역에는 두 페이지 간의 이동 버튼 역할을 하는 메뉴바가 고정된다.

[예제14-1] 장치관리 앱 초기 화면 생성하기 index.html의 일부

```
<div data-role="page" id="page1">
    <div data-role="header" data-position="fixed">
        <h1>Cordova API</h1>
    </div>
    <div data-role="content">
        <div class="ui-body ui-body-e"><br/>
            <div class="ui-bar ui-bar-d">
                <h3>단말기 정보</h3>
            </div>
            <div id="infoArea">
                <p>장치 플랫폼 : </p>
                <p>OS 버전 : </p>
                <p>장치 이름 : </p>
                <p>장치 UUID : </p>
                <p>코르도바 버전 : </p>
                <p>화면 너비 : </p>
                <p>화면 높이 : </p>
                <p>색상 깊이 : </p>
            </div>
        </div>
        <button id="btnDeviceInfo">단말기 정보 확인</button>
    </div>
    <div data-role="footer" data-position="fixed">
        <div data-role="navbar">
            <ul>
                <li><a href="#page1">단말기 정보 확인하기</a></li>
                <li><a href="#page2">단밀기 장치 제어하기</a></li>
            </ul>
        </div>
    </div>
</div>
```

'infoArea' 아이디가 설정된 〈div〉 엘리먼트 영역이 단말기 관련 정보들이 표시되는 공간

이다. 초기 화면 하단의 '단말기 정보 확인' 버튼을 누르면 코르도바 API를 호출하게 되고 빈 항목들에 장치 정보가 표시된다.

내부 자바스크립트 함수 구성

코르도바 API를 이용하여 단말기 장치를 제어하기 위해 deviceApp에서 정의한 자바스크립트 함수는 2.2~2.7절까지의 다음 내용을 통해 확인해 본다.

2.2 단말기 정보 확인하기

'단말기 정보 확인하기' 버튼을 누르면 'click' 이벤트가 발생하여 myDeviceInfo.js 파일 안의 getDeviceInfo( ) 자바스크립트 함수를 호출한다. 코르도바는 데이터를 얻거나 실행 결과를 확인할 때 콜백 함수를 사용한다.

[예제14-2] 단말기 장치 준비 확인하기 index.html의 일부

```
$(document).ready(function() {
    initCordova();
    $('#btnDeviceInfo').click(function() {
        getDeviceInfo();
    ... 생략...
});
function initCordova() {
    document.addEventListener('deviceready', onDeviceReady, true);
}
function onDeviceReady() {
    navigator.notification.alert('장치 준비됨', null, '폰갭 API');
}
```

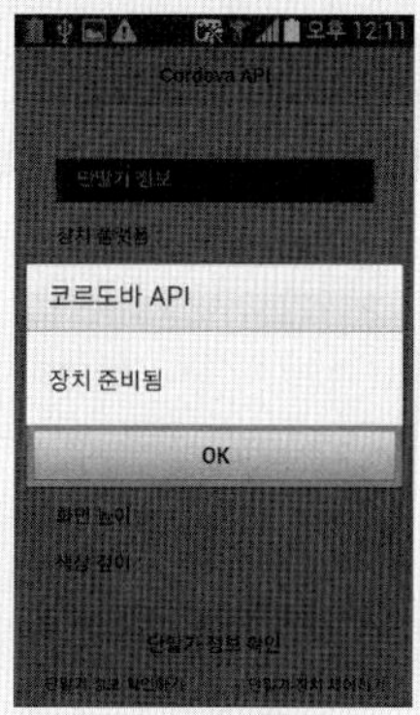

index.html 파일을 메모리로 로드하는 순간 $(document).ready( ) 이벤트 핸들러에 의해 initPhoneGap( ) 함수가 호출된다. initCordova( ) 함수는 장치가 준비되었는지 여부를 확인한다. 'deviceready' 이벤트는 코르도바 라이브러리가 로딩되어 장치를 사용할 준비가 되었음을 알려준다. onDeviceReady( ) 함수는 이벤트 콜백 함수로 장치가 준비되면 호출된다. 장치가 준비된 이후 실행할 내용을 정의한다. '장치 준비됨' 메시지를 확인한 후에는 장치 등을 제어하는 코르도바 API를 사용할 수 있다. $(document).ready( ) 제이쿼리 초기 이벤트 핸들러의 콜백 함수 안에는 화면에서 사용자가 발생시키는 각종 이벤트에 대응하여 처리하는 이벤트 핸들러 함수들을 정의한다.

Note: 경고 창

코르도바에서는 자바스크립트에서 사용하던 경고 창보다 조금 더 상세한 경고 창을 표시할 수 있다.

- 코르도바 경고 창
  navigator.notification.alert('메시지', 콜백 함수, '경고창제목', '버튼제목');
- 자바스크립트 경고 창
  alert('메시지');

document.addEventListener( ) 메소드는 특정 이벤트가 발생했을 때 실행되는 콜백 함수(이벤트 리스너)를 지정한다. 사용 인자는 다음과 같다.

```
document.addEventListener('이벤트이름', 콜백함수, false)
```

세 번째 인자는 이벤트 반응 범주(useCapture)를 설정하는 값으로 코르도바가 객체 이벤트가 아닌 시스템 이벤트에만 반응하기 때문에 대부분 false로 지정한다.

Tip deviceready 이벤트

deviceready 이벤트는 코르도바 프레임워크의 초기화가 완료되어 코르도바 API를 사용할 수 있게 되었음을 알리기 위한 이벤트이다. 대응하는 이벤트 리스너를 구현하고 작동할 코드를 함수 안에 작성한다.
코르도바 이벤트 API인 addEventListener( )는 모바일 장치에서 발생하는 이벤트들에 대한 이벤트 리스너를 등록하는 기능을 제공한다. 제거는 removeEventListener( ) 메소드를 사용하면 된다.

단말기 정보를 화면에 표시하는 getDeviceInfo( )함수는 간단하다. 코르도바에서 제공하는 device 객체를 사용한다.

[예제14-3] 단말기 정보 얻어오기 　　　myDeviceInfo.js의 일부

```
function getDeviceInfo() {
   var msgInfo =
        '<p>장치 플랫폼 : ' + device.platform + '</p>'
      + '<p>OS 버전 : ' + device.version + '</p>'
      + '<p>장치 이름 : ' + device.name + '</p>'
      + '<p>장치 UUID : ' + device.uuid + '</p>'
      + '<p>코르도바 버전 : ' + device.Cordova + '</p>'
      + '<p>화면 너비 : ' + screen.width + '</p>'
      + '<p>화면 높이 : ' + screen.height + '</p>'
      + '<p>색상 깊이 : ' + screen.colorDepth; + '</p>'
   $('#infoArea').html(msgInfo);
};
```

코르도바 device 객체는 단말기 관련 하드웨어와 소프트웨어 정보를 제공하는 객체이다. window 객체에 할당되어 있어 전역 변수로 프로그램 어디에서나 접근할 수 있다. 콜백 함수를 사용하지 않고 device 객체의 속성값을 직접 참조하여 단말기 상세 정보를 얻을 수 있다.

〈표 14-2〉 코르도바 device 객체 속성

속성	의미
device.platform	플랫폼 종류
device.version	플랫폼 버전
device.name	단말기 모델명
device.uuid	단말기 고유 식별자(UUID: Universally Unique IDentifier)
device.cordova	코르도바 버전
screen.width/height	모니터 해상도 너비/높이
screen.colorDepth;	픽셀당 색상 표현 비트 수

실물 또는 가상 단말기에 따라 장치 정보는 다를 수 있다. 실행 중인 실물 단말기의 정보를 확인하면 다음과 같다. 안드로이드 4.1.2 버전을 사용하고 있는 갤럭시2 스마트폰 장치로 480*800 해상도에 트루 컬러를 지원함을 알 수 있다. 다양한 휴대폰을 연결하여 기본적인 단말기 정보를 확인해 보자.

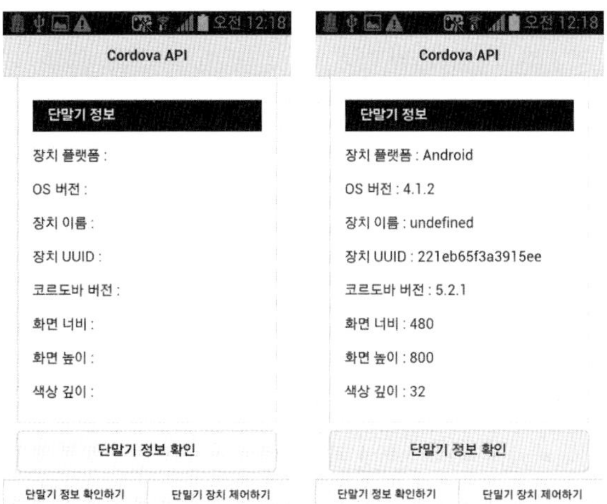

[그림 14-2] deviceApp의 단말기 정보 확인

2.3 진동 시키기

두 번째 '단말기 장치 제어' 화면에는 다섯 개의 버튼이 표시된다. 첫 번째 '진동 시키기' 버튼을 누르면 getVibrate( ) 사용자 정의 함수를 호출한다.

[예제14-4] 단말기 진동시키기 myDeviceInfo.js의 일부

```
function getVibrate() {
   navigator.vibrate(1000);
};
```

getVibrate( ) 함수는 클릭 이벤트 함수로 한 줄짜리 간단한 코드이다. navigator 객체의 vibrate( ) 메소드는 진동을 발생시킨다. 인자로 진동 지속 시간을 지정하는데 단위는 밀리초(milisecond)이다. 예제의 경우에는 1,000밀리초 즉, 1초 동안 진동이 지속된다.

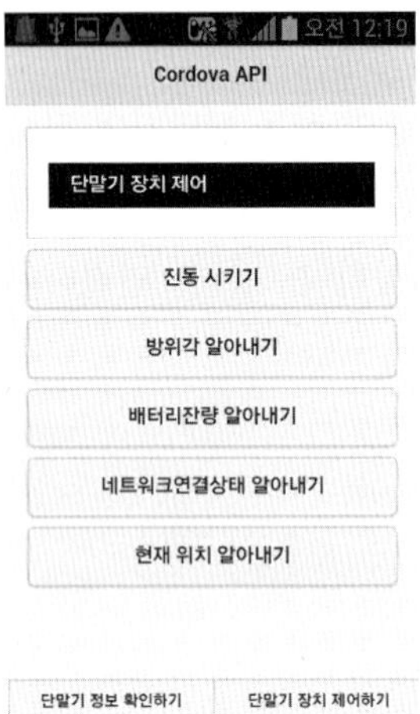

[그림 14-3] deviceApp의 단말기 장치 제어(진동 시키기)

진동 대신 알림음을 원하면 'navigator.beep(반복횟수);' 코드로 대체하면 된다. 반복 횟수는 알림음을 반복 재생할 횟수를 나타내는 수치값이다.

2.4 방위각 정보 확인하기

두 번째 '방위각 알아내기' 버튼을 누르면 버튼 이벤트 함수인 getCompass( ) 사용자 정의 함수를 호출한다.

[예제14-5] 단말기 방위각 얻어오기 myDeviceInfo.js의 일부

```
function getCompass() {
   navigator.compass.getCurrentHeading(
   function(heading) {
      $('#resultArea').html('<p>방위각 : ' + heading.trueHeading + '</p>');
   },
   function() {
      $('#resultArea').html('<p>방위각 오류</P>');
   });
};
```

방위각은 단말기 안의 나침반 센서(compass) 장치가 제공한다. 최신 스마트폰은 대부분 칩에 센서를 포함한다. 방위각을 얻기 위해 사용하는 객체는 navigator.compass이다. 코르도바의 compass 객체는 단말기가 가리키는 방향 정보를 제공한다. navigator.compass 객체의 getCurrentHeading(onSuccess, onFail) 메소드에 콜백 함수를 지정하면 현재 단말기의 방위각을 얻을 수 있다. 첫 번째 인자 함수는 방위각 읽기가 성공했을 때 실행되는 콜백 함수로 'resultArea' 아이디를 갖는 〈div〉 엘리먼트 안에 방위각 정보를 표시한다. 두 번째 인자 함수는 실패 시 실행되는 콜백 함수로 같은 영역에 오류 메시지를 표시한다. 성공시 호출되는 콜백 함수의 인자로 전달되는 heading 객체의 'trueHeading' 속성은 정북을 기준으로 방위각을 숫자로 반환한다. 단말기를 수평으로 놓은 상태에서 단말기 위쪽이 향하는 방위각이 표시된다. 정북쪽이 0°이며 동쪽이 90°, 서쪽이 270°, 시계 방향으로 0~359.99° 사이의 값을 갖는다.

[그림 14-4] deviceApp의 단말기 정보 확인(방위각 알아내기)

2.5 배터리 정보 확인하기

세 번째 '배터리 잔량 알아내기' 버튼을 누르면 버튼 이벤트 함수인 getBattery( ) 함수를 호출한다.

[예제14-6] 단말기 배터리 정보 얻어오기 myDeviceInfo.js의 일부

```
function getBattery() {
   document.addEventListener('batterystatus', function(info) {
      $('#resultArea').html('<p>배터리 잔량 : ' + info.level + ' %</p>');
   }, false);
};
```

모바일 장치는 배터리가 중요한 요소이기 때문에 보통 잔량 상태에 따라 경고 메시지를 보여준다. 이때 사용되는 것이 배터리 관련 이벤트이다. 다음 상태에 따라 해당 이벤트가 발생한다.

- 경고 상태일 때: batterylow 이벤트
- 심각 상태일 때: batterycritical 이벤트
- 배터리 충전 상태가 변할 때: batterystatus 이벤트

batterystatus 이벤트를 이용하여 현재 단말기의 배터리 잔량을 알아낼 수 있다. 배터리 잔량이 변화할 때 호출되는 콜백 함수의 인자로 전달되는 info 객체의 'level' 속성은 배터리의 충전 상태를 퍼센트(%) 값으로 반환한다.

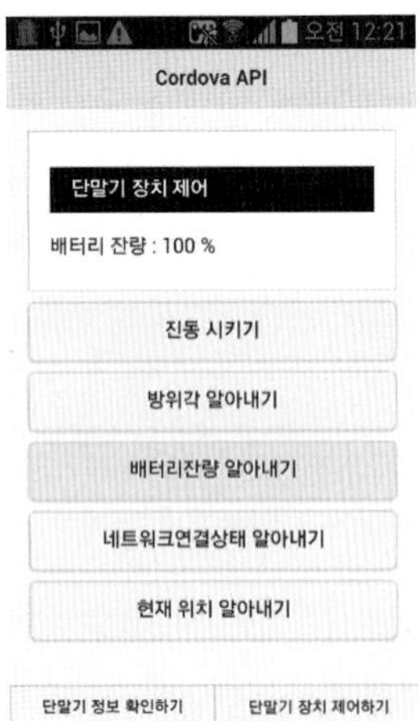

[그림 14-5] deviceApp의 단말기 정보 확인(배터리 잔량 알아내기)

2.6 네트워크 연결 정보 확인하기

네 번째 '네트워크 연결 상태 알아내기' 버튼을 누르면 getConnection( ) 함수를 호출한다.

[예제14-7] 단말기 네트워크 정보 얻어오기 　　　　myDeviceInfo.js의 일부

```
// 네트워크 연결 상태
function getConnection() {
   var status = navigator.network.connection.type
   $('#resultArea').html('<p>네트워크 연결 상태 : ' + status + '</p>');
};
```

connection 객체는 현재 장치가 어떤 방식으로 네트워크와 연결되었는지를 알려 준다. 연결 상태에 따라서 type 속성값으로 'unknown', 'wifi', '3g', '2g', 'none' 등의 문자열을 반환한다.

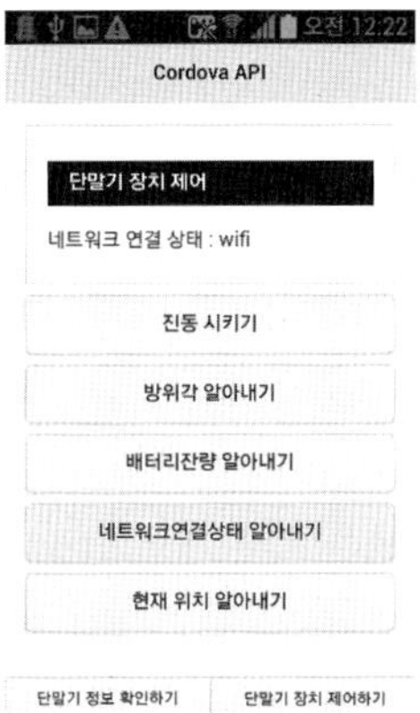

[그림 14-6] deviceApp의 단말기 정보 확인(네트워크 상태 알아내기)

Note: 코르도바 이벤트 유형

배터리 관련 이벤트 외에도 코르도바가 지원하는 이벤트 유형은 다음과 같다.

이벤트 종류	이벤트 유형
장치 초기화 이벤트	deviceready
앱 상태 이벤트	pause, resume
네트워크 상태 이벤트	online, offline
버튼 동작 이벤트	backbutton, menubutton, searchbutton
배터리 관련 이벤트	batterylow, batterycritical, batterystatus

2.7 위치 정보 확인하기

다섯 번째 '현재 위치 알아내기' 버튼을 누르면 getLocation( ) 함수를 호출한다.

[예제14-8] 단말기 위치 정보 얻어오기 myDeviceInfo.js의 일부

```
// 현재 위치 정보
function getLocation() {
   $('#resultArea').html('<p> 위치 정보 탐색중 ...</p>');
   navigator.geolocation.getCurrentPosition(
      function(Position) {
         $('#resultArea').html('<p>위도 : ' + Position.coords.latitude + '</p>'
                              + '<p>경도 : ' + Position.coords.longitude + '</p>');
      },
      function(posError) {
         $('#resultArea').html('<p>위치정보 오류: (' + posError.code + ') ' + posError.message
+ '</P>');
      },
      { maximumAge: 3000, timeout: 50000, enableHighAccuracy: true }
   );
};
```

geolocation 객체는 장치의 GPS를 이용하여 위도와 경도를 알려 준다. getCurrentPosition( ) 메소드를 이용하면 된다. 현재 위치 정보를 정상적으로 획득했다면 첫 번째 인자인 성공 콜백 함수를 호출하는데 이때, Position 객체에 현재 위치 정보를 포함해 전달한다. Position 객체 안에는 위도 정보를 갖는 latitude 속성과 경도 정보를 갖는 longitude 속성을 갖는 coords 객체가 포함된다. 두 번째 인자인 실패 콜백 함수에는 오류 내용이 posError 객체에 담겨 전달된다. getCurrentPosition( ) 메소드의 세 번째 인자는 위치 정보를 획득하는데 필요한 설정을 위해 다음 속성을 명세한다. 시간 정보의 단위는 밀리초(ms)이다.

〈표 14-3〉 getCurrentPosition( ) 메소드의 세 번째 인자, 선택사항(options)

속성	의미
maximumAge	실제 위치 정보를 대신할 이전 캐시 정보의 최대 유효 지속 시간
timeout	콜백 함수 호출되기까지의 최대 대기시간
enableHighAccuracy	앱 정밀값 측정 여부(true로 설정)
frequency	위치 정보 측정 주기

예제는 '50초' 안에 위치 정보를 읽어오도록 대기한다. 획득한 위치 정보는 최대 3초간 유효하다. 실행 결과로 위도와 경도 좌표 값을 표시한다.

[그림 14-7] deviceApp의 단말기 정보 확인(현재 위치 알아내기)

2.8 코르도바 프로젝트 생성 및 실행

코르도바 프로젝트를 생성하고 패키징을 통해 실물 단말기와 가상 단말기 그리고, 폰갭 디벨로퍼 앱을 통해 실행해 본다. 13장에서 웹앱 dokdoApp을 코르도바를 이용해 하이브리드앱으로 변환해 보았다. [부록E]의 실습 과정을 따라 코르도바 API를 이용한 진정한 의미의 하이브리드 앱을 개발해 보도록 하자.

기본 프로젝트 생성하기

[부록E]의 안드로이드 코르도바 프로젝트 앱 실습 내용을 참조하여 코르도바 기본 프로젝트를 생성하자. 명령 프롬프트 창에서 다음 명령어를 입력하여 실행한다.

```
>>cd c:₩hybridProject
>>cordova create device com.example.device deviceApp
```

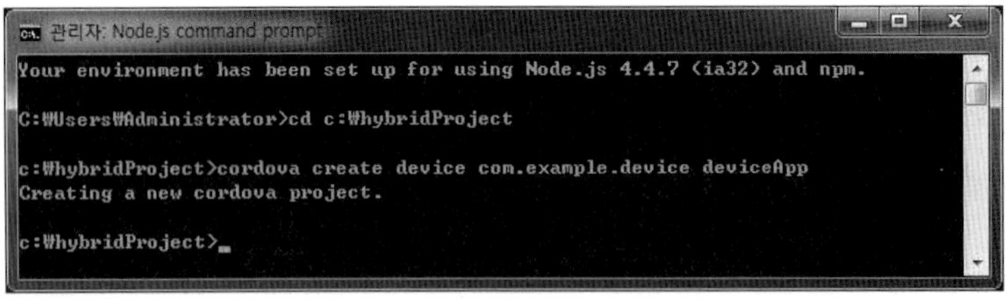

[그림 14-8] deviceApp 코르도바 프로젝트 생성

'device' 프로젝트 폴더 안에 'deviceApp' 프로젝트 이름을 갖는 코르도바 프로젝트가 생성된다.

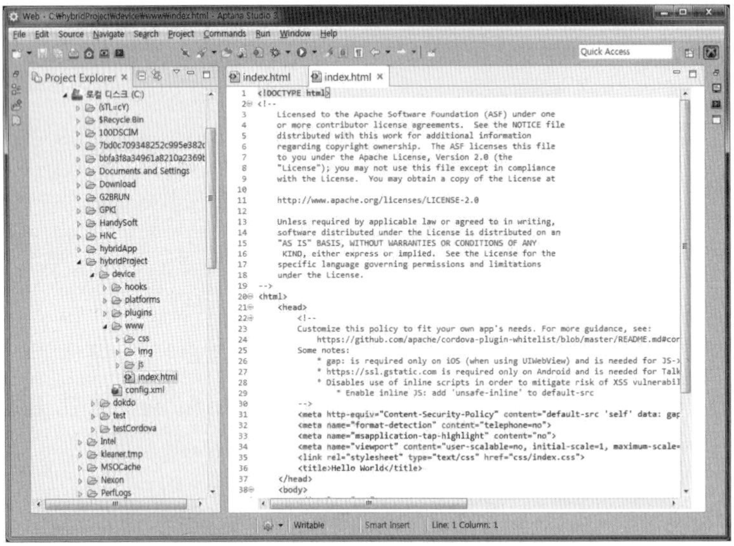

[그림 14-9] deviceApp 코르도바 기본 프로젝트 초기 생성 내용

코르도바 패키징

자동 생성된 deviceApp 기본 코르도바 프로젝트를 [그림 14-10] 코드처럼 수정하여 코르도바 앱으로 패키징해서 실행 파일로 변환해 보자.

- 앱 소스 파일 작성(복사)

deviceApp 프로젝트의 "hybridProject₩device₩www₩" 폴더 밑의 기존 index.html 파일을 삭제하고 [실습14-1], [실습14-2] 코드 내용을 참조하여 index.html과 myDeviceInfo.js 소스 파일을 작성한다. 제공된 소스 코드 중에서 "₩code₩ch14_ deviceApp"의 index.html과 myDeviceInfo.js 소스 파일을 함께 복사해도 된다.

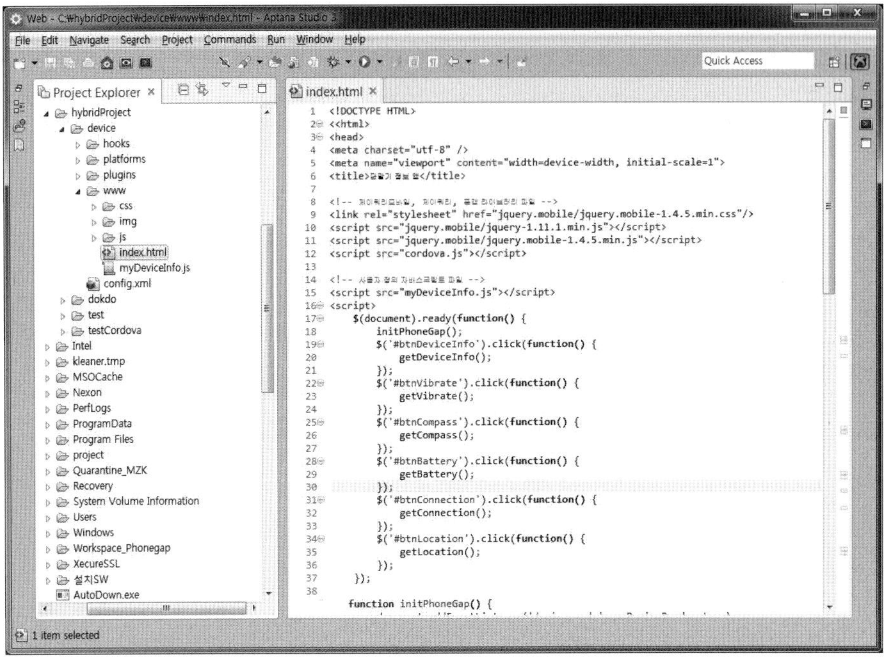

[그림 14-10] index.html과 deviceApp 소스 코드의 작성

■ 라이브러리 파일 복사

다운로드 방식으로 제이쿼리 모바일 라이브러리를 적용하려면 프로젝트 폴더 안에 라이브러리 파일을 포함하여야 한다. 13장처럼 제이쿼리 모바일 사이트(http://jquerymobile.com)와 제이쿼리 사이트(http://jquery.com)에서 가장 최신 버전의 라이브러리 파일을 직접 다운로드 받아 deviceApp 코르도바 프로젝트의 "hybridProject₩device₩www₩" 폴더 밑에 'jquery.mobile' 폴더를 생성하고 그 안에 복사한다.

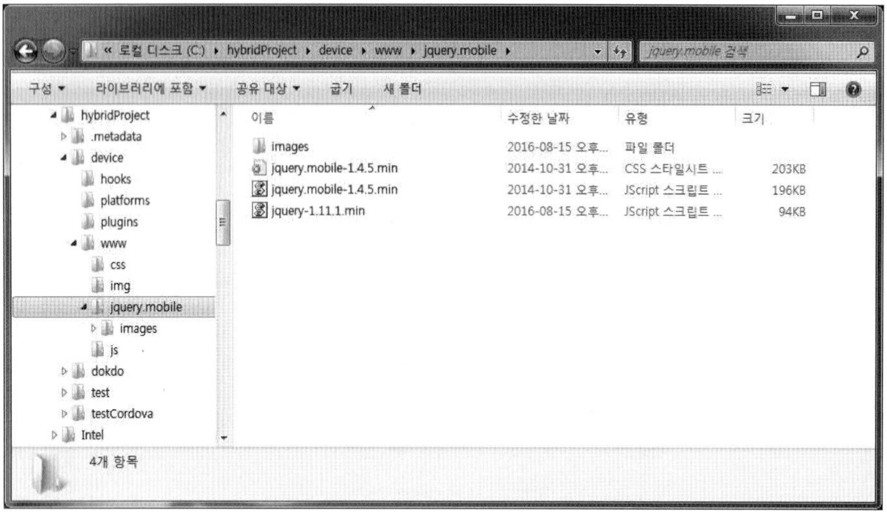

[그림 14-11] 제이쿼리 모바일 라이브러리 파일 추가

■ 라이브러리 참조 선언 확인

deviceApp 프로젝트의 index.html 내용에 다음과 같이 라이브러리 참조 선언이 포함되어 있는지 확인한다.

1) 메타 태그 선언

```
<meta charset="utf-8"/>
<meta name="viewport" content="width=device-width, initial-scale=1"/>
```

2) 제이쿼리 모바일 프레임워크 참조 선언

```
<link rel="stylesheet" href="jquery.mobile/jquery.mobile-1.4.5.min.css">
<script src="jquery.mobile/jquery-1.11.1.min.js"></script>
<script src="jquery.mobile/jquery.mobile-1.4.5.min.js"></script>
```

3) 코르도바 프레임워크 참조 선언

```
<script src="cordova.js"></script>
```

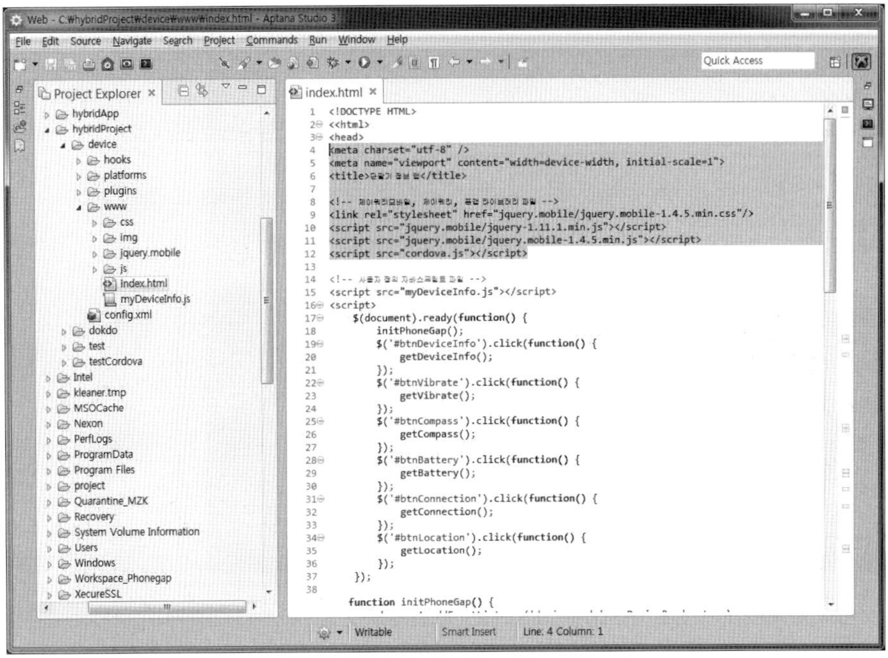

[그림 14-12] 코르도바 앱 생성을 위한 index.html 확인

안드로이드 플랫폼 추가

다음으로 'device' 코르도바 프로젝트 폴더로 이동하여 안드로이드 플랫폼 파일들을 추가한다.

```
>>cd c:₩hybridProject₩device
>>cordova platform add android
```

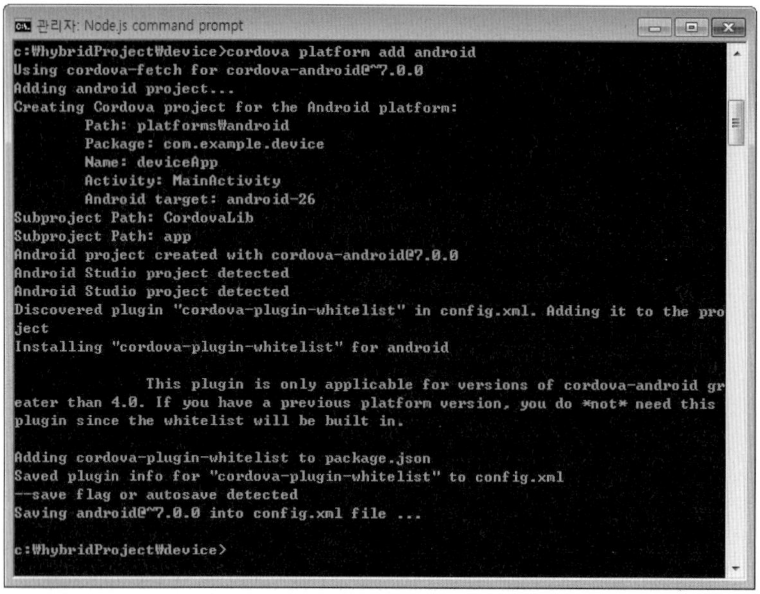

[그림 14-13] deviceApp 코르도바 프로젝트에 안드로이드 플랫폼 추가

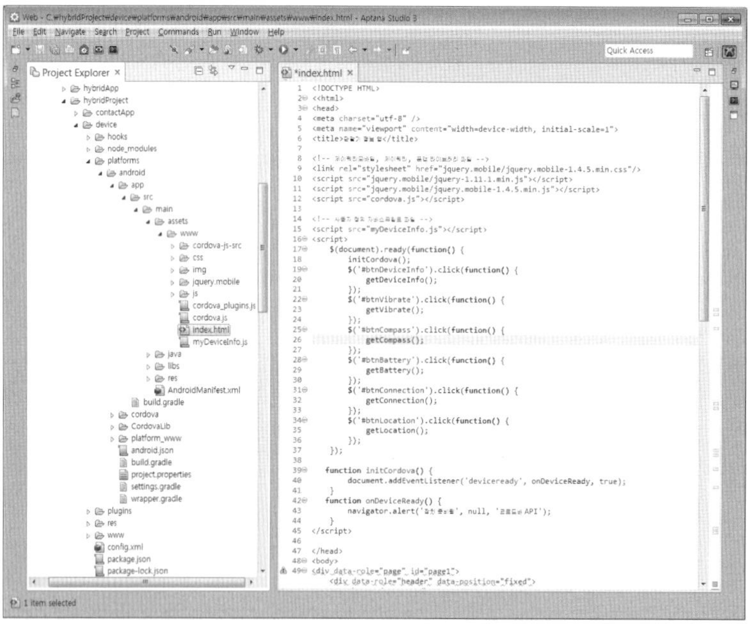

[그림 14-14] deviceApp 안드로이드 코르도바 프로젝트 초기 생성 내용

명령을 실행하면 왼쪽 패키지 탐색 트리에서 보는 것처럼 필요한 폴더와 파일들을 자동

으로 "C:₩hybridProject₩device₩platforms₩android₩app₩src₩main₩assets₩www" 코르도바 프로젝트 폴더에 포함시켜준다.

> **Tip 폰갭 앱의 아이콘 이미지를 변경하고 싶다면 . . .**
>
> 만약, 내 스마트폰에 설치된 폰갭 앱의 아이콘 이미지를 새롭게 지정하고 싶다면 기존 "₩www₩img₩logo.png" 파일을 다른 이미지 파일로 대체하면 된다. 파일 이름은 동일하게 logo.png 파일로 변경한다.

코르도바 플러그인 추가하기

플러그인(plugin)은 장치 접근용 자바스크립트 인터페이스를 제공하기 위해 추가(add-on)되는 코드 패키지이다. 코르도바는 플러그인을 통하여 웹 앱에서 불가능했던 모바일 장치들을 사용할 수 있도록 지원한다. 코르도바 3.0부터는 이전까지 프레임워크에 기본 내장되던 네이티브 기능들도 모두 플러그인 형태로 제공된다. 모바일 장치들을 사용하려면 원하는 장치에 대한 제어 기능을 제공하는 플러그인을 코르도바 프로젝트에 추가해야 한다.

코르도바에서는 필요로 하는 플러그인을 프로젝트에 개별적으로 추가하도록 함으로써 유연하게 플러그인을 관리하도록 한다. 플러그인을 추가하려면 "cordova plugin" 명령어를 사용한다.

```
>>cordova plugin add <플러그인 이름>
```

아파치 코르도바가 제공하는 기본 플러그인 API 목록은 다음과 같다. 플러그인들을 추가로 더 알고 싶다면 코르도바 플러그인 사이트(http://cordova.apache.org/plugins/)를 방문해 보도록 하자.

〈표 14-4〉 코르도바 플러그인 종류

플러그인 이름	기능
cordova-plugin-battery-status	배터리 상태 정보를 제공
cordova-plugin-camera	카메라 장치 통해 촬영 및 사진 제공
cordova-plugin-contacts	연락처 정보의 추가/삭제/검색 제공
cordova-plugin-device	장치의 하드웨어/소프트웨어 정보를 제공
cordova-plugin-device-motion	모션 센서의 가속도 정보를 제공

cordova-plugin-device-orientation	나침반 센서를 통해 방향 정보 제공
cordova-plugin-file	파일 읽기/쓰기/이동/복사/삭제 지원
cordova-plugin-geolocation	GPS 센서를 통해 위치 정보 제공
cordova-plugin-media	미디어 파일 재생/녹음 지원
cordova-plugin-media-capture	오디오, 이미지, 비디오 정보 일부를 캡처(녹음/녹화)
cordova-plugin-network-information	네트워크의 유/무선망 연결 정보 제공
cordova-plugin-vibration	장치의 진동을 제어
cordova-plugin-dialogs	경고창 제공
cordova-plugin-console	로그, 오류 정보 제공

플러그인은 〈표 14-4〉의 네이티브 기능들 중 하나를 제공하는 패키지이다. 하나의 플러그인 패키지에는 플러그인 정보와 자바스크립트 인터페이스, 플랫폼별 네이티브 코드, 관련된 또 다른 플러그인과의 의존 관계가 포함된다.

다음 단계로 'device' 폰갭 프로젝트 폴더로 이동하여 코르도바 플러그인들을 추가한다.

```
>>cd c:₩hybridProject₩device
>>cordova plugin add cordova-plugin-device
>>cordova plugin add cordova-plugin-vibration
>>cordova plugin add cordova-plugin-device-orientation
>>cordova plugin add cordova-plugin-battery-status
>>cordova plugin add cordova-plugin-network-information
>>cordova plugin add cordova-plugin-geolocation
>>cordova plugin add cordova-plugin-dialogs
>>cordova plugin add cordova-plugin-console
```

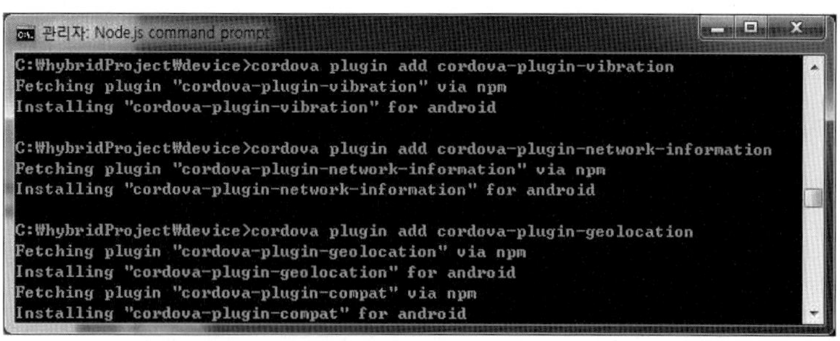

[그림 14-15] 필요한 코르도바 플러그인 추가

추가한 코르도바 플러그인 API들이 설치되었는지 확인하려면 'list' 옵션을 사용하여 다음 명령어를 실행한다. 프로젝트에 설치된 모든 플러그인들의 목록을 표시한다.

```
>>cordova plugin list
```

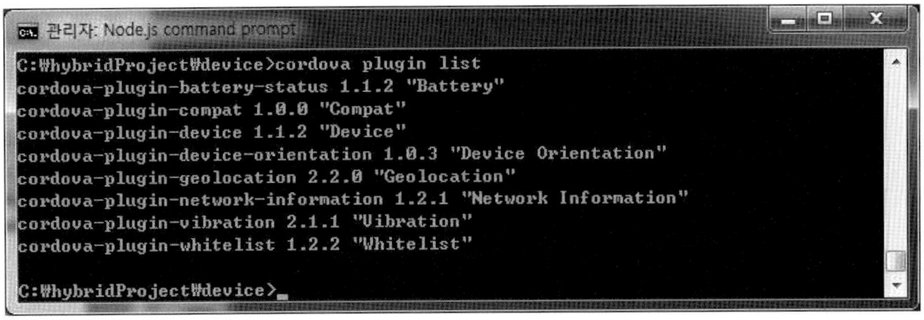

[그림 14-16] 설치한 코르도바 플러그인 목록 확인

"cordova plugin add" 명령을 실행하면 다음과 같이 'device' 프로젝트 폴더 아래 'plugins' 폴더에 추가한 플러그인이 다운로드되어 설치된다. 플러그인 설치가 끝나고 "cordova build" 또는 "cordova run" 명령을 실행하면 플러그인의 네이티브 코드와 설정, 자바스크립트 인터페이스 파일이 각 플랫폼의 프로젝트에 반영된다. "hybridProject₩device₩platforms₩android₩app₩src" 폴더 안에는 자바 네이티브 코드가 배치되고 이에 대응되는 자바스크립트 파일들은 "hybridProject₩device₩platforms₩android₩Platform_www₩plugins₩cordova-plugin-*******" 폴더 안에서 확인할 수 있다.

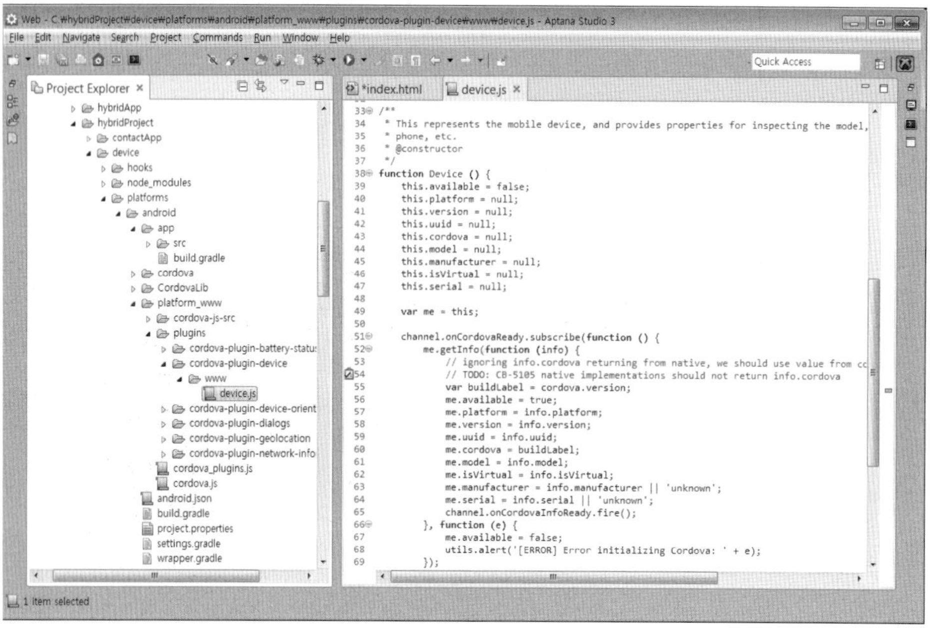

[그림 14-17] 설치한 코르도바 플러그인 파일 확인

플러그인이 설치되면 "hybridProject₩device₩config.xml" 파일 안에 설치된 플러그인 관련 설정 항목이 추가된다. 그리고 "hybridProject₩device₩platforms₩android₩app₩src₩main₩AndroidManifest.xml" 파일 안에도 플러그인 실행에 필요한 허가(permission) 설정이 추가된다.

> **Tip 코르도바 플러그인 제거**
>
> 설치했던 플러그인 중에서 더 이상 필요하지 않은 플러그인은 배포 후 설치 과정에서 사용자에게 불필요한 권한을 요구할 수 있으므로 제거해야 한다. 설치된 플러그인을 제거할 때는 다음과 같이 명령어를 입력하여 삭제한다.
>
> ```
> >>cordova plugin remove cordova-plugin-device
> ```

코르도바 프로젝트 실행하기

앞에서 생성한 deviceApp 코르도바 프로젝트를 실물 단말기와 폰갭 디벨로퍼 앱 그리고, 가상 단말기에서 각각 실행해 보자.

■ 실물 단말기에서 실행

스마트폰과 개발 중인 컴퓨터를 USB로 연결하고 [부록E-2]를 참조하여 필요한 설정을 완료한 후, 다음 명령어를 실행한다. 이후 'www' 폴더 밑의 소스들을 변경할 경우, 매번 위의 명령어 실행 과정을 반복하여 실물 단말기에 새로운 실행 파일이 설치되도록 해야 한다.

```
>>cordova run android
```

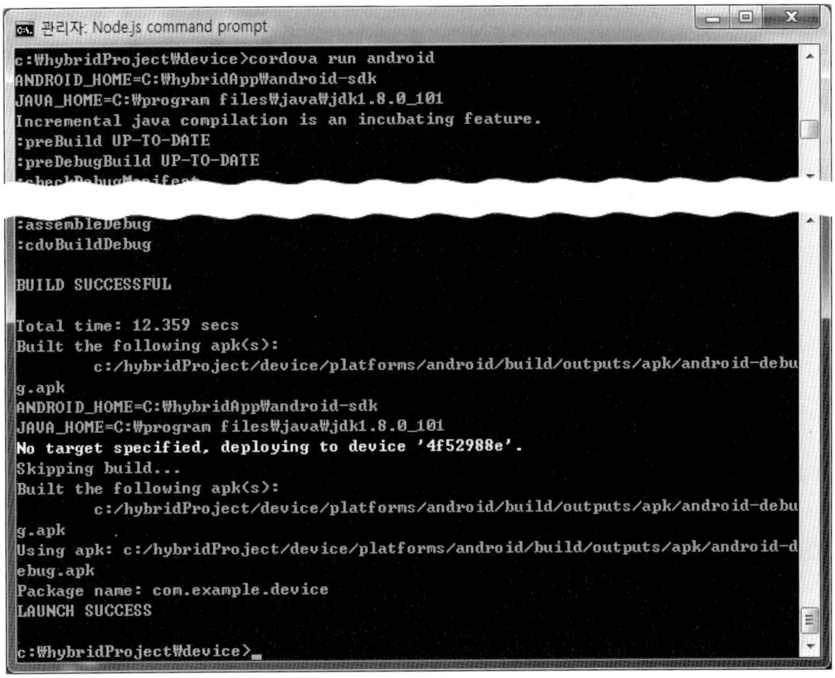

[그림 14-18] deviceApp 실물 단말기 실행

명령어 실행의 결과로 자동으로 deviceApp 프로그램이 실행됨을 확인할 수 있다. 다음 화면은 실물 단말기에서 생성한 코르도바 프로젝트의 실행 결과이다. 웹 브라우저에서 접속한 웹 페이지가 아니라 컴파일된 네이티브 앱의 화면이다.

[그림 14-19] deviceApp 실물 단말기 실행 결과

스마트폰에서 deviceApp를 선택하여 실행하더라도 같은 앱 실행 결과를 확인할 수 있다.

Tip 코르도바 앱 디버깅

이전에는 하이브리드 앱을 개발할 때 가능하면 먼저 브라우저로 충분히 시험한 뒤에 실물 단말기에 설치하도록 권장했었다. 실물 단말기나 가상 단말기에 설치 후 시험 과정에서 스크립트 관련 오류를 확인하기 어려웠기 때문이다.

이제는 개발 컴퓨터에서 크롬 브라우저를 이용하면 안드로이드 실물 단말기에서 실행중인 코르도바 앱의 오류를 원격으로 디버깅할 수 있다. 이때, 개발 컴퓨터에는 실물 단말기의 USB 드라이버가 설치되어 있어야 한다. 또, 실물 단말기는 개발자 모드에서 USB 디버깅이 설정되어 있는 상태로 개발 컴퓨터와 USB로 연결되어야 한다.

개발 컴퓨터의 크롬 브라우저 주소창에 "chrome://inspect" 주소를 입력한다.

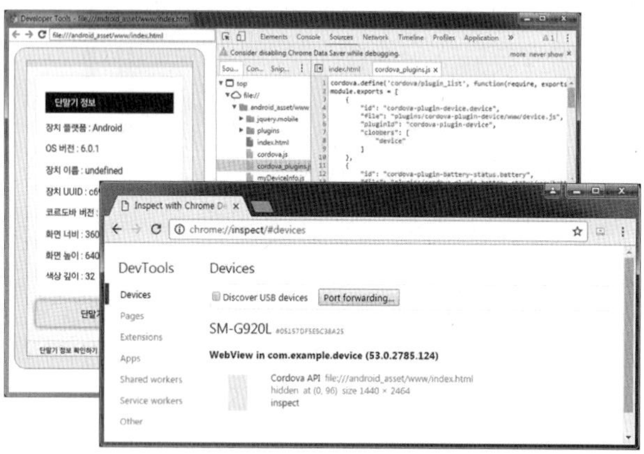

브라우저 화면에는 실물 단말기에서 실행중인 브라우저나 웹 뷰 기반의 하이브리드 앱 목록이 표시된다. 디버깅하려는 앱을 찾아 [inspect] 링크를 선택한다. 표시되는 스크립트 디버그 창을 통해 크롬 브라우저의 스크립트 디버거 기능을 실물 단말기에서 실행중인 앱 화면에 대해서도 원격으로 동일하게 사용할 수 있다. [Console] 탭을 누르면 코르도바 앱에서 출력되는 로그 기록들을 확인할 수 있어 실행 중인 앱의 상태나 오류 등을 수정하는데 도움이 된다. 특히, SQLite 연동 앱을 개발할 때 DB 변경 내용을 확인할 수 있어 유용하다.

■ 가상 단말기에서 실행

실물 단말기를 사용하지 않고도 개발 컴퓨터에서 개발 중인 앱의 동작을 확인할 수 있도록 에뮬레이터 즉, 가상 단말기가 제공된다. [부록E-3]에서 설치한 가상 단말기를 이용하여 deviceApp을 실행해 보자. "C:₩hybridApp₩android-sdk₩AVD Manager.exe" 실행 파일을 더블클릭하여 안드로이드 AVD Manager를 실행하고 다음과 같이 설치된 AVD들 중 하나를 선택하여 구동시킨다.

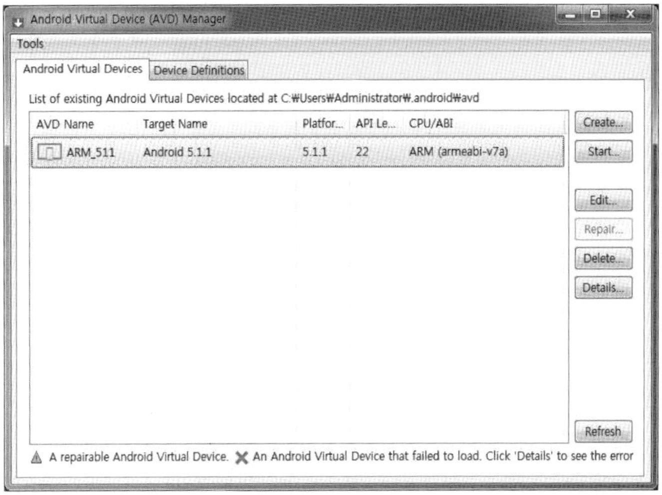

[그림 14-20] 가상 단말기 AVD의 선정

기다리면 다음과 같은 가상 단말기 창이 나오면서 부팅이 되고 마우스를 이용하여 잠금을 해제함으로써 가상 단말기로 시험할 수 있는 환경을 준비한다.

[그림 14-21] 가상 단말기 구동 결과

가상 단말기 실행을 확인한 후에 다음 명령어를 실행함으로써 deviceApp 폰갭 프로젝트 앱을 가상 단말기에서 실행한다. 가상 단말기 AVD가 여러 개인 경우, "cordova emulate --target=ARM_511 android" 또는 "cordova run --target=ARM_511 android"처럼 특정 AVD를 지정하여 실행할 수 있다.

```
>>cordova emulate android
```

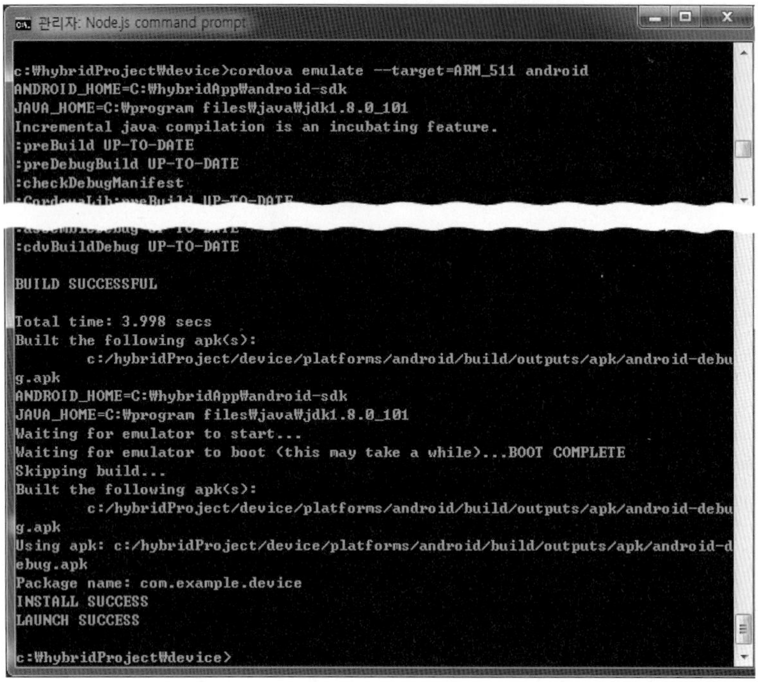

[그림 14-22] deviceApp 가상 단말기 실행

코르도바 프로젝트 'www' 폴더 안의 소스 파일을 이용하여 안드로이드 플랫폼용 기본 프로젝트를 빌드한 후 빌드한 앱을 가상 단말기(에뮬레이터)에 실행하면 다음과 같은 결과를 보여준다.

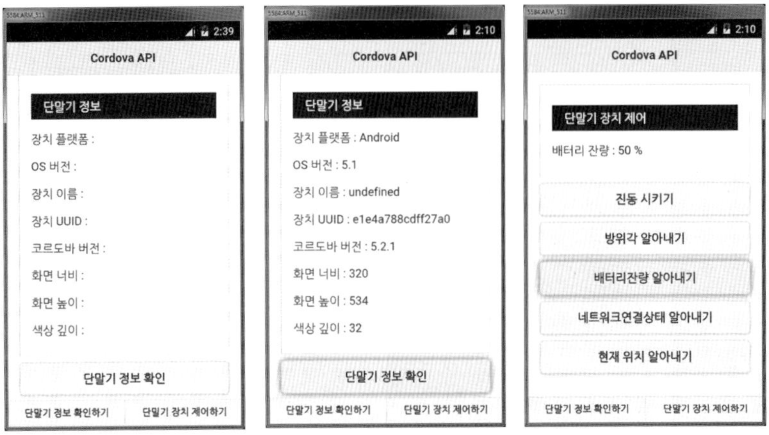

[그림 14-23] deviceApp 가상 단말기 실행 결과

■ 폰갭 디벨로퍼 앱에서 실행

'device' 폰갭 프로젝트 폴더로 이동하고 [부록E-4]를 참조하여 다음 명령어를 입력하여 폰갭용 웹서버가 실행되도록 한다.

```
>>cd c:\hybridProject\device
>>phonegap serve
```

이때, 서버 역할을 하는 개발 컴퓨터와 스마트폰이 동일한 네트워크를 통해 접속해야 한다.

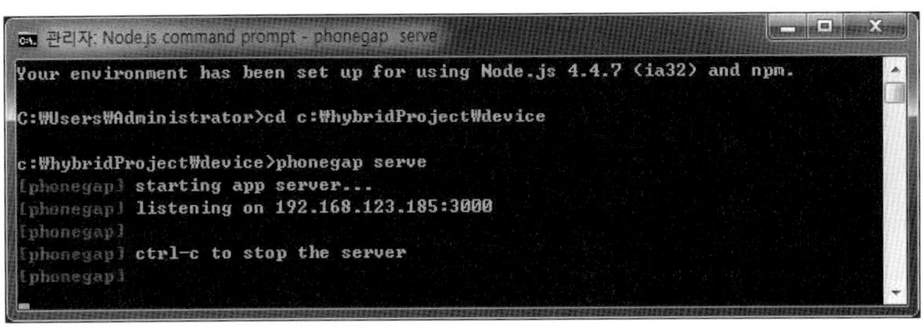

[그림 14-24] 폰갭 웹서버 구동

스마트폰에서 [폰갭 디벨로퍼 앱]을 실행하여 [Server Address] 부분에 해당 IP 주소와 포트번호를 직접 입력하고 [Connect] 버튼을 선택 한다.

[그림 14-25] 폰갭 디벨로퍼 앱 실행

[Connect] 버튼을 클릭함으로써 개발 컴퓨터에서 접속하게 되고 개발 중인 코르도바 앱의 실행 결과를 자신의 스마트 폰에서 확인할 수 있다. 이후에 앱의 소스 파일(예를 들면, 코르도바 프로젝트 폴더 밑의 'www' 폴더 안의 index.html)들을 수정할 경우, 즉각적으로 디벨로퍼 앱에 반영되어 표시되므로 실물 단말기에서 실시간으로 앱을 시험할 수 있어 매우 편리하다.

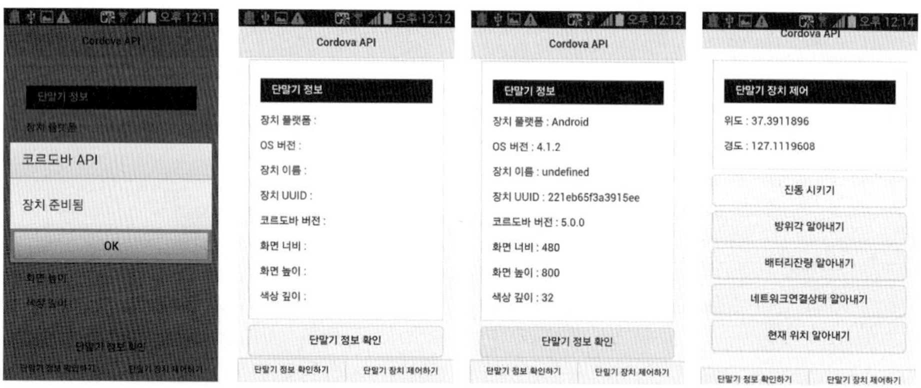

[그림 14-26] deviceApp의 폰갭 디벨로퍼 앱 실행 결과

이제 코르도바 API를 이용하여 모바일 장치를 접근하고 제어하는 하이브리드앱을 생성할 수 있게 되었다. 이 후에 나오는 이 책의 모든 코르도바 앱을 생성할 때 동일한 과정을 반복한다.

2.9 실습 예제 코드

[실습14-1] 장치관리 앱 화면 작성하기 /ch14_deviceApp/index.html

```
<!DOCTYPE HTML>
<html>
<head>
<meta charset="utf-8"/>
<meta name="viewport" content="initial-scale=1.0, width=device-width">
<title>단말기 정보 앱</title>

<!-- 제이쿼리모바일, 제이쿼리, 폰갭 라이브러리 파일(다운로드 방식) -->
<link rel="stylesheet" href="jquery.mobile/jquery.mobile-1.4.5.min.css"/>
<script src="jquery.mobile/jquery-1.11.1.min.js"></script>
<script src="jquery.mobile/jquery.mobile-1.4.5.min.js"></script>
<script src="cordova.js"></script>

<!-- 사용자 정의 자바스크립트 파일 -->
<script src="myDeviceInfo.js"></script>
<script>
    $(document).ready(function() {
        initCordova();
        $('#btnDeviceInfo').click(function() {
            getDeviceInfo();
        });
        $('#btnVibrate').click(function() {
            getVibrate();
        });
        $('#btnCompass').click(function() {
            getCompass();
        });
        $('#btnBattery').click(function() {
            getBattery();
        });
        $('#btnConnection').click(function() {
            getConnection();
        });
        $('#btnLocation').click(function() {
            getLocation();
        });
    });

  function initCordova() {
        document.addEventListener('deviceready', onDeviceReady, true);
    }
```

```
  function onDeviceReady() {
          navigator.notification.alert('장치 준비됨', null, '코르도바 API');
      }
</script>

</head>
<body>

<!-- 단말기 정보 화면 -->
<div data-role="page" id="page1">
    <div data-role="header" data-position="fixed">
        <h1>Cordova API</h1>
    </div>
    <div data-role="content">
        <div class="ui-body ui-body-e"><br/>
            <div class="ui-bar ui-bar-d"><h3>단말기 정보 </h3></div>
            <div id="infoArea">
                <p>장치 플랫폼 : </p>
                <p>OS 버전 : </p>
                <p>장치 이름 : </p>
                <p>장치 UUID : </p>
                <p>코르도바 버전 : </p>
                <p>화면 너비 : </p>
                <p>화면 높이 : </p>
                <p>색상 깊이 : </p>
            </div>
        </div>
        <button id="btnDeviceInfo">단말기 정보 확인</button>
    </div>
    <div data-role="footer" data-position="fixed">
        <div data-role="navbar">
            <ul>
                <li><a href="#page1">단말기 정보 확인하기</a></li>
                <li><a href="#page2">단밀기 장치 제어하기</a></li>
            </ul>
        </div>
    </div>
</div>

<!-- 단말기 장치 제어 화면 -->
<div data-role="page" id="page2">
    <div data-role="header" data-position="fixed">
        <h1>Cordova API</h1>
    </div>
    <div data-role="content">
```

```
            <div class="ui-body ui-body-a"><br/>
                <div class="ui-bar ui-bar-b"><h3>단말기 장치 제어 </h3></div>
                <div id="resultArea">
                    <p></p>
                </div>
            </div>
            <button id="btnVibrate">진동 시키기</button>
            <button id="btnCompass">방위각 알아내기</button>
            <button id="btnBattery">배터리잔량 알아내기</button>
            <button id="btnConnection">네트워크연결상태 알아내기</button>
            <button id="btnLocation">현재 위치 알아내기</button>
        </div>
        <div data-role="footer" data-position="fixed">
            <div data-role="navbar">
                <ul>
                    <li><a href="#page1">단말기 정보 확인하기</a></li>
                    <li><a href="#page2">단말기 장치 제어하기</a></li>
                </ul>
            </div>
        </div>
    </div>
</body>
</html>
```

[실습14-2] 장치관리 앱 코드 작성하기 /ch14_deviceApp/myDiviceInfo.js

```
// 단말기 정보
function getDeviceInfo() {
    var msgInfo =
        "<p>장치 플랫폼 : " + device.platform + "</p>"
      + "<p>OS 버전 : " + device.version + "</p>"
      + "<p>장치 이름 : " + device.name + "</p>"
      + "<p>장치 UUID : " + device.uuid + "</p>"
      + "<p>코르도바 버전 : " + device.Cordova + "</p>"
      + "<p>화면 너비 : " + screen.width + "</p>"
      + "<p>화면 높이 : " + screen.height + "</p>"
      + "<p>색상 깊이 : " + screen.colorDepth; + "</p>"
    $("#infoArea").html(msgInfo);
};

// 단말기 진동
function getVibrate() {
    navigator.vibrate(1000);
};
```

```
// 단말기 방위각
function getCompass() {
  navigator.compass.getCurrentHeading(
  function(heading) {
    $("#resultArea").html("<p>방위각 : " + heading.trueHeading + "</p>");
  },
  function() {
    $("#resultArea").html("<p>방위각 오류</P>");
  });
};

// 단말기 배터리
function getBattery() {
  window.addEventListener("batterystatus", function(info) {
    $("#resultArea").html("<p>배터리 잔량 : " + info.level + " %</p>");
  }, false);
};

// 네트워크 연결 상태
function getConnection() {
  var status = navigator.network.connection.type
  $("#resultArea").html("<p>네트워크 연결 상태 : " + status + "</p>");
};

// 현재 위치
function getLocation() {
  $("#resultArea").html("<p> 위치 정보 탐색중 ...</p>");
  navigator.geolocation.getCurrentPosition(
    function(Position) {
      $("#resultArea").html("<p>위도 : " + Position.coords.latitude + "</p>"
                + "<p>경도 : " + Position.coords.longitude + "</p>");
    },
    function(posError) {
        $("#resultArea").html("<p>위치정보 오류: (" + posError.code + ") " + posError.
message + "</P>");
    },
     { maximumAge: 3000, timeout: 50000, enableHighAccuracy: true }
  );
};
```

③ 사진관리 하이브리드앱 개발

코르도바 API를 사용하면 스마트폰의 카메라로 사진을 찍어 이미지를 얻을 수 있다. 또, 스마트폰의 저장된 사진을 읽어 확인할 수도 있다. 카메라 관련 코르도바 API는 getPicture( ) 함수를 이용하여 쉽게 구현할 수 있다. 코르도바 API를 활용한 앱을 만들어보자.

3.1 사진관리 앱 : cameraApp

사진 앱 화면 구성

제이쿼리 모바일을 사용하여 다음 앱 화면을 준비한다. 초기 화면은 사진 없이 빈 화면으로 시작되어 촬영한 사진이나 저장된 사진을 불러와 표시하는 기능을 구현해 보자.

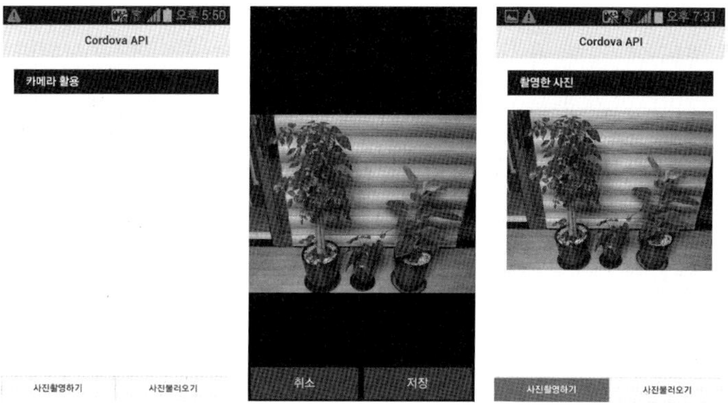

[그림 14-27] cameraApp의 화면 구성

다음은 UI 화면 관련 HTML5 태그 내용이다.

[예제14-9] 사진관리 앱 초기 화면 생성하기 index.html의 일부

```
<style>
    #displayArea { display: block; width: 100%; } ❷
</style>
        . . . 생략 . . .
<div data-role="page" id="page1" data-position="fixed">
    <div data-role="header">
        <h1>Cordova API</h1>
    </div>
```

```
    <div data-role="content">
        <div class="ui-bar ui-bar-b">
            <h3>카메라 활용</h3>
        </div><br/>
        <img id="displayArea" src=""/> ❶
    </div>
    <div data-role="footer" data-position="fixed">
        <div data-role="navbar">
            <ul>
                <li><a id="btnTakePhoto">사진촬영하기</a></li>  } ❸
                <li><a id="btnGetPhoto">사진불러오기</a></li>   }
            </ul>
        </div>
    </div>
</div>
```

〈img〉 엘리먼트 영역이 선택된 사진이 표시되는 공간이다.(❶) 'src' 속성값이 비어 있지만 이후 자바스크립트 함수에 의해 표시될 사진 파일이 지정되면 화면에 표시된다. 〈img〉 속성이 인라인 엘리먼트이기 때문에 스타일시트에 의해 블록 형식으로 변경하고 폭을 100%로 지정하였다.(❷) 푸터바의 메뉴바 항목들을 선택하면 각각 takePhoto( ) 함수와 getPhoto( ) 함수를 호출함으로써 코르도바 API를 이용한다.(❸)

내부 자바스크립트 함수 구성

코르도바 API를 이용하여 카메라 장치를 제어하기 위해 cameraApp에서 정의한 자바스크립트 함수는 3.2~3.3절까지의 다음 내용을 통해 확인해 본다.

3.2 사진 촬영하기

먼저, 푸터바의 '사진촬영하기' 항목을 선택하면 click 이벤트가 발생하여 myCamera.js 파일 안의 takePhoto( ) 함수를 호출한다.

[예제14-10] 단말기 장치 준비 확인하기 index.html의 일부

```
$(document).ready(function() {
    initCordova();
    $('#btnTakePhoto').click(function() {
        takePhoto();
    ... 생략 ...
```

```
});
function initCordova() {
    document.addEventListener('deviceready', onDeviceReady, true);
}
function onDeviceReady() {
    navigator.notification.alert('장치 준비됨', null, '코르도바 API');
}
```

takePhoto( ) 함수는 간단하다. 내부적으로 getPicture( ) 코르도바 API 함수를 호출하고 모든 기능은 제공되는 함수를 통해 실행된다.

[예제14-11] 사진 촬영하기 myCamera.js의 일부

```
// 사진 촬영
function takePhoto() {
  navigator.camera.getPicture(onPhotoDataSuccess, onFail,
    {quality: 10, destinationType: Camera.DestinationType.DATA_URL,
    sourceType: Camera.PictureSourceType.CAMERA });
}
```

navigator.camera는 카메라를 제어하는 코르도바 객체이다. getPicture( ) 메소드는 스마트폰에서 제공하는 카메라 앱을 실행시켜 사진을 촬영할 수 있도록 한다.

```
navigator.camera.getPicture( 성공콜백함수, 실패콜백함수 [, 선택사항 ] );
```

다른 코르도바 API와 마찬가지로 성공 또는 실패 시 호출할 함수를 첫 번째, 두 번째 인자로 갖는다. 첫 번째 인자인 '성공콜백함수'는 사진 촬영이 정상적으로 수행되거나 사진 이미지를 성공적으로 읽어왔을 때 실행되는 콜백 함수이다. 이 콜백 함수의 인자에는 설정에 따라 Base64 인코딩된 이미지 문자열 값이나 이미지 파일의 위치 정보가 전달된다. 사용자가 취소 하는 등의 실패 시에는 두 번째 인자인 '실패콜백함수'가 실행된다. '실패콜백함수'의 인자는 단말기 네이티브 코드에서 전달되는 오류 내용에 대한 문자열이다. 세 번째 인자인 '선택사항(options)'은 어떤 형식의 이미지를 어디에서 가져올지 등에 관한 설정 정보이다. 위 예에서 destinationType 속성에 'Camera.DestinationType.DATA_URL'을 지정했다. 이미지 파일의 경로가 아닌 이미지 데이터를 지정한 것이다.

또 sourceType 속성에 'Camera.PictureSourceType.CAMERA'을 지정함으로써 카메라로 사진 촬영한 이미지를 읽어 오도록 한다. '선택사항'은 JSON 형식으로 세부 속성들을 지정한다.

'선택사항'에 명세할 수 있는 속성과 속성값은 다음과 같다.

〈표 14-5〉 getPicture( ) 함수의 세 번째 인자, 선택사항(options)

속성	속성값	특징
quality	0~100	사진 이미지의 저장 품질(백분율) 지정
destinationType	Camera.DestinationType.DATA_URL(기본값) Camera.DestinationType.FILE_URI	반환할 사진 이미지의 타입 지정 base64 인코딩 형식의 원본 이미지 데이터 이미지 파일의 위치 경로
sourceType	Camera.PictureSourceType.PHOTOLIBRARY (Camera.PictureSourceType.SAVEDPHOTOALBUM) Camera.PictureSourceType.CAMERA	사진 이미지 소스 대상을 지정 포토라이브러리 (포토앨범: 안드로이드에서는 무의미) 카메라
mediaType	Camera.MediaType.PICTURE Camera.MediaType.VIDEO Camera.MediaType.ALLMEDIA	미디어 유형 지정 이미지 파일만 선택 동영상 파일만 선택 모든 파일 선택 가능
encodingType	Camera.EncodingType.JPEG Camera.EncodingType.PNG	사진 이미지 압축 형식 지정 JPEG 형식 요청 PNG 형식 요청
targetWidth	수치값	사진 이미지의 너비
targetHeight	수치값	사진 이미지의 높이

quality 속성값은 메모리 오류가 발생할 수 있으므로 가급적 '50' 이하로 설정한다. 안드로이드 환경에서는 sourceType 속성값 중 'PHOTOLIBRARY'와 'SAVEDPHOTOALBUM'은 둘 다 같은 결과를 가져오며 encodingType 속성은 지원하지 않는다. mediaType 속성은 sourceType이 'PHOTOLIBRARY'와 'SAVEDPHOTOALBUM' 속성값으로 설정된 경우에만 적용된다. 촬영된 사진 이미지는 임시 파일로 한시적으로 저장되었다가 앱이 종료되면 모두 삭제된다. 사진 앱이 실행 중 가끔 응답이 없는 경우가 발생할 수 있다. 파일 URI가 아닌 원본 이미지 데이터를 받는 과정에서 그 양이 처리할 수 있는 범주를 넘어서는 경우이다. destinationType 속성값을 'FILE_URI'로 변경하거나 quality 속성값을 낮추면 해결된다.

다음은 getPicture( ) 함수를 호출한 뒤 실행되는 성공 콜백 함수 onPhotoDataSuccess( )이다.

[예제14-12] 촬영사진 표시하기 myCamera.js의 일부

```
// 사진촬영 성공콜백함수
function onPhotoDataSuccess(imageData) {
    $('#displayArea').attr('src', 'data:image/jpeg;base64,' + imageData);
    $('h3').replaceWith($('<h3>촬영한 사진</h3>'));
}
```

아이디가 'displayArea'인 〈img〉 엘리먼트의 src 속성값으로 새로 불러올 사진 이미지 데이터를 지정한다. 이때, 실제 이미지 데이터 앞에 'data:image/jpeg;base64,' 문자열을 추가한다. 데이터 유형이 이미지이고 압축형식은 JPEG, base64 인코딩 형식의 데이터라는 의미이다.

다음은 getPicture( ) 함수와 getPhoto( ) 함수 호출한 뒤 실패 했을 때 실행되는 콜백 함수이다. 실패하면 오류 메시지가 콜백 함수의 인자로 전달되고 경고 창에 오류 메시지를 표시하는 간단한 코드이다.

[예제14-13] 사진 촬영/검색 오류 처리하기 myCamera.js의 일부

```
// 사진촬영/검색 실패콜백함수
function onFail(message) {
  alert('실패 : ' + message);
}
```

다음은 실행 결과이다. cameraApp 앱을 실행시켜 카메라로 직접 촬영하고 앱 화면에 그 이미지를 불러와 확인할 수 있다.

[그림 14-28] cameraApp의 사진 촬영 하기

3.3 사진 불러오기

푸터바의 '사진불러오기' 항목을 선택하면 getPhoto( ) 함수가 호출된다.

[예제14-14] 사진 불러오기 myCamera.js의 일부

```
// 사진 촬영 검색
function getPhoto() {
   navigator.camera.getPicture(onPhotoURISuccess, onFail,
     { quality: 50, destinationType: Camera.DestinationType.FILE_URI,
      sourceType: Camera.PictureSourceType.PHOTOLIBRARY });
}
```

getPhoto( ) 함수도 takePhoto( ) 함수와 비슷하다. 카메라를 제어하는 navigator.camera 객체의 getPicture( ) 코르도바 API 함수를 똑같이 호출한다. 이번에는 getPicture( ) 함수의 저장된 사진 이미지 파일을 불러오는 기능을 수행한다. 세 번째 입력 인자인 선택 사항 중 destinationType 속성에 'Camera.DestinationType.FILE_URI'를 지정한다. 이미지 데이터가 아닌 이미지 파일의 경로를 지정한다. 또, sourceType 속성에 대해서는 'Camera.PictureSourceType.PHOTOLIBRARY'를 지정함으로써 카메라 촬영이 아닌 이미 저장된 이미지를 가져오도록 한다.

다음은 getPicture( ) 함수를 호출한 뒤 성공했을 때 실행되는 콜백 함수이다.

[예제14-15] 검색 사진 표시하기 myCamera.js의 일부

```
// 사진검색 성공콜백함수
function onPhotoURISuccess(imageURI) {
    $('#displayArea').attr('src', imageURI);
    $('h3').replaceWith($('<h3>불러온 사진</h3>'));
}
```

아이디가 'displayArea'인 〈img〉 엘리먼트의 'src' 속성에 불러올 대상으로 이미지 데이터가 아닌 이미지 파일의 경로를 지정한다. 두 번째 인자인 실패 콜백 함수는 [예제 14-13]의 실패 콜백 함수와 같다.

다음은 실행 결과이다. 저장된 이미지 중 하나를 선택하면 개발한 cameraApp 화면에 불러올 수 있다.

[그림 14-29] cameraApp의 사진 불러 오기

3.4 코르도바 프로젝트 생성 및 실행

기본 프로젝트 생성하기

[부록E] 안드로이드 코르도바 프로젝트 앱 실습 내용을 참조하여 코르도바 기본 프로젝트를 생성하자. 명령 프롬프트 창에서 다음 명령어를 입력하여 실행한다. 'cameraApp' 프로젝트 폴더 안에 'cameraApp' 프로젝트 이름을 갖는 코르도바 프로젝트가 생성된다.

```
>>cd c:₩hybridProject
>>cordova create cameraApp com.example.cameraApp cameraApp
```

코르도바 패키징

자동 생성된 cameraApp 기본 코르도바 프로젝트를 수정하여 코르도바 앱으로 패키징해서 실행 파일로 변환한다.

■ 앱 소스 파일 작성(복사)

cameraApp 프로젝트의 "hybridProject₩cameraApp₩www₩" 폴더 밑의 기존 index.html 파일을 삭제하고 [실습14-3], [실습14-4] 코드 내용을 참조하여 index.html과 myCamera.js 소스 파일을 작성한다. 제공된 소스 코드 중에서 "₩code₩ch14_cameraApp"의 index.html과 myCamera.js 소스 파일을 함께 복사해도 된다.

■ 라이브러리 파일 복사

다운로드 방식으로 제이쿼리 모바일 라이브러리를 적용하려면 프로젝트 폴더 안에 라이브러리 파일을 포함하여야 한다. 13장처럼 제이쿼리 모바일 사이트(http://jquerymobile.com)과 제이쿼리 사이트(http://jquery.com)에서 가장 최신 버전의 라이브러리 파일을 직접 다운로드 받아 cameraApp 코르도바 프로젝트의 "hybridProject₩cameraApp₩www₩" 폴더 밑에 'jquery.mobile' 폴더를 생성하고 그 안에 복사한다.

■ 라이브러리 참조 선언 확인

cameraApp 프로젝트의 index.html 내용에 다음과 같이 라이브러리 참조 선언이 포함되어 있는지 확인한다.

```
<meta charset="utf-8"/>
<meta name="viewport" content="width=device-width, initial-scale=1"/>

<link rel="stylesheet" href="jquery.mobile/jquery.mobile-1.4.5.min.css">
<script src="jquery.mobile/jquery-1.11.1.min.js"></script>
<script src="jquery.mobile/jquery.mobile-1.4.5.min.js"></script>

<script src="cordova.js"></script>
```

안드로이드 플랫폼 추가

다음으로 'cameraApp' 코르도바 프로젝트 폴더로 이동하여 안드로이드 플랫폼 파일들을 추가한다.

```
>>cd c:\hybridProject\cameraApp
>>cordova platform add android
```

코르도바 플러그인 추가하기

"cordova plugin" 명령어를 사용하여 프로젝트에 필요한 camera 코르도바 플러그인을 추가한다.

```
>>cordova plugin add cordova-plugin-camera
>>cordova plugin add cordova-plugin-dialogs
>>cordova plugin add cordova-plugin-console
```

코르도바 프로젝트 실행하기

■ 실물 단말기에서 실행

스마트폰과 개발 중인 컴퓨터를 USB로 연결하고 [부록E-2]를 참조하여 필요한 설정을 완료한 후, 다음 명령어를 실행한다.

```
>>cordova run android
```

■ 가상 단말기에서 실행

안드로이드 AVD Manager를 실행하고 설치된 AVD들 중 하나를 선택하여 구동시킨다. 가상 단말기 창이 나오면서 부팅이 되고 마우스를 이용하여 잠금을 해제함으로써 가상 단말기로 시험할 수 있는 환경을 준비한다. 가상 단말기 실행을 확인한 후에 다음 명령어를 실행한다.

```
>>cordova emulate android
>>cordova platform add android
```

■ 폰갭 디벨로퍼 앱에서 실행

다음 명령어를 입력하여 폰갭용 웹서버가 실행되도록 한다.

```
>>phonegap serve
```

이때, 서버 역할을 하는 개발 컴퓨터와 스마트폰이 동일한 네트워크를 통해 접속해야한다. 스마트폰에서 [폰갭 디벨로퍼 앱]을 실행하여 [Server Address] 부분에 해당 IP 주소와 포트번호를 직접 입력하고 [Connect] 버튼을 선택 한다.

3.5 실습 예제 코드

다음은 사진관리 cameraApp 앱 프로그램의 전체 코드 내용이다.

[실습14-3] 사진관리 앱 작성하기 /ch14_cameraApp/index.html

```
<!DOCTYPE HTML>
<html>
<head>
<meta charset="utf-8" />
<meta name="viewport" content="initial-scale=1.0, width=device-width">
<title>카메라 앱</title>

<!-- 제이쿼리모바일, 제이쿼리, 폰갭 라이브러리 파일(다운로드 방식) -->
<link rel="stylesheet" href="jquery.mobile/jquery.mobile-1.4.5.min.css"/>
<script src="jquery.mobile/jquery-1.11.1.min.js"></script>
<script src="jquery.mobile/jquery.mobile-1.4.5.min.js"></script>
<script src="cordova.js"></script>

<!-- 사용자 정의 자바스크립트 파일 -->
<script src="myCamera.js"></script>
<script>
    $(document).ready(function() {
        initCordova();
        $('#btnTakePhoto').click(function() {
            takePhoto();
        });
        $('#btnGetPhoto').click(function() {
            getPhoto();
        });
    });
```

```
        function initCordova() {
            document.addEventListener('deviceready', onDeviceReady, true);
        }
        function onDeviceReady() {
            navigator.notification.alert('장치 준비됨', null, '코르도바 API');
        }
    </script>
    <style>
        #displayArea { display: block; width: 100%; }
    </style>
    </head>
    <body>
    <div data-role="page" id="page1" data-position="fixed">
        <div data-role="header">
            <h1>Cordova API</h1>
        </div>
        <div data-role="content">
            <div class="ui-bar ui-bar-b">
                <h3>카메라 활용 </h3>
            </div><br/>
            <img id="displayArea" src=""/>
        </div>
        <div data-role="footer" data-position="fixed">
            <div data-role="navbar">
                <ul>
                    <li><a id="btnTakePhoto">사진촬영하기</a></li>
                    <li><a id="btnGetPhoto">사진불러오기</a></li>
                </ul>
            </div>
        </div>
    </div>
    </body>
    </html>
```

[실습14-4] 사진관리 앱 작성하기 /ch14_cameraApp/myCamera.js

```
// 사진 촬영
function takePhoto() {
   navigator.camera.getPicture(onPhotoDataSuccess, onFail,
      {quality: 10, destinationType: Camera.DestinationType.DATA_URL,
      sourceType: Camera.PictureSourceType.CAMERA });
}

// 사진촬영 성공콜백함수
function onPhotoDataSuccess(imageData) {
   $('#displayArea').attr('src', 'data:image/jpeg;base64,' + imageData);
   $('h3').replaceWith($('<h3>촬영한 사진</h3>'));
}

// 사진 촬영 검색
function getPhoto() {
   navigator.camera.getPicture(onPhotoURISuccess, onFail,
     { quality: 50, destinationType: Camera.DestinationType.FILE_URI,
      sourceType: Camera.PictureSourceType.PHOTOLIBRARY });
}

// 사진검색 성공콜백함수
function onPhotoURISuccess(imageURI) {
   $('#displayArea').attr('src', imageURI);
   $('h3').replaceWith($('<h3>불러온 사진</h3>'));
}

// 사진촬영/검색 실패콜백함수
function onFail(message) {
   alert('실패 : ' + message);
}
```

요약

1. 웹앱이 제공하지 못하는 모바일 장치의 센서, 주소록, 로컬 파일 등의 제어 기능은 코르도바 API를 통해 지원된다. 코르도바 API는 모바일 브라우저의 자바스크립트 기능을 확장한 것이다. 코르도바는 HTML5 등 웹 개발 표준을 최대한 반영하면서 자바스크립트 내장 객체를 사용해 API를 구현한다.

2. 코르도바에서 지원하는 API는 Accelerometer, Camera, Capture, Compass, Connection, Contacts, Device, Events, File, Geolocation, Media, Notification, Storage 객체를 통해 제공된다.

3. deviceready 이벤트는 코르도바 프레임워크의 초기화가 완료되어 코르도바 API를 사용할 수 있게 되었음을 알리기 위한 이벤트이다. 대응하는 이벤트 리스너를 구현하고 작동할 코드를 함수 안에 작성한다.

4. 코르도바 이벤트 API인 addEventListener( )는 모바일 장치에서 지원하는 발생하는 이벤트들에 대한 이벤트 리스너를 등록하는 기능을 제공한다. 제거는 removeEventListener( ) 메소드를 사용하면 된다.

5. 코르도바 device 객체는 단말기 관련 하드웨어와 소프트웨어 정보를 제공하는 객체이다. window 객체에 할당되어 있어 전역 변수로 프로그램 어디에서나 접근할 수 있다. device 객체의 속성값을 직접 참조하여 단말기 상세 정보를 얻을 수 있다.

6. navigator.notification 객체의 vibrate( ) 메소드는 진동을 발생시킨다. 인자로 진동 지속 시간을 지정한다.

7. 방위각을 얻기 위해 사용하는 객체는 navigator.compass이다. 코르도바의 compass 객체는 단말기가 가리키는 방향 정보를 제공한다. navigator.compass 객체의 getCurrentHeading( ) 메소드에 콜백 함수를 지정하면 현재 단말기의 방위각을 얻을 수 있다.

8. batterystatus 이벤트를 이용하여 현재 단말기의 배터리 잔량을 알아낼 수 있다. 배터리 잔량이 변화할 때 호출되는 콜백 함수의 인자로 전달되는 info 객체의 'level' 속성은 배터리의 충전 상태를 퍼센트(%) 값으로 반환한다.

9. connection 객체는 현재 장치가 어떤 방식으로 네트워크와 연결되었는지를 알려 준다. 연결 상태에 따라서 type 속성값으로 'unknown', 'wifi', '3g', '2g', 'none' 등의 문자열을 반환한다.

10. geolocation 객체는 장치의 GPS를 이용하여 위도와 경도를 알려 준다. getCurrentPosition( ) 메소드를 이용하면 된다. 현재 위치 정보를 정상적으로 획득했다면 첫 번째 인자인 성공 콜백 함수를 호출하는데 이때, Position 객체에 현재 위치 정보를 포함해 전달한다.

11. 카메라를 제어하는 코르도바 객체는 navigator.camera이다. getPicture( ) 메소드는 스마트폰에서 제공하는 카메라 앱을 실행시켜 사진을 촬영할 수 있도록 한다. 또, 함수의 저장된 사진 이미지 파일을 불러오는 기능을 수행한다.

연습문제

1. 다음 문장의 내용이 옳으면 O, 옳지 않으면 X를 하시오.

1) 코르도바 API는 모바일 브라우저의 자바스크립트 기능을 확장한 것이다. ( )
2) 사진을 촬영하거나 저장된 사진을 불러올 때, 두 경우 모두 카메라를 제어하는 navigator.camera 객체의 getPicture( ) 코르도바 API 함수를 호출한다. ( )
3) batterylow 코르도바 이벤트를 이용하면 현재 단말기의 배터리 잔량을 알아낼 수 있다. ( )
4) 방위각을 얻기 위해 사용하는 코르도바 객체는 navigator.compass이다. ( )

2. 다음 ( ) 안에 적합한 용어를 넣어 문장을 완성하시오.

1) document.( )( ) 메소드는 특정 이벤트가 발생했을 때 실행되는 콜백 함수(이벤트 리스너)를 등록하는 기능을 한다
2) ( ) 이벤트는 코르도바 프레임워크의 초기화가 완료되어 폰갭 API를 사용할 수 있게 되었음을 알리기 위한 이벤트이다.
3) 코르도바 ( ) 객체는 단말기 관련 하드웨어와 소프트웨어 정보를 제공하는 객체이다.
4) navigator.notification 객체의 ( )( ) 메소드는 진동을 발생시킨다.
5) 코르도바 ( ) 객체는 장치의 GPS를 이용하여 위도와 경도를 알려 준다

3. 코르도바가 지원하는 대표적인 이벤트 유형에 대해 간략히 설명하시오.

4. [실습] 14장의 사진 관리 하이브리드앱 cameraApp 예제를 수정 · 보완하여 더욱 완성도 있는 앱으로 개발하시오.

Chapter 15

코르도바 API를 활용한 앱 만들기 II

※ 학습목표

• 연락처 객체 관련 코르도바 API를 살펴본다.
• 코르도바 API를 활용한 연락처 관리 하이브리드앱을 개발해본다.
• jquery-ui-map 플러그인과 구글맵 API를 알아본다.
• 코르도바 API를 활용한 맵 활용 하이브리드앱을 개발해본다.

Chapter

15 코르도바 API를 활용한 앱 만들기 II

1. [실습] 연락처 관리 하이브리드앱 개발

코르도바 API를 사용하면 스마트폰 안의 연락처 정보를 검색하거나 새 연락처를 추가할 수도 있다. 스마트폰마다 연락처 기본 정보는 같지만 추가 정보들의 표현 방식은 조금씩 다르다. 장치 안의 연락처 정보를 활용하는 연락처 관리 앱을 만들어 보자.

1.1 연락처 관리 앱 : contactApp

contactApp 앱 화면 구성과 기능

제이쿼리 모바일을 사용하여 앱 화면을 준비한다. 3개의 검색 화면과 1개의 입력 화면으로 구성된다.

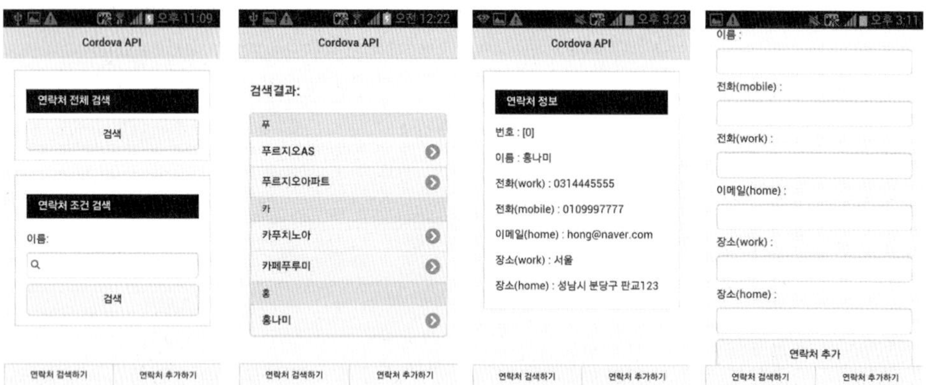

[그림 15-1] contactApp 화면 구성

contactApp 앱의 기능은 다음과 같다.

• 연락처 전체 검색: 스마트폰에 저장된 모든 연락처 정보를 검색하여 표시한다.
전체 연락처 정보 리스트와 상세한 연락처 정보를 확인할 수 있다.
• 연락처 조건 검색: 검색명 조건에 부합하는 일부 연락처 정보를 검색하여 표시한다.
• 연락처 추가: 주요 연락처 정보를 입력하여 새 연락처를 생성하고 저장한다.

외부 자바스크립트 파일 구성

HTML5 문서 안에서 호출되는 자바스크립트 함수들은 페이지 별로 3개의 외부 자바스크립트 파일에 정의된다.

[예제15-1] 사용자 정의 자바스크립트 파일 index.html의 일부

```
<script src="contactSearch.js"></script>
<script src="contactDisplay.js"></script>
<script src="contactAdd.js"></script>
```

외부 자바스크립트 파일에 저장된 전체 함수들간의 연관 관계는 다음과 같다.

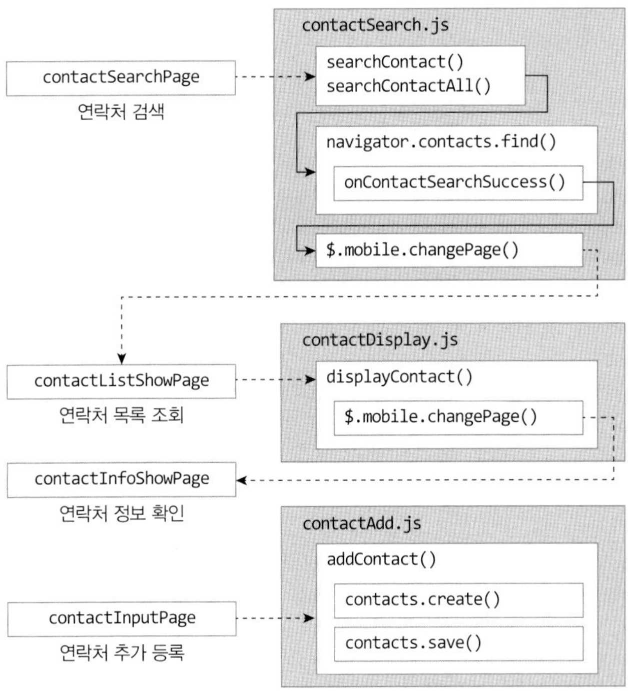

[그림 15-2] contactApp 연락처 앱 함수들의 연관 관계

1.2 연락처 정보 검색하기

첫 번째 페이지(contactSearchPage)의 화면 구성

다음은 첫 번째 연락처 검색 화면의 HTML5 태그 내용이다. 모든 연락처 정보를 검색하는 전체 검색과 특정 연락처 정보만 검색하는 조건 검색 2개의 영역으로 구성된다.

[예제15-2] 연락처관리 앱 초기 화면 생성하기 index.html의 일부

```
<div data-role="page" id="contactSearchPage">
    <div data-role="header" data-position="fixed">
        <h1>Cordova API</h1>
    </div>
    <div data-role="content">
        <div class="ui-body ui-body-a"><br/>
            <div class="ui-bar ui-bar-b"><h3>연락처 전체 검색 </h3></div>
            <input type="button" id="btnContactAllSearch" value="검색"/>
        </div>
        <br/>
        <div class="ui-body ui-body-a"><br/>
            <div class="ui-bar ui-bar-b"><h3>연락처 조건 검색 </h3></div><br/>
            <label for="editSearch">이름:</label>
            <input type="search" id="searchKey"/>
            <input type="button" id="btnContactSearch" value="검색"/>
        </div>
    </div>
    <div data-role="footer" data-position="fixed">
        <div data-role="navbar">
            <ul>
                <li><a href="#contactSearchPage">연락처 검색하기</a></li>
                <li><a href="#contactInputPage">연락처 추가하기</a></li>
            </ul>
        </div>
    </div>
</div>
```

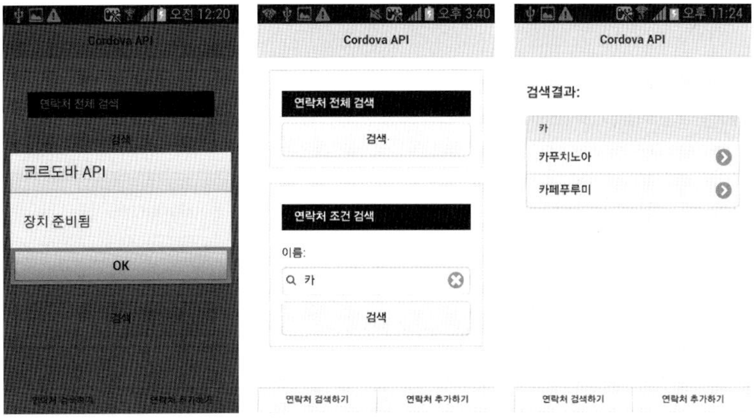

[그림 15-3] contactApp의 연락처 검색

특정 연락처 검색 하기

첫 번째 연락처 초기 화면에서 '검색' 버튼을 선택하면 contactSearch.js 파일의 searchContact( ) 함수가 호출된다. 특정 연락처 목록을 읽어 오는 함수이다.

[예제15-3] 단말기 장치 준비 확인하기 index.html의 일부

```
$(document).ready(function() {
    initCordova();
    // 이벤트 함수 정의
    $('#btnContactSearch').click(function() {
        searchContact();
    });      ... 생략...
});
function initCordova() {
    document.addEventListener('deviceready', onDeviceReady, true);
}
function onDeviceReady() {
    navigator.notification.alert('장치 준비됨', null, '코르도바 API');
}
```

searchContact( ) 함수의 내용은 단순하다. 필요한 검색 정보들을 구성하여 navigator.contacts.find( ) 메소드를 호출한다.

[예제15-4] 연락처 검색하기 contactSearch.js의 일부

```
function searchContact() {
    // 페이지로부터 검색 대상 이름을 지정
    var searchStr = $('#searchKey').val();
    // 검색 대상 및 반환 연락처 항목 리스트를 지정
    var contactFields = ['displayName', 'name', 'phoneNumbers', 'emails', 'addresses'];
    // 검색 옵션 객체를 지정
    var contactFindOptions = { filter : searchStr, multiple : true };
    // 연락처 탐색
     navigator.contacts.find(contactFields, onContactSearchSuccess, onContactSearchError,
contactFindOptions);
}
```

navigator.contacts는 스마트폰 안의 연락처를 제어하는 객체이다. contacts 연락처 객체는 다음 메소드를 갖는다.

〈표 15-1〉 연락처(Contacts) 객체 메소드

메소드	의미
navigator.contacts.find( )	하나 이상의 연락처 정보를 Contact 객체 형식으로 반환한다.
navigator.contacts.create( )	새로운 Contact 객체를 생성하여 반환한다.

find( ) 메소드는 연락처 저장소를 검색하여 검색 조건을 충족하는 연락처 항목들을 반환한다.

```
// 연락처 탐색
navigator.contacts.find(contactFields, onContactSearchSuccess, onContactSearchError,
contactFindOptions);
```

〈표 15-2〉 find( ) 메소드의 인자

메소드 인자	의미
contactFields	연락처 항목(검색 대상 속성)
onContactSearchSuccess	성공 콜백 함수
onContactSearchError	실패 콜백 함수
contactFindOptions	검색 조건

find( ) 메소드의 첫 번째 입력 인자인 연락처 항목(contactFields)은 반드시 지정해야 하며 연락처 정보 중에서 검색에 사용될 속성을 배열 형식으로 지정한다. 지정된 속성 항목만 검색 대상으로 제한되고 검색 결과에도 이 항목만 포함되어 반환된다.

```
// 검색 대상 및 반환 연락처 항목 리스트를 지정
var contactFields = ['displayName'] ;
var contactFields = ['*'] ;
```

연락처 항목 값으로 ['displayName']을 지정하면 연락처 이름만 반환된다. ['*']를 지정하면 모든 연락처 속성값을 포함한 연락처(Contacts) 객체 배열이 반환된다. 다른 폰갭 API와 마찬가지로 성공 또는 실패 시 호출할 콜백 함수를 두 번째, 세 번째 인자로 갖는다. 성공 콜백 함수는 연락처 리스트를 표시하는 두 번째 화면을 생성하고 두 번째 페이지로 이동한다.

find( ) 메소드의 네 번째 인자인 검색 조건(contactFindOptions)은 연락처 검색 조건을 객체 형식으로 지정한다.

〈표 15-3〉 연락처 검색 조건(contactFindOptions) 객체의 속성

속성	의미
filter	연락처 검색 조건(문자열)
multiple	검색된 연락처 정보를 여러 개 반환할지 여부

```
// 검색 옵션 객체를 지정
var contactFindOptions = { filter : "김", multiple : false } ;
var contactFindOptions = { filter : "", multiple : true } ;
```

contactFindOptions.filter 속성값으로 문자열 "김"을 지정하면 contactFields 속성 배열에 지정된 연락처 항목 중에서 "김"을 포함한 연락처 정보를 검색해서 반환한다. multiple 속성값을 'false'(기본값)로 설정하면 검색된 연락처 중에서 연락처 하나만 반환된다.

전체 연락처 검색 하기

첫 번째 연락처 초기 화면에서 위쪽 영역의 '검색' 버튼을 선택하면 contactSearch.js 파

일 안의 searchContactsAll( ) 함수가 호출된다. 전체 연락처 목록을 읽어 오는 함수이다. searchContact( ) 함수와 내용이 거의 같다. contactFindOptions.filter 속성값으로 빈(" ") 문자열을 지정하면 모든 연락처 정보들이 검색 결과로 반환된다.

1.3 연락처 리스트뷰 표시하기

두 번째 페이지(contactListShowPage)의 화면 구성

다음은 검색 조건을 충족하는 이름들을 연락처 리스트뷰로 보여주는 두 번째 화면의 HTML5 태그 내용이다.

[예제15-5] 연락처 검색 리스트뷰 화면 생성하기 index.html의 일부

```
<div data-role="page" id="contactListShowPage" data-add-back-btn="true">
    ... 생략 ...
    <div data-role="content" id="contactListArea">
        <h3>검색결과:</h3>
        <div>연락처 리스트뷰 표시 영역</div>
    </div>
    ... 생략 ...
</div>
```

연락처 리스트뷰 표시

첫 번째 페이지(contactSearchPage)에서 호출된 성공 콜백 함수 onContactSearchSuccess(contacts)가 연락처 리스트뷰를 동적으로 생성한다.

[예제15-6-1] 연락처 검색 리스트뷰 구성하기 contactSearch.js의 일부

```
// 검색 성공 콜백 함수
 function onContactSearchSuccess(contacts) {
  var i, len, tagList = '';
  contactList = contacts;        // 전역 객체 변수
  len = contacts.length;
  if(len > 0) {
   tagList = '<ul data-role="listview" id="clistview" data-inset="true" data-autodividers="true">';
   for( i = 0, len; i < len; i += 1) {
     tagList += '<li><a onclick="displayContact(' + i + ');">' + contacts[i].displayName
+ '</a></li>';
   }
   tagList += '</ul>';
```

```
        ... 뒤에 명세([예제15-6-2]) ...
    } else {
      navigator.notification.alert('검색 결과 없음', null, '연락처 검색 성공');
    }
  }
```

onContactSearchSuccess( ) 함수는 첫 페이지에서 연락처 정보를 성공적으로 읽어왔을 때 실행되는 콜백 함수이다. 인자로 Contacts 객체가 반환되는데 이 안에는 검색 조건을 만족하는 연락처 정보들이 배열 형태로 전달된다. 변수 contacts와 전역 변수 contactList는 Contacts 객체 배열을 저장하는 변수이다.

연락처 배열의 크기가 0보다 작으면 '검색 결과 없음'을 경고 창에 출력한다. 하나 이상의 연락처 정보가 객체 배열에 있으면 tagList 임시 변수에 동적으로 리스트뷰를 생성하기 위한 HTML5 마크업을 반복하며 추가한다. 동적으로 생성될 리스트뷰의 각 항목에는 i 번째 contact 객체에 포함된 표시 이름인 contacts[i].dispalyName값이 출력된다. 각 리스트뷰 항목을 클릭할 경우, displayContact( ) 함수를 호출하여 상세한 연락처 정보를 표시하며 이때, 첨자값 i를 인자로 넘겨준다.

[예제15-6-2] 연락처 검색 리스트뷰 항목 구성하기 contactSearch.js의 일부

```
// 검색 성공 콜백 함수
function onContactSearchSuccess(contacts) {
        ... 앞에 명세([예제15-6-1]) ...
    $('#contactListArea').children().last().replaceWith(tagList); ❶
    $(document).bind('pagechange', function() {
      $('.ui-page-active:jqmData(role=content)').trigger('create'); ❷
    });
    $.mobile.changePage('#contactListShowPage', 'slide', false, true); ❸
        ... 앞에 명세([예제15-6-1]) ...
}
```

'$('#contactListArea').children( ).last( )'는 'contactListArea' 아이디를 갖는 두 번째 페이지 contactListShowPage의 콘텐츠 영역 중 DOM 트리에서 '〈div〉연락처 리스트 표시 영역〈/div〉' 엘리먼트 노드를 의미한다. 이 〈div〉 엘리먼트 노드를 임시 변수 tagList 안에 새롭게 생성된 〈listview〉 엘리먼트 노드로 대체한다.(❶)

페이지 변경 이벤트가 발생하면 활성화된 현재 페이지에서 data-role 속성값이 'content'

인 엘리먼트 영역을 새롭게 생성하여 갱신한다. 이동하는 페이지의 내용을 동적으로 변경하려면 새로 활성화된 페이지가 어느 것인지 알아야 한다. '$(".ui-page-active")'는 현재 활성화된 페이지의 핸들을 반환한다. ':jqmData(role=content)'는 제이쿼리 모바일 커스텀 선택자로 data-role 속성 중에 'content' 속성값을 갖는 엘리먼트를 모두 선택한다. trigger('create')는 대상 엘리먼트에 'create' 이벤트를 발생시킨다.(❷)

'contactListShowPage' 아이디를 갖는 두 번째 페이지로 페이지를 변경함으로써(❸) 페이지 변경 이벤트 핸들러가 동작하도록 한다.(❷) $.mobile.changePage( ) 메소드는 프로그래밍적으로 페이지를 변경하고자 하는 경우에 사용한다. 이동할 페이지, 이동 시 페이지 전환 효과, back 버튼 클릭 시 이전페이지 이동 여부, 이력 데이터 갱신 여부 순으로 인자 값을 명세한다.

Tip changePage( ) 메소드

mobile 객체의 changePage( ) 메소드는 다음과 같은 인자를 갖는다.

```
$.mobile.changePage( to, transition, back, changeSave ) ;
```

- to : 목적지 지정(세가지 유형)
  ```
  changePage("#pageID", . . . );                                          // 페이지아이디
  changePage(["sourcePageID", "targetPageID"], . . . );                   // 출발지와 목적지 지정
  changePage({url: "target.html", type:"post", data:"a=1&b=2"}, . . . );  // 목적지로 데이터 전달
  ```
- transition : 페이지 전환 효과(fade, flip, pop, slide, slidedown, slideup)
- back : 역방향 전환 허용 여부에 대한 논리값
- changeSave : 페이지 전환 후 이력 정보(history)에 저장할지에 대한 논리값

Note: :jqmData 선택자와 create 이벤트

- :jqmData 선택자

제이쿼리 모바일 'data-*' 커스텀 속성을 조건으로 엘리먼트를 검색할 때는 ':jqmData' 커스텀 선택자를 사용한다.

```
$("div[data-role='page']")                          // 잘못된 표현식
$("div:jqmData(role='page')")                       // 올바른 표현식
```

- create 이벤트

create 이벤트는 이전에 없던 HTML5 태그를 새로 추가하여 갱신할 때 사용한다.
refresh 이벤트는 이전에 있던 html5 태그의 내용을 일부 추가하여 갱신할 때 사용한다.

예 (새 마크업).appendTo('.ui-page-active').trigger('create');

현재 페이지는 'ui-page-active' 클래스를 갖는다. $.mobile.changePage( )가 호출되면 페이지 로딩과 페이지 전환이 끝난 후 pagechange 이벤트가 호출된다.

검색된 연락처 개수만큼 반복하면서 displayName 속성값이 리스트뷰 형태로 표시되도록 동적 HTML5 엘리먼트를 생성한다. 리스트뷰 생성 태그가 모두 구성되면 페이지 아이디 속성값이 'contactListShowPage'인 두 번째 페이지로 전환된다.

'홍' 연락처 검색　　'푸' 연락처 검색　　전체 연락처 검색

[그림 15-4] contactApp의 연락처 검색 결과

1.4 연락처 상세 정보 표시하기

세 번째 페이지(contactInfoShowPage)의 화면 구성

다음은 연락처 리스트에서 특정 연락처 항목을 선택할 경우, 연락처 상세 정보를 보여주는 세 번째 페이지의 내용이다.

[예제15-7] 연락처 상세 정보 화면 생성하기　　index.html의 일부

```
<div data-role="page" id="contactInfoShowPage" data-position="fixed" data-add-back-
btn="true">
    ... 생략 ...
    <div data-role="content">
        <div class="ui-body ui-body-a"><br/>
            <div class="ui-bar ui-bar-b"><h3>연락처 정보 </h3></div>
            <div id="contactInfoArea">
                연락처 정보 표시 영역
            </div>
        </div>
    </div>
    ... 생략 ...
</div>
```

연락처 상세 정보 표시

두 번째 페이지에서 동적으로 표시되는 리스트뷰의 각 항목을 선택하면 displayContact( ) 함수를 호출하면서 첨자 값을 인자로 넘겨준다.

[예제15-8-1] 연락처 상세 정보 표시하기 contactDisplay.js의 일부

```
// 연락처 상세 정보 표시
function displayContact(index) {
  var len, i, no='', name='', phone='', email='', address='';

  // 선택된 연락처 항목을 설정
  var myContact = contactList[index];
  //번호
  no = '<p>번호 : [' + index + ']</p>'
  // 표시 이름
  if(myContact.displayName == null) {
     name += myContact.name.familyName + myContact.name.givenName;
   } else {
     name += myContact.displayName;
  }
  name = '<p>이름 : ' + name + '</p>'
          ... 뒤에 계속([예제15-8-2]) ...
```

전달받은 첨자를 이용하여 검색된 연락처 리스트 중에서 선택된 하나의 연락처를 식별하고 상세 정보를 얻어온다. 특정 연락처의 상세 정보를 구성하는 과정에서 이 객체와 속성 안에는 검색된 연락처 정보가 저장되어 있다.

다음 연락처 관련 객체와 속성을 사용한다.

〈표 15-4〉 연락처 관련 객체

객체	의미
Contact	하나의 연락처 정보를 저장하는 객체 navigator.contacts.find( ), navigator.contacts.create( ) 함수의 반환 형식 정의
ContactName	다양한 종류의 연락처 이름을 저장하는 객체 Contact 객체의 name 속성의 구조 정의
ContactField	복수의 속성 정보를 저장하는 객체 Contact 객체의 phonenumbers, emails 속성 등의 구조 정의
ContactAddress	복수의 주소 속성 정보를 저장하는 객체 Contact 객체의 address 속성의 구조 정의

연락처(Contact) 객체는 연락처 데이터베이스와의 연동을 위해 모든 연락처 상세 정보를 담는 객체로서 연락처 정보를 구성하는 다양한 속성들이 포함되어 있다.

〈표 15-5〉 연락처(Contact) 객체의 속성

속성	의미
id	고유한 연락처 아이디, 자동 지정됨
displayName	연락처 등록자의 대표 표시 이름
name	복수개의 연락처 이름을 포함한 객체(ContactName 객체유형)
nickname	연락처 등록자의 애칭명
phoneNumbers	복수개의 연락처 전화번호를 포함한 객체 배열(ContactField[ ] 객체배열유형)
emails	복수개의 연락처 이메일을 포함한 객체 배열(ContactField[ ] 객체배열유형)
addresses	복수개의 연락처 주소를 포함한 객체 배열(ContactAddress[ ] 객체배열유형)

이외에도 ims(메신저 주소), organizations(조직), birthday(생일), note(메모), photos(사진), categories(분류), urls(웹 페이지 주소) 등의 추가적인 Contact 객체 속성들이 있다.

Contact 객체는 단말기의 연락처 데이터베이스에 새로운 연락처를 생성하거나 저장할 수 있고 기존 연락처 정보를 삭제할 수 있는 메소드도 포함한다.

〈표 15-6〉 연락처(Contact) 객체의 메소드

메소드	의미
save( )	메소드를 호출한 Contact 객체의 속성값들을 연락처 데이터베이스에 저장한다.
clone( )	메소드를 호출한 Contact 객체의 모든 속성값들을 갖는 새로운 객체를 생성(복사)하여 반환한다. 연락처를 복사할 때는 다음과 같이 실행한다. 예 var clone = myContact.clone( ); myContact 객체는 create( ) 함수 실행으로 새로 만든 연락처 정보나 find( ) 함수 실행으로 검색된 연락처 정보이다. clone( ) 함수로 연락처 정보를 복제할 경우, 복사본 clone 객체의 속성값은 원본 myContact과 동일하게 설정된다.
remove( )	메소드를 호출한 Contact 객체의 속성값들을 참조하여 연락처 데이터베이스에서 삭제한다. 연락처를 삭제할 때는 다음과 같이 실행한다. 예 myContact.remove(onSuccess, onError); onSuccess( ) 함수는 연락처가 성공적으로 삭제된 후 호출되는 콜백 함수이고 onError( ) 함수는 실패 시 호출되는 콜백 함수로 onContactSaveError( ) 함수와 같다.

연락처 관련 객체 중에서 Contact 객체를 제외한 나머지 객체(ContactName, Contact Field, ContactAddress)는 Contact 객체의 속성 구조를 정의하기 위한 유형 객체(type object)들이다. 연락처 유형 객체들을 살펴보자.

먼저, 연락처 이름(ContactName) 객체는 Contact 객체의 name 속성을 정의하기 위해 다음 속성들을 갖는다.

〈표 15-7〉 연락처 이름(ContactName) 객체의 속성

속성	의미
formatted	전체 이름
familyName	성
givenName	이름
middleName	중간 이름

[예제15-8-2] 연락처 상세 정보 표시하기 contactDisplay.js의 일부

```
          ... 앞에 계속([예제15-8-1]) ...
// 전화번호
  if(myContact.phoneNumbers != null) {
    len = myContact.phoneNumbers.length;
    if(len > 0) {
      for( i = 0, len; i < len; i += 1) {
          phone += '<p>전화(' + myContact.phoneNumbers[i].type + ') : ' + myContact.
phoneNumbers[i].value + '</p>';
      }
    }
  } else {
    phone += '<p>전화 : 정보없음</p>';
  }
  // 이메일
  if(myContact.emails != null) {
    len = myContact.emails.length;
    if(len > 0) {
      for( i = 0, len; i < len; i += 1) {
        email += '<p>이메일(' + myContact.emails[i].type + ') : ' + myContact.emails[i].value
+ '</p>' ;
      }
    }
  } else {
    email += '<p>이메일 : 정보없음</p>';
  }
          ... 뒤에 계속([예제15-8-3]) ...
```

연락처 필드(ContactField) 객체는 Contact 객체의 PhoneNumbers, emails 등의 속성을 정의하기 위해 다음 속성들을 갖는다. 이때, type 속성은 'home', 'work', 'mobile' 값 중에서 하나를 지정한다.

〈표 15-8〉 연락처 필드(ContactField) 객체의 속성

속성	의미
type	정보 유형('home', 'work', 'mobile')
value	저장된 정보(값)
pref	선호하는 정보 유형 여부 (각 정보 유형 중 가장 선호하는 정보이면 하나만 'true' 설정)

[예제15-8-3] 연락처 상세 정보 표시하기 contactDisplay.js의 일부

```
        ... 앞에 계속([예제15-8-2]) ...
// 주소
if(myContact.addresses != null) {
   len = myContact.addresses.length;
   if(len > 0) {
    for( i = 0, len; i < len; i += 1) {
         address += '<p>장소(' + myContact.addresses[i].type + ') : '  + myContact.
addresses[i].formatted + '</p>' ;
     }
   }
  } else {
   address += '<p>장소  : 정보없음</p>';
  }
  $('#contactInfoArea').html(no + name + phone + email + address);
  $.mobile.changePage('#contactInfoShowPage', 'slide', false, true);
} // 함수 displayContact(index)의 끝
```

연락처 주소(ContactAddress) 객체는 Contact 객체의 Address 속성을 정의하며 다음 속성들을 포함한다.

〈표 15-9〉 연락처 주소(ContactAddress) 객체의 속성

속성	의미
type	정보 유형
formatted	전체 주소 정보(값)
country	국가 정보(값)
region	도 또는 주 정보(값)
locality	도시 정보(값)
streetAddress	거리, 번지, 호수 정보(값)
postalCode	우편번호 정보(값)
pref	선호 정보 유형 여부 (각 정보 유형 중 가장 선호하는 정보이면 true 설정)

세 번째 페이지의 아이디가 'contactinfoArea'인 영역에 번호, 이름, 전화번호, 이메일, 주소 정보를 표시하는 HTML5 태그를 동적으로 생성한다. 그리고 'contactInfoShowPage' 세 번째 페이지로 전환한다.

[그림 15-5] contactApp의 연락처 상세 정보

1.5 연락처 추가하기

네 번째 페이지(contactInputPage)의 화면 구성

네 번째 연락처 입력 화면 관련 HTML 태그 내용이다.

[예제15-9] 연락처 추가 화면 생성하기 index.html의 일부

```
<div data-role="page" id="contactInputPage" data-position="fixed" data-add-back-btn="true" >
    ... 생략 ...
    <div data-role="content">
        <label for="fullName">이름 : </label>
        <input type="text" name="fullName" id="fullName"/>
        <label for="mobilePhone">전화(mobile) : </label>
        <input type="tel" name="mobilePhone" id="mobilePhone"/>
        <label for="workPhone">전화(work) : </label>
        <input type="tel" name="workPhone" id="workPhone"/>
        <label for="homeEmail">이메일(home) : </label>
        <input type="email" name="homeEmail" id="homeEmail"/>
        <label for="workAddress">장소(work) : </label>
        <input type="text" name="workAddress" id="workAddress"/>
        <label for="homeAddress">장소(home) : </label>
        <input type="text" name="homeAddress" id="homeAddress"/>
    <input type="button" id="btnContactAdd" value="연락처 추가"/>
   </div>
    ... 생략 ...
</div>
```

연락처 저장 하기

연락처 입력 화면의 '저장' 버튼을 선택하면 contactAdd.js 파일 안의 addContact( ) 함수가 호출된다.

[예제15-10] 연락처 추가하기 contactAdd.js의 일부

```
Function addContact() {
   // 새로운 연락처 객체 생성
   var newContact = navigator.contacts.create(); ❶

   // 연락처 표시이름
   newContact.displayName = $('#fullName').val();

   // 전화번호
   var phoneNums = [2];
   phoneNums[0] = new ContactField('work', $('#workPhone').val(), false);
   phoneNums[1] = new ContactField('mobile', $('#mobilePhone').val(), true);
   newContact.phoneNumbers = phoneNums;

   // 이메일주소
   var emailAddresses = [1];
```

```
    emailAddresses[0] = new ContactField('home',$('#homeEmail').val(), true);
    newContact.emails = emailAddresses;

    // 주소
    var address = [];
    address[0] = new ContactAddress();
    address[0].type = 'work';
    address[0].streetAddress = '';
    address[0].locality = $('#workAddress').val();
    address[0].postalCode = '';
    address[0].country = '';
    address[1] = new ContactAddress();
    address[1].type = 'home';
    address[1].locality = $('#homeAddress').val();
    newContact.addresses = address;

    // 장치에 저장
    newContact.save(onContactSaveSuccess, onContactSaveError); ❷
}
```

addContact( ) 함수는 먼저 navigator.contacts.create( ) 메소드를 호출하여 빈 Contact 객체를 생성한다.(❶) 빈 Contact 객체의 속성에 입력한 연락처 정보를 설정한 후, save( ) 메소드를 호출한다.(❷) create 메소드로 생성된 새 연락처는 save( ) 메소드를 호출해야만 연락처 데이터베이스에 등록된다. save( ) 메소드 역시 성공 또는 실패 시 호출할 함수를 인자로 갖는다. 두 번째 인자인 실패 콜백 함수 onContactSaveError( )가 가장 많이 반환하는 오류 코드 '0'은 'UNKNOWN_ERROR'로 알 수 없는 오류를 의미한다.

create( ) 메소드는 Contact 객체를 생성하여 반환한다.

```
var myContact = navigator.contacts.create(
  {"displayName" : "홍길동"} ❶
);
myContact.gender = "남"; ❷
```

Contact 객체의 속성값은 메소드 호출 시에 인자로 지정할 수도 있고(❶) 객체 생성 이후에 객체의 속성값을 개별적으로 지정할 수도 있다.(❷)

다음 실행 예처럼 입력 페이지에서 새로운 연락처 정보를 입력한 뒤 '연락처 추가' 버튼을 눌러 저장한다. 확인을 위해 연락처 검색하기에서 '홍' 문자열을 포함한 연락처 리스트를 생성할 수 있다. 리스트뷰에서 '홍길동' 항목을 선택하면 연락처 DB에 새로 추가한 '홍길동'의 상세한 연락처 정보를 앱 화면에 다시 불러올 수가 있다.

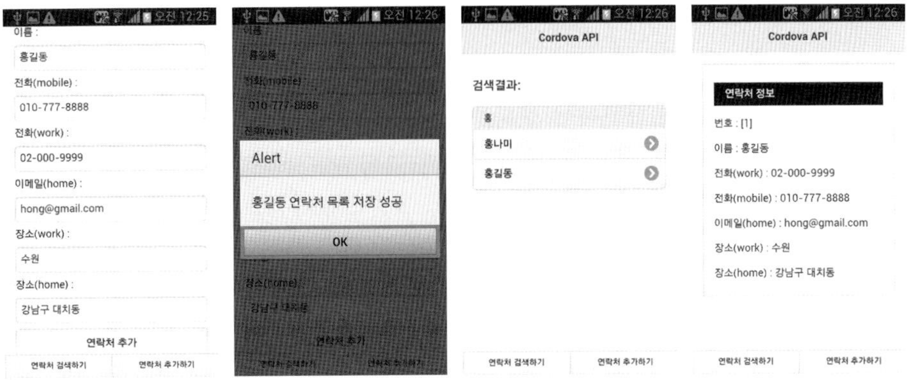

[그림 15-6] contactApp의 연락처 등록 및 확인

1.6 코르도바 프로젝트 생성 및 실행

기본 프로젝트 생성하기

[부록E] 안드로이드 코르도바 프로젝트 앱 실습 내용을 참조하여 코르도바 기본 프로젝트를 생성하자. 명령 프롬프트 창에서 다음 명령어를 입력하여 실행한다. 'contactApp' 프로젝트 폴더 안에 'contactApp' 프로젝트 이름을 갖는 코르도바 프로젝트가 생성된다.

```
>>cd c:\hybridProject
>>cordova create contactApp com.example.contactApp contactApp
```

코르도바 패키징

자동 생성된 contactApp 기본 코르도바 프로젝트를 수정하여 코르도바 앱으로 패키징해서 실행 파일로 변환한다.

■ 앱 소스 파일 작성(복사)

contactApp 프로젝트의 "hybridProject₩contactApp₩www₩" 폴더 밑의 기존 index.html 파일을 삭제하고 [실습15-1], [실습15-2], [실습15-3], [실습15-4] 코드 내용을 참

조하여 index.html과 contactSearch.js, contactDisplay.js, contactAdd.js 소스 파일을 작성한다. 제공된 소스 코드 중에서 "₩code₩ch15_contactApp"의 index.html과 contactSearch.js, contactDisplay.js, contactAdd.js 소스 파일을 함께 복사해도 된다.

■ 라이브러리 파일 복사

다운로드 방식으로 제이쿼리 모바일 라이브러리를 적용하려면 프로젝트 폴더 안에 라이브러리 파일을 포함하여야 한다. 13장처럼 제이쿼리 모바일 사이트(http://jquerymobile.com)과 제이쿼리 사이트(http://jquery.com)에서 가장 최신 버전의 라이브러리 파일을 직접 다운로드 받아 contactApp 코르도바 프로젝트의 "hybridProject₩contactApp₩www₩" 폴더 밑에 'jquery.mobile' 폴더를 생성하고 그 안에 복사한다.

■ 라이브러리 참조 선언 확인

contactApp 프로젝트의 index.html 내용에 다음과 같이 라이브러리 참조 선언이 포함되어 있는지 확인한다.

```
<meta charset="utf-8"/>
<meta name="viewport" content="width=device-width, initial-scale=1"/>

<link rel="stylesheet" href="jquery.mobile/jquery.mobile-1.4.5.min.css">
<script src="jquery.mobile/jquery-1.11.1.min.js"></script>
<script src="jquery.mobile/jquery.mobile-1.4.5.min.js"></script>

<script src="cordova.js"></script>
```

안드로이드 플랫폼 추가

다음으로 'contactApp' 코르도바 프로젝트 폴더로 이동하여 안드로이드 플랫폼 파일들을 추가한다.

```
>>cd c:\hybridProject\contactApp
>>cordova platform add android
```

코르도바 플러그인 추가하기

"cordova plugin" 명령어를 사용하여 프로젝트에 필요한 contacts 코르도바 플러그인을 추가한다.

```
>>cordova plugin add cordova-plugin-contacts
>>cordova plugin add cordova-plugin-dialogs
>>cordova plugin add cordova-plugin-console
```

코르도바 프로젝트 실행하기

■ 실물 단말기에서 실행

스마트폰과 개발 중인 컴퓨터를 USB로 연결하고 [부록E-2]를 참조하여 필요한 설정을 완료한 후, 다음 명령어를 실행한다.

```
>>cordova run android
```

■ 가상 단말기에서 실행

안드로이드 AVD Manager를 실행하고 설치된 AVD들 중 하나를 선택하여 구동시킨다. 가상 단말기 창이 나오면서 부팅이 되고 마우스를 이용하여 잠금을 해제함으로써 가상 단말기로 시험할 수 있는 환경을 준비한다. 가상 단말기 실행을 확인한 후에 다음 명령어를 실행한다.

```
>>cordova emulate android
```

■ 폰갭 디벨로퍼 앱에서 실행

다음 명령어를 입력하여 폰갭용 웹서버가 실행되도록 한다.

```
>>phonegap serve
```

이때, 서버 역할을 하는 개발 컴퓨터와 스마트폰이 동일한 네트워크를 통해 접속해야한다. 스마트폰에서 [폰갭 디벨로퍼 앱]을 실행하여 [Server Address] 부분에 해당 IP 주소와 포트번호를 직접 입력하고 [Connect] 버튼을 선택 한다.

1.7 실습 예제 코드

다음은 contactApp 앱 프로그램의 전체 코드 내용이다.

[실습15-1] 연락처관리 앱 화면 작성하기 /ch15_contactApp/index.html

```
<!DOCTYPE HTML>
<html>
<head>
<meta charset="utf-8"/>
<meta name="viewport" content="initial-scale=1.0, width=device-width">
<title>연락처 앱</title>

<!-- 제이쿼리모바일, 제이쿼리, 폰갭 라이브러리 파일(다운로드 방식) -->
<link rel="stylesheet" href="jquery.mobile/jquery.mobile-1.4.5.min.css"/>
<script src="jquery.mobile/jquery-1.11.1.min.js"></script>
<script src="jquery.mobile/jquery.mobile-1.4.5.min.js"></script>
<script src="cordova.js"></script>

<!-- 사용자 정의 자바스크립트 파일 -->
<script src="contactSearch.js"></script>
<script src="contactDisplay.js"></script>
<script src="contactAdd.js"></script>

<script>
    $(document).ready(function() {
        initCordova();

    // 이벤트 핸들러 정의
        $('#btnContactAllSearch').click(function() {
            searchContactsAll();
        });
        $('#btnContactSearch').click(function() {
            searchContact();
        });
        $('#btnContactAdd').click(function() {
            addContact();
        });
    });

```

```
        // 코르도바 초기화
        function initCordova() {
            document.addEventListener('deviceready', onDeviceReady, true);
        }
        function onDeviceReady() {
            navigator.notification.alert('장치 준비됨', null, '코르도바 API');
        }
    </script>
    </head>
    <body>

    <!-- 연락처 검색 시작 화면 -->
    <div data-role="page" id="contactSearchPage">
        <div data-role="header" data-position="fixed">
            <h1>Cordova API</h1>
        </div>
        <div data-role="content">
            <div class="ui-body ui-body-a"><br/>
                <div class="ui-bar ui-bar-b"><h3>연락처 전체 검색 </h3></div>
                <input type="button" id="btnContactAllSearch" value="검색"/>
            </div>
            <br/>
            <div class="ui-body ui-body-a"><br/>
                <div class="ui-bar ui-bar-b"><h3>연락처 조건 검색 </h3></div><br/>
                <label for="editSearch">이름:</label>
                <input type="search" id="searchKey" />
                <input type="button" id="btnContactSearch" value="검색"/>
            </div>
        </div>
        <div data-role="footer" data-position="fixed">
            <div data-role="navbar">
                <ul>
                    <li><a href="#contactSearchPage">연락처 검색하기</a></li>
                    <li><a href="#contactInputPage">연락처 추가하기</a></li>
                </ul>
            </div>
        </div>
    </div>

    <!-- 연락처 검색 리스트뷰 화면 -->
    <div data-role="page" id="contactListShowPage" data-add-back-btn="true">
        <div data-role="header" data-position="fixed">
            <h1>Cordova API</h1>
        </div>
        <div data-role="content" id="contactListArea">
```

```
            <h3>검색결과:</h3>
            <div>연락처 리스트뷰 표시 영역</div>
        </div>
        <div data-role="footer" data-position="fixed">
            <div data-role="navbar">
                <ul>
                    <li><a href="#contactSearchPage">연락처 검색하기</a></li>
                    <li><a href="#contactInputPage">연락처 추가하기</a></li>
                </ul>
            </div>
        </div>
</div>

<!-- 연락처 상세 정보 화면      -->
<div data-role="page" id="contactInfoShowPage" data-position="fixed" data-add-back-btn="true">
        <div data-role="header">
            <h1>PhoneGap API</h1>
        </div>
        <div data-role="content">
            <div class="ui-body ui-body-e"><br/>
                <div class="ui-bar ui-bar-d"><h3>연락처 정보 </h3></div>
                <div id="contactInfoArea">
                    연락처 정보 표시 영역
                </div>
            </div>
        </div>
        <div data-role="footer" data-position="fixed">
            <div data-role="navbar">
                <ul>
                    <li><a href="#contactSearchPage">연락처 검색하기</a></li>
                    <li><a href="#contactInputPage">연락처 추가하기</a></li>
                </ul>
            </div>
        </div>
</div>

<!-- 연락처 입력 화면 -->
<div data-role="page" id="contactInputPage" data-position="fixed"  data-add-back-btn="true">
        <div data-role="header">
            <h1>Cordova API</h1>
        </div>
        <div data-role="content">
            <label for="fullName">이름  : </label>
            <input type="text" name="fullName" id="fullName"/>
            <label for="mobilePhone">전화(mobile) : </label>
```

```
            <input type="tel" name="mobilePhone" id="mobilePhone"/>
            <label for="workPhone">전화(work) : </label>
            <input type="tel" name="workPhone" id="workPhone"/>
            <label for="homeEmail">이메일(home) : </label>
            <input type="email" name="homeEmail" id="homeEmail"/>
            <label for="workAddress">장소(work) : </label>
            <input type="text" name="workAddress" id="workAddress"/>
            <label for="homeAddress">장소(home) : </label>
            <input type="text" name="homeAddress" id="homeAddress"/>
        <input type="button" id="btnContactAdd" value="연락처 추가"/>
      </div>
        <div data-role="footer" data-position="fixed">
            <div data-role="navbar">
                <ul>
                    <li><a href="#contactSearchPage">연락처 검색하기</a></li>
                    <li><a href="#contactInputPage">연락처 추가하기</a></li>
                </ul>
            </div>
        </div>
</div>
</body>
</html>
```

[실습15-2] 연락처관리 앱 검색 코드 작성하기 /ch15_contactApp/contactSearch.js

```
var contactList; // 전역 변수(연락처 목록 객체)

  // 특정 연락처 검색
  function searchContact() {
     //페이지로부터 검색 대상 이름을 지정
     var searchStr = $('#searchKey').val();
     //검색 대상 및 반환 연락처 항목 리스트를 지정
     var contactFields = ['displayName', 'name', 'phoneNumbers', 'emails', 'addresses' ];
     //검색 옵션 객체를 지정
     var contactFindOptions = { filter : searchStr, multiple : true };
     //연락처 탐색
      navigator.contacts.find(contactFields, onContactSearchSuccess, onContactSearchError,
contactFindOptions);
  }

  // 전체 연락처 검색
  function searchContactsAll() {
     var contactFields = ['displayName', 'name', 'phoneNumbers', 'emails', 'addresses'];
     var contactFindOptions = { filter : '', multiple : true };
```

```
    navigator.contacts.find(contactFields, onContactSearchSuccess, onContactSearchError,
contactFindOptions);
 }

 // 검색 성공 콜백 함수
 function onContactSearchSuccess(contacts) {
  var i, len, tagList = '';
  contactList = contacts;        //전역 객체 변수
  len = contacts.length;
  if(len > 0) {
   tagList = '<ul data-role="listview" id="clistview" data-inset="true" data-autodividers="true">';
   for( i = 0, len; i < len; i += 1) {
      tagList += '<li><a onclick="displayContact(' + i + ');">' + contacts[i].displayName
+ '</a></li>';
   }
   tagList += '</ul>';
   $('#contactListArea').children().last().replaceWith(tagList);
   $(document).bind('pagechange', function() {
      $('.ui-page-active :jqmData(role=content)').trigger('create');
   });
   $.mobile.changePage('#contactListShowPage', 'slide', false, true);
  } else {
   navigator.notification.alert('검색 결과 없음', null, '연락처 검색 성공');
  }
 }

 //검색 실패 콜백 함수
 function onContactSearchError(e) {
   navigator.notification.alert(e.code, null, '연락처 검색 오류');
 }
```

[실습15-3] 연락처관리 앱 검색 정보 표시하기 /ch15_contactApp/contactDisplay.js

```
// 연락처 상세 정보 표시
function displayContact(index) {
 var len, i, no='', name='', phone='', email='', address='';

 // 선택된 연락처 항목을 설정
 var myContact = contactList[index];
 //번호
 no = '<p>번호 : [' + index + ']</p>'
 // 표시 이름
 if(myContact.displayName == null) {
   name += myContact.name.familyName + myContact.name.givenName;
```

```
    } else {
      name += myContact.displayName;
    }
  name = '<p>이름 : ' + name + '</p>'
  // 전화번호
  if(myContact.phoneNumbers != null) {
    len = myContact.phoneNumbers.length;
    if(len > 0) {
      for( i = 0, len; i < len; i += 1) {
          phone += '<p>전화(' + myContact.phoneNumbers[i].type + ') : ' + myContact.
phoneNumbers[i].value + '</p>';
      }
    }
  } else {
    phone += '<p>전화 : 정보없음</p>';
  }
  // 이메일
  if(myContact.emails != null) {
    len = myContact.emails.length;
    if(len > 0) {
      for( i = 0, len; i < len; i += 1) {
          email += '<p>이메일(' + myContact.emails[i].type + ') : '  + myContact.emails[i].
value + '</p>' ;
      }
    }
  } else {
    email += '<p>이메일 : 정보없음</p>';
  }
  // 주소
  if(myContact.addresses != null) {
    len = myContact.addresses.length;
    if(len > 0) {
      for( i = 0, len; i < len; i += 1) {
          address += '<p>장소(' + myContact.addresses[i].type + ') : '  + myContact.
addresses[i].formatted + '</p>' ;
      }
    }
  } else {
    address += '<p>장소  : 정보없음</p>';
  }

  $('#contactInfoArea').html(no + name + phone + email + address);
  $.mobile.changePage('#contactInfoShowPage', 'slide', false, true);
}
```

[실습15-4] 연락처관리 앱 연락처 추가하기 /ch15_contactApp/contactAdd.js

```
function addContact() {

    // 새로운 연락처 객체 생성
    var newContact = navigator.contacts.create();

    // 연락처 표시이름
    newContact.displayName = $('#fullName').val();

    // 전화번호
    var phoneNums = [2];
    phoneNums[0] = new ContactField('work', $('#workPhone').val(), false);
    phoneNums[1] = new ContactField('mobile', $('#mobilePhone').val(), true);
    newContact.phoneNumbers = phoneNums;

    // 이메일주소
    var emailAddresses = [1];
    emailAddresses[0] = new ContactField('home',$('#homeEmail').val(), true);
    newContact.emails = emailAddresses;

    // 주소
    var address = [];
    address[0] = new ContactAddress();
    address[0].type = 'work';
    address[0].streetAddress = '';
    address[0].locality = $('#workAddress').val();
    address[0].postalCode = '';
    address[0].country = '';

    address[1] = new ContactAddress();
    address[1].type = 'home';
    address[1].locality = $('#homeAddress').val();

    newContact.addresses = address;

    // 장치에 저장
    newContact.save(onContactSaveSuccess, onContactSaveError);
}

function onContactSaveSuccess() {
    navigator.notification.alert($('#fullName').val() + ' 연락처 목록 저장 성공');
}

function onContactSaveError(err) {
    navigator.notification.alert('오류번호 : ' + err.code + ' / 오류메시지 : ' + err.message,
null, '연락처 저장 오류');
}
```

2. [실습] 지도(맵) 활용 하이브리드앱 개발

많은 앱들이 지도를 활용한 서비스를 제공한다. 스마트폰으로부터 얻은 위치 정보를 활용하여 지도 관련 앱을 만들어 보자.

2.1 jquery-ui-map 플러그인

모바일 페이지에 전자 지도를 표시하려면 지도 관련 라이브러리가 추가로 필요하다. 대표적인 라이브러리는 구글(Google)에서 제공하는 구글맵 자바스크립트 API이다. 구글맵 API를 이용하면 위치 정보를 구글맵과 연결하여 다양하게 활용할 수 있다. 예를 들면, 웹 페이지에 구글 지도를 삽입하고 현 위치 정보를 지도에 표시할 수 있다.

구글맵 API를 직접 이용하는 것보다 쉬운 방법이 있는데 바로 jquery-ui-map 플러그인이다. jquery-ui-map 플러그인은 구글맵 자바스크립트 API를 제이쿼리 형식으로 제공하는 제이쿼리 라이브러리이다. 구글맵을 제이쿼리와 제이쿼리 모바일을 사용하는 웹 페이지에 쉽게 포함하도록 지원한다.

jquery-ui-map 플러그인의 특징은 다음과 같다.

- 구글맵 자바스크립트 API와 HTML5 GeoLocation API를 쉽게 이용할 수 있다.
- 제이쿼리 라이브러리로서 제이쿼리와 제이쿼리 모바일을 지원한다.
- 구글 API 키를 별도로 생성할 필요가 없다.
- 라이브러리 크기가 매우 작다.

Note: 구글맵 API

구글맵 자바스크립트(Google Maps JavaScript) API
버전 V3은 공식 구글맵 자바스크립트 API로 무료로 제공된다.

jquery-ui-map 플러그인
버전 jquery-ui-map-v-3은 제이쿼리와 제이쿼리 모바일을 위한 구글맵 v3 오픈 소스 플러그인이다.

jquery-ui-map 플러그인 다운로드

jquery-ui-map 플러그인을 사용하는 코르도바 앱을 만들려면 코르도바 프로젝트 안에 jquery-ui-map 플러그인을 다운받아 포함시켜야 한다. 다음 웹 사이트에서 최신 플러그인 파일(jquery-ui-map-3.0-rc.zip)을 다운 받는다.

• https://code.google.com/p/jquery-ui-map/downloads/list

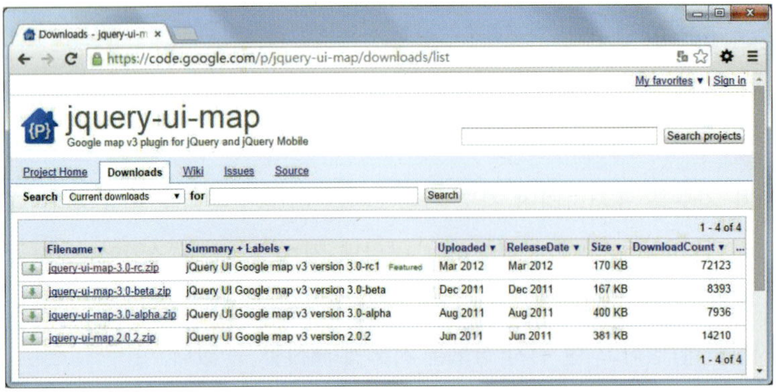

[그림 15-7] jquery-ui-map 다운로드 사이트

다운받은 플러그인의 압축을 풀면 ‘₩ui’ 폴더 안에 다양한 구글맵 관련 제이쿼리 라이브러리 파일들이 포함되어 있다. ‘₩ui’ 폴더와 포함된 라이브러리 파일들을 현재 개발 중인 코르도바 프로젝트의 ‘₩assets₩www’ 폴더로 복사한다.

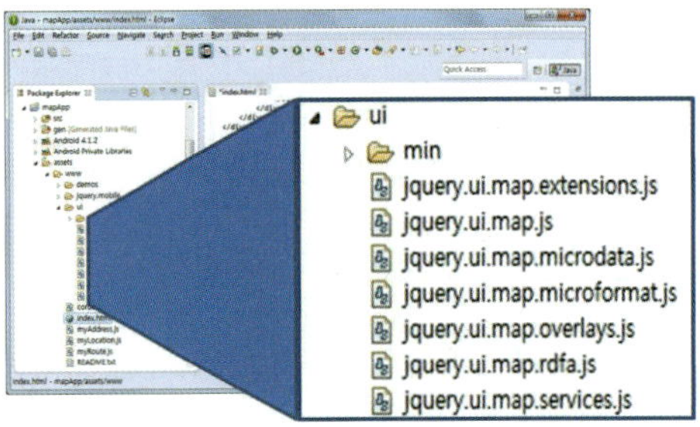

[그림 15-8] jquery-ui-map 설치 화면

jquery-ui-map 플러그인 참조 선언

‘₩assets₩www’ 폴더에 복사한 jquery-ui-map 플러그인을 사용하기 위해서는 라이브러리 파일을 포함하도록 선언해야 한다. 〈head〉 태그 안에 다른 자바스크립트 라이브러리 선언과 함께 다음과 같이 선언한다.

[예제15-11] 참조 라이브러리 선언하기 index.html의 일부

```
<!-- 구글맵 API 라이브러리 파일-->
<script src="http://maps.google.com/maps/api/js?key=내_API키&language=ko"></script> ❶

<!-- jquery-ui-map 플러그인 라이브러리 파일(다운로드 방식) -->
<script src="ui/min/jquery.ui.map.full.min.js"></script> ❷
<script src="ui/jquery.ui.map.extensions.js"></script> ❸
```

❶은 현재 위치 정보를 얻기 위해 모바일 장치의 GPS 센서를 사용하도록 한다. 또, 사용자 별 브라우저 환경 설정과 관계없이 항상 한국어로 맵 정보가 표시되도록 한다. ❷, ❸은 다운받아 코르도바 프로젝트 'Wui' 폴더 안에 저장된 jquery-ui-map 플러그인 파일들로 현재 작업 폴더를 기준으로 경로명을 지정한다.

> **Tip '내_API키' 생성하기**
>
> 2018년 6월부터 무료로 제공되던 기존 구글 지도 서비스가 차세대 통합 버전인 '구글 맵스 플랫폼(Google Maps Platform)'이 제공되면서 API가 전면 유료화되었다. 구글 지도를 키 없이 사용할 경우, 웹서비스용 디렉션, 지오코딩, 지오로케이션 등의 API 사용시 오류가 발생하므로 반드시 결제 계정을 등록한 후, 유효한 '내_API 키'를 만들어야만 경로 검색과 같은 구글맵 서비스를 이용할 수 있다.
> 의무적으로 구글 콘솔에 유효한 신용카드를 등록해야 하지만 매월 월간 무료 사용권이 기본 제공되므로 단순 실습을 목적으로 할 경우 실제 경비를 지불할 염려는 없다.
> 각자 다음 URL 주소를 참조하여 API키 만들기를 수행한다.
>
> https://cloud.google.com/maps-platform/#get-started
>
> 1단계로 지도, 경로, 지역정보 제품을 선택하고 2단계로 프로젝트를 생성한 뒤, 3단계로 개인 신용카드 정보와 주소 정보 등을 결제 관련 정보를 등록함으로써 유효한 내_API키를 생성할 수 있다. 생성된 내_API키는 다음과 같이 구글맵 API 참조 시 매개변수 값으로 설정한다.
>
> 〈script src="http://maps.google.com/maps/api/js?key=내_API키"〉〈/script〉

자, 이제 준비 작업이 끝났으니 jquery-ui-map 플러그인을 활용한 지도 활용 mapApp을 만들어 보자.

2.2 구글맵 지도활용 앱 : mapApp

코르도바 API를 사용하면 GPS로 측정한 현재 위치 정보를 얻어 올 수 있어 지도 정보와 연동하면 유용한 앱을 만들 수 있다. 전자 지도 표시를 위해 구글에서 제공하는 jquery-ui-map 플러그인을 사용한다.

mapApp 앱 화면 구성과 기능

제이쿼리 모바일을 사용하여 다음과 같은 3개의 앱 화면을 구성한다. 각 모바일 페이지들은 페이지 아래 3개의 버튼을 이용하여 이동한다.

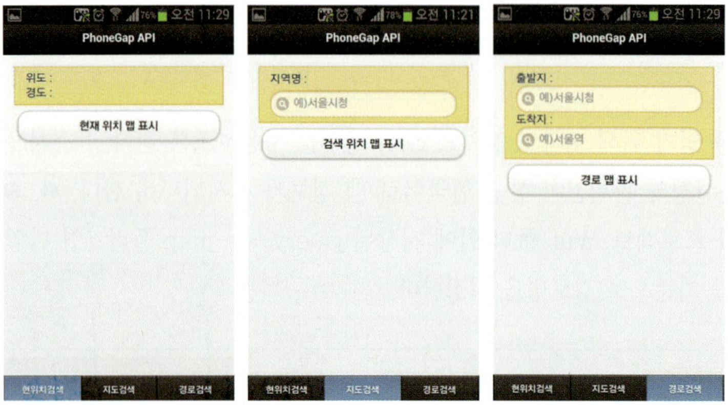

[그림 15-9] mapApp의 화면 구성

- 현 위치 검색: 현재 위치의 위도와 경도 좌표를 표시하고 구글맵에서 마커로 표시한다.
- 지도 검색: 입력한 지역 명을 구글맵에서 마커로 표시하고 마커를 클릭하면 풍선말로 장소에 관한 설명을 제공한다.
- 경로 검색: 입력한 출발지와 도착지 사이의 대중 교통을 이용한 경로를 구글맵으로 안내한다.

내부 자바스크립트 함수 구성

HTML5 문서 안에서 호출되는 함수들은 각 페이지 별로 별도의 외부 자바스크립트 파일에 정의한다.

[예제15-12] 사용자 정의 자바스크립트 파일 index.html의 일부

```
<script src="myLocation.js"></script>
<script src="myAddress.js"></script>
<script src="myRoute.js"></script>
```

외부 자바스크립트 파일에 저장된 전체 함수들간의 연관 관계는 다음과 같다.

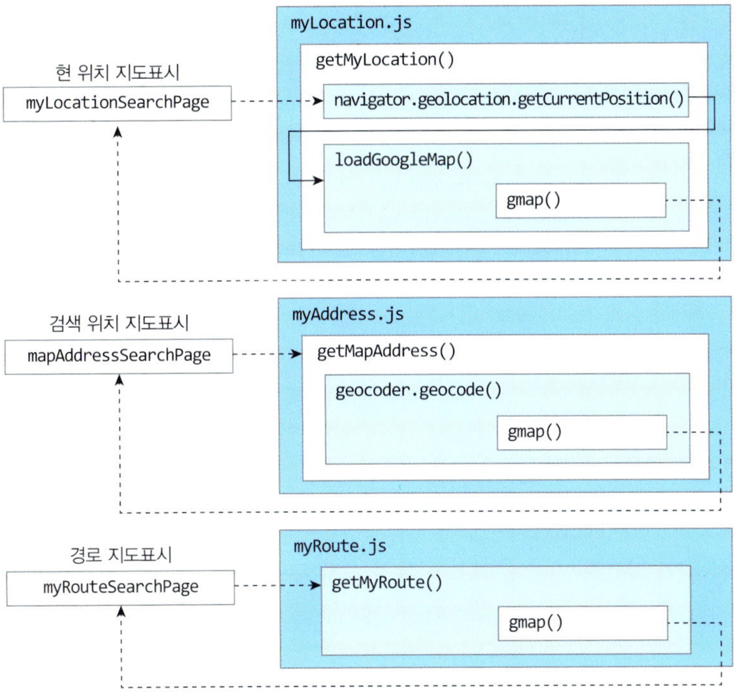

[그림 15-10] mapApp 지도 앱 함수들의 연관 관계

2.3 현 위치 지도 표시하기

첫 번째 페이지(myLocationSearchPage)의 화면 구성

다음은 첫 번째 현 위치 검색 페이지의 HTML5 태그 내용이다. 현 위치의 위도, 경도 좌표를 표시하는 영역과 지도 위에 현 위치를 표시해 주는 영역으로 페이지가 구성된다.

[예제15-13] 현 위치 지도 표시하기 index.html의 일부

```
<div data-role="page" id="myLocationSearchPage" data-position="fixed">
    <div data-role="header">
        <h1>Cordova API</h1>
    </div>
    <div data-role="content">
        <div id="box1" class="ui-bar ui-bar-a">
            위도 : <br/> 경도 :
        </div>
        <input id="btnLocationSearch" type="button" value="현재 위치 맵 표시">
```

```
        <div id="mapArea1"></div>
    </div>
    <div data-role="footer" data-position="fixed">
        <div data-role="navbar">
            <ul>
                <li><a href="#myLocationSearchPage">현위치검색</a></li>
                <li><a href="#mapAddressSearchPage">지도검색</a></li>
                <li><a href="#myRouteSearchPage">경로검색</a></li>
            </ul>
        </div>
    </div>
</div>
```

현 위치의 위도 및 경도 좌표 구하기

구글맵에 특정 위치를 표시하려면 우선 그 위치에 관한 위도와 경도 좌표값을 알아야 한다. 첫 번째 페이지는 현 위치 좌표를 먼저 구하고 이를 이용해 구글맵을 표시한다. '현재 위치 맵 표시' 버튼을 선택하면 myLocation.js 파일 안의 getMyLocation( ) 함수가 호출된다.

[예제15-14] 단말기 장치 준비 확인하기 index.html의 일부

```
$(document).ready(function() {
    initCordova();
    // 이벤트 함수 정의
    $('#btnLocationSearch').click(function() {
        getMyLocation();
    });
    ... 생략 ...
});
function initCordova() {
    document.addEventListener('deviceready', onDeviceReady, true);
}
function onDeviceReady() {
    navigator.notification.alert('장치 준비됨', null, '코르도바 API');
}
```

내부적으로 navigator.geolocation.getCurrentPosition( ) 메소드를 호출하여 현 위치 좌표를 GPS 장치로부터 얻어온다. navigator.geolocation.getCurrentPosition( ) 메소드는 HTML5 GeoLocation API 중 하나이다.

[예제15-15] 현 위치좌표 얻어오기 myLocation.js의 일부

```
// 현 위치 좌표 얻기
function getMyLocation() {
   var posOption = {maximumAge: 3000, timeout: 50000, enableHighAccuracy: true };
   navigator.geolocation.getCurrentPosition(onSuccess, onError, posOption);
}
```

Note: **navigator.geolocation 객체**

navigator.geolocation 객체는 다음 메소드를 제공한다.

메소드	의미
getCurrentPosition( )	현재 위치 좌표(위도, 경도) 객체를 제공
watchPosition( )	주기적으로 위치 좌표(위도, 경도) 객체를 제공(위치 추적) 성공 콜백 함수로 좌표 객체를 전달 반환값: 정수값(clearWatch( )의 입력 인자로 사용)
clearWatch( )	위치 추적을 취소

getCurrentPosition( ) 메소드와 watchPosition( ) 메소드는 사용 방법이 거의 같다. 위치 추적처럼 반복적으로 현 위치 정보를 얻어와야 하는 경우에 watchPosition( ) 메소드를 사용한다.

getCurrentPosition( ) 메소드의 세 번째 인자인 posOption 변수는 위치 선택항목(PositionOption) 객체 유형으로 위치 정보를 획득하는데 적용될 다음 속성들을 지정한다.

〈표 15-10〉 위치 선택항목(PositionOption) 객체의 속성

속성	의미
maximumAge	위치 정보의 유효 기간(ms 단위, 기본값: 0)
timeout	위치 정보 획득 제한 시간(ms 단위, 기본값: 무제한)
enableHighAccuracy	높은 정확도 요청 여부(기본값: false)

예제에서는 정확한 위치 좌표값을 50초 안에 얻어오지 않으면 시간 초과 오류를 발생시킨다. 또 3초 이내에 획득한 좌표값이 있을 경우 다시 좌표값을 읽지 않고 재사용한다.

getCurrentPosition( ) 메소드를 통해 위치 정보를 성공적으로 얻어올 경우, onSuccess( ) 성공 콜백 함수가 호출된다. 이때 position 변수를 통해 위치(Position) 객체가 인자로 전달된다. 위치 객체의 속성은 다음과 같다.

〈표 15-11〉 위치(Position) 객체의 속성

속성	coords 속성	의미
coords	latitude	위도 좌표값
	longitude	경도 좌표값
	altitude	고도 값
	accuracy	위도, 경도의 정확도(오차, 미터 단위)
	altitudeAccuracy	고도의 정확도(오차, 미터 단위)
	heading	장치 진행 방향(북쪽 기준 시계 방향의 각도)
	speed	장치 진행 속도(미터/초 단위)
timestamp	–	위치 정보 획득 시각 정보

호출된 onSuccess( ) 함수에서는 페이지 위쪽 박스 영역에 위도와 경도 좌표값을 표시한 뒤, loadGoogleMap( ) 함수를 호출한다. 이때, 위도와 경도 좌표값을 인자로 넘겨준다.

[예제15-16] 현 위치좌표 표시하기 myLocation.js의 일부

```
// 성공 콜백 함수
function onSuccess(position) {
   $('#box1').html("위도 : "
      + position.coords.latitude + "<br/>"
      + "경도 : " + position.coords.longitude);
   loadGoogleMap(position.coords.latitude, position.coords.longitude);
}
```

getCurrentPosition( ) 메소드를 통해 위도와 경도 좌표값을 얻는데 실패할 경우, 다음 onError( ) 함수가 호출된다.

[예제15-17] 현 위치화면 오류 처리하기 myLocation.js의 일부

```
// 실패 콜백 함수
function onError(posError) {
   alert('Error Code : ' + posError.code + ' / Error Message : ' + posError.message);
}
```

경고 창에 오류 코드 번호와 오류 메시지를 출력한다. 이를 위해 PositionError 객체가 posError 변수를 통해 인자로 전달된다. PositionError 객체의 속성은 다음과 같다.

〈표 15-12〉 PositionError 객체의 속성

속성	의미
code	오류 코드 값 0 : 오류 원인을 알 수 없음 1 : 위치 정보의 획득 권한이 없음 2 : 위치 정보를 얻을 수 없음 3 : 제한 시간이 초과됨
message	오류 메시지

구글 맵 표시하기

getMyLocation( )의 성공 콜백 함수 onSuccess( ) 안에서 호출되는 loadGoogleMap( ) 함수는 구글 맵 지도를 화면에 표시하는 함수이다.

[예제15-18] 현 위치 구글맵 표시하기 myLocation.js의 일부

```
// 구글 맵 위치 표시
function loadGoogleMap(lat, lng) {
   var latlng = new google.maps.LatLng(lat, lng);
   $('#mapArea1').gmap('destroy');                              // 기존 지도 삭제
   $('#mapArea1').gmap({'center': latlng, 'zoom': 15});   // 새 지도 생성
         . . . 생략 . . .
}
```

먼저, 인자로 전달 받은 위도(lat)와 경도(lng) 좌표값을 갖는 LatLng 위치 좌표 객체를 생성하고 객체 변수 latlng에 저장한다. jquery-ui-map API를 사용할 때 새로운 지도를 생성하려면 gmap( ) 메소드를 사용한다. gmap( )은 jquery-ui-map 플러그인의 핵심 메소드이다. gmap( ) 메소드로 기존 구글맵 지도를 삭제할 수도 있고 새로운 지도를 생성할 수도 있다.

예제에서는 기존 지도를 삭제하고, latlng 객체 변수에 저장된 위도와 경도 좌표를 중심점으로 하는 새로운 구글맵을 15배로 확대하여 'mapArea1' 아이디를 갖는 〈div〉 엘리먼트 영역에 표시한다.

Tip 정확한 위도와 경도 좌표를 알아보자.

특정 주소에 대한 정확한 위도와 경도 좌표를 얻고 싶다면 다음과 같이 http://www.google.co.kr/maps 사이트를 방문한다. 해당 주소를 입력하거나 원하는 위치를 맵에서 클릭하면 위 · 경도 좌표를 확인할 수 있다.

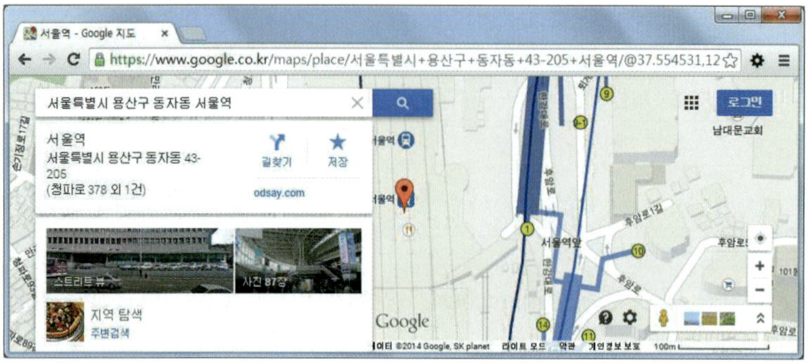

지도를 생성할 때는 gmap( ) 메소드의 인자로 '맵 표시옵션(mapOptions)'을 설정한다.

```
$('#맵표시영역 선택자').gmap( {'맵 표시옵션'} ) ;          // 지도 생성
```

지도를 어떻게 표시할 지와 관련된 '맵 표시옵션' 속성들은 JSON 형식으로 지정한다.

〈표 15-13〉 gmap( ) 맵 표시옵션(mapOptions)

맵 표시옵션	의미
{ center : 좌표	지도의 중심 위치 좌표(위 · 경도 좌표 객체 형식)
zoom : 배율	확대/축소 비율
mapTypeId : 지도유형 }	google.maps.MapTypeId.ROADMAP : 2D 구글맵(기본값) google.maps.MapTypeId.SATELITE : 위성사진 구글맵 google.maps.MapTypeId.TERRAIN : 지형지물 구글맵 google.maps.MapTypeId.HYBRID : 위성사진 + 지형지물 구글맵

'zoom' 속성은 지도를 표시할 초기 해상도를 지정한다. 배율 속성값이 높아질수록 해상도가 높아지면서 특정 지역이 크게 확대된다.

Note: google.maps.Map 객체 사용

구글맵은 gmap( ) 대신에 google.maps.Map 객체를 사용해서도 표시할 수 있다.
다음과 같이 위도와 경도 좌표는 google.maps.LatLng 객체에 설정하고 여러 옵션들과 함께 google.maps.Map 객체를 생성하면 된다.

```
function loadGoogleMap(lat, lng) {
  var latlng = new google.maps.LatLng(lat, lng);
    var mapOptions = { "center": latlng, "zoom": 15, "mapTypeId": google.maps.MapTypeId.ROADMAP };
    var map = new google.maps.Map(document.getElementById("mapArea1"), mapOptions);
}
```

지도의 중심 위치를 이동할 수도 있다. 다음과 같이 코드를 작성하면 된다.

```
$("#mapArea1").gmap("get", "map").panTo(latlng);
```

gmap("get", "map")은 기존 맵 컨트롤의 핸들을 구하는 메소드이고 panTo(latlng)은 기존 맵의 중심 위치를 이동하는 함수이다.

구글맵 마커 표시하기

gmap( ) 생성자에 의해 생성된 지도에 대해서는 지도 표시 영역을 선택자를 통해 지정하고 다양한 gmap 관련 메소드를 적용함으로써 생성된 지도를 변경하거나 보완할 수 있다.

```
$('맵표시영역 선택자').gmap('gmap 메소드') ;
```

gmap 관련 메소드는 다음과 같다.

〈표 15-14〉 gmap 메소드

메소드	의미
gmap('addMarker', 마커옵션, 콜백함수)	맵 영역에 마커를 생성
gmap('addControl', 영역선택자, 컨트롤위치)	맵 영역에 컨트롤을 생성
gmap('openInfoWindow', 창옵션, 마커)	마커연동 정보 창을 열기
gmap('closeInfoWindow')	정보 창을 닫기
gmap('refresh')	재 생성(크기 변경 등)
gmap('clear', 특성명)	맵의 마커, 오버레이 등을 제거
gmap('destroy')	맵을 제거

gmap('displayDirections', 경로요청내용, 경로렌더링옵션, 콜백함수)	맵 경로를 표시
gmap('search', 지코더요청내용, 콜백함수)	주소나 위경도 좌표를 탐색

구글맵에서 현재 위치를 쉽게 식별 가능하도록 현 위치 좌표에 마커를 표시해 보자. gmap 메소드 중에서 addMarker 메소드를 사용한다.

gmap( ) 메소드의 첫 번째 인자로 addMarker 메소드를 호출하고 두 번째 인자로는 JSON 형식으로 position 속성을 설정한다. 필요할 경우 icon 속성을 추가로 설정할 수 있다. 마커를 터치할 경우 풍선 도움말을 표시할 수도 있다. 표시된 마커의 click( ) 이벤트 핸들러 인자에 'function( ){ . . . }'을 지정하여 콜백 함수로 풍선 도움말을 표시하면 된다. 풍선 도움말을 표시해주는 메소드는 gmap 메소드들 중에서 openInfoWindow 메소드를 사용한다.

[예제15-19] 구글맵 마커 표시하기 myLocation.js의 일부

```
// 구글 맵 위치 표시
function loadGoogleMap(lat, lng) {
   var latlng = new google.maps.LatLng(lat, lng);
   ... 생략 ...
   $('#map_area1').gmap('addMarker', {'position': latlng}).click(function() {
      $('#map_area1').gmap('openInfoWindow', {'content': '현재 위치'}, this);
   });
}
```

예제에서 지정 좌표에 addMarker( ) 메소드로 마커가 표시되고 이 마커를 클릭하면 click( ) 이벤트 핸들러 안에 있는 function( )이 실행되어 openInfoWindow( ) 메소드로 풍선 도움말에 '현재 위치' 문자열을 표시한다. 세 번째 인자인 'this'는 현재 클릭한 마커를 의미한다. click( ) 이벤트 핸들러가 실행되어 풍선 도움말이 표시되는 대상은 맵에 표시한 마커 객체 자기 자신이 된다.

〈표 15-15〉 gmap( ) 메소드의 인자

인자	의미
'addMarker',	마커 추가 메소드
{ 'position' : 마커 표시 좌표,	마커 표시 위치 좌표(위 · 경도 좌표 객체 형식)
'icon' : '아이콘 파일 경로명' }	마커 표시 아이콘의 경로 주소(생략 시 기본 아이콘 표시)

'openInfoWindow',	풍선 도움말 표시 지정 메소드
{ 'content' : '마커 설명글' },	풍선 도움말에 표시할 내용
this	풍선 도움말이 표시될 마커 객체

> **Tip 마커 아이콘 이미지를 바꾸어보자**
>
> 마커를 표시하는 다양한 아이콘 이미지들을 다음 사이트에서 얻을 수 있다.
>
> - http://mapicons.nicolasmollet.com/
>
> 선택한 아이콘을 다운받아 폴더 안에 저장한 뒤, 폴더를 포함한 경로명을 'icon' 속성값으로 지정하면 된다. 'icon' 속성값을 별도로 지정하지 않으면 예제처럼 기본 아이콘 이미지로 마커가 표시된다.

실행 결과 화면은 다음과 같다.

[그림 15-11] mapApp 앱의 현재 위치 맵 표시

2.4 검색 위치 지도 표시하기

두 번째 페이지(mapAddressSearchPage)의 화면 구성

다음은 입력한 위치 명에 해당하는 장소를 지도 위에 표시하는 두 번째 화면 내용이다. 검색 지명을 입력하는 영역과 입력된 지명을 지도 위에 표시하는 영역으로 페이지가 구성된다.

[예제15-20] 검색 위치 지도 화면 표시하기 index.html의 일부

```
<div data-role="page" id="mapAddressSearchPage" data-position="fixed">
    ... 생략 ...
    <div data-role="content">
        <div id="box2" class="ui-bar ui-bar-a">
            <label for="addrSearch">지역명 : </label>
            <input type="search" id="addrSearch" placeholder="예)서울시청">
        </div>
        <input id="btnAddressSearch" type="button" value="검색 위치 맵 표시">
        <div id="mapArea2"></div>
    </div>
    ... 생략 ...
</div>
```

특정 지명의 위도 및 경도 좌표 구하기

'검색 위치 맵 표시' 버튼을 선택하면 myAddress.js 파일 안의 getMapAddress( ) 함수가 호출된다.

[예제15-21] 주소를 위치 좌표로 변환하기 myAddress.js의 일부

```
function getMapAddress() {
    var geocoder = new google.maps.Geocoder();
    var myAddress = $('#addrSearch').val();
    geocoder.geocode( {'address': myAddress}, function(results, status) {
        if (status == google.maps.GeocoderStatus.OK) {
        ... 생략([예제 15-22]) ...
        } else {
            alert('실패 : ' + status);
        }
    });
}
```

구글맵 API를 이용하여 사용자가 입력한 지명 또는 주소를 지리적 좌표로 변환할 수 있다. google.maps.Geocoder 객체를 사용하면 된다. 주소를 지리적 좌표로 전환하는 과정을 지오코딩(geocoding)이라고 한다. google.maps.Geocoder 객체를 생성한 뒤, geocode 메소드를 호출하면서 인자로 주소를 넘겨주면 대응하는 위 · 경도 좌표를 반환해 준다. Geocoder.geocode( ) 메소드는 다음과 같은 인자를 갖는다.

```
geocoder.geocode( {지오코드요청}, 성공콜백함수(지오코더결과, 지오코더상태) { . . . } )
```

〈표 15-16〉 지오코드 요청(GeocodeRequest) 객체의 속성

속성	의미
{ 'address' : string,	주소
'latLng' : LatLng,	위치 좌표
'bounds' : LatLngBounds,	한도
'region' : string }	지역

지오코더 상태(GeocoderStatus) 속성값은 다음과 같다.

〈표 15-17〉 지오코더 상태(GeocoderStatus) 속성값의 의미

속성값	의미
google.maps.GeocoderStatus.OK	주소의 좌표 변환 성공
google.maps.GeocoderStatus.ZERO_RESULTS	변환 결과 없음
google.maps.GeocoderStatus.OVER_QUERY_LIMIT	할당량 초과
google.maps.GeocoderStatus.REQUEST_DENIED	변환 거부
google.maps.GeocoderStatus.INVALID_REQUEST	주소나 좌표값 누락

예제에서 geocoder.geocode( ) 메소드는 입력된 주소를 좌표 객체로 변환하고 변환 여부를 status 변수로 반환한다. status 변수는 지오코더 상태 속성값 중 하나를 갖는다.

[예제15-22] 주소 마커 표시하기 myAddress.js의 일부

```
if (status == google.maps.GeocoderStatus.OK) {
    var latlng = results[0].geometry.location;
    . . . 생략 . . .
    $('#mapArea2').gmap('addMarker', {'position': latlng}).click(function() {
        $('#mapArea2').gmap('openInfoWindow', {'content' : results[0].formatted_address + '위치'}, this);
    });
    . . . 생략 . . .
}
```

status 변수의 값이 'google.maps.GeocoderStatus.OK'와 일치할 경우, geocode( ) 메소드는 변환된 위치 좌표를 성공 콜백 함수의 첫 번째 인자인 지오코더 결과 객체 안

의 geometry 객체를 통해 제공한다. 입력한 지명 또는 주소에 해당하는 위치는 여러 개가 반환될 수 있어 Results[ ] 객체 배열로 반환된다. 예제에서 'results[0].geometry.location'은 입력 주소에 일치하는 반환된 좌표 객체들 중에서 첫 번째 좌표 객체를 의미한다. 주소의 일부만을 입력하더라도 가장 유사한 주소에 해당하는 좌표를 반환한다. 주소에 해당하는 지도 상의 좌표에 마커가 표시된다. 마커 풍선말 내용으로 'results[0].formatted_address'를 사용하면 변환된 전체 주소를 표시할 수 있다.

다음은 지오코더 결과 객체의 속성이다.

〈표 15-18〉 지오코더 결과(GeocoderResults) 객체의 속성

속성	의미
`results[]: { types[]: string,`	의미 유형
`formatted_address: string,`	전체 주소

`address_components[]: {`
`short_name: string,`
`long_name: string,`
`types[]: string },`
	주소구성요소(개별) 배열
	단축이름
	전체이름
	주소유형

`geometry: { location: LatLng,`
`location_type: GeocoderLocationType,`
`viewport: LatLngBounds,`
`bounds: LatLngBounds } }`
	변환된 좌표(위도/경도) 객체
	정확도 정보
	권장 뷰포트
	권장 표시 영역 범위

geocode 메소드는 주소를 위치 좌표로 변환할 뿐만 아니라 또는 역으로 위치 좌표를 주소로 변환할 수도 있다. google.maps.Geocoder 객체를 생성한 뒤, geocode 메소드를 호출하면서 인자로 위치 좌표를 넘겨주면 대응하는 주소를 반환 받을 수 있다. 이때 반환되는 변환 주소는 formatted_address 속성과 address_components[ ] 배열을 통해 제공된다.

실행 결과는 다음과 같다.

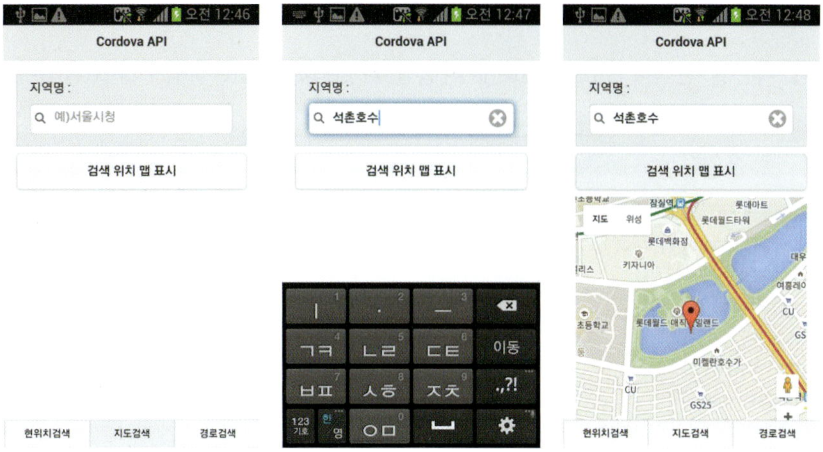

[그림 15-12] mapApp 앱의 검색 지역 맵 표시

2.5 검색 경로 지도 표시하기

세 번째 페이지(myRouteSearchPage)의 화면 구성

다음은 출발지와 도착지를 입력하면 지도에 이동 경로를 표시하는 세 번째 페이지 내용이다. 출발지와 도착지 지역명을 입력하는 영역과 입력된 지역명 사이의 이동 경로를 지도 위에 표시하는 영역으로 페이지가 구성된다. 표시되는 경로는 대중 교통을 이용한 추천 경로이다.

[예제15-23] 검색경로 지도 표시하기 index.html의 일부

```
<div data-role="page" id="myRouteSearchPage" data-position="fixed">
    ... 생략 ...
    <div data-role="content">
        <div id="box3" class="ui-bar ui-bar-a">
            <label for="strSearch">출발지 : </label>
            <input type="search" id="start" placeholder="예)서울시청">
            <label for="strSearch">도착지 : </label>
            <input type="search" id="end" placeholder="예)서울역">
            <input id="btnRouteSearch" type="button" value="경로 맵 표시">
            <div id="mapArea3"></div>
        </div>
    </div>
    ... 생략 ...
</div>
```

검색 경로 지도 표시

'경로 맵 표시' 버튼을 선택하면 myRoute.js 파일 안의 getMyRoute( ) 함수가 호출된다.

[예제15-24] 경로 생성하기 myRoute.js의 일부

```
function getMyRoute() {
   var start = $('#start').val();
   var end = $('#end').val();
   var mode = 'TRANSIT';
   var request = {
      origin:start,
      destination:end,
      travelMode: eval('google.maps.DirectionsTravelMode.'+mode)
   };

   $('#mapArea3').gmap('displayDirections', request, function(result, status) {
      if ( status == 'OK' ) {
         alert('성공');
      } else {
         alert('실패 : ' + status);
      }
   });
}
```

eval( ) 함수는 입력 인자인 문자열을 수식으로 처리하고 그 결과값을 반환하는 자바스크립트 내장함수이다. 예에서 특성 값 설정을 위해 문자식을 결합한 후 작은 따옴표를 제거하는 용도로 사용된다.

gmap( )을 사용하여 'displayDirections' 메소드를 호출함으로써 경로를 생성하고 구글 맵에 표시한다.

```
$('맵표시영역 선택자').gmap( 'displayDirections', 경로요청내용, 콜백함수(경로결과, 경로상태) { ... } )
```

displayDirections 메소드는 경로 요청 내용(DirectionRequest)을 받아 경로를 생성한 후, 콜백 함수에 경로 결과(DirectionResult)와 경로 상태(DirectionStatus)를 반환하는 jquery-ui-map 서비스이다. gmap( ) 메소드를 통해 displayDirections 서비스를 요청할 때 설정해야 하는 경로 요청 내용의 속성들은 다음과 같다.

〈표 15-19〉 경로 요청 내용(DirectionRequest)의 속성

속성	의미
`{ origin : start,`	출발지 주소 or 좌표
`destination : end,`	도착지 주소 or 좌표

`travelMode :`
`'google.maps.DirectionsTravelMode.DRIVING'`
`'google.maps.DirectionsTravelMode.TRANSIT'`
`'google.maps.DirectionsTravelMode.BICYCLING'`
`'google.maps.DirectionsTravelMode.WALKING' }`
	경로 유형
	운전 경로(기본값)
	대중교통 경로
	자전거 경로
	도보 경로

origin과 destination 속성은 반드시 설정해야 하는 필수 속성이다. 다양한 travelMode 속성 중에서 국내의 경우, 아직 'TRANSIT' 유형만 지원되고 있다. 대부분의 국외 지역에 대해서는 다양한 경로 유형이 지원되므로 확인해보자.

다음 실행 예처럼 출발지와 도착지 정보를 입력한 뒤 '경로 맵 표시' 버튼을 누르면 경로가 지도와 함께 표시된다. 표시는 경로는 버스나 지하철과 같은 대중 교통 수단을 이용하여 도착지까지 도달하도록 안내한다.

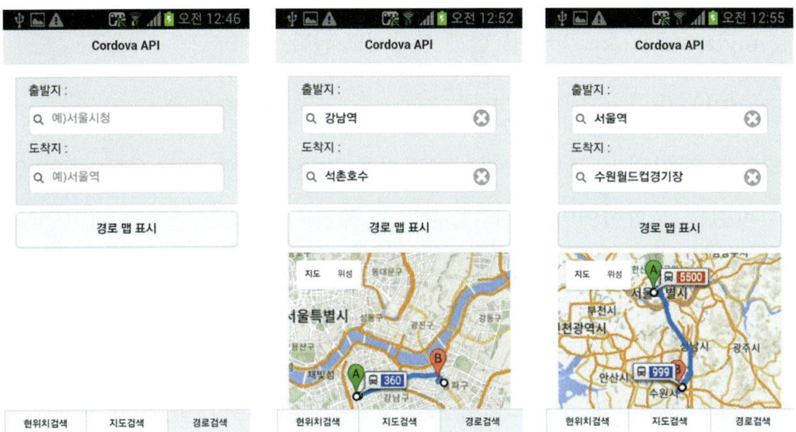

[그림 15-13] mapApp 앱의 검색 경로 맵 표시

2.6 코르도바 프로젝트 생성 및 실행

기본 프로젝트 생성하기

[부록E] 안드로이드 코르도바 프로젝트 앱 실습 내용을 참조하여 코르도바 기본 프로젝

트를 생성하자. 명령 프롬프트 창에서 다음 명령어를 입력하여 실행한다. 'mapApp' 프로젝트 폴더 안에 'mapApp' 프로젝트 이름을 갖는 코르도바 프로젝트가 생성된다.

```
>>cd c:\hybridProject
>>cordova create mapApp com.example.mapApp mapApp
```

코르도바 패키징

자동 생성된 'mapApp' 기본 코르도바 프로젝트를 수정하여 코르도바 앱으로 패키징해서 실행 파일로 변환한다.

■ 앱 소스 파일 작성(복사)

mapApp 프로젝트의 "hybridProject₩mapApp₩www₩" 폴더 밑의 기존 index.html 파일을 삭제하고 [실습15-5], [실습15-6], [실습15-7], [실습15-8] 코드 내용을 참조하여 index.html과 myLocation.js, myAddress.js, myRoute.js 소스 파일을 작성한다. 제공된 소스 코드 중에서 "₩code₩ch15_mapApp"의 index.html과 myLocation.js, myAddress.js, myRoute.js 소스 파일을 함께 복사해도 된다.

■ 라이브러리 파일 복사

다운로드 방식으로 제이쿼리 모바일 라이브러리를 적용하려면 프로젝트 폴더 안에 라이브러리 파일을 포함하여야 한다. 13장처럼 제이쿼리 모바일 사이트(http://jquerymobile.com)과 제이쿼리 사이트(http://jquery.com)에서 가장 최신 버전의 라이브러리 파일을 직접 다운로드 받아 mapApp 코르도바 프로젝트의 "hybridProject₩mapApp₩www₩" 폴더 밑에 'jquery.mobile' 폴더를 생성하고 그 안에 복사한다. jquery-ui-map 플러그인 라이브러리 파일도 다운로드 받아 "hybridProject₩mapApp₩www₩" 폴더 밑에 "₩ui" 폴더를 생성하고 그 안에 복사한다.

■ 라이브러리 참조 선언 확인

mapApp 프로젝트의 index.html 내용에 다음과 같이 라이브러리 참조 선언이 포함되어 있는지 확인한다.

```
<meta charset="utf-8"/>
<meta name="viewport" content="width=device-width, initial-scale=1"/>

<link rel="stylesheet" href="jquery.mobile/jquery.mobile-1.4.5.min.css">
<script src="jquery.mobile/jquery-1.11.1.min.js"></script>
<script src="jquery.mobile/jquery.mobile-1.4.5.min.js"></script>

<script src="cordova.js"></script>
```

구글맵과 jquery-ui-map 플러그인 라이브러리 참조 선언도 추가되어 있는지 확인한다.

```
  <!-- 구글맵 API 라이브러리 파일(CDN 방식) -->
<script src="http://maps.google.com/maps/api/js?key=내_API키&language=ko"></script>
  <!-- jquery-ui-map 플러그인 라이브러리 파일(다운로드 방식) -->
<script src="ui/min/jquery.ui.map.full.min.js"></script>
<script src="ui/jquery.ui.map.extensions.js"></script>
```

안드로이드 플랫폼 추가

다음으로 'mapApp' 코르도바 프로젝트 폴더로 이동하여 안드로이드 플랫폼 파일들을 추가한다.

```
>>cd c:\hybridProject\mapApp
>>cordova platform add android
```

코르도바 플러그인 추가하기

"cordova plugin" 명령어를 사용하여 프로젝트에 필요한 geolocation 코르도바 플러그인 등을 추가한다.

```
>>cordova plugin add cordova-plugin-geolocation
>>cordova plugin add cordova-plugin-dialogs
>>cordova plugin add cordova-plugin-console
```

코르도바 프로젝트 실행하기

■ 실물 단말기에서 실행

스마트폰과 개발 중인 컴퓨터를 USB로 연결하고 [부록E-2]를 참조하여 필요한 설정을 완료한 후, 다음 명령어를 실행한다.

```
>>cordova run android
```

■ 가상 단말기에서 실행

안드로이드 AVD Manager를 실행하고 설치된 AVD들 중 하나를 선택하여 구동시킨다. 가상 단말기 창이 나오면서 부팅이 되고 마우스를 이용하여 잠금을 해제함으로써 가상 단말기로 시험할 수 있는 환경을 준비한다. 가상 단말기 실행을 확인한 후에 다음 명령어를 실행한다.

```
>>cordova emulate android
```

■ 폰갭 디벨로퍼 앱에서 실행

다음 명령어를 입력하여 폰갭용 웹서버가 실행되도록 한다.

```
>>phonegap serve
```

이때, 서버 역할을 하는 개발 컴퓨터와 스마트폰이 동일한 네트워크를 통해 접속해야한다. 스마트폰에서 [폰갭 디벨로퍼 앱]을 실행하여 [Server Address] 부분에 해당 IP 주소와 포트번호를 직접 입력하고 [Connect] 버튼을 선택 한다.

2.7 실습 예제 코드

다음은 mapApp 앱 프로그램의 전체 코드 내용이다.

[실습15-5] 지도활용 앱 화면 작성하기 /ch15_mapApp/index.html

```
<!DOCTYPE HTML>
<html>
<head>
<meta charset="utf-8"/>
<meta name="viewport" content="initial-scale=1.0, width=device-width">
<title>지도 앱</title>

<!-- 제이쿼리모바일, 제이쿼리, 폰갭 라이브러리 파일(다운로드 방식) -->
<link rel="stylesheet" href="jquery.mobile/jquery.mobile-1.4.5.min.css"/>
<script src="jquery.mobile/jquery-1.11.1.min.js"></script>
<script src="jquery.mobile/jquery.mobile-1.4.5.min.js"></script>
<script src="cordova.js"></script>

<!-- 구글맵 API 라이브러리 파일(CDN 방식) -->
<script src="http://maps.google.com/maps/api/js?key=내_API키&language=ko"></script>

<!-- jquery-ui-map 플러그인 라이브러리 파일(다운로드 방식) -->
<script src="ui/min/jquery.ui.map.full.min.js"></script>
<script src="ui/jquery.ui.map.extensions.js"></script>

<!-- 사용자 정의 자바스크립트 파일 -->
<script src="myLocation.js"></script>
<script src="myAddress.js"></script>
<script src="myRoute.js"></script>

<script>
    $(document).ready(function() {
        initCordova();

    //이벤트 핸들러 정의
        $('#btnLocationSearch').click(function() {
            getMyLocation();
        });
        $('#btnAddressSearch').click(function() {
            getMapAddress();
        });
        $('#btnRouteSearch').click(function() {
            getMyRoute();
        });
    });
```

```
    
    // 폰갭 초기화
  function initCordova() {
        document.addEventListener('deviceready', onDeviceReady, true);
    }
  function onDeviceReady() {
        navigator.notification.alert('장치 준비됨', null, '코르도바 API');
    }
</script>
<style>
    #mapArea1, #mapArea2, #mapArea3 { width:100%; height: 330px; }
</style>
</head>
<body>

<!-- 현재 위치 지도 표시 화면 -->
<div data-role="page" id="myLocationSearchPage" data-position="fixed" >
    <div data-role="header">
        <h1>Cordova API</h1>
    </div>
    <div data-role="content">
        <div id="box1" class="ui-bar ui-bar-a">
            위도 : <br/> 경도 :
        </div>
        <input id="btnLocationSearch" type="button" value="현재 위치 맵 표시">
        <div id="mapArea1"></div>
    </div>
    <div data-role="footer" data-position="fixed">
        <div data-role="navbar">
            <ul>
                <li><a href="#myLocationSearchPage">현위치검색</a></li>
                <li><a href="#mapAddressSearchPage">지도검색</a></li>
                <li><a href="#myRouteSearchPage">경로검색</a></li>
            </ul>
        </div>
    </div>
</div>

<!-- 검색 위치 지도 표시 화면 -->
<div data-role="page" id="mapAddressSearchPage" data-position="fixed" >
    <div data-role="header">
        <h1>Cordova API</h1>
    </div>
    <div data-role="content">
```

```
        <div id="box2" class="ui-bar ui-bar-a">
            <label for="addrSearch">지역명 : </label>
            <input type="search" id="addrSearch" placeholder="예)서울시청">
        </div>
        <input id="btnAddressSearch" type="button" value="검색 위치 맵 표시">
        <div id="mapArea2"></div>
    </div>
    <div data-role="footer" data-position="fixed">
        <div data-role="navbar">
            <ul>
                <li><a href="#myLocationSearchPage">현위치검색</a></li>
                <li><a href="#mapAddressSearchPage">지도검색</a></li>
                <li><a href="#myRouteSearchPage">경로검색</a></li>
            </ul>
        </div>
    </div>
</div>

<!-- 경로 지도 표시 화면 -->
<div data-role="page" id="myRouteSearchPage" data-position="fixed">
    <div data-role="header">
        <h1>Cordova API</h1>
    </div>
    <div data-role="content">
        <div id="box3" class="ui-bar ui-bar-a">
            <label for="strSearch">출발지 : </label>
            <input type="search" id="start" placeholder="예)서울시청">
            <label for="strSearch">도착지 : </label>
            <input type="search" id="end" placeholder="예)서울역">
        </div>
        <input id="btnRouteSearch" type="button" value="경로 맵 표시">
        <div id="mapArea3"></div>
  </div>
    <div data-role="footer" data-position="fixed">
        <div data-role="navbar">
            <ul>
                <li><a href="#myLocationSearchPage">현위치검색</a></li>
                <li><a href="#mapAddressSearchPage">지도검색</a></li>
                <li><a href="#myRouteSearchPage">경로검색</a></li>
            </ul>
        </div>
    </div>
</div>
</body>
</html>
```

[실습15-6] 지도활용 앱 위치정보 표시하기 /ch15_mapApp/myLocation.js

```
// 현재 위치 좌표 얻어 오기
function getMyLocation() {
   var posOption = {maximumAge: 3000, timeout: 50000, enableHighAccuracy: true };
   navigator.geolocation.getCurrentPosition(onSuccess, onError, posOption);
}

// getCurrentPosition() 성공 콜백 함수
function onSuccess(position) {
   $('#box1').html("위도 : "
      + position.coords.latitude + "<br/>"
      + "경도 : " + position.coords.longitude);
   loadGoogleMap(position.coords.latitude, position.coords.longitude);
}

// getCurrentPosition() 실패 콜백 함수
function onError(posError) {
   alert('Error Code : ' + posError.code + ' / Error Message : ' + posError.message);
}

// 구글 맵 위치 표시
function loadGoogleMap(lat, lng) {
   var latlng = new google.maps.LatLng(lat, lng);
   $('#mapArea1').gmap('destroy');
   $('#mapArea1').gmap({'center': latlng, 'zoom': 15});
   $('#mapArea1').gmap('addMarker', {'position': latlng}).click(function() {
      $('#mapArea1').gmap('openInfoWindow', {'content': '현재 위치'}, this);
   });
}
```

[실습15-7] 지도활용 앱 주소위치 표시하기 /ch15_mapApp/myAddress.js

```
// 특정 지명의 위경도 좌표 변환
function getMapAddress() {
  var geocoder = new google.maps.Geocoder();
  var myAddress = $('#addrSearch').val();
  geocoder.geocode( {'address': myAddress}, function(results, status) {
     if (status == google.maps.GeocoderStatus.OK) {
        var latlng = results[0].geometry.location;
        $('#mapArea2').gmap('destroy');
        $('#mapArea2').gmap({'center': latlng, 'zoom': 15});
        $('#mapArea2').gmap('addMarker', {'position': latlng}).click(function() {
              $('#mapArea2').gmap('openInfoWindow', {'content' : results[0].formatted_
```

```
address + '위치'}, this);
        });
    } else {
        alert('실패 : ' + status);
    }
  });
}
```

[실습15-8] 지도활용 앱 경로정보 표시하기 /ch15_mapApp/myRoute.js

```
// 경로 정보 표시
function getMyRoute() {
    var start = $('#start').val();
    var end = $('#end').val();
    var mode = 'TRANSIT';
    var request = {
        origin:start,
        destination:end,
        travelMode: eval('google.maps.DirectionsTravelMode.'+mode)
    };

    // 경로 생성 및 지도 표시
    $('#mapArea3').gmap('displayDirections', request, function(result, status) {
        if ( status === 'OK' ) {
            alert('성공');
        } else {
            alert('실패 : ' + status);
        }
    });
}
```

요약

1. navigator.contacts는 스마트폰 안의 연락처를 제어하는 객체이다. navigator.contacts.find( ) 메소드는 연락처 저장소를 검색하여 검색 조건을 충족하는 연락처 항목들을 반환한다.

2. $.mobile.changePage( ) 메소드는 프로그래밍적으로 페이지를 변경하고자 하는 경우에 사용한다. 이동할 페이지, 이동 시 페이지 전환 효과, back 버튼 클릭 시 이전페이지 이동 여부, 이력 데이터 갱신 여부 순으로 인자 값을 명세한다. $.mobile.changePage( )가 호출되면 페이지 로딩과 페이지 전환이 끝난 후 pagechange 이벤트가 호출된다.

3. 제이쿼리 모바일 'data-*' 커스텀 속성을 조건으로 엘리먼트를 검색할 때는 ':jqmData' 커스텀 선택자를 사용한다.

4. create 이벤트는 이전에 없던 HTML5 태그를 새로 추가하여 갱신할 때 사용한다. refresh 이벤트는 이전에 있던 html5 태그의 내용을 일부 추가하여 갱신할 때 사용한다.

5. 연락처(Contact) 객체는 연락처 데이터베이스와의 연동을 위해 모든 연락처 상세 정보를 담는 객체로서 연락처 정보를 구성하는 다양한 속성들이 포함되어 있다.

6. Contact 객체는 단말기의 연락처 데이터베이스에 새로운 연락처를 생성하거나 저장할 수 있고 기존 연락처 정보를 삭제할 수 있는 메소드도 포함한다. save( ), clone( ), remove( ) 등이 포함된다.

7. 연락처 관련 객체 중에서 Contact 객체를 제외한 나머지 객체(ContactName, ContactField, ContactAddress)는 Contact 객체의 속성 구조를 정의하기 위한 유형 객체(type object)들이다.

8. 연락처 이름(ContactName) 객체는 Contact 객체의 name 속성을 정의하기 위해 formatted familyName, givenName, middleName 속성들을 갖는다.

9. 연락처 필드(ContactField) 객체는 Contact 객체의 PhoneNumbers, emails 등의 속성을 정의하기 위해 type, value, pref 속성들을 갖는다. 이때, type 속성은 'home', 'work', 'mobile' 값 중에서 하나를 지정한다.

10. 연락처 주소(ContactAddress) 객체는 Contact 객체의 Address 속성을 정의하며 type, formatted, country, region, locality, streetAddress, postalCode, pref 속성들을 포함한다.

11. jquery-ui-map 플러그인은 구글맵 자바스크립트 API를 제이쿼리 형식으로 제공하는 제이쿼리 라이브러리이다. 구글맵을 제이쿼리와 제이쿼리 모바일을 사용하는 웹 페이지에 쉽게 포함하도록 지원한다.

12. gmap( )은 jquery-ui-map 플러그인의 핵심 메소드이다. gmap( ) 메소드로 기존 구글맵 지도를 삭제할 수도 있고 새로운 지도를 생성할 수도 있다. 지도를 어떻게 표시할 지와 관련된 '맵 표시옵션' 속성들은 JSON 형식으로 지정한다.

13. 구글맵에서 현재 위치를 쉽게 식별 가능하도록 현 위치 좌표에 마커를 표시하려면 gmap 메소드 중에서 addMarker 메소드를 사용한다. 풍선 도움말을 표시하려면 gmap 메소드들 중에서 openInfoWindow 메소드를 사용한다.

14. 주소를 지리적 좌표로 전환하는 과정을 지오코딩(geocoding)이라고 한다. 구글맵 API를 이용하여 사용자가 입력한 지명 또는 주소를 지리적 좌표로 변환할 수 있다. google.maps.Geocoder 객체를 사용하면 된다. geocode 메소드는 주소를 위치 좌표로 변환할 뿐만 아니라 또는 역으로 위치 좌표를 주소로 변환할 수도 있다.

15. gmap( )을 사용하여 'displayDirections' 메소드를 호출함으로써 경로를 생성하고 구글맵에 표시한다. displayDirections 메소드는 경로 요청 내용(DirectionRequest)을 받아 경로를 생성한 후, 콜백 함수에 경로 결과(DirectionResult)와 경로 상태(DirectionStatus)를 반환하는 jquery-ui-map 서비스이다.

연습문제

1. 다음 문장의 내용이 옳으면 O, 옳지 않으면 X를 하시오.

1) $.mobile.changePage( )가 호출되면 페이지 로딩과 페이지 전환이 끝난 후 pagechange 이벤트가 호출된다. (   )

2) 제이쿼리 모바일 'data-*' 커스텀 속성을 조건으로 엘리먼트를 검색할 때는 ':jqmData' 커스텀 선택자를 사용한다. (   )

3) gmap( ) 메소드는 jquery-ui-map 플러그인의 핵심 메소드로 기존 구글맵 지도를 삭제할 수도 있고 새로운 지도를 생성할 수도 있다. (   )

4) gmap( )을 사용하여 'displayDirections' 메소드를 호출하면 출발지와 도착지 사이의 경로를 생성하고 구글맵에 그 경로를 표시할 수도 있다. (   )

2. 다음 ( ) 안에 적합한 용어를 넣어 문장을 완성하시오.

1) navigator.contacts.(   )( ) 메소드는 연락처 저장소를 검색하여 검색 조건을 충족하는 연락처 항목들을 반환한다.

2) Contact 객체는 단말기의 연락처 데이터베이스에 새로운 연락처를 생성하거나 저장할 수 있고 기존 연락처 정보를 삭제할 수 있는 메소드 save( ), (   )( ), remove( ) 등이 포함된다.

3) gmap 메소드로 지도를 어떻게 표시할 지와 관련된 '맵 표시옵션' 속성들은 (   ) 형식으로 지정한다.

4) 구글맵에서 현재 위치를 쉽게 식별 가능하도록 현 위치 좌표에 마커를 표시하려면 gmap 메소드 중에서 (   ) 메소드를, 풍선 도움말을 표시하려면 (   ) 메소드를 사용한다.

5) 주소를 지리적 좌표로 전환하는 과정을 (   )이라고 한다.

3. create 이벤트와 refresh 이벤트의 차이에 대해 간략히 설명하시오.

4. jquery-ui-map 플러그인에 대해 간략히 설명하시오.

5. [실습] 15장의 연락처 관리 하이브리드앱 contactApp 예제를 수정 · 보완하여 더욱 완성도 있는 앱으로 개발하시오.

6. [실습] 15장의 지도 관리 하이브리드앱 mapApp 예제를 수정 · 보완하여 더욱 완성도 있는 앱으로 개발하시오.

Chapter 16

실전 프로젝트: 맛집 앱 만들기

※ **학습목표**

- 파일 시스템 관련 코르도바 API를 살펴본다.
- 제이쿼리 모바일과 코르도바를 사용한 맛집 관리 하이브리드앱을 개발해본다.

Chapter

16 실전 프로젝트: 맛집 앱 만들기

1. 맛집 관리 하이브리드앱 개발

1~15장까지의 내용들을 활용하여 맛집 관련 앱을 만들어 보자. 제이쿼리 모바일을 이용하여 화면을 생성하고 내장된 SQLite 데이터베이스와 구글맵 그리고 GPS, 카메라 관련 코르도바 API를 사용하여 맛집 관리 앱을 만들 수 있다.

1.1 맛집 앱 : matzipApp

GPS로 측정한 현재 위치 정보를 얻어 올 수 있으므로 지도 정보와 연동하면 유용하고 편리한 앱을 만들 수 있다. 전자 지도 표시는 15장 예제와 같이 구글에서 제공하는 jquery-ui-map 플러그인을 사용한다.

맛집 앱(matzipApp)의 화면 구성과 기능

제이쿼리 모바일을 사용하여 다음 3개의 기본 앱 화면을 구성한다. 각 앱 페이지들은 페이지 위쪽의 3개의 버튼을 이용하여 이동할 수 있다.

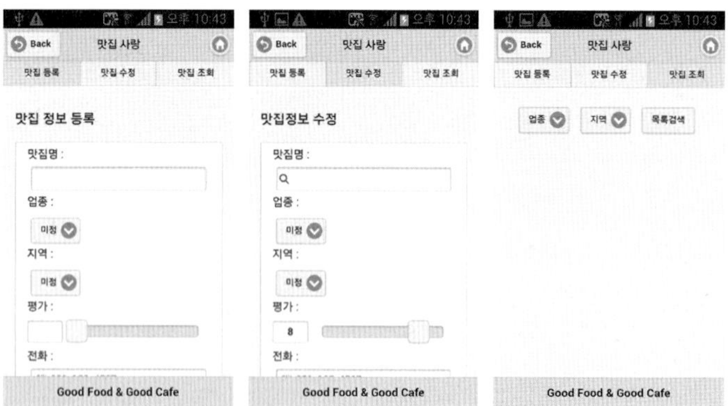

[그림 16-1] 맛집 앱 기본 화면 구성

- 맛집 등록: 새로운 맛집 정보를 입력하여 모바일 장치 안의 데이터베이스에 저장한다. 입력하는 맛집 정보 중에는 맛집 사진도 직접 촬영하여 등록할 수 있다.
- 맛집 수정: 맛집 이름을 입력하여 저장된 맛집 정보를 검색한 다음, 원하는 맛집 정보를 수정하거나 삭제할 수 있다. 삭제된 맛집 정보는 데이터베이스에서 제거되므로 되돌릴 수 없다.
- 맛집 조회: 업종과 지역을 선택함으로써 원하는 맛집만을 선별하여 맛집 목록을 확인할 수 있다. 맛집 목록 중에서 특정 맛집 하나를 선택하면 상세한 맛집 정보를 확인할 수 있다. 상세 정보는 맛집 사진, 맛집 위치 지도, 현 위치로부터의 경로 지도 등을 포함한다.

전체 페이지 구성과 주요 기능(메뉴) 구성은 다음과 같다.

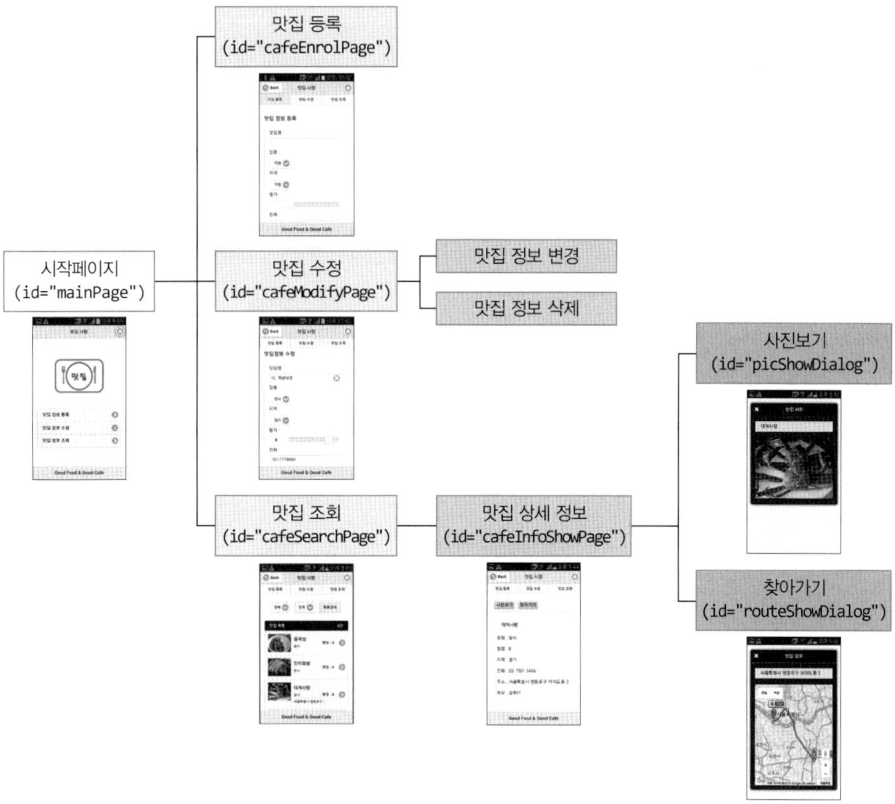

[그림 16-2] 전체 페이지와 메뉴 구성

내부 자바스크립트 함수 구성

먼저, 화면 구성과 장치 제어를 위해서 필요한 자바스크립트 라이브러리와 플러그인 파일들을 다음과 같이 포함하도록 선언한다.

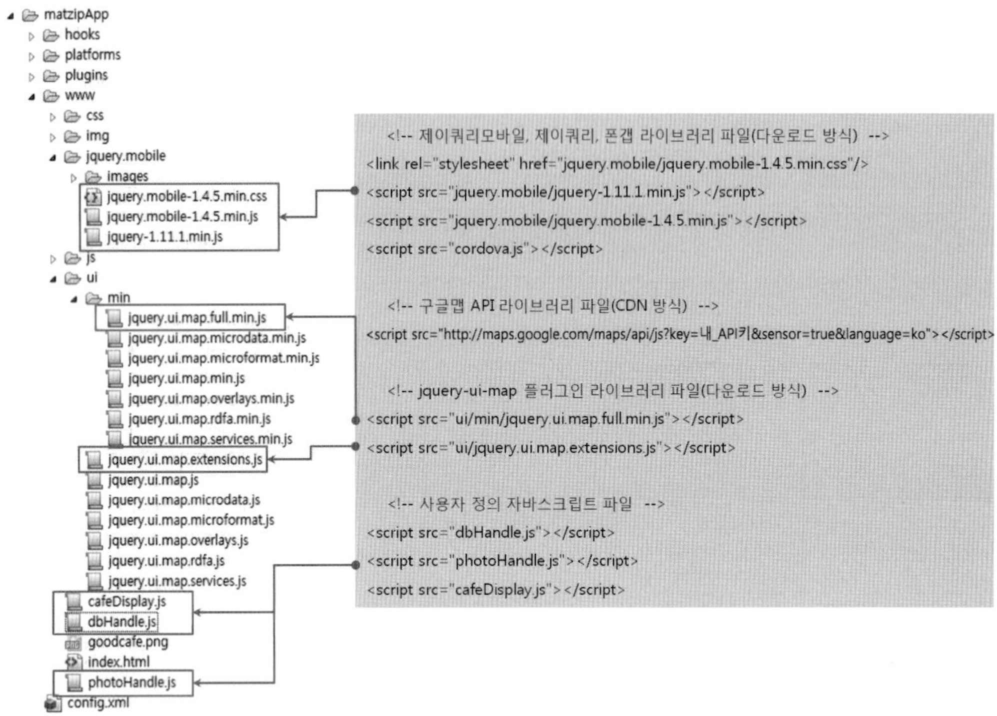

[그림 16-3] matzipApp 프로젝트의 라이브러리 구성

이벤트가 발생하면 정의된 다양한 함수들을 호출하여 실행함으로써 필요한 작업 처리와 페이지 이동이 가능하다. 호출되는 자바스크립트 함수들은 페이지 별로 외부 자바스크립트 파일에 정의한다. 3개의 자바스크립트 파일에 정의한 함수들간의 호출 관계를 앱 화면과 함께 표시하면 다음과 같다.

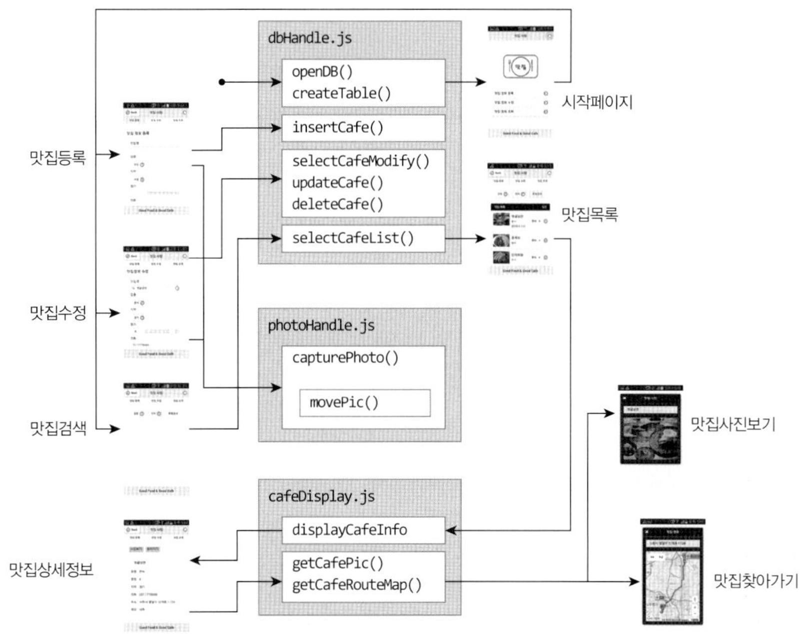

[그림 16-4] matzipApp 앱 함수간의 연관 관계

1.2 맛집 앱 시작하기

시작 페이지(mainPage)의 화면 구성

맛집 앱 시작 화면은 다른 페이지로의 이동을 위한 주 화면이다.

[예제16-1] 맛집 앱 시작 화면 생성하기 index.html의 일부

```
<div data-role="page" id="mainPage">
    <div data-role="header" data-position="fixed">
        <h1>맛집 사랑</h1>
    </div>
    <div data-role="content">
        <img id="logo" src="goodcafe.png">
        <ul data-role="listview" data-inset="true" >
            <li><a href="#cafeEnrolPage">맛집 정보 등록</a></li>
            <li><a href="#cafeModifyPage">맛집 정보 수정</a></li>
            <li><a href="#cafeSearchPage">맛집 정보 조회</a></li>
        </ul>
    </div>
    <div data-role="footer" data-position="fixed">
```

```
        <h4>Good Food & Good Cafe</h4>
    </div>
</div>
```

앱 초기화 하기

맛집 앱 시작 화면이 보여지기 이전에 앱에 필요한 장치들을 준비하고 맛집 정보를 저장할 데이터베이스를 연결하는 등의 초기화 작업이 수행된다. 또, 페이지간의 공유 정보를 저장할 전역 변수도 선언한다. index.html 파일은 앱 초기화 관련 스크립트 코드를 포함한다.

[예제16-2] 맛집 앱 초기화하기 index.html의 일부

```
<script>
    // 전역변수 선언
    var db = null;                    // DB 객체
    var varCafeName;                  // 현재 맛집 이름
    var recordSet = null;             // 현재 레코드 집합
    var varPosition = null;           // 현재 레코드
    var flag;                         // 입력/수정 페이지 식별

    $(document).ready(function() {
        initCordova();
        openDB();                     // dbHandle.js에 정의
        createTable();                // dbHandle.js에 정의

    // 이벤트 핸들러 정의
        . . . 생략 . . .
    });

    function initCordova() {
        document.addEventListener('deviceready', onDeviceReady, true);
    }
    function onDeviceReady() {
        navigator.notification.alert('장치 준비됨', null, '코르도바 API');
    }
</script>
```

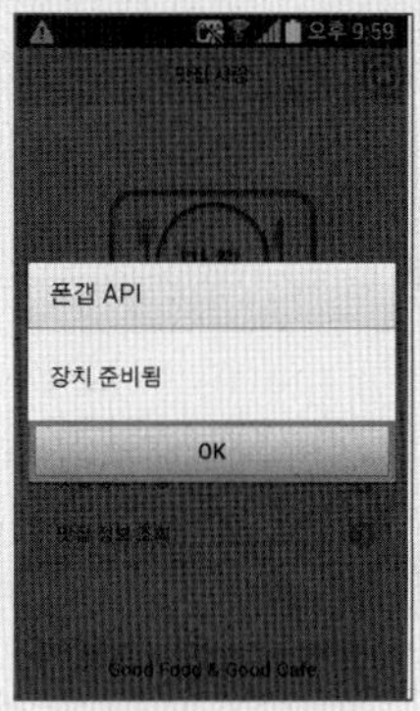

dbHandle.js 파일 안에는 데이터베이스를 연결하기 위한 openDB( ), createTable( ) 등 DB 초기화 함수가 정의되어 있다. 맛집 앱 프로그램은 다음과 같은 구조의 'cafe' 테이블

하나에 모든 맛집 정보를 저장한다. 처음 한 번만 테이블이 생성되고 이후 앱 실행 시에는 기존 'cafe' 테이블을 연결하여 작업이 이루어진다.

〈표 16-1〉 cafe 테이블 구조(스키마)

컬럼명	컬럼 유형	의미
id	integer(정수형), 기본 키, 자동 증가	테이블 각 투플(행)을 식별하기 위한 식별자
name	varchar(20)(문자열)	맛집 이름(최대 20 문자 크기)
type	varchar(20)(문자열)	맛집 유형(최대 20 문자 크기)
score	integer(정수형)	맛집 평점
region	varchar(20)(문자열)	맛집 지역(최대 20 문자 크기)
phone	varchar(20)(문자열)	맛집 연락처(최대 20 문자 크기)
address	varchar(30)(문자열)	맛집 주소(최대 30 문자 크기)
memo	varchar(200)(문자열)	맛집 관련 메모(최대 200 문자 크기)
pic	varchar(50)(문자열)	맛집 사진 파일 경로명(최대 50 문자 크기)

cafe 테이블의 첫 번째 컬럼인 id 컬럼은 투플(행)이 추가될 때 마다 정수값을 증가시키면서 고유한 정수값을 시스템에서 자동 입력해 준다. 중복된 컬럼 값을 허용하지 않는 기본 키(primary key) 컬럼으로 각 행을 식별하기 위한 내부 컬럼으로 사용한다. 대부분의 컬럼들은 문자열 컬럼으로 varchar( ) 유형으로 정의한다. 괄호 안의 정수값은 컬럼 허용 최대 문자열 크기를 지정한다. pic 컬럼은 맛집 등록 시 실시간으로 촬영한 맛집 사진 정보를 저장하는 컬럼이다. 실제 사진 파일 정보가 아닌 사진 파일의 경로명만을 저장한다.

[예제16-3] 맛집 앱 DB 초기화하기 　　dbHandle.js의 일부

```
// 데이터베이스 생성 및 열기
function openDB(){
  db = window.openDatabase('cafeDB', '1.0', '카페DB', 1024*1024);
  console.log('1_DB 생성...');
}
// 테이블 생성 트랜잭션 실행
function createTable() {
  db.transaction(function(tr){
    var createSQL = 'create table if not exists cafe(
              id integer primary key autoincrement,
              name varchar(20) not null unique,
              type varchar(20),
              score integer,
```

```
            region varchar(20),
            phone varchar(20),
            address varchar(30),
            memo varchar(200),
            pic varchar(50))';

        tr.executeSql(createSQL, [], function(){
            console.log('2_1_테이블생성_sql 실행 성공...');
        }, function(){
            console.log('2_1_테이블생성_sql 실행 실패...');
        });
    }, function(){
        console.log('2_2_테이블 생성 트랜잭션 실패...롤백은 자동');
    }, function(){
        console.log('2_2_테이블 생성 트랜잭션 성공...');
    });
}
```

1.3 맛집 정보 등록하기

첫 번째 페이지(cafeEnrolPage)의 화면 구성

다음은 첫 번째 '맛집 등록' 페이지의 내용이다. 맛집 정보 입력을 위한 폼 컨트롤들의 표시 영역으로 페이지가 구성된다.

[예제16-4] 맛집 앱 등록 화면 생성하기 index.html의 일부

```
<div data-role="page" id="cafeEnrolPage">
    <div data-role="header" data-position="fixed">
        <a href="#" data-icon="back" data-rel="back" data-direction="reverse">Back</a>
        <h1>맛집 사랑</h1>
        <a href="#mainPage" data-icon="home" data-iconpos="notext">Home</a>
        <div data-role="navbar">
            <ul>
                <li><a href="#cafeEnrolPage">맛집 등록</a></li>
                <li><a href="#cafeModifyPage">맛집 수정</a></li>
                <li><a href="#cafeSearchPage">맛집 조회</a></li>
            </ul>
        </div>
    </div>
    <div data-role="content">
        <form name="form1">
```

```
            <h3>맛집 정보 등록</h3>
            <div class="ui-body ui-body-a gap">
                <label for="cafeName1">맛집명 : </label>
                <input type="text" name="cafeName1" id="cafeName1" data-mini="true"/>
                <label for="cafeType1" class="select">업종 :</label>
                <select name="cafeType1" id="cafeType1" data-native-menu="false" data-
mini="true" data-inline="true">
                    <option value="미정">미정</option>
                    <option value="한식">한식</option>
                    <option value="양식">양식</option>
                    <option value="중식">중식</option>
                    <option value="일식">일식</option>
                    <option value="주점">주점</option>
                    <option value="기타">기타</option>
                </select>
                <label for="cafeRegion1" class="select">지역 :</label>
                <select name="cafeRegion1" id="cafeRegion1" data-native-menu="false"
data-mini="true" data-inline="true">
                    <option value="미정">미정</option>
                    <option value="서울">서울</option>
                    <option value="경기">경기</option>
                    <option value="강원">강원</option>
                    <option value="호남">호남</option>
                    <option value="영남">영남</option>
                    <option value="충청">충청</option>
                    <option value="제주">제주</option>
                </select>
                <label for="cafeScore1">평가 : </label>
                <input type="range" name="cafeScore1" id="cafeScore1" min="0" max="10" />
                <label for="cafePhone1">전화 : </label>
                <input type="tel" name="cafePhone1" id="cafePhone1" data-mini="true"
placeholder="예) 031-123-4567"/>
                <label for="cafeAddress1">주소 : </label>
                <input type="text" name="cafeAddress1" id="cafeAddress1" data-mini="true"/>
                <label for="cafeMemo1">메모 : </label>
                <textarea cols="25" rows="5" name="cafeMemo1" id="cafeMemo1" data-
mini="true"></textarea>
                <label for="cafePic1">사진 : </label>
                <input type="text" name="cafePic1" id="cafePic1" data-mini="true"
placeholder="예) 길목 or Gilmok"/>
                <input type="button" name="takePic1" id="btnTakePic1" value="사진촬영"
data-mini="true"/>
            </div>
            <div class="ui-body">
                <fieldset class="ui-grid-a">
```

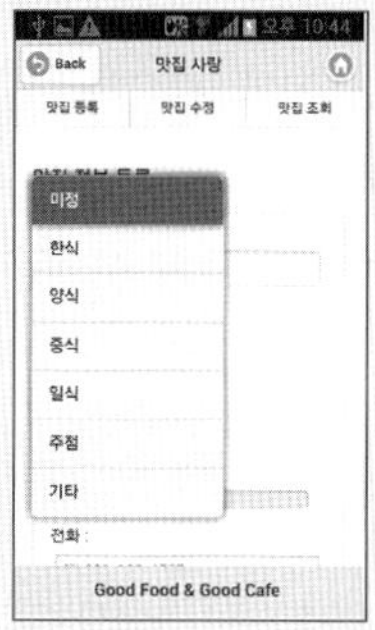

```
                    <div class="ui-block-a">
                        <input type="reset" id="btnAddCancel" value="취소"/>
                    </div>
                    <div class="ui-block-b">
                        <input type="button" id="btnAdd" value="추가"/>
                    </div>
                </fieldset>
            </div>
        </form>
    </div>
    <div data-role="footer" data-position="fixed">
        <h4>Good Food & Good Cafe</h4>
    </div>
</div>
```

새로운 맛집 정보를 입력하기

'맛집 등록' 페이지의 '추가' 버튼을 선택하면 이벤트 핸들러 정의 부분에 의해 dbHandle.js 파일 안의 insertCafe( ) 함수가 호출되어 수행된다. insertCafe( ) 함수는 맛집 등록을 위해 사용자가 입력한 값들로 insert SQL 문장을 동적으로 구성하여 실행한다.

[예제16-5] 맛집 앱 입력 정보 등록하기

```
// 이벤트 핸들러 정의
    $('#btnAdd').click(function() {                          /* index.html의 일부 */
        insertCafe();
    });
        . . . 생략 . . .
// 데이터 입력 트랜잭션 실행
 function insertCafe(){                                      /* dbHandle.js의 일부 */
   db.transaction(function(tr){
      var name = $('#cafeName1').val();
      var type = $('#cafeType1').val();
      var score = $('#cafeScore1').val();
      var region = $('#cafeRegion1').val();
      var phone = $('#cafePhone1').val();
      var address = $('#cafeAddress1').val();
      var memo = $('#cafeMemo1').val();
      var pic = $('#cafePic1').val();
       var insertSQL = 'insert into cafe(name, type, score, region, phone, address, memo, pic)
values(?,?,?,?,?,?,?,?)';
```

```
    tr.executeSql(insertSQL, [name, type, score, region, phone, address, memo, pic], function(tr, rs){
        console.log('3_ 맛집 등록...no: ' + rs.insertId);
        alert('맛집명 ' + $('#cafeName1').val() + ' 이(가) 입력되었습니다');

      // 입력 후 화면 초기화
      $('#cafeType1').val('미정').attr('selected', 'selected');
      $('#cafeType1').selectmenu('refresh');
      $('#cafeRegion1').val('미정').attr('selected', 'selected');
      $('#cafeRegion1').selectmenu('refresh');
      $('#cafeScore1').val('0').slider('refresh');
          form1.reset();
    });
  });
```

새로운 맛집 사진 입력하기

새로운 맛집을 등록하거나 수정할 경우, 맛집 사진도 함께 등록할 수 있다. '맛집 등록' 페이지의 '사진촬영' 버튼을 선택하면 photoHandle.js 파일 안의 capturePhoto( ) 함수가 호출된다. 이때, '사진촬영' 버튼을 선택하기 전에 저장할 사진의 이름을 먼저 입력해야 한다. 확장자 '.jpg'가 자동으로 추가되므로 이름만 입력한다.

[예제16-6] 맛집 앱 사진 정보 입력하기 index.html의 일부

```
// 이벤트 핸들러 정의
$('#btnTakePic1').click( function(){
    if ($('#cafePic1').val() == ''){
        navigator.notification.alert('사진 이름을 먼저 입력하세요',
        null, '입력오류');
    } else {
        flag='enrol';
        capturePhoto();
    }
});
    . . . 생략 . . .
```

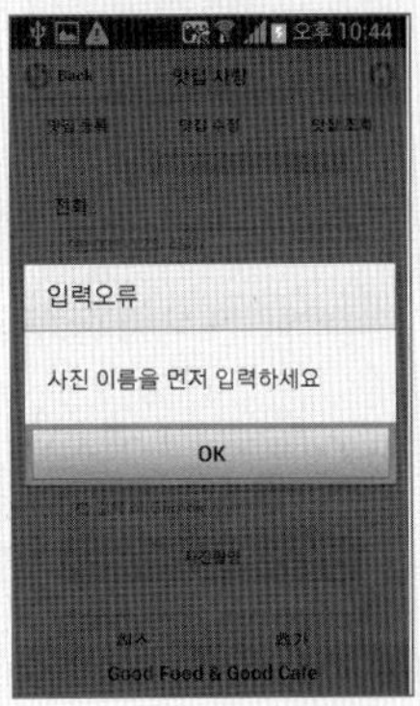

Tip 이진 데이터의 DB 저장 방식

이미지나 사운드와 같은 이진(binary) 데이터의 DB 저장은 2가지 방법이 가능하다.
첫 번째는 SQLite 데이터베이스의 테이블 안에 직접 저장하는 방식이다. 두 번째는 로컬 파일 시스템에 이진 파일을 저장하고 파일 경로 정보만 DB에 저장하는 방식이다.
많은 데이터베이스는 BLOB(Binary Large OBject) 유형이 지원된다. 문자형과 비슷하며 이진 데이터를 저장할 수 있다는 점만 다르다. DB에 저장하려면 이진 객체를 직렬화 즉, 문자열로 변환해야 한다. Base64로 인코딩해서 저장할 수 있다. Base64는 8비트 이진 데이터를 문자 코드에 영향받지 않는 공통 아스키 문자로만 구성된 일련의 문자열로 바꾸는 인코딩 방식이다. 화면에 출력할 수 있는 64개 문자(ABCD...89+/e 등)들만을 이용해 이진 데이터를 문자열로 표현한다. 단점은 용량이 커지고 인코딩/디코딩 과정이 추가된다는 점이다. 예제에서는 이진 파일을 따로 저장하고 DB 안에는 이진 파일 경로명만을 저장하는 방식으로 이진 데이터를 저장한다.

호출된 capturePhoto( ) 함수는 navigator.camera.getPicture( ) 코르도바 API를 이용하여 사진을 촬영한다. 촬영된 사진은 'destinationType: Camera.DestinationType.FILE_URI' 옵션 설정에 의해 임시 저장소 폴더에 저장된다.

[예제16-7] 맛집 앱 사진 촬영하기 photoHandle.js의 일부

```
function capturePhoto() {
  // 카메라 장치를 이용하여 사진 촬영 후 base64-인코딩 이미지 문자열의 임시 파일 경로를 반환
  navigator.camera.getPicture(onPhotoDataSuccess, onFail, { quality: 50, destinationType:
Camera.DestinationType.FILE_URI });
}
// getPicture() 성공 콜백 함수
function onPhotoDataSuccess(imageURI) {
      $('#imgArea').attr('src', imageURI);
      movePic(imageURI);
}
// getPicture() 실패 콜백 함수
function onFail(message) {
    alert('Failed because: ' + message);
}
```

가상 폴더에 저장된 파일은 임시 저장되기 때문에 안정적으로 파일을 관리할 수 없다. 맛집 앱을 통해 접근할 수 있는 영구 저장소의 폴더로 사진 파일을 이동한다. movePic( ) 함수는 다음과 같이 정의한다.

[예제16-8] 맛집 앱 사진 이동하기 photoHandle.js의 일부

```
function movePic(fileuri){
  window.resolveLocalFileSystemURL(fileuri, resolveOnSuccess, OnError);
}
```

getPicture( ) 메소드의 성공 콜백 함수에 반환되는 imageURI는 임시 저장 파일의 경로명으로 movePic( ) 함수의 fileuri 인자로 전달된다. 물리적인 사진 파일을 폴더 간에 이동하기 위해서는 파일 관련 코르도바 API를 사용해야 한다.

Note: 파일 시스템 코르도바 API

촬영한 사진 파일을 특정 폴더에 영구적으로 저장하려면 파일 시스템을 접근해야 한다. 코르도바 API를 이용하여 단말기의 파일 시스템을 제어할 수 있다. 코르도바 API는 다음 파일 시스템 관련 객체(속성과 메소드)를 이용하여 파일을 읽고 쓸 수 있도록 지원한다.

파일 시스템 관련 객체	의미
FileSystem	파일 시스템 정보 저장 객체
DirectoryEntry	디렉토리 정보의 저장과 제어 기능을 제공하는 객체 • 속성 : name(경로를 제외한 디렉토리 이름), fullPath(루트부터 디렉토리까지의 전체 경로) • 메소드 : getMetadata( ), moveTo( ), copyTo( ), toURI( ), remove( ), getParent( ), createReader( ), getDirectory( ), getFile( ) 등
FileEntry	파일 정보의 저장과 제어 기능을 제공하는 객체 • 속성 : name(경로 제외한 파일 이름), fullPath(루트부터 파일까지의 전체 경로) • 메소드 : getMetadata( ), moveTo( ), copyTo( ), toURI( ), remove( ), getParent( ), createWriter( ), file( ) 등
File, FileReader, FileWriter, FileTransfer	FileEntry의 하위 객체들

■ 파일(디렉토리) 검색

URI는 파일이나 디렉토리에 대한 URI를 지정한다. 성공 콜백 함수의 인자로 FileEntry 또는 DirectoryEntry 객체가 전달된다.

```
window.resolveLocalFileSystemURL(URI, 성공콜백함수, 실패콜백함수); // FileEntry(DirectoryEntry) 반환
```

■ FileSystem 객체 얻기

```
window.requestFileSystem(type, size, 성공콜백함수, 실패콜백함수);  // FileSystem 객체 반환
```

type은 파일 시스템의 저장 유형으로 임시 저장소인지 영구 저장소인지를 지정한다. 'LocalFileSystem.PERSISTENT'(영구)를 지정할 경우, 안드로이드 SD 카드 디렉토리(/mnt/sdcard/)를 반환한다. 'LocalFileSystem.TEMPORARY'(임시)를 지정할 경우, 안드로이드 SD 카드 안의 임시 디렉토리(/mnt/sdcard/Android/data/[패키지이름]/cache)를 반환한다. size는 저장 공간의 크기를 지정한다. 성공 콜백 함수의 인자로 FileSystem 객체가 전달된다.

■ 디렉토리 찾기(생성하기)

```
getDirectory(path, options, 성공콜백함수, 실패콜백함수);  // DierectoryEntry 객체 반환
```

path는 검색하거나 생성하려는 디렉토리의 절대(혹은 상대) 경로를 설정한다. options은 디렉토리가 존재하지 않을 경우 새로 생성할지 여부를 지정한다. 'create: true'이면 지정된 디렉토리를 다시 생성한다. 만약, 'exclusive: true'일 경우는 존재하지 않을 경우에만 생성되며 이미 존재할 경우, 오류를 발생시킨다. 성공 콜백 함수의 인자로 DirectoryEntry 객체가 전달된다.

■ 파일 이동하기

```
moveTo(parent, newName, 성공콜백함수, 실패콜백함수);   // FileEntry 객체 반환
```

parent는 파일을 이동할 위치의 상위 부모 디렉토리를 지정한다. newName은 이동할 파일의 새 이름을 지정한다. 성공 콜백 함수의 인자로 생성된 FileEntry 객체가 전달된다.

window.resolveLocalFileSystemURL( ) 메소드는 'fileuri' 인자로 navigator.camera.getPicture( ) 메소드가 반환한 임시 저장소 안의 이미지 파일에 대한 URI를 받아 해당 파일을 찾고 'fileentry' 객체 변수를 통해 제어하도록 한다. 이동할 폴더는 'var newfoldername = "matzipApp";'에 의해 matzipApp 폴더로 설정한다.(❶) 이동 저장하는 새 사진 파일은 사용자가 입력한 맛집 이름에 확장자 '.jpg'를 붙여 지정한다.(❷)

[예제16-9] 맛집 앱 사진 저장하기 photoHandle.js의 일부

```
// resolveLocalFileSystemURI() 성공 콜백 함수
function resolveOnSuccess(fileentry){
   // 카페 등록 또는 수정 화면 입력 값으로 저장할 사진 이름 지정
   if (flag == 'enrol'){
      var newfilename = $('#cafePic1').val() + '.jpg';  ❷
   } else if (flag == 'modify') {
      var newfilename = $('#cafePic2').val() + '.jpg';
   }
   // 이동할 저장 폴더 설정
   var newfoldername = "matzipApp";  ❶

   window.requestFileSystem(LocalFileSystem.PERSISTENT, 0,
      function(filesysobj) {
         //폴더가 존재하지 않으면 생성됨
         filesysobj.root.getDirectory( newfoldername, {create:true, exclusive: false},
            function(directoryentry) {
               fileentry.moveTo(directoryentry, newfilename,  successMove, OnError);
            },
            OnError);
      },
      OnError);
```

```
}
// fileentry.moveTo() 성공 콜백 함수
function successMove(fileentry) {
  // 이동된 이미지 파일 전체 경로명 표시
  console.log(fileentry.fullPath);
  if (flag == 'enrol'){
    $('#cafePic1').val(fileentry.toURL());
  } else if (flag == 'modify') {
    $('#cafePic2').val(fileentry.toURL());
  }
}
// fileentry.moveTo() 실패 콜백 함수
function OnError(error) {
  alert(error.code);
}
```

window.requestFileSystem( ) 메소드는 영구 저장소 안에 파일 시스템 객체(fileSysobj)를 생성하고 루트 디렉토리 밑에 fileSysobj.root.getDirectory( ) 메소드를 통해 'matzipApp' 폴더를 생성한다. fileentry.moveTo( ) 메소드는 'matzipApp' 폴더에 'fileentry' 객체 변수에 지정된 사진 파일을 영구 저장소로 이동한다.

파일 이동이 성공하면 'fileentry.fullPath' 속성에 물리적 경로명을 포함한 전체 경로 파일명이 저장된다. 이를 맛집 수정 페이지의 사진 입력 항목에 고쳐서 다시 보여준다. 예제는 전체 경로 파일명만 데이터베이스에 저장했다가 맛집 사진을 요청할 경우, 물리적 파일을 별도로 읽어서 페이지에 표시한다.

다음은 실행 결과이다.

[그림 16-5] matzipApp 앱의 맛집 사진 등록

Note: moveTo( ) 사진 파일 영구 저장

촬영한 사진을 계속 사용하려면 moveTo( ) 함수로 영구 저장 폴더에 이동 보관해야 한다.
'사진 촬영' 버튼을 눌러 capturePhoto( ) 함수를 호출하면 내부적으로 두 과정을 수행한다. 첫 번째는 getPicture( ) 함수를 통해 사진을 촬영하고 사진 파일을 ❷와 같이 임시 파일 형태로 보관한다. 이때 저장 파일명은 임의로 지정된다. 두 번째는 moveTo( ) 함수를 통해 임시 저장 폴더에서 ❸과 같이 영구 저장 폴더로 사진 파일을 이동 저장한다.

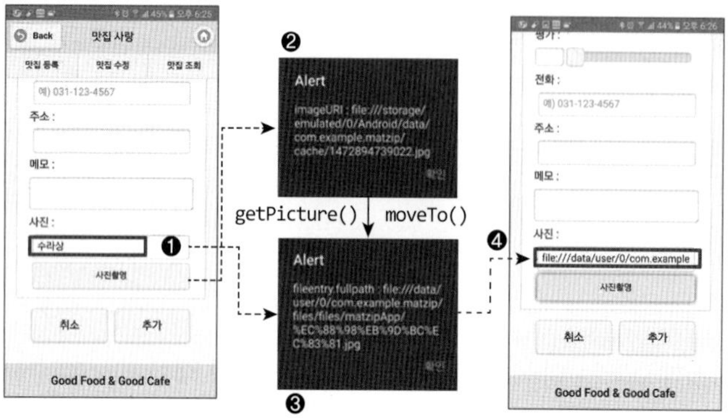

1.4 맛집 정보 수정하기

맛집 수정(cafeModifyPage) 페이지의 화면 구성

다음은 두 번째 '맛집 수정' 페이지 내용이다. 맛집 정보 수정을 위한 폼 컨트롤들의 표시 영역으로 페이지가 구성된다. 첫 번째 '맛집 등록' 페이지 구성과 거의 같다.

[예제16-10] 맛집 앱 수정 화면 생성하기 index.html의 일부

```
<div data-role="page" id="cafeModifyPage">
        ... 생략 ...
    <div data-role="content">
        <form name="form2">
            <h3>맛집정보 수정</h3>
            <div class="ui-body ui-body-a gap">
                <label for="sCafeName2">맛집명 : </label>
                <input type="search" name="sCafeName2" id="sCafeName2" value="" data-mini="true" />
                    ... 입력 컨트롤 생략 ...
                <label for="cafePic2">사진 : </label>
                <input type="text" name="cafePic2" id="cafePic2" data-mini="true" 
placeholder="예) 길목 or Gilmok"/>
```

```
                <input type="button" name="takePic2" id="btnTakePic2" value="사진재촬
영" data-mini="true"/>
            </div><br/>
            <div data-role="controlgroup" data-type="horizontal">
                <input type="reset" id="btnModifyCancel" value="취소"/>
                <input type="button" id="btnUpdate" value="수정"/>
                <input type="button" id="btnDelete" value="삭제"/>
                <input type="button" id="btnModifySearch" value="검색"/>
            </div>
        </form>
    </div>
        ... 생략 ...
</div>
```

수정할 맛집 정보를 검색하기

'맛집 수정' 페이지의 '검색' 버튼을 선택하면 이벤트 함수 정의 부분에 의해 dbHandle.js 파일의 selectCafeModify( ) 함수가 호출되어 수행된다. selectCafeModify( ) 함수는 수정할 목적으로 맛집을 검색하기 위해 select SQL 문장을 구성하여 실행한다. 수정을 위해서는 사용자가 '맛집명' 항목에 수정하고자 하는 맛집 이름을 먼저 입력해야 한다.

[예제16-11] 맛집 수정 정보 검색하기

```
// 이벤트 핸들러 정의
    $('#btnModifySearch').click( function(){                /* index.html의 일부 */
        var name = $('#sCafeName2').val();
        selectCafeModify(name);
    });
        ... 생략 ...

// 데이터 수정 위한 데이터 검색 트랜잭션 실행
function selectCafeModify(name){                            /* dbHandle.js의 일부 */
  db.transaction(function(tr){
    var selectSQL = 'select name, type, score, region, phone, address, memo, pic from cafe where
name=?';
    tr.executeSql(selectSQL, [name], function(tr, rs){
      $('#sCafeName2').val(rs.rows.item(0).name); ❶
      $('#cafeType2').val(rs.rows.item(0).type).attr('selected', 'selected');
      $('#cafeType2').selectmenu('refresh');
      $('#cafeRegion2').val(rs.rows.item(0).region).attr('selected', 'selected');
```

```
      $('#cafeRegion2').selectmenu('refresh');
      $('#cafeScore2').val(rs.rows.item(0).score).slider('refresh');
      $('#cafePhone2').val(rs.rows.item(0).phone);
      $('#cafeAddress2').val(rs.rows.item(0).address);
      $('#cafeMemo2').val(rs.rows.item(0).memo);
      varCafeName = rs.rows.item(0).name;
    });
  });
}
```

데이터베이스로부터 검색된 맛집 정보는 레코드 집합 rs 객체 변수에 담겨 반환된다. 'rs.rows.item(0).name'은 검색된 첫 번째 레코드의 name 컬럼값을 의미한다.(❶) '$('#아이디').val(값)'에 의해 페이지 각 입력 컨트롤에 테이블 컬럼값을 설정한다. 선택 메뉴의 경우, '.attr('selected', 'selected')' 메소드를 사용하여 컬럼값을 지정한 뒤 반드시 '.selectmenu('refresh')' 메소드로 재 갱신을 해주어야 검색된 컬럼값을 페이지에 표시할 수 있다.

기존 맛집 정보를 수정하기

'맛집 수정' 페이지의 '추가' 버튼을 선택하면 dbHandle.js 파일의 updateCafe( ) 함수가 호출된다. updateCafe( ) 함수는 '맛집 수정' 페이지에서 사용자가 새롭게 수정한 값으로 동적으로 update SQL 문장을 구성하여 실행한다.

[예제16-12] 맛집 정보 수정하기

```
// 이벤트 핸들러 정의
    $('#btnUpdate').click( function(){          /* index.html의 일부 */
        updateCafe();
    });      ... 생략 ...

// 데이터 수정 트랜잭션 실행        /* dbHandle.js의 일부 */
function updateCafe(){
  db.transaction(function(tr){
     var new_name = $('#sCafeName2').val();
     var new_type = $('#cafeType2').val();
     var new_score = $('#cafeScore2').val();
```

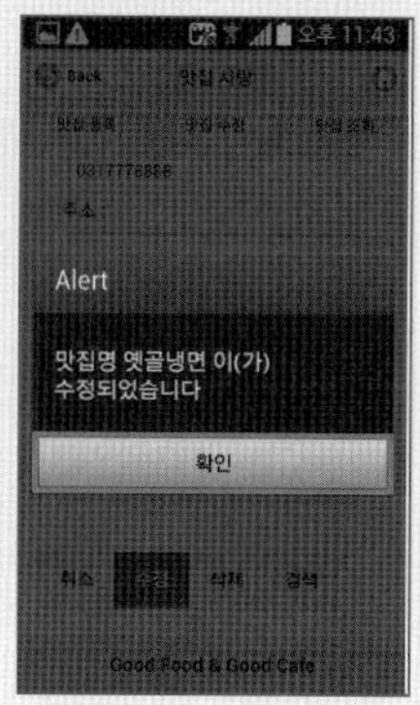

```
        var new_region = $('#cafeRegion2').val();
        var new_phone = $('#cafePhone2').val();
        var new_address = $('#cafeAddress2').val();
        var new_memo = $('#cafeMemo2').val();
        var new_pic = $('#cafePic2').val();
        var old_name = varCafeName;
        var updateSQL = 'update cafe set name = ?, type = ?, score = ?, region = ?, phone = ?,
address = ?, memo = ?, pic = ? where name = ?';
        tr.executeSql(updateSQL, [new_name, new_type, new_score, new_region, new_phone, new_
address, new_memo, new_pic, old_name], function(tr, rs){
        console.log('5_맛집 수정.... ') ;
                        . . . 화면 초기화 코드 생략 . . .
      });
   });
}
```

기존 맛집 정보를 삭제하기

'맛집 수정' 페이지의 '삭제' 버튼을 선택하면 dbHandle.js 파일의 deleteCafe( ) 함수가 호출된다. deleteCafe( ) 함수는 수정을 위해 불러온 맛집 이름을 이용하여 동적으로 delete SQL 문장을 구성하여 관련 정보를 데이터베이스에서 영구 삭제한다.

[예제16-13] 맛집 정보 삭제하기

```
// 이벤트 핸들러 정의
    $('#btnDelete').click( function(){    /* index.html의 일부 */
        deleteCafe();
    }); . . . 생략 . . .

// 데이터 삭제 트랜잭션 실행
function deleteCafe(){                          /* dbHandle.js의 일부 */
  db.transaction(function(tr){
      var name = varCafeName;
      var deleteSQL = 'delete from cafe where name = ?';
      tr.executeSql(deleteSQL, [name], function(tr, rs){
        console.log('6_맛집 삭제... ');
        alert('맛집명 ' + varCafeName + ' 이(가) 삭제되었습니다');
        . . . 화면 초기화 코드 생략 . . .
      });
  });
}
```

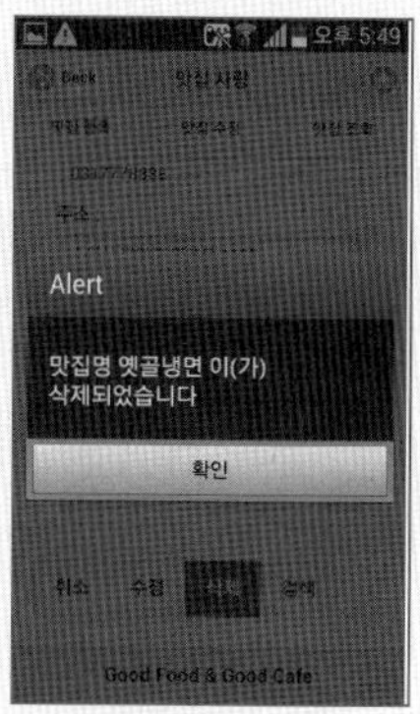

1.5 맛집 목록 조회하기

맛집 목록 검색 페이지(cafeSearchPage)의 화면 구성

다음은 세 번째 '맛집 조회' 페이지 내용이다. 처음 실행하면 맛집 정보 검색 조건을 설정하는 폼 컨트롤 표시 영역만이 표시된다. 아래 빈 영역은 설정된 조건을 만족하는 맛집 목록들을 동적으로 구성하여 보여준다.

[예제16-14] 맛집 목록 검색 화면 생성하기 index.html의 일부

```
<div data-role="page" id="cafeSearchPage">
        ... 생략 ...
    <div data-role="content">
        <div class="ui-body">
            <fieldset class="ui-grid-b">
                <div class="ui-block-a">
                    <select name="cafeType3" id="cafeType3" data-native-menu="false"
data-mini="true" data-inline="true">
                        <option>업종</option>
                        <option value="%">전체</option>
                    ... 생략 ...
                    </select>
                </div>
                <div class="ui-block-b">
                    <select name="cafeRegion3" id="cafeRegion3" data-native-
menu="false" data-mini="true" data-inline="true">
                        <option>지역</option>
                        <option value="%">전국</option>
                    ... 생략 ...
                    </select>
                </div>
                <div class="ui-block-c" style="vertical-align:top">
                    <input type="button" id="btnCafeListSearch" value="목록검색" data-
mini="true" data-inline="true"/>
                </div>
            </fieldset>
        </div>
        <ul data-role="listview" id="cafeListArea" data-divider-
theme="b" data-inset="true">
            <!-- 카페 리스트 표시 영역 -->
        </ul>
    </div>
        ... 생략 ...
</div>
```

맛집 목록 생성하기

'맛집 조회' 페이지의 '목록검색' 버튼을 선택하면 이벤트 함수 정의 부분에 의해 dbHandle.js 파일의 selectCafeList( ) 함수가 호출된다. selectCafeList( ) 함수는 3개의 선택 메뉴에서 사용자가 선택한 조건들의 조합('AND' 조건 조합)으로 select SQL 문장을 구성하여 실행한다.

[예제16-15] 맛집 목록 생성하기

```
// 이벤트 핸들러 정의
    $('#btnCafeListSearch').click( function(){                    /* index.html의 일부 */
        selectCafeList();
    });
        . . . 생략 . . .
// 카페 목록 동적 구성을 위한 데이터 검색 트랜잭션 실행
function selectCafeList() {                                       /* dbHandle.js의 일부 */
    db.transaction(function(tr){
        var i, count, tagList='';
        var sType = $('#cafeType3').val();
        var sRegion = $('#cafeRegion3').val();
        var selectSQL = 'select name, type, score, region, phone, address, memo, pic from cafe
where type like ? and region like ?';
        tr.executeSql(selectSQL, [sType, sRegion], function(tr, rs){
            console.log(' 카페 조회... ' + rs.rows.length + '건.');
            recordSet = rs;
            count = rs.rows.length;
            if(count > 0) {
              tagList = '<li data-role="list-divider">맛집 목록' + '<span style=
"float:right">'+count+'건'+'</span></li>';
              for( i = 0; i < count; i += 1) {
                    tagList += '<li><a onClick="displayCafeInfo(' + i + ');">'
                    tagList += '<img class="my_listview_img" src="' + rs.rows.item(i).pic + '">'
        tagList += '<span class="ui-li-count">평점 : ' + rs.rows.item(i).score + '</span>';
                    tagList += '<h2>' + rs.rows.item(i).name + '</h2>';
                    tagList += '<p>' + rs.rows.item(i).type + '</p>';
                    tagList += '<p>' + rs.rows.item(i).address + '</p></a></li>';
                }
                $('#cafeListArea').html(tagList);
                $('#cafeListArea').listview('refresh');
            } else {
              navigator.notification.alert('검색 결과 없음', null, '맛집 검색 실패');
            }
        });
    });
}
```

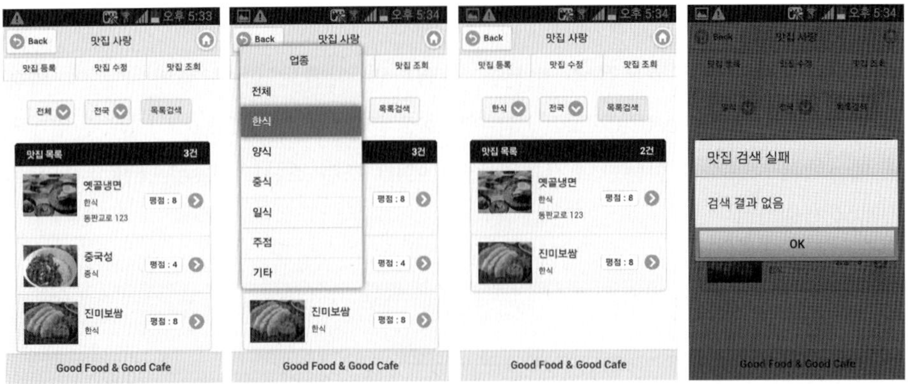

[그림 16-6] matzipApp 앱 맛집 목록 검색

1.6 맛집 상세정보 조회하기

맛집 상세정보 페이지(cafeInfoShowPage)의 화면 구성

다음은 '맛집 상세정보 조회' 페이지 내용이다. 맛집 상세정보의 표시 영역과 부가적인 맛집 정보(맛집 사진, 맛집 지도, 맛집 찾아가는 경로 포함) 조회를 위한 폼 컨트롤들의 표시 영역으로 페이지가 구성된다.

[예제16-16] 맛집 상세정보 화면 생성하기 index.html의 일부

```
<div data-role="page" id="cafeInfoShowPage">
        . . . 생략 . . .
    <div data-role="content">
        <div id="btnGroup">
            <span id="btnPicShow"><button data-role="none">사진보기</button></span>
            <span id="btnRouteShow"><button data-role="none">찾아가기</button></span>
        </div>
        <div class="ui-body ui-body-e"><br/>
            <div id="cafeInfoArea">
                카페 정보 표시 영역
            </div>
        </div
    </div>
        . . . 생략 . . .
</div>
```

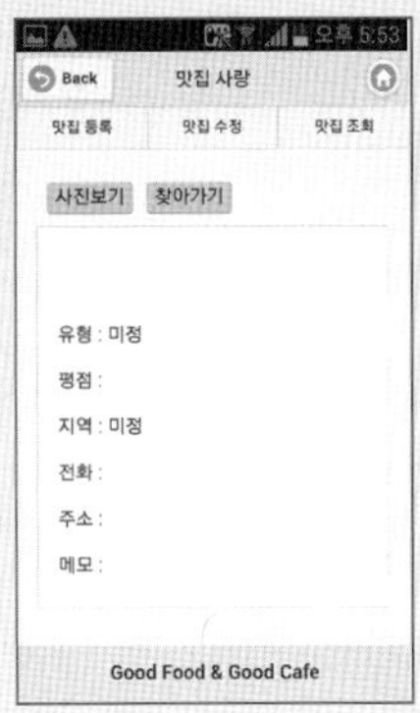

맛집 상세정보 생성하기

'맛집 조회' 페이지에서 나열된 목록 중 특정 맛집을 선택하면 상세한 맛집 정보를 확인할 수 있다. 이때, 맛집 목록 생성시에 각 항목에 설정된 '〈a onclick="displayCafeInfo(' + i + ');"〉' 태그에 의해 displayCafeInfo( ) 함수가 호출된다.(❶) displayCafeInfo( ) 함수는 목록 작성시 검색된 레코드 집합에 대해 첨자를 이용하여 선택된 맛집의 상세정보를 표시한다.

[예제16-17] 맛집 상제정보 생성하기

```
function selectCafeList() {                    /* dbHandle.js의 일부 */
 db.transaction(function(tr){
        ... 생략 ...
        for( i = 0; i < count; i += 1) {
            tagList += '<li><a onClick="displayCafeInfo(' + i + ');">' ❶
            tagList += '<img class="my_listview_img" src="' + rs.rows.item(i).pic + '">'
        ... 생략 ...

// 맛집 상세 정보 표시
function displayCafeInfo(index) {              /* cafeDisplay.js의 일부 */
 var len, i, name="", type="", score="", region="", phone="", address="", memo="", pic="";

 //맛집 상세 정보를 설정
 var myCafeRecord = recordSet.rows.item(index);
 varPosition = index;

 if(myCafeRecord.name != null) {               // 맛집 이름
   name = '<div class="ui-bar ui-bar-a"><h3>' + myCafeRecord.name + '</h3></div>';
 } else {
    name = '<p>이름 : 정보없음</p>';
 }
        ... 생략 ...

 $('#cafeInfoArea').html(name + type + score + region + phone + address + memo);
 $.mobile.changePage("#cafeInfoShowPage", "slide", false, true);
}
```

1.7 맛집 추가정보 조회하기

맛집 추가정보 페이지 화면 구성

다음은 '맛집 추가정보 조회' 페이지 내용이다. 선택된 맛집에 대한 사진과 위치 지도, 지도 경로를 보여주는 3개의 대화 창 페이지로 구성된다.

[예제16-18] 맛집 부가정보 화면 생성하기

```
<div data-role="dialog" id="picShowDialog" data-theme="b">
    <div data-role="header"  data-theme="b">
        <h1>맛집 사진</h1>
    </div>
    <div data-role="content"  data-theme="b">
        <div id="picName" class="ui-bar ui-bar-e"></div><br/>
        <div><img id="picArea" src=""/></div>
    </div>
</div>
<div data-role="dialog" id="routeShowDialog" data-theme="b">
        ... 생략 ...
        <div id="routeArea"></div>
        ... 생략 ...
</div>
```

맛집 사진정보 검색하기

'맛집 상세 조회' 페이지에서 '사진보기'를 선택하면 맛집 등록 시 추가했던 맛집 사진을 확인할 수 있다. cafeDisplay.js 파일의 getCafePic( ) 함수가 호출된다.

[예제16-19] 맛집 사진정보 표시하기

```
// 이벤트 핸들러 정의
    $('#btnPicShow').click( function(){        /* index.html의 일부 */
        getCafePic();
    });
        ... 생략 ...
function getCafePic() {                 /* cafeDisplay.js의 일부 */
  var myName = recordSet.rows.item(varPosition).name;
  var myPic = recordSet.rows.item(varPosition).pic;
  $('#picName').text(myName);
  $('#picArea').attr('src', myPic);
  $.mobile.changePage("#picShowDialog", "pop", false, true);
}
```

맛집 경로정보 검색하기

'맛집 상세 조회' 페이지에서 '경로보기'를 선택하면 GPS를 이용한 현재 위치 좌표와 맛집 주소를 이용하여 구글맵에서 맛집까지의 경로를 표시해 준다. cafeDisplay.js 파일의 getCafeRouteMap( ) 함수가 호출된다.(15장 mapApp 개발 내용을 참조)

[예제16-20] 맛집 경로정보 표시하기

```
// 이벤트 핸들러 정의
    $('#btnRouteShow').click( function(){    /* index.html의 일부 */
        getCafeRouteMap();
    });
        ...생략...

function getCafeRouteMap() {                /* cafeDisplay.js의 일부 */
  var myName = recordSet.rows.item(varPosition).name;
  $('#routeName').text(myName);
  $.mobile.changePage("#routeShowDialog", "pop", false, true);
  $('#routeArea').gmap('destroy');
  navigator.geolocation.getCurrentPosition(
     function(Position) {
        var lat = Position.coords.latitude ;
        var lng = Position.coords.longitude ;

        var start = new google.maps.LatLng(lat, lng);          // 출발지(현재 좌표)
        var end = recordSet.rows.item(varPosition).address;  // 도착지(맛집 주소)
        var mode = 'TRANSIT'
        var request = {
           origin:start,
           destination:end,
           travelMode: eval('google.maps.DirectionsTravelMode.'+mode)
        };
        $('#routeArea').gmap('displayDirections', request, function(result, status) {
           if ( status === 'OK' ) {
              alert('성공');
           } else {
              alert('실패 : ' + status);
           }
        });
     },
     function(posError) {
        alert('Error Code : ' + posError.code + ' / Error Message : ' + posError.message);
     }, { maximumAge: 3000, timeout: 50000, enableHighAccuracy: true }
  );
}
```

[그림 16-7] matzipApp 앱의 맛집 상세정보 보기

1.8 코르도바 프로젝트 생성 및 실행

기본 프로젝트 생성하기

[부록E] 안드로이드 코르도바 프로젝트 앱 실습 내용을 참조하여 코르도바 기본 프로젝트를 생성하자. 명령 프롬프트 창에서 다음 명령어를 입력하여 실행한다. 'matzipApp' 프로젝트 폴더 안에 'matzipApp' 프로젝트 이름을 갖는 코르도바 프로젝트가 생성된다.

```
>>cd c:₩hybridProject
>>cordova create matzipApp com.example.matzip matzipApp
```

코르도바 패키징

자동 생성된 'matzipApp' 기본 코르도바 프로젝트를 수정하여 코르도바 앱으로 패키징해서 실행 파일로 변환한다.

- 앱 소스 파일 작성(복사)

matzipApp 프로젝트의 "hybridProject₩matzipApp₩www₩" 폴더 밑의 기존 index.html 파일을 삭제하고 [실습16-1], [실습16-2], [실습16-3], [실습16-4] 코드 내용을 참조하여 index.html과 dbHandle.js, photoHandle.js, cafeDisplay.js 소스 파일을 작성한다. 제공된 소스 코드 중에서 "₩code₩ch16_matzipApp"의 index.html과 dbHandle.js, photoHandle.js, cafeDisplay.js 소스 파일을 함께 복사해도 된다.

■ 라이브러리 파일 복사

다운로드 방식으로 제이쿼리 모바일 라이브러리를 적용하려면 프로젝트 폴더 안에 라이브러리 파일을 포함하여야 한다. 13장처럼 제이쿼리 모바일 사이트(http://jquerymobile.com)과 제이쿼리 사이트(http://jquery.com)에서 가장 최신 버전의 라이브러리 파일을 직접 다운로드 받아 matzipApp 코르도바 프로젝트의 "hybridProject₩matzipApp₩www₩" 폴더 밑에 'jquery.mobile' 폴더를 생성하고 그 안에 복사한다. jquery-ui-map 플러그인 라이브러리 파일도 다운로드 받아 "hybridProject₩matzipApp₩www₩" 폴더 밑에 "₩ui" 폴더를 생성하고 그 안에 복사한다.

■ 라이브러리 참조 선언 확인

matzipApp 프로젝트의 index.html 내용에 다음과 같이 라이브러리 참조 선언이 포함되어 있는지 확인한다.

```
<meta charset="utf-8"/>
<meta name="viewport" content="width=device-width, initial-scale=1"/>

  <!-- 제이쿼리모바일, 제이쿼리, 폰갭라이브러리파일(다운로드방식) -->
<link rel="stylesheet" href="jquery.mobile/jquery.mobile-1.4.5.min.css">
<script src="jquery.mobile/jquery-1.11.1.min.js"></script>
<script src="jquery.mobile/jquery.mobile-1.4.5.min.js"></script>

<script src="cordova.js"></script>
```

구글맵과 jquery-ui-map 플러그인 라이브러리 참조 선언도 추가되어 있는지 확인한다.

```
  <!-- 구글맵 API 라이브러리 파일(CDN 방식) -->
<script src="http://maps.google.com/maps/api/js?key=내_API키&language=ko"></script>

  <!-- jquery-ui-map 플러그인 라이브러리 파일(다운로드 방식) -->
<script src="ui/min/jquery.ui.map.full.min.js"></script>
<script src="ui/jquery.ui.map.extensions.js"></script>
```

안드로이드 플랫폼 추가

다음으로 'matzipApp' 코르도바 프로젝트 폴더로 이동하여 안드로이드 플랫폼 파일들을 추가한다.

```
>>cd c:\hybridProject\matzipApp
>>cordova platform add android
```

코르도바 플러그인 추가하기

"cordova plugin" 명령어를 사용하여 프로젝트에 필요한 geolocation 코르도바 플러그인 등을 추가한다.

```
>>cordova plugin add cordova-plugin-camera
>>cordova plugin add cordova-plugin-geolocation
>>cordova plugin add cordova-plugin-file
>>cordova plugin add cordova-plugin-dialogs
>>cordova plugin add cordova-plugin-console
```

코르도바 프로젝트 실행하기

■ 실물 단말기에서 실행

스마트폰과 개발 중인 컴퓨터를 USB로 연결하고 [부록E-2]를 참조하여 필요한 설정을 완료한 후, 다음 명령어를 실행한다.

```
>>cordova run android
```

실물 단말기 시험 중에 디버깅이 필요하면 개발 컴퓨터와 USB로 연결한 상태에서 개발 컴퓨터의 크롬 브라우저 주소창에 "chrome://inspect" 주소를 입력한다. [그림 16-8]처럼 SQL-Lite 데이터베이스 내용과 콘솔 창에 출력되는 메시지들을 확인할 수 있다.

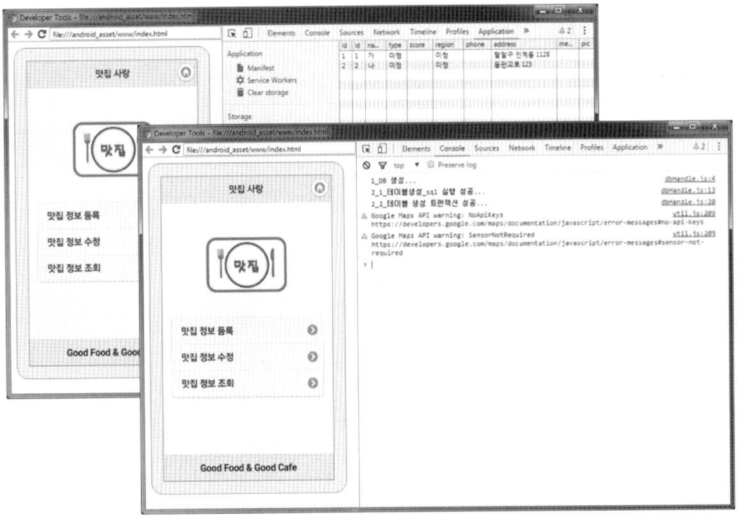

[그림 16-8] 크롬 브라우저를 이용한 디버깅

■ 가상 단말기에서 실행

안드로이드 AVD Manager를 실행하고 설치된 AVD들 중 하나를 선택하여 구동시킨다. 가상 단말기 창이 나오면서 부팅이 되고 마우스를 이용하여 잠금을 해제함으로써 가상 단말기로 시험할 수 있는 환경을 준비한다. 가상 단말기 실행을 확인한 후에 다음 명령어를 실행한다.

```
>>cordova emulate android
```

■ 폰갭 디벨로퍼 앱에서 실행

다음 명령어를 입력하여 폰갭용 웹서버가 실행되도록 한다.

```
>>phonegap serve
```

이때, 서버 역할을 하는 개발 컴퓨터와 스마트폰이 동일한 네트워크를 통해 접속해야한다. 스마트폰에서 [폰갭 디벨로퍼 앱]을 실행하여 [Server Address] 부분에 해당 IP 주소와 포트번호를 직접 입력하고 [Connect] 버튼을 선택 한다.

1.9 실습 예제 코드

다음은 matzipApp 앱 프로그램의 전체 코드 내용이다.

[실습16-1] 맛집 앱 화면 작성하기 /ch16_matzibApp/index.html

```
<!DOCTYPE HTML>
<html>
<head>
<meta charset="utf-8"/>
<meta name="viewport" content="initial-scale=1.0, width=device-width">
<title>맛집 앱</title>

<!-- 제이쿼리모바일, 제이쿼리, 폰갭 라이브러리 파일(다운로드 방식) -->
<link rel="stylesheet" href="jquery.mobile/jquery.mobile-1.4.5.min.css"/>
<script src="jquery.mobile/jquery-1.11.1.min.js"></script>
<script src="jquery.mobile/jquery.mobile-1.4.5.min.js"></script>
<script src="cordova.js"></script>

<!-- 구글맵 API 라이브러리 파일(CDN 방식) -->
<script src="http://maps.google.com/maps/api/js?key=내_API키&language=ko"></script>

<!-- jquery-ui-map 플러그인 라이브러리 파일(다운로드 방식) -->
<script src="ui/min/jquery.ui.map.full.min.js"></script>
<script src="ui/jquery.ui.map.extensions.js"></script>

<!-- 사용자 정의 자바스크립트 파일 -->
<script src="dbHandle.js"></script>
<script src="photoHandle.js"></script>
<script src="cafeDisplay.js"></script>

<script>
    // 전역변수
    var db = null;                     // DB 객체
    var varCafeName;                   // 현재 맛집 이름
    var recordSet = null;              // 현재 레코드셋
    var varPosition = null;            // 현재 레코드
    var flag;                          // 입력/수정 페이지 식별

    $(document).ready(function() {
    // 폰갭 API 초기화
        initCordova();

    // DB, Table 연결
      openDB();
      createTable();
```

```
    // 이벤트 핸들러 정의
        $('#btnAdd').click(function() {
            insertCafe();
        });
      $('#btnAddCancel').click( function(){
            $('#cafeType2').val('미정').attr('selected', 'selected');
            $('#cafeType2').selectmenu('refresh');
            $('#cafeRegion2').val('미정').attr('selected', 'selected');
            $('#cafeRegion2').selectmenu('refresh');
            $('#cafeScore2').val('0').slider('refresh');
            form2.reset();
      });
      $('#btnModifySearch').click( function(){
            var name = $('#sCafeName2').val();
            selectCafeModify(name);
      });
      $('#btnUpdate').click( function(){
            updateCafe();
        });
      $('#btnDelete').click( function(){
            deleteCafe();
      });
      $('#btnModifyCancel').click( function(){
            $('#cafeType2').val('미정').attr('selected', 'selected');
            $('#cafeType2').selectmenu('refresh');
            $('#cafeRegion2').val('미정').attr('selected', 'selected');
            $('#cafeRegion2').selectmenu('refresh');
            $('#cafeScore2').val('0').slider('refresh');
            form2.reset();
      });
      $('#btnCafeListSearch').click( function(){
          selectCafeList();
      });
      $('#btnTakePic1').click( function(){
        if ($('#cafePic1').val() == ''){
            navigator.notification.alert('사진 이름을 먼저 입력하세요', null, '입력오류');
        } else {
            flag='enrol';
            capturePhoto();
        }
      });
      $('#btnTakePic2').click( function(){
        if ($('#cafePic2').val() == ''){
            navigator.notification.alert('사진 이름을 먼저 입력하세요', null, '입력오류');
```

```
            } else {
                flag='modify';
                capturePhoto('change');
            }
        });
        $('#btnPicShow').click( function(){
                getCafePic();
        });
        $('#btnMapShow').click( function(){
                getCafeAddressMap();
        });
        $('#btnRouteShow').click( function(){
                getCafeRouteMap();
        });
      });

  function initCordova() {
          document.addEventListener('deviceready', onDeviceReady, true);
      }
  function onDeviceReady() {
          navigator.notification.alert('장치 준비됨', null, '코르도바 API');
      }
</script>
<style>
    #logo { display: block; margin: 50px auto; }
    .my_listview_img { padding:10px; }
    #btnGroup { margin: 5px 5px; }
    #picArea { width:100%; height: width*3/4; }
    #mapArea, #routeArea { width:100%; height: 330px; }
</style>
</head>

<!-- 맛집 앱 시작 화면 -->
<body>
<div data-role="page" id="mainPage">
    <div data-role="header" data-position="fixed">
        <h1>맛집 사랑</h1>
        <a href="#page1" data-icon="home" data-iconpos="notext" class="ui-btn-right" >Home</a>
    </div>
    <div data-role="content">
        <img id="logo" src="goodcafe.png">
        <ul data-role="listview" data-inset="true" >
            <li><a href="#cafeEnrolPage">맛집 정보 등록</a></li>
            <li><a href="#cafeModifyPage">맛집 정보 수정</a></li>
            <li><a href="#cafeSearchPage">맛집 정보 조회</a></li>
```

```
            </ul>
        </div>
        <div data-role="footer" data-position="fixed">
            <h4>Good Food & Good Cafe</h4>
        </div>
</div>

<!-- 맛집 등록 화면 -->
<div data-role="page" id="cafeEnrolPage">
        <div data-role="header" data-position="fixed">
            <a href="#" data-icon="back" data-rel="back" data-direction="reverse">Back</a>
            <h1>맛집 사랑</h1>
            <a href="#mainPage" data-icon="home" data-iconpos="notext">Home</a>
            <div data-role="navbar">
                <ul>
                    <li><a href="#cafeEnrolPage">맛집 등록</a></li>
                    <li><a href="#cafeModifyPage">맛집 수정</a></li>
                    <li><a href="#cafeSearchPage">맛집 조회</a></li>
                </ul>
            </div>
        </div>
        <div data-role="content">
            <form name="form1">
                <h3>맛집 정보 등록</h3>
                <div class="ui-body ui-body-a gap">
                    <label for="cafeName1">맛집명 : </label>
                    <input type="text" name="cafeName1" id="cafeName1" data-mini="true"/>
                    <label for="cafeType1" class="select">업종 :</label>
                    <select name="cafeType1" id="cafeType1" data-native-menu="false"
data-mini="true" data-inline="true">
                        <option value="미정">미정</option>
                        <option value="한식">한식</option>
                        <option value="양식">양식</option>
                        <option value="중식">중식</option>
                        <option value="일식">일식</option>
                        <option value="주점">주점</option>
                        <option value="기타">기타</option>
                    </select>
                    <label for="cafeRegion1" class="select">지역 :</label>
                    <select name="cafeRegion1" id="cafeRegion1" data-native-
menu="false" data-mini="true" data-inline="true">
                        <option value="미정">미정</option>
                        <option value="서울">서울</option>
                        <option value="경기">경기</option>
                        <option value="강원">강원</option>
```

```
                        <option value="호남">호남</option>
                        <option value="영남">영남</option>
                        <option value="충청">충청</option>
                        <option value="제주">제주</option>
                    </select>
                    <label for="cafeScore1">평가 : </label>
                    <input type="range" name="cafeScore1" id="cafeScore1" min="0"
max="10"/>
                    <label for="cafePhone1">전화 : </label>
                    <input type="tel" name="cafePhone1" id="cafePhone1" data-
mini="true" placeholder="예) 031-123-4567"/>
                    <label for="cafeAddress1">주소 : </label>
                    <input type="text" name="cafeAddress1" id="cafeAddress1" data-mini="true"/>
                    <label for="cafeMemo1">메모 : </label>
                    <textarea cols="25" rows="5" name="cafeMemo1" id="cafeMemo1" data-
mini="true"></textarea>
                    <label for="cafePic1">사진 : </label>
                    <input type="text" name="cafePic1" id="cafePic1" data-mini="true"
placeholder="예) 길목 or Gilmok"/>
                    <input type="button" name="takePic1" id="btnTakePic1" value="사진촬
영" data-mini="true"/>
                </div>
                <div class="ui-body">
                    <fieldset class="ui-grid-a">
                        <div class="ui-block-a">
                            <input type="reset" id="btnAddCancel" value="취소"/>
                        </div>
                        <div class="ui-block-b">
                            <input type="button" id="btnAdd" value="추가"/>
                        </div>
                    </fieldset>
                </div>
            </form>
        </div>
        <div data-role="footer" data-position="fixed">
            <h4>Good Food & Good Cafe</h4>
        </div>
</div>

<!-- 맛집 수정 화면 -->
<div data-role="page" id="cafeModifyPage">
        <div data-role="header" data-position="fixed">
            <a href="#" data-icon="back" data-rel="back" data-direction="reverse">Back</a>
            <h1>맛집 사랑</h1>
            <a href="#mainPage" data-icon="home" data-iconpos="notext">Home</a>
```

```
        <div data-role="navbar">
            <ul>
                <li><a href="#cafeEnrolPage">맛집 등록</a></li>
                <li><a href="#cafeModifyPage">맛집 수정</a></li>
                <li><a href="#cafeSearchPage">맛집 조회</a></li>
            </ul>
        </div>
    </div>
    <div data-role="content">
        <form name="form2">
            <h3>맛집정보 수정</h3>
            <div class="ui-body ui-body-a gap">
                <label for="sCafeName2">맛집명  : </label>
                <input type="search" name="sCafeName2" id="sCafeName2" value=""
data-mini="true" />
                <label for="cafeType2" class="select" >업종 :</label>
                <select name="cafeType2" id="cafeType2" data-native-menu="false"
data-mini="true" data-inline="true">
                    <option value="미정">미정</option>
                    <option value="한식">한식</option>
                    <option value="양식">양식</option>
                    <option value="중식">중식</option>
                    <option value="일식">일식</option>
                    <option value="주점">주점</option>
                    <option value="기타">기타</option>
                </select>
                <label for="cafeRegion2" class="select">지역 :</label>
                <select name="cafeRegion2" id="cafeRegion2" data-native-
menu="false" data-mini="true" data-inline="true">
                    <option value="미정">미정</option>
                    <option value="서울">서울</option>
                    <option value="경기">경기</option>
                    <option value="강원">강원</option>
                    <option value="호남">호남</option>
                    <option value="영남">영남</option>
                    <option value="충청">충청</option>
                    <option value="제주">제주</option>
                </select>
                <label for="cafeScore2">평가 : </label>
                <input type="range" name="cafeScore2" id="cafeScore2" min="0"
max="10" />
                <label for="cafePhone2">전화 : </label>
                <input type="tel" name="cafePhone2" id="cafePhone2" data-
mini="true" placeholder="예) 031-123-4567"/>
                <label for="cafeAddress2">주소 : </label>
```

```
                <input type="text" name="cafeAddress2" id="cafeAddress2" data-mini="true"/>
                <label for="cafeMemo2">메모 : </label>
                <textarea cols="25" rows="5" name="cafeMemo2" id="cafeMemo2" data-
mini="true"></textarea>
                <label for="cafePic2">사진 : </label>
                <input type="text" name="cafePic2" id="cafePic2" data-mini="true"
placeholder="예) 길목 or Gilmok"/>
                <input type="button" name="takePic2" id="btnTakePic2" value="사진재
촬영" data-mini="true"/>
            </div><br/>
            <div data-role="controlgroup" data-type="horizontal">
                <input type="reset" id="btnModifyCancel" value="취소"/>
                <input type="button" id="btnUpdate" value="수정"/>
                <input type="button" id="btnDelete" value="삭제"/>
                <input type="button" id="btnModifySearch" value="검색"/>
            </div>
        </form>
    </div>
    <div data-role="footer" data-position="fixed">
        <h4>Good Food & Good Cafe</h4>
    </div>
</div>

<!-- 맛집 목록 검색 화면 -->
<div data-role="page" id="cafeSearchPage">
    <div data-role="header" data-position="fixed">
        <a href="#" data-icon="back" data-rel="back" data-direction="reverse">Back</a>
        <h1>맛집 사랑</h1>
        <a href="#mainPage" data-icon="home" data-iconpos="notext">Home</a>
        <div data-role="navbar">
            <ul>
                <li><a href="#cafeEnrolPage">맛집 등록</a></li>
                <li><a href="#cafeModifyPage">맛집 수정</a></li>
                <li><a href="#cafeSearchPage">맛집 조회</a></li>
            </ul>
        </div>
    </div>
    <div data-role="content">
            <div class="ui-body">
                <fieldset class="ui-grid-b">
                    <div class="ui-block-a">
                        <select name="cafeType3" id="cafeType3" data-native-
menu="false" data-mini="true" data-inline="true">
                            <option>업종</option>
                            <option value="%">전체</option>
```

```
                        <option value="한식">한식</option>
                        <option value="양식">양식</option>
                        <option value="중식">중식</option>
                        <option value="일식">일식</option>
                        <option value="주점">주점</option>
                        <option value="기타">기타</option>
                    </select>
                </div>
                <div class="ui-block-b">
                    <select name="cafeRegion3" id="cafeRegion3" data-native-
menu="false" data-mini="true" data-inline="true">
                        <option>지역</option>
                        <option value="%">전국</option>
                        <option value="서울">서울</option>
                        <option value="경기">경기</option>
                        <option value="강원">강원</option>
                        <option value="호남">호남</option>
                        <option value="영남">영남</option>
                        <option value="충청">충청</option>
                        <option value="제주">제주</option>
                    </select>
                </div>
                <div class="ui-block-c" style="vertical-align:top">
                    <input type="button" id="btnCafeListSearch" value="목록검
색" data-mini="true" data-inline="true"/>
                </div>
            </fieldset>
        </div>
        <ul data-role="listview" id="cafeListArea" data-divider-theme="b" data-inset="true">
            <!-- 카페 리스트 표시 영역 -->
        </ul>
    </div>
    <div data-role="footer" data-position="fixed">
        <h4>Good Food & Good Cafe</h4>
    </div>
</div>

<!-- 맛집 상세정보 화면 -->
<div data-role="page" id="cafeInfoShowPage">
    <div data-role="header" data-position="fixed">
        <a href="#" data-icon="back" data-rel="back" data-direction="reverse">Back</a>
        <h1>맛집 사랑</h1>
        <a href="#mainPage" data-icon="home" data-iconpos="notext">Home</a>
        <div data-role="navbar">
            <ul>
```

```
                <li><a href="#cafeEnrolPage">맛집 등록</a></li>
                <li><a href="#cafeModifyPage">맛집 수정</a></li>
                <li><a href="#cafeSearchPage">맛집 조회</a></li>
            </ul>
        </div>
    </div>
    <div data-role="content">
        <div id="btnGroup">
            <span id="btnPicShow"><button data-role="none">사진보기</button></span>
            <span id="btnRouteShow"><button data-role="none">찾아가기</button></span>
        </div>
        <div class="ui-body ui-body-a"><br/>
            <div id="cafeInfoArea">
                카페 정보 표시 영역
            </div>
        </div>
    </div>
    <div data-role="footer" data-position="fixed">
        <h4>Good Food & Good Cafe</h4>
    </div>
</div>

<!-- 맛집 사진보기 화면 -->
<div data-role="dialog" id="picShowDialog" data-theme="b">
    <div data-role="header"  data-theme="b">
        <h1>맛집 사진</h1>
    </div>
    <div data-role="content"  data-theme="b">
        <div id="picName" class="ui-bar ui-bar-a"></div><br/>
        <div><img id="picArea" src=""/></div>
    </div>
</div>

<!-- 맛집 경로보기 화면 -->
<div data-role="dialog" id="routeShowDialog" data-theme="b">
    <div data-role="header"  data-theme="b">
        <h1>맛집 경로</h1>
    </div>
    <div data-role="content"  data-theme="b">
        <div id="routeName" class="ui-bar ui-bar-a"></div><br/>
        <div id="routeArea"></div>
    </div>
</div>
</body>
</html>
```

[실습16-2] 맛집 앱 DB 코드 작성하기 /ch16_matzibApp/dbHandle.js

```
// 데이터베이스 생성 및 열기
function openDB(){
  db = window.openDatabase('cafeDB', '1.0', '카페DB', 1024*1024);
  console.log('1_DB 생성...');
}

// 테이블 생성 트랜잭션 실행
function createTable() {
  db.transaction(function(tr){
       var createSQL = 'create table if not exists cafe(id integer primary key
autoincrement, name varchar(20) not null unique, type varchar(20), score integer, region
varchar(20), phone varchar(20), address varchar(30), memo varchar(200), pic varchar(50))';

    tr.executeSql(createSQL, [], function(){
      console.log('2_1_테이블생성_sql 실행 성공...');
    }, function(){
      console.log('2_1_테이블생성_sql 실행 실패...');
    });
  }, function(){
         console.log('2_2_테이블 생성 트랜잭션 실패...롤백은 자동');
  }, function(){
         console.log('2_2_테이블 생성 트랜잭션 성공...');
  });
}

// 데이터 입력 트랜잭션 실행
function insertCafe(){
  db.transaction(function(tr){
    var name = $('#cafeName1').val();
    var type = $('#cafeType1').val();
    var score = $('#cafeScore1').val();
    var region = $('#cafeRegion1').val();
    var phone = $('#cafePhone1').val();
    var address = $('#cafeAddress1').val();
    var memo = $('#cafeMemo1').val();
    var pic = $('#cafePic1').val();
    var insertSQL = 'insert into cafe(name, type, score, region, phone, address, memo, pic)
values(?,?,?,?,?,?,?,?)';
    tr.executeSql(insertSQL, [name, type, score, region, phone, address, memo, pic], function(tr, rs){
      console.log('3_ 맛집 등록...no: ' + rs.insertId);
      alert('맛집명 ' + $('#cafeName1').val() + ' 이(가) 입력되었습니다');
      $('#cafeType1').val('미정').attr('selected', 'selected');
      $('#cafeType1').selectmenu('refresh');
      $('#cafeRegion1').val('미정').attr('selected', 'selected');
```

```
            $('#cafeRegion1').selectmenu('refresh');
            $('#cafeScore1').val('0').slider('refresh');
            form1.reset();
        }, function(){
            alert('맛집명 ' + $('#cafeName1').val() + ' 이(가) 입력 실패하였습니다');
        });
    });
}

// 데이터 수정 트랜잭션 실행
function updateCafe(){
    db.transaction(function(tr){
        var new_name = $('#sCafeName2').val();
        var new_type = $('#cafeType2').val();
        var new_score = $('#cafeScore2').val();
        var new_region = $('#cafeRegion2').val();
        var new_phone = $('#cafePhone2').val();
        var new_address = $('#cafeAddress2').val();
        var new_memo = $('#cafeMemo2').val();
        var new_pic = $('#cafePic2').val();
        var old_name = varCafeName;
        var updateSQL = 'update cafe set name = ?, type = ?, score = ?, region = ?, phone = ?,
address = ?, memo = ?, pic = ? where name = ?';
        tr.executeSql(updateSQL, [new_name, new_type, new_score, new_region, new_phone, new_
address, new_memo, new_pic, old_name], function(tr, rs){
            console.log('5_맛집 수정.... ') ;
            alert('맛집명 ' + varCafeName + ' 이(가) 수정되었습니다');
            $('#cafeType2').val('미정').attr('selected', 'selected');
            $('#cafeType2').selectmenu('refresh');
            $('#cafeRegion2').val('미정').attr('selected', 'selected');
            $('#cafeRegion2').selectmenu('refresh');
            $('#cafeScore2').val('0').slider('refresh');
            form2.reset();
        }, function(){
            alert('맛집명 ' + $('#cafeName1').val() + ' 이(가) 수정 실패하였습니다');
        });
    });
}

// 데이터 삭제 트랜잭션 실행
function deleteCafe(){
    db.transaction(function(tr){
        var name = varCafeName;
        var deleteSQL = 'delete from cafe where name = ?';
        tr.executeSql(deleteSQL, [name], function(tr, rs){
```

```
            console.log('6_맛집 삭제... ');
            alert('맛집명 ' + varCafeName + ' 이(가) 삭제되었습니다');
             $('#cafeType2').val('미정').attr('selected', 'selected');
             $('#cafeType2').selectmenu('refresh');
             $('#cafeRegion2').val('미정').attr('selected', 'selected');
             $('#cafeRegion2').selectmenu('refresh');
             $('#cafeScore2').val('0').slider('refresh');
             form2.reset();
      }, function(){
          alert('맛집명 ' + $('#cafeName1').val() + ' 이(가) 삭제 실패하였습니다');
         });
   });
  }

  // 데이터 수정 위한 데이터 검색 트랜잭션 실행
  function selectCafeModify(name){
   db.transaction(function(tr){
     var selectSQL = 'select name, type, score, region, phone, address, memo, pic from cafe
 where name=?';
    tr.executeSql(selectSQL, [name], function(tr, rs){
      $('#sCafeName2').val(rs.rows.item(0).name);
      $('#cafeType2').val(rs.rows.item(0).type).attr('selected', 'selected');
      $('#cafeType2').selectmenu('refresh');
      $('#cafeRegion2').val(rs.rows.item(0).region).attr('selected', 'selected');
      $('#cafeRegion2').selectmenu('refresh');
      $('#cafeScore2').val(rs.rows.item(0).score).slider('refresh');
      $('#cafePhone2').val(rs.rows.item(0).phone);
      $('#cafeAddress2').val(rs.rows.item(0).address);
      $('#cafeMemo2').val(rs.rows.item(0).memo);
      varCafeName = rs.rows.item(0).name;
    });
   });
  }

  // 카페 목록 동적 구성을 위한 데이터 검색 트랜잭션 실행
 function selectCafeList() {
  db.transaction(function(tr){
     var i, count, tagList='';
     var sType = $('#cafeType3').val();
     var sRegion = $('#cafeRegion3').val();
     var selectSQL = 'select name, type, score, region, phone, address, memo, pic  from cafe
 where type like ? and region like ?';
         tr.executeSql(selectSQL, [sType, sRegion], function(tr, rs){
              console.log(' 카페 조회... ' + rs.rows.length + '건.');
              recordSet = rs;
```

```
                count = rs.rows.length;
                if(count > 0) {
                  tagList = '<li data-role="list-divider">맛집 목록' + '<span
style="float:right">'+count+'건'+'</span></li>';
                  for( i = 0; i < count; i += 1) {
                        tagList += '<li><a onclick="displayCafeInfo(' + i + ');">'
                        tagList += '<img class="my_listview_img" src="' + rs.rows.item(i).pic + '">';

                        tagList += '<span class="ui-li-count">평점 : ' + rs.rows.item(i).score + '</span>';
                        tagList += '<h2>' + rs.rows.item(i).name + '</h2>';
                        tagList += '<p>' + rs.rows.item(i).type + '</p>';
                        tagList += '<p>' + rs.rows.item(i).address + '</p></a></li>';
                  }
                  $('#cafeListArea').html(tagList);
                  $('#cafeListArea').listview('refresh');
                } else {
                 navigator.notification.alert('검색 결과 없음', null, '맛집 검색 실패');
                }
            });
        });
}
```

[실습16-3] 맛집 앱 사진 코드 작성하기 /ch16_matzibApp/photoHandle.js

```
function capturePhoto() {
  // 카메라 장치를 이용하여 사진 촬영 후 base64-encoded 이미지 문자열 임시 파일 경로를 반환
  navigator.camera.getPicture(onPhotoDataSuccess, onFail, { quality: 50, destination
Type: Camera.DestinationType.FILE_URI });
}

function onPhotoDataSuccess(imageURI) {          // getPicture() 성공 콜백 함수
  $('#imgArea').attr('src', imageURI);
  movePic(imageURI);
}

function onFail(message) {                       //getPicture() 실패 콜백 함수
   alert('Failed because: ' + message);
}

function movePic(fileuri){                       // 이미지 문자열 임시 파일을 이동
 window.resolveLocalFileSystemURL(fileuri, resolveOnSuccess, OnError);
}

function resolveOnSuccess(fileentry){            // resolveLocalFileSystemURI() 성공 콜백 함수
```

```
    if (flag == 'enrol'){
      var newfilename = $('#cafePic1').val() + '.jpg';     // 저장할 사진 이름 지정
    } else if (flag == 'modify') {
      var newfilename = $('#cafePic2').val() + '.jpg';
    }

    var newfoldername = "matzipApp";                           // 이동할 저장 폴더 설정
    window.requestFileSystem(LocalFileSystem.PERSISTENT, 0,
      function(filesysobj) {
        //폴더가 존재하지 않으면 생성됨
        filesysobj.root.getDirectory( newfoldername, {create:true, exclusive: false},
          function(directoryentry) {
            fileentry.moveTo(directoryentry, newfilename, successMove, OnError);
          },
          OnError);
      },
      OnError);
}

function successMove(fileentry) {                 // fileentry.moveTo() 성공 콜백 함수
  console.log(fileentry.fullPath);                //이동된 이미지 파일 전체 경로명 표시
  if (flag == 'enrol'){
    $('#cafePic1').val(fileentry.toURL());
  } else if (flag == 'modify') {
    $('#cafePic2').val(fileentry.toURL());
  }
}

function OnError(error) {                         // fileentry.moveTo() 실패 콜백 함수
  alert(error.code);
}
```

[실습16-4] 맛집 앱 맛집 정보 표시하기 /ch16_matzibApp/cafeDisplay.js

```
function displayCafeInfo(index) {                 // 맛집 상세 정보 표시
 var len, i, name="", type="", score="", region="", phone="", address="", memo="", pic="";

 // 맛집 상세 정보를 설정
 var myCafeRecord = recordSet.rows.item(index);
 varPosition = index;

 if(myCafeRecord.name != null) {                  // 맛집 이름
    name = '<div class="ui-bar ui-bar-a"><h3>' + myCafeRecord.name + '</h3></div>';
 } else {
```

```
        name = '<p>이름 : 정보없음</p>';
    }
    if(myCafeRecord.name != null) {                    // 유형
        type = '<p>유형 : ' + myCafeRecord.type + '</p>';
    } else {
        type = '<p>유형 : 정보없음</p>';
    }
    if(myCafeRecord.score != null) {                   // 평점
        score = '<p>평점 : ' + myCafeRecord.score + '</p>';
    } else {
        score = '<p>평점 : 정보없음</p>';
    }
    if(myCafeRecord.region != null) {                  // 지역
        region = '<p>지역 : ' + myCafeRecord.region + '</p>';
    } else {
        region = '<p>지역 : 정보없음</p>';
    }
    if(myCafeRecord.phone != null) {                   // 전화번호
        phone = '<p>전화 : ' + myCafeRecord.phone + '</p>';
    } else {
        phone = '<p>전화 : 정보없음</p>';
    }
    if(myCafeRecord.address != null) {                 // 주소
        address = '<p>주소 : ' + myCafeRecord.address + '</p>';
    } else {
        address = '<p>주소 : 정보없음</p>';
    }
    if(myCafeRecord.memo != null) {                    // 메모
        memo = '<p>메모 : ' + myCafeRecord.memo + '</p>';
    } else {
        memo = '<p>메모 : 정보없음</p>';
    }

    $('#cafeInfoArea').html(name + type + score + region + phone + address + memo);
    $.mobile.changePage("#cafeInfoShowPage", "slide", false, true);
}

function getCafePic() {                                // 맛집 사진 정보 표시
    var myName = recordSet.rows.item(varPosition).name;
    var myPic = recordSet.rows.item(varPosition).pic;
    $('#picName').text(myName);
    $('#picArea').attr('src', myPic);
    $.mobile.changePage("#picShowDialog", "pop", false, true);
}
```

```
function getCafeRouteMap() {                                    // 맛집 경로 정보 표시
  var myName = recordSet.rows.item(varPosition).name;
  $('#routeName').text(myName);
  $.mobile.changePage("#routeShowDialog", "pop", false, true);
  $('#routeArea').gmap('destroy');
  navigator.geolocation.getCurrentPosition(
      function(Position) {
        var lat = Position.coords.latitude ;
        var lng = Position.coords.longitude ;

        var start = new google.maps.LatLng(lat, lng);
        var end = recordSet.rows.item(varPosition).address;
        var mode = 'TRANSIT'
        var request = {
          origin:start,
          destination:end,
          travelMode: eval('google.maps.DirectionsTravelMode.'+mode)
        };
        $('#routeArea').gmap('displayDirections', request, function(result, status) {
          if ( status === 'OK' ) {
            alert('성공');
          } else {
            alert('실패 : ' + status);
          }
        });
      },
      function(posError) {
        alert('Error Code : ' + posError.code + ' / Error Message : ' + posError.message);
          }, { maximumAge: 3000, timeout: 50000, enableHighAccuracy: true }
      );
}
```

요약

1. 이미지나 사운드와 같은 이진(binary) 데이터의 DB 저장 방법은 2가지가 가능하다. 첫 번째는 SQLite 데이터베이스의 테이블 안에 직접 저장하는 방법이다. 두 번째는 로컬 파일 시스템에 이진 파일을 저장하고 파일 경로 정보만 DB에 저장하는 방법이다.

2. 코르도바 API를 이용하여 단말기의 파일 시스템을 제어할 수 있다. 코르도바 API는 다양한 파일 시스템 관련 객체(속성과 메소드)를 이용하여 파일을 읽고 쓸 수 있도록 지원한다.

3. 파일 시스템 관련 객체는 다음을 포함한다.
   - FileSystem : 파일 시스템 정보 저장 객체
   - DirectoryEntry : 디렉토리 정보의 저장과 제어 기능을 제공하는 객체
   - FileEntry : 파일 정보의 저장과 제어 기능을 제공하는 객체
   - File, FileReader, FileWriter, FileTransfer : FileEntry의 하위 객체들

4. 파일 시스템 관련 메소드는 다음을 포함한다.
   - window.resolveLocalFileSystemURL( ) 메소드 : 파일(디렉토리)를 검색
   - window.requestFileSystem( ) 메소드 : 파일 시스템 객체를 반환
   - getDirectory( ) 메소드 : 디렉토리를 찾거나 생성
   - moveTo( ) 메소드 : 파일을 이동

연습문제

1. 다음 문장의 내용이 옳으면 O, 옳지 않으면 X를 하시오.

1) 코르도바 API를 이용하여 단말기의 파일 시스템을 제어할 수는 없다. ( )
2) FileSystem 객체는 파일 시스템 정보를 저장하는 객체이다. ( )
3) 파일 엔트리나 디렉토리 엔트리를 검색할 때는 window.resolveLocalFileSystemURL() 메소드를 사용한다. ( )

2. 다음 ( ) 안에 적합한 용어를 넣어 문장을 완성하시오.

1) window.(　　　　　　)() 메소드는 파일 시스템 객체를 반환한다.
2) 선택 메뉴의 경우, 반드시 '.selectmenu('(　　　　　)')' 메소드로 재 갱신을 해주어야 검색된 컬럼값을 페이지에 표시할 수 있다.

3. 이진 데이터의 2가지 DB 저장 방식에 대해 간략히 설명하시오.

4. [실습] 16장의 맛집 관리 하이브리드앱 matzipApp 예제를 참고하여 각자 특정 제품이나 서비스 정보를 제공하는 자신만의 유용한 앱을 개발하시오.

부록 실습 소프트웨어 설치하기

부록 실습 소프트웨어 설치하기

부록A 크롬 브라우저 준비하기

1) 구글 사이트(https://www.google.com/intl/ko/chrome)에 접속하여 크롬(chrome) 브라우저를 다운 받는다.

2) 필요할 경우, 크롬 브라우저 안의 개발자 도구를 사용할 수 있다.

부록B 앱타나 스튜디오 설치하기

B-1 앱타나 스튜디오 설치

1) 먼저, 앱타나 스튜디오를 다운 받는다.(http://www.aptana.com)

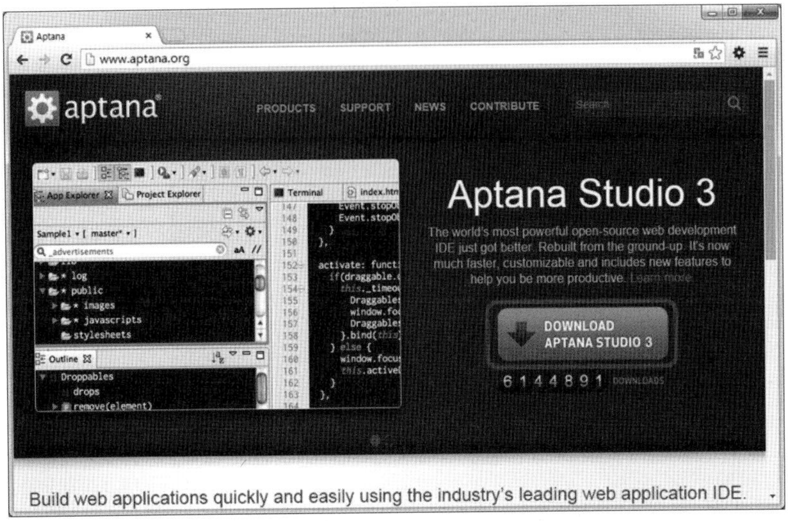

2) aptana studio 3 단독(standalone) 버전과 이클립스 플러그인(Eclipse plug-in) 버전 중에서 단독 버전을 선택한다.

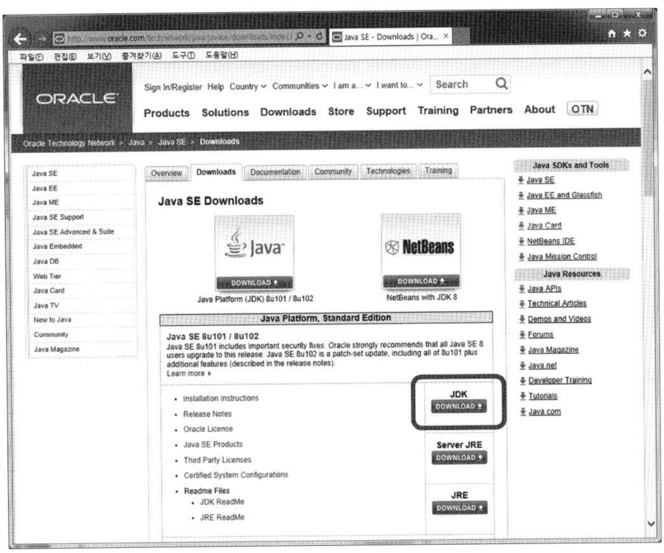

3) 다운받은 "Aptana_Studio_3_Setup_3.6.0.exe" 파일을 실행하여 설치 경로를 선택하고 설치 과정을 시작한다.

B-2 앱타나 스튜디오 실행

1) 설치가 완료된 후, 실행하면 작업 공간(workspace)을 지정하도록 요구한다. 적절한 작업 공간 이름을 설정한다. 예에서는 "Workspace_Aptana"로 작업 공간을 지정한다.

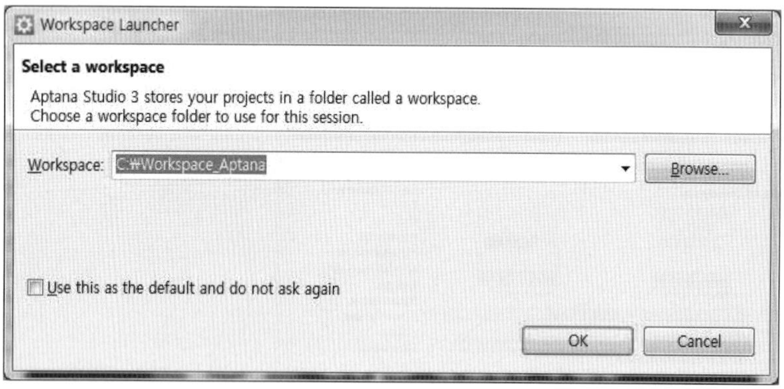

2) 앱타나를 실행하면 다음과 같은 시작 화면을 볼 수 있다.

3) 실습을 위해서는 프로젝트를 먼저 생성해야 한다. [File]-[New]-[Web Project] 메뉴 항목을 선택한다. Project Template에서 "Default Project"를 선택하고 Project Name은 "webpage"를 입력하여 생성한다.

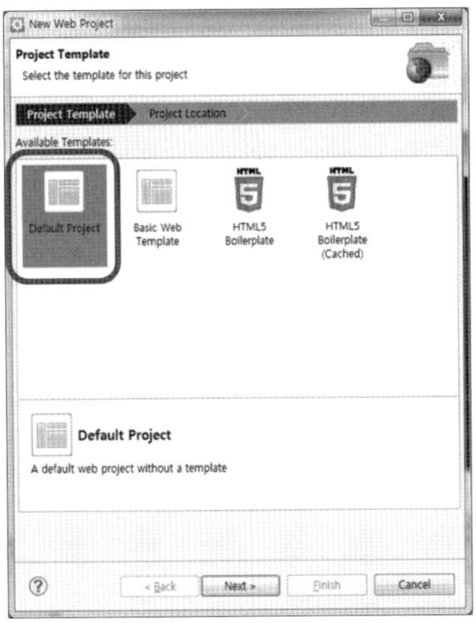

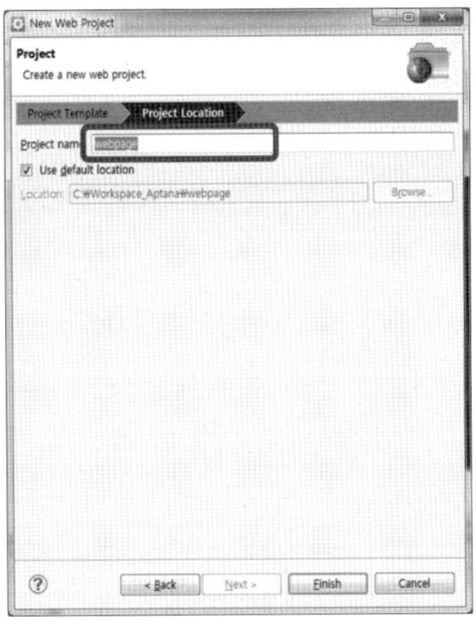

4) 생성한 webpage 프로젝트에 HTML5 파일을 생성해보자. 왼쪽 프로젝트 익스플로러 트리뷰 창에서 "webpage"를 선택한 상태에서 [File]-[New]-[File] 메뉴 항목을 선택

하고 다음과 같이 입력한다. 폴더 이름으로 "webpage" 프로젝트 이름 뒤에 각 장 별로 "ch02"처럼 해당 장 번호를 추가로 입력하여 파일 생성 폴더를 생성한다. 파일은 2장에서 처음 작성한 [예제2-1] "html5-tag.html" 파일을 작성해보자.

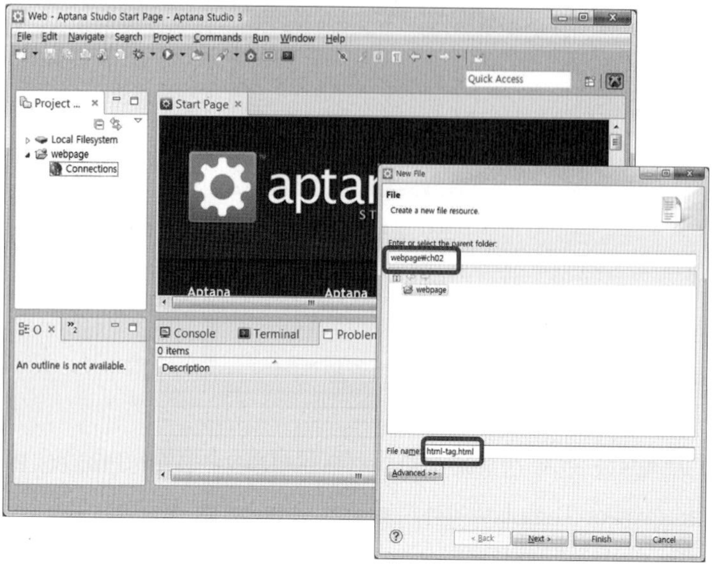

5) 파일의 내용을 적절히 입력하고 편집하여 HTML5 파일을 완성하고 저장한다. 오류가 있을 경우, 아래 [Problems] 패널에서 기본적인 문법 오류를 확인하고 디버깅할 수 있다.

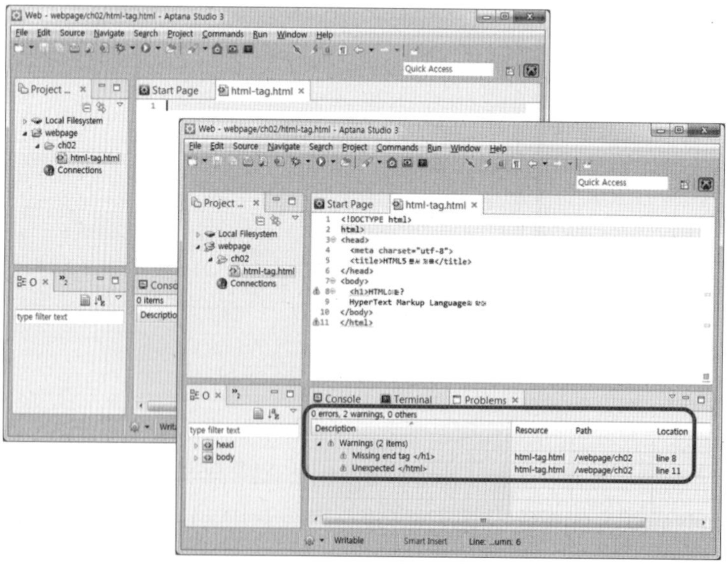

B-3 앱타나 기본 브라우저 설정

앱타나 스튜디오에서 작업 중인 HTML5 파일을 실행할 기본 웹 브라우저를 "Chrome"으로 설정해 보자. [부록A]에서 미리 크롬 브라우저를 다운받아 설치되어 있음을 가정한다.

1) 프로젝트 탐색기에서 프로젝트를 오른쪽 마우스 버튼으로 선택한 뒤, 단축 메뉴에서 [Run As]-[Run Configurations]을 선택한다. [Run Configurations] 대화 창에서 HTML5 파일을 실행시킬 브라우저를 등록한다. 왼쪽 트리뷰의 맨 아래 [Web Browser]를 마우스 오른쪽 버튼으로 선택한 뒤, 단축 메뉴에서 [New]를 선택하여 크롬 브라우저의 실행 경로(C:₩ProgramFile₩Google₩Chrome₩Application₩chrome)와 이름을 선택 입력한다.

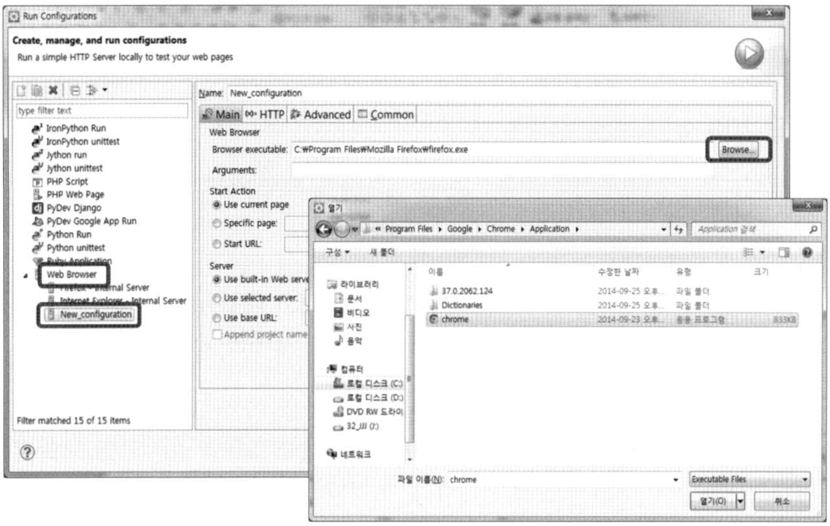

2) [Web Browser] 이름을 "Chrome"으로 입력하고 [Apply] 버튼을 선택한다. 트리뷰의 [Web Browser] 노드 밑에 "Chrome" 노드가 생성됨을 확인할 수 있다.

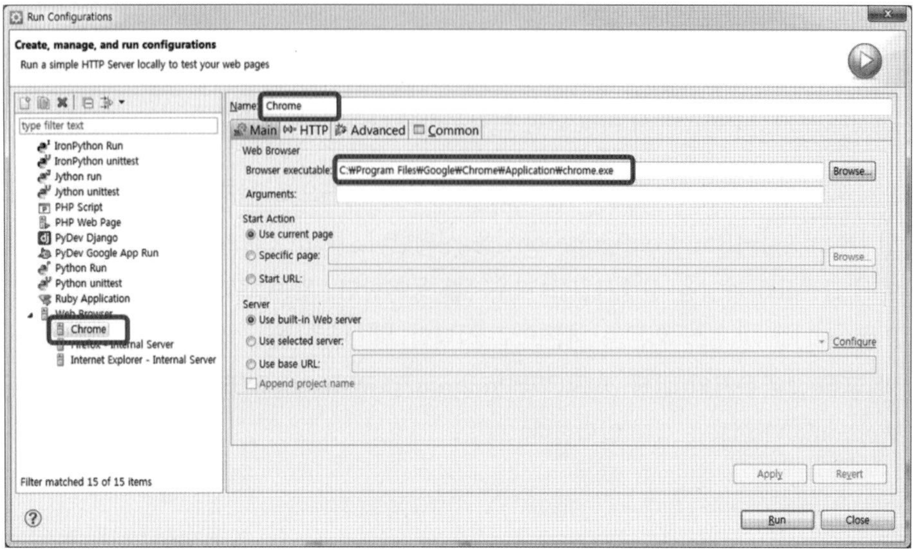

B-4 앱타나 웹 서버 실행

앱타나 스튜디오는 크롬 브라우저의 내부 서버를 활용하여 마치 외부 브라우저에서 서버를 통해서 웹 페이지를 보는 것과 동일한 서비스를 지원한다.

1) 아이피 주소를 통해 내부 또는 외부에서 자유롭게 HTML5 파일을 웹 브라우저로 접근하도록 하기 위해서는 앱타나 내부 서버의 아이피 주소를 변경해야 한다. 앱타나의 [Window]-[Preferences] 메뉴 항목을 선택한다. [Preferences] 대화창의 왼쪽 트리뷰에서 [Aptana Studio]-[Web Servers]-[Built-in] 메뉴 항목을 선택하여 다음 화면에서 현재 컴퓨터의 아이피 주소를 선택한다. 변경된 내부 서버의 아이피 주소는 앱타나 스튜디오를 재 시작함으로써 설정이 완료된다.

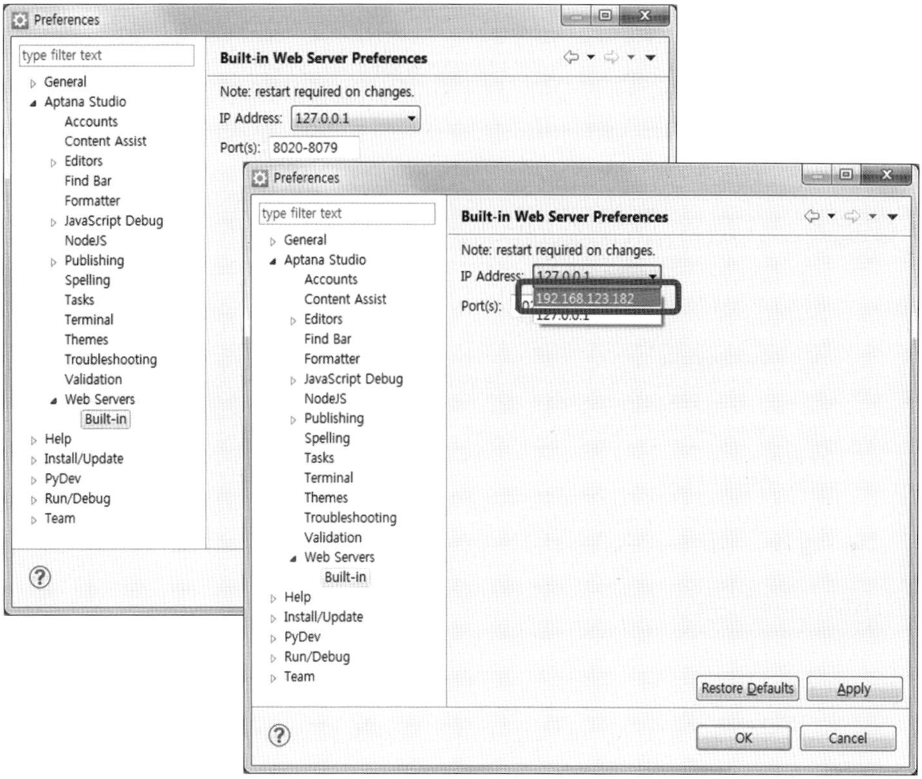

Tip IP 주소 확인하기

앱타나 내부 서버의 IP 주소를 확인하려면 관리자 명령 프롬프트([시작메뉴]-[실행] 창의 "열기" 입력란 또는 "프로그램 및 파일 검색"란에 "command" 입력)에서 "ipconfig" 명령어를 입력하여 실행한다.

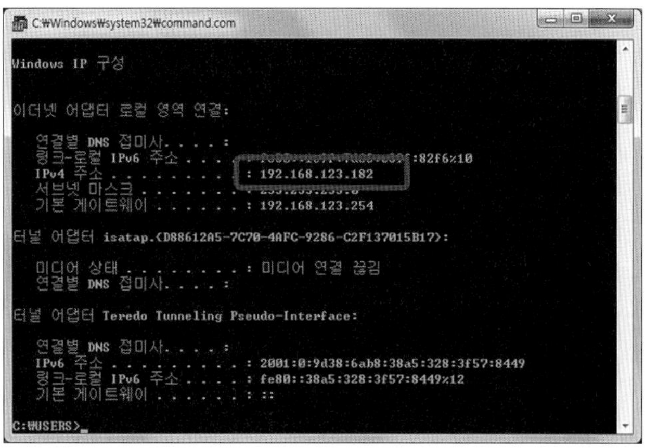

사용 중인 앱타나 웹 서버가 고정 IP가 아니고 동적 IP를 사용하는 경우에는 스마트폰도 같은 와이파이망으로 연결해야 웹 서버에 접속할 수 있다. 이때, 서버의 방화벽을 해제해야 접속할 수 있다.
[시작메뉴]–[제어판]–[보안센터] 또는 [제어판]–[시스템 및 보안]–[Windows 방화벽]–[Windows 방화벽 설정 또는 해제] 대화상자에서 "Windows 방화벽 사용 안함"을 선택한다.

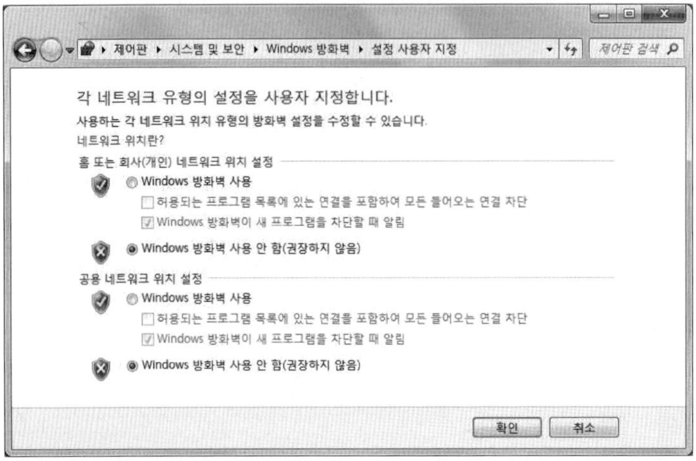

2) 앱타나 스튜디오를 재 시작하면 내부 서버가 동작한다. 재 시작 후, "Show Preview" 아이콘을 선택하여 앱타나 스튜디오 안에서 렌더링 결과를 확인할 수도 있고 앱타나 스튜디오의 "Run" 메뉴에서 크롬 브라우저를 선택해 독립된 브라우저 창에서 결과를 확인할 수도 있다. 이때 앱타나 스튜디오의 웹 서버를 통해 웹 페이지를 불러오게 된다. 브라우저 창의 URL 주소 창을 확인하면 알 수 있다. URL 주소는 '웹 서버 주소 + 프로젝트 이름 + 파일 경로명'으로 구성되어 있다.

3) 스마트폰의 모바일 브라우저에서도 같은 URL 주소를 입력하면 웹 서버를 통해 동일하게 웹 페이지를 불러올 수 있다. 다음은 실행한 결과이다. 단, 스마트폰도 같은 네트워크를 통해 인터넷에 접속해야 한다.

부록C 코르도바(폰갭) 안드로이드 개발 환경 구축하기

안드로이드용 코르도바 앱을 개발하려면 기본적으로 안드로이드 애플리케이션을 개발하는데 필요한 개발 환경이 설정되어 있어야 한다. 즉, JDK와 안드로이드 SDK 설치가 필수이다. 안드로이드용 코르도바 앱 개발을 위한 사전 준비 작업으로 먼저, 안드로이드 개발 환경을 구축해 보자.

C-1 JDK 설치하기

1-1) JDK 다운 받기

자바 개발 도구인 JDK(Java SE Development Kit)을 먼저 다운로드 받는다. 설치 파일은 오라클(http://www.oracle.com/technetwork/java/javase/downloads/index.html) 사이트에서 다운로드 받는다. 페이지 아래 쪽의 [JDK DOWNLOAD] 링크 버튼을 누르면 "Java SE Development Kit Downloads" 페이지로 이동한다.

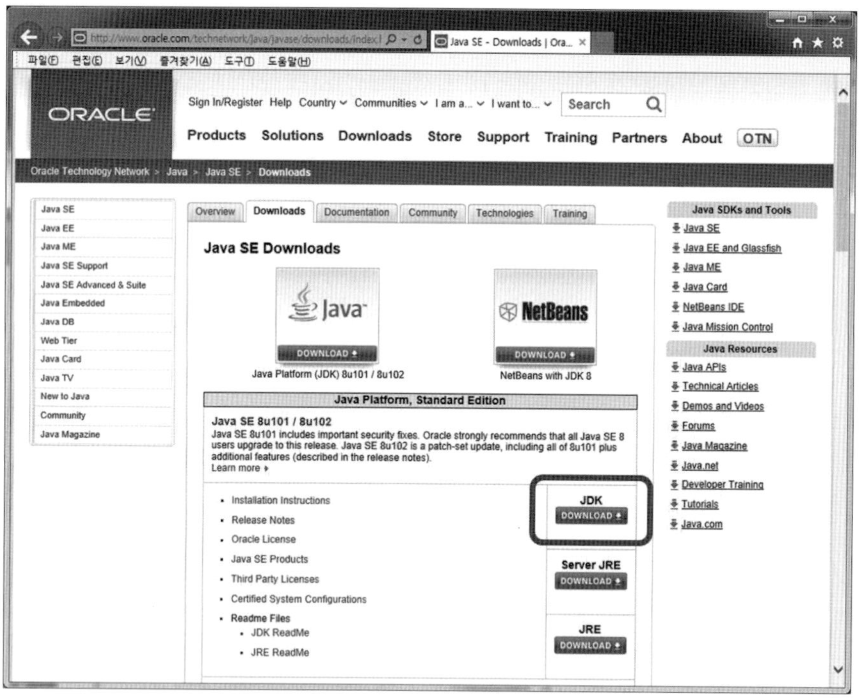

Tip JDK 설치 여부 확인

자신의 컴퓨터에 이미 자바 환경이 설치되어 있는지 여부를 알고 싶다면 명령 프롬프트에서 간단히 확인할 수 있다. 명령 프롬프트 창에서 "java –version" 명령을 입력하고 실행하면 설치되어 있는 JDK 버전을 확인할 수 있다

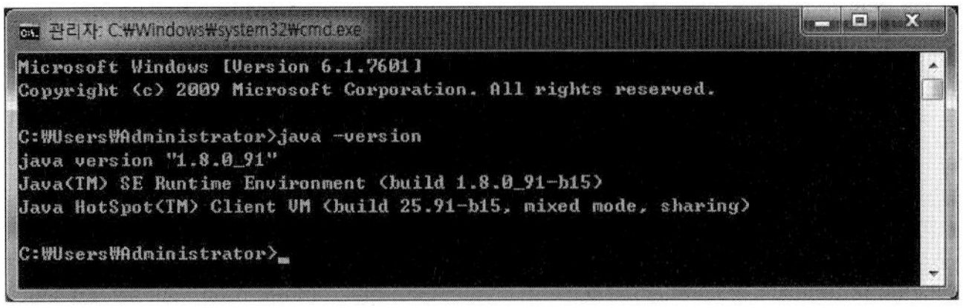

다운로드 페이지에서 [Accept License Agreement]를 설정하고 현재 개발 컴퓨터의 운영체제에 맞는 다운로드 파일을 선택한다. 32비트 운영체제인 경우, 다운로드 파일 목록 중에서 [Windows x86]을 선택하고 다운로드 받은 Java SDK실행 파일 "jdk-8u101-windows-i586.exe"를 실행하여 기본 설정값대로 모두 설치한다. 64비트 운영체제일 경우에는 [Window X64]을 선택하고 다운로드 받은 "jdk-8u101-windows-x64.exe"를 실행하여 기본값대로 모두 설치하면 된다. 현 시점에서 가급적 최신 버전을 다운로드 받는다.

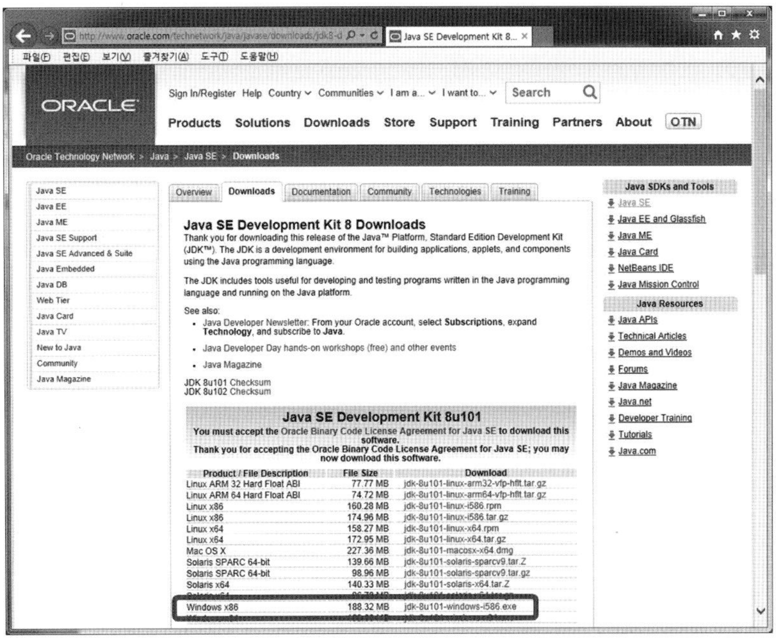

1-2) JDK 설치하기

다운로드 받은 "jdk-8u101-windows-i586.exe" 파일을 더블 클릭하여 자바 개발 도구인 JDK를 설치한다. 안드로이드는 자바를 개발 언어로 사용하기 때문에 JDK(Java SE Development Kit)와 JRE(Java Runtime Environment)도 필요하다. "Java SE Development Kit 8 Update 101" 버전은 JavaFX SDK, private JRE, private JavaFX runtime을 모두 포함하고 있다. 첫 번째 설치 화면에서는 [Next] 버튼을 클릭한다.

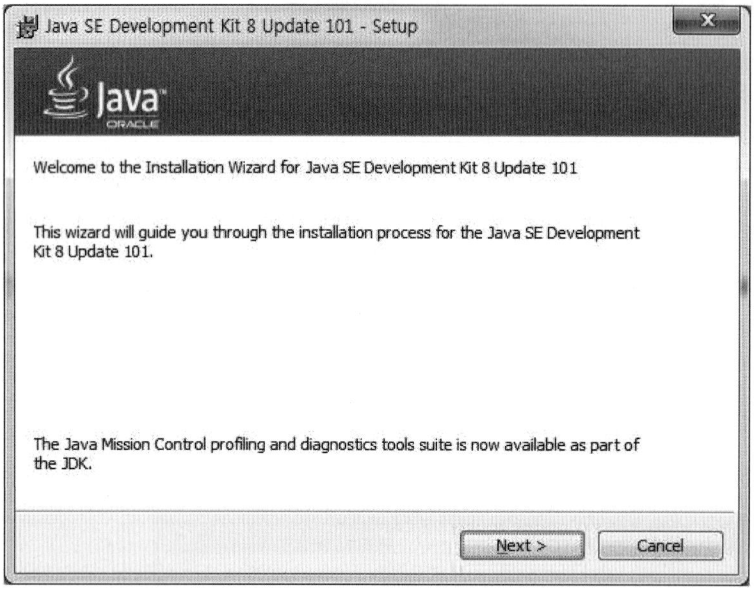

설치 항목 선택 화면에서는 설치 폴더 위치를 "C:₩Program Files₩Java₩jdk1.8.0_101₩"로 지정한 뒤, [Next] 버튼을 클릭하여 설치한다.

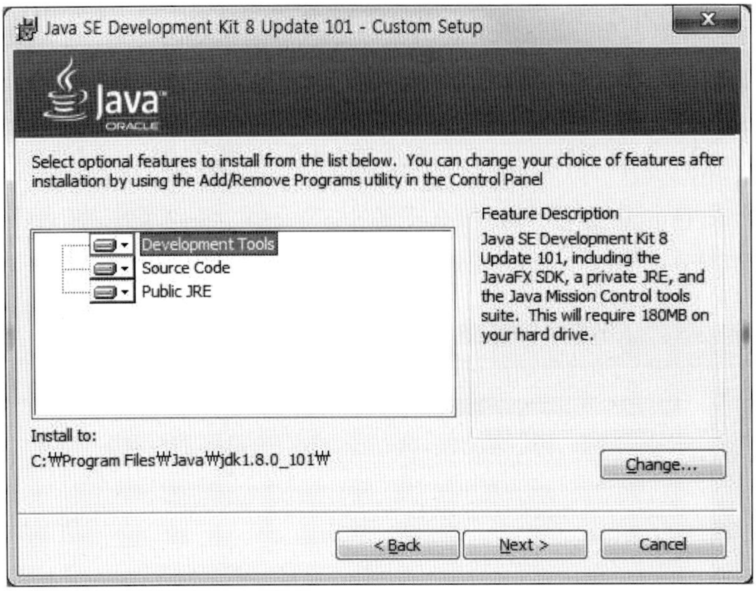

기다리면 설치가 성공적으로 완료되었음을 알리는 대화상자가 나타나고 [Close] 단추를 클릭하면 설치가 종료된다.

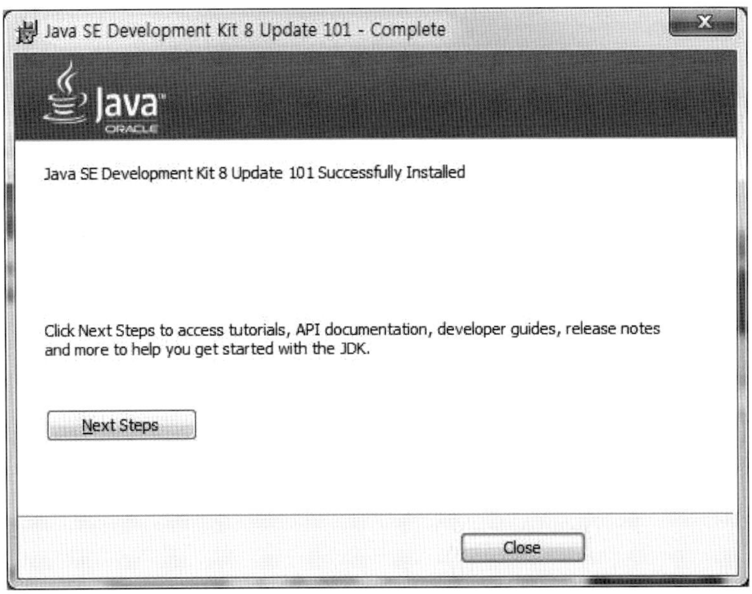

C-2 아파치 앤트 설치하기

아파치 앤트(Apache ANT)는 자바를 이용하여 빌드할 때 필요하다. 아파치 앤트 다운로드 사이트(http://ant.apache.org/bindownload.cgi)에 접속하여 화면 중간의 [.zip archive: apache-ant-1.9.7-bin.zip]을 선택하여 다운로드 받는다. 다운로드 받은 압축 파일은 "C:₩hybridApp₩apache-ant-1.9.7" 폴더를 만들어 압축을 풀어 저장한다. 이 설치 경로명은 뒤에 시스템 환경 변수 설정할 때 참조된다.

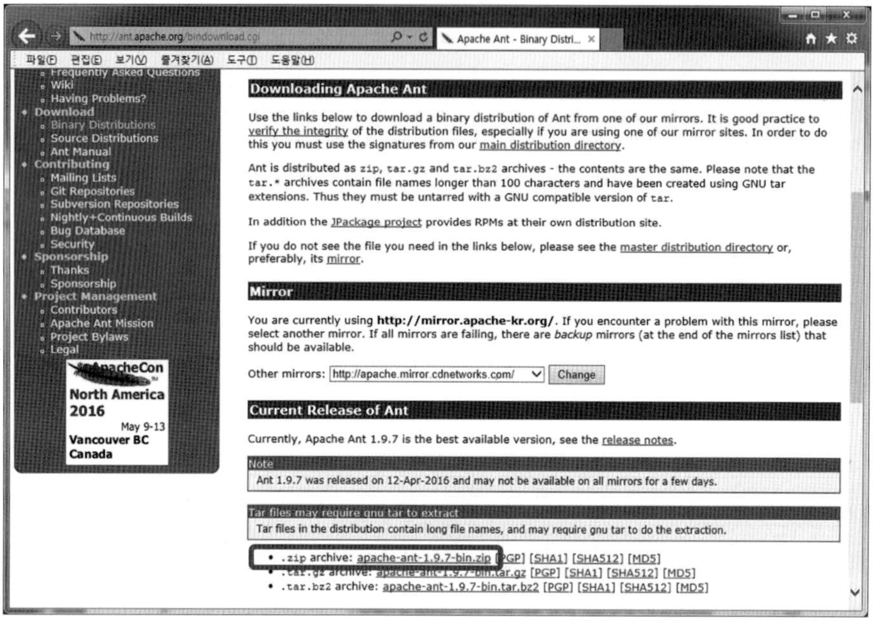

압축을 푼 "C:₩hybridApp₩apache-ant-1.9.7" 폴더 밑에는 여러 파일들과 하위 폴더가 존재한다.

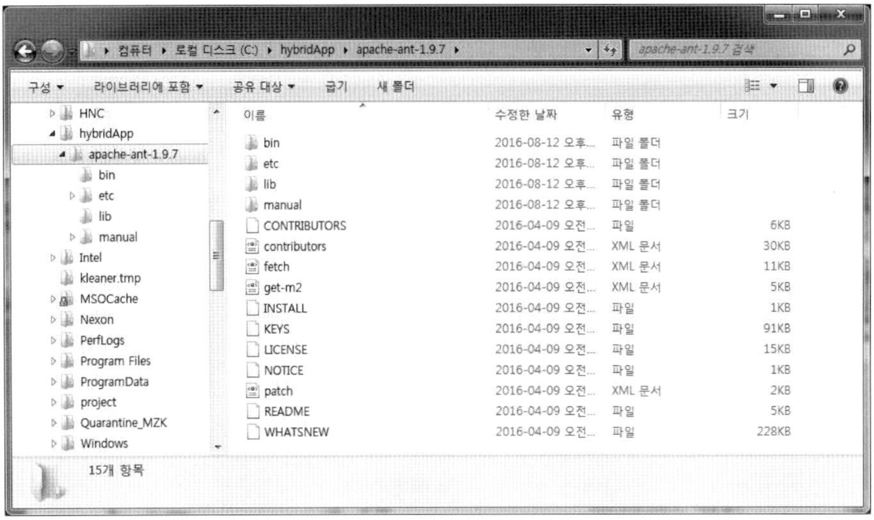

C-3 안드로이드 SDK 설치하기

안드로이드 SDK(Android Software Development Kit)는 안드로이드 폰갭(코르도바) 프로젝트가 동작할 때 참조하는 안드로이드 API와 에뮬레이터를 포함한 여러 실행 파일과 라이브러리를 지원한다. 안드로이드 사이트(https://developer.android.com/studio/index.html)에 접속하여 페이지 아래 쪽의 [Get just the command line tools] 부분에서 윈도우즈용 [installer_r24.4.1-windows.exe]를 다운로드 받아 설치한다. "installer_r24.4.1-windows.exe" 파일은 안드로이드 스튜디오 없이도 독립적으로 설치할 수 있는 Android SDK 단독 설치 파일이다.

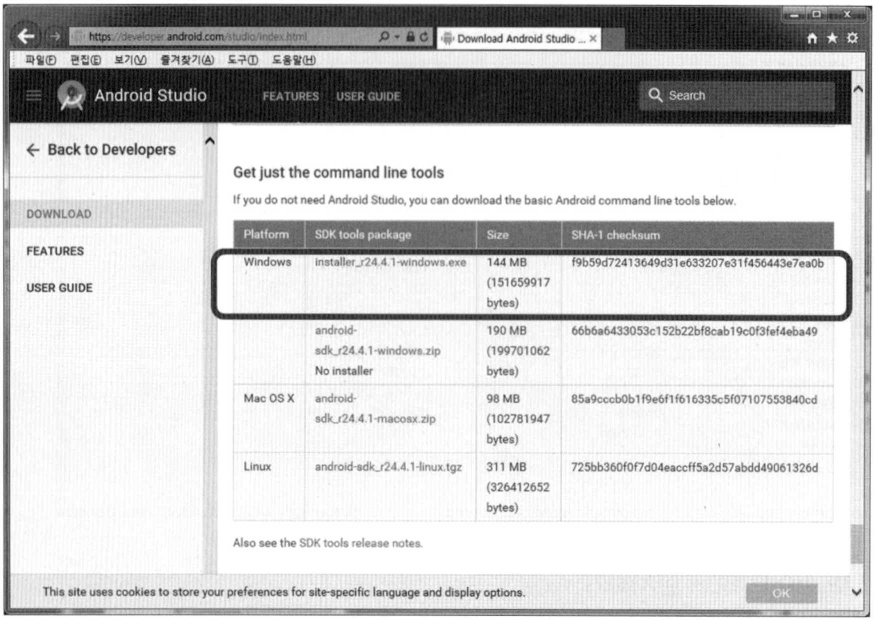

다운로드 받은 설치 파일을 더블 클릭하여 [Android SDK Tools Setup] 설치 마법사를 실행한다. 다음 화면처럼 “Destination Folder” 설치 폴더 항목값으로 “C:₩hybridApp₩android-sdk”를 설정하는 것을 제외하고 나머지 설치 화면에서는 수정하지 않고 기본값대로 설정하여 설치한다.

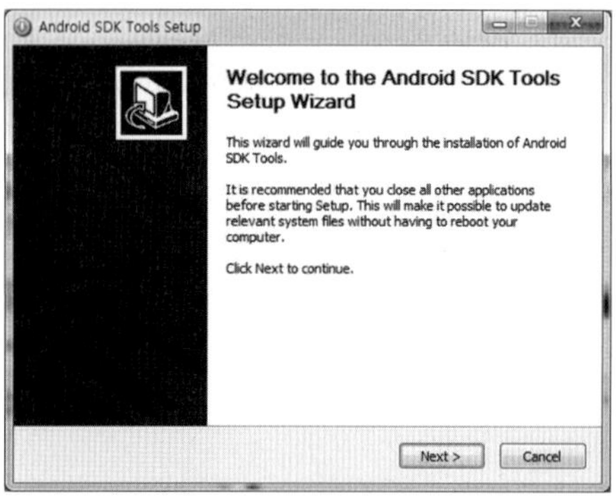

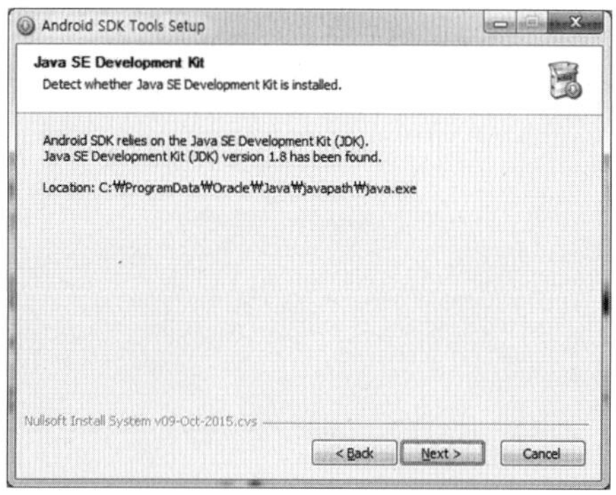

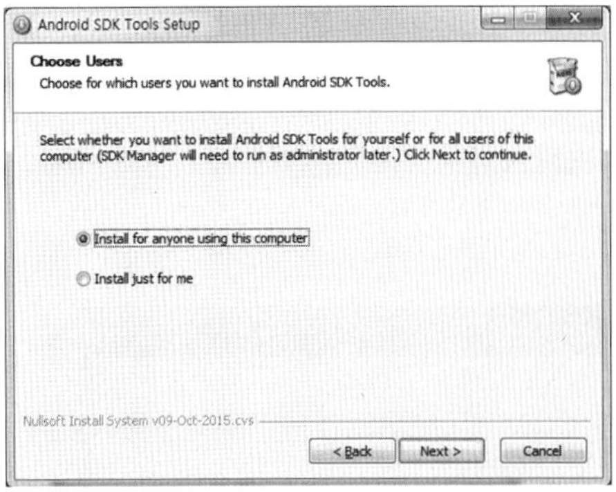

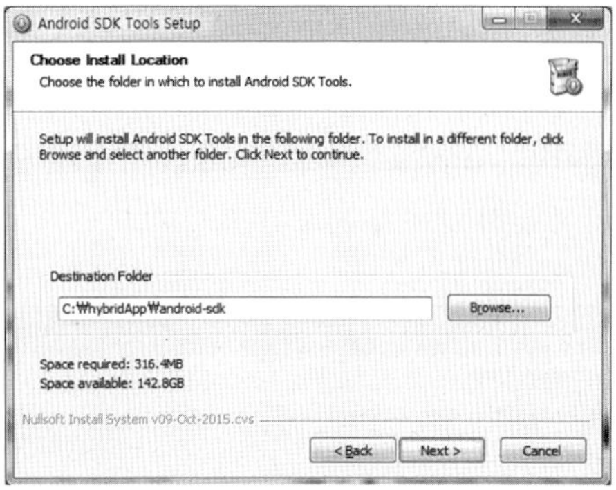

마지막 설치 종료 화면에서 [Start SDK Manager]를 체크 해제한 후 [Finish] 버튼을 클릭한다. [Start SDK Manager]를 체크하면 [Android SDK Manager] 창이 설치 종료 후 자동으로 실행되지만 수동으로 직접 실행해 보도록 하자. "C:₩hybridApp₩android-sdk" 폴더에 SDK가 설치되어 있음을 확인할 수 있다.

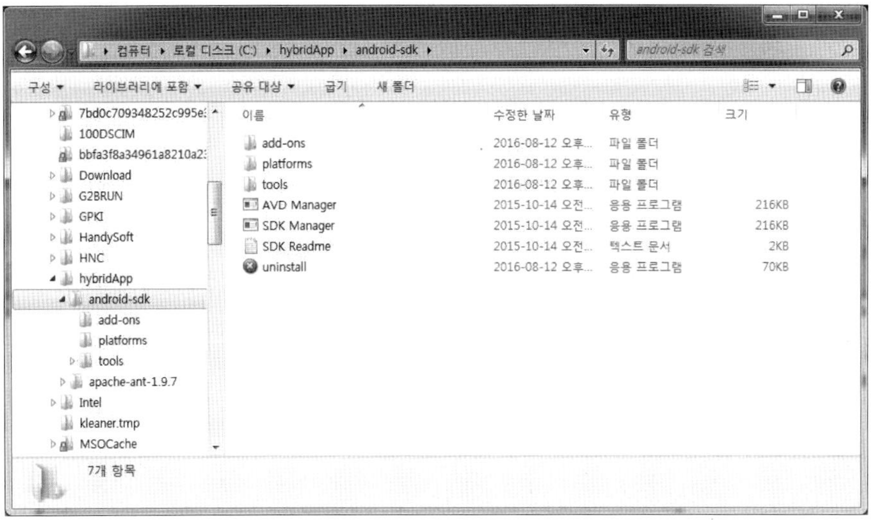

C-4 안드로이드 플랫폼 패키지 추가 설치하기

안드로이드 SDK에는 여러 버전이 존재하며 계속 업그레이드되고 있다. 설치된 기본 안드로이드 SDK만으로는 모든 버전의 안드로이드 플랫폼을 지원할 수 없다. 각 플랫폼 버전 별로 지원하는 범위가 다르므로 사용할 플랫폼 버전에 맞는 플랫폼 패키지를 추가적으로 설치해야 한다. 필요한 플랫폼 패키지를 추가로 설치해 보자.

"C:₩hybridApp₩android-sdk" 폴더 안에 SDK Manager.exe와 AVD Manager.exe 응용프로그램 파일을 확인할 수 있다. 'SDK Manager.exe' 실행 파일을 더블클릭하여 실행하면 [Android SDK Manager] 대화 창이 나타나면서 이미 설치된 패키지와 추가로 설치 가능한 패키지 목록이 표시된다.

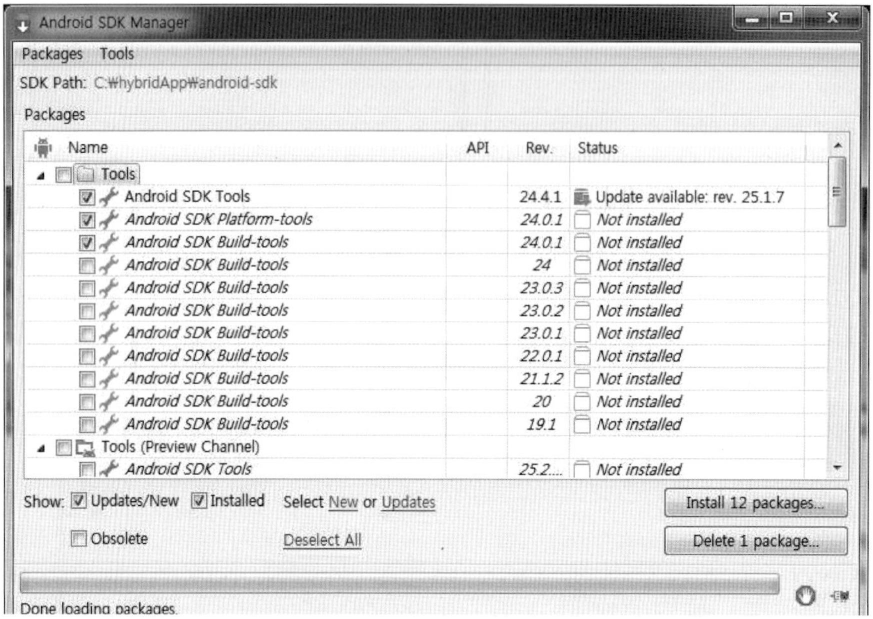

초기 버전부터 최신 버전까지 모두 선택하여 설치할 수 있지만 설치 시간이 아주 오래 걸린다. 따라서 설치 가능한 목록 중에서 필요한 버전을 최소로 선택하여 설치한다. 설치할 내용은 다음과 같다.

1) 최신 SDK 도구를 선택한다.

"Tools" 디렉토리를 열고 다음 항목을 선택한다.

- Android SDK Tools
- Android SDK Platform-tools
- Android SDK Build-tools(가장 높은 버전)

2) 필요한 SDK 플랫폼을 선택한다.

설치를 원하는 안드로이드 플랫폼 버전에 맞는 디렉토리를 연다. 가급적 최신 버전을 선택하여 다운로드 받는 것이 좋다. 예를 들면 "Android 7.0(API 24)" 디렉토리를 열고 다음 항목을 선택한다.

- SDK Platform
- "ARM EABI v7a System Image", "Intel x86 Atom System Image"과 같은 에뮬레이션 시스템 이미지

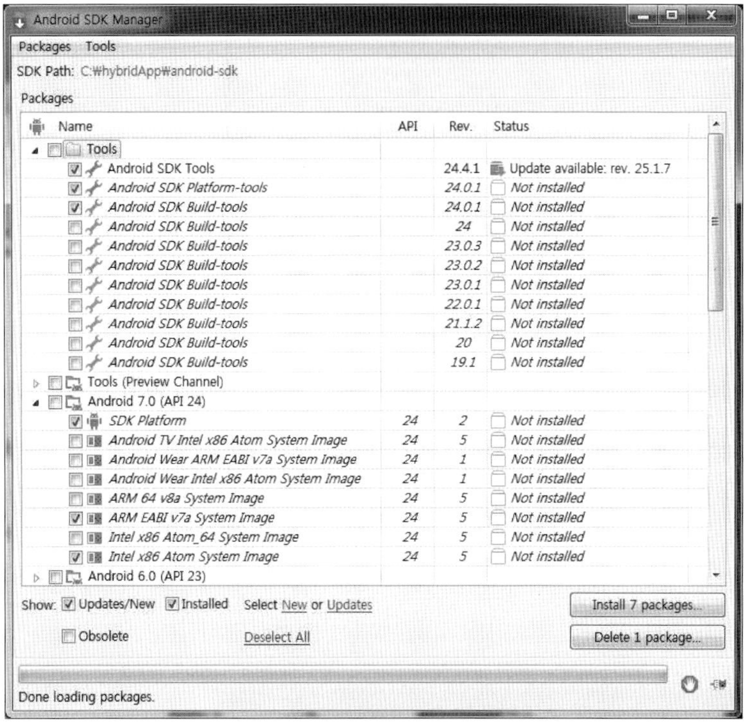

3) 추가적인 API를 위한 라이브러리를 선택한다.

"Extras" 디렉토리를 열고 다음 항목을 선택한다.

- Android Support Repository

4) 구글 API를 위한 구글 플레이 서비스 패키지를 선택한다.

"Extras" 디렉토리를 열고 다음 항목을 선택한다.

- Google Repository
- Google USB Driver
- Intel x86 Emulator Accelerator (HAXM installer)

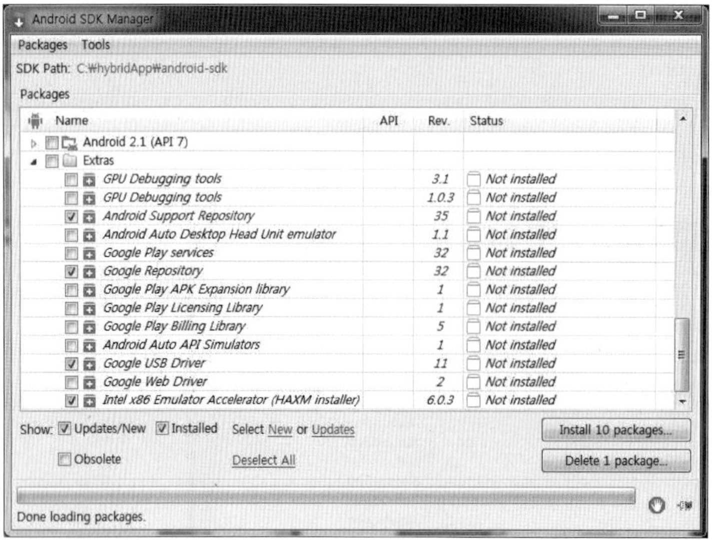

원하는 추가 설치 항목들을 모두 선택한 후, [Install packages] 버튼을 클릭해 보자. 패키지 설명과 라이선스를 확인하는 화면에서는 "Accept License" 항목을 선택하고 [Install] 버튼을 선택한다. 설치가 끝나면 선택한 패키지들의 상태(status)가 모두 'installed'로 표시되는지 꼭 확인하자. 한 번에 설치되지 않은 파일들이 있을 수 있으며 이 경우 계속 반복하여 설치한다. SDK 플랫폼 패키지마다 연관된 파일이 많아 다운로드와 설치 시간이 많이 소요된다. 설치가 완료되면 [안드로이드 SDK 매니저]를 종료시킨다.

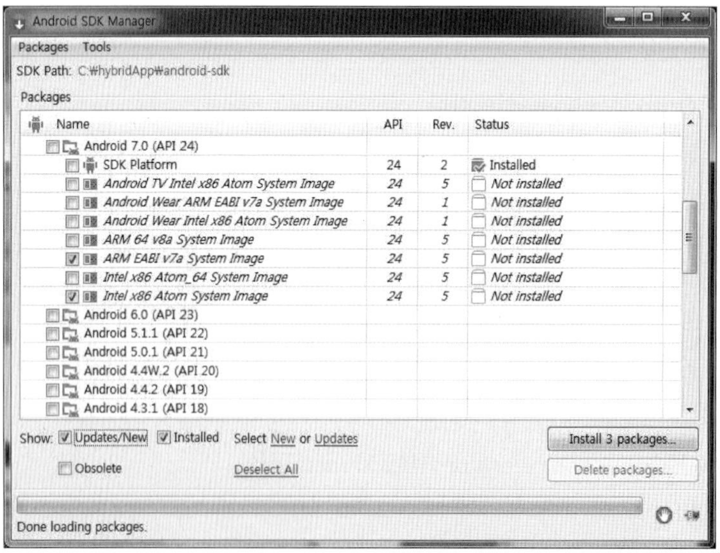

시간이 많이 소요되므로 이후에 필요할 때 스마트폰에 따라 요구되는 플랫폼 버전들을 개별적으로 추가한다. 추가로 업데이트를 하려면 "C:₩hybridApp₩android-sdk₩SDK Manager.exe" 실행 파일을 다시 실행하여 [안드로이드 SDK 관리자]를 사용하면 된다.

C-5 환경 변수 설정하기

폰갭(코르도바) CLI는 내부적으로 안드로이드 SDK에 포함된 명령을 이용하므로 안드로이드 SDK의 설치 경로를 알아야 한다. CLI 환경에서 안드로이드 앱 빌드 관련 명령어들을 어느 위치에서든지 자유롭게 실행하려면 개발 컴퓨터의 환경 변수에 설치 경로를 등록할 필요가 있다. 환경 변수를 설정해 보자. 설치된 다른 프로그램에 영향을 줄 수 있고 한 번에 제대로 설정되지 않는 경우가 많으므로 주의해야 한다.

먼저, 컴퓨터 바탕 화면의 [컴퓨터] 아이콘에서 마우스 오른쪽 버튼을 눌러 팝업 메뉴에서 [속성] 항목을 선택한 뒤, 시스템 창에서 왼쪽 [고급 시스템 설정] 메뉴를 클릭한다. [시스템 속성] 대화 상자의 [고급] 탭에서 [환경 변수] 버튼을 클릭한다.

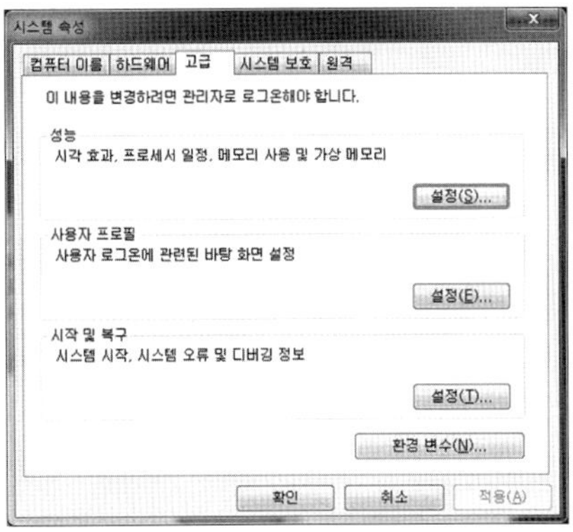

[환경 변수] 대화 상자에서 [새로 만들기] 버튼을 선택하고 다음 표와 같은 3가지 시스템 변수와 변수값을 새로 생성하거나 추가한다. 만약, 이 책과 다르게 경로를 설정했다면 실제 지정한 폴더 이름과 경로로 변경하여 적용한다.

시스템 변수명	의미	변수 값
JAVA_HOME	JDK 설치폴더	C:₩program files₩java₩jdk1.8.0_101
ANDROID_HOME	안드로이드 SDK 설치폴더	C:₩hybridApp₩android-sdk
Path	기존 시스템 경로에 안드로이드 SDK 도구와 플랫폼 도구들의 설치폴더 추가	%JAVA_HOME%₩bin; %ANDROID_HOME%₩tools; %ANDROID_HOME%₩platform-tools; %ANDROID_HOME%₩build-tools; C:₩hybridApp₩apache-ant-1.9.7₩bin;

같은 경로를 여러 번 사용하기 위해 JAVA_HOME과 ANDROID_HOME 시스템 변수를 사용하였지만 직접 Path 경로 값으로 추가해도 된다. 각 Path 경로 값들 사이의 구분자는 세미콜론(;)이다.

먼저, 첫 번째 시스템 변수 [JAVA_HOME] 변수값을 설정해 보자. [새 시스템 변수] 대화 상자에서 [변수 이름] 항목에 'JAVA_HOME'을 입력하고 [변수 값] 항목에 "C:₩program files₩java₩jdk1.8.0_101"을 입력한 후 [확인] 버튼을 클릭한다.

같은 방법으로 [새로 만들기] 버튼 클릭 후, 두 번째 [ANDROID_HOME] 시스템 변수도 정의한다. [변수 이름] 항목에 'ANDROID_HOME'을 입력하고 [변수 값] 항목에 "C:₩hybridApp₩android-sdk"를 입력하고 [확인] 버튼을 클릭한다.

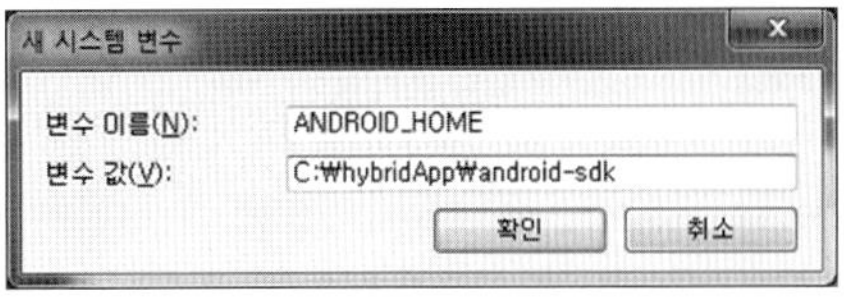

세 번째, [시스템 변수] 중에서 [Path]를 찾아 선택하고 [편집] 버튼을 클릭한다.

이때, [Path] 시스템 변수의 기존 값들을 삭제해서는 안되며 기존 값들에 새로운 값들을 추가해야하므로 주의해야 한다. 먼저, [시스템 변수 편집] 대화 상자에서 기존의 입력된 모든 변수 값을 오려내어 메모장에 복사한다.("ctrl+a" 키를 누르고 다시 "ctrl+x" 키를 눌러 모두 잘라낸 뒤 메모장에 "ctrl+v"를 눌러 붙여넣기를 하면 된다.)

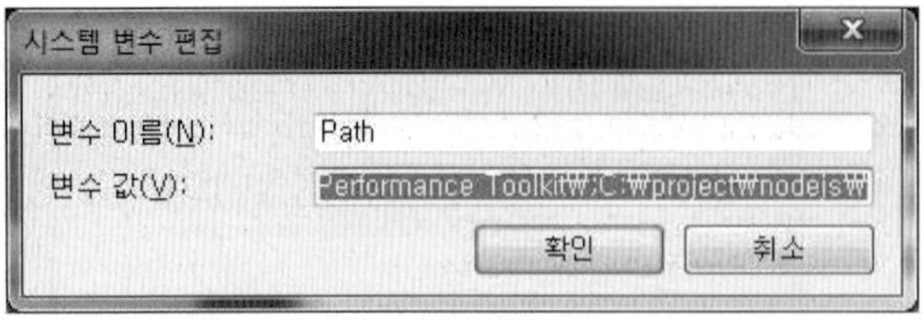

메모장에서 기존 [Path] 변수 값의 맨 뒤에 ";"을 추가하고 앞의 표에서 시스템 변수명 "Path"에 해당하는 5가지 변수 값을 순서대로 추가한 뒤, 전체 내용을 복사(ctrl+c)한 후 [시스템 변수 편집] 대화 상자의 [변수 값]에 붙여(ctrl+v)넣고 [확인] 버튼을 누르면 완료된다.

이것으로 폰갭(코르도바)를 설치하기 위한 준비 작업이 끝났다. 환경 변수값을 다시 수정할 경우, 수정 내용이 적용되지 않는다면 컴퓨터를 재부팅함으로써 설정 내용이 반영되도록 한다.

부록D 코르도바(폰갭) CLI 설치하기

어도비 폰갭은 2011년 어도비사에 의해 인수된 이후에 아파치 코르도바의 상업용 배포 버전 이름으로 사용 중이다. 현재 오픈 소스로 개발되는 코르도바와 어도비사에서 제공하는 폰갭의 차이는 거의 없다. 아파치 코르도바는 폰갭을 지원하는 엔진으로 폰갭 기능 실행할 때마다 내부적으로는 코르도바 기능을 사용한다. 웹킷 브라우저 엔진이 크롬이나 사파리를 지원하는 것과 같은 구조이다. 폰갭은 폰갭 디벨로퍼 앱처럼 여러 어도비 서비스와 연관된 도구들을 추가로 제공한다.

안드로이드 개발 환경이 완료되었다면 폰갭(코르도바) CLI를 설치해 보자. 이전까지 폰갭은 안드로이드, 아이폰, 윈도폰 등의 각 플랫폼 개발 환경에 플러그인되는 방식으로 동작하였다. 폰갭 3.1.0 버전 이후부터 CLI를 통해 기존 플랫폼 개발 환경과는 독립적으로 폰갭(코르도바) 프레임워크를 중심으로 개별 플랫폼을 지원하도록 변경되었다.

D-1 노드.js 설치하기

폰갭(코르도바) CLI 설치를 위해 먼저 노드.js(Node.js)를 설치한다. 노드.js는 클라이언트뿐만 아니라 서버까지 포함한 하나의 플랫폼으로 노드.js가 제공하는 CLI(Command Line Interface)를 통해 폰갭(코르도바)를 설치하고 최신 버전으로 갱신할 수 있다.

1-1) 노드.js 설치파일 다운받기

노드.js 사이트(http://www.nodejs.org)에 접속하여 설치파일을 다운로드 받아 임의의 폴더에 저장한다. 32비트 운영 체제의 경우, "node-v4.4.7-x86.msi" 파일을 다운로드 받으면 된다. 가급적 현 시점에서 최신 버전을 다운로드 받는다.

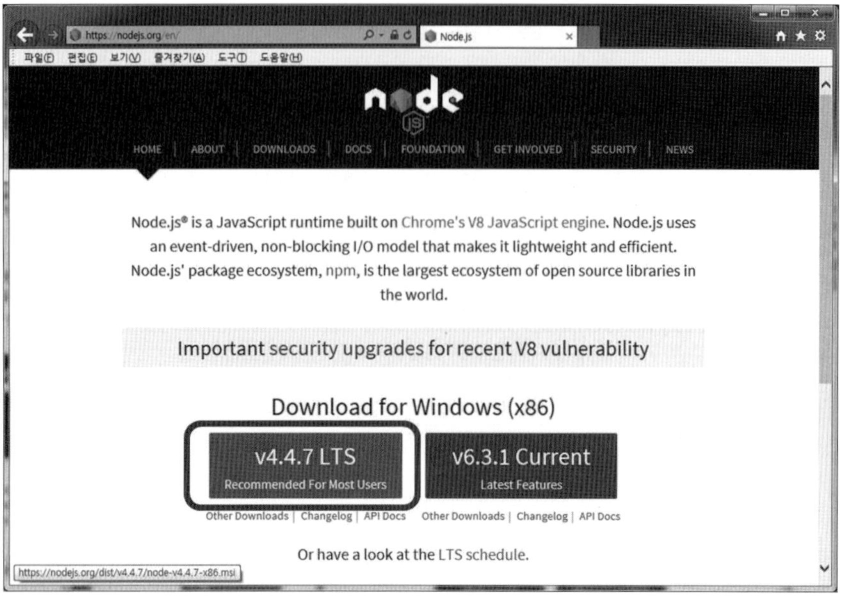

1–2) 노드.js 설치하기

다운로드 받은 "node-v4.4.7-x86.msi" 파일을 더블 클릭하여 설치를 시작한다. [Node.js Setup] 설치 마법사의 환영 대화 상자가 나타나면 [Next] 버튼을 클릭한다.

[End-User License Agreement] 대화 상자에서는 약관 동의 항목에 체크하고 [Next] 버튼을 클릭한다. [Destination Folder] 대화 상자에서 [설치 폴더] 항목을 "C:₩hybridApp₩nodejs₩"로 지정하고 [Next] 버튼을 클릭한다.

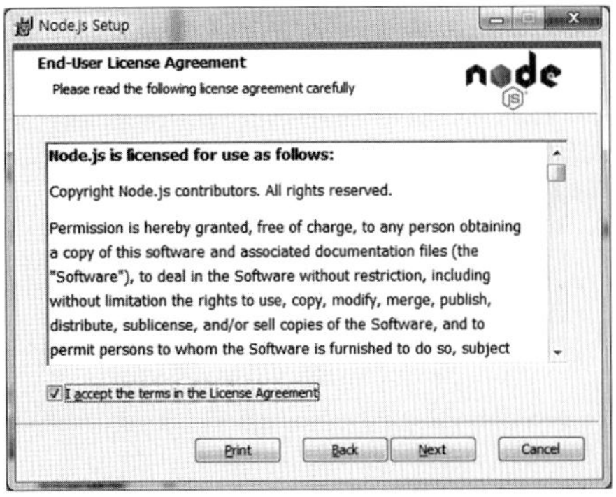

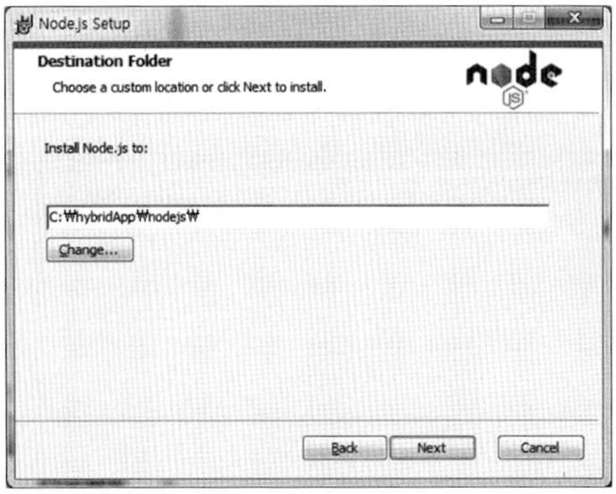

[Custom Setup] 대화 상자에서 설치할 항목으로 기본값 모두를 그대로 선택하여 설치하도록 한다.

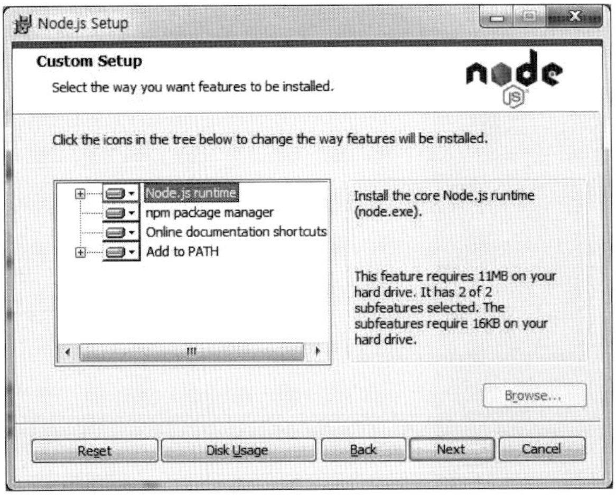

[Install] 버튼을 클릭하면 노드.js 설치가 시작되고 설치 과정이 완료되면 [Finish] 버튼을 클릭하여 설치를 종료한다.

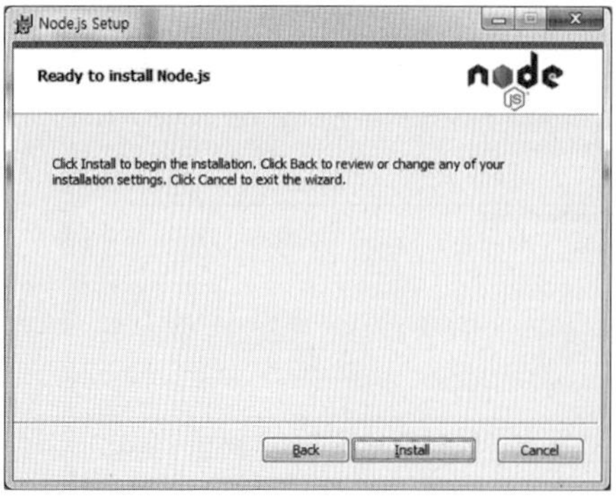

1-3) 노드.js 설치 확인

노드.js가 정상적으로 설치되었는지 확인해보자. 먼저, 윈도우 [시작] 메뉴의 [Node.js]-[Node.js command prompt]를 선택하여 실행한다.

실행 결과로 명령 프롬프트 창(DOS 창)이 나타난다. 노드.js를 설치하면 npm도 동시에 설치된다. DOS 명령을 사용하여 Node.js와 npm의 설치 여부를 확인할 수 있다.

다음 명령어를 입력함으로써 설치된 노드.js와 npm의 버전을 확인한다.

```
>>node -v
>>npm -v
```

임의의 버전 번호가 표시되면 성공적으로 설치된 것이다. 이때, "〉〉"은 명령어가 아니라 윈도우 DOS 창에서 명령어 대기 상태임을 표시하는 임의의 프롬프트(prompt)를 의미하므로 실제 입력할 필요는 없다. npm(node package manager)은 노드.js 패키지 관리 프로그램으로 패키지 모듈을 설치하고 업데이트할 때 사용하는 유틸리티이다. 설치된 npm 유틸리티를 이용하여 폰갭과 코르도바의 다양한 라이브러리와 도구들을 설치할 수 있다.

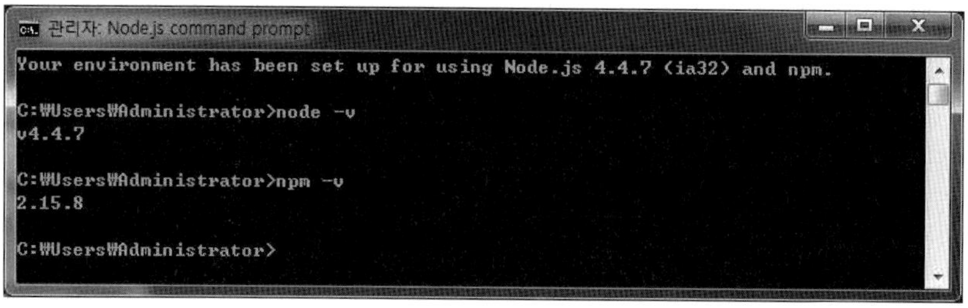

Tip 기존 노드.js를 사용하는 경우

컴퓨터에 이미 노드.js가 설치되어 있을 수 있다. 이미 설치된 기존 노드.js를 사용하는 경우, 실행 시 문제가 발생할 수 있으므로 다음 명령어를 입력하여 최신 버전으로 갱신한다.

```
>>npm update -g
```

D-2 폰갭(코르도바) 설치하기

2-1) npm 명령을 사용하여 폰갭 설치하기

설치된 npm 유틸리티를 이용하여 폰갭 프레임워크를 설치함으로써 폰갭 명령을 실행할 수 있는 CLI 환경을 만들어 보자. 명령 프롬프트 창을 열어 다음 명령어를 입력한다.

```
>>npm install -g phonegap
```

npm 명령이 인터넷에 접속하여 필요한 파일을 자동으로 다운로드 받아 설치를 진행하게 된다. '-g' 옵션은 "global"의 줄임말로 프롬프트가 표시하는 폴더의 위치 즉, 경로에 상관없이 어느 곳에서든지 명령어가 정상적으로 실행되도록 한다.

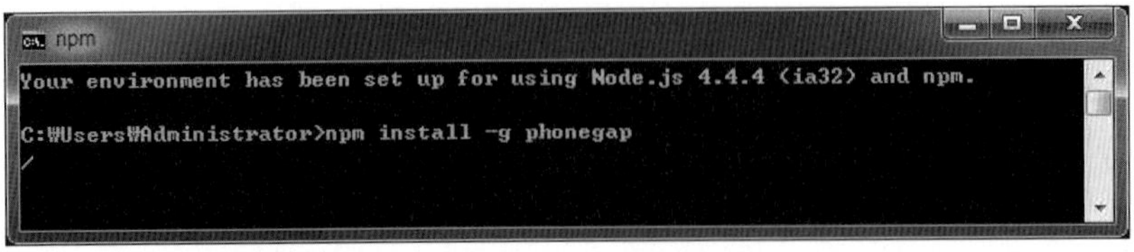

잠시 기다리면 자동으로 설치가 끝나면서 다시 프롬프트가 나타난다. 이전까지의 설치 방법에 비해 매우 빠르고 간단하다.

2-2) npm 명령을 사용하여 코르도바 설치하기

코르도바 설치는 폰갭 과정과 같다. 명령 프롬프트 창에서 다음 명령어를 입력한다.

```
>>npm install -g cordova
```

폰갭 설치 과정과 동일하게 npm이 인터넷에 접속하여 필요한 파일을 자동으로 다운로드 받아 설치를 진행하고 설치가 끝나면 다시 프롬프트가 나타난다.

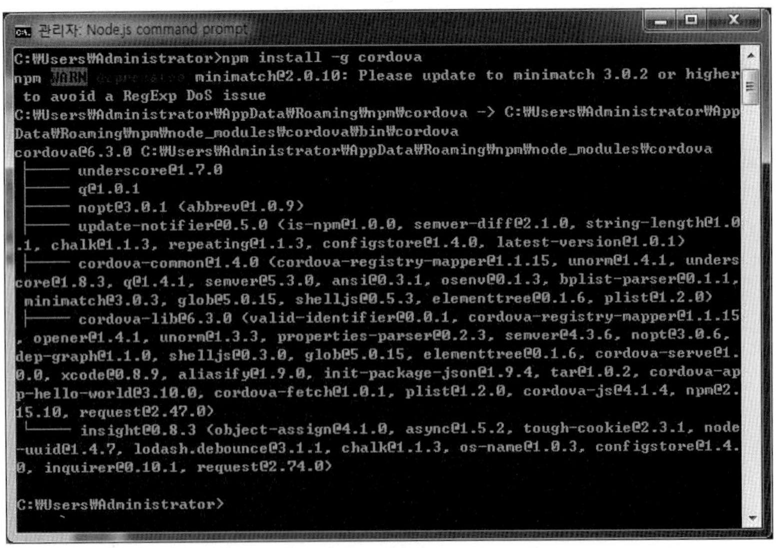

코르도바가 정상적으로 설치되었는지 명령 프롬프트 창에서 다음 명령어를 입력하여 설치된 코르도바 버전을 확인한다.

```
>>cordova -v
```

이것으로 폰갭(코르도바) 프로젝트를 생성하기 위한 준비 작업이 끝났다.

Tip 폰갭 또는 코르도바가 이미 설치되어 있는 경우

컴퓨터에 이미 폰갭이나 코르도바가 설치되어 있을 수도 있다. 이미 설치된 기존 폰갭이나 코르도바를 사용하는 경우, 실행 시 문제가 발생할 수 있으므로 다음과 같이 명령어를 입력하여 최신 버전으로 갱신한다.

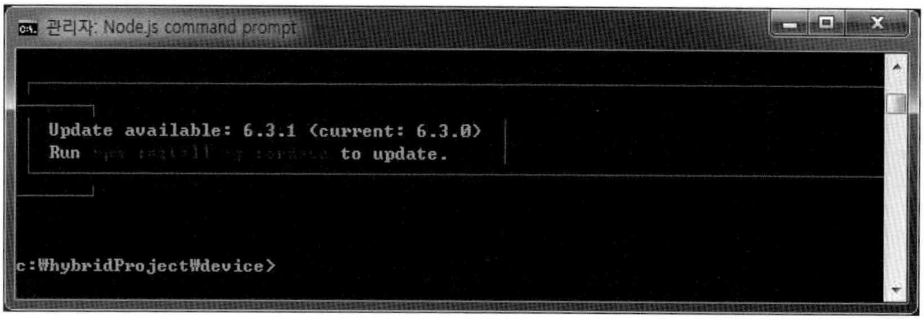


```
>>npm update -g phonegap
>>npm update -g cordova
```

부록E 안드로이드 코르도바 앱 만들기

E-1 코르도바 프로젝트 생성하기

안드로이드 코르도바 앱을 만들기 위해 프로젝트를 생성해 보자. 폰갭 CLI 명령어와 코르도바 CLI 명령어는 사용법의 차이가 거의 없다. 다만 폰갭이 코르도바 기술에 기반하고 있고 일부 명령은 코르도바 명령을 그대로 사용하고 있으므로 예제에서는 코르도바 CLI 명령어를 사용하여 프로젝트와 앱을 생성하였다.

1-1) 프로젝트 생성

먼저, 프로젝트를 생성하기 위한 상위 프로젝트 폴더를 생성한다. 명령 프롬프트 창에서 다음 명령어를 입력하여 "hybridProject" 폴더를 "C:₩" 드라이브에 생성한다.

```
>>cd c:\
>>md hybridProject
```

Tip DOS 디렉토리(폴더) 명령어

명령 프롬프트 창에서 폴더(디렉토리)를 생성하려면 DOS 명령어를 사용한다. 익숙치 않은 사용자를 위해 간단히 설명하면 다음과 같다. 폴더는 상위 폴더 밑에 하위 폴더, 그리고 폴더 밑에 파일들이 위치하는 계층적 구조를 가지고 있으므로 폴더를 생성하고자 하는 상위 폴더로 이동한 뒤, 새로운 폴더를 생성하면 된다.

폴더 이동 : cd 폴더명
폴더 생성 : md 폴더명
폴더 삭제 : rd 폴더명

cd는 "change directory"의 약자로 현재 폴더의 바로 상위 폴더를 이동하려면 "cd .."처럼 상대 경로를, 특정 폴더로 이동하려면 "cd c:₩xxx₩yyy₩zzz"처럼 절대 경로를 지정하면 프롬프트를 이동하여 변경할 수 있다. md는 "make directory"의 약자로 현재 폴더의 바로 하위에 새로운 폴더를 생성한다. rd는 "remove directory"의 약자로 특정 폴더를 삭제한다. 이때 삭제되는 폴더안의 파일들도 함께 삭제되니 주의해야한다. 보통, rd 명령어는 "c:₩xxx₩yyy>rd zzz"처럼 삭제하고자 하는 폴더의 바로 상위 폴더로 이동하여 실행한다.

생성한 "hybridProject" 폴더로 이동하여 testApp 프로젝트를 생성해 보자. 다음 cordova create 명령을 입력함으로서 "test" 폴더(경로 포함) 아래에 "com.example.test" 앱식별자(패키지명)와 "testApp" 프로젝트 이름을 갖는 프로젝트를 생성할 수 있다. 이때, -d는 명령의 실행 경과를 상세하게 표시하는 옵션으로 생략할 수 있다. "test" 폴더는 하이브리드 앱을 생성하기 위한 작업 공간이다. 앱식별자는 나중에 앱을 구글 플레이 스토어에 등록할 때 식별하기 위한 용도로 사용되므로 항상 고유한 이름으로 지정한다.

```
>>cd c:\hybridProject
>>cordova create test com.example.test testApp -d
```

위의 명령은 "test" 폴더를 생성하고 그 안에 코르도바 프로젝트에 필요한 폴더와 파일들을 패키지로 준비해 준다.

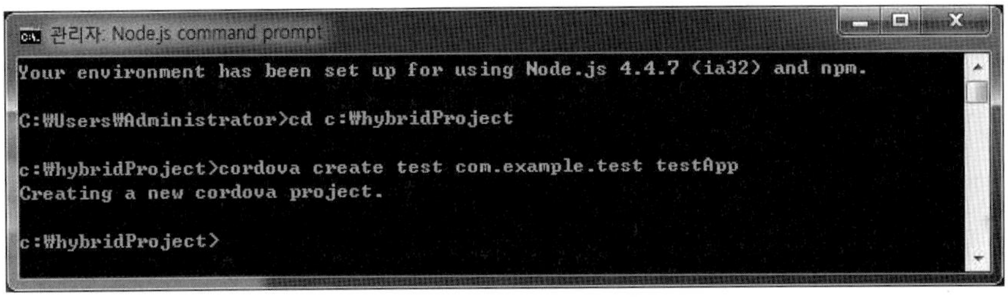

프로젝트에 필요한 폴더와 파일들이 잘 준비되어 있는지 확인해 본다. "test" 프로젝트 폴더 밑에 다양한 폴더와 파일들이 추가되었음을 확인할 수 있다.

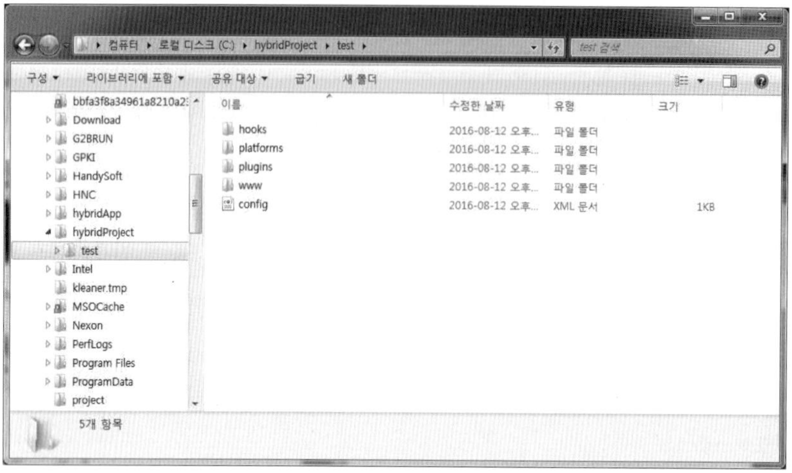

1-2) 안드로이드 플랫폼 추가

다음은 생성한 코르도바 프로젝트에 안드로이드 플랫폼을 추가할 순서이다. 생성한 "test" 프로젝트 폴더로 이동하여 "cordova platform" 명령을 입력함으로써 특정 플랫폼 파일들을 추가할 수 있다. 다음 명령은 ios 플랫폼이 아닌 안드로이드 플랫폼을 추가한다.

```
>>cd c:\hybridProject\test
>>cordova platform add android
```

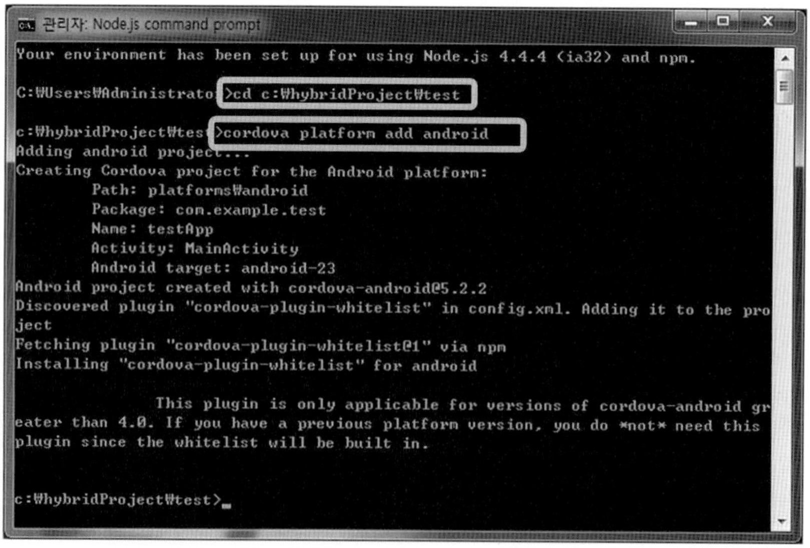

"test" 프로젝트 폴더 안에 "platforms₩android" 폴더가 추가된다. 이 "C:₩hybridProject₩test₩platforms₩android" 폴더 안에 안드로이드 플랫폼 기반의 프로젝트를 위한 기본 폴더와 파일들이 추가되었음을 확인할 수 있다.

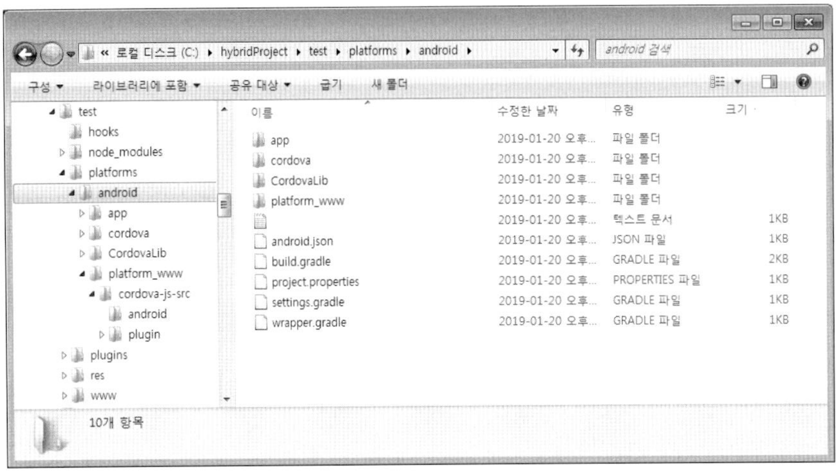

플랫폼 추가가 완료되면 마지막 단계로 빌드(build) 및 실행(run) 명령을 이용하여 프로젝트로부터 코르도바 앱을 생성하여 실행할 수 있다.

Tip 안드로이드 플랫폼 설치 관련 명령어 . . .

현재 개발 중인 폰갭 프로젝트가 어떤 플랫폼을 대상으로 개발되는지 확인하고 싶다면 다음 명령어를 입력하여 실행한다.

```
>>cordova platform ls
```

현재 안드로이드 플랫폼을 제거하고 싶다면 다음 명령어를 입력하여 관련 플랫폼 파일들을 삭제한다.

```
>>cordova platform remove android
```

특정 안드로이드 플랫폼을 지원하는 안드로이드 API 버전은 다음과 같다.

특정 안드로이드 플랫폼을 지원하는 안드로이드 API 버전은 다음과 같다.

안드로이드 플랫폼 패키지 버전	지원하는 안드로이드 API-수준
5.xx	14 ~ 24
4.1xx	14 ~ 22
4.0xx	10 ~ 22
3.7xx	10 ~ 21

안드로이드 플랫폼 설치하는 과정에서 오류가 발생할 경우, 대부분은 다음 명령어를 통해 안드로이드 SDK 관리자 창을 실행하여 최신 플랫폼 패키지를 추가로 설치해야 한다.

```
>>android
```

플랫폼 패키지 추가 설치 후, 다음 명령어를 재 실행하여 프로젝트에 안드로이드 플랫폼을 다시 추가해야 한다.

```
>>cordova platform add android
```

E-2 코르도바 프로젝트 실물 단말기에서 실행하기

먼저, 실물 단말기로 시험할 수 있는 환경을 구축해 보자. 속도가 느린 가상 단말기 대신 실제 스마트폰을 이용하여 개발 중인 앱을 시험할 수 있다. 아이폰을 가지고 있거나 실물 단말기 대신 가상 단말기로만 시험할 것이라면 이 과정을 생략해도 된다. 다양한 코르도바 API를 활용한 앱을 시험하려면 실물 단말기를 사용해야 하므로 가급적 이 과정을 따라 실습하도록 한다.

2-1) 스마트폰 연결 및 인식

testApp 기본 코르도바 프로젝트를 실제 모바일 장치인 실물 단말기(스마트폰)에 설치하고 실행해 보자. 코르도바 프로젝트 앱을 실물 단말기에서 실행하려면 먼저 실물 단말기에 디버깅 모드를 설정해야 한다. 예제 단말기(갤럭시 S2 혹은 S6)의 경우, 스마트폰의 [환경설정]-[개발(개발자옵션)] 메뉴에서 [USB 디버깅] 모드를 설정하면 된다.

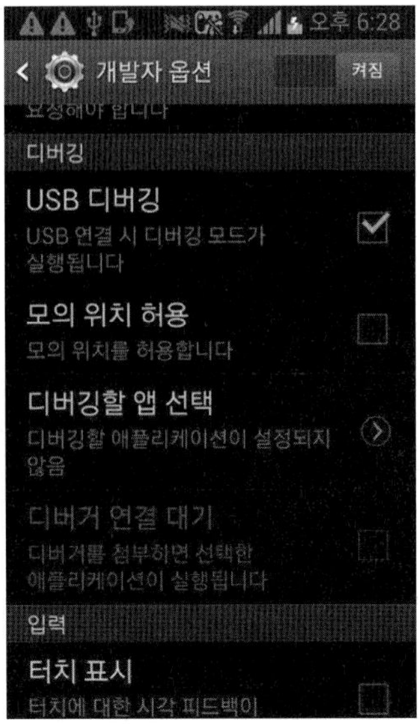

실물 단말기 설정이 끝나면 USB 케이블로 개발 컴퓨터와 연결한다. 스마트폰마다 연결 방법이 조금씩 다를 수 있다. 먼저, 연결 모드를 "저장소를 PC에 연결" 모드를 선택하지 않아야 한다. 혹은 [USB 사용용도] 옵션에서 "미디어 파일 전송(MTP 연결)" 모드가 아닌 다른 연결옵션을 선택해야 한다. 아래 예에서는 "이미지 전송" 모드를 선택하였다.

개발 컴퓨터의 명령 프롬프트 창에서 다음 명령을 입력함으로서 연결한 실물 단말기가 실행 가능한 상태인지 확인할 수 있다.

```
>>cordova run android --list
```

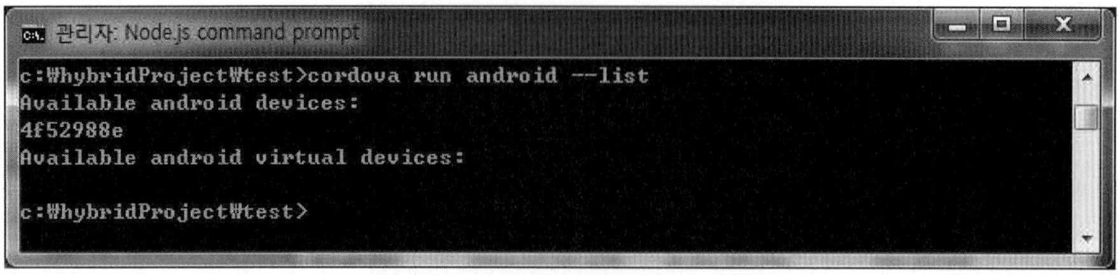

명령 실행 화면을 통해 보는 것처럼 “Available android devices:” 대상에 “4f52988e”와 같은 임의의 장치 번호가 표시되면 개발 컴퓨터가 설치할 스마트폰을 인식했음을 의미한다. 만약, “Available android devices:” 메시지만 나오고 장치 번호가 표시되지 않는 경우, 앞의 과정을 다시 확인하고, USB 드라이버가 설치되어 있지 않다면 스마트폰 제조회사 웹사이트에서 자신의 스마트폰 USB 드라이버 파일을 다운로드받아 설치한다. 예제 단말기(갤럭시 S2 혹은 S6)의 경우, “SAMSUNG USB Driver for Mobile Phonees V1.5.25.0” 드라이버 파일을 설치하면 된다.

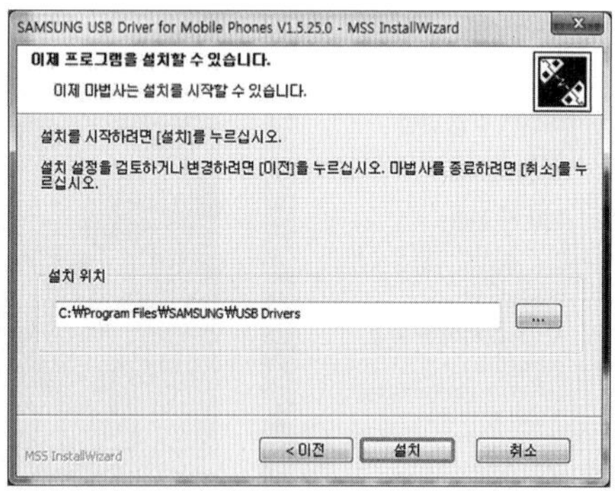

Tip 실물 단말기 연결 확인 방법

실물 단말기가 인식되었는지 확인하는 작업은 "adb devices" 명령을 실행해서도 확인 가능하다. ADB(Android Debug Bridge)는 안드로이드 개발 킷(번들)에 포함되어 단말기에 명령을 내보내거나 장치의 정보를 검색할 수 있도록 지원하는 도구이다. ADB는 앱의 실행 혹은 디버깅을 위해 개발 컴퓨터와 실물 단말기 또는 가상 단말기 사이의 상호 동작을 가능하게 한다. adb 명령은 안드로이드 SDK 설치 하위 폴더 중 "platform-tools" 폴더 밑에 "adb.exe"를 실행함으로써 동작한다.

```
>>adb devices
```

현재 개발 컴퓨터에 연결된 실행 가능한 실물 또는 가상 단말기 목록을 확인할 수 있다.

2-2) 스마트폰 설치 및 실행

실물 단말기 인식 후 다음 명령어를 실행함으로써 개발 중인 코르도바 프로젝트 앱을 스마트폰에 설치하고 실행할 수 있다. "cordova run android" 명령은 www 폴더 안의 기본 프로젝트 소스 파일을 이용하여 안드로이드 플랫폼용 기본 프로젝트를 빌드한 후 빌드한 앱을 모바일 장치 즉, 실물 단말기(스마트폰)에 직접 설치하고 실행한다. 앱 설치 및 실행 과정에서 오류가 발생하거나 관련 상세 메시지 확인이 필요하다면 "〉〉cordova run android -d" 명령처럼 '-d' 옵션을 붙인다.

```
>>cordova run android
```

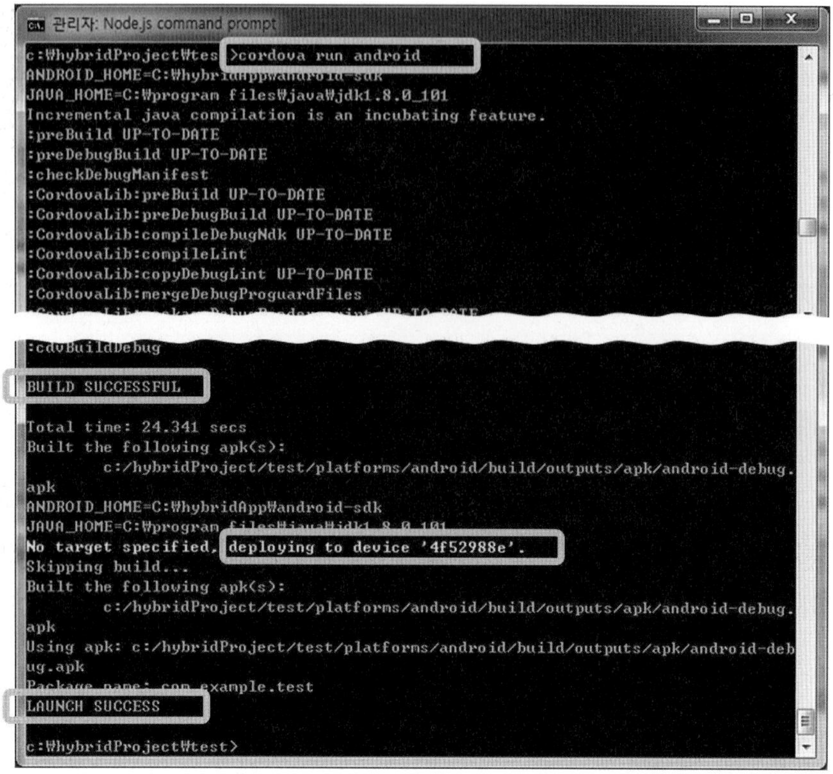

"cordova run" 명령은 내부적으로 여러 처리 과정을 수행한다. 먼저, 'www' 폴더 안의 소스 파일들을 이용하여 'android' 폴더 밑에 안드로이드 플랫폼용 프로젝트를 새롭게 생성한다. 생성된 안드로이드 프로젝트를 빌드하여 앱 파일 .apk를 생성하고, 이 앱 파일을 실물 단말기나 가상 단말기에 설치하고 실행한다.

노란색의 "deploying to device '4f52988e'" 메시지는 코르도바 프로젝트의 기본 소스 파일이 연결된 스마트폰을 대상으로 설치되고 있음을 나타낸다. 최종적으로 "BUILD SUCCESSFUL" 메시지와 "LAUNCH SUCCESS" 메시지가 나오면 코르도바 앱의 설치가 정상적으로 완료되었음을 의미한다.

Tip 코르도바 프로젝트 빌드

빌드(build)는 코르도바 프로젝트 안의 특정 플랫폼 대상의 폴더와 소스 파일들을 패키지로 결합하여 하나의 실행 가능한 앱 즉, apk 파일을 생성한다. 실행하지는 않고 코르도바 앱 apk 파일만 생성하려면 "build" 명령을 사용하면 된다. 코르도바 빌드 명령을 통해 앱을 생성한다.

```
>>cordova build android
```

빌드 결과로 기본적으로 디버그 모드로 apk 파일이 생성된다. apk 파일을 실물 단말기로 복사해서 실행할 수도 있다. 디버그 모드가 아닌 릴리즈 모드로 apk 파일을 생성하려면 명령에 "--release" 옵션을 추가한다.

```
>>cordova build --release android
```

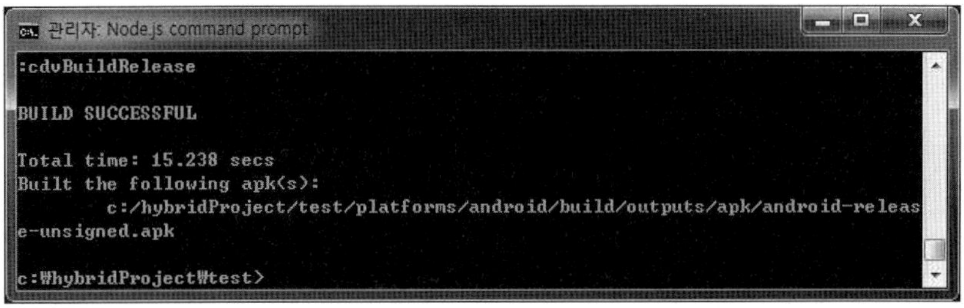

빌드 한 후에는 추가로 "run" 명령를 실행하여 코르도바 앱을 실행시켜야 한다.

프로젝트를 통해 생성된 앱의 설치가 완료되면 자동으로 코르도바 기본 프로젝트 앱이 실행된다. 기본 코르도바 프로젝트 앱은 "APACHE CORDOVA DEVICE IS READY" 메시지만 출력하는 간단한 앱이다. 이 기본 코르도바 프로젝트의 'www' 폴더 안의 html 파일을 포함한 다양한 파일들을 자유롭게 수정함으로써 이 앱을 변경할 수 있다.

다음은 실물 단말기에서 실행한 결과 화면이다. 실물 단말기 안에는 시험 목적으로 실행한 코르도바 앱의 실행 아이콘(프로젝트 앱 이름으로 생성됨) testApp이 자동으로 생성된다. 실행 결과를 반복해서 확인하고자 할 경우, 언제든지 실행할 수 있다.

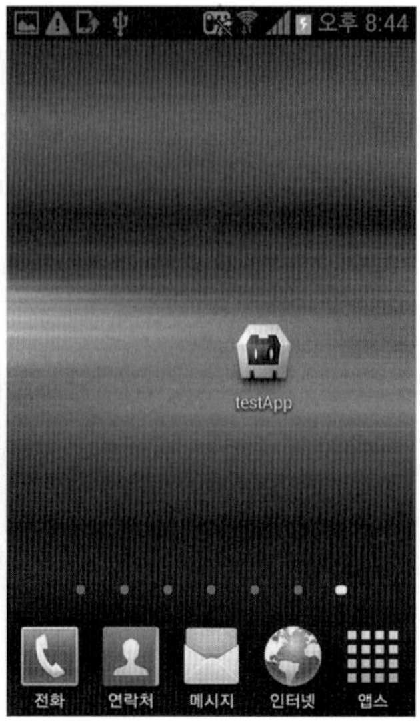

스마트폰만 아니라 개발 컴퓨터의 코르도바 프로젝트 폴더에도 빌드된 실행 앱 파일이 생성되어 있다. "C:₩hybridProject₩test₩platforms₩android₩build₩outputs₩" 폴더를 살펴보면 빌드 결과로 생성된 "android-debug.apk" 안드로이드 패키지 실행 파일이 존재함을 확인할 수 있다.

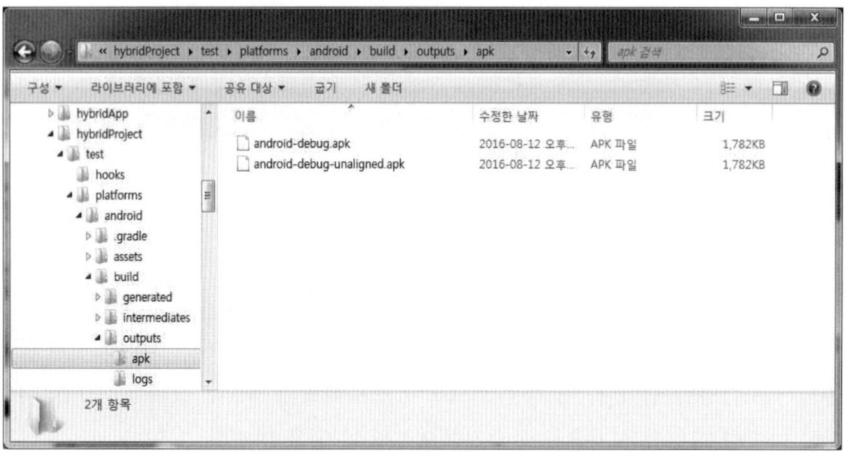

Tip 실물 단말기 설치 방법

실물 단말기에 코르도바 앱을 설치하는 작업은 "adb" 명령을 통해서도 가능하다.

```
>>adb install C:\hybridProject\test\platforms\android\build\outputs\apk\android-debug.apk
```

컴퓨터에 연결된 실물 단말기에 testApp 앱이 설치되고 실행된다.

2-3) 기본 코르도바 프로젝트를 수정하여 스마트폰 재실행하기

testApp은 기본 코르도바 프로젝트를 통해 자동 생성된 간단한 하이브리드 앱이다. 'test' 프로젝트 폴더 안의 'www' 폴더를 찾아 index.html 파일을 수정해 보자. "<h1>Apache Cordova</h1>"을 "<h1>testApp!! phonedevice</h1>"으로 변경한다.

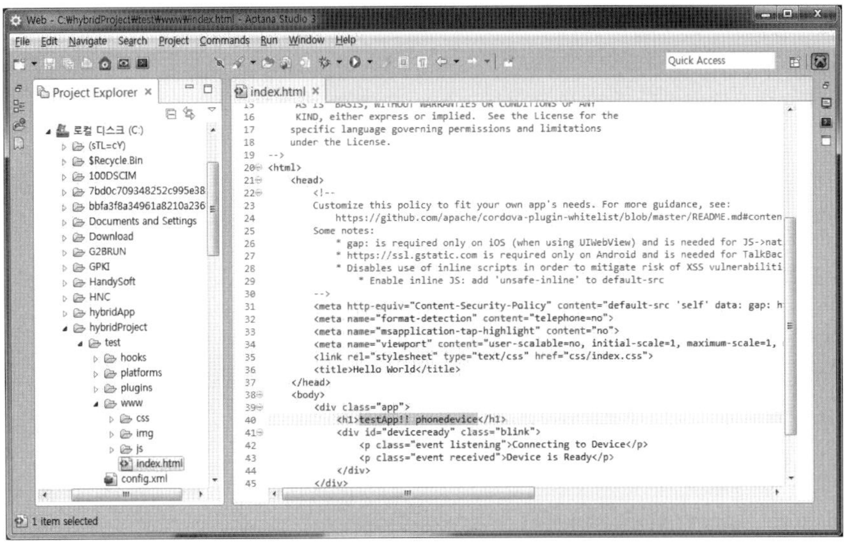

실물 단말기 인식 후, 다시 "run" 명령을 실행함으로써 수정한 'test' 프로젝트 기반의 새로운 앱을 스마트폰에 재 설치할 수 있다. "cordova run android" 명령어를 재 실행하면 'www' 폴더 안의 수정된 index.html을 포함한 소스 파일들을 이용하여 'android' 폴더 안에 안드로이드 플랫폼용 프로젝트가 다시 생성된다. 그리고 재 생성된 안드로이드 프로젝트를 빌드하여 앱 파일 .apk를 다시 만들어 실물 단말기에 설치하고 실행한다.

실물 단말기의 testApp 실행 화면 메시지가 "APACHE CORDOVA"에서 "TESTAPP!! PHONEDEVICE"로 바뀜을 확인할 수 있다. 이처럼 앱 수정할 때마다 "cordova run android" 명령을 다시 실행하여야 변경된 앱의 실행 결과를 실물 단말기에서 확인할 수 있다.

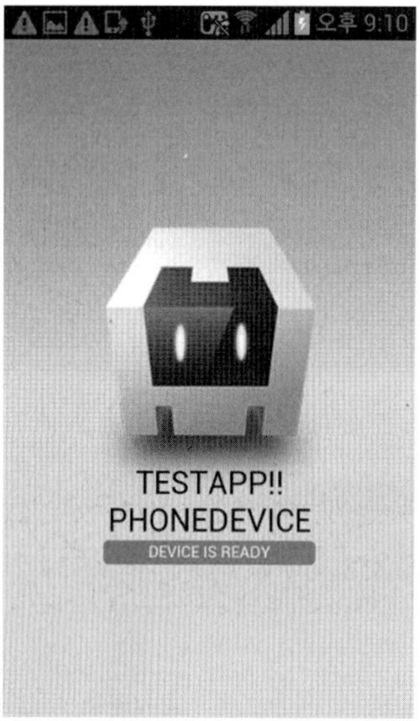

E-3 코르도바 프로젝트 가상 단말기 AVD에서 실행하기

개발 중인 코르도바 앱은 가상 단말기를 이용하여 시험할 수도 있다. 다양한 실물 단말기 모델에 대한 시험이 필요하거나 실물 단말기에서의 직접 시험이 어려운 경우를 위해 가상 단말기를 설치해 보자. 가상 단말기는 개발자가 모바일 장치를 선택적으로 구성하여 실행할 수 있는 가상 장치이다. 가상 단말기를 설치하기 위해서는 시험하고자 하는 가상 단말기 관련 안드로이드 플랫폼 버전이 먼저 설치되어야 한다.

3-1) AVD 설치하기

다양한 안드로이드 단말기 환경에서 시험 가능하도록 안드로이드 SDK는 가상 단말기를 제공한다. 가상 단말기에서 시험하려면 [부록 C-4] 단계에서 설치한 안드로이드 플랫폼을 이용하여 AVD를 생성해야 한다. AVD(Android Virtual Device)는 안드로이드 앱을 실제 모바일 장치에 설치하지 않고 모의 시험할 수 있는 에뮬레이터이다.

먼저, "C:₩hybridApp₩android-sdk₩SDK Manager.exe"을 실행하여 안드로이드 SDK Manager를 사용해야 한다. 아래 그림에서 다양한 "System Image"들 중에서 원하는 가상장치(AVD) 유형을 선택한다. AVD는 모의 실행하기 위한 시스템 이미지로 가상 단말기가 리눅스 커널과 안드로이드 시스템 컴포넌트를 실제 장치 환경에 가깝게 재현하기 위해서 필요하다. 원하는 만큼 선택할 수는 있지만 하나하나 설치에 시간이 오래 걸리므로 유의한다. 설치한 Android 5.1.1(API 22) 중에서 "ARM EABI v7a System Image"를 선택해 보자.

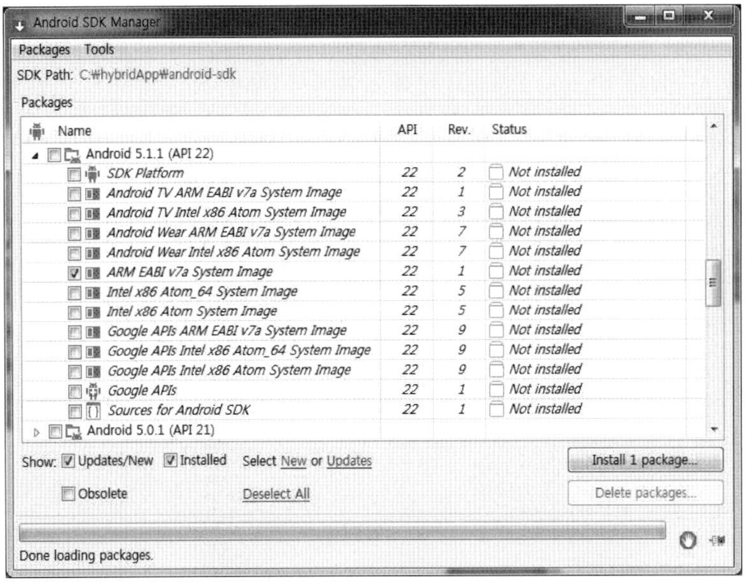

다음으로 특정 안드로이드 장치 구성을 갖는 AVD를 생성하려면 AVD 매니저를 사용해야 한다. "C:₩hybridApp₩android-sdk₩AVD Manager.exe"을 더블클릭하여 안드로이드 AVD 매니저를 실행해 보자.

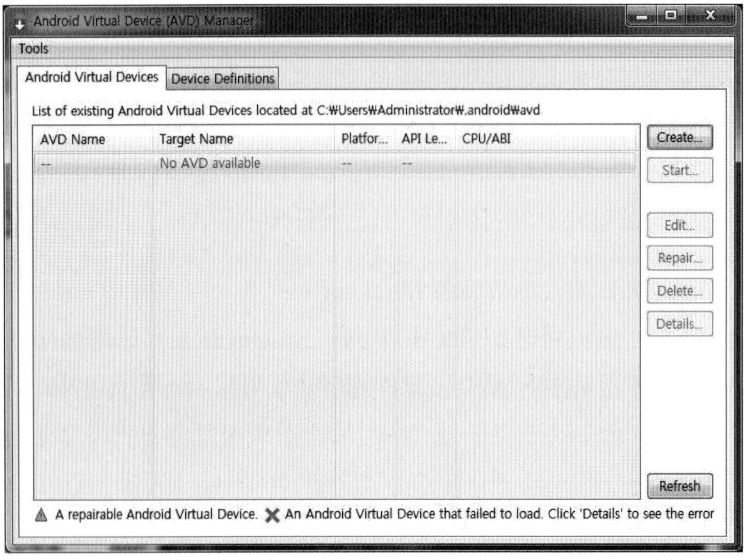

가상 단말기를 실행시키려면 AVD가 설정되어 있어야 한다. 그림처럼 선택할 AVD가 존재하지 않으면 [Android Virtual Device Manager] 대화 창에서 [Create] 버튼을 선택한다. [Create new Android Virtual Device] 대화 상자에서 [AVD Name] 항목에 가상 장치의 이름인 “ARM_511”을 입력한다. [Target] 항목에서 “Android 5.1.1 – API Level 22”을 선택하면 [CPU/ABI] 항목에서 설치한 AVD 이미지들 중 하나를 선택할 수 있다. 나머지 장치와 SD Card의 용량, 화면 해상도 등을 그림과 같이 설정한 후 [OK] 버튼을 클릭한다. 설치한 안드로이드 SDK 버전에 따라 생성하는 AVD 버전이 결정된다.

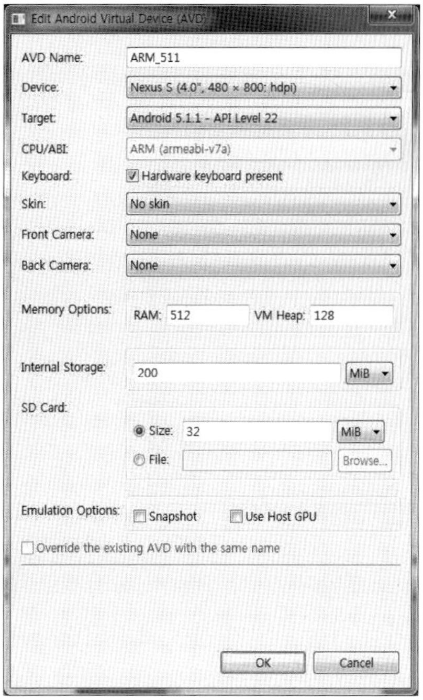

3-2) AVD 구동하기

비어있던 AVD 목록에 "ARM_511" AVD가 생성되었음을 확인한다. [Android Virtual Device Manager]의 오른쪽 [Start] 버튼을 선택하여 가상 단말기를 실행시킨다.

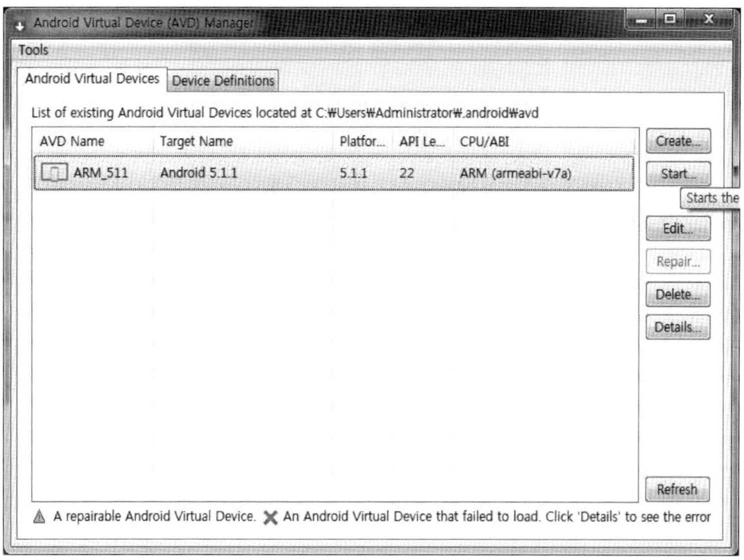

스킨 옵션은 가상 단말기의 화면 크기를 결정한다. 너무 크지 않은 값으로 실행 선택 사항을 설정하고 [Launch] 버튼을 클릭하면 AVD 에뮬레이터가 구동된다.

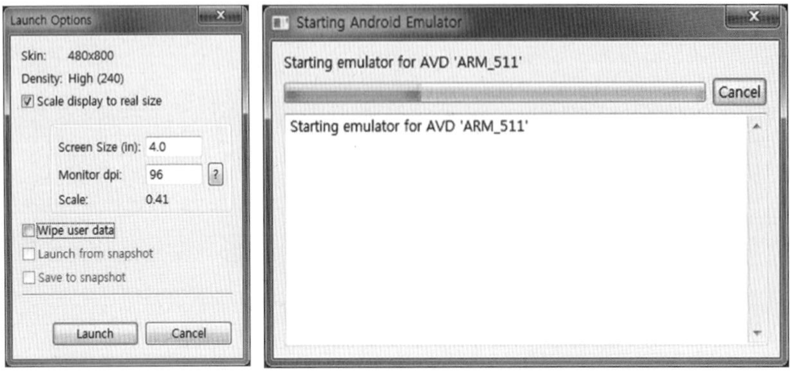

안드로이드 가상 단말기를 실행하는데 많은 시간이 소요된다. 가상 단말기를 강제로 종료하지 말고 인내심을 갖고 기다려 보자. 다음 그림처럼 가상 단말기 창이 표시되면서 부팅이 시작된다. 부팅이 완료된 후 마우스를 이용하여 잠금을 해제하면 홈 화면이 표시됨으로써 가상 단말기의 시험 환경 구축이 완료된다. 가상 단말기는 부팅 시간이 오래 걸리므로 한 번 실행한 상태에서 종료하지 않고 반복적으로 개발 중인 앱을 시험하도록 한다.

가상 단말기의 실행 후에 "C:₩hybridProject" 폴더로 이동한 뒤 다음 명령어를 실행함으로써 개발 중인 코르도바 프로젝트 앱의 실행 결과를 가상 단말기에서 확인할 수 있다.

```
>>cd c:\hybridProject
>>cordova create testCordova com.example.testCordova testCordova
```

먼저, 'hybridProject' 폴더 밑에 'testCordova' 폴더를 추가하고 그 폴더 안에 'testCordova'라는 이름의 코르도바 기본 프로젝트를 생성한다. 'testCordova' 코르도바 기본 프로젝트 안에는 "APACHE CORDOVA" 메시지를 표시하는 간단한 프로젝트 소스들이 자동 생성된다.

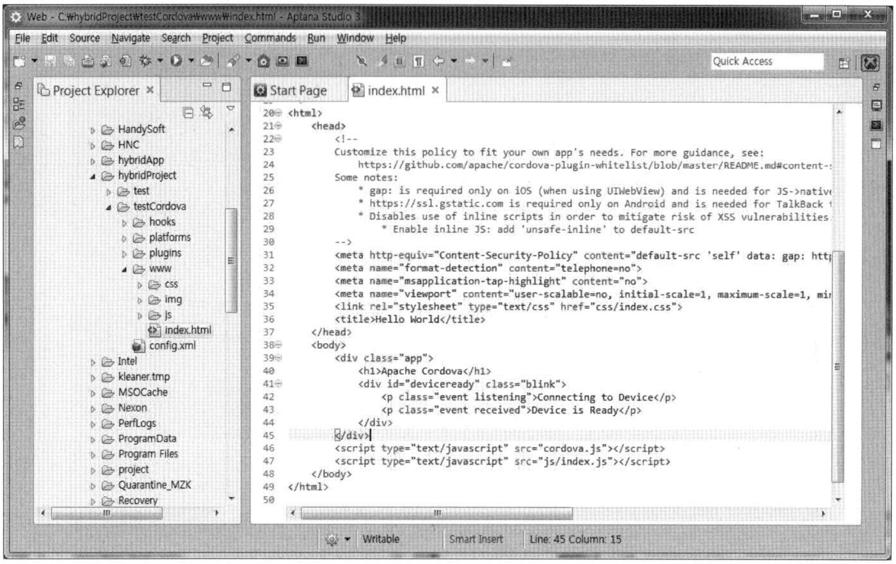

```
>>cd testCordova
>>cordova platform add android
>>cordova emulate --target=ARM_511 android
```

'www' 폴더 안의 testCordova 코르도바 기본 프로젝트 소스 파일들을 이용하여 안드로이드 플랫폼용 프로젝트를 빌드한다. "cordova emulate android" 명령은 에뮬레이터에 .apk 파일을 설치하여 실행하는 명령이다. 이때, 설치 대상이 되는 에뮬레이터는 'target' 속성 값으로 설정한다. 예에서 "ARM_511"과 같은 에뮬레이터 이름은 AVD 관리자에서 생성한 AVD 이름 중에서 하나를 지정하면 된다.

관리자: Node.js command prompt
Your environment has been set up for using Node.js 4.4.7 (ia32) and npm.
C:\Users\Administrator>cd c:\hybridProject
c:\hybridProject>cordova create testCordova com.example.testCorodva testCordova
Creating a new cordova project.
c:\hybridProject>cd testCordova
c:\hybridProject\testCordova>cordova platform add android
Adding android project...
Creating Cordova project for the Android platform:
Path: platforms\android
Package: com.example.testCorodva
Name: testCordova
Activity: MainActivity
Android target: android-23
Android project created with cordova-android@5.2.2
Discovered plugin "cordova-plugin-whitelist" in config.xml. Adding it to the project
Fetching plugin "cordova-plugin-whitelist@1" via npm
Installing "cordova-plugin-whitelist" for android
This plugin is only applicable for versions of cordova-android greater than 4.0. If you have a previous platform version, you do *not* need this plugin since the whitelist will be built in.
c:\hybridProject\testCordova>cordova emulate --target=ARM_511 android
ANDROID_HOME=C:\hybridApp\android-sdk
JAVA_HOME=C:\program files\java\jdk1.8.0_101
Incremental java compilation is an incubating feature.
:assembleDebug
:cdvBuildDebug
BUILD SUCCESSFUL
Total time: 22.408 secs
Built the following apk(s):
c:/hybridProject/testCordova/platforms/android/build/outputs/apk/android-debug.apk
ANDROID_HOME=C:\hybridApp\android-sdk
JAVA_HOME=C:\program files\java\jdk1.8.0_101
Waiting for emulator to start...
Waiting for emulator to boot (this may take a while)...BOOT COMPLETE
Skipping build...
Built the following apk(s):
c:/hybridProject/testCordova/platforms/android/build/outputs/apk/android-debug.apk
Using apk: c:/hybridProject/testCordova/platforms/android/build/outputs/apk/android-debug.apk
Package name: io.cordova.hellocordova
INSTALL SUCCESS
LAUNCH SUCCESS
c:\hybridProject\testCordova>

최종적으로 “BUILD SUCCESSFUL” 메시지와 “INSTALL SUCCESS”, “LAUNCH SUCCESS” 메시지가 표시되면 코르도바 앱이 정상적으로 설치된 것이다. 빌드한 testCordova 앱을 가상 단말기(에뮬레이터)에서 설치한 후 가상 단말기에서 다음 실행 결과를 확인할 수 있다.

E-4 폰갭 디벨로퍼 앱 활용하기

어도비사에서는 복잡한 설치 과정 없이도 하이브리드 앱을 실물 단말기에서 시험할 수 있도록 폰갭 디벨로퍼 앱(developer app)을 제공한다. 코르도바와 구별되는 폰갭만의 차별화된 서비스 중 하나이다. 폰갭 디벨로퍼 앱은 안드로이드뿐만 아니라 iOS 환경에서도 동작한다. 폰갭 디벨로퍼 앱을 사용하면 모바일 기기마다 .apk를 만들어 설치하지 않더라도 앱의 실행 결과를 쉽게 시험해볼 수 있다. 실제 모바일 기기에 폰갭 디벨로퍼 앱을 설치해 보자.

4-1) 폰갭 디벨로퍼 앱 설치하기

구글 플레이 스토어에 접속하여 “PhoneGap Developer” 앱을 직접 검색하여 실물 단말기에 설치한다.

4-2) 폰갭 디벨로퍼 앱 서버 준비하기

다음 명령어를 실행함으로써 폰갭 디벨로퍼 앱에서 결과를 확인해본다. 이번에는 "phonegap create" 명령을 이용하여 폰갭 기본 프로젝트를 만들어 보자.

```
>>cd c:\hybridProject
>>phonegap create testPhonegapDeveloper
```

위 명령은 'hybridProject' 폴더 밑에 'testPhonegapDeveloper' 폴더를 추가하고 그 폴더 안에 'testPhonegapDeveloper' 같은 이름의 폰갭 기본 프로젝트를 생성한다. 'testPhonegapDeveloper' 폰갭 기본 프로젝트 안에는 "PHONEGAP" 메시지를 표시하는 간단한 프로젝트 소스들이 자동 생성된다.

폰갭은 앱을 호스팅할 수 있도록 로컬 웹 서버 기능을 제공한다. 다음 명령어를 실행하여 폰갭 디벨로퍼 앱이 접속할 수 있도록 준비한다.

```
>>cd testPhonegapDeveloper
>>phonegap serve
```

아래 그림에서 "192.168.123.185:3000"은 접속할 서버의 임시 주소와 포트 번호로 이 주소와 포트를 기억했다가 폰갭 디벨로퍼 앱의 초기 화면에서 입력한다.

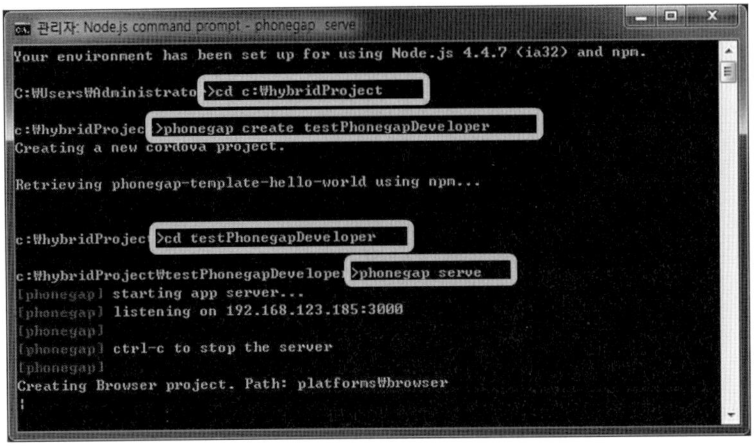

폰갭용 웹 서버가 실행될 때 방화벽에서 이에 대한 외부 접속을 허용할지를 물어볼 수 있다. [액세스허용] 버튼을 클릭하여 외부 접속이 가능하도록 한다.

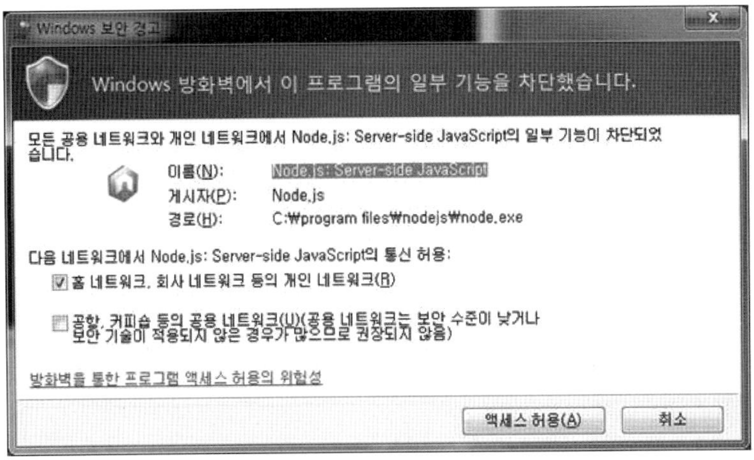

4-3) 폰갭 디벨로퍼 앱 실행하기

시험하려는 모바일 기기의 홈 화면에 등록된 'PhoneGap' 아이콘을 클릭하면 디벨로퍼 앱이 실행된다. 실행된 폰갭 디벨로퍼 앱 화면에서 서버에 해당하는 개발 컴퓨터의 IP 주소와 포트 번호(예: "192.168.123.185:3000")를 [Server Address] 항목값으로 입력하고

[Connect] 버튼을 클릭함으로써 개발 컴퓨터에서 접속하게 되고 개발 중인 폰갭 앱의 실행 결과를 자신의 스마트 폰에서 확인할 수 있다. 이후에 앱의 소스 파일들을 수정할 경우, 즉각적으로 디벨로퍼 앱에 반영되어 표시되므로 실물 단말기에서 실시간으로 앱을 시험할 수 있어 매우 편리하다.

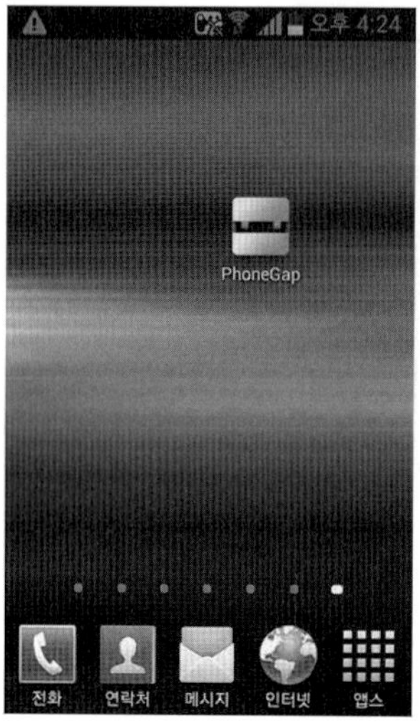

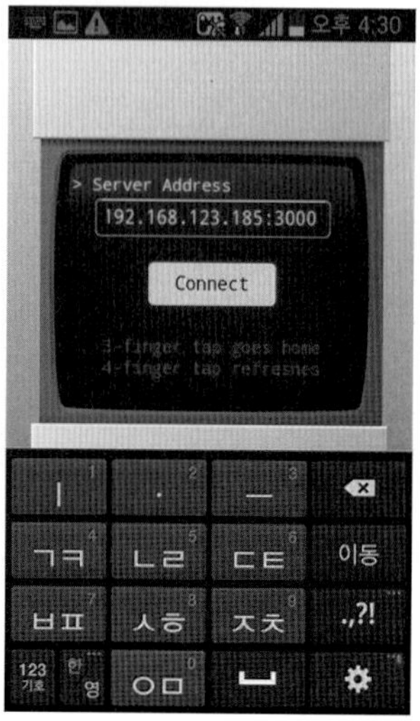

코르도바 프로젝트와는 다르게 폰갭 기본 프로젝트가 실행되면 “PHONEGAP” 메시지가 표시된다. 메시지가 표시되면 스마트폰이 개발 컴퓨터인 폰갭용 웹서버와 접속된 상태임을 알 수 있다.

'testPhonegapDeveloper' 폰갭 프로젝트 폴더 안의 'www' 폴더를 찾아 index.html 파일을 열어 수정해 보자. 수정 내용은 "〈h1〉PhoneGap〈/h1〉"을 "〈h1〉Hello PhonegapDeveloper〈/h1〉"으로 변경하여 저장한다.

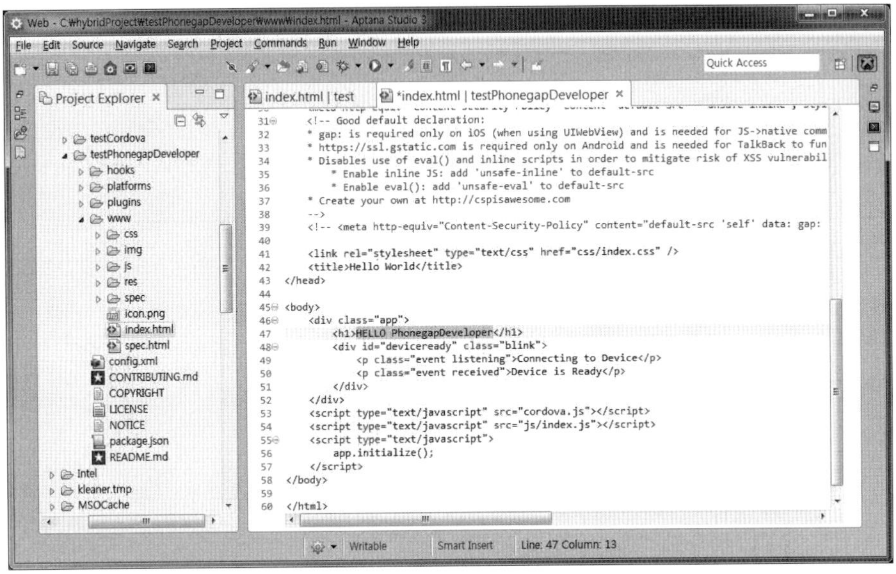

실물 단말기의 폰갭 디벨로퍼 앱의 실행 화면이 실시간으로 변경된다. 폰갭용 웹서버와 접속된 상태에서 메시지가 "PHONEGAP"에서 "HELLO PHONEGAPDEVELOPER"로 자동으로 바뀜을 확인할 수 있다. 이처럼 실물 단말기에서 수정되는 앱의 실행 결과를 즉각적으로 확인할 수 있어 편리하다. 만약 디벨로퍼 앱 화면에서 초기 화면으로 돌아가고 싶다면 화면에 세 손가락을 터치하고 또, 변경한 내용이 있어 html 파일을 새로 읽어드리고 싶다면 네 손가락을 터치한다.

개발 컴퓨터의 크롬 웹 브라우저를 통해서도 앱의 실행 결과를 빠르게 확인할 수 있다. 브라우저 주소창에 “localhost:3000”을 입력하면 된다.

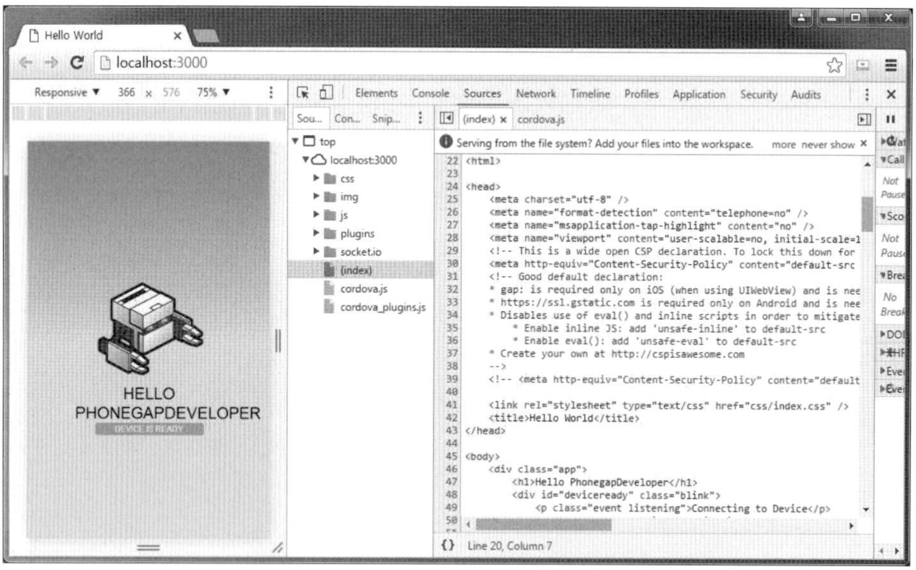

찾아보기